蒋碧微回忆录

上

我与徐悲鸿

蒋碧微——著

华东师范大学出版社

图书在版编目（CIP）数据

蒋碧微回忆录／蒋碧微著 . —上海：华东师范大
学出版社，2014.9

ISBN 978 - 7 - 5675 - 2564 - 1

Ⅰ.①蒋…　Ⅱ.①蒋…　Ⅲ.①蒋碧微（1899~1978）
—回忆录　Ⅳ.①K828.5

中国版本图书馆 CIP 数据核字（2014）第 219922 号

蒋碧微回忆录

著　　者　蒋碧微
项目编辑　许　静　储德天
特约编辑　邱承辉
审读编辑　王国红
封面设计　吕彦秋

出版发行　华东师范大学出版社
社　　址　上海市中山北路 3663 号，邮编 200062
网　　址　www.ecnupress.com.cn
电　　话　021 - 60821666　行政传真　021 - 62572105
客服电话　021 - 62865537（兼传真）门市电话　021 - 62869887（邮购）
地　　址　上海市中山北路 3663 号华东师范大学校内先锋路口
网　　店　http://hdsdcbs.tmall.com

印 刷 者　北京京都六环印刷厂
开　　本　787 × 1092　16 开
印　　张　37.5
字　　数　630 千字
版　　次　2015 年 1 月第 1 版
印　　次　2017 年 6 月第 3 次印刷
书　　号　978 - 7 - 5675 - 2564 - 1/K.411
定　　价　88.00 元（全二册）

出 版 人　王　焰

目录

CONTENTS

代　序

　　人生是悲痛的，但是悲痛给予我很多启示，使我受到了教训，得着了经验，认清了途径，增强了勇气，而没有被它所摧毁。

　　二十五年来所想写的，如今总算是写成了，好坏不论，但它确是最真实的记述，由于力求真实，如果有牵连到别人的地方，还请原谅，因为这是难以避免的。

▲山鬼（徐悲鸿，1943 年）

▲松马（徐悲鸿绘，本图由徐小阳先生——徐悲鸿之孙提供）

母亲最后的岁月

徐伯阳

母亲 1958 年底离开张道藩后，一直到她 1978 年 12 月 16 日在台北病逝，有整整 20 年是孤独地一个人过日子。老佣同弟曾陪伴她一段时间。在母亲去世前半年，我曾给她写了一封信，这是我们母子间自 1947 年 8 月在南京相处了一个月后，第一次联系。这封信的内容大致是：我已结婚，有两个儿子，大儿子 19 岁，小儿子 10 岁。我看了她写的回忆录，回想起许多儿时的情景。我很想带了我的全家陪伴在她的身边，陪她度过一个幸福的晚年。希望她能再写一封信来，说明我们在香港见面，我就可以带着全家人到香港和她聚会。

写完后，我先寄到一位一年前从北京移居香港的友人、马来西亚华侨骆新民先生家中，再由他的一位亲戚家的兄弟（当时正在台北市台湾大学念书）从马来西亚亲自带到台北，找到母亲家，交给母亲。母亲见到我的信后，心情十分激动，立即给我写了一封回信：

伯阳：

　　收到你的信和你们全家的照片，看了以后，我有无限的感慨和伤痛。三十多年的离别，你的容貌，似乎已不是我所记忆的儿子了。你为什么这样瘦？你身体不好吗？数年前沈宜甲先生回国，率领你和你的妻儿们到你父亲墓上去吊祭，他曾把所摄的彩色照片寄给刘大悲先生，刘先生拿来送给我。看过以后，我就觉得你瘦得和以前完全不同了，至于你的妻儿，那都是我没有见过的。我只觉得你的小儿子很像你十几岁的模样，可爱极了。我怕的是今生今世还能不能再见到你和我从未见过的媳妇和孙儿一叙呢？因为我已经八十高龄，身体多病，还能活多久是不能预料的。我只希望你夫妇和两孙能申请到香港一行，我也会到香港去和你们欢聚。这是我有生之年唯一的希望了。

同弟现在有一个儿子，名叫史南仲，已经28岁了，他的父亲史坤生，我想你一定也记得，他不幸在1942年（注：应是1953年）去世了。史南仲已经结婚，而且也有了两个女儿。同弟已经再婚，她的丈夫就是王瑞忠，我想你也会记得老王这个人的（注：老王一直是张道藩的司机）。同弟、老王他们看了你的相片，都高兴得不得了，他们也希望见到你。

你的来信说你读了我的回忆录，令我非常惊奇，你从哪里得来的？我很好奇想知道（注：一次吴作人出国访问时，一位美籍华人女作家送了一本《蒋碧微回忆录》给吴作人，但在入境过海关时被海关没收了，后来这本书到了社会科学院图书馆，那时方丹正在编写一些画家的生平经历，就将这本书借了出来，并借给继母廖静文馆长看，因她正在写《徐悲鸿一生》，她看完后就借给我看了）。不再写了，祝你们全家快乐健康！

母字　1978年10月17日

同弟、老王嘱笔问候你们。

可以看出母亲写这封信的时间，距离她去世的时间，仅仅两个月。据台湾的一位表兄刘勋谦说，母亲从看到我的信后，就整天焦虑、担忧、烦躁、着急，一直到她去世。现在看起来，是我这封信要了她的命。

1979年3月，接到盛成在美国的女儿的来信，告诉我母亲已于1978年12月16日在台北病逝，接着收到马来西亚骆新民弟弟的来信，也是同样的内容。又接到住在比利时布鲁塞尔的沈宜甲（是我的干爹）的来信，除告诉我与前两封信相同的内容外，并附了一张台湾《联合报》的剪报，内容是"蒋碧微生前藏画，放在家中被窃"。我接二连三地收到了报告母亲病逝的消息，本想和她再见面并陪伴她度过晚年的愿望彻底破灭了。我脑子里突然"轰"地一下一片空白，我应该怎么办？等到冷静下来，我才想起干爹寄来的台湾《联合报》关于母亲藏画被窃的剪报。我立即写了一份申请赴台湾继承母亲遗产的报告，并附了那份剪报。交上去后，才知道我的这份申请，当时我所在的单位还要请示统战部，该部的张副部长很爽快地就批了。因该年年初我国和美国建了交，对台湾提出了"三通政策"，我正好赶在这个火头上，所以不但批准了，而且只等了两月就拿到了"港澳通行证"，这是极特殊的情况，当时一般正常的都要等两年。

我拿到通行证后，立即申请办理离职手续，单位又要请示民政部，由该部部长批了。我得到了一笔退职金——1700多港币。接着向诸位老画家——告别，有吴作人、李可染、黄永玉、黄胄、范曾、蒋兆和、叶浅予、李苦禅……他们每人都送了一张画作为留念。我的大儿子小阳和我一起申请的，妻子和小儿子仍留在北京，因此这次就我们两人先去香港。

在我和这些老画家们一一告别时，其间曾经给我留下了一段终生难忘的经历：这就是我去李苦禅老师家向他告别时，他听说我要去香港了，即刻显得特别高兴，并随手拿起一张已完成的画，题上了我的名字，给我留念。随后他便从他站的画桌旁，快步走到我的右侧身边，用他的嘴，附在我的右耳上，念出了我在抗战前上小学时就会背的话："礼义廉耻，国之四维。"说完后，他又跑回到他的画桌边，看着我，我即刻对他作了一个会心的微笑。我们两人共同的经历使我们不约而同地怀念这话。这时重新听到它时，却对我产生了极大的震撼，也使我对苦禅老身上保留的我们民族传统知识分子刚正的风骨产生了极大的钦佩。这一段经历已经深深地刻在我的头脑中，终生难忘了。这也是我离开北京时的一件最有价值的纪念。

5月26日，我和小阳从北京乘火车到广州，换火车到深圳，住了一夜。次日清早起来到罗湖排队，等了七个多小时才过了关。到了罗湖火车站站台上，肚子饿得受不了，可是在站台上找了半天，就只有一个卖鸡腿的。我和小阳一人吃了一只鸡腿，上了火车。香港的好朋友骆新民约了七八位朋友早已在事先约好的旺角站等我们了，所以当火车到了旺角站，我和小阳立即把所带的行李搬下车。一出站就见到骆新民和老同学陈荣侨，还有五六位没见过的朋友在等着我。原来他和陈荣侨租的房子就在火车站附近，走不多远就到家了。我们就和他们住在一起。

我到了香港的消息，很快传到了台湾。刚到香港的第三天，台湾《联合报》的美术女记者陈长华小姐就从台北打了一个越洋电话到我的住处，对我进行了电话采访。次日该报就刊登了这篇采访报导，接着就不断有台湾、香港两地的记者访问我。当时我一心只想赶紧进台湾，所以对这些采访并不感兴趣。

当时有一位老新闻工作者，名叫卜少夫，是香港《新闻天地》周刊的社长，也是我父母亲的老朋友。他知道我的情况后，主动提出帮我办进台湾去，不过他提出要我写一篇文章，供审批机构考虑时的依据。这时已是80年代初，我于是回去动笔准备写这篇文章。但写什么内容呢？考虑了一下，就将我过去的经历如实地写出来。写好了交给卜少夫。他接过这篇稿子后，就在二月初的一期《新闻天地》全文刊载了，约一万字。后来美国《世界日报》总编辑来香港办事，他和卜老是好朋友。两人见面后，卜老就把这篇文章推荐给那位总编辑。他将它带回纽约，在《世界日报》上全文转载。

我要赴台一事同时也惊动了台湾一批曾和母亲相熟的国民党元老。当时我的入台申请，由于赵少昂老伯的全力相助（他的一位女学生的丈夫是处理这类事件的主管），终于获得通过，但还剩下最后一关，即必须找一个担保人。这是最关键的一关。找谁呢，我想起母亲的一位好朋友：端木恺老伯，他在台湾党政界的地位是不用怀疑的。于是，我给他写了一封信，请他做我的担保人。果然不出我所料，端木伯伯立即亲自找到国民党中央党部秘书长蒋彦士，对他说："我用我的性命担保他。"

于是我不但顺利地进入了台湾，而且享受到一项最最特殊的待遇。这就是台湾有一条规定：凡是从大陆出来的移民，要申请入台，必须在第三地住满五年。这一条规定是从未有人能破例的，即使想提前一天都不准，而我当拿到入台证时，距我抵港的时间才两年零几个月。不过台湾机构要我答应三个条件：1. 不许公开露面，2. 不许接受媒体采访，3. 住满三个月必须离境。我当即全部答应了。

1982年2月初的一天，我从香港机场乘坐赴台的飞机去台北，那天正好是顺风，途中只飞行了一小时零五分钟就到了中正机场。同弟的小儿子史南仲早已站在飞机舱门口迎接我，并带我走了特殊通道。未经任何检查就出了关，看到了同弟和其他一些亲友早就在那里等候了。我和大家久别重逢，心中的感触真是一言难尽，当时也只能一一问候握手。走出机场，坐了南仲的车，直奔台北市罗斯福路三段母亲的家。

在家休息了两天，即去母亲的墓地上拜祭，事先买好了香烛、鲜花、纸钱等用品，坐了汽车直奔位于阳明山第一公墓内的母亲的墓。阳明山第一公墓面积很大，占了很大一片山坡，母亲的墓在最高一排中，墓碑上写着"蒋碧微女士之墓"。到了墓前，大家（同弟、刘勋谦表哥等）放上鲜花，点上香烛，烧了纸钱。每人跪下磕了三个头，照了相。呆了一会，就回来了。

看了母亲的墓碑，上面没有儿、女、孙儿、孙女的名字，说明她去世时，身边没有一个亲人。她是那么孤独地走了。刘勋谦表兄告诉我，她生前客厅里一直挂着父亲在我八个月时画我的那张素描像，她的床头柜上一直放着我穿着军装戴着军帽的半身照片，说明她一直在思念着我。假如我当年和母亲去了台湾，母亲也不会度过20年之久的孤独生活了。可能这是命中注定的，只能认命吧。

2005 年 10 月 7 日

1

　　我和徐悲鸿先生，都是江苏宜兴人。宜兴县城很小，绕城一周不过三华里多，可是它有四乡八镇，东西两氿，自古以来，它被称为鱼米之乡，还有"金张渚，银湖㳇"两处大镇，稻谷产量极丰，毛竹遍地都有，尤以张渚为最。竹制品像凉垫、几椅、箩筐，价廉物美，农民们的副业收入相当可观。

　　以宜兴砂壶和陶器来说，每年都给宜兴带来大量的财富。除砂壶外，如日用品缸瓮坛罐，都外销各地。据说春秋时代，陶朱公范蠡就在宜兴制陶，以后到了明朝，传闻有个和尚路过宜兴某村，叫卖富贵土，村民们纷纷地对他加以嘲笑，他说："贵土你们不想买，就买富土如何？"于是陪着几位老年人，分别到白砀、青龙、黄龙各山，指点山里产陶土的洞穴，发掘开来，但见五色灿烂，如霞似锦，从此村人用来制缸盆碗钵。

　　明朝正德年间，宜兴人欧子明创窑烧陶，产品越来越好。当时在县城东南四十里的金沙寺，一位不知名的和尚能制砂壶，这才是宜兴砂壶的起始；他制作砂壶的程序是抟捏细土，先做圆壶的胚胎，再挖刳中空，加上壶嘴、壶柄和壶盖，然后入窑烧制，由于全系手工制造，壶上留得有手模指印。明朝学宪吴颐山先生当时恰在金沙寺读书，他有一个书童名叫供春，偷偷摹仿老和尚的手艺，或作龙蛋，或作方形。他手制的砂壶出来呈栗色，有点像古铁，壶上不但有螺纹，还有手指手掌的腠理，古朴典雅，大方自然，可惜传世很少。清末民初，听说全中国只剩下两把，其中一把还是缺少了壶盖的，这种茶壶，便叫供春。想不到由于供春的一时好玩，他制作出来的茶壶竟成了稀世之珍。

　　和供春同时的制壶高手，又有时大彬，他再创新意，朴质坚实，不求妍美，制壶时运刀成字，书法很好，这是一般人所不能和他相比的。供春壶和大彬壶在宜兴砂壶中最名贵，昔人曾有诗云："宜兴作者推供春，同时高手时大彬。"就是指的这两种名壶了。

▲山鬼（徐悲鸿，1943 年）

宜兴茶壶天下闻名，而且绝少有仿制的相似品，原因是别处没有这么好的陶土。另外它的特点是，除了能够保持茶汁的色香味外，夏天茶叶冲泡久了，还不会发霉发馊。嗜爱品茗的福建人，所用的多半是宜壶，茶泡了后，再用大碗盛滚水，将茶壶放置滚水中，让茶汁内外受热，据说这样泡出来的茶，味道特别香醇。

宜兴风景以山水秀丽著称，而且附会着许多生动有趣的轶闻传说。拿最著名的善权、张公两洞略作介绍。善权洞又叫善卷洞，传说帝尧驾崩，帝舜要把天下让给卷，卷说："我逍遥天地间，心意自得，要天下干什么？"从此入善卷山遁隐，善卷的名称即由此而来。又说梁山伯祝英台的故事，也发生在宜兴。善卷洞口有梁祝读书台，山下有祝陵庄，也叫祝家庄。宜兴到今还有黑黄两色大蝴蝶，既大且美，宜兴人叫黑蝴蝶为梁山伯，黄蝴蝶为祝英台，相传就是梁祝的化身。此外，乡人传说古时善卷洞口有红门寺，里面有花和尚广设机关，据说平江不肖生《江湖奇侠传》里的火烧红莲寺，就是以此作背景。

善卷洞深邃曲折，阔大无比，入门处两旁石壁上有青狮白象的天然形象，走进去是一片平阳，四周逐渐升高，仿佛戏院里的包厢，可以俯瞰正厅。洞里到处钟乳悬垂，玲珑剔透，尖端常见涔涔的滴水。早年没有电灯，游洞要手持火把，一路摸索。高低不平地走了一小时许，路忽中断，乃见一泓池水。水中备有小船，游人乘船前进，桨槽咿唔，发出回声。传说洞内有毒蛇巨蟒，潭水深不见底，而且还远通浙皖江海，的确是有点心惊胆战。行行重行行，好不容易望到一线微光，等到船身往侧一转，眼前豁然开朗，原来已到了洞口，这真是一番奇妙的经历。

张公洞比善卷洞还要高大宽敞，相传张道陵曾居此求仙，张公洞的名称是为了纪念他的；宋朝刘商亦曾仙隐于此。游人一进洞门，便有上不见顶，下不及底之慨，顿觉自己的渺小。钟乳石就像璎珞四垂，形势相当壮观。洞中黝黯，伸手不见五指，成千累万的大小蝙蝠栖息于此，吱呀怪叫，颇带点恐怖气氛。内有一处名鲫鱼背，上缘一条狭窄鸟道，才可承足，两边窄岭直泻，颇像鱼背，故有此名。胆小的游人，只好手脚并用，爬过背去。俯看两侧犹如无底深谷，一旦失足，那就非常的严重了。自从京杭国道通车以后，国内寻幽采胜的人士，到这两洞来游玩的很多。

宜兴的东西二氿，其实是两座大湖，东氿在东门外，形长；西氿在西门外，形圆。西氿面对铜官山，远远看去只见一片汪洋，有如浩瀚大海。沿氿风光绝佳，且可直通浙皖，商船过时，红帆如画，京杭国道有一小时许的公路旅程，就沿氿而行，夹道垂杨，烟笼十里，一派江南风光。

历史上有名人到过宜兴，或与宜兴有过渊源的，实在是不可胜数。楚霸王项羽原是下相人，即今苏北宿迁附近，但当他叔父项梁杀了人后，便避仇吴中，亦即以阳羡为中心的江东地带。阳羡是宜兴的旧称，楚霸王起兵吴中，那是历史上有记载的。他带了八千子弟纵横天下，后来垓下兵败，大叫"无颜见江东父老！"确与宜兴有关。至于眉山学士苏东坡，更曾在宜兴留下一株手植木本铁梗海棠，和一则阳羡买田的佳话。东坡手植海棠现存闸口镇邵树棠先生旧宅，老干可二三抱，子根孙枝几已合为一体，海棠盛放时不知几千万朵，这可以说是东坡先生从眉山带来，赠给邵先生先祖的最佳礼物，这事县志族乘都有记载。东坡居士官拜常州太守时，常到宜兴游山玩水，蛟桥石碑"晋征

▲蒋碧微像

西将军周孝侯斩蛟之桥"，据说就是他的手笔。又宜兴蜀山宋朝以前原称独（獨）山，去犭改蜀，也是为了纪念苏东坡和宜兴的深厚友谊。谈到阳羡买田，更是历史上的著名掌故：某次苏东坡在独山一带畅游，盛赞那儿的山水幽雅，曾经出资买田数亩，村屋一栋，预备将来告老致仕后在此耕读；当晚酒后步月，听到附近有哭泣之声，循声往寻，见一老妇悲戚不胜，上前寻问，原来她儿子因为家贫而把祖屋卖了，明日迁出，便将无处容身。苏东坡问明买主就是自己，哈哈一笑，当面把卖契烧掉。

精忠报国的岳飞，跟我们宜兴人也有一段轰轰烈烈的掌故。南宋康王即位于南京，改元建炎，时金兵南下，铁骑践踏大宋半壁河山。四年金兀术攻常州，宜兴县令迎接岳武穆率兵驻屯，利用宜兴的山川形势，一口气连胜六仗，把金兀术打得败回淮西，岳飞再邀击于静安，这才奠定了南宋的偏安局面。

金兀术兵败溃退北行时，岳将军亲率大军掩杀，赶到西汜，金兵早把湖中船舶搜劫殆尽，宋军一时无法渡过。是宜兴老百姓一时自告奋勇，一夜之间，筑成了三百多米的一条长堤，使岳飞大军飞渡，把金军杀得血流成渠，直到现在这道长堤还叫岳堤。

宜兴县城在东西两汜之间，运河贯穿县城中心，将县城一分为二，建有大桥三座，中间的一座名蛟桥，最高大，也最有名，传说是晋朝周处除害斩蛟的地方，现在还有"蛟桥夜月"一景。

我家住在城南，提起南门大人巷蒋家，宜兴人大概都晓得。蒋家住宅是宜兴最大的一幢房子，是我曾祖父在江西做官多年，回乡时一手建造的。合抱的栋梁柱子，还是他特地从江西选购的良材。房子一共五进，进门有门廊，两旁木架排开全副执事，包括肃静回避牌；院口有两座石马墩，三间轿厅；后面便是大厅，正中高悬匾额"诒德堂"，堂后进内宅的门，题额"吾爱吾庐"；往后三进住屋，一律是七开间的楼房，二进和三进之间有一个大花园，侧门通到另外一座院落，十几间平房，那是佣人的下处。

院子北角是后门，后门正对着学前巷文庙，一池泮水，上面架着石桥，宜兴文庙是庄严的学宫，也是有名的胜迹。鹅黄色的雕墙，占据了整条学前巷北，东西两端各有一座大牌坊，一额"道冠古今"，一镌"德配天地"。民国以前，官民人等到此都要下马步行。

蒋家是宜兴大族，始祖汉亼亭侯，传至远祖世昌公，元祖敷文公，高祖凤逵公，都封赠通奉大夫，那是由于曾祖父蒋诚公的功勋治绩得来。曾祖父的事迹，《宜兴县志》上有详细的记载。

蒋诚公，字致斋，在前清咸丰初年，因为作战立功，选授江西临江府樟树镇照磨，他把地方上治理得很好。当地有一条长堤，屏障清江下乡和丰城上乡的山水。清江上乡水流壅塞，常有灾害，因此两乡乡民年年械斗，打官司，不知冤枉死了多少人命，把附近一带闹得民穷财尽。曾祖父亲自勘察河道，增筑堤闸，将争执多年的水利问题彻底解决。同时他又选拔当地的壮丁，编训团练，保卫乡土。不久广东来的太平天国军攻陷丰城，知道樟树镇的团练厉害，不敢来犯，整个地区幸获保全。后来曾祖父升任江西新淦知县。当时新淦失陷已经两年，曾祖父用水军克复县城西岸，据河扼守，乘太平军不备，渡河会合官军，一举克复新淦和临江府城，这时离他受命视事还只三个月。正要安抚地方，清廷又派后来做到两广总督的张鸣岐接替他的职务。张鸣岐刚刚抵境，谍报吉安方面有溃匪流窜，他闻讯匆忙逃走。曾祖父亲率团练五百人，迎头痛击匪军，俘虏匪徒多名，并且生擒他们的首领，余匪绕道逃走，张鸣岐这才再赶回来就任。入夜，潜伏的匪贼击杀湘军，曾祖父力促张鸣岐快去弹压查办，他不听，接连五天，被杀的湘军已达八十余人。张鸣岐惧罪，于是谎报上峰，说这事发生在他未接任前，企图把责任推到我曾祖父身上。但是湘军方面仍然据实报告，张鸣岐的谎言不攻自破。

论功行赏，曾祖父应该升任监司，可是江西巡抚派人向曾祖父示意，索取一笔贿赂，曾祖父不理，巡抚恼羞成怒，于翌年转任广东前，将曾祖父牵连在新淦大狱中，弹劾罢官。幸好沈葆桢继任江西巡抚，知道曾祖父的冤屈，替他申报复职。这以后曾祖父又做过吉水、南丰、萍乡各县的知县，明慎庶狱，以德化民。吉水白沙乡积年抗不缴纳田赋，曾祖父晓父老以大义，惩罚村妇丁壮中叫嚣捣乱的人，从此革除陋规。在南丰，当地保甲倚仗财势，交结官府，占人妻女，前任官员置之不闻不问，曾祖父把他抓来痛挞，一县为之称快。早年洋人在我国传教，神父的势力很大，凡有教民跟别人打官司，神父就遍为关说，然而曾祖父不买洋人的账，一向据理立决。凡此种种，都表现出他持正不阿、勤慎严明的作风，因此他在每一处任职，都极受民众爱戴，离任时送行的络绎不绝，连被他判过刑的也都感悟远送。

此外曾祖父更能孝友尚义，小时候高祖母生痔疮，他曾剜肉疗亲，果然奏效。他平时自奉俭约，但是对于施与助赈，却从不后人。《宜兴县志》上说，他捐助善款，先后不下万金，虽子孙亦不得而知。

曾祖父有四个儿子，我的祖父居长。祖父讳萼，字醉园，小时候聪明颖悟，从储炳焕先生读书。他随曾祖父在江西南昌任职，应书院课试，每次都得冠军，因此文名大噪。光绪二年中举人，时人认为他的才识学问不仅为诗人文人而已，又推许他的诗为迦陵以后第一人。后来他任高邮州学正，丹徒县教谕，一生清廉自守，绝口不言贫。辛亥革命，满清官吏走避一空，他把丹徒任所的礼乐器具、管钥印信一一封存，交给地方绅士典守，自己飘然回家。他的著作有《醉园诗存》廿六卷，《醉园斋臼词》一卷，《阳羡唱和集》二卷，并曾分修《宜荆县志》。

二叔祖讳彬若，字次园，工诗词，才华敏妙。光绪十二年和祖父祖母的诗词合在一起，印行了一部《爱吾庐集》，另著有《次园诗存》六卷，《替竹庵词》五卷。

三叔祖讳联庚，字弋香。他是一位读书着重实际功用的人，性格机警敏锐，光绪初年以通判职衔分发湖南，负责督审局的工作，判案每能当机立断，历任按察使都很倚重他的才能。当时湖南人上北京打官司的风气很盛，有些讼师一个人到北京可以提控二三十件案子，因此光是湖南一省的京控，一年就达三百余件。北京湖南距离遥远，交通不便，被提往北京受审的人，旅途客死、监狱瘐毙的不计其数。三叔祖为了改良风气，革除苛政，力请巡抚卞宝第下令重案仍由省鞫，一般案件则请巡抚亲自审断。这样一来，湖南的京控案件，立刻便减少到每年不及十起。

三叔祖在湖南做了二十年的官，先后任过桂阳知县，凤凰厅同知，湘潭知县，所到之处，政绩昭彰。凤凰厅的民众为他立长生牌位，祀在当地的傅公祠里。他对于审案断狱，最具特长，湘西一带流传着许多他昭雪冤屈的传奇性故事。宁远有某甲和某乙有世仇，某乙将铜便顶和带钩秘密埋藏在附近山谷，某甲耕田掘了出来。乙便诳称是他康熙年间的远祖某生员的殉葬之物，因此控告某甲盗坟。按照清律，盗坟要判死刑。当地知县刑逼某甲认了罪，案子送到三叔祖处，他根据《学政全书》，指出便顶服制是在雍正朝代才有的，康熙年间根本就没有这种东西，揭穿了某乙的谎话，同时也救了某甲的一条性命。在武陵县，有两家人先争田后来控告谋杀，甲的田契是康熙年间发给的，乙的田契则发于雍正朝，知县把田地判给乙，不久甲再控告乙谋杀了他的儿子，知县用刑，将乙屈打成招。三叔祖审理这桩案子，他立刻指出两次断狱全属错误，因为根据《赋役全书》，雍正年间田契已改为印纸，所以断定乙的田契伪造；此外甲控乙将他儿子强按水中淹死，三叔祖一查那孩子身上并无撑拒捆缚的痕

▲红梅（徐悲鸿，1943 年）

迹，同时水塘距离乙家很近，他认为谋杀仇人之子，决不会引到自家附近。于是他审定这死尸不是甲的儿子，而是他人自溺，其结果，竟然完全正确。

三叔祖晚年宦途不很满意，后来又罢了官，因为没有钱，回不了家乡，死在湖南，连殓葬的费用都筹不出来。

祖母储慧，字啸凰，是祖父业师储炳焕先生的女儿，自幼读书，深明大义，闺中喜爱作诗，时有佳句。二十岁嫁给我的祖父，两人都善吟咏，志趣相投，夫妻感情弥笃。我家虽然是世家，但守寒素风，崇尚节俭。祖母和二叔祖母举凡刀匕、井臼、针线诸事都要亲自操作，所以《宜兴县志》列她为才淑第二位，但却说她持家有健妇名，事亲更有孝妇声。

她督促伯父、父亲的学业非常勤恳。伯父、父亲读书读到深夜，倦极想睡，她就念几首诗词，吩咐他们写下，她并且说："我倒不是自己不会写，而是想叫你们多认识些文字的用法，久而久之，将来自己做诗做文章，就不觉得难了。"我伯父九岁能诗，便是祖母亲授。

后来曾祖母因为久病不愈，两腿瘫痪，随时需要人扶持侍候，祖母的身体虽好，毕竟日夜辛勤，过于劳瘁，她逝世时只有五十七岁。祖父敬重她的贤孝，写了将近一百首悼亡诗，祖母自己则有《哦月楼诗存》三卷刊布于世。

祖母逝世以后，祖父因为伉俪情深，始终没有续弦，仅在六十三岁时娶了一位苏州籍姨太太，负责照料他的生活起居。

祖父生两子两女，伯父南笙公讳兆兰，在晚清至民初的词坛上，颇负声名，存有《青葄庵诗词集》，这里录下他的词二首：

蝶恋花

忆昔儿家楼上住，邂逅君来，楼下开朱户。巫峡峰高云不渡，声声步屟关心数。　　众里相逢频笑语，道是无情，心比秋莲苦。可奈今生缘已误，明珠和泪还君去。

记得仙源同饮宴，手酌琼浆，含笑殷勤劝。博簺欢娱嫌夜短，灯前媚眼频流盼。　　别后思量千万遍。今日重逢。翻等寻常看。一缕情丝双婉转，来生愿作同功茧。

两位姑母，长姑因为祖母逝世，决心不嫁，奉侍祖父。次姑则嫔嫁同县的任氏。

祖父自光绪三年侍同曾祖父返籍，八年任高邮州学正，不久又升迁镇江府教授，他到高邮，父亲侍他同行。那时父亲（蒋梅笙）已经十二岁，由于襁褓逃难时受过风寒仆跌，身体稍弱，但他勤于攻读，文章琅琅上口，而且就在那时，已经开始抄存诗稿。

父亲在光绪十四年再回故乡，当时宜兴知县万肖园先生对他的学问非常赏识，他曾应全县士子考试，获得第一名。万肖园先生从此亲授学问，指示治学门径和书家运笔的方法，甚至从他的薪水中给予奖励。二十五岁，初应科举考试，县试和院试都是第一，后来又从古文大家上元颐石公先生习业，曾把《韩昌黎全集》熟读六七遍，从此学业猛进。乙巳岁试再考一等第一，然而就在那年满清政府废除科举，父亲从此断了做官的念头。兴办学校，从事著述，到七十二岁逝世为止，他为学术教育工作尽瘁四十余年。

光绪十六年，父亲二十岁，和我的母亲戴清波女士结婚。

母亲系出名门。外祖父戴裕源先生，字鉴泉，宜兴画溪里人，咸丰己未科举人，同治辛未大挑，选为广东知县，先后权知澄海、新会县事，他是一位能吏。

他当澄海知县的时候，当地风俗，有所谓降童，说是神降其身，大说"神话"，迷惑民众，其实是无赖之徒跟庙祝串通，他们叫民众张灯结彩，扮演戏文，不从的话，就会发生疫疠，因此家家户户焚香捐钱，年年轰动全城，劳民伤财。外祖父明知这是无聊的迷信，派人把降童抓来，重重地打板子，他果然说出了个中秘密，从此把这迷信风俗全面禁绝。

同治甲戌年，日本人攻占台湾，兵船窥伺广东海口，外祖父因为澄海是潮州门户，乃在崎嵝海旁建筑炮台，以备大敌，闽粤的方面大吏赞叹这位江南书生居然懂得兵法。他做新会知县，当地有陈、林二族，都是住在海边捕鱼为生的，姓林的有钱，姓陈的穷，林家侵占了陈家几十里海界，官司打了许多年，换了几位知县都不能决断。外祖父亲到现场勘察，利用县里的史乘参证土名，为他们立界，并且嘱令他们今后互不相侵。早年广东民间风气好械斗，遇有讼事官府不能公平裁判，就聚众互相争杀。外祖父所到之处，械斗总是无形地消灭，那是他公正严明，民众詟服的关系。某次澄海有同村的两族，突然反目生仇；两族建起栅栏，筑就炮台，用大炮往返轰击。外祖父听到消息，立刻邀同营将，各乘一艘炮艇，轻装简从，驶往制止。没有料到两族把关的人不但不加理会，反而发炮吓阻。外祖父屹立不动，厉声呵责他们大胆狂妄，同时晓谕他们：求福求祸，就在一念之间。苦口婆心地说服了他们。再进村一看，却只剩下一些白发老翁，问起话来，都说对方的不是。又到对方据守的前村，情形依然如此，仅有一个壮汉，挺身而出，侃侃争辩。外祖父说："只怕你就是罪魁祸首吧？"转脸喝令两个衙役，把他捉住。然后他向营将说："给我两把钢刀！"营将把钢刀递给外祖父，他再吩咐衙役说："路上如果出事，你们给我立刻杀掉这个人，否则的话，我就砍你们的脑袋！"

当时的气氛十分紧张，外祖父押解壮汉刚一出门，四周立刻涌出无数壮丁，把外祖父一行团团围住，叫嚣暴跳，扑过前来要夺下那个壮汉。衙役奉命正要挥刀，那壮汉连声大叫，制止他的手下不可造次，然后他自己跪在地上向外祖父磕头，请求饶他一死，暴乱的民众也都成排地跪下，外祖父方才命令他们从此息争，把军械缴出来全部投入海中。两门互击的大炮，便载在炮艇上带回县城，结束了这场大规模的械斗。

外祖父急流勇退，年纪不到五十岁便辞官回乡，优游林泉。他离任时，县民怀念他的治绩，攀住他坐骑的辔勒不放，希望他能够继续留任。

他在宜兴家乡安享余年，因为家境富足，门第又高，晚境过得十分闲适自在。他也喜欢做诗，和我祖父是时相唱和的诗友。

▲ 晨曲（徐悲鸿，1936 年）

蒋戴两家联姻，是当年宜兴一件盛事。母亲嫁妆里的衣服够穿一生一世，陪嫁的黄金用秤称。母亲容貌端庄，气质高贵，为人精明能干。她结婚时才十七岁，处在那么庞杂的大家庭里，她能处得上和下睦，实在很不容易。

母亲小时候没有读过多少书，但她领悟力强，且又好勤问，自从嫁到我家后，由于我父亲的指点，以后便也学会了做诗。当时我父母住在楼上，他们居室题名为"引凤楼"，我还记得父母房里挂着一幅《吹箫引凤图》，画的是男女二人并坐吹箫，天空中飞翔着一只凤凰。是何人手笔，现在已经记不起来了。《列仙传》载："春秋时有人名萧史，善吹箫作凤鸣，秦穆公以女弄玉妻之，遂教弄玉吹箫，后弄玉乘凤，萧史乘龙，飞升而去。"大概父母亲因为自己都会吹箫，所以才引用这个典故，来命名所居。因此他们所唱和的诗，也名为《引凤楼诗草》。

一九三九年八月，父亲寓重庆沙坪坝，任教重庆大学，曾两度遭日机轰炸，他老人家以为这卷未曾印行的诗稿早已付之一炬，每每表示痛心惋惜。不料最近我为了写回忆录，整理资料，竟从箱箧中寻出原稿，以及母亲唱和作品的全部。二三十年前父亲的遗憾，到今天却奇迹般地珠还合浦；但父母逝世已久，墓木早拱，走笔至此，不禁黯然。

父亲和母亲心志相投，恩爱逾恒，读了本章末附录他们唱和的诗后，可以想见当时夫妻生活的一斑。有时我回想起当年父亲母亲在引凤楼上的那些旖旎风光，常不免悠然神往，以为可为《浮生六记》的故事先后辉映。

父亲母亲都很喜欢音乐，吹箫弄笛之外，还爱唱歌。父亲有很好的嗓子，后来还学会京剧，亲朋集会，总要请他高歌一曲。上海商务印书馆开业不久，从外国运来一批风琴发售，父亲听到消息，派人到上海买来，就放在我们的楼上。父亲母亲无师自通，弹得很好，姊姊和我大概是受了遗传和感染，一直都对音乐有兴趣，由于父母亲的教授，我们儿时便会弹钢琴了。后来我到欧洲一住多年，也曾拜师学过提琴和钢琴。

早先中国歌曲很少，父母亲所唱的歌，大都是日本曲调，中国歌词。

光绪十七年，也就是父母婚后的第二年，祖母储太夫人病逝。光绪十九年五月，我的大姊诞生，因为她生在五月，所以取名榴珍，又字文楣。二十年冬月底母亲又生一子，不三天便夭折。二十三年春三月十八日，我的哥哥钟灵出世，父亲非常喜欢他，手记中形容他丰面伟躯，满月时便懂得嬉笑，当年十月跟母亲到外婆家去，得了吐奶呕血的怪病，又殇。父亲曾痛心地记述："反躬自问，不识何事获罪于天，而夺吾爱之酷也，呜呼，伤矣！"

我出生于光绪二十五年（一八九九年）二月二十九日，正巧我家东书房一棵海棠盛放，祖父为我取名棠珍，字书楣；小时候我每到东书房，便指着海棠说："这是我的花。"三年后弟弟天麟诞生，不到两岁，竟又天不假年。父母伤心之至，都曾做了殇子长诗，尤以母亲的八首《哭亡儿天麟》，一字一泪，沉痛万分（见本章末附录）。

在天麟弟以后，还有丹麟、润麟两弟，因此我一共有五兄弟两姊妹，只是长大成人的，仅姊姊、我、丹麟三人而已。润麟弟最小，三岁时因痘症不治。

丹麟弟字景彭，小时候便懂得笃志向学，性情又温和，许多人都夸他像父亲。在校读书，对数理化兴趣很高，同时并喜爱英国文学。不幸于十九岁时染患肺病，辍学养疴，但仍致力于国学研习，曾选辑历代名作，编了一部二十多万言的《天地间有数文字》，类别凡六：文、骚赋、诗、词、曲、小说。识者以为"搜罗宏富，抉择精严"，认系希有之作。

丹麟并能作诗，刻图章，尤其写得一笔好字，有许多父执辈对他期望甚高，总以为像他这样好学多才，应该可以继承父亲治学的衣钵。然而他却在一九三〇年病逝牯岭，得年廿六岁。自此，白发椿萱，就剩下我们姊妹二人。

我家和我同辈的兄弟姊妹一共有二十多人，在姊妹中有三个长得比较丑，我是其中之一，加以从小体弱多病，还爱夜哭，似乎不大讨人喜爱；只有父亲怜我，每在深夜，抱我绕室而行，直到我重新睡着为止。有一回祖父在家，很偶然地抱我一次，我却不知趣地在他身上遗尿，从此他老人家就不再抱我了。

童年时代印象最深刻的是过年，那么大的房子，那么多的人口，过年真是令人兴奋无比之事。过年是从腊月二十四送灶开始，以后家家户户便忙着做米粉团。团子分红白绿三种，有馅，馅也分甜、咸、肉三种，色香味俱佳，人人都爱吃。此外还要做年糕、炒花生，花生一炒便是好几箩。最麻烦的是制供果，全用手工，以米粉抟捏而成，涂加彩色，做得就像鲜果一样，柿李橘桃，色色俱备，这一项工作，向例由我父亲担任。至于桃片、胡桃、酥糖，各种细果茶食，更是成批成批地买进。从前的大家庭采办年货，数量之多，那是现在所无法想像的。

大年三十，父亲伯叔们在黄昏以前，便将峨冠博带、花钗大袖的祖宗神像一一挂好。这些立轴画像，栩栩如生，孩子们看了不仅肃然起敬，而且心里更是兴奋异常，因为这时大人们乐意向我们一一介绍祖先的生平事迹，这是我们一年之中听故事的最好时机。

祭祖的时候，红烛高烧，香烟缭绕，全家大小齐集，长幼有序，垂手肃立，由年龄辈分最长的祖父率领，开始行礼，以下顺序上前磕头，这是除夕向祖先辞年的隆重典礼。祭供完后，家人便开始吃年夜饭，吃年夜饭必须全家团圆，在外地的人，无论如何都得赶回。饭桌上，祖孙父子婆媳妯娌兄弟姊妹笑语殷殷，那是天伦之乐的最高潮。饭后一些辈分小的，再前前后后地向长辈磕头辞年。

小辈辞年以后，接着是长辈分发压岁钱，所以我们这些小辈虽然头磕得很多，但是收入确也不少；而且当年的压岁钱不像现在，只是一个红包，每人还有一红漆盘的花生，上置各种干果和糕饼，最上面才是用红头绳串的制钱，因此有吃有用，孩子们皆大欢喜。

除夕要守夜，可是孩子们必需睡觉。守岁守到子时，该封门了，封门的任务由父亲伯叔们执行。睡觉前孩子一人一袭新衣，和寸糖糕片一起放在枕头边，母亲再三叮咛，明天元旦，一觉醒来便换新衣，吃糖糕，取其除旧更新，称心如意，步步高升。

元旦，什么时候开大门，要先查黄历，算时辰，看方向，开门也是父亲他们的事。一开门就要请利市，放鞭炮，以三牲祀天。这里的所谓三牲，是一刀肉、一条鲤鱼、一只鸡，供案摆在院子里，大人照样上香磕头如仪。从初一到初三，大门连开三天，因为要布施，发饭。白米饭一大箩一大箩地搬出去，有些人家也做无馅的米粉团发放，叫作财主园子，取其便利。来领饭的不一定是本县贫户，大多数还是逃荒的饥民。这三天里不管领饭的人有多少，士绅家里绝对不可供应不继，讨饭的人川流不息，周而复始，所以这是一笔很大的消耗。贫民或灾民把饭讨回了家，米饭晒干贮存，团子磨成粉，讨得多的，可以供应一家大小三四个月的粮食。

家里面，从元旦起算是开了赌禁，孩子们掷状元筹，玩升官图。反正大家的压岁钱很多，输点赢点都不在乎。

年三十那天必需处处打扫得干干净净，因为年初一开始不准扫地浣洗。初一起身先要磕头拜祖宗，再一房房地去向长辈拜年，年初三再向祖宗上一次供，撤下供菜，糕点照旧。年十五元宵节夜再供一次，到了正月十六方才把祖宗的神像取下收藏起来，新年欢乐，也就到了意兴阑珊的时分。

儿时无忧无虑的黄金时代，便这么浑浑噩噩地度过，但是也有几件难忘却的往事，到现在还能很清晰地记得。

祖父的性格，刚直方正，思想守旧。辛亥革命那年，他辞官回家，七十多岁的老人，居然身体壮健如常，每天早晨，伯母、母亲带领我们去他房里请安，他老人家早已盥洗完毕，吃过早餐了，记忆中他始终没有衰老龙钟的模样。祖父最喜欢花木，因此我们家的庭院经常青葱满目，花团锦簇，每年玉兰桂花开放时，浓郁的香气，远播宅外。这两种名花的花瓣，都可以做成甘美的食品。玉兰花可以煎饼，桂花可以腌花酱，孩子们眼望着这么好吃的花，不免馋涎欲滴。可是平时祖父将摘花悬为厉禁，直到落英缤纷时节，方才叫人摘取，亲自监督，绝对不许伤及枝桠。就这样，玉兰花和桂花瓣聚成一升一升的，分送各房，制成美食。

祖父做过清朝的官，当然他是忠于满清的，而父亲锐意求新，满清鼎革，许多人都把脑后那根长辫子剪掉，但父亲唯恐祖父责怪，一时还不敢剪，又怕出门在外被人笑话，迫不得已，央请母亲做了一顶法兰西式鸭舌帽，把长辫子盘在头顶，戴上帽子。后来父亲觉得麻烦，干脆把辫子剪掉了。可是在家的时候，仍旧戴上帽子，祖父以为他的辫子还盘在头上呢。

祖父对孙儿女辈一视同仁，只有我的堂兄，因为他是长房长孙，而他的亲生母亲又死了，所以一直把他带在身边，并且指定大姑母负责照料他的饮食起居，后来堂兄考取两江师范，一切费用，也都是由祖父负担。

我们家各房的兄弟姊妹很多，于是便设了一所家塾，请一位吴老师为我们授课，束脩由各房自送，并且轮流供应伙食。家塾中除了我们的八叔，和老师带来的两位路姓、任姓附读同学年龄比较大一点，其余都是七、八、九、十岁的儿童。每天在书房里大致六七小时，一人一张小桌子，咿咿唔唔地念书。我是七岁进书房启蒙，开始认方块字，描红，写九宫格，以后慢慢读《千字文》。因为父亲不赞成女孩子读那些《论语》、《孟子》，所以我所读的是《世说新语》、《虞初新志》那一类有故事的书。同时他又从外面买来新编的课本，请老师为我讲解。

我小时候相当顽皮，在书房里坐不住，便和一位堂妹借故溜出来，到大厅的院子里捉蜻蜓，拍苍蝇，拿来喂蚂蚁；看蚂蚁列队搬运，觉得津津有味。有时老师在睡午觉，我们便到大门口学那些小贩的叫卖声，拉开嗓子叫嚷一番，一旦被老师发现，不是挨打，便是挨骂。不过老师对待女生比较宽容，从来不打我们，倒霉的都是那些哥哥、弟弟。

在书房里读书这段时间，我一直患着疟疾，每三天发一次，六十年前治这疟疾没有特效药，宜兴的迷信，说这种病是有鬼附身，可以躲得了的。于是母

▲蒋碧微像，摄于南京

亲常叫一个老女佣，在我疟疾将发前，把我背到城隍庙里去玩上几个钟头，因为据说小鬼不敢进城隍庙的；说也奇怪，有时候竟真的把病躲过去了。但是隔了不多久，它又会再发，这样时发时止，这一场疟疾整整把我折磨了三年。但从那时起，直到现在，几十年来，我就没有再害过这种病。

度过了两年多的家塾生活，到了宣统元年，父亲在家设立女子两等小学，自任校长，我便成了第一届的学生，正式进学校读书。学校设在南门大街旧书院，和家里距离很近，上课下学，都是步行来往。

念了几年书，字认得多了，我便开始看小说，而且看得很入迷。有一次在病中说胡话，居然都会是满口的唐僧、孙悟空、猪八戒。在十二三岁那些年，我已读了《三国》、《水浒》、《西游记》、《七侠五义》等说部。还有一部《安邦定国志》，我会用宜兴腔调念给母亲听。奇怪的是，我对于姑母的一部《红楼梦》，当时竟一点儿也不感兴趣。

宣统三年，我长姊文楣出阁，嫁给同县程伯威先生。姊夫的父亲蛰庵公讳肖琴，是宜兴的名士，文章诗词冠于一时，门人弟子，不知有多少。在他六十大庆时，及门弟子为他在西氿边建一别墅，题名"雪堂"，取程门立雪之意。姊夫在民国初年，毕业于复旦公学，后来又到日本留学，中英文根底都深，因为出生世家，孤高自傲，故从未出外做事，只在宜城和几个志同道合的朋友，合办一所"精一中学"，在家乡颇负盛名。

宜兴旧日婚俗，自有它一套礼制。先是男家请媒作伐，如果双方家长认为合意，便将男女二人的八字送请算命先生推算，要是没有冲克，便即交换八字，也就是将生年月日时辰，写在红庚帖上，套以红纸封套，装进精制的朱漆木盒，送到对方家里，这叫下定，也叫小定。小定以后，男女的终身大事就算定规。这种方式定亲，并无年龄限制，小至指腹为姻，大至婚嫁之前，当事人是从不过问的。

男女到了结婚之年，照例还要有一次定亲，俗称大定。大定的时候，男方送往女家的有聘金、首饰、衣料等，此外还有花生几箩，桂圆、荔枝、核桃等干果之类无数，女家回赠男方的是新郎的衣料、靴帽、鞋袜等，另有鸡蛋数百乃至千枚。这些喜果喜蛋有用红绒线扎缨络，垂着穗子，看来十分美观。双方收到订亲的赠与，马上就把喜果喜蛋分送亲友，表示喜期已近。

婚期要选黄道吉日，由男家向女方提出请求，商议好了，双方也就密锣紧鼓地开始准备起来。直到结婚前三天，女家便把妆奁送到男家去。大致新房里的家具，除掉一张床由男家置备外，其余一切都是女家送过去的，此外女家还需制备绸面棉被若干条，因为凡是新娘的长辈，都要送上一条棉被，这叫做抬被，其余便是新娘的衣箱首饰等。

结婚前一日，女家在中午时分，大张喜筵，邀请亲友女眷，吃"待嫁酒"，以示告别。

到了结婚那一天，先由媒人和"领轿人"引领龙凤花轿到女家去，这叫"发轿"；领轿人数最少四位，请的都是英俊漂亮的少年。花轿到了女方门前，女家的大门一定是关上的，这时男家就把早预备好的红包请媒人转交女方，女家才打开大门，这名叫"开门钱"。女家将花轿迎进中堂，摆好香案，再由媒人回到男宅，等到吉时已近，才引领新郎，乘蓝呢官轿，全副执事，鸣锣开道，到女宅行亲迎礼。这时便要举行古老的"奠雁礼"，奠雁礼之由来已有两千多年，其意义是表示新郎对新娘的爱情坚贞，永矢不渝，即使将来万一丧偶，他也将和孤雁成单一样，永不再娶。仪礼规定需用鸿雁一对，因为鸿雁难寻，所以改用家鹅瓜代，新郎郑重其事地向花轿三跪九叩首，算是立下了誓愿。

新郎穿的是官服，花翎粉靴，身上负担既重，心情更是紧张，行礼时不但一点错不得，而且还要提高警觉，以免触犯了习俗忌讳。譬如新郎迎亲，一路走到正厅，重门叠户，靴尖却绝对不可碰触门槛，否则便算是有辱女家门楣，大不吉利。记得姊夫迎娶我姊姊的时候，由于我家门槛既高且多，姐夫虽由媒人扶持，迈开步子依然战战兢兢，如履薄冰，就怕一不小心脚底下闯祸；而我的堂兄堂弟，更是虎视眈眈，全神贯注地盯着姊夫足下，他要是稍稍地碰触一下，堂兄堂弟会毫不客气地抄起门闩，打他的腿。

新娘上轿，例由哥哥或弟弟从闺房里抱她出来，送上轿子，这一路上新娘脚不沾地，上轿要照预先定的吉辰，新郎自己登上他的蓝呢官轿，遥遥前导。这一行列很长，鸣锣开道，乐声扬，街头行人纷纷驻足观赏。

花轿抬到男家，也是停在吉堂，新娘这时先不下轿，凤冠霞帔地端坐轿中，男家事先请好两位有福气多子多孙的太太，先拿剪刀与尺，递到轿里给新娘过一过手，再用一只熨斗，熨熨新娘的衣角。这两项仪式都有用意，"新娘衣工秉刀尺"，那表示她已参与夫家的家事，熨斗熨熨衣角，意思是要她守礼服帖，顺侍翁姑。

然后便把新娘扶出轿来，和新郎在礼堂正中并肩而立，在祖宗面前行礼磕头，再互相交拜。拜堂之礼是从唐朝就有的，王建曾有句云："双杯行酒六亲喜，我家新妇宜拜堂。"交拜更见诸《通礼》，是夫妇相拜，交拜过后，用红绿绸两幅，由新郎新娘各执两端，新郎在前，新娘在后，徐徐地从礼堂走向洞房，宜兴人叫这为"红绿牵巾"。一路需铺陈红毡，新人们足不沾地。

一进新房，先要坐床撒帐，新婚夫妇男左女右，面朝里并肩坐在床上，媒婆和喜娘信手抛掷铜钱喜果，说吉利话。相传这一个仪式始自汉武帝和李夫人，武帝预嘱宫女遥撒五色同心花果，乃与夫人以衣裙盛之，说是盛多得子也多，因此媒婆和喜娘都把铜钱和喜果向新人的怀里抛撒。

新娘头上兜着红罗巾，四角有穗，例由新郎轻柔地挑开，直到此刻，新郎才算是见到他床头人的庐山真面目。这时礼节已成，新郎便退出房外。媒婆将房门关上，让新娘略事休息，并重新整装。

男家这一晚请的喜筵，在宜兴叫做"送诸房酒"，全部都是男宾。当席散后，一些年轻的小伙子便簇拥着新郎把他送入洞房，而诙谐杂陈、恶作剧连连的闹新房，也就于焉开始。等到客散后，新郎新娘再举行合卺宴饮交杯酒。

新婚翌日，新郎要陪新娘回门，在岳家吃过午饭，再回家里。第三天，男家又大开盛宴，举行所谓的三朝酒，请的全是亲友女眷。筵席开始以前，先要举行见面礼，从翁姑起，凡是亲属，新娘都必需见面行礼，而且还要叫唤一声，这叫做"开金口"，从这时起新娘的名分才正式确定。见面礼行过以后，由预先选出的四位最美丽的少女，替新娘安席。

安席开始，丝竹齐奏，细乐悠扬，厅里厅外早已挤满了想要看安席小姐的少年儿郎。因为六十年前，闺阁中小姐多半足不出户，男士们想见到年青少艾，只有这么一个理想时机。等小姐们从后堂出来，有的鼓掌，有的喝彩，评头论足，形成十分欢欣热闹的场面。安席小姐走到厅前，左右分立，由媒

▲徐悲鸿故乡宜兴屺亭桥小镇门前河流

婆递杯于左，送筷于右，小姐们用兰花指姿，高举杯筷，直和两眉相齐，然后按照音乐的节奏，轻移莲步，倒退而行，走到新娘席前，为她安好杯筷，再用绣帕轻轻地拂拭椅子，象征性地拂去灰尘。最后是由媒婆代表新娘，向安席小姐回敬席礼。这以后是新娘出堂坐席，喜筵才开始。宴后，新娘回房另换新妆，等到黄昏以前，新娘出来坐在大厅上，以便随时送客。这时任何路人都可以走进来看新娘子，一直到客人散光，大门关上，这一场婚姻大典，也就宣告结束了。

我姊姊便是采取这种婚姻方式结婚的。

女子两等学校毕业以后，父亲把我带到上海，住在西门外林荫路增祥里卅八号。一座大门，内有两幢房子，邻里就是父亲大同学院的同事平海澜先生。在上海住了些时，故乡宜兴两等女子学校增设初级师范，由我姊夫的母亲潘逸如女士担任校长，我为了继续升学，再回宜兴。

一九一一年，我才十三岁，竟由父母之命订了亲，这是我一生中的大事。可是我当时什么都不懂，后来听说是我的一位堂姊做的媒。堂姊是我四叔的女儿，嫁到苏州查家，她有一个小叔查紫含先生，年貌和我相当，于是趁着一次归宁的机会，和我母亲提了这门亲上加亲的建议。

查家原籍浙江海宁，和我家是世交。查紫含先生的父亲查亮采先生，曾做

过荆溪知县（荆溪和宜兴后来并成一县），能诗善文，也是风雅中人。在宜兴的时候，和我家几位长辈都很投契，暇时并与我祖父、伯父、父亲时相唱和，做了不少诗词。我有两位堂姊，先后许配查家，只是一位四姐还没过门男方便先天折。因此当堂姊向我父母提起这门亲事，他们毫不犹豫，一口答应下来。我自己却并没有把这件事搁在心上。

一九一五年初，祖父的面颊上突生一瘤，当时祖父已经八十一岁，父亲闻讯和母亲弟弟回宜兴觐省，但父亲因为学校上课不能久缺，又在三月一日返沪，留母亲在家侍奉汤药。延到四月初，病势渐渐沉重，五日，家里打电报给远在上海的父亲，请他即速回家。父亲在深夜接到电报，第二天就向学校请假，并且筹措川资，忙乱了一天，七日赶到家中，祖父已经过世一天了。以后父亲每次提起这件事，都感到非常的憾恨和悲恸。

宜兴人办丧事，繁文缛节，相当隆重。祖父逝世后，第一件事，便是叫来"百家奴"，即刻向亲友们报丧，这时从祖父所住的那进屋子起，所有的中门大门一齐打开，以便接待望丧的亲友们。第二天请阴阳先生来推算大殓时日，定在当天酉时入殓，幸好祖父的寿衣寿材老早就准备好了，入殓的大事，咄嗟可办。

大殓前先要为死者净身，然后殓棉，这些事都由请来的"百家奴"代办。净身的水不能用家里的，必须孝子带着香烛，到河边汲取，或者向别人家买。取水的时候孝子还得磕头行大礼，这叫"买水"。殓棉是用做成套子的丝棉，将死者全身套起。据说丝棉不易腐烂，可以保持尸骨完整。然后再穿上衣服，衣服必需单数，祖父穿的是前清的官服，从里到外，一共是九件。大殓时只有近亲至戚来送入殓。大殓后，便在灵前供上香案牌位，并设一张靠背椅子，把死者生前所穿的衣服挂在椅背上，仿佛生前穿着的样子。以后逢七都要上供，到五七那一天，宜兴的习俗，是由女儿女婿出面开吊，叫做"做五七"。那一天，窗扇门槛一律拆卸，从大门到灵堂，白篷白幔，一片缟素。吊客络绎不绝，一批一批地来到，手里或提几盒银锭，或拎两串纸锭，一进大门，司阍先擂一通鼓，进二门击一次磬，到了灵堂，又有吹鼓手奏起细乐。行礼的时候，孝幔里便传出哭声，这是雇来的"哭丧人"代劳的。

吊客在灵前行过了礼，招待便把他请到大厅席上，吃一碗鸭面。宜兴是水乡，鸭子又肥又大，这一碗鸭面的做法是相当讲究。

为了超度亡魂，还要拜忏七日，到最后一天晚上，便是"放焰口"。正厅上挂满了彩色的菩萨画像和经文幡帜，当中搭起台来，台上放两张八仙桌，面对着天井，俗话说这是给鬼唱戏，天井里面大概都是鬼。大和尚坐在台正中，两旁各坐两位和尚。这一台焰口要做一整夜，必须念完两卷经文。父亲唯恐和尚念经偷懒，自己端坐在和尚身边，一页一页地翻对经文。

祖父的葬礼是在他逝世后七个月，当年十一月二十日举行的。父母都从上海赶回家里，落葬前又开过一次吊，吊客约五百人，他老人家归葬于清泉乡金鸡山祖茔。

我第一次见到徐悲鸿先生，是在宜兴家里。那时徐先生在初级师范教授图画，和我的伯父姊丈都是同事，那时我已离开了初师，只听到大家都在说他的名字取得怪，以及许多有关他的轶闻轶事。如像他服父丧，白布鞋里却穿双红袜；又说什么他兼授和桥镇始齐女学的课程，天一亮由城里步行三十里赶去上课，中途过家门而不入。在那时候，他被看做与众不同的特殊人物。

有一天他到我家拜访我的伯父，在大厅上坐着谈话。我听说这位闻名已久的大人物来了，一时好奇，借故走过大厅去看了他一眼，但是我对他并没有深刻的印象。

一九一六年，张勋大闹复辟怪剧，想把已经推翻的满清皇帝拉上台，他所率领的辫子兵骚扰江南一带，宜兴城里风声鹤唳，一夕数惊。某一天一大群辫子军冲进我们家来，我大哥挺身而出厉声喝阻，辫子兵居然说要找花姑娘，后来虽然把他们撵走，可是人人担心骇怕，因此我在六月间又去上海。这时候父母已经搬到哈同路民厚南里五十号，父亲则在复旦大学任教。

当时有一位同乡朱了洲先生，和我们还有点亲戚关系，他在上海务本女校教体育，常来我家向我父亲请教学问，称我父母为先生师母。他是我们宜兴的一位名人，年轻时为了破除迷信见庙就打菩萨，弄得地方上的善男信女十分恨他。他体力充沛，食量惊人，据他自己告诉我说，有一次他从宜兴乘小火轮到无锡，和许多男女学生同桌吃饭，他一时兴起，跟一位女生赌吃饭的东道，女生吃一碗他就吃两碗，讲好谁输了谁付账。他以为一个女孩子饭量大不到哪儿去，哪晓得那女生吃了九碗还在添，而他已经吃到十八碗了，实在不能再吃，于是只好认输。然而这一顿十八碗饭听听也是吓坏人的。

后来他到上海，追随陈英士先生从事革命工作，英士先生壮烈成仁，还有一批朋友经常跟在他身边，有饭吃饭，有粥喝粥。那时候有个笑话，说朱先生想洗个澡都得筹一笔钱才行。徐先生到上海以后，第一次来我家拜访父亲，便是朱先生引见的。

徐先生一到我家，就给大家留下了良好的印象，因为他外貌英俊，态度落落大方，不拘小节。那时候，他对我们一家都非常亲切随和，父亲作一首诗，他会击节称赏；母亲烧一道菜，他也会夸赞一句"天下第一"。父亲母亲都十分喜欢他，同时念他独身在外，难免另眼相看，多加照顾。没有多久，他简直变成我们家里的一分子，只要有空，他总是耽在我们家里。通常星期四下午他学校没有课，吃过中饭他便来了，到星期五早晨才赶去学校；星期六下午来后，更要到星期一早上才走。

相处久了，我们渐渐地知道他的家世，以及他从小到大的奋斗历程。那是一个很感人的故事。

徐悲鸿先生原名寿康，是离宜兴城十八里的屺亭桥人，他的父亲徐达章公能诗工书画，一共生了三子三女，因为家境贫寒，一家八口都靠他的父亲卖画鬻字为生。中年达章公信佛，常在寺庙中住，四十多岁便逝世了。徐先生是长子，九岁从父学画，十七岁时父母为他娶亲，由于他不满这门婚事，离家出走，后来他被父亲抓回来结婚。十八岁那年生了一个儿子，他为他取名劫生，意思是"遭劫而生"，但是家里的人为他改名为吉生。

在这段期间，他不愿住在家中，跑到上海念了些时书。到十九岁那年，父亲死后他身为长子，当然要负担家庭生

▲ 徐悲鸿父亲徐达章所绘《课子图》

活。迫于无奈，只好回到宜兴，一口气接了三家学校的聘约，一是宜兴城内的

初级师范，其他两校在离城卅里的和桥镇，一为彭城中学，另一为始齐女学。

宜兴是水乡，船舶四通八达，交通一向便利，可是徐先生喜欢走路。轮到上和桥镇的课，他黎明即起，健步如飞，一口气跑三十里路，他不觉得苦，每次经过自家门口，也不进去看看家里的人。

教了整整两年的书，他不愿被家累拖住，想要进修，于是悄悄地跑到上海，结识了一位好朋友黄儆寰先生。黄在商务印书馆担任外务，交游广阔，热心慷慨，记忆力特别强，三教九流的人他都熟，当年在上海也小有名气。黄还没有结婚，单身住宿舍，徐先生便住在他那里，住的问题虽然解决，但是生活费用一无着落，往往一天仅吃两个粢饭团充饥。最穷的时候，脱下布马褂，当过四十个铜元，赎时付了十四个制钱的利息。

正在走投无路，毫无办法的时候，忽然看见哈同花园在报纸上登广告，公开征求画仓颉像，据考证仓颉有六只眼睛，徐先生画了一张去应征，获得录取。哈同花园总管姬觉弥，派周剑云坐汽车去迎访徐先生，把他接到哈同花园，和姬觉弥一谈，深获赏识，就此请他担任园中美术指导一类的工作。当时哈同花园设有仓圣明智大学，以及新式舞台，徐先生曾经为"文明戏"画过布景。后来，姬觉弥知道徐先生有意去法国留学，攻研美术，想先把法文学好。于是姬觉弥答应帮忙，由哈同花园供给一切费用，徐先生因而进了震旦大学法文专修科，生活问题同时也得到解决。

徐先生从家乡出来的时候，是瞒住他家里的，当时他在学校改名换姓叫黄扶。老太太晓得他到了上海，曾派人去找，结果是没有找到，幸好他家里还有几亩薄田，勉强可以维持一家的衣食，后来他的二妹招赘了一位木匠师傅，干脆把前面的三间门面打通，开了一爿木匠铺，家里的生活就靠木匠铺的收入维持。等到徐先生进了哈同花园，他才和家里恢复了联系，不时地还寄点钱回去，贴补家用。

徐先生的故事确曾使我感动，并且使我对他产生了一种钦佩和同情兼而有之的复杂感情。那时候我只十八岁，刚刚从古老守旧的宜兴，来到五光十色的上海，在这接受新潮流思想最快最多的中国第一大都市，我的生活天地仍局限于一楼一厅的家里，我所接触的人物只有家人邻居和至好的亲友，我对我自己的生活目的懵然无知。

徐先生这时闯进我们的家庭，给我带来了新奇的感觉，秘密的喜悦。我觉得他很有吸引力，不仅在他本身，同时也由于他那许多动人的故事，以及他矢志上进的毅力，都使我对他深深地爱慕和钦佩。

我们从来没有单独在一起，因为在我那种守旧的家庭里是绝对不可能的，我们也从来没有交谈过一句私话，即使有偶然的机会，我和他都会尽量地避开。

▲1915 年，徐悲鸿 20 岁时照片

后来他的太太在家乡生病，病势沉重，徐先生家里不断来信催他回去，他却踌躇不决。当时有一位在哈同花园结识的朋友，很通人情世故，一再地劝他，说是不论你爱不爱这位太太，万一出事，你将来终生都会感到遗憾。徐先生听了他的话，这才决心回家，到家后，不料家里已把他的太太送去常州看病了，是雇了民船去的，一来一回，大概要好几天工夫，徐先生没有等待，便又折回上海。据说他的太太看了病回家，不久便逝世了。因此他们夫妇始终没能见到最后一面。留下一个儿子，由祖母带领，几年后也因为出天花而夭折，才只七岁。

有一天我听到父亲在母亲面前谈他，我表面上装做若无其事，其实我正聚精会神地在听。父亲夸奖徐先生，认为他的人品才貌都难得，他断定他是一个可造的人才，母亲默默地听着，不时嗯啊两声，或者是颔首同意。那时候我的心里有说不出的高兴。最后，父亲慨叹地说：

"要是我们再有一个女儿就好了。"

在那一瞬间我仿佛受了极大的撼动，父亲的话意说得太明显了。虽然徐先生不曾为死去的妻子而伤心，但在他老人家的想像中，少年丧妻毕竟是很悲哀的事，而且他以后也总要再结婚的。为什么要"我们再有一个女儿"呢？因为父亲母亲的两个女儿，我姊姊已嫁到程家，我也和查家订了亲。如果再有一个女儿又将怎样？很显然的，他希望能有这样一位才貌出众、画艺高超的女婿。

▲奔马（徐悲鸿少年习作，本图由徐小阳先生提供）

就在这个时候，查紫含先生，也就是父母为我订的那位"未婚夫"，忽然犯了一个小小的错误。这个错误的本身如今看来已不足为奇，但是我从来没有和他见过面，尤其不曾听到有关他的为人性格，于是我便举一而反三，否定了查先生在我心目中的地位。

查紫含先生原来在苏州求学，大概是因为他知道了父亲在复旦执教，特地转到上海复旦大学来念书。他有一个弟弟，那时还只十一二岁，也在上海读小学，正好和我的幼弟丹麟同班，这位查小弟时常到我们家里来玩。

那一年暑假，大考之前，查小弟来找我的父亲，说他的哥哥叫他来，想要一份父亲所出的国文试题。我当时觉得很难过，很不满意，因为我认为他不应该这么没志气，想作弊，这件事给我心理上极大的刺激，从此以后，我对他便有了不好的印象。

一天早晨，母亲为我梳辫子，徐先生坐在一边看，嘴里在和母亲聊天。母亲随便地告诉他说：查家明年说要来迎娶了。我听了不觉一震。后来梳好了头，母亲下楼做饭，徐先生也告辞离去，剩下我一个人在楼上，思前想后，不禁悲从中来，就伏在桌上饮泣。这时忽听楼梯急响，徐先生又匆匆地跑回来了，原来他到弄堂口，才想起忘掉了一条手帕，回转来拿，正好撞见我在那儿哭着。他像是很了解我的心情，伸手拍拍我的肩膀，说了一句："不要难过。"然后折身下楼。

那年，父亲在复旦大学的一位同事林天木先生，他的夫人便是大名鼎鼎的薛锦琴，他们都是广东人，民国以前，薛夫人曾在上海张园发表革命演说，慷慨激昂，轰动一时。这时他们住在民厚北里，就在家里办了一间小学，收了十几个学生，自己一个人忙不过来。有一天林先生和父亲谈起，想找一个助手。父亲看我在家闲着没事，学校的距离又近，因此就推荐了我。自此我开始到学校工作。

有一天，朱了洲先生到我家来，父亲和母亲都不在，他突如其来地问我一句："假如现在有一个人，想带你去外国，你去不去？"

我听了他这么一问，心头立刻就映出了徐先生的影子，这"一个人"和"外国"，同时在构成强烈的吸引，它使我心底的暗潮汹涌澎湃，不可遏止，耳畔仿佛响起嘹亮的叫喊声：

"去呀！去！你为什么不去！难道你想等着查家来迎娶？"

其时，房间里是极端的静默，朱先生正凝神地瞪视着我，他的目光好像要穿透我的心胸。我茫然地站着，衡量自己一生中最严重的问题，去？不去？都将决定我未来的命运，然而当时我只有一种紊乱与无助的感觉。

也许是朱先生已经猜中了我的心意，他开始低声地告诉我说，这个人就是徐先生，他在最近时期要到法国留学，他很想带我一同到法国去。

我当然听说过徐先生要到法国的事，可是我连做梦也不曾想到，他竟要带我一同去！

还没有来得及考虑徐先生带我去究竟是什么用意，由于我一向对徐先生的好感和爱慕，以及逃避查家的即将迎娶，我在那么紧张急迫的气氛里，禁不住朱先生一再连声地催逼，竟脱口而出地说出了我的答复：

"我去。"

朱先生很满意，可是他一再地叮嘱我，这件事千万不可泄漏，否则将会有很大的祸事。最后他又说：关于出国的一切准备和手续，徐先生自会替我办理。我的神志逐渐清醒，想起自己是一个已经订婚的人，在当时的社会风气是绝对不能解除婚约的，所以只好默许秘密出走。

这以后徐先生便私下为我取了一个名字：碧微，还刻了一对水晶戒指，一只上刻"悲鸿"，一只镌着"碧微"。他把碧微的名戒整天戴在手上，有人问他这是什么意思？他很得意地笑着回答：

"这是我未来的太太的名字。"

人家追问他未来的太太是谁呢？他神秘地笑笑，不再答复。

不久，徐先生便开始积极地准备一切。他通知所有的朋友，说他就要动身到法国去，姬觉弥先生送了两千元的旅费，我们家里都给他饯过行。

他扬言某月某日启程，其实他仍旧留在上海，为我申请护照，办理出国手续，购买必需的日用品，还做了许多衣服。花色料子和式样，全都按照他所喜爱的挑选，而我后来看了也很满意。因为他是艺术家，懂得色调的配搭和式样的合宜。

那一段时期他匿居在辛家花园康有为先生的家里，当时康有为已经收他为弟子。他的秘密，除了康家，就只有朱了洲先生和我知道。

他和我必需通消息的时候，信就寄到林家的学校去，想不到林家的学校，在这时帮了我很大的忙，成为秘密通信的地方。也曾有过两次，他叫我到辛家花园去看他，我便向学校告了假，悄悄地前往。

一九一七年，第一次世界大战正在激烈地进行，由上海到法国的航线不通，出走的事已经决定了，时间非常紧迫。徐先生决定带我先到日本，再看风色。他把一切出国事项都办好了，便订了日本船博爱丸的舱位，博爱丸定于五月十四日清晨驶往长崎。

十三日我接到了徐先生的秘密通

▲康有为书法

知，他知道我从来没有单独出过门，在信上指点得特别详细。他要我当晚天黑以后，悄悄地离开家，雇一辆黄包车，到爱多亚路长发栈去找他。他并且叮咛我，雇车要找留辫子的车夫，因为那种人比较老实可靠。

由徐先生和朱了洲先生密商定计，到了我离家出走的那一天，朱了洲先生故意来邀请父亲、母亲和二姑出去吃晚饭，饭后再去听戏。他们一走，家里就只剩下我一个人，当时大概是傍晚六点多钟，我看看天色将晚，暮霭已沉，便竭力使自己镇静，把早先预备好的一封信，放在母亲摆钱账的抽屉里面。我知道母亲每夜一定要打开这个抽屉，她不会看不到我的留书。我那封信故意写得含含混混，大意是说我深感人生乏味，颇有想去自杀的意味。信放好了，我就两手空空地离开了家门。邻家已经亮起了灯火，弄堂里还有小孩子在笑闹游戏，我心慌意乱地匆匆迈着步子，走到巷口，按照徐先生的嘱咐，叫了一部黄包车。把地址告诉了车夫，他拉起来就跑，就这样，我离别了鞠我育我十八年的父母，开始走向艰苦人生的旅途。

到了长发栈，徐先生已经等候得很着急了，他一见到我如约而至，不禁大喜过望，但是我们还没有交谈，他又领着我另外换了一家栈房。

那一夜，我戴上了那只刻着"碧微"两字的水晶戒指，从此我的名字也改成了"碧微"。

博爱丸徐徐地驶出了黄浦江口，一出海，便碰上了恶劣的天气。从窗口外望，层层叠叠的云霭，堆砌在海天之间，风高浪急，波涛冲击着船舷，船身立刻便剧烈地颠簸。一阵头昏，只想呕吐，一会儿，徐先生也和我一样地晕起船来。

四十八年前第一次从事海上旅行，记忆中只是痛苦的回味和一片渺茫的空白，因为一路上我什么也没有看见，航行时间多半躺在舱里，呕吐得胃中空空如也。风浪小时才能勉强挣扎起来，到餐厅里进食。西餐味道不好，刀叉更不会使用，我怕人家笑话，暗暗注意别人的动作，心摹手追，依样画葫芦。徐先生却不理这一套，他用自家的方法吃大菜。

由于晕船，无法欣赏海上风光。船到长崎，身体仍然觉得虚软，脑子里也是昏昏沉沉的。乘火车到达了东京，我们找了一家旅馆暂时住下。

每每我望着这个极其熟悉却又像是非常陌生的男人，我内心喜悦，但也有如梦似幻的感觉。我经常在问自己，这一切，难道果然是真实的吗？

语言不通，举目无亲，初到东京的时候，处处都感到不便。幸好不久以后，徐先生遇见几位熟朋友，其中有一位是无锡人龚先生，他介绍我们到他所住的"下宿",租了一间六席小房。房东是日本人,楼下除了自家住用,把另两间余房分租。我们的右邻住着一位日本小姐,她大概是在上班,每天早出晚归。楼上三间,住的全是中国学生。其中一位杨先生,是新疆督军杨增新的儿子。他大概有意于我们隔壁的芳邻,因此我们常听到他在向那位小姐说:"あなたは美しいですね",意思是:"你很漂亮。"

我们所住的那间房实在嫌小,唯一方便的是左邻盥洗室。一日三餐,由房东太太亲自送来,通常是两菜一汤,白米饭一小桶,放在一只小方漆盘中,盘下有四只矮脚,落在地面就是一张小几,吃饭时席地坐在榻榻米上。我们对于这种吃法很不习惯,尤其菜肴虽然是中国做法,口味却相差不可以道里计,于是我们常去中国饭馆吃饭。当时唯一感到高兴的事,便是秋凉时分在东京也可以吃到淡水蟹,滋味还很不错。据说这种蟹是早年中国水手移殖过去的。

我在生活方面最感困扰的就是洗澡。日本盛行男女同浴,大家都赤身露体地共浴一池之内,他们习惯了当然不以为奇,但在我们中国女人看来,简直是不可思议的事。我们的"下宿"里没有浴室设备,要沐浴一定要上澡堂,就是日本人叫做"风吕屋"的。在我们附近的一家"风吕屋",总算是男女分浴,可是中间只隔一道薄薄的木板短墙,女池的隔壁就是男池。我第一次进去,一见浴室里有那么多人,吓得真想回身逃走,却是不好意思,只好硬着头皮,用最快的动作脱衣入池;殊不知又被同浴的日本女人赶出来,然后半用手势半说明,教我怎样洗东洋澡:先在池外用肥皂擦身,冲洗干净以后,再下池子去泡。我一一遵照做了,这才下水;一转眼,又看见仅在腰上系条毛巾的澡堂男工,提着水壶,登登登地在池边木板上跑来跑去,他对于浴室里的女人固然是视若无睹,但我却已羞得无地自容。从此以后,我是再也不敢去澡堂洗澡了。买了一口瓦缸,请房东替我烧水,就在缸里解决清洁问题。

房租伙食,每人每月日币二十一元,以当时国内物价比较,算是相当贵的,不过那时我根本不懂家务事,倒也不觉得生活程度高了,会有什么了不起。

然而,不通日语总归不行,于是请了一位老师到家里来教,徐先生和我一道学习。这位老师当然不懂中国话,授课的时间就用笔谈,可惜的是化了半年的工夫,却什么都没有学到。上日语课以外,徐先生又教我练字,临的是

《郑文公碑》，每天要写好几张。我很喜欢日本的习字纸，写好逐日保存，记得回国时一扎扎地放在地上，已有二尺多高。

刚到日本的时候，因为人地生疏，又是初次离开家庭，精神上很感苦闷，徐先生不大了解我当时的心境，因此他不能给我多少安慰。我万分惦念着我的母亲，不知道他们在我离家出走以后，会怎样的着急？更忧虑他们将怎样处理这件大事？是不是亲戚朋友们已经知道了我们的出走？种种问题，都使我日夜难以安宁。最感烦恼的还是我和徐先生私自离家，悄然出走，就怕人家知道，我为此改名换姓叫做碧微，因此常有不见天日的感觉，在精神上负荷很重，时时都在担心被人家发现我的行踪。每次有人来看徐先生，我就必须躲躲藏藏，可是屋子只有一间，无处匿身，只有避到盥洗室里去。要是徐先生和客人谈得高兴，那我就得长时间地站在厕所里，大受其罪。

楼上三位中国同学，可能已经知道了我们的秘密，龚先生有时就会调侃地从楼上朝下喊："老徐，你们宜兴有位蒋梅笙，你知道吗？"梅笙是我父亲的号，他这样提名道姓，显然别有用心。我听了以后，心中更加难受。

三个月了，姐夫从复旦大学毕业，东渡日本留学；他找到了我们，使我得到无比安慰。因为我只有一位姊姊，所以我一直把姊夫当做我的长兄，他在东京，我就等于有了亲人，经常来往，心情渐渐地宽松。但是也正由于他的叙述，使我知道了在我离家以后父母的焦急与紧张，以及出走事件在上海与家乡如何闹成轩然大波，父母为我蒙受了多少冤枉指责，讥讽嘲笑，使我这颗彷惶的心，更会无限地疚愧和忏恨。

原来那天夜里，父亲母亲听完了戏回家，看到我的留书，知道我已离家出走，当时是万分惊骇忧伤，焦急彷徨；但是他们认定我决不会去自杀，而且马上就联想到这件事一定跟徐先生有关。

于是两位老人家连夜去找朱了洲先生，因为他们料准朱先生一定知情，可是朱先生矢口否认，甚至于装做情急无奈的模样，在两位老人面前赌神罚咒，说他倘若知情不报，来日一定会被炸弹炸死。父亲母亲不得要领，废然返家。全家紧张会商的结果，事关蒋家的声誉，无论如何父母是坍不起这个台的，问题实在是太严重了，追不得已，只好决定通知亲戚朋友，说我到苏州去探望舅父，忽然得了急病，不治身亡。

第二天，母亲专程赶到苏州，去找吴绂卿先生商谈，绂卿先生是父亲的结拜兄弟，同时也是我的义父。他老人家心思细密，说是光这样掩饰还不够，就怕查家以为我真的死了，按照古老世家的习俗，他们可能会向我家要求把我的"灵柩"归葬在他家的祖茔，因为我既然已与查紫含先生订亲，在名分上就是查家的人。母亲着急地说这可怎么办呢？义父说事到如今，也只好假戏真做了。他叫母亲先预备一口棺材，以防万一。

母亲无可奈何地接受了这个"瞒天过海"之计策，果真在苏州买了一具棺材，可是棺木是空的，异抬的时候必然会被人觉出。母亲向义父问计，义父只好偷偷地叫人在棺材里装些石头，然后抬到一家寺庙里，暂时寄厝。

一方面还得通知亲戚朋友，说我不幸夭亡，听到消息的人不免将信将疑。这件事多亏母亲和义父，总算暂时地掩盖下来。不过，家乡、苏州和上海。认识我家的人都在暗底下议论纷纷，因为事情来得太突兀了。

"噩耗"传到了姊夫家里，姊姊信以为真，手足情深，立刻便痛哭起来。倒是姊夫知道这件事必有蹊跷，他请我姊姊莫哭，他说应该探听一个究竟。

伯父那边也接到了我父亲的通知，但是伯母绝不相信，她一向和我母亲不大和睦，难免在伯父面前说了许多挑拨的话。同时我和徐先生出走的事也在渐渐地传播开来，这一下闹得满城风雨，讥评四起。伯父写封长信大大地教训父亲一顿，骂他管教不严，竟让订了亲的女儿跟人逃走！

父亲母亲为了我的事情，不知遭了多少气恼，受过多少委屈。民国初年，一般人还很守旧，我家又是宜兴望族，书香门第，出了这种从所未有的事，那简直是地方上天大的新闻！好事的人渲染附会，消息越传越广。不久以后查家也听到了风声，他们当然是非常的愤懑，不过痛定思痛，也晓得真相如果揭露，对于他们自家同样的是大失面子，所以他们也就不再深究。只是后来，我的那位堂姊夫，也就是查紫含先生的胞兄，曾经在穷极无聊的时候，两次向我母亲借钱。

几年以后，查紫含先生也结婚了，母亲还特地赶去吃他的喜酒。

由于我的事情，又牵涉到一桩公案。我的堂妹玫君不顾伯父伯母的反对，竟自作主张地嫁给了朱了洲先生，使大人巷蒋家一连出了两个大逆不道的女儿。这桩公案本来和我无关，可是伯父伯母在盛怒之下，居然把这笔账也算到了我的头上。

▲黄震之像（徐悲鸿，1926 年）。徐悲鸿早年生活艰难，曾得到黄震之救助

朱了洲先生在家乡的时候，曾在一次学校运动会上，得罪过我的伯父，伯父对他的印象一直很坏。偏偏伯父的第五个女儿，我的堂妹玫君，竟会爱上了朱了洲。玫君生来娇小玲珑，天真活泼，是朱了洲先生将她从宜兴带到上海，考进务本女校，住堂读书。早年的女校管理学生生活，非常严格，平时不准外出，只有在星期天才准出来，而且必须有家长的请假信。可是有一次，朱先生用我父亲的名义，把玫君带出学校，一宵未回。

那一年的暑假，玫君回家，口口声声要嫁朱先生。伯父伯母不允，可是她的意志十分坚决，两位老人家一怒之下，声言一文陪嫁也不给。后来，玫君果然嫁给朱先生了，可是两夫妇以后感情并不好。

十一年后，到了一九二八年，徐先生应邀到苏州艺专讲演，我也同行。那时伯父伯母就和朱了洲夫妇住在一起，外表看来似尚融洽。不过有人告诉我，朱了洲又另结新欢了，他那个女人也住在苏州，因此他们夫妇时生龃龉，后来还是离了婚。

听了姊夫的种种叙述，我觉得万分的惭愧和难受。父母生我育我，我不但没有报答亲恩，反而给他们带来如此深巨的打击和伤害，思前想后，我不禁痛哭失声。也就在这个时候，我才鼓起勇气写信回家，向两位老人家请求饶恕。

父母爱子女的那一颗心，真像汪洋大海一样的深邃，我以为父母的复信一定会对我痛加指责；或者他们将余怒未息地根本不回我的信，只当我这个女儿真的在苏州暴病死了。可是，我接到他们的回信时，双手捧着信纸，几至哽咽不能成声。啊，慈祥的父亲母亲，尽管我罪无可道，他们毕竟还是原谅了我。

日本的印刷术优美精良，他们所出版的艺术书籍相当丰富，还有许多仿印的原画，都是徐先生视为至宝，爱同拱璧的。于是他经常到各书店去浏览观赏，碰到合意的便毫不考虑地买它下来。有时候他也要我陪他同去，当时我太年轻，对于艺术简直一窍不通，根本就不发生兴趣，往往是坐在一旁等他，一坐就是半天，那种滋味实在不大好受。

然而我当时还没有想到，更不好受的滋味还在后头。我们在东京住了半年，旅费和生活费用花得不多，倒是徐先生大量地买书买画所费不赀，因此我们带来的两千块钱很快地就要完了。东京居，大不易，再拖下去就得挨饿，于是我们只好在当年十一月间，又从东京黯然地回到了上海。

一到上海，起先还不敢回家，找一家旅馆住了几天。母亲闻讯赶来探望，她见我们住旅馆既不方便，花钱又多，因此就在民厚里一位朋友家里替我们租了一间厢房，要我们搬过去住。这地方离我们家只隔几条弄堂，我们每天都可以到家里吃饭。

徐先生再去拜见康有为，康先生说现在欧战正酣，你们既不能启程赴法，最好还是先去一趟北京，看看能否弄到一个官费，将来出国，两个人的生活可以过得宽裕些。他又说，如果我们愿去，他将给我们介绍几位朋友，请他们帮忙。

在上海住了一个多月，十二月间，我们又踏上了北行的航程。从上海到北平，照说应该走津浦铁路，但是徐先生为了要省钱，他决定乘海轮到天津。

我们乘的船很小，也不知道徐先生买的是什么舱位，一上船，便发现舱房里一片黝黯，上下铺位共有十个之多，而且男女混杂，我们舱里就只有我一个女人，其余都是做小生意和做工的。处在这种环境里面，我内心非常苦恼，可是又不好说什么。挨过了几天漫长的日子，船到天津塘沽口，那里居然没有码头，上岸的时候，中间有一截路必须涉水而过，我没有办法，只好雇一个工人把我背上岸去，当时真觉得难过，满心委屈，只是连一句怨言都不敢说。

由于朋友的介绍，我们认识了住在北平东城方巾巷的华林先生。华林先生住的是一座四合院，两进深，各有两列厢房，华先生住后进，一排三间。他让出一间正房给我们，中间客厅公用，租金呢，一家一半。

徐先生拿了康有为先生的介绍信，去看罗瘿公先生。罗先生是康有为的大弟子，和樊樊山先生、易实甫先生，同为当时北京的三大名士，在政教两界，说话都很有力量。罗先生夫妇对我们非常好，一口答应帮忙，随即写信介绍徐先生去看教育总长傅增湘，请他给徐先生一个公费名额。傅先生看了罗先生的信，立刻答允照办，不过当时欧战未停，航线不通，他说只要停战开航，他马上就派遣徐先生以官费生的资格，去法国留学，继续深造。

这样，我们就在北京住下，一心一意等待世界大战结束。希望虽然有了，生活还是艰困，华林先生看出我们的窘迫，便推介徐先生去看北京大学校长蔡元培先生。蔡先生也是热心而爱才的人，北大没有艺术系，他便专为徐先生设立了一个"画法研究会"，聘请徐先生担任导师。北大同学中凡是对艺术有兴趣的，都可以参加研究。"画法研究会"有一位干事陈邦济，浙江东阳人，他和狄膺先生是同学好友，由他的介绍，我们认识了狄先生，以后他便常来我们家走动。当时狄先生在北大很活跃，身兼好几个会的总干事。

北大给徐先生的薪水是每月五十元，但是要搭发什么交通票，拿到市面上要打七折或八折，所以实际收入只有三十多块。另一方面，由于华先生的关系，我们又认识了李石曾先生夫妇，李先生刚刚开办孔德学校，请我去教音乐。孔德学校就在我们住处的附近，来往倒也方便。

时值民国成立以后第一次小康局面，国家无事，北京城重又恢复了歌舞升平的气象，罗瘿公和易实甫两位先生都很热中于捧戏子。他们先捧梅兰芳、尚小云等男角，后来易先生捧仙灵芝，罗先生捧刘喜奎，这两位就都是坤旦了。一次罗先生偶听到程砚秋演唱，大为激赏，认为他将来必定是可造之才，前途无量。可是当时的程砚秋还没出师，他师傅也在想把他培养成一株摇钱树。于是罗先生半用金钱半用压力，为程砚秋"赎身"，替他租房子成家，全力捧场，程砚秋就此一帆风顺，走红氍毹。

▲鱼父（徐悲鸿，1926 年）

罗先生他们为戏子捧场，每天都要包下戏院头几排座位，拿了戏票到处请朋友看戏，徐先生当然也是被请者之一，因此他每天都要出去看戏。散场回家，时间已近午夜，我必须深夜等他的门。那时没有电铃，也没有电灯，我们住在后进，从房间里摸黑到外边开门，要经过两座院子，走一大截子路，黑幽幽的，心里不免害怕，同时每天晚上独自枯坐几个钟头，也感到非常寂寞。于是我请求徐先生，可不可以别再去听戏了，但是他不答应。为了心中不平，一气之下，我也去听戏。谁知当年北平戏院男女分座，男客在楼下，女客在楼上，座位都是条凳。这一下散戏自己回家，路上更害怕，经此一窘，我便不敢轻易尝试听戏的滋味了。

罗瘿公捧程砚秋，同时也捧梅兰芳。《天女散花》新剧排演成功，首次演出，轰动遐迩，一般"梅迷"大为兴奋。于是由罗先生出面，请徐先生为梅兰芳画一幅像，画中服饰就用天女散花的戏装。徐先生欣然应允，化了好几天工夫，画了一张《天女散花图》，这是一帧立轴，长约四尺。画成之后，罗先生十分赞赏，他并亲笔题了一首七绝，我依稀记得是：

> 后人欲识梅郎面，无术灵方可驻颜。
>
> 不有徐生传妙笔，焉知天女在人间。

我初到北京，不但乡音未改，而且还听不懂那种地道的北京话，平时既没有谈话的对象，朋友中女性更少，因此我觉得非常寂寞。往后几十年里，虽然经常听朋友在说北京住家怎么理想，可是我就从来不曾想过要到北京去住。因为在我记忆里，我那北京一年的生活，只有苦闷和贫穷。

方巾巷住了半年，转眼间到了暑假，北大有许多教授和学生，集体到西山碧云寺避暑，我们也参加了这个小小的集团，把方巾巷的房子退掉，两个人搬到了故都名刹碧云寺。

碧云寺殿塔亭台，重门叠户，规模相当宏大，内部十分幽深，我们和顾孟余先生夫妇合住一进屋，李石曾先生夫妇住在另一进，此外还有许多教授学生，同住在另外一个院落。碧云寺有厨子，专门为我们烧饭，每月伙食费大约是每人七块钱。生平第一次吃番茄，就在碧云寺里，北京人叫番茄为西红柿，红绿相间，鲜艳欲滴，不过我们所吃的西红柿多半是塞着肉的。

这一群人住在一起热闹极了，因为四周风景优美，彼此又很谈得来，加以谁都没有固定的事情要做，所以情绪上特别感到轻松愉快。每当月明星稀，大家三三两两，坐在碧云塔下，石台阶上，听钟声梵唱，谈生平抱负，海阔天空，无所不至。同学中我能记得姓名的只有两位，一位是罗家伦先生，另一位是四川人杜岑先生，抗战时他在重庆银行界服务。

碧云寺住持聚林法师，是个好人，但却不是好和尚，他不茹素，而且还喜欢喝两杯，曾听人说他在北京城里还养着女人，他和我们这群人处得很好，跟徐先生也成了好朋友。两个月轻松愉快的避暑生活过完，徐先生要和我下山时，他听说我们没有住处，自动把他碧云寺的下院吉祥寺方丈室借给我们，地点在后门大街，距离什刹海不远，盛情难却，于是我们便搬了进去。那座方丈室在大殿后面，单独一个院落，房子是一排三间，搬去以后，我们雇了一个老妈子，自己起伙。这位老妈子姓程，有个女儿，嫁给当时的骈文大家通电圣手饶汉祥做姨太太，我们背后开玩笑地说她是饶汉祥的丈母娘。

有一天我在东边房间发现墙上有一道秘门，门嵌在墙里，门扉同样的糊纸粉刷，所以一时不容易看得出来。推开这扇秘门，赫然别有洞天，不但有一间小房，而且还有一个三角形的天井，方丈室里要这道秘门干嘛？是否就是和尚的藏娇金屋，我们不敢妄加猜测，不过正好，程妈有了合适的住处。

这时候有一位吴先生，得到李石曾先生的帮忙，在碧云寺大殿前面一排侧屋里，开设了一所专练中国武功的学校。吴先生和我们成了朋友，我常去参观他们打拳练功夫，到也觉得有趣。

十月间，同在北大任教的朱家骅先生，从北京启程第二次赴欧洲，徐先生一听朱先生动身了，马上就去见傅增湘先生，问他为什么朱先生走了我们还不能成行？傅先生劝他说：欧战还没停止，你又何必那么着急呢？徐先生回家，为这件事还很不高兴。

自从到了北京，我们一直很穷，徐先生通常都在北大吃饭，或者是参加应酬，碰到家里青黄不接，他也多半不大在意。有一回我身上只剩下了两个铜元，折算起来还不到一分钱，正在发愁，程妈来说先生不在家吃饭，我们马马虎虎买半斤面下了吃罢。我问她半斤面要多少钱呀？她说四个铜子。我一时拿不出来，只好叫她先垫一下。第二天逼得没法，想拿母亲给我的一只金镯去当掉，但是徐先生不肯上当铺，他的理由是一个男人拿着女人的首饰去当，人家会怎么想呢？

无可奈何，我只好硬着头皮自己去。一出门就是后门大街，大街上有当铺，门口挂着厚厚的棉布帘，我在门口逡巡许久，一方面缺乏勇气，一方面又怕熟人碰见。最后，我想起不进去不行，这才在四望无人的时候，一头钻进了棉布门帘，抬眼一望，当铺柜台比我的人还高，我举起手将金镯递给朝奉，他接过掂量一下，说是可以当四块钱，我一声不响，拿了四块钱和当票就回家。

这只手镯，分量不重，雕刻的花纹却还美观，呈月牙形，嵌着一朵四瓣的花。镯子后来由徐先生赎出，我一直戴在手上，到巴黎后，不知怎么弄断了，结果还是卖给了法国银铺。

▲抚猫人像（徐悲鸿，1924 年）

徐先生和我都喜欢猫，在北京养了三只小猫，夜里同一个被窝睡觉。罗瘿公先生的长女公子，有一只猫高大肥壮，毛皮是黑白两色的，光泽洁亮，站着可以垂到地面，样子长得极为神气。罗小姐在结婚之前病死，罗家上下看见这猫就要想她，一想她就会伤心，但是猫儿实在太好，又舍不得丢掉，于是就把它转送给我们。我们高兴极了，离开北京的时候，更不忍和它分离，便带了它坐火车回上海。时值冬天，气候很冷，我把它用条毯子裹起，抱在怀里，不知道的人还以为我抱的是孩子呢。但是到了上海，还是因为弄堂房子太窄，养这只猫不方便，无可奈何便把它寄养到康有为先生那边，歇几天去看它，哪知它被狗咬了一口，我们都觉得心里很难受。这只猫后来也就留在康家了。

一九一八年十一月，第一次世界大战终结，徐先生再去见博增湘先生，傅先生开口第一句话便是："好了，你们现在可以出国了。"然后他立即派徐先生以官费生资格赴法国留学。徐先生领到了治装费和旅费，带我回到上海，积极进行出国的准备。

在这一段时间，徐先生曾和我到哈同花园，去见哈同总管姬觉弥先生。姬先生对待我们很好，大家谈得十分高兴，他还称赞我是福相，对于徐先生的前程一定会有帮助。他听说我们要去法国，送了我们三千元的程仪，并且亲口答应，以后每两个月给我们寄三百块钱。徐先生因为欧洲路途太远，把他在日本所买的艺术品和书籍字画，全部寄存在哈同花园。后来这批东西就此不知下落，而且，姬先生从我们到巴黎后，一直都不曾实践诺言寄过钱来，因此我们在欧洲，才会遭受到无数穷困苦难的日子。

附　录

引凤楼本事诗

宜兴蒋梅笙兆燮

画楼轩敞纳凉飔，四壁图书位置宜。
长日清闲何所事，焚香理曲赋新诗。

梅子黄时午夜凉，梦回酒醒合欢床。
云裳花气薰山枕，蘑卜清于茉莉香。

微茫曙色透晶帘，软语喁喁眼媚添。
解事梁间双燕子，呢喃语尽晓风尖。

天中佳节敞离筵，艾绿蒲青总黯然。
小别不须成瘦损，藕花香里泛归船。

一钩新月乍升霄，四拓琼窗爽气招。
向晓征帆留不住，凭肩私语可怜宵。

鸿毛遇顺喜还乡，绮阁花浓劝玉觞。
半醉风情增旖旎，媚波流眄逗春光。

海国红衫制作殊，短襟窄袖称娇躯。
兰汤浴罢迎凉坐，阵阵清风透雪肤。

每逢三五月团栾，问字添香到夜阑。
斜照半床人似玉，洞房便作广寒看。

吴绫新制凤头鞋，花叶玲珑样最佳。

惯倩萧郎拈彩笔，画眉窗下替安排。

日暮金飙拂槛凉，余霞散绮近昏黄。
一轮皓月圆如镜，恰与佳人照晚妆。

感逝伤离几度悲，镜鸾尘掩意慵窥。
今宵双照秦楼月，领取春风一展眉。

飙轮飞渡画溪来，一笑花枝照玉台。
忘却霜天寒料峭，锦屏香暖早春回。

凝脂比滑雪输妍，夏絺冬绤总可怜。
翻是蔡经勤乌爪，柔乡修到便登仙。

偶听深宵诵读勤，倦来香梦入梨云。
旋开锦帐移红烛，一朵娇棠睡夕曛。

佳晨欢笑弄宁馨，喜上眉峰两点青。
纤手自捻丝五色，为他系臂祝遐龄。

岁岁鸳针帐独穿，今宵牛女妒团圆。
画屏银烛情如许，知是前生密誓坚。

萍踪端不厌风波，又唱阳关可奈何。
我比双星已侥幸，秋期展得一宵多。

春风庭院百花妍，赢得佳人爱惜偏。
碧碗银瓶多供养，梦为双蝶藉花眠。

凤箫合奏唐宫曲，明月窥帘风入帏。
慧质灵心能协律，不嫌尘世赏音稀。

三生石上宿缘良，月夕花晨乐事长。
廿首房中新乐府，珠喉玉管按宫商。

秋夜玩月联句

遥夜漏声沉（梅笙），溶溶月有阴。

露荷涵晚镜（清波），风筱韵秋琴。

皎洁同千里（梅笙），团栾照两心。

良宵耽胜赏（清波），何惜冷鸳衾（梅笙）。

引凤楼诗草

荆溪戴澄珠清波

七　夕

独上针楼别恨新，银河皎皎隔红尘。

怪他灵鹊无情甚，只渡神仙不渡人。

瓜果中庭拜女牛，几家欢乐几家愁。

阿侬愿乞天孙巧，绣出鸳鸯总并头。

夜　雨

绣阁深深夜未央，梦回冰簟暗生凉。

无情窗外芭蕉雨，不管离人欲断肠。

题画四首

绿罗衫子白霓裳，爱向松阴倚晚妆。

手把一编吟咏久，等闲忘却绣鸳鸯。

菱荷风尽晚凉天，垂柳丝丝碧似烟。

纨扇轻携曲池上，折腰偷采并头莲。

小山丛桂自芬芳，我所思兮在远方。
激徵流商弹一曲，风飘金粟落琴床。

绰约丰姿画不成，霓裳缟袂最轻盈。
红栏斜倚娇无那，人比梅花一样清。

春 闺

帘栊寂静篆烟微，恼煞春归人未归。
燕子不知侬意绪，双双时傍画楼飞。

连朝风雨酿春寒，万紫千红总未阑。
寄语花开姑缓缓，殷勤留待主人看。

对 月

兰闺寂寞锁清秋，香冷金猊篆霭收。
一样团栾好明月，今宵偏解助人愁。

哭亡儿天麟

荆溪戴澄珠清波

本来生性太聪明，两载怀中无限情。
玉折兰摧刚一夕，便教抛掷向荒茔。

痴望神灵好护持，不将医药苦寻思。
如何恶候重重见，惨杀喉暗绝乳时。

忆从元日哺床前，细语依依尚可怜。
盼汝平安身再健，簸钱蹴鞠过新年。

凤世应无母子缘，如何恩爱苦萦牵。
临危握手尤怜汝，为我伤心一息延。

慧黠无双笑语稠，终朝嬉戏解人愁。
从今闺阁清如水，惟有晨昏泪暗流。

人人夸汝是佳儿，短折天心不可知。
七十衰翁难自遣，夜阑犹作悼孙诗。

夫婿英年抑塞多，秋风桂子巳蹉跎。
无端更失宁馨物，搔首青天意若何。

怀思无已转疑猜，未必精魂没草莱。
倘念劬劳恩未报，识环仍望汝重来。

2

欧战方停的时候，想回欧洲或去欧洲的人太多了。徐先生到各大轮船公司一打听，几乎所有的船票都已经预订到一年以后，于是他非常着急。后来听说第一批勤工俭学留法学生九十三人，在高鲁先生的照料之下，将搭乘日本轮船到欧洲，不日就要启程，徐先生赶紧托人，从他们那里分到了两张三等船票，不但解决了行不得也的困难，而且船上都是中国学生，彼此便于照料。不过那是一条相当小的船，载重只有七千多吨。

一九一九年三月二十日，动身的那天，父亲向我说了许多勉励的话，因为他要到学校上课，就由母亲送我们上船。三个人上了船一看，船只陈旧设备简陋不说，那日本船的三等舱，只能用欧洲轮船的四等相比，一百多个人挤在一间大舱房里，光线不足，空气混浊，乘客大多数是单身男人，还没启碇，嘈杂的声浪便已震耳欲聋。母亲看看眼前这种环境，想起自己娇生惯养的女儿，要在这里捱受一个多月的苦，一时伤心，不禁流下了泪来；离情别绪，原已无处宣泄，看见母亲一哭，我也不由自主地哭了起来。高鲁先生这时正走过我们身边，看见我们两母女哭成一团，连忙赶过来安慰道："时间过得快得很，几年工夫一下子就过去了，她不是就要回来了吗?"

同船的学生中，有两位看到我们母女哭得这样伤心，似乎很了解我们的困难，他们自愿将二等铺位和我们交换；徐先生很高兴，也很感激他们，立刻将二三等票的差额补付给他们，那笔差额当时要合到法币四百余元，但是我们总算住进了二等客舱，八个人一间房，分上下铺，和三等舱一比，当然要强得太多了。

这次遥远的旅程，路上一共走了七个星期，对我来说，又是一次痛苦的经验。因为船小浪大，波涛险恶，轮船有时就像在太平洋中载浮载沉的落叶，所以我晕船晕得厉害，简直不能下床，唯有在风平浪静的时候，才能到甲板上去走走。与此同时又碰到一件窘事，那便是我在东京所曾遭遇过的洗澡问题，这条日本船上的浴池，当然又是男女同浴，像我们中国女人怎么能够走进浴室去呢？实在没有办法，我就跟徐先生商量好，探望清楚浴室里面没有人，赶紧溜进去用最快的速度洗一次澡，而请徐先生替我在浴室门口把风。

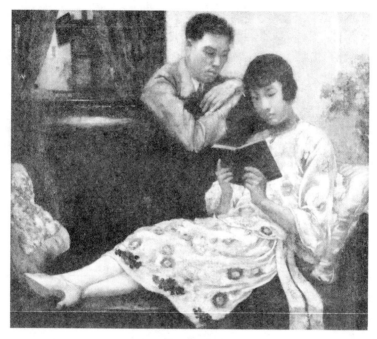

▲蜜月（徐悲鸿，1924 年）

船经香港，停留一天，这是我们第一次路经香港，曾经上岸游览，吃中国菜。四十六年前的香港，没有今天这么热闹繁华，而且范围也不若今天这么大。街头熙来攘往的，都是我国同胞，但是交谈起来，却又是语言不通，因为他们讲的是广东话。

第二站到西贡，那时的越南还叫安南，是法国的殖民地，轮船大概是因为装卸货物的关系，前后停泊了三天。徐先生是画家，对于风景名胜、异国风光很有兴趣，我们免不了要趁此机会到处观光。西贡的动物园和植物园都是很有名的，奇禽异兽，名花异卉，在在引人留连难舍，尤其是我们初见青葱蓊郁的热带风光，更觉得非常的喜爱。

这以后船经新加坡，入印度洋，到亚丁港，通过了东西方的交界处；驶进红海，穿越苏伊士运河，绕过西班牙、葡萄牙的南端，整整四十九天，五月八日，方始安然抵达伦敦。

船到码头，有几位留英的中国同学来迎接，使我们精神一振，高兴非凡。留英同学把我们九十五个人接到英国学生会，安顿下来。吃饭之前，负责招待的黄国梁先生，手持全套西餐餐具，站在一张凳子上面，高声向我们讲解餐具的用法，以及进餐时的规矩和礼节。他讲解得极为详细，并且还做动作示范，一再叮嘱我们吃西餐最忌发出声响，不但刀叉不能"叮当"作响，喝汤尤其不能有"嘘嘘"之声，等等，不一而足。

讲解完了，九十五个人一哄而进餐厅，上菜的都是英国女学生，头一道菜便是汤，一开动，唏哩呼噜之声四起，使接待我们的同学全都愕然失色。原来绝大多数的同学，都把黄先生刚才的一番讲解给忘了。

说来也是难怪，因为当年中国只有上海、北平、天津、广州……几处通商大埠有西餐馆，而第一批勤工俭学的同学，多数来自四川、湖南、湖北等内地各省，出国之前从来没有离开过家乡，对于西洋礼俗，当然一窍不通，临时讲授，实在是嫌不够。

我到伦敦的第一件事就是去洗头发，自己不会讲英语，请一位耿先生陪着我去。因为我的头发长可及地，英国理发师大概从来没有见到过，所以对我这一头乌油油又多又长的黑发，声声赞美不置，使我感到柔长的黑发并不比蓬松的金发逊色。在伦敦住了两天，江苏无锡人陈源先生陪我们参观了皇家博物馆，他对我们夫妇俩招待得十分周到。

五月十日渡过英法海峡，转车赶到巴黎，当时吴稚晖、李石曾诸先生在巴黎设有"华法教育会"，会中的几位执事先生特来照料，把我们送到一家旅馆安置。招待人员之中就有刘大悲先生，他是在欧战之前便到法国留学的。

一部分同学因为要转赴外埠，在旅馆里休息了一天就由招待人员带走，剩下来留在巴黎的同学，则被分配在好几家旅馆分别住下，这些旅馆靠近巴黎大学，也就是所谓的拉丁区。拉丁区一带像这样供给学生住用的旅馆很多，规模

▲持扇女像（徐悲鸿，1920 年）

都不大，但是设备倒很齐全。中国留学生多半集中在这儿居住。我们最初住的那家旅馆，是在苏美拉路十三号。

旅馆里都是弹簧床，上面有一两张毛毯，包着床单，铺得平平整整的，而且把床单和毛毯的三面塞进绒垫褥底下，睡时只要掀开上端往里面一钻，天冷时加一条四方形的鸭绒被，给旅客盖在脚头。有好些同学以为那条鸭绒被才是被窝，床上铺的是被单，鸭绒被短，盖住了上身就盖不了脚，于是第二天大为抱怨，说是法国人怎么会不盖被窝的？此外，每一房间的床头柜里，总有一只瓷器的溺盆，洗得干干净净，一尘不染。有一位同学肚子饿，出去买了面包回来，因为找不到容器存放，看到床头柜里有一只洁白的磁盆，也不知道是作什么用的，便拿出来盛放面包，逢人就端着请客，惹得大家掩口葫芦，笑痛了肚皮。

中国内地各省，男人的厕所多半是蹲坑。因此有一些同学用不惯抽水马桶，干脆就双脚蹲在马桶上面大便。一次竟然有人发生惨剧，大概是马桶已有裂痕，两脚一蹲，身量过重，那只马桶顿时就哗啦一阵响，四分五裂地垮了下去，这位闯祸的同学臀部被碎片割破，受了重伤。

语言不通，入境而来不及问俗，所以像这一类笑话，早期的中国留学生，发生得很多。只是当时确实也是无可奈何，刚到海外异域，什么事都要依靠自己暗中摸索。

我们在十三号住了些时，又搬到同街九号的另一家旅馆，同船来的夏安修先生仍旧住在十三号，等于隔壁邻居。这些旅馆都是五层楼，那时谢寿康先生、苏希洵先生也和我们住在同一旅馆，他们的房间在后面，只是当时我们还不相识。后来据谢先生说，他当时很注意我们，说我们俩夫妻什么都好，就是徐先生走路未免太快，总是把太太抛在后头。于是谢先生曾想留个字条给徐先生，劝他以后走路不妨慢一些，因为按照西洋礼俗，男女二人同行，男士一定要好好地照拂女士，即使不挽臂搀扶，最低限度也得齐肩并步。但是徐先生始终没有改过来，和我在一起走路时，还是健步如飞，因此别人就送他一个绰号，叫做"飞毛腿"。

夏安修、沈宜甲两位先生和我们往来很密，早在由上海到英伦的船上，我们已经很谈得来。沈先生对我的外表，观感很不错，认为像我这样的女人出国，可以为中国人争面子，因为普通中国女子都生得娇小玲珑，只有我身材较高，肤色也比较白皙。夏安修先生是北京大理院长夏寿康先生的公子，系出名门，平时享受惯了，自然吃不来苦。他到巴黎不久，便得了失眠症，常常睡不着觉，夜里以数火柴棒来打发时间。此后勤工俭学的学生一批批地涌到，几乎每条从东方开来的轮船，总有中国学生。后来的一批中有一位舒之锐女士，湖南人，她父亲是革命先烈。舒女士人长得很漂亮，谈锋很健，也住在夏先生那家旅馆里。她的居间，经常是高朋满座，夏先生当然也是常客之一。

我们这一群人三天两头见面，当然我们也看得出，夏安修先生和舒之锐女士已经陷入热恋，亲亲密密，出双入对。最妙的是不久舒女士有了身孕，可是连我这个女人都看不出来，什么时候进医院，什么时候生的孩子，朋友们都被瞒在鼓里。孩子生了以后，寄养在乡下人家，隔了很久，他们才告诉我们这回事。我们之间的友谊历数十年不变。后来夏先生夫妇回国，在上海定居，我在国内的时候，每次过上海，一定会到他们家里去盘桓一番。

拉丁区是学生出入最多的地方，因为巴黎大学和其他许多学校都设立在这一区域，因此到处都是小饭店，售卖定食。法国大菜是世界闻名的，定食虽然简单，但是口味不坏，菜肴也很丰富，通常都是一汤一鱼一肉一点心，面包无限量供应，此外还有四分之一瓶红葡萄酒。像这样丰盛的一餐，当我们初去时只卖三法郎七十五生丁（一法郎合一百生丁），折合当时中国法币两角半钱，后来涨到了五法郎，可以说得上经济利便。不过当时正值第一次欧战结束，法国虽然是战胜国，然而兵燹之余，物资相当的缺乏。有许多食物，在供应不继的时候只好利用代用品，所以我们吃的牛排往往是马肉；咖啡里搁的糖，也是化学方法提炼出来的糖精；一杯咖啡放那么两小粒，放下去咖啡会突突地起泡，吃起来总觉得不是味道。

住旅馆，吃定食，虽然方便省事，可是天长日久，想想还是很不合算，于是我们租好了房子，立刻自己开伙。

早在船上，徐先生就开始教我法文字母和拼音，到巴黎住定，又请了一位法国老先生，到家里单独教我法文。从一九一九年五月抵达巴黎，直到同年冬天，足足有半年多的时间，我都在埋头勤习法文，徐先生则每天到各处博物馆看画。巴黎一地，大小博物馆林立，搜罗之丰，庋藏之富，一向闻名世界。

我们到达巴黎时，刚好法国一年一度的全国美展在市中心区的大小二宫举行，这两幢大建筑物是专供展览用的。底层是沙地，那是为了便于陈列雕塑品。国家美展展出了全国艺术创作的精华，琳琅满目，美不胜收，其展品之多，规模之大，参观者绕行一周不知道要走多少路，看一天都看不完。有多少人宁愿饿着肚皮，徘徊不忍离去。那天徐先生去参观的时候，衣服穿少了些，路上又碰到一场大雨。回家马上洗了一个澡，大概是把寒气逼进去了，因此胃部剧疼；这以后就得了胃病，时发时止，而且常常呕吐，消化不良。直到两年后去德国小住，张季才太太提醒我们，说是吃姜可以治胃寒。徐先生买了德国的糖姜吃，方始渐渐地将胃病治愈。

那年冬天，有位朋友杨仲子先生，南京人，在瑞士洛桑城学音乐，娶了一位瑞士女郎，听说我们到了巴黎，一再写信邀我们到瑞士去。瑞士早有世界公园之称，徐先生对于那里的幽美风景十分向往，便答应杨先生去盘桓几个月。杨仲子先生的金石书法，造诣非常精深，但是他的作品很少传世。

杨家住在洛桑，洛桑位于日内瓦湖北岸，群山叠翠，湖水澄清，街道依山而筑，高低参差，层次分明，尤其清洁整齐，纤尘不染，看来令人赏心悦目。

我们在瑞士整整住了半年，杨仲子夫妇非常好客，瑞士人也都殷勤和蔼，在这天时、地利、人和的环境中，我们过得十分愉快。唯一的遗憾是因为经济的不宽裕，没有机会欣赏一下闻名天下的瑞士雪景，只不过在附近的名胜地区走走罢了。

一九二〇年春天，预备回巴黎去了。瑞士是法治国家，税制极严，政府规定外国人入境的时候，必须缴出护照，到离境之前，估计他在瑞士每个月的化费，发单课税，然后方可领回护照。徐先生接到税单，想想有点舍不得缴纳这笔税金，便跑到中国驻瑞士使馆，重新申请护照。按照规定，申请新照必将旧照缴销，可是当时我们的使馆办事还很马虎，竟又发给我们一张新的。我们拿了新护照买票离境，居然逃掉了这笔税金。这事算起来也有四十五年，恐怕我们的那张旧护照，至今还在洛桑市政府的档案中保存着呢。

回巴黎后，徐先生进了法国国立最高艺术学校，我也经过法文程度的甄试，进入当地一家女子学校五年级读书，照法国学制，五年级大约相当于我们学校的初中一年级。同班都是十二三岁的法国女孩子，唯独我这个外国人鹤立鸡群，年龄要比同学大上七八岁。好在我是外国人，又不计较学籍和文凭，我唯一的目的是把法文学好，足以应付日常的需要。

徐先生刻苦好学，努力奋斗向上的精神，是我一直都很佩服的。他进艺校之初，先在素描班画石膏，平时都是自己临摹，每星期三、六才有教授到班上来看他们的进度，并且加以指导解说，批评修改。画素描期间没有时间限制，如果教授认为程

▲杨仲子书法

度够了，就可以升到模特儿班去画人体，模特儿有男有女，每周更换。经过了这个阶段，再从名师学绘油画。徐先生在赴法国以前，绘画艺术已有相当造诣，入学后更废寝忘食地潜心攻习。他每天上午都在学校绘画，下午学校没有

课，他便去叙里昂研究所去画模特儿。研究所是私立的，雇个模特儿给作画者描摹，进去要买门票，门票每张一法郎，不限资格，人人都可以买票进去。除了上下午勤学不辍，他一有空又到各大博物馆流连徘徊，欣赏古今画苑的珍品。此外他最喜欢在回家途中绕道塞纳河边，那里是法国旧书、古版、印画的集散地，他经常游览搜求，一耽搁便是好几个钟头。

由于他既有的根底，以及他的辛勤努力，徐先生很快地完成素描和画模特儿两个阶段。那时法国艺术学校聘请的教授都是当代大师和著名画家。学校有许多大画室，每一间画室聘有一位名画家教画，而画室亦即冠以教授的名字。徐先生对名师佛拉孟极为崇拜，便选择到他的画室学习。

外国的高级学校，大都是进去容易，而毕业很难，不像我国的大学，进去很难，却没有不毕业的。巴黎国立艺术学校的绘画的部门，也很容易进去，因此有许多外国学生为了那里设备完善，环境自由，又有名师传授，所以都想进这学校去画画，不过这样的学生并不能算是正式生。艺校的正式学生，一定要经过理论科目如解剖、透视、美术史等考试及格，才算结业，而徐先生是中国学生中唯一通过理论考试的人。

国立艺术学校有许多古老的传统和有趣的故事。旧生与新生之间，根据他们的不成文法规定，新生进教室，一定要请客，把全班同学迎到咖啡馆里，美酒咖啡，饮料点心，让大家喝个痛快；这笔开销，往往相当的大。请了这一次客，还并不能够使新生获得平等的地位，因为平时在学校里面，旧生多半会装出盛气凌人的模样，把他们呼来叱去，颐指气使，新生简直就成了学徒和小工，什么事情都要替他们做，稍微反抗一下，凌辱就要来了。有一次，一位中国同学，姓赵，他个性偏强，不甘受旧生的指挥奴役，竟敢抗命，当下只听到有人大叫一声："脱呀！"转眼之间，老资格们一涌而上，七手八脚，把他全身衣服剥得精光，拖到模特儿台上，当众展览；最谑的是一位旧生，用些黄色颜料，从他臀部直到股间，曲曲弯弯地画了一条粗线，乍看起来，就像是他在泻肚子遗矢，于是全室哄堂大笑，使得那位赵同学羞惭万分，无地自容。

还有一次，一位法国军官太太，兴冲冲地去参观艺校，不料竟被开惯玩笑的学生们把她塞进一只大空酒桶，抬上马路，摆在中央，猛踢一脚，让它一路滚去；那位太太在桶里尖声呼救命，警察看到大桶自滚，弄得莫名其妙，赶紧上前把桶拦住，一看，原来还有人在里面，赶紧把她救出来。军官太太气愤之下，声言要向法院提出控告，结果当然是无从告起，不了了之。

艺术学院的学生是这样的调皮难惹，但是徐先生在他们之中，却是较严肃的一位，他不参加同学们的那些戏谑和恶作剧，当然这些事情也不会临到他的头上。相反的，学校上下都对他表示敬重，许多老同学，纷纷地自动和他结交。

法兰西举国上下，尊重艺术，尊重艺术家，更尊重艺术家思想言行的自由。法国一年一度的美术节，通常都在五月份的某一天举行，全巴黎的艺术家如癫如狂，尽情欢乐，节日的怪诞，行径的荒谬，一直到二十世纪七十年代的今天，都不是任何常人所可想像的。但是上自法国政府，下至平民百姓，不但不引以为怪，而且还用崇敬的目光，羡视艺术家们在那儿做惊世骇俗之举。

到了这一天，艺术家们的血管里，仿佛注入了疯狂放肆的血液，下午开始盛大壮观、多彩多姿的化装游行。所有的艺术家和模特儿一律参加，奇装异服，袒褐裸裎，有人骑马，有人骑象，人人别出心裁，装扮成古今中外各色各样的人物，总之以越新奇越好，越古怪越妙。曲线玲珑的模特儿们，干脆全身上下一丝不挂，露出丰满健美的身体，任人欣赏。有钱的艺术家订制古代帝王全套服饰，穷些的就套上纸制的彩衣，还有的就在自己身上画上许多鲜艳图案或色彩，高歌长啸，招摇过市。年年此日，巴黎万人空巷，途为之塞，市民们麇集街头，参观这一年一度最狂热的盛会。穿制服的警察跑来跑去，他们并不是忙于取缔，而是在为狂欢的游行队伍维持秩序。

晚餐的舞会，照例在巴黎最大的餐馆举行，山珍海味，征歌逐舞，醇酒美人，尽情享受。一到午夜，人人醉了光了，什么千奇百怪的事情都做得出来。

有一对美国夫妇，很向往法国美术节的热烈欢腾，乘赴欧洲度假的机会，在参观了新鲜的游行以后，兴高采烈地跑到聚会地点，要求准许参加。主事者一口答应，但说必须收取门票美金若干，那位男士很慷慨地立刻照付，于是两夫妇分别被引到两个门口，男的七弯八拐，不知道被他们弄到什么地方去了。女的却被带到会场，可是一进会场便有人叫她脱衣服，她大惊失色，竭力推拒，哪晓得有几位画家冲到面前，强制执行，动手便撕，直把她身上的衣服撕拚得寸缕不存，然后被人推入舞池，婆娑起舞。

徐先生在巴黎一住五年，他始终不敢参加这样的热闹场面。

▲徐悲鸿老师达昂（素描）

当时有一位大画家达昂先生，徐先生对他极为崇敬，很想拜在他的门下，只是苦无机缘。最后他不计一切地登门拜访，拿出自己的画作请他指教，果然获得达昂先生的青睐，收他为入门弟子。以后每星期天便到他的画室去面聆教益，渐渐的我也成为达昂先生的座上客。那时达昂先生的一位朋友，他也是每星期天必到达昂先生的画室去的。他是巴黎和平街最大服装店的老板，他收藏达昂先生的画最多，我们曾到过他家去参观，他的整座住宅，就像是一所博物馆，徐先生曾画过一幅画，题名《远思》的，拿去向老师求教，被他看见，他立刻出一千法郎买下。

由于达昂先生的关系，我们又结识了法国当代最伟大的雕塑家邓甫脱Dampt 先生，邓甫脱先生两夫妇都很慈蔼好客，后来这一对夫妇和我们也建立了深厚的友谊。他们很欣赏盛成先生所著的《我的母亲》一书，曾在我的纪念册上写了一段，说是由于读了他的书，使他们认识了中国的文化和礼教。还有一位贝奈尔先生，他曾做过国家艺术学校的校长，也是徐先生所崇拜的。我们第二次到巴黎的时候，他已八十四高龄，我们去拜访他，他还在我的纪念册上，为我画了一幅素描像。

我一生走的地方不算少，也曾在国内外许多大都市长期住过，在我来台湾以前，除了故乡宜兴，就数在巴黎住得最久。我先后两次旅欧，住在巴黎的时间共计在九年以上，因此我对法国人的了解也比较深。根据我当时的看法，法国始终是一个很守旧的国家，并不如一般人所想像的那么浪漫放荡。社会习俗方面，古老的传统很难改变。以法国女孩子来说，她们的境况恐怕还不如现代的中国女性。由于法国女多于男，女孩子受高等教育的真如凤毛麟角，少之又少，普通念到高中就已经很了不起了；而且受专业训练的也不多，因此就业机会很难，没有陪嫁或者没有继承遗产可能的女郎，多半难于嫁人，更加以根据法国的法律，出嫁以后的女人，假如在银行里存钱，必需丈夫共同签字才能领用，在这种种的情形之下，法国女孩子的地位是很可怜的。

法国人对于有色人种毫不歧视，这是他们的一大优点。由此，在巴黎街头通常可见黑人臂上挽着如花似玉的法国女郎，巴黎人司空见惯，也成为了她们一条很好的出路，所以我在四十多年前便已经有了这样的认识，外国留学生到巴黎，要是想娶一位法国太太的话，那应该是很容易的事。不过我已经离开法国三十年，现在是不是有所改变，我就不得而知了。

一九二一年，徐先生和我趁暑假之便，到德国去游玩，早年的中国留学生，趁假期出游，已经成了风气。因为除了一笔旅费开支以外，食宿费用到处都差不多，花少数旅费多到几个国家，又何乐而不为呢？尤其徐先生是位画家，他应该多观摩各国艺术馆的名画，多欣赏世界各地的风光。

从巴黎乘火车到柏林，下车以后，第一个印象便是战败国的首都，要比战胜的法国整齐得多；高楼大厦，鳞次栉比，街道更比法国整洁壮阔。德国人的脸上虽有几分沮丧，但是个个勤奋坚强，能够忍辱负重。

我们最先拜访的是孟心如夫妇，孟氏夫妇年前赴德，途经巴黎，我们由此认识。他们贤伉俪见我们到了德国，非常高兴，殷勤接待之余，第一件事便是引导我们拜访我国驻德公使馆。

当时我国驻德公使是老外交家颜惠庆先生，但颜先生这时正返国述职，馆务由一等秘书张允恺先生代理。张先生号季才，出身名门，他是前清两广、两江总督张人骏先生的四公子。季才先生一看见我，脸上便有愕然的表情，后来时常往还，大家都很熟了，季才先生这才告诉我们，原来我和他的一位胞妹容貌酷肖，而他的令妹，却在十多岁时便已夭亡。

季才先生夫妇都慷慨好客，张夫人尤其烧得一手好菜，于是张公馆也就座上客常满。那时候常到张家去的一些朋友，有朱骝先夫妇、黄伯樵夫妇、孟心如夫妇，有一时期还有黄膺白夫妇，以及胡世泽（时任使馆二等秘书）、谭伯羽、沈怡、曾垂祺、杨度先生的两位公子杨公庶、杨公召等诸先生。

季才先生夫妇把我看作自家人一样，有一天，他们大开筵席，把所有的朋友全都请到，席间他便宣布，要认我为谊妹，在场的人当然都热烈赞成。于是季才先生便叫他的一子一女向我行大礼，磕头，叫姑姑，从此我也改口称张季

▲双饮马（徐悲鸿，1943 年）

才夫妇为八哥八嫂，因为大排行他是老八。

　　沾了这一层光，徐先生和我后来才不至于在德国挨饿，真可以说是天无绝人之路。因为那时是一九二一年，直奉战争已经开始，北平政局一夕数变，所有留学生的官费全部发不出来。我们原先打算在柏林玩两三个月的，岂知一拖便是整整二十个月。二十个月里面，季才先生夫妇对我们帮忙不少，这份隆情盛谊，数十年来我时刻不忘，总以未能好好地报答他们为憾。

中国驻德公使馆坐落在一条繁华的大街，张季才先生起初携家带眷住在使馆，后来另找房子搬了出去。他在柏林的官舍排场相当的大，他是带了一妻一妾赴任的，还有太太生的一子一女，年龄都在二十左右。女儿神经有点不正常，儿子也是不肯读书。那位江阴籍的大太太温柔贤慧，热心诚恳，季才先生碰到外国人来访，姨太太不好介绍，便说她是女儿的家庭教师。

季才先生夫妇唯恐我们住不安定，同时也为了徐先生作画方便，替我们租了一间小小的画室，另外还有一间卧室，厨房里备有瓦斯炉。搬过去定居不久，有一天，忽然接到巴黎方面寄来的一份通知，原来在巴黎的一些老朋友，暑假期中不甘寂寞，居然别开生面地组织了一个"天狗会"。那封亦庄亦谐，妙趣横生的通知写的是：

敬启者：

　　天狗会于昨日开成立大会，当场投票选举会长，赵君××得多数票，被选为会长，当场欢呼，"天狗会万岁！""赵狗会长万岁！"赵狗会长"致谢词外，略有演说，已载旅欧周刊与巴黎各报"，余兴为江小鹣先生客串《杀圣劝妻》，为警世名剧。近日同人正从事起草本会简章，不日即函奉呈。今日又开第三次会议，选派代表出洋考察狗种，当场谢君次彭被选出使德国，于礼拜四首途，又公举吴君（此人新自中国来，具有狗性）出使英国伦敦，审察一切英狗，均于同日首途，已电驻德驻英狗公使接待一切，此本狗会成立后之近状也。近仍不得先生函电，引以为憾，候次彭狗使到德后，面陈一切，必能洞悉本狗会宗旨与趋向，并向先生磋商本狗会一切事宜。此二人所以出使，亦为邀请先生而来也，惟会中有一事急欲奉知者，本会简章第一条，忌用狗字，除天狗会用狗字外，凡遇狗字苟音均以圣字代之，如"狗屁"，即曰圣屁；如"苟有用我者"，亦以圣字代之；如江先生前串"杀狗劝妻"，即以圣字易之，以示尊重。先生以后用字务宜注意，必需一体遵守，则天狗会幸甚，狗会长幸甚，同仁幸甚，顺请狗安！

　　　　　　　　　　　　　　　　　　天狗会谨启　八月十日

隔不几天，被"天狗会"奉派出使德国的谢寿康（谢先生号次彭）翩然驾临，他一直找到我们在柏林的临时寓所。当晚我们请他吃饭，他滑稽突梯地说出"天狗会"组成的经过。有一天，几位好朋友在咖啡馆里谈天，有人提起上海组成了"天马会"，我们又何妨来上一个"天狗会"？就这么，一个海外留学生的小团体半开玩笑半认真地组织起来了。

"天狗会"没有宗旨，也没有什么组织，但却定了很严格的章程，这个章程经常更改，因为无论是谁另外想到了一条，经过大家同意，立即便可以补列。其中最重要的一点是"天狗会"会长系由会员公选，而他本人却可以毫不知情，这是由于"天狗会"会员们不满国内某些人士的作风，一有组织成立，大家则拼命钻营想当首领。于是我们规定"天狗会"会长的唯一资格必须是个屁精，谁愿意当屁精呢？是谁也不会来争夺这个职位，甚至于暗中选定了会长也不能通知他。

"天狗会"的会员经常聚会，我们选派一位"驻德公使"，接继谢寿康先生回巴黎后的重任，"驻德公使"是敝同乡朱一洲先生，他便是朱了洲先生的介弟。

天狗会的会员常玉、孙佩苍，后来也到了柏林，为了表示团结，同时谢寿康先生又一向喜欢烧饭做菜，他看中了我们的瓦斯炉，由他一建议，我们就此组织了小型伙食团，开始自己做饭吃。

合伙的份子，就是谢先生、徐先生、孙佩苍、常玉四位先生和我，做饭烧菜由谢先生跟我两个人负责，徐先生洗碗打杂，只有常玉袖手旁观，什么事情也不做，每天十一点多钟才来，谈谈笑笑等吃饭，吃饱饭拍拍肚皮就走，有时更弹奏几曲曼陀铃，这伙食团没有维持多久也就解散了。

这时俞大维先生和陈寅恪、登恪两先生都在柏林，他们也很喜欢到我们家里吃饭，谈笑风生，极为欢快。陈登恪先生是陈散原老先生的八公子，文章才华，冠绝一时，他也是从巴黎来小游柏林的。

战后柏林，人心不安，社会未复，脆弱的经济基础风雨飘摇，德币马克每天都在贬值，十百千万亿兆，钞票越印越多，物价扶摇直上，通货膨胀达到史无前例的地步。这一来苦了德国老百姓，却大大地便宜了当时旅德的外国人；因为外国人有的是英磅法郎，兑价一日数涨，不说赚钱，最低限度可以保值，德国人称外国人为"外汇持有者"，多少有点嫉恨。

德国币值不稳，谁都不肯将马克留着过夜，因为今天用五千马克能够买到一枚鸡蛋，到明早一枚鸡蛋也许要卖一两万，为了避免损失，我们只好算计每天的用度，该用多少钱，就兑换多少马克。

由于马克贬值，使我们能够在柏林撑过了二十个月，这期间朋友帮了很多的忙，黑市的差额也增进了我们的"收入"。徐先生利用机会，还买了不少的原画和典籍。买原画在以前是我们不敢向往的事，但在这段时期，徐先生却在每笔交易上都占了很大的便宜，通常是他看中了一幅画或者一件艺术品，问明价格，他便先付一点定金，隔几天备价去取；到那时候，马克可能已经贬值好多倍了。与此同时，孙佩苍先生也搜购了不少好东西。

只有谢寿康先生闹过一次笑话，因为当时抢购的风气早已形成，人人见了东西就要买，有一天谢先生买了大批的头发水和化妆品，扎成一包，拎在手上。通过大街的时候，不知怎样绳子断掉，瓶瓶罐罐摔到地上，全部砸碎，谢先生却头也不回，赶紧走。因为他怕路上的德国人看到，会幸灾乐祸地讥笑他。

一九二二年我曾害过一场严重的病，说来好笑，直到四五十年后的今天，我仍不知道我那次害的是什么重症。想像中大概是肠胃发生了问题，因为我在日本不习惯蹲坑，于是渐渐地感染便秘，以后严重到不吃菜就不能大便，而且胃纳日减。谊兄张季才先生请来特约德国老医师为我诊治，他坚持送我到医院开刀，至于开刀割除的是什么，我自己根本就不清楚，只晓得上了麻药，全身麻醉，动手术前后，足足有五个钟头。我人事不知，昏迷不醒，徐先生和朋友们都很惊慌。主治医师看看不对，便叫他们高声用华语喊我。待我醒转，觉得小腹上有砂袋压住，当我需要转侧时，便痛彻心肺，因此好几天使我不敢动弹，幸好不久就康复了。

康复后，我在柏林买了一具小提琴，从一位德国琴师，开始练习。

暇时，我们也曾四处旅行，饱览日耳曼的山川景色。某次，我和谢寿康、常玉、陈登恪三位先生往游柏林附近的方济湖。湖面辽阔，两岸距离相当遥远，但是那时我们的兴趣很高，轻舟小桨，我和谢先生挥汗划行，居然抵达了对岸。煞风景的是到岸以后突来一阵骤雨，四野无处躲避，人人都淋成了落汤鸡，在那么狼狈的情况之下，我们仍然扬声大笑，意兴遄飞。

▲熟睡中的蒋碧微（徐悲鸿，1926 年）

又有一次，谢寿康先生、孙佩苍先生、徐先生以及一位东北籍的张先生，和我五个人集体旅行，远游德国东部的莱比锡和德莱斯顿，来往都是乘的火车。德莱斯顿位于易北河上游，扼德国通往捷克的门户，为萨克森首府，乃美术、工艺、音乐的中心，景物佳胜，早已脍炙人口。尤其是它的深山密林，直矗云天，极为壮观。我们去时正值秋深，落叶离梢，缤纷飘坠，满山满谷，好像覆盖着一层黄金。积厚的地方，足有一尺多深，踩在上面软绵绵的，如铺茵陈，如在云端，非常舒服，使我们徘徊留连，久久不忍离去。

在德莱斯顿的山间旅社，平台上眺望远山近树，不论从哪个角度欣赏，都可以看到美丽动人的画面。何况旅社还有特产佳肴，那是价廉物美、爽脆可口的竹鸡，这在柏林是很珍贵的肴馔。

一路上，谈谈笑笑，诙谐并陈，闲来无事，就玩纸牌，打法是法国式的，约略仿佛今日盛行的桥牌。

德国制的照相机举世闻名，价格相当便宜，我们几乎人手一架，尤其孙佩苍先生还买了照相馆通用的那种大型相机，可摄十二寸及二十寸原版照片。孙先生用来拍摄原画，方便得很。

我们请了一位德国人，来教授摄影，从对光学到自己冲洗。由于朋友之中，只有我是唯一的女性，因此我便成为男士们拍照的模特儿。在柏林时期，真不知拍了多少照片，其中颇有一些佳作，可惜抗战时都在南京遗失了。

陈登恪先生比我们先回法国，返法后，写来一封信，他淋漓尽致地描绘出战败后的德国"人穷志短"的可晒情状：

返法已一星期，一言不发，柏林舆论，当为之大哗，故急草此书，以安人心。当动身离柏林之晨，孙刘两公建议，谓从动物园车站上车，恐人多无车位，不如去前一站，较为妥便，于是遂从多数通过，以时间迫促，遂未及通知诸公，窃谓车过动物园时可相见。不意管车人喝了两杯（天狗会的行话），竟迟到四十分钟，大约诸公认为"他们今天动身也是假的"，遂各散去矣。江先生（画家江小鹣）之画，竟未带来，深为歉疚，且劳公等在站久候，也应当说几句"对不起，对不起"。好在江先生今年不能回国，如有便人来法，尚希为之设法带来，以赎吾过。

二等车无一隙地，遂入头等，验票人来，告以二等车无一空位，三人共给以马克一千，钱可通神，使得这位黄胡子舅子（他学郭有守先生的四川话）笑逐颜开，低声说：俟过一站后，即为我等所坐之头等改为二等。

车厢中除我三人外，尚有二位洋人，都是蹲蹲对对的（他学谢寿康先生惯用的赣州话，意思是真正不假的）头等票，验票舅子得了贿，忙得狗颠屁股似的，不知在何处腾挪出两个头等座位，低声下气地求这两位洋人搬出去，替他们驮行李，提皮包，弄得汗流满面。这两位洋人既去，于是头等车厢硬改为二等矣！诸君如不信，有门外挂的牌子为证！这个舅子向我们表示劳苦功高的样子，似乎再想一点好处，三人身边一共尚有二千马克，索性都给了他了。

出德境未验护照，大约也是喝了两杯吧！税关上的舅子拿一条白粉笔，在箱子上画了几个叉，一语不发地走了，大约也是喝了两杯吧！我们三人的行李堆积如山，几乎将一个房子都占满了，然而入法境时，只将一只小皮包打开，他老人家（法国关役）只轻轻地临去秋波那一转，向皮包里略一瞄就走了。隔壁房里有几个中国佬——不知是谁家的儿子，带有仪器一大盒，胆小不敢搁在箱内，取出藏于座椅子下面——大约是初出门的，不知道查完箱子后，要乘客都出去，让他们细细地翻桌搜椅地查——果不其然，搜出来了！端端正正地捧在手内，对着阳光细看，可不是一大盒蹲蹲对对、崭崭新新、光光亮亮、明明白白在德国新买的犹太货吗？

诸公要知道，仪器是犯禁的，这回既被查出，非同小可，不是玩的，这位黄面先生不是糟了吗？然而不然，关役先生恭恭敬敬地送还给他，口称这是用过的，还"上了锈呢"；但是下次要小心点。

这位关役先生与那位中国先生，非亲非故，又无师生关系，何以如此破格徇情？于是议论纷纷，有的说他是亲华派；有的说他敬重斯文，看见我们学生，所以另眼相看；有的说现在是冬天，所以不及夏秋严禁；有说他喝了两杯的；有说他是社会党党员的；有的说到底法国人好说话；有的说他们来势汹汹，扬威耀武，磨拳擦掌，其实也是假的。

在德境晚餐，有鸡有酒，三人共去二千余马克，但是身无一马，将法郎折算，娘乃头（汤葆光先生爱说的湖北话）的舅子，硬生生地算了我们十二个法郎去。次日早餐多少钱，一时记不清，不敢妄说。午餐无鸡无酒，三人共去了三十多个法郎。到巴黎之日，即在萧家饭铺遇见汤公宝山（谑称汤葆光先生），当即将悲老（指徐悲鸿先生）嘱转致之事告之。是日倦极，遂在巴黎与孙先生同榻。次日大雨倾盆，狂风怒吼，又不思回乡，乃模模糊糊地在巴黎睡了一夜，遇见赵会长（天狗会会长，他本人并不知道有此荣衔），遂将孙军师（天狗会军师孙佩苍先生）嘱转致之十法郎予之，有专使在旁作证。此间时雨时晴，不如在柏林之冷，然寒舍仍日日烧火，独居寡出，极力收心，作预备上课读书工夫。初时心惶惶然无所主，如青春少妇，甫嫁而骤寡者，近略觉有所安顿，仍不大宁静，颇似绝妙名姝，嫁一鸡皮鹤发之大腹贾者，一笑。此间新闻甚多，不欲再事饶舌矣。匆颂 近安。

巴黎物价似觉略低一二，如我昨日购米只一法郎二十生丁一公斤，但房价大增，且不易觅，悲老之画册谨为代存封存锁箱中，既无污损之忧，复无水旱之灾也。

登恪启　五日

一九二三年的春天，我们正为费用不继，而在日处愁城，忽然接到驻法大使馆的通知，大意是教育部已经补汇全部积欠官费，叫我们前去领取。涸辙之鲋，绝处逢生，这一喜真是非同小可！徐先生立刻写信到巴黎，请使馆将钱汇到柏林。钱到之后，把所有欠款还清，和朋友们殷殷道别，我们重回巴黎，继续学业。

在回巴黎之前，我买了一件黑色兔皮大衣，那在一般皮货里面，要算是最便宜的了。我一向不讲究衣饰，买这件大衣，实在是因为兑汇的关系，价格要比巴黎便宜得太多。

当时徐先生并没有什么表示，不料在四十多年后，忽然引起了一桩公案。徐先生在大陆逝世，香港的《新闻天地》周刊，登出了一篇文章，追记徐先生的往事。其中有一段记述徐先生批评我对学习不大热心，说我曾把他叫我买提琴的钱，拿去买了一件皮大衣。不久，《新闻天地》发行人卜少夫先生到了台湾，曾来我的寓所，我提起这事，他表示如果我有所说明，他愿意刊载，我当时只一笑置之。因为我想这段记载一定有错误，我在柏林所买的提琴，后来使用多年，在巴黎的时候，徐先生还曾为我画过一张油画，画的就是我凝神奏琴，这张油画，至今我还悬在客厅。

张季才先生夫妇设宴为我们饯行，临别依依，无限怅惘。后来到一九二八年北伐成功，季才先生挈眷回国，一九二九年、三〇年之交，我们再到北京，他已在故都做寓公，儿子结了婚，在一间学校教授德文；姨太太不幸死了。伪满政权成立，听说他已出关投奔溥仪的小朝廷，从那时起，我们才中断了联络。

在巴黎的那些年，我始终没有进过什么学校，一方面固然由于生活困难，我要做家事；另一方面也因为我一向是个不思进取的人，因为我所受的旧式家教，以及当时社会的环境，都不鼓励一个女人去开创事业，所以我向来少有积极进取的计划与决心。徐先生对我的学业问题更是不闻不问，一切听任我自己作主，所以在巴黎一住五年，我只学过一阵子音乐，拜的老师是巴黎国立歌剧院的提琴手比松先生。他每周教我两小时的提琴，比松夫人则教我两小时的乐理，两夫妇待我非常亲切友好。比松先生领导的一个管弦乐队，每周一次在埃得来戏院公开演奏。比松先生总是送票请我去听，这样我就等于一星期上六小时的音乐课程。

我们回到巴黎，先住旅馆，后由朋友介绍，在凯旋门附近的第八区，租了一间画室。巴黎市容整齐美观，因为政府规定所有的房屋不得超过六层，我们所租的画室，便在六楼，可以算是巴黎最高的寓所。据说，这幢房子的女主人从前也很喜欢画画，她自己住在五楼，所以便在六楼开了一间画室，后来她自己没空画了，就以低廉的价格出租。这使我们感到非常的合适，因为徐先生最需要的便是画室，于是我们在市面买了些简单的家具欢天喜地地迁入新居。

▲箫声（徐悲鸿，1926 年）

这时我已经学会做家务事，因为徐先生向来对于家务琐事不大管的，所以我只好挑起这个重担。可是住在六楼，画室算是有了，然而我却在为上楼下楼大吃其苦头。

提起那些苦头，常使我有愤懑不平的感觉。巴黎的房子，四层楼以上一定有电梯，我们的住处高居六楼，而且就在凯旋门附近的所谓高级住宅区，这座楼当然是有电梯的。可是电梯在前面，只通到五楼止，因为六楼是专供住户的佣人居住的，只有楼梯可走。从楼下到六楼，足足要爬一百多级，而我却常常为了缺少一根火柴，来回爬这一百多级梯子。

回巴黎不久，刘纪文先生、张道藩先生和邵洵美先生，他们也都由伦敦转来法国。天狗会组织扩大，于是会友们公推谢寿康先生为老大，徐悲鸿先生为老二，张道藩先生为老三，邵洵美先生为老四，军师是孙佩苍先生，郭有守先生是"天狗会行走"，江小鹣为专使，我呢，因为"天狗会"只有我一个女性，他们戏称我为"压寨夫人"。这一阵子的生活，可以说是过得轻松愉快，欢欣热闹，会友们情谊亲切，有时候一天要坐好几次咖啡馆。

一九二五年北京的政局波谲云诡，变幻莫测，官费起先是断断续续地汇来；然后竟宣告中辍，这一下使我们大为狼狈，经常捉襟见肘，用费不继。记得有一次，眼看第二天就要断炊，徐先生彷徨无计，叫我到一位刘先生家里去借钱。刘先生是湖北人，时任中国驻巴黎领事馆随习领事，是我们最要好的朋友，他带着一妻一女住在巴黎，两家时时来往。我到了刘家，大概是下午四点多钟光景，他们一家看见我都很高兴，谈谈说说，不知不觉就到了晚餐的时间，于是他们殷勤留我吃晚饭。吃过晚饭后，坐下来再聊，几次三番，我踌躇再踌躇，考虑再考虑，一直到夜晚九点不得已而告辞，我仍然鼓不起勇气开口借钱。可是时间却已整整耽搁了五个多钟头。

回到家里，徐先生已经上床睡觉，听见我回来的声响，他翻身坐起，问我借到钱没有？我无可奈何，只好坦坦白白地告诉他，我实在缺乏向人开口借钱的勇气。他听我这么说，一语不发，躺回床上继续去睡了。

第二天起来，两个人预备一道到朋友家去吃饭，可是身上只有一个法郎，算一算，买两张地铁车票需要八十生丁，剩下二十生丁刚好买一张日报，于是我们走下楼去。

当我们到了楼下，经过门房，刚要走出大门的时候，门房忽然喊住我们，递给徐先生一封信。徐先生边走边拆，突然他欣然地笑了，将信递给我看，原来是公使馆的通知，教育部寄来了一个月的公费，请徐先生到公使馆领取。大旱逢甘雨，绝处又重生，我看完了信，当然很高兴，想着向人借钱的苦痛，真是如释重负。

徐先生也很兴奋，他叫我仍然按照预定的计划，到朋友家去吃饭，他自己先到使馆领钱，领来了钱，再跟我到朋友家里会合。

人在穷困的时候，灾祸反倒来得特别的多，这也许就是我们中国俗谚所说"福无双至，祸不单行"的道理。那一年夏天，巴黎突然大降冰雹，可怪的是满天冰雹单单第八区落的最多最大，我们所住的顶楼，为了有充分的光线，屋顶有一部分镶嵌着玻璃，冰雹一来，玻璃多半打破，画室里更是一片狼藉，我们想请房东修理，可是一看合约，那上面明明白白地规定，房屋如遭天灾人祸而致损坏，修缮之责概由租客自负，而我们此时又是最穷困的时期，徐先生和我简直懊恼焦灼得不知怎样是好！

正在面面相觑，忽然来了一位访客，访客是我国驻巴黎总领事赵颂南先生。赵先生一进门就说：我听说你们这一带冰雹成灾，恐怕你们受到了什么损失，特地赶来探望一下。

赵颂南先生是江苏无锡人，崇尚洋习，爱好艺术。他带着一家人住在巴黎任所，膝下有两位公子，常常邀请我们到他府上吃饭。他府上富丽堂皇，陈设布置极为讲究，收购的原画珍品也多，一家大小的生活习惯全盘欧化。他有两句批评中外人士的异同之点，他说："中国人为吃而活，外国人为活而吃。"

他大力提倡幼童留学，就是把知识初开的儿童送到国外，直接接受西方教育。他对于自己的构想，有他的一套理论。他说："现在我们中国的建设，处处要用外国人，诸如工程、机械、邮电、交通，以至于军事和教育，请外国人不但高薪优给，而且还把国脉民本统统抓在外国人手里。在这种情况下，我们为什么不能选拔聪明优秀的学童，送到外国留学，学成以后，回国服务，就当他外国人用，不也是一样吗？"

赵先生从不徒托空言，尽唱高调，他为他这个理想化费了不少的心血和金钱，不但让他的两个公子接受西洋教育，而且还运用私人的力量，在家乡选拔亲友子弟，送到外国从根本学起。赵总领事的两位公子会说无锡话，中文大概读得很少，洋务方面则是学有专长。家乡弟子被他带到外国以后，造就了许多出类拔萃的人才，譬如后来在上海开业的名医师徐宝怡，就是赵先生的内侄，幼童留学成功的范例。

那天赵先生到我们家里，看出了我们狼狈的情形，他立刻送了我们一笔钱，这才解除了我们迫在眉睫的困难。他这种雪中送炭的友好表现，至少在我个人是终身难忘的。

▲ 蒋碧微像

朋友只能救急，不能救穷。起先官费的汇寄时断时续，我们尚可以咬紧牙关，勉强维持。后来官费像断线的风筝一样，毫无着落；那就不仅是痛苦，而且更面临着断炊的莫大危险！

走投无路的时候，我们想到去做工，用劳力换取顶起码的生活费，只求不致成为饿殍就行了。但是在法国找工作谈何容易？他们自己的失业问题正在严重关头，哪有工作给外国人做呢？

奔走了不知多久，才找到了两种临时工作，我给罗浮百货公司做绣工，徐先生替书店出版的小说画插图。绣工是粗糙而简陋的，在制就的外衣或睡袍上，按照预先画好的图样绣一朵花，几道花纹，有的用粗丝线，有的干脆用毛线。当时和我同做这种工作的，还有夏安修太太、袁浚昌太太和四川籍的李琦小姐，我们轮流到公司去领衣服，拿回家来做，做好一批再换领一批，工资是按件计酬，大概绣一件可以收入五个法郎。

两种临时工作不但待遇菲薄，而且为时短暂，要想靠它维生，那是痴心梦想。我们苟延残喘地拖了一段时期，终于有一天，我们发现，我们在巴黎确已到了山穷水尽的地步，如果再不另想他法，那么只好束手待毙。

"我们怎么办呢？我们怎么办呢？"深藏在内心里的恐怖和隐忧，迸出了焦灼痛苦的声声呐喊。

3

靠徐先生一个人的留学官费，我们在欧洲撑过了六年光阴。一九二五年，国内政局动荡不安，留学生官费停发。我们在巴黎进退维谷，一筹莫展，眼看就要流落海外。在这紧急的时候，徐先生和我商量，由他返国一趟，设法筹措款项，如果成功，再回法国继续学业。我呢，只好暂时留在巴黎等他的消息。

在无可奈何中，我同意了他的建议，不过，我也有一点补充意见，我说：

"如果你筹到的款子，不够维持我们在巴黎两年的生活，那么你就干脆寄旅费给我，让我也回国算了。"

他答应了，于是我们忙着安排他动身。

由于赵颂南总领事的介绍，我们认识了一位黄孟圭先生。黄家是福州望族，孟圭先生是四兄弟里的老大，他的二弟曼士先生，侨居新加坡多年，在华侨社会名气响亮，很有地位。孟圭先生把我们的困难写信告诉了他，曼士先生立刻复信答应为我们设法。他请徐先生到新加坡去住一些时，他可以介绍徐先生替几位侨领画像，可能会得到一笔相当数目的报酬。因此，徐先生改变计划，预备先去新加坡。

结婚八年，这还是我们第一次分离，尤其想到他走了以后，我将孤零零地留在巴黎，家乡和亲人，都远隔了半个地球，而且来日的生活究竟怎样维持？简直无从想像。因此我内心里难免有恐怖和凄凉的感觉，但是我不会向徐先生表露，因为八年以来，我觉得他从来就不会在感情上对我有所了解和关爱。

朋友们陪我送走了他，紧接着我便把所租的画室转让给别人，自己在一个法国女人的家里，租了一间房子。搬去以后，连伙食也由房东包办。这样，既经济又省事。

起先以为他走了我一定会寂寞无聊，因为这时我已无需再做洗衣烧饭的日常家事，长日悠悠，除了拉拉提琴看看书，我是很清闲的。想不到正相反，以后的日子竟过得十分愉快轻松，因为天狗会的一群友好，张道藩、谢寿康、邵洵美、常玉各位先生，经常在一起坐咖啡馆、聊天、看戏、看电影，而且我还学会了跳舞，有时也出席晚宴和舞会。

另一方面，还有许多位要好的朋友，像李璜先生的胞姊李琦女士、袁浚昌夫妇，以及夏安修夫妇，这些人平时也和我很谈得来，所以我们走动得极勤，有什么事大家都相互照应。

九个月以后，徐先生又回到了巴黎，当天晚上，听到了他回国以后的种种切切，就使我感到万分的失望和惆怅，甚至于我内心还有点愤怒，因为，生活困难的阴霾，随着他的归来反而更形加深！

原来他到了新加坡，便住在黄曼士先生家里，由于曼士先生的推荐和介绍，他给几位南洋富商画像。在半年的期间中，他得到了法币六七千元的润资，除了他的来回旅费而外，剩下来的，如果全部兑换法郎，数目应当在七万以上，这么多的一笔钱，尽够我们在巴黎再过两三年。然而，"钱呢？"

▲1925 年徐悲鸿与黄曼士合影

"我回了一趟上海，"徐先生得意洋洋地说："这一回可真买了不少好东西。"

"又是金石书画？"

"当然。"

"那我们以后的日子怎么过呢?"

"我又没有花光,"他振振有词地说:"还剩得不少呢。"

不错,他是剩了一笔钱回来,可是我们苦撑了十个月,便又陷于山穷水尽,无计可施的地步。

"这一次又怎么办呢?"

"最好,——"他顿一了顿:"让我再回国去。"

我却在想,回国,哪里再去找像去年那样的机会呢?

问题的严重性还不在这儿,我们心里都明白,即使让他回国筹钱,旅费呢?当时我们连一趟单程的旅费都凑不出来。

借钱,人家也是自顾不暇,找工作,根本就没有可能。异邦沦落,就像迈入泥淖流沙,越陷越深,最后,必然是灭顶无疑。

徐先生抱着"船到桥头自然直"的想法,一副若无其事的模样,我的性子比较急,简直不知道怎么样好。有一天,"天无绝人之路"的老话居然应验,我们再度绝处逢生。

中法大学教务长李圣章先生,突然到我们家来拜访。这位热心慷慨的老朋友,是第二次来法国考察教育。他在闲谈之下,知道了我们的困境,并且明白徐先生很想回国再筹费用,目前所缺乏的是一笔旅费,于是他自动地提出借钱给我们。这样,一九二七四月,徐先生才又匆匆就道东去新加坡。

我一直患着慢性盲肠炎,医生教我鱼肉鸡蛋面包统统不能吃,只准吃蔬菜,可是外国的蔬菜那么少,因此我所吃的东西便极为有限。徐先生走了不到一个月,一天早上我忽然发高烧,连忙请医生来看,经过诊察,他竟说了一句使我极为惊诧错愕的话,他很肯定地说我怀孕了!

当时我还不敢相信,因为我和徐先生结合九年,一直都不曾生育,怎么现在突然有了喜?而且,推算时间,一个多月的身孕,这位医师怎么看得出来?

怀着忧喜参半的心情,由同学孙遥芳先生介绍,到巴黎圣路易医院,请一位医学院教授为我检查。教授说目前还不能确定是不是怀孕,不过他劝我不论怀孕与否,最好先把盲肠割除,因为如果真是有孕,孩子在肚里越长越大,将来就没有办法动手术。

于是我决定住院开刀,割盲肠。

动过手术，大事不好，我竟日日夜夜地呕吐，吃什么吐什么，肚子里吐空了便呕出胃液来。每次吐后，唇干舌燥，护士小姐用菩提树叶泡水，放点儿糖，给我当作解渴的饮料。可是一吃下去，仍然照吐不误，往往吐出来的时候，菩提叶汁还是热的。病人不能吃东西，缺乏营养，这是很严重的问题，可是三十多年前的医药，哪有今天这么发达？保持体力的营养剂要从肛门里滴进去。一个人留在外国，生了这么严重的病，徐先生又远在新加坡，当时我凄凉痛苦的心情，真是难以形容。

开刀的情形倒还好，八天之后便拆线，创口既没有发炎，体温也很正常。两星期后，我请求医师准我回家休养，医师认为开刀手术一点没有毛病，呕吐可能是怀孕的现象，他们负不了责，因此准许我可以出院。

两个礼拜的大吐特吐和不进饮食，使我的身体趋于极度的衰弱。第二天早上准备出院，从病床上爬起来穿衣服，两脚落地就像踩在棉花堆里一样，衣服刚刚穿好，我便一阵天旋地转，晕倒在地。于是有人把我用担架抬进升降梯，再抬进汽车，到了住所，连人带担架抬上楼去，然后由房东侍候我睡下。房东太太为人非常慈祥和蔼，她给我很妥善的照料。朋友们听到消息也纷纷地赶来探望，其中包括夏安修夫妇，他们殷勤地问我想吃什么？我不假思索地说："我想吃萝卜炖肉汤。"

第二天，夏太太果然炖了一大锅汤送来，交给房东太太，请她每餐热一小碗给我。我吃得津津有味，倒把房东太太吓呆了，她说我怎么可以吃这种油腻的东西？然而奇迹却出现了，这一天下午起，我居然停止了呕吐，而且没有好久，健康也迅速地恢复。

医师既已证实我有了身孕，我连忙写信告诉徐先生，请他筹寄旅费让我立即返国。当时徐先生还在新加坡，他得讯后很快地复我一信，要我准备启程，他说他将在新加坡等我，要和我同船回上海。但是他所寄的钱，还不够我作旅费，于是我一直等到八月里，我父亲为我寄来了三百元，方才能够成行。

去国八年，吃尽了千辛万苦，如今总算可以返回国门了。虽然不是载誉而归，至少，徐先生和我双双旋里，多少可以冲淡一些当年私自出走所受的讥讽和嘲笑。我怀着兴奋的心情，忙于在做动身前的准备工作。因为徐先生第二次回国走得很匆忙，他只带些简单行囊，有那么多的书籍画件、衣服用品，都必须我亲自加以处理。我把可以装箱的东西装了几个大木箱，交给转运公司代运。剩下来的衣服和油画画卷，单片图画等，我也一一妥善包扎，大大小小，随身携带的行李，还有七八件之多。

我所搭的法国轮船是从马赛启碇，由巴黎到马赛要坐火车，路上要走十几个钟头。沈宜甲先生当时在念巴黎矿科大学，他坚持亲自送我到马赛，因为那条船上还有七八位回国的中国学生，都是学工程的。其中有一位熊天祉先生，四川人，还有一位福建人陈先生，沈先生和他们都很熟，他要为我介绍，请他们在路上给我照料。

早先，我手背上长了小小的脂肪瘤，开过一次刀，不料几个月后又长了出来。我恐怕回国以后治疗不便，所以动身前再去开了一次刀，麻药的效力刚过，我便带了一大堆行李上了火车。因此，一路上疼痛难耐，整夜睡不着觉，那次手术缝合的药线，还是轮船上的医师代我拆除的。

坐了一夜的车，在碧空如洗、海天一色的晴朗早晨抵达了马赛，没有时间游览这座法国的第三大城，因为轮船当天便要开了。沈宜甲先生赶紧送我上船，介绍了同船的那几位中国学生，我们在船上相处一个多月，彼此都很熟稔。可是非常抱歉，如今除掉熊、陈两位以外，其余几位我已全部忘却他们的尊姓大名。

法国邮轮吨位较大，设备也好，我买的是三等票，舱房里面有四张铺位，卖出去三张。和我同舱的，有一位白俄女子，一位战后由德国归还给法国的阿尔萨斯省女人。

远洋轮船上，洋溢着罗曼蒂克的气氛，船上有欧洲人、安南人、中国人，甚至还有从非洲上岸的黑人土著；六七百个种族不同、肤色各别的乘客，从开船的那一刻起，便有一个多月的时光聚在一道。一些男士们为了寻找刺激，或是排遣寂寞，往往会选定一个对象，向她展开追求的攻势。于是乎不消几天，根据我的冷眼旁观，便有许多陌生男女，变成了出双入对的亲密情侣。晚上如果到甲板或船头船尾走走，经常都会发现卿卿我我的情侣们在散步、伫立、拥抱，甚至接吻。他们尽找那些偏僻阴暗的角落去谈情说爱，有好几次我一直走到他们的眼前，方始惊觉他们的存在，吓得我心里怦怦地跳，从此，晚间我就很少再出舱房了。

▲鹰扬（徐悲鸿，1939 年）

这是我第五次航海旅行，居然一点都不晕船，因此旅途生活过得很愉快，胃口也很正常。航程中，多一半的时间是看书，看那些我在动身以前所预备好的音乐理论和著名音乐家的传记。除了看书以外，我还有同船的几位中国同学作伴，闲来无事，大家谈谈说说，打打纸牌。谁输谁赢，记在账上，等到了有中国饭馆的码头，大家一齐上岸观光，由赢家做东，吃一顿中国饭。

船过红海，要走三天三夜，站在甲板上面，四望都是无涯无际的海水，极目所视，不见岸线。一天夜晚，船上忽然发生火警，浓烟四起，警钟急鸣，我们三人在睡梦中被嘈杂声惊醒，舱房里已是烟雾腾腾，使我们呛咳不已。这一惊非同小可，我们急急忙忙披上衣服，便往甲板上跑。甲板上正乱成一团，水火无情，我们却在大海里失火，岂不吓死人？正在不知怎样是好，忽然听见有人大声地喊，火已扑灭了！全船一千多人的生命总算幸获保全。我惊魂甫定，才听说起火的地点，居然就在我们的舱房里。因为我们的舱房上头是甲板，靠船舷有一个小圆窗，面对着大海，小圆窗有一尺多厚的窗台，可以摆些零碎东西。那天晚上睡觉之前，同舱的白俄女子，顺手把她的纱头巾抛在窗台上，大概甲板上有人吸烟，抛烟蒂的时候，被海风卷进窗来，烧着了头巾，由于风势很大，于是迅速地燃烧到舱板，就这么酿成了一次有惊无险的火警。

警报过后，船长到我们舱房里来调查，靠船舷的舱板都烧焦了。问来问去，问不出结果，因为我们三个人谁也没有成为火首的可能，我们既不吸烟，又哪里来的火柴呢？

四十年前，欧洲的富丽繁华和非洲的贫瘠荒凉，形成极鲜明的对照。船过红海出口处的吉布地，远眺岸上只有几幢简陋的建筑物，然后便是和大海一般的平沙无垠，映在灿然的阳光下，发出耀眼的反光。这一处非洲要港，居然没有船只停泊的码头，轮船在距岸百丈左右的海面抛锚。我伏在船舷的栏杆上，只见有几只舴艋小舟，飞也似的向大船划来。我正纳闷，俄而从小船上跳下无数皮肤黝黑的孩子，他们就在海面上载浮载沉，举起双手，嘴里喃喃有词地在念叨。我心想他们一定是讨钱的小乞丐，我倒有心给他们一些零钱，却在踌躇怎么个给法。这时，又见身旁的人，纷纷掏出硬币，毫不犹豫地抛向水中。一时之间，但见硬币像雨点一样地洒落，而那些孩子，便一个个地翻身钻入水底，不一会儿，他们又一一地浮了上来，手上高举着硬币，脸部露出了欢欣的笑容。我唯有摇头叹息，佩服他们的本领实在是太大了。船上的人更告诉我说，这是土人谋生的方式之一，一到岸上，还有更多的乞丐，像苍蝇似的围集在旅客身畔，要那些赤脚戴红帽子的安南巡捕，用皮鞭猛力地鞭笞，才肯让开一点。我听了不仅感到匪夷所思，同时更深深地为这些土著人悲哀，因此我也把我所有的零钱抛下海去，让他们入水捡取。

船到新加坡，我挤在甲板上的人群里凭栏眺望，在我的想像中，徐先生一定会如约在码头出现。可是无论我怎样极目搜索，都看不到徐先生的影踪。我心里正在暗暗地着急，忽而看到了黄曼士夫妇，他们正从码头上迎上船来。寒暄过了以后，黄先生交给我一封信，说是徐先生留交给我的。我连忙拆开来看，这才晓得，徐先生已经先回上海去了，他说他要先到上海去为我布置一个新家。我看完信，心里有无限的失望和怅惘，期待了一个月的相见，盼望了好几年的双双归国，如今竟成了泡影，这使我受了很沉重的打击。

黄曼士夫妇非常殷勤地招待我，接我下船到他们家吃饭。黄家在新加坡的房子恢宏华丽，庭园满植奇花异卉，热带树木挺拔高大，显得很有气派。一间宽敞的客厅，全部中国式布置，红木镶嵌螺钿的桌椅，古董字画，琳琅满目。这一座大厅，便是新加坡有名的百扇斋，被誉为最足以代表中国文化的客厅，因此许多外国记者，常来他家参观拍照。斋名百扇，顾名思义，可以想见他珍藏的扇面之多。

吃过了饭，曼士先生再送我上船，我向他表示深切的谢意，然后继续航程。在一九二七年十月一日那天，我终于回到了一别八年半的祖国。

父亲、母亲、徐先生和他的二弟寿安、我的弟弟丹麟，都在码头接我。骨肉重聚，一家团圆，回首前尘，心情分辨不出是喜是悲。不过看到父母健康如昔，丹麟弟已长大成人，使我得到无比的安慰。

徐先生允诺为我布置的新家，要到三星期以后才能迁入，因为他在法租界霞飞坊订租的房子，还没有落成。他和我先借住在黄震之先生家里。黄先生和徐先生是忘年交，在上海有许多房地产，很富有，早年徐先生在上海困苦无依时，他帮过徐先生不少的忙。

徐先生一生和姓黄的人很有缘分，除上述的黄震之先生外，以后又有黄傲褰先生，也帮过他忙。所以徐先生从家乡逃到上海那一段时期，为了躲避家人寻找，曾经改名换姓，叫做黄扶，意思就是有姓黄的在扶助他。后来又认识了黄孟圭、曼士昆仲，他们所给予徐先生的帮忙，更助成了他艺术的发展。

在黄家住了二十六天，霞飞坊的新居造好了，我们立刻搬进去，并且迎来我的父母同住。这幢新居是三层楼的建筑，另有两个大亭子间，新式卫生设备一应俱全。当时我父母住在二楼，我和徐先生住在三楼，两间亭子间，则由丹麟和寿安分住。

寿安是徐先生的二弟。当我们在欧洲的时候，黄儆寰先生有一次到宜兴去，看见寿安已经十三岁，既不读书，又没有学手艺，住在家里游手好闲，无所事事。他觉得这样会耽误了他的前程，于是就热心地把他带到上海，原意是想把他送进平民习艺所，学一门手艺，将来也好谋生糊口。到上海后，黄先生把寿安往我娘家一送，从此他那边就没有了下文。那时我家住在西门恒乐里，亲戚朋友来往，见我家突然多了一个十三四岁的男孩子，好事的不免要问声究竟。这一问倒使我家里的人难以回答，因为我和徐先生出走，家里一直都在瞒着外人，现在又怎么好告诉人家，寿安就是徐先生的弟弟呢？想来想去，没有办法，父母只好收寿安做义子，而两位老人家以后也真的把他视作己出。

寿安自己很想求上进，刚来我家的那一年，他只略为认识几个字。于是由父亲和丹麟弟每天教他读书，衣食住都由母亲照料，渐渐地他文理通顺，也很懂规矩了，母亲才托邻居卞先生，把他介绍到爱多亚路一家纱布交易所当学徒，薪金每月大洋一元，不过他在家里吃住，只求有个出路，用不着计较待遇。

熬了几年，由一个月拿一块钱的薪水，一步步升到每个月拿几十块钱，年终的分红，也在逐年增加。到他二十一岁，由母亲做媒，将我三姑母的女儿佑春表妹许配给他。我们回国之前，他已经订婚，后来结婚成家，都是母亲一手包办，因此母亲曾经感慨地说："即使我再生一个儿子，我待他也不过如此了。"

一九二七年十二月二十六日，我们的长子伯阳诞生。清晨三点多钟，我开始阵痛发作，七点钟徐先生把我送进广慈医院，由一位法国医师接生，直到下午三时，胎儿方始呱呱落地，母子平安，一切顺利。在广慈医院住了十二天，伯阳的脐带脱了，我们才回到家里。

伯阳的出生，给全家带来无比的欢乐和兴奋，朋友们也为我们非常高兴，纷纷跑来送礼道贺。结合十年，才有这个儿子，大家都认为应该大事庆祝。徐先生却不过亲友们的盛意，满月那天，假一家饭店大开汤饼之筵，到贺的亲友极多，劳累了名摄影家郎静山先生，义务担任摄影记者，也不知道拍了多少照片，此外他还送了伯阳一个金锁片，作为贺礼。

徐先生对于伯阳钟爱万分，我更是自己喂奶自己带，把全都心力都放在孩子身上。哺育三个月后，我偶然上街买东西，在电车上，望着对面坐着的乘客，觉得他们个个都是巨人，心想难道我的眼睛花了不成？再一想，方才恍然大悟，原来我几个月里，眼中只见孩子，突然看到了许多大人，竟然使我产生了错觉。

回到祖国，父母姊弟夫妻大团圆，又生了伯阳这个全家人当作宝贝看待的孩子，生活过得安定，精神十分愉快，有时回想过去十年的苦难艰辛，仿佛是一场惊骇恐怖的恶梦，而目前的欢欣快乐，就如一叶轻舟，徜徉在风平浪静的海洋里，两相比较，真有天渊之别。我常常想，像我这样结合十年方始有"家"的女人，在世间恐怕不多，此后，上天总不会再把我的幸福快乐剥夺了吧？——如今徐先生是一位声誉鹊起的画家，身体健康，精力充沛，他就像一位精神抖擞的斗士，站在他未来康庄大道的起点，用他这支如椽画笔，辟出他的远大前程，那时，我将分享他的成功果实，并且为他骄傲。

过了一个欢喜热闹的年，转瞬间江南三月，莺飞草长，母亲央人择了一个黄道吉日，她要给寿安和佑春表妹完婚。婚礼决定在宜兴城里举行，我们全家出动，浩浩荡荡地回到故乡，租了城里最大的一家旅馆，访亲探友，徘徊儿时门巷，使我觉得非常的兴奋。

寿安的婚礼举行过以后，第二天，我们包了一条木船，从城里开往圮亭桥，回徐先生和寿安的家。船上除了寿安佑春一对新人，我们两夫妇，还有伯阳，以及一个女佣。

圮亭桥是一个小镇，座落在圮山脚下，通航木船的小河两岸，散散落落有一两百户人家，锡宜公路就从这儿经过。徐家在小河之滨，有一排三开间的铺房，后面还有一楼一底居室。可是屋浅楼窄，后门外就是阡陌纵横的田野。

徐先生家庭境况不好，他的父亲达章公，仅有的财产只是那几间矮屋和几亩薄田。达章公工书善画，但是那时候书画卖不出大钱，他中年信佛，经常住在和尚庙里，和徐先生的母亲貌合神离，感情不太融洽，不久以后，也就死了。从此老太太把全部希望都放在徐先生身上，可是徐先生长大成人，对他的家根本不关心，教书时过门不入，出国八年连信都没有一封。徐老

▲保护后的徐悲鸿故居

太太茹苦含辛地自家撑立门户，她替二女儿招赘了一个木匠女婿，就靠他做些粗工木器，赚点钱来养家。在这样的环境之中，徐老太太的心情和生活当然是痛苦困难的，尤其是乡邻之间对她不但不加敬重，反而有点冷讽热嘲，她听了只有默默地忍受。因为在乡下人看来，她是被丈夫和儿子所遗弃的。

这位老太太从来没有受过教育，但却精明能干，她的一生全在贫穷、苦难、伤心和绝望之中度过。假如说她生命中还有一笔绚烂的色彩，那就是我们和寿安新夫妇回籍的那一天。长儿长媳从海外返国，又给添了孙子，现在她已是做祖母的人了；二儿子在上海有很好的职业，如今更娶了新媳妇回家，这许多体面风光的事，在闭塞的乡间看来是很了不起的。因此乡邻们对她的态度整个改变，马上就有人跟她老太太长、老太太短地奉承起来。徐老太太苦苦地熬了几十年，到了这一辈子最光彩荣耀，扬眉吐气的一天，她要大大地铺张一下，实在也是很入情入理的。

当天她把木匠家生材料收起来，将三开间的铺面改成一间大厅，请了厨子来办酒席。她要不惜花费地大宴宾客，让大家来看看她"荣归故里"的儿子媳妇和长孙，这不但为她大争面子，而且还能够提高徐家在地方上的声望。对于她，真是一生中最重要的一个转折点，如果儿子能够照顾她，她从此不就可以享福了吗？

我们的船一直开到徐家门口，还没有钻出舱门，便听见爆竹声响彻四野。

船家搭了跳板，我们鱼贯登岸。徐老太太早已笑得合不拢嘴地站在门前迎接。在她的身后有一大群人，男女老幼，尽在我们的前后左右挤来挤去，圯亭桥镇市只有这么一点儿大，可能是附近的人全都跑来看我们了。

这是我第一次到徐先生家里，同时也是十一年来头一遭拜见我的婆婆，我和表妹向她恭敬地行礼，她却把我们当做贵宾一样地招待；一个劲儿绕着我们身旁转，一会儿小心翼翼地摸摸佣人怀里的伯阳，一会儿看看我，看看表妹，又看看徐先生和寿安。然后大声地吩咐她三个女儿拿这拿那，端座奉茶，嘴唇在不停地哆动，不是说话，便是在笑。

坐定了以后，我才有机会辨认一下我婆家的人，我发现徐先生跟他母亲相像的地方不多。这位老太太身材矮胖，皮肤黝黑，一只眼睛因为生白内障而失明；三位小姑和徐先生的三弟寿恺都穿着得很朴素，和我们在一起的时候，还有些忸怩羞涩。至于那位木匠妹夫，则完全是一个诚实的工人模样，往后我每次到宜兴姊姊家去时，他总会带点乡下土产到城里来看我，我倒是觉得他为人很不错。

祭祖，宴客，大厅里乱哄哄的一片，老太太跑前跑后，忙得团团转。有人敬酒，耳朵里只听到她老人家一一介绍的声音，这一顿饭，大家都吃得高兴快乐。

散席后，老太太带领我们谢客送客，我从她爽朗的笑声里，发现她内心是何等的得意；人生在这一刹那，向她展现了美妙的一面，使她完全忘记了自己的辛劳和疲累，她的精神状态是在极端的亢奋之中。

那时候大概有两点钟了，她先在一片凌乱的大厅里给我们安排好坐处，然后又大声地呼喝指挥，叫三位小姑赶快把杯盏碗筷收拾清楚，好让大家围坐叙家常。因为从我们抵步直到这时，她还不曾和我们好好地说上三句话。

三位小姑子手忙脚乱，老太太仍在满头大汗地发号施令，一大堆孩子挤在门口喊喊喳喳，我的耳鼓里，一直到现在，还没有清静过，蓦地——

"砰！"

一声尖锐的枪声，来自距离很近的地方，突然我听觉里所有的声音戛然静止，可是此刻的寂静却又令人难耐，正在惊疑不定的时候，接着又——

"砰！砰！砰！"

"强盗来啦！强盗来啦！"

枪声和喊声在四面八方响，门前的孩子们一哄而散，我和表妹吓得面无人色，不知所措。这时，老太太、寿安、寿恺和三位小姑，连忙把我们两个以及伯阳和佣人，前呼后拥地拖着往屋子后面逃。一逃逃到了一间小小的柴房，我们被塞进了稻草堆里，小姑子们用稻草把我们的头都盖住；稻草掩盖得这么严密，简直使我们窒息。

佣妇怕伯阳受不了这样的窒息，可能会哭，万一哭声被强盗们听见，我们将遭遇到不可想像的噩运。于是她急中生智，敞开胸脯，把她没有奶水的奶头塞进伯阳的嘴里。

这时候我猛然地想起了徐先生，他到哪里去了？

为自己和孩子的处境害怕，又在为徐先生的安全担心。我正在踌躇，是不是应该跑出去找他一趟。就在这时，突然之间又听到杂沓匆促的脚步声，我们在柴堆里骇得一动都不敢动。步声渐近，才知道是老太太和小姑，她们想起我们躲在柴房里还是不妥当，又来把我们拖出草堆，急急忙忙从后门出去，向田里面跑。三月春寒，风摇麦浪，田塍小径，高低不平，我和表妹从来没有走过这种路，一路上又非得快快地逃，情势危殆，不容我们休息停留，一口气跑了四五里方始跑到了邻村，投奔到徐先生的姨母家里。事后回想起来，在这一次惊骇事件的过程中，老太太和三位小姑，可以说从来没有一分一秒顾及她们自身的安危。

一想起徐先生，我就忐忑不安，心乱如麻，急切中又无从打听消息。焦灼紧张地等到了傍晚时分，门外传来人声：说是这下好了，徐先生他们也来了。我连忙站起身来往外看，只见徐先生和寿安一前一后地走进来，他的神情很狼狈，头发里，衣服上，粘附着许多谷粒。

"你到哪里去啦？"

我忙不迭地问他，但是他摇头苦笑，默不作答。后来我才听说：徐先生的反应和动作太快了，枪声一响，他跳起来就跑，自家一个人跑到屋后谷仓，打破了气窗的木条，钻进去躲在谷子堆里。

当天夜里怎么睡法？又发生了问题，因为姨母家里的房子太小，一下子来了这许多人，连被窝褥子都不够分配。后来只好搬来大批稻草，在一间小楼上铺了一个大地铺，大家睡在稻草上联床夜话。

据寿安说，这批强盗打劫的目标并不是我们，而是河对过的油坊。从前在农村里油坊是最有钱的，强盗得手以后，呼啸而去，根本就没有过桥到我们这边，却让我们饱受一场虚惊。

城里得到了屺亭桥被抢的消息，那是轰动一时的大新闻，于是有人说：屺亭桥徐家不是出了一位大画家吗？夫妇双双从外国回来，还有二儿子在上海做生意，刚在城里结了婚，两对夫妇包了一条船回屺亭桥，强盗晓得了，当然不肯放过这个好机会。如此这般，一传十，十传百，宜兴城里谣言满天飞，说什么徐家两个媳妇被抢走了，身上的衣服都剥得精光，等等等等，不一而足。谣言传到我们家里，可把父亲、母亲、三姑和姐姐给急坏了，连夜雇船，派得力家人，下乡来接我们进城。屺亭桥离城十八里，强盗明火执仗地抢劫，城里风声鹤唳，也得戒备，因此不但四门紧闭，而且水关也下了巨闸，四下交通全部断绝，包船出不了城。于是姊夫请他父亲程肖琴老先生写条子，嘱警察局开闸放船。第二天清早，船抵屺亭桥，我们也从邻村赶到，连家门都没有进，匆匆下船，起碇返航。

老太太把我们送到船上，眼看船只带着她的儿子、媳妇和孙子，缓缓离去，没有挥别，甚至于连徐先生和寿安，也始终不曾说一句什么时候再回来的话。知子莫若母，以她对徐先生的了解，我知道她心里不会有多大的指望。我从船窗探出头去，回望徐家破旧简陋的门庭，以及木然站在河边的那个矮胖身影，我仿佛见到她又恢复了持续几十年的忧愁面容，一喜一惊，她一生的快乐高潮，仅仅只有迎接我们抵达和开宴欢饮的那三四个钟头。现在，绚烂又复归于平淡，像是什么事情都没有发生，我忽然觉得我极同情她，我为她非常地难过。

丹麟自小文弱，读书又过于用功，在我们回国的前两年，就已经得了咯血的毛病，一年要发两三次。三四月里正是他可能发作的时期，母亲便陪他留在宜兴舅家养病，父亲带了我们一大批人，仍旧回到了上海。为了便于徐先生作画，我把三楼腾出来，替他布置了一间画室，我和伯阳搬到丹麟的亭子间，楼下给寿安夫妇做新房。父亲还是住在他原来的房里。

回国以后我们的经济情形一直不好，因为不但没有收入，而且我们两个人回国的旅费还是借来的。这时吴稚晖先生和李石曾先生都在上海，徐先生拜见他们二位长者，李先生就以世界社的名义，聘请徐先生为几位国民党元老绘像，前后花费了一两个月的时间，徐先生为吴老先生、张溥泉先生和张静江先生夫妇画了四幅画像，每幅得到两百元的报酬，其中以吴老先生的像画得最好，吴老先生非常满意，自己化钱五彩制版，复印了许多张，分赠友好留念。

一九二八年二月，设在南京的中央大学，邀聘徐先生担任艺术系教授。徐先生表示愿予考虑，不过他有条件，因为我们家居上海，他说他每月只能余出一半的时间在京任教，中央大学也答应了，从此徐先生才有固定收入，中大的薪金是每月法币三百元。

我们在上海定居后，田汉便常来找徐先生，这位戏剧界名流是湖南人，他的本行似乎应该是话剧编导，不过他很活跃，样样事都想插一脚，但却一件事情也没有办成功。他找徐先生是为了商谈筹组南国社的事，拉徐先生和欧阳予倩同为发起人。南国社究竟是学校，还是研究所？我不清楚，只知道社里有戏剧美术等科。有一天欧阳予倩到我家里来拜访，徐先生不在，欧阳便和我谈天，说起田

▲钟馗饮酒（徐悲鸿，1929 年）

汉做事只凭一股冲劲，既没有办学经验，也不懂得什么规章条例。欧阳对于南国社另有他的主张，田汉却不愿听他这一套，于是他决计不参加。我听了他的话，心想徐先生也是凡事没有计划没有定见的人，他要是跟田汉这种人合作，怎么能办得成事？我开始暗暗地为他担心。

徐先生在中大任教，半个月在南京，半个月住上海。然而自从他被田汉拉到了南国社，田汉便给他在社里辟了一间画室，徐先生把他的画具全部搬过去，从此徐先生就变成了半个月在中大，半个月在南国社了。除了回家睡觉，我整天看不见他的影子。

徐先生整天和南国社的人混在一起，把霞飞坊家里当做旅馆一样，为他的前途事业和我们家庭的幸福，我觉得我再也不能不闻不问。尤其是当欧阳予倩和我一次长谈以后，使我对于田汉产生了不良的印象，徐先生和他常在一起将来不知道会闹到什么地步？再三考虑，我在无可奈何的情况之下，决定采取行动。有一天，趁徐先生到南京授课，我叫寿安陪着我，雇车到南国社，在那间乱糟糟的画室里，把徐先生所有的东西全部搬走，同时我正告南国社里的人，说我们就要搬到南京去住了。

不久，徐先生由南京回到上海，听说了这件事，他当然不好意思再到那边去。南国社知道徐先生回来了，派学生到家里来请愿，要求徐先生再去教他们画画，徐先生由于我曾经宣布过要搬南京，只好婉言谢绝。

为了这一件事情，两个人心里都不大痛快。徐先生想陪我出去散散心，于是他应允苏州艺专校长颜文梁先生的邀约，到那里去演讲一次。趁此机会，游览一下苏州的风景名胜。

苏州和我们家乡宜兴毗邻，儿时我曾随父母到过，只是印象毫无，这一次算是旧地重游。想起当年我跟徐先生私自出走，母亲在焦急忧伤、慌乱无主的心情下赶到苏州，和我义父商议遮盖的办法，又想到苏州的一家庙宇里还存放着我的一口假棺材，里面装的都是石头，这使我感到自己当时的胆大妄为，遗留给父母这么多困扰和烦难，不禁兴起无限的愧疚。

伯父伯母都在苏州，和我的堂妹婿朱了洲住在一起，我们去看过他们，发现了洲夫妇相处得并不融洽。后来在抗战初期，这两夫妇果然宣告仳离。

在苏州住了几天，游遍了各处胜迹，我们曾登临虎丘，攀援灵岩，直上天平山巅的一线天。印象最深的是在天平山麓，轿夫竟是清一色的女性，她们很会兜生意，跟在我们身后一再地说："太太，侬现在弗坐，晏些侬从山上坐轿子下来，我伲是要骂山门格欧！"

一九二八年七月，老朋友黄孟圭先生任职福建省教育厅长，他知道我们已经回国，来信邀我们到福州小游，顺便要请徐先生画几张大幅的油画。徐先生很高兴地答应了，带着我和伯阳，以及一个女佣乘船南下。这次我们搭的是一只中国船，吨位很小，船入台湾海峡，风高浪急，波涛汹涌，轮船倾斜颠簸。除了船员水手，几乎人人晕吐，而伯阳却跟平常一样不停地翻身爬滚，我在自顾不暇的时候，还得小心翼翼地照拂他，因此这一段旅程又是辛苦万分。

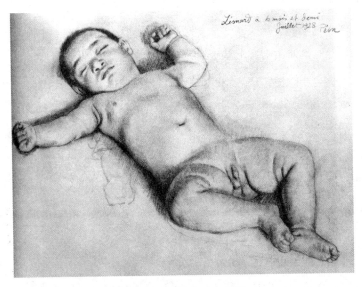

Leonard a 6 mois et demi
Juillet 1928 Péon

▲ 睡儿（徐伯阳）（徐悲鸿，1928 年）

到了福州，孟圭先生就在教育厅里，为我们准备了两间卧室，吃饭也在那儿，还指定了照应侍候的人。于是徐先生开始安心作画，其中最重要的是《蔡公时济南被难图》。一九二八年北伐，日本军阀在济南横生阻挠，蔡公时以外交特派员的身份办理交涉，竟被日军惨杀，酿成历史上有名的五三惨案。蔡烈士是福州人，因此孟圭先生请徐先生将那壮烈的一幕绘成油画。

这时候伯阳极获徐先生的钟爱，经常抱他逗他。一天伯阳在床上小睡，徐先生抽出纸笔为他画了一张素描；神来之笔，使睡态可掬的伯阳，活脱纸上。

我们在福州先后住了两个月，孟圭夫妇招待十分周到，天气好时，还陪我们漫游榕城胜迹。其中以鼓山最有名，山在福州东郊三十里外，大顶峰上有一块石头，很像一面大鼓，此山因而得名。东侧可以望到大海，山中名刹很多，中外人士每每到这儿避暑。最高处的大庙名涌泉寺，因为寺里有一股清冽的甘泉，其大无比，流向各处，山中寺庙，都用竹管导引，取水饮用。

徐先生在福州作画两月，教育厅送了三千元的润资，得到这笔钱，我们才把积欠的债务偿清。九月间回上海，徐先生接到北京大学艺术学院的聘书，请他担任院长，于是一个人又匆匆地赶去北平，但是才做了三个月，学校发生风潮，他便辞职南回。

当年十二月，我忽然喉痛发高烧。起初不知道病势的严重，伯阳正在周岁，我还自己喂奶，后来请了广慈医院的法国医生来诊视，才晓得害的是猩红热。猩红热是一种很危险的传染病，必需隔离，于是我立刻把伯阳交给母亲带领，可是他自小吃惯了母乳，一离开我，就不肯服食任何代用品，这使他的健康很受影响。

从前害猩红热是无药可医的，唯一的办法是替病人打营养剂增强体力，我咽喉肿痛，热度高得可怕，混身都发出红疹，辗转病榻，痛苦万分，发烧最厉害的时候，一心只想吃冰。有一次徐先生在外面吃过了饭，想起我渴望冷饮，曾经在腊月里满街为我找冰淇淋；这件事被记者知道，曾经在报上登出了花边新闻，认为徐先生伉丽情深，对我实在太好了。

说来也是奇怪，我罹染这么危险的传染病，不曾住医院，也没有经过特效药物治疗，居然会慢慢地痊愈了。不但我宣告痊愈，而且还没有传染给家人，这件事在今天看来，仍然是不可思议的奇迹。

猩红热虽然好了，病后的情形依旧吓人。我全身蜕皮，皮肤就像纸张一样，一大片一大片地撕下来。后来听说猩红热的细菌都在那些蜕皮里面，我们一家人没有受到传染，实在是命大福大。

我从年轻时起就火气旺盛，喉部的疾患特别多，平生睡觉被窝不能盖到喉头，否则会疼痛发炎。猩红热，也是喉部的重症之一，我国俗称烂喉痧。

一九二九年春天，天狗会老大谢寿康先生从巴黎归国，住在老四邵洵美先生家里。我们是多年好友，故国重聚，十分欢愉。谢先生去国十八年，在海外

的时候常常记起留在国内的夫
人，每每是感慨欷歔，不胜怀
念。他曾向我们说了许多他俩
有趣的故事。谢太太是童养媳，
小小年纪便到了谢家，成亲以
前为了避嫌，小两口在人前经
常不理不睬。然而有一次，谢
先生被人恶作剧地关在一间空
房里，急切不能出来。谢太太
事事留心，晓得他受窘被困，
悄悄跑去把门扣打开，却又怕
被人发现，赶紧一溜烟地跑掉。
谢先生说得有声有色，我们推
想当时的情景，觉得这确是动
人而有趣的一幕。谢太太在家
乡苦守十八年，于是有人戏称
她是现代的王宝钏。

▲1928 年，徐悲鸿与蒋碧微在福建省教育厅住处

　　谢先生一到上海，立即写信回江西，请太太出来团聚。不几天听说谢太太
已经到了，于是我和徐先生便到邵洵美家去看她。

　　一看，原来这位谢太太竟然既矮又丑，站在桌子旁边，肘子刚好够到桌
面，她穿一身土布短打，梳一个巴巴头，十足的乡下人模样。

　　朋友们为她洗尘，请他们夫妇吃饭，地点是邵洵美选的"沙利文"。这一
着实在不太高明，因为沙利文是上海有名的西餐馆，座上经常冠盖云集，衣香
鬓影，请谢太太去简直是教她受罪。邵太太看她身上的衣服不雅观，好意借衣
服给她穿，但是她人虽矮小偏偏腰身很粗，连邵家老妈子的衣服都穿不上，无
可奈何，只好就这么上了沙利文餐厅。谢先生对她倒很好，恩恩爱爱的，和她
一路携手同行。

　　我们回到家里，徐先生一直在唉声叹气。我问他："你是怎么回事啊？"
徐先生愁眉苦脸地说："我真为老谢难过，这以后的日子，他怎么过呐！"我

听了不禁大笑，我不是在笑谢太太，而是觉得徐先生一本正经地为谢先生发愁，着实令人发噱，吹绉一池春水，干卿底事？我说："只要老谢觉得她好就行了，与你有什么相干嘛！"

谢先生接受中央大学的聘约，担任文学院长，我们两家就在一九二九年五月一同搬到了南京。在中大后门外的石婆婆巷，谢先生租了几间房子和太太住。我们则住进一幢大杂院式的宿舍，同住的都是中大同事。我们分配到两个房间，家具不全，佣人也找不到，和谢家合在一起吃饭，前后大概有一个月光景。

▲南京傅厚岗新居，
20 世纪 50 年代为傅抱石买下

最初一段时期，谢先生对谢太太确实不错，但是日子一久，由于两个人无论外表或内涵，一个乘云，一个行泥，距离实在太远。谢先生开始摇头叹气，坦白承认他和太太相处不来。到了暑假，他请我们帮忙，把谢太太送到上海，寄住在我的娘家。

自从我们迁居南京，父亲母亲带着丹麟和寿安夫妇，因为人口减少，同时觉得霞飞坊的房子租金也太贵。于是就在马朗路振华里三十七号，租了一间正楼和一大间统厢房，母亲请谢太太住在正楼，谢先生按月津贴房租饭钱。

这时，谢先生经常在上海，可是他不和太太同住，也很少去看她，偶而去一次，他会给她买些衣料，或食物补品。从这时起谢太太开始懂得打扮和修饰，并且对于谢先生的行踪渐渐起疑，她每次问起谢先生到上海没有？我家里人只推说不知道。

一九二九年五月，刚搬到南京的时候，我们的环境实在不好。当时伯阳已经一岁多，会走路了，为了怕他摔跌碰撞，我一步也不敢离开他。家里没有佣人，所有的家务都要我自己动手。徐先生因为中大有画室，晚上都可以点起煤油灯画画，所以他经常整天整晚的不在家。而且偏在这时，我发现我又怀孕了，生理变化加上操作过度，害喜的老毛病来势汹汹，想来想去实在支撑不住，经过徐先生的同意，我买了打胎药回来，决心堕胎。记得是谢先生看到了那种药，一把抢过去丢掉，并且指斥我们不该有这样的想头。

在石婆婆巷住了两三个月，我们又搬到丹凤街的中大宿舍。这幢宿舍是两层洋楼，每层有大小房间八个，分配给四家居住。我们和谢寿康先生分在楼上，楼下是贵州人留法同学何兆清先生夫妇，以及曾昭抡先生。曾先生是曾文正公的嫡孙（曾国藩之弟曾国潢的曾孙——编者），他的夫人俞大纲女士，就是俞大维先生的令妹；那时候曾昭杰先生还在中大读书。

谢先生在上海的时间比较多，他那几间房始终空着。后来他的弟弟谢建华先生从江西到了南京，便住在他的房子里，和我们比邻而居。

一九二九年八月，父亲来到南京，就任金陵女子大学教授，母亲和丹麟弟也跟着来玩，便住在我们家里。十一月二十日，我陪母亲和丹麟弟坐马车去游明故宫，回家吃过晚饭，就觉得肚子痛，母亲说可能是动了胎气，于是连夜把我送进鼓楼医院，可是一直到第二天晚上八点还没生。据医生说，胎儿受了震动，已经脱离胞衣，当时的情况是胞衣在前，胎儿在后，所以生不下来，必需动手术。动手术的结果是可以保全大人，由于孩子才七个月，多半保不住。徐先生问："如果不动手术呢？"医生说："那么大人孩子全有生命的危险！"

徐先生听医生这么说，只好答应签字，请医生动手术。上过蒙药，用钳子将胎儿取出，这就是我的女儿丽丽（徐静斐——编著）。呱呱坠地的时候，她的体重只有四磅。宜兴同乡宗大夫当时在场照料，事后他告诉我，手术进行期间，连他都感到害怕，因为我流血太多。

天寒地冻，丽丽的体重太轻，三十多年前的医院，当然不会有育婴的特别设备，只好用四个热水袋，把先天不足的孩子团团围住，藉以增加她的体温。到第三天的夜里，突闻人声鼎沸，嘈杂喧哗，我一惊而起，正在发慌，护士进来告诉我不关事，原来是皮作琼太太把孩子生在汽车里，引起一阵忙乱。

另一个奇迹又出现了，医生说多半保不住的丽丽，居然一切正常，奶也吃得很多。徐先生和丹麟每天都到医院来看我，丹麟来时总是问长问短，陪我说说笑笑，告诉我一些家中的琐事。徐先生呢，他经常一语不发，一来就坐在椅子上看报，坐上个把钟头。看完报纸，便又匆匆地起身离去。

▲田横五百士（徐悲鸿，1928—1930年）

住了十二天医院，回家，丽丽一点毛病也没有，按时吃奶，吃饱了睡觉，不哭，也不闹，谢寿康先生看了奇怪，不时地提醒我："你们的孩子恐怕不对吧，怎么老是不哭呢？"依我的想法，一定是因为不足月的关系，所以丽丽仍还保持着胎中的生活习惯。

此后，她的身体一直很好，发育也很健全，她聪明伶俐，又肯用功读书，偏偏徐先生始终不大喜欢她，听她偶然的哭几声，还会大声地斥骂。

一九三〇年春天，谢建华夫妇在南京租了房子，他们便把谢寿康太太，也就是他们的嫂嫂接到南京来住。因此母亲便将马朗路的房子退掉，叫寿安他们另租房子成立小家庭。父亲在金大住宿舍，母亲陪丹麟弟去牯岭养病。

谢寿康先生辞去了中大文学院长的职务，收入没有了，经济相当困难，谢太太当然也拿不到生活费用。谢先生这时已决定和谢太太离婚，他请我去和她商量，当时我就说："你们见面的时候，你对她这么好，时常还买些东西给她。在她的印象里，你们的情感始终如一，现在我突然去跟她提起离婚的事，你说她怎么会相信？"

但是谢先生一再要求我帮忙，我也渐渐感到，像他们这样拖下去，双方都很痛苦，这种不相称的婚姻，无疑将使两个人都被牺牲。谢太太本人，反正是旧式婚姻制度的牺牲者，她的命运已经毫无挽回的希望，如果他们能够离婚，起码谢先生也许还能重获幸福。两害相权取其轻，牺牲一个人总比同归于尽好些。因此我每次见到谢太太，总是朝这个方向对她加以开导，我说："谢先生的态度已经很明显了。照目前的情形看，你不但得不到丈夫，而且一个钱都没有。与其如此，反倒不如干脆离婚，最低限度，你还可以拿点赡养费。"

一九三二年一月二十八日，日本海军陆战队进攻我国上海闸北，十九路军英勇抵抗，这就是有名的"一·二八"事件。双方在上海相持一月，我军虽然屡次获胜，可惜援兵不继，又没有空军的支援，三月二日敌军从浏河登陆，迂回进攻，我军退守昆山。南京一时风声鹤唳，于是由中大农学院长刘伯量先生，借来该院一部交通车，开到我家门前，载乘了刘伯量、郭有守和我们三家妇孺，以及谢寿康、谢建华两位太太，决计由京杭国道驶往宜兴。车快开了，中大心理学系艾伟先生带着他的太太孩子，临时赶来参加我们的行列，大家挤出几个位子，让给他们一家三口。

到宜兴后，我请郭太太和两位谢太太住在我姐姐家里，刘艾两家住旅馆。闲居无事，我不免又为谢先生做功夫，和谢太太讨论他们的离婚问题。这时候谢太太仿佛已经明白，谢先生许久以来一直都在躲避着她，因此，她的心里渐渐地有点活动。

郭太太在宜兴小城住不惯，几天后动身去苏州，回她的娘家。而我们在宜兴也没住多久，战事终了，我们一群又都回到南京。

受了这一次兵荒马乱的惊吓，听到许多人细细地分析和劝告，谢太太终于同意和谢寿康先生离婚。于是由我出面，替谢先生办理一切手续，我心里虽然很难受，但是为了朋友，却也是无可奈何。第一件事便是托刘克俊先生介绍律师。刘先生是立法委员，也是谢先生的好朋友。记得当时我还曾暗暗地告诉刘先生，谢先生手里没有钱，请律师最好是义务帮忙。找到了律师，我还得向他解说一些令人困扰的问题，最麻烦的就是谢先生不肯和谢太太面对面地办手续，他坚持要"缺席签字"。律师听了我的话不禁笑笑说："谢先生既然还念旧情，那他又何必要离婚？"

签字离婚的日子到了，谢太太准时上我家来，谢先生则躲在丹凤街苏希洵先生的家里，和我家只隔了几十步路。谢太太不识字，但是她很细心，事先向我要了一份协议条文，请她所信任的人念给她听。因此当时她内心已有准备，起初神情倒很从容镇静。记得那天到场的亲友是刘克俊、谢建华、徐悲鸿三位先生，他们都要在协议书上签字盖章，保证谢先生遵守条款，按期付给赡养费，否则的话，就由他们负责照付。

我在那种场合，眼见这一幕的演出，心里有深切的感慨。谢太太拿笔画了个十字，放下笔，想想伤心，忽然当众哭了起来；这一哭，使在场的每一个人全都为之黯然。

离婚协议书上订定：签字离婚以后，谢先生应该即刻付出一笔旅费，让谢太太回到江西原籍，仍旧住在谢先生的老家。可是谢先生正处困境，他拿不出钱来，于是我又得为他张罗，分别向友好筹借，到处打电话的结果，总算筹到了一笔不大不小的款子，给谢太太做旅费动身。她仍回谢家去住，由谢先生按月汇寄出几十元的生活费用。

后来谢先生出任我国驻罗马教廷公使，在抗战时期，还从罗马寄了一笔钱给我，转交给在江西的谢太太，那笔钱足够她维持相当的时间。而且我们还听说谢先生有一位侄儿，把她接去同住，奉之如母，所以她的后半辈子总算有了依靠。

一九三三年十二月，谢寿康先生由于张乃燕先生的介绍，认识了前上海道台袁树勋的孙女儿。当时谢先生任职立法委员，不久便在上海举行婚礼，请吴稚晖、孙科两位先生证婚，婚后迁到南京石婆婆巷居住，我们经常往来。他们夫妇一共生了三个男孩。嗣后谢先生转入外交界，一九三七年十月再度出国赴欧，先后任过我国驻比、瑞公使。后来到罗马教廷开馆，担任我国第一任驻教廷公使，把太太留在上海外家，胜利后谢先生返国述职，迄一九五四年再度应命派驻教廷，不久升任"大使"，以至于今。

谢先生的三位公子现已长大成人，有两位在美国，一位随父母在罗马。他们的家庭幸福美满，谢先生的事业也很成功，如今回想，当年我们的一番"多事"，总还算有点收获。

我们搬到南京的头三年，都是住在中央大学的宿舍里。宿舍的房间很小，徐先生也就没有可以供他挥洒作画的地方。一向爱护我们的吴稚晖先生，觉得我们的住处实在不够宽敞，同时，徐先生也必需有一间工作室。于是他请朋友们留意，看看有什么合适的地皮，买下来给我们造幢房子。

▲中央大学艺术系师生合影（右起第五人为徐悲鸿）

一九三一年的时候，谢建华先生在南京市民银行服务，他认识许多地产商人。听说高楼门傅厚岗有十几亩地皮出售。吴老先生和我们都去看过，那一带地势平坦，交通方便，早先是人家的墓园，杂花野草之中，还有几座荒冢。拔地而起的两棵大白杨树，枝叶参天，躯干修长，亭亭然有如华盖，此外还有七八棵柏树，树龄都在百岁以上。我们对于那个亦城亦郭的环境，感到十分满意。于是吴老先生便付出三千块钱，为我们买了其中的两亩，余下的部分由郭有守、段锡朋、陈泮藻、杨公达和李晓生诸先生购下，以后大家都造了房子，我们成为很亲密的邻居。

买好地皮，又在报上登广告，请坟主来迁坟，这些事颇费了不少手续。只是地皮弄好，盖房子的钱仍然没有着落，因此闲来无事，我常爱带着孩子和女佣，到那片空地上去留连徘徊，幻想着未来的楼台庭院，如何在这一片荒芜中建造起来。

到了一九三二年，吴老先生发起，为我们募款建屋。承蒙钮永建、李石曾、黄膺白等诸先生的热心帮忙，几百一千地凑了一笔数目，作为我们的新屋建造费用。这时候，有人替我们介绍了一位卞工程师，他太太毕业于中大艺术系，也是徐先生的学生。卞工程师很慷慨地说：造这幢房子他一定尽义务，把所有的建筑费用全部花在工料上面。

建筑图样画好，得到我们的同意，新屋开始鸠工建造。可是刚刚造了一半，因为卞先生缺少周转资金，拖欠了工人的工资，从此便宣告停工。当时我们都急于看到房子早日完成，逼得没有办法，我只好亲自出马，利用还不曾交给卞先生的建筑费，自己买材料，自己监工，继续未完的工程，这样我们的新居才算落成。十二月中，一家人便欢欢喜喜地搬了进去。

双扇大门，竹篱围墙，新居一进门就是一座很大的前院，铺着如茵的草皮。房屋是西式的两层楼，有三十尺深，右边是徐先生的画室，深三丈，阔二丈五，室高一丈六，这间画室，完全照着他绘画时的需要而设计。

左边是二楼二底两层房屋，迎门一座楼梯，楼上两间卧室和浴室，楼下前客厅后餐厅，佣人的下房有两处，一是门右边的门房，一是后院兴工时期所建造的临时工寮。

两株大白杨树，正好就在画室的右面，遮掩着西晒的太阳。后来据吴老先生调查，说这样的大树，全南京一共只有三棵，我们家便占有其二，另外一株是在城南。由于树身高大，目标显著，从京沪路乘火车绕过玄武湖，将抵下关车站的时候，坐在火车上远远地便可以看到它们。

白杨是北方所产的落叶乔木，高达数丈，因为它的叶子呈圆形，相当阔大，也有人叫它做大叶杨；尤其它叶柄细长，容易摇动，偶有微风，都会发出声响，所以有白杨萧萧的说法。

我从小就喜欢花木，如今有了这么好的房子，和这么大的庭园，使我对种花种树的兴趣更加浓厚。我在前院后院，亲手种植了无数的梅、桃和蔷薇、碧桃等花卉。由大门通往正屋的水泥路两边，栽植了几株垂柳，再在沿马路和左右两边的围墙里面，相间地种着洋槐和梧桐。这些树木和花草，把我们的庭园点缀得苍翠蓊郁、姹紫嫣红。

早在一九三一年春天，从家乡来了两位佣人，从此跟随着我，一直不曾分离，数十年如一日，就像是自己的亲人一样，成为我处理家务的得力助手。这西位佣人是刘妈和她的女儿同弟。她们是苏北人，落籍在宜兴，因为家境不

▲鸡（徐悲鸿绘，本图由同弟家人提供）

好，到我宜兴老家帮佣。那时同弟还只几岁，她母亲总把她带在身边，所以同弟等于是在我家长大的。

我从欧洲回国，到宜兴小住，刘妈就很想跟我出来。一九三〇年我们在南京定居，一九三一年春刘妈带了同弟也到了南京。同弟那年才十五岁，她六岁订亲，男方死了，婆家扬言要抢亲，把她改配给第二个儿子。刘妈一急，只好带她逃来南京，我正好叫她负责带领一岁的丽丽。从此她们母女二人，便一直在我家工作，那时我们还住在丹凤街。后来搬到傅厚岗的新居，因为庭园很大，需要一个门房兼任打扫庭院的男工，我知道刘妈还有一个儿子；因此便和刘妈商量，叫她儿子也到南京来，这样他们一家人住在一起，不是很理想吗？刘妈很高兴，立刻写信到宜兴，把她的儿子叫来了。但是刘妈这个儿子实在太懒，懒得连他自己的母亲都皱眉头，早上送牛奶的按半天门铃，才能催他起床去接，而且他又笨头笨脑，腿上生的烂疮总是医不好。刘妈一气之下，又打发他回宜兴去，于是我们家里仍旧缺少一个男工。

一九三三年一月廿二日，我和徐先生出国举行展览会，男工的问题也就搁置起来。一九三四年夏天，我们回国之前，母亲到处打听有没有合适而可靠的人，于是姐姐便推荐了史坤生。

史坤生的身世相当凄凉，他父亲是个种田的，因为儿女太多，妻子又出走失踪；他一个人照顾不过来，便把坤生和他的妹妹送给一位船家张三大。张三大是做撑船生意的，本身也很穷。姐夫的父亲程肖琴老先生每年出去收租，都是包他的船，因此史坤生便认识了程老先生。坤生因为船上生活太苦，他自己又有志向上，人也聪明，所以他就跑到程老先生家里，希望能做程老先生的跟班，可是程老先生却早就有了侍候的人。

姐姐想为坤生找出路，同时也可以解决我们的问题，于是便叫坤生到南京来。坤生来了以后，努力勤奋，在我们不曾回国之前，他希望把花园弄得漂亮，等我们回来欣赏。因此，他一天要挑几十担水，灌溉草坪花木，真是辛苦万分。

我对于他的工作态度十分满意，可是我们回国没有多久，刘妈就常说同弟身体不舒服。同弟来我家时只有十五岁，这时已是十八九岁亭亭玉立的一个大姑娘。有一天留法同学袁浚昌夫妇到我们家来玩，我想起袁先生是医生，就请他顺便给同弟看看。不料袁先生为她检查过后，问清楚同弟时常呕吐，他马上就说她并没有生病，而是害喜了。我等袁先生一走，便把刘妈叫来，告诉她袁先生诊断的结果，刘妈听后非常生气，而且明白表示她不喜欢史坤生。

我到这时方才恍然大悟，原来是这对少年男女，相处日久，终于发生了私情，然而想想问题发生了总得解决，于是我就劝刘妈说："事已如此，还是让他们结婚算了！"

但是刘妈坚决不肯答应，我只好说："如果你肯把同弟嫁给坤生，我可以负责主持婚礼；如果你想同弟打胎，那我就不管了。"

第二天，刘妈想想没有办法，又来找我，说是她同意让他们结婚；不过她要坤生写一张字据，说明他永远对同弟负责，坤生当然毫不迟疑地答应了，于是婚事就这样决定下来。

我有言在先，当然要替他们积极筹备，并且亲自主持。先将婚期订在中秋节，再请徐先生替坤生写字据，保证他将来善待同弟，一切负责。然后替他们买床、买家具，把门房布置一下，作为新房，还替同弟做了一件深红色的结婚礼服。徐先生送了他们一幅画，一幅对联，下款署的是伯阳、丽丽的名字。

中秋节那天，在湖南馆子曲园叫了两桌菜到家里来，贺客全是我们经常来往的好朋友，而且中外人士都有，证婚人是德国朋友李田丹，介绍人为顾了然、吕斯百两先生。

▲徐悲鸿与诗人陈散原及学生摄于南京郊外

两桌酒席，大概花了不到二十元，可是贺客送礼，多半是每人五元、十元。所以坤生和同弟还赚了一点钱。

第二年，同弟生下一个男孩，程老先生为他取名"史南元"。大家对于这个小生命的出世，都很高兴，因此史南元的幼儿时期，要比一般孩子淘气，光是小床，就有两张。其中一张是李田丹太太亲制的软床，连带着一顶小帐子。天气晴朗，史南元便躺在软床上，放到花园里面晒太阳，呼吸呼吸新鲜空气。接着，同弟又生了一个女儿，取名元英，就这样，刘妈三代人都在我们家里。直到抗战爆发，我决定到重庆避难，因为他们一家有五口之多，我无论如何负不起这个重责。和他们商量的结果，由刘妈带两外孙儿女回宜兴，到坤生家去住，同弟夫妇跟我到重庆。

恢宏的新屋，美丽的庭园，得力的佣人和舒适的环境。徐先生从事他所感兴趣的艺术教育，在绘画方面也获得了崇高的声誉，正所谓日正中天，前程似锦。我给他安排了一个温暖和乐的家庭，不使他有内顾之忧，膝下又有一对活泼可爱的儿女在承欢色笑，以一个中国画家来说，在当时，他的境遇应该算是很好的了。

然而这个外表上看来幸福美满的家庭，实际上，正有一股暗潮，在起伏不定地扩展，这是任何人都没有料到，而且绝对无法想像的事情。这一切，似乎必须从头说起——

自从谢寿康先生辞去中大教职，就任立法委员，他在我们对面的宿舍，便分配给中大法文教授邵可侣先生。邵先生是法国人，当时年纪不到四十岁，他是李石曾先生的朋友，由李先生邀来中国，先在劳动大学任教，后来转到中大。他在法国有一妻一女，太太的年龄比他大许多，女儿只有六岁，夫妻间没有经过正式结婚手续，因为他们都信仰无政府主义。

徐先生看他是外国人，单身在中国，生活不便，尤其是吃饭问题很难解决。彼此既然是同事兼邻居，语言又相通，因此便请他在我们家里吃饭，并且声明不收费用。

邵可侣有学者风度，待人接物彬彬有礼，谈吐也很风趣优雅，我们在一起融洽相处，亲切自然。他知道我对音乐有兴趣，每次到上海，都要买些唱片带回来送我。我很喜欢他所选的唱片，因为他不但懂音乐，还弹得一手好钢琴，他买的唱片全是古典音乐作品。

他一个人住不了四间屋子，于是我们就利用他的两间小房，一间改为盥洗室，另一间则堆置徐先生的书籍字画和杂物。我早晨起来穿过走廊去梳洗，常常会碰到他夹着皮包出门上课，他总是面露惊喜的表情，赞美我一句："你今天真是容光焕发！""鲜艳得像桃子一样！"我在法国住过八九年，知道这是男士们表示礼貌的恭维话，所以我只是向他笑笑，说声："谢谢。"

有一次徐先生去上海，我和平时一样，到时候请他过来吃饭。我和他默默地进餐，突然间他脸上出现激动的神情，一把抓住了我的手。我知道这是他感情不能克制的表现，我很惊骇，同时也很诧异，因为以他平时的为人来说，他不可能会有这样的举动。我尊重他是位君子，原谅他一时的失态，于是我不动声色地轻轻把手抽回。按西洋习俗，女人有权先行离座，我平静地站起来，退出餐厅。

第二天我装着什么事情也没有发生，照常请他来吃饭，但是我嘱咐佣人只摆一副餐具，我请他自己一个人吃。他很了解我的用意，从此以后，每逢徐先生不在家的时候，他便到外面去进餐。就这样，我们继续维持良好的友谊，历时将近两年。有一年暑假，邵太太到中国来看他，盘桓了两三个月，我们也给她热烈的招待。后来邵先生又转到北京教书，他有一本著作，名为《大学初级法文》。

不久徐先生就闹师生恋爱，新闻传遍远近。一九三五年暑假的时候，邵可侣先生由北京旅行到南京，曾来傅厚岗看我们。那一天徐先生不在家，他知道我和徐先生的情感这时已濒破裂边缘，于是他向我说："你为什么不到北京来，你知道那里有一个朋友，他愿意照料你和安慰你。"我当时只向他苦笑笑，没有作答复，他离开的时候，说是第二天再来看我。

到第二天早晨，我向徐先生说："请你今天下午不要出门好不好，因为邵可侣还要来看我。"徐先生是知道过去这一幕的，便只好留在家里，等到邵先生来了，和我们坐谈了一会，就告辞而去，没有再作任何表示。我对这位异国朋友给我的诚挚热情，非常同情和感激，同时由于徐先生的别恋，我们的夫妻关系也到风雨飘摇的境地，但是我觉得异族通婚，要想幸福美满，是万无可能的。不知道是我这个人的特殊想法，还是我们中华民族固有的旧观念所使然。

一九二九年八月，父亲接受金陵女子大学的聘约，担任国文及中国哲学史的课程，他带丹麟弟同到南京。那时候丹麟的肺病已很严重，我们接他到家里来养病，就住在邵可侣先生前面的那间小房。

对于我个人来说，一九三〇年是一连串不幸的黑色岁月，许多重大的事故，都在那一年里发生。四月间，丹麟弟病势沉重，咯血不止，我们请王苏宇医师为他诊治。稍微好了一点，于是决定送他到牯岭普仁医院疗养。五月七

▲蒋碧微像，摄于宜兴故居雪堂前。雪堂在西氿边，是文化名人程适的学生为程适所造

日，母亲陪他同行，我们送到码头，真想不到这竟是最后的诀别。同年暑假，我们到宜兴避暑，住在西氿边程老先生的学生们为他所建的"雪堂"。三个多月以后，八月十九日，聪明好学的丹麟终告不治，病逝庐山。噩耗传来，徐先生立刻赶到牯岭，帮忙母亲料理丧葬事宜。办完丧事，再陪母亲回到宜兴。我因为这时静娟姑母也病得厉害，所以便留在宜兴侍疾，徐先生则在开学前独自返回南京。到了十一月初，姑母病重，父亲赶回来照料，延到十五日，她老人家竟一病不起，与世长辞。姑母为了尽孝，矢志不嫁，一直侍奉着祖父。祖父死后，她就住到我们上海家里，她是我最亲近的长辈。儿时有一段时间，我也是由她负责照料生活起居的，她和丹麟弟的逝世，使我伤心万分。

正在心情沉重的时候，接到徐先生的来信，催我回南京。他在信上说，如果我再不回去，他可能要爱上别人了。我没有理由怀疑徐先生会移情别恋，我想可能是他急于要我回家，所以才不惜写这样的信，因此我仍然等到姑母落葬以后才动身。

我带着孩子到家的当晚，徐先生坦白向我承认，他最近在感情上有波动，他很喜欢一位在他认为是天才横溢的女学生，她的名字叫孙韵君。

徐先生毫不隐瞒地告诉我：孙韵君今年十八岁，安徽人。她曾在这一年的暑假投考中大文学院，没有考取，于是就到艺术系旁听。她一开始作画，就获得了徐先生的特殊青睐，赞赏有加。当我在宜兴的时候，他约她到家里，为她画像，有时也一同出去游玩。有一次正在作画，孙韵君忽然提起她的身世，她说她父亲原是孙传芳的秘书。一九二八年国民革命军北伐，孙传芳的军队土崩瓦解，全部溃败，她的父亲曾被关进监狱，因此他们的家庭一直笼罩着痛苦与不安。徐先生并且承认：他听了她的话很受感动，曾将双手按在她的肩上，告诉她说："无论如何，现在有一个人在关心你！"于是吻了她的额头。

我听了他的话，犹如焦雷轰顶，心里有说不出的委屈和伤心，一时无法遏止悲痛的情绪，于是就哭了起来。徐先生连忙安慰我说："你已经回来，我想以后再不会发生什么问题了。"他并且郑重地向我承诺，让我们设法到外国去。但是，谁又想到，这一件事竟从此把我推入痛苦无边的黑暗深渊。

尽管徐先生不断地向我声明解释，说他只是爱重孙韵君的才华，想培植她成为有用的人才。但是在我的感觉中，他们之间所存在的绝对不是纯粹的师生关系，因为徐先生的行动越来越不正常。我心怀苦果，泪眼旁观，我觉察他已渐渐不能控制感情的泛滥。

从这时开始，徐先生便很少在家，他总是一清早去上课，下午再去画画，晚上还要到艺术系去赶晚班。因为他初到南京时，中大曾经在艺术系给他预备两个房间，这两个房间他一直保留着，后来就做了他的画室，学生们当然也常到他画室里请教。但我明明知道，他每天早出晚归，并非完全由于教学上的需要，其中还夹杂有感情的因素，因为在那充满艺术气氛的画室里，还有那么一个人。——当丈夫的感情发生了变化，每一个女人都会有敏锐的感觉。

有一天，盛成先生陪着欧阳竟无先生到我们家来拜访，坐谈之下，欧阳先生提起想要参观徐先生的近作；徐先生便请他到中大画室去，欧阳先生也邀我同行，我没有理由拒绝，就陪他们到了那里。一进门就感到非常惊异，因为我一眼就看到两幅画：一幅是徐先生为孙韵君画的像；一幅题名《台城夜月》，画面是徐先生和孙韵君，双双地在一座高岗上，徐先生悠然席地而坐，孙韵君侍立一旁，项间一条纱巾，正在随风飘扬，天际，一轮明月——

台城，是南京的名胜之一，和鸡鸣寺毗连，登临其上可以远眺玄武湖全景。我看到这两幅画摆在那里，未免太显眼了些，趁着他们在看别的画，暗中将它们取过，顺手交给一位学生，请他替我带回家里。回家以后，我把《台城夜月》放在一旁，孙像则藏到下房佣人的箱子里面。我并且向徐先生声明：

▲ 南京台城（徐悲鸿，1928）

"凡是你的作品，我不会把它毁掉，可是只要我活在世上一天，这幅画最好不必公开。"徐先生听了，也就不便开口向我要回去。

但是，以后只要我不在家，他便翻箱倒箧地寻找，却是一直都没有找到。后来抗战军兴，我们一家都逃难到了重庆，佣人当然不会把这幅画像带走。胜利回京，家里的东西都已搬空，不知这幅画落入何人之手。至于那幅《台城夜月》，是画在一块三夹板上的，徐先生既不能将它藏起，整天搁在那里，自己看看也觉得有点刺眼。一天，徐先生要为刘大悲先生的老太爷画像，他自动地将那画刮去，画上了刘老太爷。这幅画，我曾亲自带到重庆，三夹板裹上层层的报纸，不料被白蚂蚁蛀蚀，我又请吴作人先生代为修补，妥善地交给了刘先生。

半年多的时间，都在痛苦煎熬之中度过，我们两夫妇本来就没有什么话可谈，如今更是分外的疏远。为了徐先生的名誉和前程，我不敢将徐先生师生相恋的事告诉任何人，只希望有一天，他会明白自己的身份地位，以及他对妻儿子女的责任，迷途知返。何况师生相恋，在当时那种环境，又怎能得到别人的赞成和同情？我想我只要竭力地容忍，也许问题自会圆满解决的。然而却没有想到，到了第二年暑假，我得到消息，孙韵君投考中大艺术系，竟以图画一百分的空前成绩，获得录取。我一听之下，立刻便有大祸临头的感觉，因为孙韵君考进中大，一念便是四年，这四年里他们朝夕相处，是不是会发生什么问题，谁都不敢预料，这时候我才明了不能再期望奇迹了，我决定向徐先生表明态度。

当天，我向他说："你和孙小姐的事情发生之初，你曾亲口承诺，让我们设法再到外国去，现在，我请你实践诺言：辞职，出国。"徐先生听了非常的生气，但是他有言在先，无话可说；只好写了一封辞职信，交给我，意思是要我去送给当时中大校长朱家骅先生。

当晚，旅法时期的好友郭有守先生请我们吃饭，因为他刚和杨皙子先生的女公子在上海结婚，这天回到南京来欢宴亲友。我们虽然心情不好，但是这个宴会却不能不参加。郭先生请了两桌客，记得我和徐先生是分桌而坐的，吃到一半，徐先生忽然向邻座说他胃痛，要先回家休息，便不声不响地走了。我一转眼就看不见他，忐忑不安地坐到终席，时间已经八点多钟。谢寿康和徐志摩两位先生自告奋勇送我回家，徐志摩先生还买好了车票，当晚就要搭车到上海去的，我请他不必送我，但是他坚持不肯，他说他要顺便看看徐先生，他的胃病好了没有。

回到家，佣人刘妈迎上来，劈头就告诉我们说：先生刚才回家，拿了一只小箱子，装些衣服什么的，一句话也没说，下楼就走了。

我们三个人听了，不禁相顾愕然，他正在胃痛，为什么又匆匆地离家出门？还带了箱子衣物，他会到哪儿去呢？

研究讨论了半天，仍旧是毫无结果。这时候徐志摩先生急于要到下关赶车，他只好先走。留下谢寿康先生陪我，谢寿康先生越想越不对，便正色地问我："碧微，最近你们是不是有什么事情？"

我颓然地坐下，默默沉思，自从徐先生和孙韵君有了不正常的感情以后，我咬紧牙关，忍受着生平最大的痛苦，不在人前透露片言只字，不使亲戚朋友看出破绽，以我明朗爽直的性格来说，这是很难想像的。我这样做，完全是为了爱护徐先生：万一这件师生相恋的新闻传开，对他声名的打击，一定会很严重。

但是现在事态愈演愈烈，徐先生的行动更进一步地超出常轨。谢先生是我们倾心相交几十年的知己朋友，他紧紧地追问，使我再也无法隐瞒，我只得把一年来所发生的事情，向他和盘托出。

　　谢先生听完我的叙述，非常惊骇与着急，他说当前最要紧的事，是把徐先生找回来。他猜想他一定去上海，于是他请我跟他赶到下关车站，因为那时候到上海的夜车还没有开。

▲顾了然（左二）、程静子（左四）、吴作人（右二）、
徐伯阳（右一）、徐丽丽（右三）在傅厚岗新居院落

　　怀着焦灼慌乱的心情，急急忙忙地赶到下关车站，谢先生买了两张月台票，夜快车升火待发，旅客们纷纷登车，我们也攀上车去，从最后一节车厢，一直找到最前面，可是没有看见徐先生。无可奈何，谢先生又把我送回家里。孩子们睡了，房子里暗无人声，浓重的凄凉和悲怆，沉沉地压在我的心上。

　　第二天下午，谢先生乘五点钟特快车，到上海直扑邵洵美家，果然被他找到了徐先生。谢先生立即打电报给我，让我安心。原来徐先生料准家里会找他，所以他在下关车站附近，住了一夜旅馆，第二天才坐早车去上海。他到了上海，立刻写给我一封信，信上说：他默察我，近来唯以使他忧烦苦恼为乐，所以他不能再忍受；他说："吾人之结合，全凭于爱，今爱已无存，相处亦已不可能。此后我按月寄你两百金，直到万金为止。两儿由你抚养，总之你亦在外十年，应可自立谋生。"我接到了这样的信，除掉悲伤痛心而外，实在想不出什么挽救的办法。这时谢先生知道一时难以劝徐先生回京，因此便提议：趁着暑假，不妨到庐山牯岭陈散元先生府上，小作盘桓。

陈散元先生一家，都跟我们很熟。散元先生的六公子寅恪先生，是我们在德国柏林时结识的好友，八公子登恪先生留学法国，在巴黎和我们时相过从，也是天狗会会员之一。徐先生住到陈府，对于他本人，我倒是相当放心的。

然而，痛苦悲痛的却是我自己。当年在南京，我们的交游已很广阔，朋友、同事和学生，经常都来往很勤，平时应酬也多。徐先生这次突如其来的出走，在精神上给我的刺激极深，可是我还要应付亲戚朋友的关怀询问：徐先生到哪儿去了？你和孩子为什么不同行呢？各式各样的问题，都必需我用谎话来

▲孙多慈（孙韵君）像（徐悲鸿，1936 年）

搪塞。我生平最怕说谎，偏偏在我心情顶沉重的时候，事实逼我非撒谎不可。因为我总不能说是徐先生跑了，离开了这个被大家认为美满的家庭吧。

旅法时期的好朋友孙逸芳先生，他每次到南京，总邀我们和郭有守先生陪他到玄武湖去钓鱼。这时孙先生又翩然而来，徐先生不在，他仍邀我去湖边垂钓，可是他哪儿知道我内心的创痛！

在这时期，陈登恪先生和谢寿康先生，经常和我通信，让我知道徐先生在牯岭的一切情形。

八月底了，我接到谢先生的通知，说是经过大家商量的结果，嘱我带孩子上牯岭玩几天。我立刻写信给我母亲，请她到南京来陪我们去，然后告诉朋友，说是丹麟弟葬在庐山，母亲和我要去上坟。我们搭轮船到九江，一路上心情落寞，因为我想不出我们还有什么转机和希望。

散元先生一家对我非常好，徐先生则默然不理。朋友们极力撮促我们同出同游，我们曾登临五老峰，也曾在巨瀑之下，褪衣冲淋，游兴虽浓，但是这些都不曾使我们之间的僵局，有打开的希望。转瞬间十多天过去了，暑假将尽，中大就要开学，有一天母亲忍不住地问徐先生："现在怎么办呢？"他竟快快地回答："有什么怎么办？只好大家回去罢了。"就这样，我们算是一齐回到了南京。辞职出国的事，当然也就从此不提。

徐先生的恋爱事件发生之初，他心里未尝没有歉意，他曾经很郑重地向我表示："我从来没想过要跟谁离婚，要跟谁结婚！"但是渐渐地，他终于无法克制自己，任由泛滥的情感一天天地发展，到了最后阶段，"自以为是"的观念牢牢掌握了他，他不觉得自己的心理行为有变化，反倒认为是我在吃醋捻酸。

这次回南京，孙韵君已正式成为他的学生，他逢人便宣扬她的天才和智慧。由于他自己都毫不隐讳，好事之徒再加以渲染附会，轰动一时的花边新闻便不胫而走。许多小报，绘声绘影，譬如当时的南京《朝报》，就不知道登了多少有关这桩三角恋爱的故事。

吴稚晖先生也听到了消息，他摇头叹息，写了一封长信给徐先生，奉劝他悬崖勒马，善为自处。信中略谓："尊夫人仪态万方，先生尚复何求……倘觉感情无法控制，则避之不见可乎……弟家中亦有黄脸婆，颇亦自足，使弟今日一摩登，明日一摩登，侍候年轻少艾，吾不为也……"

平时，我们很少大吵大闹，可是家里的冷战却在与日俱增。每天早晨出门去上课，徐先生总是要东寻西找，忙上一阵，一会儿拿些绘画纸，一会儿带几支画笔，一会儿又取几张画片。后来有徐先生的学生告诉我：这些都是徐先生带去给孙韵君的。

有时晚上参加应酬，他经常也是吃到一半，就藉词要上夜课而退席，把困窘而尴尬的我留下。最令我难堪的是，他会在酒席上趁人不备，抓些糖果橘子在口袋里，后来我知道，这些也是带给孙韵君的。碰到他这样在做的时候，我只好装作视而不见。

有时我也促狭起来，他把带给孙韵君的东西预备好以后，放在桌上。等他有事走出房间，我就悄悄地藏过，他回来一看东西不见，不好意思问我，也就讪讪地走了。

徐孙师生恋爱，闹得满城风雨，孙家当然也会听到消息。一天，孙韵君的父亲，特地由安庆来到南京，下榻鼓楼饭店，通知徐先生的学生蒋仁，说他要见徐先生。

徐先生一听，非常起劲，兴致勃勃的，当时就要去拜访孙先生。但是他的学生们婉加劝阻，他们认为由徐先生主动地去拜访他，似乎不太合宜。经过一番商议，决定邀请孙先生在鸡鸣寺的茶座会晤。

双方初次相见，居然谈得很好，孙先生还向徐先生表示，想和我会一次面。蒋仁立刻打电话回家，征询我的意见，我当然不好拒绝，请他们一道到家里来。

放下电话我不由满腹狐疑，孙先生是为他女儿的事而来，照理说他应该了然于事实的真相，寻求解决问题的途径，进而采取某种有效的措施，这才不失父母管教女儿应有的态度。可是他为什么不从此处着手，反而先则会见徐先生，接着又要来看我，他究竟是什么用意？何种居心？

不久他们来了，孙先生、徐先生、徐先生的学生蒋仁，彼此介绍过后，我招待他们坐定。这时候徐先生显得特别兴奋，笑逐颜开，满面喜色，他并且说今天晚上要请孙先生全家吃饭。不久孙先生辞去，徐先生马上派人到饭馆订菜，一会儿又破天荒地提议打麻将，总之那一天下午，他快乐高兴得像疯了似的，家里的人从来没有见过他这样。到了六点多钟，请的客人都到了，唯独孙韵君没有来。孙先生之外，陪客中有徐仲年先生、华林先生、蒋仁、郑阿梅夫妇及郑老先生。席间徐先生谈笑风生，只有他一个人最兴奋。一直闹到夜阑人静，盛宴已散，我送走了客人，回到楼上，心里有说不出的悲哀，满腹积郁，又增加了新的创伤，于是我走向楼外的阳台，坐在栏杆上暗自落泪。

这时我听见徐先生正在楼上楼下到处找我，大概他也感到自己今天的神情表现，一定会使我伤心。一会儿，他发现了我，很快地向我走来。他看见我在流泪，默然无语，轻轻地将我扶下栏杆，挽我走回房间。

我忍受着长时期的内心痛苦，瞒着父母家人，竭力地为徐先生保守秘密，唯恐风声泄露会影响到他的声誉。同时孙韵君当时只有十八九岁，来日方长，前程要紧，我也不愿意她蒙受大众的指责，成为她一生中的白璧之玷，所以才极力容忍曲予回护。可是自从孙先生到过南京，消息便扬扬沸沸，越传越广，事情弄到表面化，中大艺术系若干同学也公开地表示对徐先生和孙韵君的不满。徐先生是中大聘请的教授，同学都希望多接受一点他的指导，可是他却一心只在孙韵君，无形中他们受教育的机会被侵占了，于是愤懑的情绪渐积渐深。

起先是有些同学暗里埋怨、批评、指摘，他们说徐先生在中大艺术系只教一个人，其他的同学全是"陪公子读书"的，当然也有许多难听的话，很迅速地在同学中流传。

有一天清早，谢建华先生气急败坏地跑到我们家里，神情非常的紧张，他劈头就跟徐先生说：

"你今天最好不要去上课！"

"为什么？"徐先生也很慌乱地问。

"我刚才听说，艺术系的同学写了满地的标语，他们攻击你——"

徐先生显得很懊丧，那天他果然没有去上课。

孙韵君原住在中大女生宿舍，女生宿舍禁止男士出入，但是徐先生却常到宿舍去找孙韵君，因此也被好事者引为笑谈。后来孙韵君便迁出女生宿舍，在石婆婆巷租了一间房子，由他的母亲从安庆搬来和她同住。

4

一九三二年底，李石曾先生发起，将中国近代名家的绘画，送到欧洲各国巡回展出。徐先生当时建议说：过去中国人到外国开展览会，只知道向艺术家征求作品，展览过后，不但画没卖出，还有遗失或损坏的，使艺术家遭受很大的损失；因此他认为：如果决定举办，他可以代为收集当代名家的佳作，谈好价格，备款收购，然后再运到外国展览。因为设非如此，画家们未必肯拿出好画来，反倒失去了意义。

李先生表示同意，于是徐先生开始筹备，奔走全国各地，搜求名家精品。李先生说徐先生需要多少钱，可以直接向南京农工银行经理萧文熙先生领取，徐先生领了三千元，把应该搜求的画购齐。

第二步便是出国旅费和展览费用的问题，徐先生再到农工银行去拿钱，萧经理就婉言打了回票，推说李先生不曾交代。因为这时李先生已经到欧洲去了，一时无法对证。这一来事情弄僵了，徐先生骑虎难下，大感狼狈，他当时十分气愤地向萧经理说：

"既然如此，那么就算我向贵行借款三千元，我可以拿我傅厚岗的房地契作抵押。"

萧经理无法推托，就答应了，我们的房地契送去，徐先生果然借到了法币三千元。

这一次欧洲之旅，我本来不想同去，因为孩子太小，留在家里实在不放心；而且这时新居刚刚落成，还没有布置好。但是转念一想，假如我不去，万一徐先生带着爱人同行，又怎么办呢？还有，我也想趁此机会，看看我们有否重归和好的可能。

因此我毅然决定还是跟他一起去。为了孩子们的带领问题，我特地将母亲从上海接来，请她老人家在我们出国时期，帮忙我照顾家里。

张溥泉先生和他的夫人崔震华女士，知道我们有欧洲之行，特地把他们的女公子张瑛和公子张琨，托我们带到法国去读书。一九三三年一月二十二日，我们一行四人在上海乘法国轮船博多士号启程，到码头来送行的，有张溥泉先生暨夫人、褚民谊先生、盛成先生夫人和许多亲戚朋友。

大家把我们一直送到船上，凑巧褚先生认识那位法国船长，他为我们介绍了，并且请他沿途多加照料。

法国船长知道了我们的身份，对我们相当礼遇敬重。旅途中，常常请我们到船长室外面最高的一层甲板上，喝咖啡，吃点心，清风明月，谈古说今。我们曾在他的热情招待下，度过了许多个愉快的海上夜晚。

因为法国船的设备好，所以我们买的是三等舱票。船上有一位法国医生，年龄不过三十岁，为人却很风趣热情，他喜欢到三等舱来找我们谈天，并且很殷勤地把我们邀到船医室去。他那间房子很大，有许多图书杂志，还有唱片唱机。他说他一听到我们在船上，就特地赶来拜访。他又幽默地说：头等舱里都是些脑满肠肥的人，所以他感到缺乏谈天的对象；他请我们不拘形迹，随时到他房里去坐。由于这两位朋友，使我们这次长途旅行，过得一点也不寂寞。

我生平最重然诺，"受人之托，忠人之事"是我一向奉行不懈的。张溥泉先生将他的男女公子托付给我们，我就不免要尽心尽力，除了照料他们两姊弟的生活起居，我还特别注意他们的言行举止。因为我曾在法国住过八九年，航行欧亚之间的长程海轮我也乘过两次，我懂得法国人的作风，并且深知长程航行中常有罗曼蒂克的故事发生。

张瑛女士长得很漂亮，高个子，方脸，有明艳照人的风韵。她在北京念法国天主教学校，法文、中文、英文都够水准，性格开朗，富于少女的幻想，因此每每使我为她担心，唯恐她感情浮动，把握不住自己。有一次她在医生的房间中耽搁了很久，而且还说了一句："我真想一直留在此地呢！"我便怕被那位年青的法国医师听了，会错了意，因而引起问题。有时船长请吃晚茶，医生

也总在座，张小姐每每无意地离座走向黝黯的船舷，那位医生必定跟过去陪伴。固然，在外国人来说这是男士应有的礼貌，女士离座独行，男士是应该跟过去陪着的，但我又怕张小姐不懂这种洋人习惯，而又表错了情。

　　船行三十五天，二月底方才到达巴黎。我们找了一家旅馆住下，刘大悲和张凤举两位先生听说我们到了，便来旅馆访晤，商议举行画展的事，因为他们

▲九方皋（徐悲鸿，1931年）

是巴黎方面的画展筹备人。据刘先生说他已经和近代美术馆商妥，就在那里开展览会。同时我们知道李石曾先生正好在巴黎，当天就去拜访他，报告有关画展的筹备情形。

第二天忽然接到李先生一封信，信上的称呼是悲鸿、大悲、凤举三兄，他说他即日回国，展览会的事情以后请与顾维钧公使接洽，最好是请顾夫人主持。经费预备两万元，由他负担一半，除去徐先生在国内所领的六千元以外，刘大悲、张凤举两先生在巴黎所花的筹备费用折合法币也有二千余元，剩下一千八百元，等他一回国内，立刻汇寄。其余所需的款项，叫我们去请顾公使设法。

一看这信，我们惊骇慌乱，手足无措，四个人商谈的结果，只好遵照李先生的嘱咐，一同去拜访我国驻法公使顾维钧先生。顾先生看了李先生的信，也很讶异，因为李先生对他并未交代，他当然无法做任何的承诺。不过他答应，将来我们实在没有办法时，再为我们设法。

场地早经定妥，消息也已发出，举行展览会有如箭在弦上，不得不发。问题是这以后的行程还长，我和徐先生失去了经济的后援，又将何以为继？弄不好岂非又要流落巴黎，有家归不得？

当时钱昌照先生担任教育部次长，我们写信给他，请他设法接济。钱先生倒是很帮忙，由教育部拨寄了一笔钱来，使展览会顺利进行。后来法国政府买了我们十二张画，成立一个"中国近代绘画展览室"，拿到这一笔售画的款子，经费问题方始解决。

五月间，展览会在巴黎举行，由顾公使夫人揭幕；由于这是第一次将中国现代美术介绍给法国人，因此非常的轰动。报章杂志均以巨大的篇幅加以报导，推崇备至，评论极佳，这次的展览，可以说是极为成功。

算算在巴黎停留的时间相当长，住旅馆既不方便，耗费又大，我们就在十五区租了一间小小的画室。同住在这幢房子里的，还有一位中国女画家黄女士。黄女士就是名女作家张爱玲的母亲，我们是在南京相识的，那时候黄女士已经和他的丈夫离婚。

我们和黄女士异地重逢，又同住一幢房子，非常高兴。当时黄女士住四楼，我们住在二楼。

一天，徐先生要请两位外国艺术家吃饭，一位是意大利画家查侬先生，另一位是波兰女雕刻家米格米贡女士，同时请了黄女士和常玉先生作陪，宾主一共六人。因为常玉先生的画室比较大，徐先生决定借用他的地方宴客。

先一天常玉先生在我们家里，我把买菜的钱交给他，并且约好，明天早上九点钟，我到他那边一同去买菜。徐先生呢？他说他中午来跟我们一起吃饭，请客是定在晚上。

翌晨九点，我如约到了常先生的画室，不料常先生起身较早，已经出去了一趟，把那些该烧该炖的都买了回来。我去的时候连鸡子都炖在锅里了，但是常先生说还有许多东西没买，所以我们还得再跑一趟。

于是我们在十点多钟又一道出门上菜场，把东西买齐，十一点多回到画室，开始预备午餐，等徐先生来吃饭。这时又来了一位熟朋友，在巴黎军官学校攻读的龙绳祖先生，三个人说说谈谈，一等等到一点钟，仍然不见徐先生来到。

我不好意思让大家饿着肚子尽等，一点多钟我们三个人吃了午饭。当时我还以为徐先生一定是临时有什么要紧事情，所以不及赶来，因此也并不在意，洗好碗筷，和常先生动手做菜。

傍晚七点整，约好的客人准时到达，就只有身为主人的徐先生没来，我心里暗暗地开始发慌。当时的情形很尴尬，酒菜齐备，客人反倒在等候主人，这实在有点说不过去，但是不等他又不行。看看将近八点，我早已急得像热锅上的蚂蚁，手足无措，坐立不安，我跑到厨房去跟常先生商量，我说在这种情形之下，只好请他到前面陪陪客人。我呐，我准备从后门溜走，坐计程车回家去看看，是否徐先生一时大意，忘记了请客的事。

叫了车，一路上直在催促司机开快些。到了家门口，抬头望去，楼窗里漆黑一片，不见有灯。于是三步并作两步地跑到房门外，敲门，门锁住了，侧耳倾听，没有半点声响，房门钥匙只有一把，是在徐先生身上，而且看情形徐先生当然不会在房里，我又担心在那边等着吃饭的客人，迫于无奈，怀着一颗忐忑的心，又急急驱车驶回常先生的画室。

将近九点，我勉强镇定心神，请客人们入座，吃这顿延迟了两小时，而且人人食不甘味的晚餐。饭后，仍然见不到徐先生的踪影，大家见我心绪不宁，非常同情，同时他们也在担心徐先生，不敢想像他会出了什么事。于是大家一道儿送走那位波兰女雕刻家，然后再送我回家，顺便打听消息。

没有消息，因为房间里依然黯黯寂寂，阒无人声，用力地敲门，不闻回应，大家站在走廊里总不是事，于是意大利画家只好愁眉不展地告辞离去。黄女士也回她自己的画室，不过她跟我说，假如徐先生没有回来，我可以到她那里去住。留下常玉先生陪着我，在附近一带的马路上走来走去。

▲傒我后（徐悲鸿，1930—1933 年）

夜幕渐深，恐惧的意念在我心头形成无比的重压，我接连想起许多可怕的灾祸，唯恐徐先生出了什么意外。我请常先生陪我上警察局，问他们今天有没有发生车祸。警官查了纪录，回答说是没有。我再问是否有中国人出了事？回答是迄至如今不曾听说；不过警官又补充一句，说是即使有人出事也不会一下就晓得的，说不定要到明天才能知道。这一来，更使我的心往下沉。

走出警察局，云淡星稀，时间已过午夜，常先生要搭地铁回去，否则便没有车子了，他把我送回家，道声再见。我心情沉重地爬到四楼，就在黄女士起居室的一张睡榻上，歪着身子和衣躺下。灯光熄灭，我的思绪反而特别的澄澈清醒，刚阖上眼，就有许多恐怖的景象，轮番映上我的脑海，讨厌的是任凭怎样都挥洒不开。什么车祸的血迹斑斑，什么被人谋杀的伤痕累累，光怪陆离，怵目惊心，我时而要骇极惊呼，时而要伏枕饮泣，我想起最近两年虽然感情方面暗潮汹涌，但我们毕竟是同甘苦共患难的多年夫妻；在这遥远的异域，我怎能不为他的安全担心害怕？又想起上海亲友们热烈欢送我们上船的一幕，两个人兴高采烈地出国远行，万一他有个三长两短，叫我怎样独自回去？再想想两个无辜的孩子，以及年迈的双亲，他们都在等待我们的归来；假如没有了我们，那他们的心灵将会遭受到怎样深巨的创伤？伯阳、丽丽又将如何长大成人？

在我半生之中，这可能是最漫长的一夜了。整夜，我被痛苦煎熬，被焦灼刺戳，被忧伤压迫，被悲哀淹没；整夜，我敏锐的心灵一直在幻想着，无休无止，直到东方露出鱼肚白。

看看天亮，我立刻翻身坐起，披衣离床。为了怕吵醒黄女士，我蹑手蹑足，推门外出，房门在我身后轻轻地关上。弹簧锁卡嗒一响，我知道自己无法再回转去了。

跑上马路，走到报摊，把所有的报纸每样买了一份。再回到家门口，就坐在楼梯上，翻阅每份报纸的社会新闻版，可是找不到什么不幸的消息。

心烦意乱，也不知道过了多久，天色大亮，七点多了，闪耀的阳光给了我一个很好的灵感。

我再走到街上，找到了一家锁匠铺，但是时间太早，铺子还没有开门。我只好在门前徘徊，等到他们一打开店门，我就直冲进去，请他们帮忙，派人去开房门的锁。于是有一位锁匠跟我回去，忙乱中我还想到撬锁应该通知一声女

▲紫兰（徐悲鸿，1941 年）

门房，女门房很关心我，自动陪着我们一道上楼。

锁匠低头研究那只门锁，他摇摇头，说是这锁无法开启，要么只有撬开了；这一撬，不但锁毁，而且还会损坏门框。于是他四处打量，回头问女门房说：

"这隔壁的房间有人住吗？"

女房东回说："没有人住，是空的。"

"那么，请你把门打开，我可以从这里翻窗过去，再从里面打开锁来，免得把门弄坏。"

女门房依言打开空房房门，锁匠正待从窗口往外爬，訇然一声，我们的房门响了。我大吃一惊，锁匠和女门房也呆呆地怔住。俄顷，房门打开，徐先生站在门里，头发蓬松，面色非常的难看。

当着女门房和锁匠的面，我当时又羞、又气、又恼怒，恨不得找条地缝钻下去。我涨红着脸谢了女门房，付了锁匠一点钱，看他们满脸不胜讶异地走了。那时候我已无法控制自己愤恚的情绪，我走进房去，冲向他，声声地逼问：

"你这是什么意思？你这是怎么一回事？"

他的脸色很难看，可能他也是一夜没睡，他先不做声；后来大概是实在被我逼急了，他才怒气冲冲地反过来质问我说：

"我昨天去，你们为什么不开门？"

当时我还在激怒之中，我气愤极了，于是我大声地嚷着：

"你说这话是什么意思？你以为我做了什么？你以为我是什么人！"

原来他早一天说好中午十二点到常先生那边吃午饭的，但是临时提前，十一点钟便到了。刚好那时我和常先生出去买菜，房门是锁住的，他敲了半天门，里面不应，使他起了莫大的怀疑。因此他非常生气，存心报复，把自己反锁在房间里，听谁来都不理，害我饱受一场虚惊，足足着急了半日一夜，同时还让他自己在外国朋友面前失礼。

不一会儿，常先生也是悬了一夜的心事，早早地赶来，打听消息，他一跨进门就发现我和徐先生正在生气，他十分惊讶地问：

"这到底是怎么一回事呀？"

叫我怎么说好呢？我只好伸手一指徐先生，说：

"你去问他！"

可是徐先生铁青着脸，一语不发，我想常玉先生直到今天，恐怕还不知道那天究竟是怎么一回事吧！

这时我想起了黄女士昨夜为了怕我受凉，好意借给我一件大衣。只怕她一会儿起来也要寻根问底，叫我难以解释，于是我就将大衣抛给徐先生，我说：

"请你替我把这件大衣送还给黄女士，至于她要问你昨天的事，也请你向她说明！"

不久，徐先生和常先生都出去了，我一个人独坐房中，越想越生气，越想越委屈。十一点多钟，忽然有人敲门，我打开门一看，原来是大使馆的职员，他是专诚送护照来的，因为在此以前，我们计划到比利时的京城布鲁塞尔去开画展，将护照送请比国大使馆签证，这时正好送回。我接过护照，灵机一动，匆匆地收拾衣物，拎了一只小皮箱，留一张字条给徐先生，我在字条上仅仅写着三个字："我走了。"

然后跑出家门，雇车到巴黎车站，坐上巴黎驶往比京的特别快车。四小时后，我抵达了布鲁塞尔，找到沈宜甲先生，他看见我一个人飘然而来，非常惊讶，一再追问，我终于告诉了他所有的事情。

沈先生很机伶，他立刻就说：你这样来怎么行呢？你来了这儿倒没有什么，只是悲鸿没有护照不能来呀。因为我们两个人是合用一张"徐悲鸿暨夫人"的护照的。于是沈先生便向我要回护照，给他寄到巴黎。后来据刘大悲先生告诉我说：徐先生为了我的出走，也紧张了两天，还到熟朋友处找过，可是偌大的巴黎，想找一个人，岂非大海捞针？后来接到了护照，才算放下心，当即赶赴比京，和我会合。

常玉和沈宜甲两位先生，是我们第一次留法时期的好朋友。沈先生经常住在布鲁塞尔，他听说我们到了巴黎，便赶来相见，同时也就认识了张瑛、张琨两姊弟。他对于这两姊弟的事非常热心，听说他们要找学校，找房子，他便自告奋勇，到处奔走。我们在巴黎十五区租到了那间画室，沈宜甲先生也为张瑛姊弟在我们的附近，租了两间公寓房子。由于这两姊弟年纪还轻，对于家务事一无经验，我还得常常去为他们料理。然而就在这段时期，我发现沈先生对张瑛小姐显得特别的殷勤，这大概就是他俩未来那一段"不愉快婚姻"的萌芽时期。

在巴黎先后住了好几个月，有一件令我耿耿难忘的事情，也有一记的必要。徐先生早年念过的巴黎美术学校，有一位门房，我在第一次旅法时就已经认识了他，他还请我们吃过饭，他是个和蔼可亲、热心诚恳的老人家，对待徐先生相当的好。在美术学校前后看了几十年的门，跟所有的教授学生都很熟，他有个习惯，认识一位学生便求一幅画，几十年下来早已收集甚丰。我常常想，如果他所有的画能够留存到今日，那他不但是个大收藏家，同时也富埒王侯了。当徐先生在校的时候，也曾赠过他一幅画的。

我们第二次来到巴黎，所有信件都由使馆代转。令我意想不到的是，后来我竟会在无意间发现，徐先生还有个秘密转信的人，那便是美术学校的这位老门房。说来有趣，有一天有人敲门，徐先生把门打开，便立即冲了出去，我只听到外面喊喊喳喳地说了几句话，徐先生便回房来了。我问他是谁，他答说是美术学校的门房。过了两三天，我在壁橱里找到了一只信封，捡起来一看，原来是孙韵君从国内寄给他的，我这才恍然大悟，徐先生和孙韵君一直都在书信往来，而那位老门房便是他们的转信人。

在比京开完了展览会，我们又回到巴黎，收拾好行李，匆匆动身到伦敦。

这是我们第二次旅游伦敦。十四年前赴欧，伦敦曾是我们抵达欧洲的第一站，但是只住了两天，就离开那里到巴黎去了。

徐先生这一趟到伦敦，是为了临摹一张西班牙名画家佛拉斯盖司所画的《维纳斯与镜》，这幅画很有名，徐先生大概临了十天左右便告完成。我们住在熊式一、蒋彝两位先生合住的家里，蒋先生后来也成了画家。他们的住宅宽大，设备齐全，厨房里火旺水足，而且有冷热水龙头。我在欧洲好几个国家旅

▼ 镜前的维纳斯

居时都曾自己烧过饭，其中就以这次在伦敦时最方便，最痛快。尤其是英国人不喜欢吃猪腰，所以腰子的价格特别便宜，于是我得其所哉，常时买许多腰子回家，卤炒蒸炖，什么样的做法都试过。

除了到博物馆临画，徐先生还买了许多艺术典籍，我常陪他同去，帮他挑选购买。我也深知他的嗜好，以前我有时反对他漫无限制地搜购，那完全是因为我们经常濒临饥饿边缘的关系，把买面包的钱移作收集艺术品，我当然无法苟同。

熊式一先生为我们介绍了英国最著名的水彩画家戈纳先生，这位大画家当时已经六十多岁，精神矍铄，他邀我们到他画室参观，我们见到了他的模特儿，非常美丽。后来有一天，戈纳先生突然打电话来，通知熊先生说是他结婚了，我们简直不敢相信。过两天熊先生请新婚夫妇到家里来吃中国饭，还请了一位以前做过香港总督的英国爵士夫妇作陪。这才知道，新婚的戈纳夫人，便是那位绮年玉貌的模特儿。

在那顿愉快的聚餐中，我发现了英国人性格的另一面，因为我注意到爵士夫妇始终不曾和模特儿夫人交谈一语，因为门第和阶级的观念在英国是很深的。后来听说，戈纳先生的子女，对于他这一次的婚姻也一致反对。

在伦敦，我时常独自一人搭乘电车或公共汽车，因为我每天都要去买菜。在公用车辆上，我更看出了英法两大民族基本性格的歧异。英国人绝对不像法国人那样，对我这个不常见的东方女性投以好奇的眼光，同时他们不轻易与人交往；但如结交成了朋友，则又非常地重视友谊，不像法国人看看笑笑，攀谈两句，甚至也会请回家里吃饭，在外表上尽管热情，事实上却很难建立真正的友谊。

我们离开伦敦，乘轮船驶向荷兰的故都海牙。我们的目的是去参观荷兰大画家伦勃朗的画，以及他的故居。在海牙博物馆参观过后，又到国际法庭去拜访王宠惠先生，他见到我们，十分高兴，特地陪我们坐火车到荷兰国都阿姆斯特丹一游。

在阿姆斯特丹，有一家中国饭馆，备有广东名菜漕白鱼。王先生是广东人，他很喜欢吃这种鱼，并且告诉我们，这里的漕白鱼，是轮船上中国水手自己做的，但是味道仍然很好。吃过饭，王先生再陪我们去参观一个专门陈列古代刑具的博物馆，气氛阴森而可怖，无奇不有的各式刑具，看了令人毛骨悚然。

从荷兰回到巴黎，由于住处尚未退租，还有许多琐碎的事情需要料理，而米兰方面的画展日期已经决定。大家商议的结果，请我留在巴黎，处理未了事项，徐先生和沈宜甲先生先去米兰布署一切。

我将所有的事情办理清楚，一个人动身赴米兰，去和徐先生他们会合，由巴黎到米兰途中须经瑞士，路程相当的远，因此我买的是卧铺票。欧洲的卧车，夜里在卧铺上睡觉，白天则请到另外的车厢里，车厢隔成一间间的小房，有门有窗，设八个座位，对面而坐，中间靠窗的地方有一张可以折叠的小桌。

清早由卧车换乘车厢时，只有我一个旅客。一会儿，上来了一位三十多岁的外国男士。

他面貌清秀，举止彬彬有礼，他在我对面坐下，燃着了一支香烟。将烟盒随手搁在座位上面，小房里寂静无声，两个人就这么默默地对坐。

忽然听到啪的一响，我回头一望，发现他的烟盒滑到座位下面去了。他为了捡回烟盒，站起身来，背对着我，双手很吃力地抬起了活动椅垫。

但是他没有办法伸手去捡烟盒，因为他腾出手来椅垫又要落回去。在这种情形之下，我当然不能不帮他一个小忙，于是我站起来上前两步，把他的烟盒捡起，他放下椅垫，接过烟盒，连声向我道谢。

借此机会，他开始和我攀谈，他首先问我的国籍，我说我是中国人。他脸上露出讶异的神情，紧接着再问：

"你祖上是否有白种人的血统？"

我笑笑，摇摇头说："没有"。

"你的皮肤很白，"他蔼然地笑着解释："你不像是黄种人"。

"中国人皮肤白的多着呢！像我，还不算很白。"

于是我们接下去谈中国，谈瑞士，谈旅行的趣事，谈法国和意大利，斗室里充满和谐友好的气氛。不久，他抵达了目的地，站起来向我告辞，当我们握手道别的时候，他两眼闪闪有光，热情洋溢地对我说：

"今天我度过了一次最愉快的短途旅行。"

在那个瑞士小站，我目送他的背影渐渐远去，心里不禁兴起一种奇异的感觉，人类的感情是多么的微妙！像我和这位萍水相逢的异国人，极偶然的邂逅，一席闲谈，除了国籍以外，我们对于对方一无所知，不问过去，也不作重逢再见的打算，然而彼此都留下了隽永深刻的印象。

我们这次意大利之行，是因为意大利国立米兰博物馆馆长，听说我们在巴黎举行画展获得极高的评价，很客气地写信到巴黎，邀我们到米兰去举行展览。米兰是意大利第二大城，有"意大利之巴黎"美称。这次邀请，对于国家和对于徐先生本人都是很光荣的事情，可是徐先生和沈宜甲先生，却另外有他们的一套做法。

早在巴黎时，由沈宜甲先生执笔，和米兰博物馆信件往还，开始磋商。徐先生、沈先生开出许多条件，要米兰方面负责我们的旅费，以及在米兰时期的生活费用。讨价还价，锱铢必较，使我觉得非常不满，我以为像徐先生这样一位闻名国际的中国画家，他应该保持自己的身份地位，不必为这几个钱斤斤较量，我们即便再苦，也用不着向外国人低头要钱。但是他们两位并不赞成我的意见，同时又怕我阻挠他们的计划。于是从此以后他们总是避着我筹商大计，三个人在一起竟然形成泾渭分明的两派。我心想这样也好，凡事不闻不问，落得耳根清净。

我们在一家当地人家，分租了三间房子，两房一厅，厨房公用，由我负责烧饭。和外国人合用厨房，使我感到许多不便，因为他们看我做中国菜，总觉得新奇有趣，问这问那，脸上都挂着诧异惊奇的表情，我在厨房里已经觉得浑身不自在。沈先生还常爱跑进来看看，有时候我炖鸡汤，外国鸡都是杀好冰冻过了再出卖的，炖汤极不相宜，不但味道不鲜美，还有一股怪味。沈先生戴深度近视眼镜，进厨房耸鼻嗷唇地先闻菜味，嘴里直在嚷着："好臭好臭！"然而鸡汤端上了桌，偏就数他吃得多。

意大利盛产佳酿，有些红白葡萄酒，比法国的产品更胜一筹。我和徐先生都不善饮，唯有沈宜甲先生得其所哉，每天买酒来喝，我们看他一杯在手，乐也陶陶。

这一段时期，我的心情一直不愉快；唯一庆幸的事，便是近代中国美展在米兰也获得盛大的成功，参观者络绎不绝，报章纷纷给予佳评。展览会结束的时候已经是急景凋年，我们决定就在米兰度岁。

米兰有一座大天主堂，这教堂是闻名世界的胜迹，全部用大理石建成，建筑之宏伟，雕塑之精美，令人目不暇给，叹为观止。听说这座教堂的建造，历时达四百余年，差不多可以说它是"兴工半世纪"方始完成的。

我和徐先生不信任何宗教，但是圣诞夜，在这宏伟的教堂里，有着规模盛大的圣诞弥撒，这是难逢的机会，所以决定去参观。那天有成千上万的天主教徒在做弥撒，仪典之繁缛隆重，教徒之信仰虔诚，在这崇隆华丽的古老教堂拱顶之下，构成了无限庄严曼妙的气氛，令人深切地感动。可是当时我心里却浮现出两个滑稽可笑的意念：我在想，这"望弥撒"，竟和我国和尚拜忏放焰火的情调有些相仿；同时我也不免困惑，他们果真人人都信得这么虔诚吗？

在米兰的画展圆满结束，过完年，大家趁此难得的机会，一游古罗马帝国几处著名的风景名胜。首先到"水都"威尼斯，这座古城建在威尼斯湖的一百多个小岛上，河渠纵横，星罗棋布，大大小小的桥梁，据说有四百余座。绝大部分的建筑物都是古色古香，朴质自然。我到威尼斯的第一个印象，便是罕见车辆，因为这里的交通全靠舟楫往返，根本没有地方可供驶车；第二个印象是一幢幢房子全都建筑在水边，宛如一座座水上的浮宫，真是有趣极了。

三十多年前游威尼斯，河面往来如梭的都是古老木船，船身狭长，两头尖翘，雕镂精致，髹着缤纷的彩色，非常美丽。划船者多为年轻健壮的小伙子，他们的神情活泼愉悦，动作灵活优美，不时引吭高歌，立刻便得到其他船夫的唱和，歌声趁着轻风，在水面袅袅悠扬，看他们真是不知人间愁滋味，把这古老的水都点缀得生趣盎然。

也许因为威尼斯人的热情奔放，加以莎翁脍炙人口的《罗密欧与朱丽叶》，这出赚人热泪的爱情大悲剧，就发生在威尼斯这个地方，所以那里的罗曼蒂克气氛极为浓厚。艺术家们留下的风流韵事罄竹难书，连那些英俊健美的年青船夫，都是许许多多热情人所倾心相爱的对象。

我们去参观了威尼斯国立博物院，再到闻名世界的圣马可大教堂，我们在大教堂前流连很久，因为我舍不得离开广场上一群群的鸽子。这些鸽子不但不畏人，还乐于与人亲近，而且也真有灵性。教堂职事每天按时喂它们两次，第一次是在早晨九时，九点一到，圣马可大教堂第一声钟响，千千万万的鸽子便自四面八方飞来，只见黑压压的一片，遮天蔽日，犹如乌云四合，然后似有几千万片落叶，飘然坠地，那是它们在飞降广场，啄食早餐。

沈宜甲先生为我拍了许多照片，有一张是我肩背头顶，到处都憩着鸽子。另一张拍我抛出玉蜀黍饲喂它们，玉米自空中撒开，相机拍出了犹在半空中的玉米，和几只鸽子振翅飞来啄食。

佛罗伦萨风光宜人，是意大利北部的游览胜地，那里的博物馆、图书馆和宫殿建筑都很有名。由于文艺复兴时代艺术人才辈出，艺术品庋藏丰富，因而有"意大利的雅典"之称，在世界艺坛有举足轻重之势的"佛罗伦萨"画派，即以此地为名。可惜我们由于行色匆匆，在佛城停留不久，搭车去看过世界七大奇迹之一的比萨斜塔，便换车南下直驶罗马。

西谚有云："条条大路通罗马"，事实上罗马也曾长时期做过世界霸主，横跨欧亚非三洲最强盛的国家。即使时至今日，她仍然以一座大城而为两个国家的国都，一是意大利共和国，一是梵蒂冈教皇宫廷。

描写罗马景物的文字早已车载斗量，这里不必我再作介绍。我们游过罗马的三大胜迹：梵蒂冈宫、圣彼得寺和科利色姆斗兽场，看过世界上最名贵的画——达·芬奇所绘的《最后的晚餐》，同时更凭吊了意大利建国三杰之一的加里波第纪念像，看他骑着骏马，雄姿英发。

此外值得一提的是去参观米开朗基罗的不朽名画《最后的审判》。看了这幅杰构，简直使人无法想像人类会有那样至高无上的智慧，和无可比拟的创造力量。

罗马又有专门陈列雕塑的博物馆，我们去参观时，执事人员特地引领我们走进一间小陈列室，室中仅只陈列一座出土方始数十年的维纳斯塑像，胴体线条之美丽，真是笔墨所无法形容。

然后我们又去玩了意大利的第三大城那不勒斯，眼见维苏威火山袅袅地冒烟。坐了十几公里的汽车，直驶维苏威火山之麓的庞贝废墟。庞贝在公元七十九年由于火山爆发全城湮没，直到公元一七五五年才陆续挖掘出土，大概保存了旧迹的三分之二，留供后人浏览凭吊。其中还有颇为完整的房子，墙壁上有壁画，我曾站在那里的走廊上照了一张相片。

意大利之游到此为止，我们转回罗马，再去柏林，沈宜甲先生因为另有要事，他不能再陪我们到柏林走了，他就在罗马留了下来。

▲最后的审判

柏林也是旧游之地，回首前尘，不胜怅惘，老朋友们早已风流云散，而我和徐先生也无复当年的鹣鲽之情。承一位曾姓同学的介绍，在李田丹先主家里分租到两间房子，这就是我们和李田丹先生订交的开始。

李田丹先生是德国人，早年到过中国，和他的法国太太是在哈尔滨结的婚，他爱中国，也爱中国人，所以以后才会归化中国籍。他的母亲是犹太人。非常富有，但是因为不满李先生的婚姻，因此对李先生的一切不闻不问。李先生也很倔强，从不依赖她的母亲。

柏林的画展，李先生帮忙最多，一切的事务工作，奔走接洽，都由他一力肩承。看到他整日忙碌不停，我总觉得很不过意，他却若无其事，他为人之慷慨、热心与好客，于此可见一斑。

和李田丹先生同伴热心，甚至只有过之而无不及的，还有一位又矮又小、脚有点跛的德国老太婆，她披头散发，模样像是电影上的老疯妇。她非常崇拜徐先生，整天跟着他到处跑，碰到记者访问的时候她也会抢着出头当翻译，给外国人看了实在有点奇怪。她也是李先生的房客，独身居住，有一次她问我要徐先生的照片，我找出许多张来让她挑选，她挑了其中之一，我因为只有一张，所以说是我自己想保留的，不意她竟大声地说：

"你还要照片做什么呢？你不是已经有了他的本人吗？"

后来有一段时期，徐先生还瞒着我跟她秘密通信。

好友孙佩昌先生，在国内时便请托徐先生，到德国的法兰克福博物馆，临摹一张十七世纪荷兰画家伦勃朗画的《参孙与大莉拉》的名画。法兰克福在德国的东南部，商业很发达，市内银行林立，所以有人称它为"银行市"。当时设有一所中国学院，是德国人研究中国学术的中心。

丁文渊先生在中国学院任教，他也是我们第一次旅游柏林的旧识，我们离开柏林前曾写信给他，请他代觅一个短时期的住处。丁先生非常帮忙，他在一位德国富孀的家里找到两间房子。这位富孀是丁先生的朋友，家中陈设相当的考究，她听说徐先生是国际闻名的画家，对待我们十分殷勤，并且声明一切免费招待。

《参孙与大莉拉》这幅名画，是十七纪荷兰大画家伦勃朗的不朽杰作，他所画的是《圣经》故事之一。据说古代以色列士师参孙天生神力，曾经以一

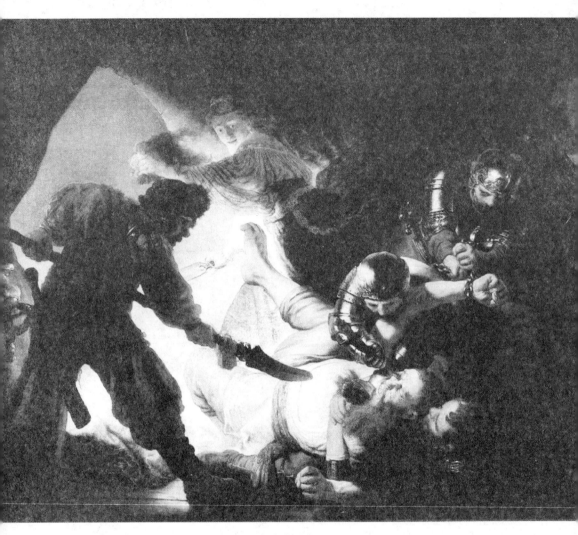

▲参孙被弄瞎眼

只驴腮骨击杀敌军一千，传说他神力的根源就在他的头发，如果将他的头发剪去，他的神力便将消失。大莉拉受敌人贿赂，以千娇百媚的姿容诱惑了他，一夕缠绵过后，参孙倦极而眠，大莉拉趁机把他的头发剪掉，于是四周埋伏的敌军一涌而入，用烧红的利剑戳进参孙的眼睛，几柄刀枪直抵参孙的胸腹，因此他束手就擒，沦为奴隶。

这一幅写尽当时无比残酷的画，画中的大莉拉一手拿着剪刀，一手提着头发，参孙愤恨交集，忍受痛苦，一把利剑正插在他的眼中，鲜血淋漓四溅。包围他的敌军，脸上有骄矜、狂暴、惊惧、狰狞，种种复杂的表情，不仅栩栩如生，而且活灵活现，令人疑为鬼斧神工。我们到法兰克福的那一段时期，天气一直不好，博物馆里光线不足，所以徐先生临这幅画很费事，前后足足花费了十多天。

完成了临画的工作，我们向居停主人和丁文渊先生再三道谢。然后就乘火车遄返柏林，仍旧借住在李田丹先生家中。

结束了德国的旅程，从柏林启程再回意大利，因为苏联对外文化局已与我国驻苏使馆洽商好，邀请我们到苏联去举行画展，而且事先说明只要我们抵达苏联境内，一切费用都由他们负责招待。

于是我们再坐火车，穿过瑞士抵达意大利的热那亚，因为到苏联的行程是由热那亚乘船，经地中海、爱琴海、达达尼尔海峡和黑海，再从奥德萨换乘火车，北上莫斯科。

第二次柏林之旅，就我个人来说，得到了两项收获，其中之一便是居停主人李田丹夫妇的真挚友谊。这份友谊历久不渝，后来李氏夫妇来到南京，归化中国国籍，我们还曾一同度过许多快乐和忧悒的时光。第二呢，便是当时在德国享誉甚高的一位雕塑家霍夫曼先生，曾经为我塑了一座半身像，我们将它带回国来。

热那亚是意大利北部的要港，濒临热那亚湾。公元十一至十三世纪，热那亚州便是意大利共和国的全部，其后曾经被德国和法国并吞，一八一五年方才改隶撒丁王国，最后成为意大利的一州。因为有这许多历史嬗变，所以当地留下的名胜古迹特别多。

我们到了热那亚，画箱却由于转运需时犹未抵达，因此我们必须在热那亚等候一段时日。这时候，徐先生向我提出要求，他要我一个人在热那亚等画箱，让他到西班牙去游历一番。他说马德里的博物院闻名世界，那里藏有许多名画和艺术品，他很想去参观。

这并不是我做不到的事情，但是那时我对他已经事事都生反感。所以我一听他这么说，就立刻表示不同意，我说我不愿单独留在人地生疏的地方。

由于我的不同意，使他未能畅游伊伯利亚半岛。这以后他每一提起都表示非常憾恨，将一生没到西班牙，都归咎于我当时的阻挠。

热那亚有许多嵯峨崇伟的大教堂，我们乘机到处参观游览，同时也拍了不少的纪念照片，等柏林运来的画箱一到，我们立刻买好一艘意大利客轮的船票，折向东行。

第一站停泊雅典，我们对这欧洲文明之源的希腊古都，早就深心向往，有这么好的机会，当然不愿轻易放过。船一停，我们立刻登岸，乘汽车走了四英里到雅典市，在市区匆匆绕行一匝，便往游阿克博尔高岗，凭吊最古老神奇的希腊女神庙。到了高岗之巅，只见云天荒草间，一片废墟。但是这种残壁颓垣，却令人发思古之幽情，神庙庙顶早已荡然无存，只剩下四周的擎天巨柱。我们在那里徘徊留连很久，想到那些久已熟知的美丽神话，叹息岁月悠悠，人生苦短！

拍了几帧照片，雇车仍返爱吉那湾。回到船上，翌晨继续东航，过爱琴海，东方与西方的交界处，形势险要的达达尼尔海峡已经遥遥在望了。

▲ 雅典娜神庙

这条达达尼尔海峡，全长四十五哩，宽不过五哩，窄处只哩许；但它中分欧亚两洲，成为天然的界限。达达尼尔海峡西通爱琴海，东抵面积一万二千余方公里的马尔马拉海，两岸筑有坚固的炮台，防御极为坚强。通过这条海峡，穿越土耳其境内唯一的内海马尔马拉，又有一条博斯普鲁斯海峡。再走一两个小时，才到了俄土两国共有的黑海。

博斯普鲁斯海峡全长只有三十公里，最窄的地方则为一公里，它和达达尼尔海峡同为古来兵家必争之地。十九世纪以前，几乎常年战争不休，土耳其的国势积弱，数濒于危亡存绝，可以说大都是因为列强想争夺这两条具有天堑之险的狭长海峡。时至今日，它们仍然紧扼苏联的咽喉，阻遏了其势力向南伸展。

伊斯坦堡旧称君士坦丁堡，公元三三〇年东罗马帝国的君士坦丁大帝建都于此。一四五三年土耳其人奋力围攻，灭亡东罗马帝国，自此改为今名，并且定为国都。后来国都迁到安卡拉，伊斯坦堡仍为土耳其的第一大城。

轮船在伊斯坦堡小泊，我们登岸参观了这座建立已达一千六百余年的名城，城中有回教最大的教堂，恢宏奇伟，那种古朴威武的气氛，和基督教堂大异其趣。

离开伊斯坦堡，我们的船便进入博斯普鲁斯海峡，但见两岸峭壁巉岩，矗然直立，土色苍黄，草木不生，形势相当雄壮。通过海峡，便到了黑海。

黑海烟波浩渺，汪洋万顷，而海水并不黑。只是近岸之处，山岩黝黯，颇有点像是煤块。黑海名称的由来，可能就是因为这层缘故。

轮船驶到聂斯德河口的奥德萨，这一段曲折迂回的旅程，算是宣告终了。码头上，苏俄对外文化局派有专人迎接，把我们请到沙皇时代的行宫里去住宿一夜。这座行宫富丽堂皇，设备极为讲究；因为苏联大革命后，仍将行宫保持原状，作为款待国宾的行馆。就在招待我们之前，法国总统也曾在那里住过。

翌晨乘火车直驶莫斯科，通过了素有欧洲谷仓之称的乌克兰大平原。平畴万里，一望无际，野阔风摇，麦浪起伏，一派北地春光，和江南的莺飞草长，大异其趣。

到了莫斯科，对外文化局的招待人员，请我们住到红场附近的大都会饭店。大都会是莫斯科最豪华最高级的旅馆，多半为招待外宾之用，一切设备及

▲徐悲鸿、蒋碧微、李田丹摄于赴欧画展途中黑海船上

招待，仍还保有欧洲大陆的水准。

从我们所住的房间凭窗眺望，可以看到莫斯科歌剧院，这是一座白色建筑物。歌剧院前面是一个广场，由广场向左转过去，便到了红场。克里姆林宫是一座灰砖城堡似的建筑，面积也不知道有多大，只是墙垣太高，禁卫森严，看起来不像是政府的所在地，反倒有些儿像座监狱。列宁墓地就在克里姆林宫前，呈长方形，全用绛红色的大理石建造，有宽阔的台阶，可以一步步地拾级而登，每年红场阅兵，贵宾们便在这墓台上观礼。

红场的两端，一座古老的俄式教堂和一幢规模极大的博物馆，遥遥相对。

苏联对外文化局，招待我们十分殷勤周到，我们一到旅馆他们就派来一位女通译员，年纪约有四十多岁，一她可以说很流利的法语。自此以后，只要我们外出，她便和我们寸步不离。我和徐先生都知道：她所负的监视重责，要比她的通译工作吃重得多。

我们所要做的第一件事，便是拜访我国驻苏公使馆，当时的驻苏公使颜惠庆先生，正好回国述职，由吴南如代办理馆务。吴先生也是宜兴人，家住南京，他的公馆就在我们傅厚岗新居的正对门，我们不但是同乡，而且还是邻居，海外邂逅，大家都觉得非常的高兴。公使馆的其他各位先生，对我们也是十分亲切，而且还给予我们不少的协助。有一次，我们还邀请使馆同仁郊游野餐，在莫斯科郊外，度过了很愉快的一天。

对外文化局局长和该局主要人员，为我们举行一次正式的宴会，从此我们就展开了紧张忙碌的活动。这些活动可以分做三方面：一是筹备画展，二为参观拜会，三为出席宴会及若干私人邀约。

我们到达苏联的时候是一九三三年四月，离开苏联大革命已达十六年。国内经济情形相当恶劣，正在执行第二个五年计划。因此我们参观访问之后，所得的印象，无非是俄国人民太穷、太苦、生活艰难，心情黯淡，很少看到他们的笑容。

但是另有一个现象，明眼人一望可知，那便是三十岁左右是苏联人神情气质的一大分野：三十岁以上的苏联人，大都郁悒寡欢，颓废消沉；三十岁以下的人就比他们轻松活泼得多。

根据我们在莫斯科的耳闻目睹，苏联的商店可以分为三种：一种是普通人民购买生活必需品的地方，店里的货物大都粗糙陋劣；另有一种有点像台北的寄卖行，各色各样的货品都有，不过全是旧的，这些东西大概是苏联政府没收来的私人财物，摆在国营商店出售；再有一种铺子，则售卖比较昂贵的珍品，诸如古董、饰物、毛织品、丝绸，以及苏联的特产品皮货、宝石等，偶而也有一些欧洲大陆运来的奢侈品。但是他们营业的对象不是老百姓，而是外国人，因为这里是只能使用外币的，大概这也是苏联吸收外汇的来源之一。

走进苏联的商店，会使人兴起不像一家铺子的感觉。由于商店是国营的，店员全拿薪水，所以人人阴阳怪气，无精打采，对待顾客一点儿也不起劲。你买也好，不买也罢，翻弄也好，搞坏了什么也无所谓，仿佛一切都与他无关。我走过那么多国家和城市，从来就不曾看过这么懒惫懈怠的店员。

但是徐先生和我，都照顾了他们不少生意，多一半是因为价钱便宜，另一方面在那里多少可以发掘一些别处很难找到的旧物。譬如说徐先生买了不少丹麦制的磁器玩具，有各式各样小动物和人的塑像，其中有一座磁像是一个男孩，穿着木头鞋子，两手插入裤袋，神情模样非常可爱。

当时在苏俄，卢布也有官价和黑市，兑率相差很大。我们初到那里，当然无从换到黑市卢布，照官价兑换又心有不甘。因此我们身边总是没有多少钱。有一次，我和徐先生同去逛商店，他选购了许多艺术品，我一看价钱不小，便连忙提醒他说："哎，你怎么办啊？"他听了我的话，笑笑，也不回答，当时就从身上掏出大把的卢布票，付清了货款。

回到旅社以后，我忍不住问他，刚才的卢布是从哪儿来的？他这才告诉我，是公使馆吴南如代办给我们的零用钱。当时我很生气，我质问他："为什么你拿到钱不让我知道？"他这样遇事隐瞒我，使我实在很难堪，于是我数落了他一顿。徐先生大概是无话可说，他一直缄口不语。

徐先生把钱藏起来不让我知道的原因，是他怕我买皮货。

莫斯科的皮货实在太便宜了，一件折合法币百元的皮料，带回中国至少可以值上四五百元。但是没有卢布怎么办？于是我便托使馆的职员，代我向做工的华侨，兑换了一点黑市卢布，才算买了三件狐皮，自己买了一只狐围领。为买这三件狐皮，徐先生还有点不高兴；但是带回国以后，一件送给他的母亲，一件送给我的母亲，剩下一件最好的火狐，为他做了一袭狐皮袍子。有一天，大家在谢寿康先生家里吃饭，张道藩先生偶而谈到他的猞猁狲皮大衣，徐先生忽的伸手一翻自己的皮袍，洋洋得意地炫耀着说："各位看看，兄弟这件皮袍如何？"我听了立刻便回想起当时买这三件皮货的情形，不禁冷冷地说："你不想想，这件皮袍是怎么来的？"后来谢先生还责备我说："你这又是何必呢？"

我还看中了一件灰背大衣，价恪很低廉，可惜没有钱了。回国后，因为徐先生定购了苏联博物馆的石膏复制雕塑，要汇款到莫斯科去，于是我也附寄了一百多元给吴南如夫人，请她为我买下这件灰背大衣，后来是由戈公振先生替我带回的。另外我还买了一套纯银餐具，每份十二件，一共有一百四十四件之多，雕镂精细，十分名贵。因为苏联禁止出口，我把它们放在书箱的底层，方始逃过了他们的检查。

当时在苏联，除了统治阶级，各行业中大概以工程师最吃香，他们的月薪可以拿到一千多卢布，而一般工人却只有三四百。工人吃一顿饭约需卢布一个半，但我们在大都会旅社，两个人一饭之费总在三十个卢布。平时能到大都会去吃顿饭的，除了外宾和统治者，恐怕只有那些工程师们了。

莫斯科有四百万人口，房屋问题一向严重，所有的房屋全由政府配给，一家人最多只有一两间屋。由于在苏联离婚是轻而易举的事，夫妻双方如果有一方希望离婚，只要到婚姻注册处去声明一下，注册处便会代为通知对方，某月某日业已离异。可是如果急切配不到房子，两个人只好仍旧住在一起，这也是在苏联才会发生的怪事之一。

展览会正式揭幕，莫斯科颇有一番盛况，苏联对外文化局局长主持揭幕典礼，中国公使馆馆员也都出席。展览地点就在莫斯科博物馆，接连举行了一个月，参观者络绎不绝，收到了比预期更为理想的效果。

五月一日，苏维埃政府成立十六周年，斯大林在红场阅兵，受检部队和游行群众就在我们楼下的大道通过。整个红场人山人海，有无数的军警在维持秩序，坦克车和机械化部队徐徐地行进，天空掠过各式各样的飞机，检阅和游行进行了整整一天，我们居高临下，拍了很多照片。

到过莫斯科的人，没有不去参观列宁墓的，我们当然也看到了列宁的遗体。列宁的遗体丝毫没有损坏，他平静地躺在一具玻璃棺材中，好像在睡觉一样，手上的毫毛似乎都还清晰可辨。我们简直不能想像他们用的是什么方法，让他的遗体保持得如此完好。后来听到有人说，一共有六位教授专门负责这件工作，他们都是极一时之选的专家。

苏联政府送给我们两座石膏制的名人头像，一座是列宁，一座是托尔斯泰。像呈暗绿色，面貌维妙维肖。据说苏联政府当时每逢有一个重要人物死去，立刻利用本人浇制一套模型，然后大量复制，作为宣传品。徐先生这时又为中大艺术系向莫斯科博物馆接洽，将该馆若干重要的雕刻用石膏翻成复制品，这事后来总算办妥，所有的费用全由中大负担。

官式的参观节目，除了博物馆、列宁墓，又去欣赏俄国人引以自豪的歌剧院。剧场很大，节目也好，可是和欧洲各国的歌剧院情调不同。在欧洲各国，到歌剧院必须穿着礼服，像出席盛大宴会一般的郑重。但是在莫斯科，有穿衬衫的，也有戴

▲蒋碧微拍摄的莫斯科歌剧院

鸭舌帽的，把古老的歌剧院，硬生生地在外观上加以平民化，我想，这也只有在苏联才能做得到。

我们又去欣赏苏联的新型话剧，这以后我们更参观了形形色色的俱乐部，仿佛有一种行业便有一间俱乐部。说起来这是在为人民着想，用意良佳，不过是否有粥少僧多之叹，我们也就不得而知了。

倒是孤儿院里的一项设施，颇令我感到有趣。莫斯科气候酷寒，孤儿院怕孩子夜里踢被窝，于是设计了一种寝具，按照孩子的身材，做一个旅行袋似的棉套，晚上把孩子套进去，颈脖用带子束起，这样可以免得孩子们夜里受凉。

在莫斯科，还有一桩颇为有趣的事情，据说俄国人游泳，不论男女，都不穿游泳衣。大概是因为国家太穷，像这种并非生活必需品的东西，没有出产。大使馆的一些男职员经常在谈论这件事，很想到海边去游泳一次，可以看看有没有裸体美女。有一天，一位先生真的去了，可是当他把衣服脱光以后，自己觉得非常不好意思，但他看见一群俄国的少年男女，一个个光着身子正在海边做抛球游戏，毫无所谓，于是慢慢地他也不觉得难为情了，并且还和他们一起玩。回来以后，人家问他看得怎么样？他说："实在一点也不稀奇。"

徐先生第一次在欧洲的时候，就已知道苏联有一位人像画家，他的人像画得极好。推算他的年龄，当在六十岁以上，由于仰慕已久，很想借此机会拜见他一次，以了多年的心愿。但是当他把这个要求提出来时，官方的招待人员立刻面有难色，推说这位老先生早就退休，不愿接见任何人士。徐先生不理他们这一套，一再坚持要见。终于有一天，我们在对外文化局职员的陪伴之下，到了这位大画家的家里，他们两夫妇殷勤地出来招待，请我们参观他的画室和作品。他家的房屋已旧，然而布置不俗，看起来他的晚景相当凄凉寂寞，因为他的专长是画宗教人物。苏联大革命后废除宗教，实际上他已早被淘汰，更禁止他与外界接触，他精神苦闷。

和这位被淘汰的老画家情形截然相反的，是那些社会主义的新派青年画家。他们的作品似乎不愁没有出路，这个现象是我参观苏联近代画陈列所时发现的。在那个陈列所里，有许多房间堆置着大批的绘画，其后知道是政府为了保障那些画家们的生活，约定每年交画若干幅，由政府收购，付钱，画得好坏一概不论。这些画放在陈列所无处展览，只好任由它们堆在一边。

我们认识了当时苏联的画家葛拉巴先生，他已六十多岁。见我以后他要求为我画一张像，我答应了；于是每天到他家里去，从六月三日到六日，一共画了四天，完成了一帧半身的油画像。我穿着黄格子的洋装，戴宽边帽，围黄狐皮；据说这幅画后来便陈列在莫斯科博物馆。画像完成，葛拉巴先生特地在我的纪念册上，画了一幅素描，取景是他的画室外望。他在画上写着："为纪念我们从一九三三年六月三日到六日的合作。"

在莫斯科参加过不少茶会、酒会和宴会，有一次我们和吴南如夫妇应邀出席莫洛托夫的酒会，他当时任职苏联外长，太太是英国人，很漂亮，风度也很好。我平素不大讲究穿着，此次旅欧到柏林的时候，为了举行画展和参加宴会，方始做了几件很平常的夜礼服，带到莫斯科居然被苏联的太太们羡慕，总是围着我问欧洲各国的情形。由此可见当时苏俄贫穷之一斑，以及俄国人对于欧洲大陆的文明与繁荣，是如何的倾倒和向往。

中国近代美展在莫斯科展出了一个月，六月底，我们又应邀到列宁格勒去举行展览。列宁格勒旧名圣彼得堡，位于芬兰湾涅瓦河口，是帝俄时代俄国的旧都，由彼得大帝所建立。第一次世界大战发生，俄帝尼古拉第二因为圣彼得堡是德语，乃将它改为斯拉夫语彼得格勒。三年后俄国大革命，尼古拉第二被囚杀，苏联政府再改名为列宁格勒，相沿至今。

我们的展览会就在旧皇宫里举行，旧皇宫时已改为冬宫博物馆，宏伟壮丽，是欧洲著名的古老建筑。由于列宁格勒地近北极，夏季昼长夜短，六七月间，更是所谓的白夜时期。前后大概有一个半月到两个月，黑夜如同白昼，不过光度稍暗，路上行人，清晰可见，面目则稍嫌模糊，整夜都这样地如在曙后朦胧之中，午夜过后，公园里还有许多游客。就寝前必须先把厚厚的窗帘拉上，否则的话，便会很不习惯，就像白天里睡觉一样。

招待人员告诉我们，每年一到冬季，"白夜"的情形就会反其道而行之。大抵下午三点多钟，天就黑了，早上天亮，则要迟到九十点钟。同时，列宁格勒虽然濒海，但是冬天里港口会结厚冰，寒气凛冽，土地潮湿，对于人体健康，极不适宜，当年迁都莫斯科，也就是为了这层缘故。

我们参观列宁格勒博物馆，徐先生明知苏联政府在大饥馑时期，为了购买粮食，曾经把许多价值连城的名画，偷偷运到外国出售，其中有一幅伦勃朗的杰作，便已经卖给了美国。于是他故意问这幅画在什么地方，使得陪行人员很窘，他只好摇头说："不知道。"

七月底，从列宁格勒折返莫斯科，准备启程回国。这一次我们决定通过西伯利亚，取道海参崴而返上海。在莫斯科上了火车，足足走了九天九夜，这算是我们生平最长的一次铁路旅行。

车厢里分隔许多小房间，我们两个人一间房，有一张六七尺长的沙发座位，晚上侍役进来，将靠背往上一拉，就变成了上下铺两张卧床。我们穿越西伯利亚大平原，正值八月初旬，夏日炎炎，因此不曾看到西伯利亚的硗薄荒凉、冰天雪地的景象。不过一路城镇寥落，人烟稀少，火车每抵一站，侍役和膳厅管理人员必将车门紧锁，惟恐当地人会冲上来抢东西吃。而我们从车窗里往外望，可以看见站上聚集着一堆一堆鹄面鸠形、饥饿瘦弱的人，他们一见车到，便跑过来敲着车窗，听说这都是想来买食物的，有时候他们手里还高举着钞票。这般人衣衫褴褛，鹑衣百结，神情模样极为可怜。当时我心里在想，夏季里已经有钱买不到衣服和食物，到了冬天，他们岂不是只有冻死饿死的份吗？

九日九夜后抵达海参崴，这里是西伯利亚铁路的终点，苏俄在东方唯一的军港。市容很整齐，贸易亦盛，不过冬天也有几个月的封冻。我们在一家旅馆住了两天，等候驶向上海的轮船。想到海参崴原来是我国的领土，在清咸丰年间才莫名其妙地割给俄国，中不免愤慨，因此也就不愿出去游逛了。

两天后，乘上一艘日本轮船，这一次徐先生总算买的是头等舱票。一九三四年八月，终于结束了二十余月的第二次欧洲之旅，平安顺利地返抵国门，回到南京。

5

回国以后，各方好友因为我们这一次巡回举行美展，获得相当的成功，欢宴洗尘，竟无虚夕。有一天戴季陶先生请我们吃饭，他在席上忽然问起徐先生："你有这么理想的一位夫人，为什么要取名悲鸿？"徐先生听了略微一怔，回答说："我取这个名字，是在认识碧微以前。"后来我请戴先生在我的纪念册上题字，不料他竟工笔为我绘了一幅《松柏长青图》，笔力之遒劲，布局的生动，较诸名家并不逊色，大家都诧异赞美不置。只是我捧着这幅画，想起我和徐先生的种种切切，在感激这位蔼然长者的诚挚祝福之余，不禁深心怅惘，慨叹不已。

一九三四年秋天，中大艺术系的学生在徐先生率领之下，旅行浙江省境的天目山，从事写生，一行有好几十人，孙韵君也在其内。事前我曾考虑，是不是也跟着去，经过了好几天的内心交战，最后我仍然决定听任他去，试试徐先生是不是还要继续往下疯？

送走了他们，我心里十分悒闷，一个人无法独留家中。于是我带了伯阳、丽丽，回到宜兴，在姊姊家里住了大约一个星期，我择定他们一行回南京的日期，也在那天赶返京寓。

傍晚时分，我带着孩子坐黄包车回家，车抵傅厚岗家门口，正好碰到孙韵君和其他几位同学出来，其他的同学都跟我打招呼，叫声徐师母，唯独孙韵君转过脸去，没有理我。

走进家门，徐先生很高兴地迎我进去。不久，就有同学很气愤地跑来告诉我，说徐先生这趟天目山之游不但闹了笑话，而且还被一位同学偷偷地拍了一

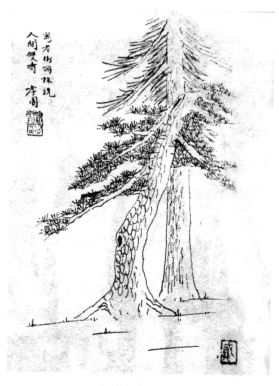

万古枘两株说
人间惬奇
李□

▲戴季陶赠蒋碧微画

张山间拥吻的照片。

据说：徐先生和孙韵君一路上都很亲密，根本不在乎别人可能会批评物议。吃饭的时候，孙韵君要是来晚了些，徐先生会把好菜给她留起，于是别的同学就吃不到或者不够吃。碍于徐先生是老师，大家都敢怒而不敢言。有一位云南籍的同学杨柳，带了一副照相机，经常窥伺他们的行动，偏偏他们某次在僻处拥吻，这位同学躲在暗里，乘他们不觉，拍了一张照片，事后便拿来在同学之间传观。

在天目山回南京的路上，徐先生买了一对鸟，说这是相思鸟，他很喜爱；可是不知怎么在路上死了，他把鸟尸仍带回南京。徐先生一回家听说我去了宜兴，立刻兴冲冲地打电话到学校，叫孙韵君到家里来，孙韵君便约了几位同学一起来到。事后据吕斯百先生告诉我，那一天下午徐先生疯疯癫癫的，哪里像是一位年过四十的人？他简直天真活泼得仿佛是个十六岁的孩子，他在后园里掘了一个土坑，把一对僵死的相思鸟郑重其事地葬下去，说这是相思冢，其他的同学冷眼旁观，窃窃地在私语："徐先生返老还童了！"

我听了这许多话，不禁感慨系之。想想一十二年来，家里的事情，徐先生都是叫我做，以前他连电话都不会打，如今他为了要跟孙韵君通话，居然也会摇动电话机，要号叫人。

由于同学们的不满，孙韵君在最后一个学期很少到校上课，但她仍然顺利地在中大艺术系毕业。毕业之前，徐先生整天忙碌，先请中华书局帮忙，给孙韵君印了一本素描画集，到处分送，用意是提高她的声誉和地位，让她得到有力人士的重视。接下来，他便忙着为孙韵君奔走，争取官费，让她出国。当时比利时退回我国的庚子赔款，设有中比庚款管理委员会，可以选派学生出国。中比庚款的负责人有一位比国神父，和中国方面的褚民谊先生，说话都很有分量。徐先生知道谢寿康先生和他们两位都很熟，便去和谢先生商量。事为谢太太所闻，特地跑来告诉我。我听到消息，就正告徐先生说："你知道我的性格和脾气，任何事情只要预先和我讲明白，一定可以做得通。如果瞒住我，我可非反对不可！"徐先生听后默无一语，以后照旧积极进行如故。

我觉得他毫不理会我的忠告，未免过分，因此我只好采取行动。我便写了一封信给褚民谊先生，向他说明事实，并且把吴老先生的信附给他，以作证明。不久褚先生下帖子请客，徐先生和我都去参加了，席终人散，我正要回家，褚先生特意请我留下，他用很关怀的态度，问我有关这件事情的详细情形。我很平静地加以叙述，最后我问褚先生：是否徐先生在托他为孙韵君谋官费？褚先生很坦白地说："是的。"不过他紧接着又说："这件事本来就没有希望。"于是孙韵君后来也就未能成行。

▲1934 年，徐悲鸿、蒋碧微、徐伯阳、徐丽丽、谢寿康等在南京玄武湖

一九三六年春天，我回宜兴探视姊姊。两三天后，突然接到一封匿名信，没头没脑，信上只有这么四句话："你到宜兴，她便来京，其余情形，更毋用论。"

　　我看了很生气，原想马上赶返南京，但我又不甘心为了他们而奔波劳碌。跟姊夫姊姊一商量，便叫寿安打长途电话给徐先生，说我忽生急病，请他即速来宜。寿安是徐先生的胞弟，这时正好也在宜兴，他很为我们的事情着急。第二天晚上，徐先生匆匆地赶来，见我安然无恙，好生奇怪。他皱着眉头问是怎么一回事，我把那封匿名信递给他看，他自然难以置辩，又是不声不响。

　　相隔不久，据说回到安庆的孙韵君，同样也收到了一封匿名信。孙韵君恼羞成怒，写信告诉徐先生说：暑假以后她要出去自力奋斗了，字里行间颇有从此诀别的意味。徐先生怒气冲冲地把信拿回家里，也不顾当时还有留法老友孙佩苍先生在座，将信放在桌上，伸手连连地猛拍着信，大声咆哮地说：

　　"看！看！人家伟大不伟大！"

　　我拿过信来一看，才知道是怎么一回事。朋友之前，我原想容忍，但是徐先生意犹未足，硬指孙韵君接到的匿名信是我写的；我无法声辩，只好冷冷地问他："那么我收到的匿名信又是谁写的呢？"于是他哑口无言。

　　孙韵君既然决心要出去奋斗，徐先生便积极筹备开画展，说是要为孙女士筹措奋斗费用。也就从那时起，他又离开了家。谢寿康、刘大悲两位老朋友曾到处找他，才知道他在沈宜甲先生的寓所，每天到中大去埋头作画，准备举行展览会。

　　以前，徐先生从来没有卖过画，也不曾在国内举行过画展。这一回，他算是一改自己的作风，为了卖画，不惜奔走权贵豪富之门。展览会半公开地举行，据说卖出了若干幅画，得到了几千元的现款，但这些钱是否寄给了孙韵君，我一点也不知道，至于孙女士究竟到什么地方去奋斗，当然我更不知道。只晓得，不久，徐先生便翻然远去广西了。

　　提起他这一趟广西行，必须介入宜兴同乡徐子明先生。子明先生是德国留学生，徐先生在谢寿康先生主持中大文学院时，把他介绍到中大史学系担任教授，所以他也住在南京。一九三六年时山东来了一位王神仙，会圆光，会算卦，据说非常灵验，徐子明先生把他请到家里，待为上宾。一些身为高级知识分子的大学教授，居然都很相信他。曾有一天，徐先生要带儿子伯阳去看圆光。所谓"圆光"就是一种卜术，圆光者对着白纸、白布或镜子，嘴里念念有词，然后叫小孩子去看，等他说出他所看到的形象，圆光者再据以解释吉凶，甚至是治病。

我坚决反对徐先生带伯阳去，我带点激动地向他说：

"孩子是我们共有的，我对孩子也有一半的主权。我不愿意他这么小就接触这种荒诞不经的迷信，这将会对他产生很不好的影响。"

徐先生听了，只好作罢，但是他自己还是去请王神仙为他圆一次光，解决疑难，问的是我和孙韵君前生有什么恩怨？后来朋友告诉我，当时王神仙说："徐太太前生是个女人，孙韵君是个男的，因为前世里徐太太被孙韵君遗弃，所以今生她为了报复，才这么样地恨孙韵君。"我听了这话，心想真是奇怪，我从来就没有找过孙韵君的麻烦，当前的问题是孙韵君和我的丈夫谈恋爱，照道理他这番话应该反过来说才对。不过我想可能是徐先生告诉王神仙，说他和孙韵君并没有男女间的感情，他只是觉得孙韵君有才华，很想加以培植，他想不通为什么我会这样恨她。王神仙是个走江湖的，事实上他也不晓得我们之间所发生的问题，他只是抓住徐先生的心理，信口胡诌罢了。王神仙还说，南京马上有血光之灾，全城将被夷为平地。这一来吓得教授先生们心慌意乱，立刻准备遵从王神仙的指点，远走西南，避过这一场刀兵灾祸。徐子明先生率先辞去中大教职，带了全家大小搬到西南边陲的云南昆明，后来他就在云南大学教书；徐先生这时也已决定逃难，目的地是广西。

当时他一直住在沈宜甲先生那边，我们已有好久没有见面了。一天，他忽然派一个学生到家里来，指明要拿走他所有的东西；我没有话好说，只是帮着那位学生，把徐先生的东西整理好，交给他带去。

第二次赴德国举行画展时所结交的那位居停主人李田丹夫妇，这时候也已到了中国。他们的寓所离我们很近，因此两家人时相往还，和我们有着非常真挚亲密的友谊。他们二位见我们的感情纠纷闹到这种地步，深心极感惋惜。如今听说徐先生要独自一人去避难，李太太便亲自跑到中大去找徐先生。她说徐先生不该这么说走就走，无论如何，她要徐先生在动身之前和我见一次面，两个人好好地谈谈。徐先生说："可以。"因此李太太再来看我，说明他们两夫妇的安排。我向她道了谢，并且声明说："离开家庭的是他，我自己从来就没有想要躲避他。"于是由李丹田先生邀约，在徐先生临走的前一天，晚上八点钟，我们在李家见面。当晚我准时抵达，徐先生已经先在。李先生把我接进去以后，两夫妇便到后面去了，让我们两个人在客厅里谈话。

▲湖畔（徐悲鸿，1935 年）

时钟滴答，李家大厅里一片静寂，徐先生和我，保持了一段短暂时间的缄默。

后来还是我先开口问他：

"听说——你要到广西去了？"

"是的。"

"要去多久呢？"

"不知道，"接着他又补充一句："不过，我买的是来回船票。"

于是我便继续说：

"对于你的所作所为，我自己没有什么意见。不过，有许多非常爱护你的朋友，他们所说的话，我不能不转告给你听，也许可以作为你的参考。譬如，章警秋说：你现在应该以退为进，因为你今天的地位已经相当的高，你实在不需要再这么沽名钓誉，到处奔波。再有，华林也曾感慨地说过：你是一位艺术家，最好是不要卷入政治漩涡。"

歇了一会，我又向他严正表明我自己的态度：

"至于你我这样分开，本来是你所要的，我也觉得很好。你知道我的性格，在一起的时候，我对你的作为实在不能忍受；分开了，我可以眼不见为净。我有两个孩子，我绝不放弃家庭，同时我也不会再嫁。假如有一天你跟别人断绝了，不论你什么时候回来，我随时都准备欢迎你。但是有一点我必须事先说明，万一别人死了，或是嫁了人，等你落空之后再想回家，那我可绝对不能接受。这是我的原则，而且是永远不会改变的。"

他又默然，低头沉思了一会，方才带点感伤地说：

"我知道，能够娶到你这么一位太太，我应该满足，但是你未免遇事过于挑剔，使我无法应付。"

欲加之罪，何患无词？我心里一声苦笑，决定不再多说，静候他对于家庭的处理，以及对我和两个孩子未来的生活，有什么嘱咐或安排？等了许久，他绝口不提，我也只好忍住不问。当时我便起身走到后屋，将两位异国朋友请了出来，道谢告辞。门外月明星稀，四野寂寂，徐先生送我穿过马路回家，到了大门口，两人握了握手，道声再见，我转身走进家门。

吕斯百先生当时已任中大教授，那晚他特地来带伯阳和丽丽出去看电影，以便我抽身出去和徐先生会面。

我方才到家，吕先生也带着两个孩子回来了。他们争着告诉我说，刚在路上碰到了爸爸，爸爸还跟他们打了招呼。我强笑着叫同弟带他们去睡觉，吕先生没有问我谈话的结果，只叙说方才遇见徐先生的一幕。

他带着孩子看完了电影，坐黄包车回傅厚岗，走到中央路，距离我家不远的地方，忽然看见徐先生肩背佝偻，凄凉落寞地在街头踽踽独行，他突然觉得徐先生已经呈现出龙钟的老态，仿佛他的双肩上正承担着重大的负荷。孩子们见到了他，高声地嚷喊爸爸，于是徐先生从沉思中惊醒，茫然地驻足眺望，他看到了孩子，心不在焉地打个招呼，又继续向前走去，渐渐地没入黑暗之中。

第二天我亲自带着孩子到下关车站，为徐先生送行，祝福他一路顺风。车行之前，我们很少交谈。我以为这是我很理智的举措，徐先生要作远行，我和孩子当然要恭送如仪。后来听说徐先生到广西以后春风得意，颇获当时广西军政领袖的推重与礼遇，徐先生的感情一向容易冲动，过分的礼遇和推重，使他觉得颇为荣幸，而有图报知己之感。于是他精心绘制了巨幅油画，题名《广西三杰》，画中是当时八桂风云人物，李宗仁、白崇禧、黄旭初三位先生，策马扬鞭，齐辔并驰。

到了那年六月，广西军政当局，由于抗日问题而与中央意见不合，湘桂、粤桂边境重兵集结，形势十分紧张，六月七日桂军入湘，我在南京得到消息，心里非常着急，我想万一酿成事件，徐先生也许永远不能再回南京。我不愿意为了家庭纠纷，影响到他的前途，几经考虑，毅然决然地准备亲到广西，尽我之力，劝他回来。

朋友听说我要在这个时候到广西去，大为惊异，许多人跑来劝阻，说是当前情势这样紧张混乱，我以一介女流，怎能冒险犯难地深入危境？万一发生什么事情，后果将不堪想像。但是我志已决，我说："为我的良心着想，我应该冒这一次险。徐先生肯不肯回来是他的事，我但求自己心安。"朋友们又说："现在许多广西要人的太太都在往香港跑，你反而往那里闯，这是何苦呢？"我听了只好笑笑。

于是我不顾一切地买好船票，于八月中，由上海乘船到香港，在香港得到中华书局经理郑子政先生许多照料。接着乘广九路火车抵达广州，又蒙子政先生的令弟郑子展先生热心招待，他替我买好了去三水的车票，一路把我送到三水，再从三水坐轮船到梧州。

那时候广西省政府设在南宁，从梧州到南宁只有小火轮可乘。这种轮船专门载客，只有一节舱房，两边各架上下铺六张，中间是一只长餐桌，船梢有厨房厕所和船家的住处，因此船上最多载客十二位。我一上船，发现全船都是男客，只有我一个女人。

这一段航程，足足要走三天。当时正是南国燠热难耐的天气，三天里我既不能沐浴，又无法更衣，狼狈困窘可想。住在我上铺的那位先生，有一双黑茸茸的毛腿，清早醒来，一眼望见两条毛腿高高悬在上铺床沿，总使我觉得厌恶万分，浑身都不自在。

十一位男士都很年轻，他们大概是到南宁去出席抗日会议的，思想相当偏激，一开口便是讽评诋毁，措词激烈。因此我抱定决心一语不发，这批人常想和我搭讪攀谈，我佯装不解；可是这样一来，反而引起他们的猜疑，谁也不知道我是干什么的。渐渐的，他们自动收敛可哂的狂态，出语也比较谨慎小心，我呢，正好少生闷气。

三天后船抵南宁，徐先生和广西省政府总务处长孙仁霖先生在码头迎接。我这才知道，早在我离开梧州的时候，那里的中华书局便已经打电报通知徐先生，并且告诉他我何时可以抵达。

孙仁霖先生是当时广西省政府主席黄旭初先生的亲信，为人精明能干，慷慨热情，他和徐先生把我接到他的府上，用过点心。徐先生说他自己住在省政府里，于是他陪我到省政府参观，我们到处走走，虚应一番故事；他又介绍我认识了几位厅处长，然后徐先生带我到他的房间，关上房门。房间里只有我们两人，以及一股看不见的僵凝气氛，我们开始了以下的一段对话：

"你知道我的来意吗?"

"不知道。"他直率地回答。

"我来，是想接你回去的。"

"在目前这种局势下，"他脸上有无可奈何的表情："我怎么能够回去呢?我一走，岂不成了Lache！"

他说了一个法文字："Lache"，这个字翻成中文有"负义"之意。他这么一说，我立刻便能了解他的心境。是的，李、白、黄三位先生，当时军书旁午，政务繁忙，他们能谦恭下士，将徐先生奉为上宾，这一份情谊诚然可贵。我一向很赞成做人应以道义为重，徐先生会有这样的表示，使我觉得欣喜，因此就绝口不提他回京的话。

当晚，正值广西当局召集的"抗日会议"揭幕前夕，各地代表均已抵达南宁，李、白、黄三位先生大开盛筵，以资招待。就在省府大礼堂，摆了一二十张酒席，风云际会，群贤毕至。记忆中的当时名人有蔡廷锴、蒋光鼐诸将军，我和徐先生被安排在第二席，是黄旭初主席做主人。席间，许多人站起来慷慨陈词，主张立即展开抗日行动，我默默地听他们放言高论。

当晚，回到孙家，孙家早已为我准备住处。大家谈谈说说，时间晚了，徐先生也在孙家住下。

在南宁无所事事，闲住了五六天，所见所闻，无非是批评中央政府及其决策人，使我感到万分厌烦。徐先生暂时不愿回京，我任务已毕，便亟想回家，向孙先生一提，他很殷勤地挽留，而且说：

"古语说得好：'桂林山水甲天下'，你不远千里而来，怎可以不到桂林就走？这样吧，我给你安排一次桂林游，游过了桂林，你再走不迟。"我知道南宁去桂林尚远，向他道谢，并且推辞，孰料孙先生说什么也不肯。第二天一早，便派好一部汽车，指定一位科长随行，沿途照料招待，就这样，我和徐先生匆匆地作桂北行。

先到柳州，柳州是广西工业重镇，离城不远，有一处特设的工业城，绿色的柳江，将柳州南北一剖为二。木制吊桥，无法通行车辆，柳州公园里有柳宗元先生的坟墓，园里花木扶疏，风景宜人。

桂林附近的名胜古迹，我们曾一一登临。广西风光和华北、江南迥异其趣，岩石盈野，有山无脉，许多玲珑剔透的奇峰，大都拔地而起，直矗云天，树少，草多。广西省粮产不丰，和土地的碛薄贫瘠，实在大有关系。

我们登独秀峰，俯瞰峰下，桂林市街衢房屋，尽收眼底。又去探七星岩，一尝闻名远近的马肉米粉。车子方便，再驶阳朔。徐先生说：人称"阳朔风景甲桂林"，李宗仁先生送给他一幢房子，就在阳朔镇上。

阳朔市面很小，仅只一街数巷，但是山光水色，果胜桂林几分，而且清幽雅秀，令人生出世之想。李宗仁先生送给徐先生的房子，不在山隈，不在水涯，竟座落在市街之中，四周围墙甚高，是中国旧式建筑，有五六个房间，全部空着。我当时有一种感觉，在这种大有静趣的地方，似乎应该住在风景地区，使人时时亲炙自然，陶冶性情，住这种街屋，似乎没有多大意思。可是此事与我无关，所以我也不曾将内心的感觉说出口来。

归途中，再次路过柳州，徐先生不知怎么心血来潮，忽然叫我就此回去。我闻言非常气愤，当时黔桂铁路还没有修筑，柳州对外飞机不通，在这种人地生疏的地方，叫我一个人如何走法？回想过去，每次和他旅行，总是吃尽苦头，他就从来不曾想到一个女人在生活方面，有异于男人的苦处，以及一个做丈夫的对妻子应有的体贴。于是我直率地拒绝，仍照原定计划，回南宁后再动身。

离开南宁才只几天，汽车进城，我立刻发现南宁的气氛大大地变了。

原来广西当局和南京方面的歧见业已消除，李宗仁先生为广西绥靖主任，白崇禧先生任军事委员会常务委员。漫天风云一扫而空，南宁街头又出现了拥护中央的标语。

回南宁后，我立刻请孙仁霖先生代我买船票，预备仍循原路回南京，孙先生却说：

"你买什么船票呢？明天李总司令他们就职，你可以参观典礼，而且广州还要派容克机来接李总司令。你就搭乘他们的飞机去好了。"

说罢他便去为我安排，回来时兴冲冲地告诉我：

"好了，我已经跟两位主席说好了，请你明天搭飞机。"当时我有点诧异，广西省主席是黄旭初先

▲毋食我黍（徐悲鸿，1935 年）

生，怎么会有两位主席？于是孙先生告诉我，原来浙江省主席黄绍竑先生也到了南宁。黄绍竑先生是广西人，大概他是为了宣达意旨而来的。

翌日清晨南宁处处张灯结彩，喜气洋洋，李宗仁、白崇禧两位先生就任典礼便在当天上午举行，出席参加典礼的人很多，我也是其中之一。他们一一轮流地演说，听众兴奋热烈地欢呼，长串庆祝鞭炮从高楼直垂地面，声响直入云霄。

就职典礼告成，李宗仁先生等立即启程，我乘车抵达机场，果然看到了一架容克机和两架单引擎的飞机，可是人多机少，连他们的随员都挤不下。我正踌躇，孙先生来说：明天飞机还要来接第二批人，他请我多留一天，明天再走。

将行李搬回住处，随即接到一张请帖，是一位夏将军宴客，因为那天他新娶了一位姨太太。我跟徐先生一同去参加宴会，到了夏府，只见筵开两桌，在座的有白崇禧夫妇、李品仙夫妇和许多厅长、师长什么的。因为这是私宴，谈话比较轻松，宾主间十分欢洽，我也不免谈笑风生。有人问我关于男女之间的意见，我曾带点讥讽口吻地说：女人应该"嫁鸡随鸡，嫁狗随狗"。徐先生闻言勃然变色，他沉着脸说：

"我不是鸡，也不是狗，我就不要谁来随我！"

大家都知道我们夫妇间的纠纷，所以就佯装没有听见。

第二天早晨，总司令部派人送来一千块钱，说是李、白二位先生送我的程仪。我颇感诧异，因为我是昨天就要走的，怎么程仪会在今日送来。同时我的个性一向来去分明，无功不受禄，于是我婉言地谢绝，再三声明我不能收。

但是送钱的那位先生比我更为坚决，他说白先生关照过的，这笔钱是李、白二位一点点小意思，要我给孩子们买点东西。他把一千块钱丢下来就走了，我只好请徐先生陪我到白先生的公馆去，当面璧还，可是白先生坚持要我收下，无论怎么说他都不许我还回，我拿了这笔钱心里一直感觉到困扰与不安。

下午，广州方面的飞机来了，徐先生他们送我到机场，这次果然顺利成行。临别的时候我们又是无话可说，我坐进机舱，两眼注视前方引擎发动，开始了我生平第一次的空中旅行。

我所搭乘的是单引擎机，半截机舱突出在机身外面，飞机上只有两排座位，除了驾驶员就只能坐三个人。我坐在飞机上眼望着那只转动中的单引擎发怔，心想这只引擎一坏，倒也是此生一大快事！

越八桂，飞百粤，河流纵横，平畴沃野，回想来时的旅途艰辛，如今几小时的工夫就可以航毕全程。正在遐思，广州到了。

九月，回到南京，重新安排家里的生活，抚育两个孩子。几年前我曾请求朱骝先、张道藩两位先生为我介绍工作，但因为我们夫妇不和，在未得徐先生同意之前，他们不便为我谋事，唯恐影响我俩之间的和好。现在徐先生已经离家，而我的经济情况也不佳，所以张先生便介绍我到中法友谊会去担任干事。

中法友谊会，系由早期留法人士吴稚晖、李石曾、褚民谊诸先生所组成，旨在通过国民外交方式，增进中法友谊，并沟通两国文化之交流，会址设在新住宅区。我担任该会干事以来，每天按时上班，当时有许多外国太太组织了一个联谊茶会，一星期聚会一次，每次由会员二人轮流作东。我因为职务上的关系，不能不参加，聚会以闲谈为主。这些嫁了中国人，具有双重国籍的洋太太们，常常出语讽刺，批评中国，使我听了十分愤慨。有一次，时任山东教育厅长何思源的法籍太太到南京来参加这个茶会的时候，听到了那些无聊

▲风雨思君子

（徐悲鸿，1935 年）

的话,她便用国语向我说:

"我真不懂,她们为什么偏要说这些?"

到了一九三七年春天,一日,谢寿康太太打电话通知我,她说刚接到徐先生一个电报,说他明天到南京。我听了非常诧异:怎么他会忽然倦鸟思还?我问谢太太电报是从哪里打来的?谢太太答说是怀宁,她还问我怀宁在哪里?我告诉她,怀宁就是安庆。

安庆,是孙家所住的地方,于是我了然于心。

我打电话请教谢寿康先生,我说悲鸿明天回来,我要不要去接?谢先生一向希望我们重归于好,他坚决主张我去接他,我应允了。

那一天到码头去迎接的人很多,我带着伯阳、丽丽一双小儿女,孩子和父亲离别很久了,他们的脸上显出非常兴奋快乐的神情。

在徐先生到南京的前夕,我已经做了一些准备工作,因为徐先生不曾向我表示意向之前,我只好将他当作一位客人接待。我让出了自己的寝室,睡到外面的房间,他所带来的东西,我叫佣人统统搁在画室里。他的衣服,洗熨完毕仍旧放回他的衣箱。

这次,他只住了两个星期,便又要回广西;不过,他将先去上海。住在上海的父亲母亲,听说徐先生回来了,都很高兴,尤其希望我们全家都同到上海去。我因为过去十几年跟徐先生风尘仆仆,到处流浪,吃尽了苦头,如今心有余悸,不想再和他一起旅行。不过想起父母一定很希望见到两个外孙,时值暑假,伯阳和丽丽闲在家里没事,因此和徐先生商议,是否可以请他带两个孩子同行。我知道徐先生最怕麻烦,特地强调,我将派刘妈随行沿途照料,到上海后,一定有人在北站迎接,所以认真说来,只有车上那几个钟头他和孩子在一起,一切不劳他操心。徐先生当时就很爽快地答应了,他说由他派人去买票。

上车的时候,有许多徐先生的学生,陪着我们,送到车站月台。直到上车,我方才晓得徐先生买的四张火车票,其中只自己的一张是二等,孩子和佣人,座位都是三等。起先我不在意,找到了徐先生的车厢,大家把他送上车去,然后我一手牵着一个孩子,刘妈在身后紧紧相随,从徐先生的二等车厢走起,越来越长,越走越远,走了差不多三四节车厢,才找到三等的座位。我安顿刘妈带伯阳、丽丽坐在一个卡座上,望望两个孩子,我不但为他们抱屈,而且非常生气。等了一会，吴作人先生匆匆地跑来，传达徐先生的话，叫刘妈带两个孩子再去前面，说是二等车厢所旁边有佣人坐的位置，可以让他们坐在那儿；我当时就说不必，然而吴先生坚持，又带着我们一节节车厢往回走。这时我已无法遏止内心的忿怒，所以当吴先生说要为我们全家拍一张照片时，我便愤愤地掉头不顾而去。

我懂得徐先生的心理，他以为小孩子不必坐二等，同时也可以节省三元七毛五分钱一张的票价差额。但是我的想法不同，我并不是要孩子坐二等，要是果真有心照料他们，他又何妨也坐三等？而且可以再省个三元七毛五。

这许多莫名其妙的事，没有人可以理解，而徐先生却是一桩一桩地做去。仿佛冥冥中有魔鬼支使他，一直要做到我们的感情全部破裂为止。

徐先生这次入桂是住在桂林，因为广西省政府已经北迁。去后不久，他的学生，当时和他同在桂林的张安治先生写信给我，详细叙述了徐先生的一桩轶事：因为那时候广西北部发生灾馑，每天有大批的难民涌向桂林。有一天，一群难民跑到省政府请求救济，徐先生看中了其中一个女难民，他说她身段好，可以充任他私人的模特儿。省政府的官员们答说这事容易，马上把女郎的父母找来，跟他们一说，孰料女郎的父母以为奇货可居，提出条件要一笔钱，徐先生一听要钱立刻表示放弃。过了几天，那一对难民夫妇自动地把女孩子又送来了，大概他们想想与其跟在一起饿死，还不如让自己的女儿找条生路。

张安治先生不但详细描述，而且还寄来了那个女郎的照片，我看过之后唯有一笑置之，顺手把信和照片搁在一边。因为我早已失却管他闲事的心情了。

七月七日，霹雳一声，抗战爆发，漫天烽火弥漫了全国。

6

一九三七年，七月七日，日本军阀在河北宛平芦沟桥燃起烽火，全国军民奋起抗战。战事迅速蔓延，八月三日，敌军在上海登陆，接着便以台湾和航空母舰为根据地，出动飞机，滥施轰炸。南京从八月十四日开始，每天都有空袭警报，只要凄厉的汽笛一响，人人便惊悸慌乱，四散奔逃。居家的人们会在桌子上堆起几条棉被，人就钻在桌子底下，以避炸弹。像这样的防空设备，现在想来，实在有点滑稽可笑。不过当时在南京，却也教人无法可想。我有两个侄儿，因为读书近便的关系，都住在我家。有一天敌机来袭，炸弹落在附近，将窗台上两盒棋子震翻，洒落在玻璃桌上，乒乒哗啦，声响吓人。他们以为房子中弹，吓得仆倒在地，把草地毯拖来盖住头部。于是我想轰炸如此厉害，孩子们的安全要紧，因此就把他们连同伯阳、丽丽一齐送回宜兴。这时谢寿康先生已经把太太和儿子送到上海岳母家去了，他一个人便搬到我家来住，还有徐先生的学生顾了然。他本在中大担任助教，因学校停顿，无处可去，所以也住到我家来。隔壁的郭有守先生则已把太太儿女送回他的原籍四川，所以也成了光杆，白天总在我家逗留。这时郭先生便叫了几个工人来，在我家的园子里挖了一个防空壕，虽然简陋，但我们总算有了避难的地方。

偏偏在这种时候，我又生起病来，接连几天发高烧不退，谢寿康先生怕生意外，便打电话告诉张道藩先生，张先生立刻亲自跑来，把我送进南京最有名的德国医院，医院住了几天，总算把病治好了，回到家里，身体还很软弱，整天躺在床上，很少下楼。

一夜，月白星稀，万籁俱寂，我深宵未成眠，大概在十一点多钟的时候，忽然听见门铃大响，我怕惊扰了谢先生他们，又不愿叫醒睡了的佣人，于是我就起来，走到楼前的阳台上，先问一声是谁？听到外面短促的回答说："我。"一听声音，就知道是徐先生，心里十分纳罕：他怎么会在这时候突然回来了呢？于是我急忙跑下楼去，打开大门，只见徐先生手拎皮箱，一语不发，直往屋子里走。我赶紧把大门关好，跟在他的后面。睡在饭厅里的谢先生已经听到了响声，赶出来看，正好和徐先生劈面相逢，两个人便一道走进了饭厅。我随后跟进去，听见徐先生开口便谈国事，对于广西当局的坚决抗日赞不绝口，我觉得听不入耳，转身就上楼去，用最快的动作，把寝室里我的卧具抱到后间，铺在我起居室的那张小榻上；然后另外取了被褥替徐先生铺好了床，我便自顾自地关门睡觉。

▲村歌（徐悲鸿，1936年）

不一会儿，我听到徐先生登楼的脚步声，推开房门，走了进去，不声不响地睡了。我猜想他见我不在，大概心领神会，懂得我的意思了。第二天一早他就出门，谢先生这下有话说了，他洋洋得意地向我说：

"你看，悲鸿还是很关心你吧，他一知道你生病，马上就千里迢迢地赶回来!"

我诧异地问:"他怎么会知道我病的?"

谢先生这才透露,他曾经把我的病况写信告诉徐先生,因此他以为徐先生一定是接到信就回来了。可是,后来事实证明,徐先生根本就没有收到那封信,因为就在那一天,当谢先生问我觉得身体好些没有时,徐先生在一旁听了,满脸都是错愕的表情,好像听到了什么新闻似的。

在他回来的第三天,我正躺在榻上休息,忽然他气势汹汹地打开我的房门,板着脸向我说:

"我有话要跟你讲!"

我连忙坐起,望着他说:

"你有什么话请讲好了,我洗耳恭听!"

徐先生怒气冲冲,没头没脑地说了这么两句话:

"你没有尽到做太太的义务,所以,我对你也没有责任!"

我对于他那种无故挑衅的态度早已不满,如今听他这么一说,当然十分生气,于是我正色地向他声明:

"你说这种话,可能事先不曾经过考虑,因为事实胜于雄辩,放弃家庭的是你,不是我!至于谈什么责任与义务的问题,我要说一句难听的话,除了我没有陪你睡觉以外,我觉得我并没有任何失责之处。"我顿了一顿,然后,直接点破他说:"至于有关那种事,你在广西不是还有自备的模特儿吗?"

他听了,大概无话可说,一时恼羞成怒,伸手指着我大骂:

"你混蛋!"

谢寿康先生这时就在楼下,听到了我们争执的声音,他急忙跑上来,把徐先生拖下楼去。

快到中秋节了,日本人扬言要对南京实施全面轰炸,消息传出,人心惶惶。当天下午,张道藩先生来电话,邀这边天狗会的老朋友,一齐搬到他上海路的住宅去住,因为他家有很坚固的地下室,起先是做厨房下房用的,自从南京开始大轰炸,正好腾出来躲避空袭,陈立夫先生为了方便就住在他家。当时张太太和陈太太都迁到庐山去了。

谢先生、郭先生和徐先生都已答应去张家,只有我一个人表示异议,这倒并不是我矫情，因为我一向最不喜欢打扰别人，住在人家家里，我总是嫌不习惯，这也是我和徐先生完全相反的一点。不过经过谢先生的再三劝促，使我觉得无法再坚持下去，免得由于我一个人妨碍了大家，无可奈何，我只好说："去就去吧。"

张先生派车来接，到了他家，他非常高兴，把我们迎进家里，兴冲冲地为我们分配住处，他把自己楼上的卧室收拾出来，让给我们两夫妇，自己住到地下室去，谢、郭两位睡在饭厅里，内政部长陶履谦先生也住楼上，他的房间就在我们的对面。

住不多久，到了阳历九月下旬，徐先生说他要回桂林，在此以前，他对我和两个孩子的问题，始终不曾和我讨论过，他既不提，我也不问，在朋友面前，我只好说不论将来战事演变到什么程度，我决定留在南京不走。

我所以作这样的说法，实在是有我不得已的苦衷。我和徐先生结缡二十年，生活过得一直很苦，日本、北京和巴黎的困窘不谈，回国以后徐先生的名气虽然越来越大，但是他从来没有卖过一幅画，倒是他收购金石书画的支出，反在逐渐地增加。他每个月将薪水交给我，我却要匀出一大部分去支付他收买艺术品或是裱画的费用。因此回国那么些年，我们不但没有储蓄，甚至经常捉襟见肘。他弃家不顾跑到广西，一年多里仅只断断续续地寄了少数几笔钱回来，迫不得已，我才抛下孩子出去工作，以微薄的薪水贴补家用。没想到战事突然爆发，京沪情势危殆，我固然也想往大后方避难，只是徐先生无一点表示，我又怎么敢走呢？

我一生了无长处，只有祖宗遗传给我的一身傲骨。我虽然内心焦急彷徨，对于目前的情势，不知道怎样应付才好，但是我决不愿意向任何人求援或者乞怜。当时我一口咬定不离开南京，我已经有了这样的打算：万一战事失利，南京不守，无法生存下去，那我只有一死而已！

可是，有一天，谢寿康先生向我透露了一句话，他说："你不肯到四川去，岂不是有意跟悲鸿为难？"他这一句话使我恍然大悟，原来要我离京入川还是徐先生的意思，他所以透过朋友来劝我，可能是因为最近我们闹得太僵的缘故。

既然这样，我便直接去跟徐先生办交涉，我开门见山地问他：

"如果我带着孩子到重庆去，你一个月准备给我们多少生活费？"

徐先生的回答，仍还是模棱两可，并且拖了一个尾巴，他说：

"以后我能够拿到十足的薪水，我就给你们一半。"

好吧，我就姑且根据他的话而做打算，他能拿到十足薪水，那是每个月三百元，给我们一百五十元，也许可以在重庆活得下去了。

同一天的中午，谢先生他们又来劝我，我毅然决然地告诉两位关切备至的老朋友说：

"我虽然知道此行的艰辛困难，但是朋友们劝我的话，我总愿意听的，现在我答应你们，把家搬到四川去。"

然后徐先生心安理得地先动身回桂林，行前他给了我五十元作旅费。徐先生是九月二十七日动身的，他一走，我就派人回宜兴，把伯阳、丽丽接回南京来。张先生为我们定购船票，我呢，白天回傅厚岗收拾行李，晚间仍回张家住。

十月六日，离别了我们傅厚岗的家，驱车下关码头，登上了江靖轮。由于疏散的人多，船只太少，溯江西行的船票很难购得，张先生费了很大的事，也只买到去汉口的票。我带着两个孩子，以及坤生、同弟，还有顾了然先生和我们同行，路上彼此可以照料；这时谢寿康先生已到上海去了，张道藩、郭有守两位先生送我们上船，张先生还带了照相机，为我们拍了不少照片。

张先生是一位很重感情的朋友，我们在柏林相遇，巴黎聚首，以至于同时住在南京，平素交往密切，一旦远离，不免依依。尤其是当时战局紧张，国脉如丝，他的心情自然是十分沉重，而且看到我独自一人拖儿带女远走西南，和徐先生又闹到这种地步，将来还不知怎样结果，因此他那天的神情显得特别愁虑忧悒。

大家正在谈天拍照，忽然间警报汽笛之声大作，船上乘客登时惊惶失措，乱成一团。船长当机立断，下令开船。混乱之中，郭有守先生机警，抢先跑下船去，张先生迟了一步，竟被留在船上，我们一想这下如何是好？于是顾了然先生连忙去找到船长，告诉他内政部张次长送客上船，方才因为轮船紧急起锚开行，一时未能登岸。

船长一听，知道这事必须立刻设法，然而空袭时间又不能冒险将船开回下

▲风雨鸡鸣（徐悲鸿，1937 年）

关，于是他下令减速，从船上放下一只舢板，请张先生上去，再派两名水手叫他们划向江岸。我们凭着栏杆看他坐在小小的舢板上，在辽阔的江面上忽上忽下，渐渐地划向一望无际的芦苇丛中，担心着他的安全，但又无能为力。到了汉口，才获知他那天在芦苇丛里躲过了空袭，舢板才又开回下关，这时郭有守先生还坐在张先生的汽车里等待，两个人才一同乘车回家。

九号，我们到了汉口，立刻便去打听到重庆的船期，据说最快也得在一星期以后才有船西行，我们只好在璇宫饭店辟室住下。当时张溥泉先生的夫人崔震华女士和她的两位小姐张瑛、张玲都在汉口，我们常到她们家去玩，相约着一道逛逛公园，看看电影，伯阳和丽丽还在汉口公园拍了很多的照片。

到了十七号，才算登上民权轮直驶重庆，越沙市，过宜昌，山光水色倏然一变，航经巫峡正值细雨蒙蒙，犬牙交错的巫山十二峰若隐若现，苍茫云霭，益发增添旅人的愁思。

重庆山城在望，房屋层层叠叠，三巴旧治，气象恢宏。船靠码头，一眼便看见徐仲年、张直夫、吴作人三位先生，他们很高兴地站在趸船上向我们招手。我们一行六人依次下船，徐仲年先生为我们雇车，先到郭有守太太的住处。

郭有守先生是四川人，所以他在抗战初起时便请郭太太带着儿女先回四川。郭太太在渝简马路的"光第"租了五间房子。"光第"是一幢西式住宅，业主是重庆名绅刘家。

郭太太租的房子在楼上，房外都是宽阔的走廊。他们除了自住的两间以外，还分租了一间给张直夫先生。我和郭太太见了面，承她热烈的接待。后来我问明白还有两间空着，于是我就请郭太太把它们转租给我。中枢播迁重庆以后，国民政府便设在光第附近，而渝简马路也就改称为"国府路"。

第二天，我便请郭太太陪着，去买了一些应用的家具，总算是在重庆安下了一个家。最初一段时期，"光第"楼上的三家，郭家、张家和我们，为了方便起见，合在一起开伙，就由我带去的佣人坤生、同弟负责炊事。但是一个月后我们的伙食团又宣告解散，原因是各人口味不同，尤其是张太太和她的母亲常年茹素，天长日久，大家都感到不便。

第一件要事便替伯阳、丽丽找学校，我向郭太太一打听，她说巴蜀小学离我家不远，那儿的师资和环境都不错。但是我刚到学校去一问，才知道三年级还可设法，五年级则已有七十人，再无容纳可能，因想两个人分校，又多不便，所以也没有为丽丽报名，后来便把他们送进了川东小学，一年后又转入巴蜀小学。

那一天办完了孩子们入学的手续，我突然想到青年会去看几位朋友，因为当时中央大学已经西迁重庆，中大的教授先生们多半住在青年会，譬如宗白华、张书旗、徐仲年和胡小石先生等，我们一向都是很相熟的。

乘车到了青年会，张书旗先生最先迎出来，一看见我，便告诉我说：

"悲鸿也来了，他是昨天到的，就住在这里。"他匆匆地说了这几句话，转身就走，一面走一面说："我去叫他出来。"

不一会，徐先生果然快步走到我的面前。

徐先生和我握握手，我向他问过了好，徐仲年先生和顾了然先生也出来了，大家坐下谈天，这时徐仲年先生提议一道出去逛逛马路，于是我们四个人便到大小梁子和都邮街一带随便走走。

重庆虽说是一座山城，街道依山而筑，高低不平，但是几条主要的通衢大道，倒也平坦宽阔，而且相当繁盛，大小商店林立，各色货品俱全。我们走走停停，不知不觉地已经到了中午十二点钟，我怕家里等我吃饭，凑巧这时有一部驶往曾家岩的公共汽车，在我们旁边停下，我急忙向他们道声再见，便挤上车去。

想不到就在当天下午，徐仲年、顾了然两位先生陪着徐先生来看我了，徐先生还送我两管玉屏萧、一件贵州出产的生丝衣料。孩子们见了爸爸非常欢喜，他也略微问了他们几句话。只是对于我们怎样来的，来了以后如何建立起这个家，则是绝口不提，对于我，当然更没有片言只字的温语相慰。

邻居好友郭太太和张太太，听说徐先生到了，连忙跑来看他，于是我们的小客厅里高朋满座，谈笑风生。这许多朋友都知道我们的感情纠纷已经闹了六七年，趁此机会很想为我们尽力拉拢。张太太大概是想替我留住徐先生，所以兴高采烈地提议打麻将，徐先生居然也破例地表示赞成。我没有理由反对，只好吩咐同弟摆桌子，请徐先生、徐仲年先生、顾了然先生和张太太四位入座，我自己便坐在旁边观战。

有说有笑的牌局，继续到吃过晚饭以后九点多钟。牌局散了，徐仲年先生和顾了然先生告辞回去，徐先生和他们一齐往外走，我就跟在徐先生的身后相

▲伯阳与丽丽（徐悲鸿）

送。徐先生走到门口的时候，忽然停止了脚步。我听到他在说：

"好了，我不送了。"

他说这句话的意思，当然是表示他今夜就要留住在"光第"，我一听这话，立刻上前一步，略带笑意地向他说：

"你怎么办呢？我这儿是没有地方可以住的啊！"

徐先生听了，顿时神色大变，他铁青着脸，紧抿嘴唇，像一阵旋风似的，转身拿起自己的外衣，一头冲出门外。

据说第二天徐先生就搬到"光第"对面的山坡上，吴稚晖先生的住处，和吴老先生、吕斯百、吴作人先生等同住，他曾气愤不平地向斯百和作人说：

"从来没有见过这种事，布置了好好的家，不让我住！就算我是个朋友吧，她也应该招待的呀！何况她用的还是我的钱。"

中大开课，第一次发薪水，徐先生实践诺言，拿了一百五十块，请吕斯百先生转交给我，这是全月薪水的一半，我要靠它维持一家五口的衣食住行，以及孩子们的教育费用。幸好当时重庆的物价还低，可以勉强够用。第二个月，斯百送钱来时，我一看却只有一百元了，当时我非常诧异地问：

"这是怎么回事呢？第一个月一百五，第二月一百块，照这样递减下去，到了第四个月，我们不是一文钱也没有了吗？"

斯百闻言只有笑笑，他无法代徐先生向我作任何解释。我想想这个问题必须澄清，便亲自跑到徐先生的住处，问问他究竟为什么失信。

徐先生没有回答我的问题，令人意想不到的是突然间他竟痛哭起来，他抽抽搐搐地说：

"记得在南京大轰炸的时候，我们一道躲在防空壕里，我想我们还是不要再闹了，时局已经糟到这步田地，再闹下去又有什么意思呢？可是——我想不到你会那样坚决！"

我凝望着他，心中有无限的感慨，我平静地对他说："你几时把你的想法告诉过我，或者是有那么一星半点的表示过？难道说你心里所想的事，我就一定应该知道的吗？而且你总该记得，从前我们在南京初次分手的时候，我曾郑重地向你表明过态度：如果你确实和人家断绝，我随时都欢迎你回家。现在，你只要自己问问自己，你就知道应该怎样做了。"

他更伤心了，整个人侧身倒在床上，双手蒙住面孔，直在吞声饮泣。当时我觉得他也真可怜，既然要谈恋爱，又拿不定主意来做决断，因此我再诚恳地跟他说："人生得一知己确实很不容易，假如你觉得和孙女士结合是幸福的，我决不阻挠你们。但是我和你做了二十年夫妻，我并没有失德的地方，何况我们还有两个孩子，我又不想再嫁，所以请你也为我们谋一个安全之计。"然而他仍旧不声不响，没有表示。我准备走了，临走之前，我向他说："我今天来完全是为了生活费的问题，你应该了解我的个性，二十年来我没有为了金钱跟你冲突过，我不是爱钱财的人，不过，你亲口答应的诺言，你应该实践。我还要劝你一句，做人，最好是漂亮一点！"

说罢，我头也不回地转身出外。

第二天，早上七点钟不到，我还睡在床上没有起身，徐先生推门走了进来，他大踏步地走向我床前，面容严肃地俯望着我说：

"现在，我要我的家，至于我们的家应该住在什么地方，我可以听从你的意见，住在这儿也好，另外搬一幢房子也行！"

我一面披衣起床，一面正色地回答他说：

"我从来没有说过，这里不是你的家——"

"那么，我明天搬回家来。"

事实上！他来不及等到"明天"，当天下午，一九三七年的十一月二十三日，他便把全部行李搬来了，除了行李以外，手上还拎着几只螃蟹。

重庆虽然有长江和嘉陵江在这儿合流，然而菜市场上，连鱼虾都很少看见，螃蟹更是难得一尝的珍馐，这一点确实使江南来客感到遗憾。物以稀为贵，因此当时常常流传某人某人为了吃顿螃蟹化费若干若干的轶闻，吃螃蟹而成为新闻，重庆螃蟹的价格昂贵，难以搜求，便可想而知了。

现在徐先生居然买了螃蟹回家，想来他不但花了很多钱，而且一定还费了不少事。这个消息立刻轰动了"光第"的朋友们，大家都在说，徐先生这么样巴结徐太太，大概他们俩和好有望了。

晚餐桌上，持螯对坐，我实在有点食不甘味，同时也使我感慨万千。回忆二十年前旅居日本时，我们曾大啖东洋螃蟹，那时虽也有许多烦恼，但我们的感情是融洽的，前途是有希望的。如今呢？——我对他望了一眼，自己问自己，这个人我还能信任他吗？我还希望他给我点什么呢？这么一想，我内心里，就决定了怎样对待他的态度了。

自从他搬来以后，除了迫不得已，我不轻易开口和他说话。同时我把生活习惯也改变过来，过去二十年间，通常都是我先睡而他早起，现在正相反，是我迟眠早起，可是漫漫长夜，如何排遣？于是我便到张溥泉夫人那里，领取了前方将士的征衣材料，拿回来缝制。当时后方妇女为战士缝征衣的运动风起云涌，因为那是慰劳将士们最直接有效的工作。我做的是棉背心和布袜，借此机会，日夜忙碌不停，以避免和徐先生无言相对的尴尬局面。

中央大学在距离重庆二十多里的沙坪坝设校，徐先生初回家时，他曾说一礼拜要在中大住三天，只有四天在家里。可是这时候他却非常的恋家了，他宁愿每天挤公共汽车，天天回家。我心里不禁暗暗地感叹，回想当年在南京，我曾多么希望他少去中大，而他却非去不可，连晚上也尽可能地在那边逗留，现在我宁愿他在中大多耽搁几天，他反倒每天都要回家来。人，就会这么的矛盾。

▲1937 年底徐悲鸿画徐伯阳像

在家里住了三个礼拜，徐先生忽然痔疮大发，朋友介绍他到小梁子去找一位中医师，这位医师对于治疗痔疮倒是很有把握，他说只要付费五十元，他可以包医，不过他有言在先，必得天天敷药，而且在敷药三天之后，患部会开始疼痛，以后还越来越厉害，因为他的医法是把痔毒渐渐地集中在痔漏上，等到漏脱，痔疮也就好了。

徐先生很相信他这种医理，决定一切照办，付过医费，每天准时到小梁子去敷药。敷药的结果就跟医师所说的一模一样，痛苦逐日加剧，不但坐车困难，进而步履维艰。徐先生实在忍不住了，这才搬到中华书局去，因为中华书局就在都邮街，和小梁子距离不远，来回方便。

搬去两天之后，乘着星期假日，我带着伯阳、丽丽到中华书局去探望他。徐先生看见我们来了，显得很高兴，特地叫工友去买了许多糖果，请孩子们吃。我们在那里坐了半天，徐先生提起，他还需要一些日用物品，我立刻答应，准定在第二天下午，拣齐了为他送去。

第二天下午我准时到了中华书局二楼，白天里宿舍中阒无人迹，楼上是一片寂静。我捧着一大堆东西走进他的房间，推门进去，只见他独自一人愁眉苦脸地躺在床上，仿佛正在忍耐莫大的痛苦，我走到他的床前，把带来的东西交给他，然后在他床铺前的椅子上坐下。

两个人默默地一坐一卧，似乎想不出什么话说，于是我感觉这样未免有点僵窘，我只好告诉他，我要走了。

我站起身，伸出手来和他握手，想不到他一把抓住了我的手不放。我错愕地望着他，见他满脸悲伤痛苦的表情，用一种近乎乞怜的目光盯住我，嘴唇抽动着似乎想说什么话。怜悯与婉惜的念头同时在我的心底升起，可是，我一生不喜欢怜悯这两个字，因为我总认为怜悯别人，即自视强过别人，和被怜悯者是无法站在对等地位的。我可能同情弱者，但我不能对可怜人发生情爱。当时我萌生一丝怜意，然而我对他的爱心却在相形地消灭。我怅惘地站在原处，缄口不语，时间在小小的房间里冻结，终于他废然地放开了我的手，任我转身离去。

由于我曾告诉他，三天以后我要在家里请但荫孙夫妇吃饭，他当即表示那一天一定回来。届时他果然回来了，带回他在中华书局所有的东西，我很高兴地听说他的痔漏已不痛了，而且后来事实证明那位中医所说的话，徐先生的痔疮从此没有再发。

不久以后，我的外甥程康民忽然来到重庆，找到我们家来。康民为了不甘受日军的奴役，小小年纪从家乡宜兴步行到安徽屯溪，冒险越过两军战线，经历苏、皖、赣三省到了汉口。幸好在汉口找到了他的表叔，替他买票乘船到达重庆，当然他是来依靠我的，就住在我家里。于是大家商量着应该怎样安排他的求学问题。一九二八年我们初次回国的时候，康民曾在我家住过，徐先生因为他常爱翻弄画纸绘具，而且又有拣食刁嘴的习惯，对他的印象不好。因此当我提议教康民投考空军学校时，徐先生便以冷漠鄙夷的口吻说：

"算了罢！他还考什么空军学校？你们也不想想，国家买这些飞机多不容易！"

当着孩子的面，他实在不该无故损伤他的自尊心，我听了很生气，立刻就说：

"你不要管，好不好？"

徐先生登时恼羞成怒地说了一句："你算了吧！"这使当时的气氛，尴尬到无以复加。

入夜，躺在床上，大家都心绪恶劣，睡不着觉，于是我问徐先生：

"依你看，我们还有和好的可能吗？"

徐先生的回答倒很干脆，他说：

"我知道我的罪恶，让天来罚我好了！"

感情又到了宣告破裂的时刻，我觉得我应该使他明了，我的一切做为，完全是受辱被迫而来，因此我向他说：

"过去你曾向我父母说过，你到哪里都打得出天下，我离开你就不行了。但是我一定要努力奋斗，假如奋斗有所成，那我便离你更远；要是无所成，就只有两条路可走，一是自杀，一是向你乞怜，不过以我的个性来说，恐怕是走第一条路的可能性较大。"

天还没有亮，徐先生便起床整理东西，我知道他又要离开这个家了。我默不作声，听他自便。这时郭有守先生已经来到重庆，每天凌晨起来，他总喜欢到我们这边打一转的。这天进来刚好看见徐先生在收拾行李，不禁惊讶地问："这是干什么呀？"徐先生愤愤地说：

"人心已变，不能再住下去了。"

郭先生听了连忙劝他："何必呢？"怎奈徐先生去志已决，拎了行李立即就走。郭先生送他下楼，我无言地望望墙上的日历，算算，他这一次回来，前后一共住了五十天。

在这一段时间里，使我最受刺激的是我曾看见徐先生戴过一只极大的红豆戒指。据说红豆是孙韵君送的，徐先生用金子镶成戒指。有人告诉我，戒指里面还刻了"慈悲"两个字，"慈"是孙韵君的另一个名字（多慈），"悲"当然就代表"悲鸿"。

到了重庆以后，我曾托朋友们为我介绍工作，但荫孙先生非常热心，他自己在复旦大学任政治系主任，并兼教法文。复旦大学起先从上海迁到贵阳，后来再迁重庆菜园坝，当时担任校长的吴南轩先生，是父亲早年在复旦任教时的学生。但先生愿意每星期分三小时的法文给我教，吴校长也同意了，于是我便担任了复旦大学的兼任教授。

一九三八年一月，春季开学，我便开始到复旦去上课，上课才两个月，学校又迁往北碚对江的黄桷树。黄桷树是一座小镇，濒临嘉陵江滨，我为了交通不便，只好把伯阳、丽丽暂时寄宿学校，自己跟复旦搬到乡间去。这时但荫孙夫妇、刘大悲夫妇带他们一位侄子，还有复旦的校医张蓬羽先生，连我，一共是七个人，我们在镇上王家合租了一个四合院的两翼厢房，东西相向，各有三间，两间住宿，中间一间作为起居室，我住的一间是和但氏夫妇对门。

▲贺江景色（徐悲鸿，1938 年）

因为我带着坤生、同弟两个佣人，于是我们就组成了小型的伙食团，由坤生、同弟烧饭做菜，但荫孙先生最讲究吃，做得一手中西名菜，于是他便成了坤生、同弟的师傅，兼任小伙食团的主持人。由于我们一向吃得考究，复旦师生便说我们这边是光禄寺，连复旦教务长金通尹先生也慕名自动参加。城里如果有要人或贵宾到复旦视察参观，黄桷树没有好菜看款客，校方总是借我们的"光禄寺"招待嘉宾。

一群朋友都很要好而且喜欢热闹，平时谈笑风生，放言高论，虽然是乡居，却毫不感到寂寞。刘大悲先生在复旦教了几个月的书，便被聘到贵阳去办农场，离开了复旦，他的太太张振华女士后来也离开复旦到成都去了。

一九三八年七月，朋友介绍我到国立编译馆工作，因为编译馆在重庆，所以我又搬回故居"光第"，八月间，但荫孙夫人在重庆医院生了一位千金，大家又热闹了一阵。

第二学期开始，我仍兼着复旦的课。每星期六，由复旦大学派车在上清寺接几位住在重庆的教授去北碚上课。经常同车的有端木恺、卢冀野、沈伯先和一位黄先生，大家都是同事，在车上谈谈笑笑，一点都不觉得路远。上完课，星期日下午又把我们送回重庆。

就在这年的十月二十九日，父亲同了华林先生，间关万里，从上海抵达重庆，带给我极大的快乐与兴奋。原来一九三八年暑假，上海的南北两区全部沦入日军之手，各处学校纷纷迁入租界，租屋授课，地窄人多，学校形同虚设，有名无实。父亲看到这种现象，十分痛心，所以他有"志士羞与为伍"的愤慨，决心离开上海，投奔大后方。

父亲和华林先生由上海取道香港，经过广州、梧州、柳州而到桂林。他老人家游过了八桂的山水风光，再回柳州乘公路汽车，经贵阳到四川。他以望七高龄，不辞舟车劳顿、道路险阻，沿途寄情山水，忧心国事，写了一卷《西南游草》，成长短歌一百二十三首，抵渝之日，还口占一首五律以纪念这次的团聚。

现在我将原诗录在下面：

抵渝市示碧儿

迢遥八千里，间关四十辰。

侨都觇富庶，赁庑远嚣尘。

难得艰危际，犹能骨肉亲。

云山堪悦性，孤愤未须伸。

父亲到达后，我和房东商量，把楼上正中的一间房，腾让给他住。

父亲来了还不到一个月，便接受了重庆大学的聘约，每周授课十二小时。重大校长叶元龙先生，是父亲民初任教大同书院时的学生，重大在沙坪坝，离城二十余里。老人家来回都挤公共汽车，很受奔波之苦。

一九三九年一月，一群朋友发起聚餐小集，每周一次，就在"光第"我家举行，发起人是方令孺、宗白华、郭有守、章益、孙寒冰、陈可忠、端木恺、徐甫德、蒋复璁、颜实甫和我，一共十一位，刚好一桌，每次另请一桌客人。客人还有区分，譬如某次请的是文学界的，便称为"文学专号"，考古界的称"考古专号"，以此类推，每一次小集又称为一期，每十二期为一卷，主持人因而官拜"主编"的头衔。第一卷的主编是我，第二卷主编为端木恺先生。

小集时宾主非常和谐，谈笑风生，轻松愉快，或则讨论学问，或则评论时局，有时也不免月旦人物，古今中外，无所不及，对于各人的学问见识，都有很大的裨益，不仅是吃吃喝喝而已。

第一次小集是发起人聚餐，不曾请客，第二次请了张道藩、余上沅、穆家瑞、陈丁妍、康学咏、老舍、王礼锡诸先生和我父亲。第三次是考古专号，有蒋梦麟、常任侠、彭汉怀、胡小石、杨仲子、傅抱石、陈石玲诸先生。第四次为参政专号，请的都是参政员中各友好。第六次在三月六日举行，因为郭有守夫妇迁居成都，特别为他们饯行。第八次是教育部专号。四月二十五日的联合会已经是第二卷的开始，由端木恺先生出任主编，然而就在这一次以后，重庆大轰炸开始，大家忙于疏散避乱，小集同仁风流云散，聚餐会也就中止举行了。

我在国立编译馆工作了两个月，又转到教育部设立的教科用书编辑委员会工作。到了一九三九年初夏，五月三日和四日，接连两天，重庆遭遇到前所未有的大轰炸，城中精华地区尽付一炬，生命财产的损失不可胜数。我们在"光第"走廊上，眼看大重庆陷于一片火海之中，烈焰冲霄，浓烟蔽天，想起那些被难的同胞，心中真有无限的悲愤！

从五三、五四大轰炸以后，政府积极疏散人口，机关学校纷纷下乡，水陆要道，展开了空前壮观的疏散行列。教育部迁移离城百里的青木关，编辑委员会搬到北碚。我为了工作关系，也只好放弃"光第"的房子，先送父亲迁入重大宿舍，孩子仍旧住校。我自己带着佣人，雇了一条木船，溯嘉陵江北上，搬回黄桷树旧居。这时，王家四合院厢房的房客，就只剩下但荫孙夫妇和我了，因此我们每家各住三间，分别举炊。

那一年的暑假，父亲从沙坪坝到黄桷树度夏，伯阳、丽丽也都回家，一家团聚，和乐融融；当时陈云屏先生的尊翁漱六公已经到四川，他们就住在北碚，听说父亲来了，非常的高兴。漱六公是父亲的表兄，而且我有一位姑母嫁给漱六公的令侄，所以漱六公又是我姑丈的令叔。漱六公本姓任，因为过继舅家，承祀香烟，方始改姓陈。他和父亲年龄相仿，把父亲和我们殷勤地邀到北碚，盛宴款待，一夕盘桓，两位老人的心情十分愉快。席间还有诗作唱和，记得父亲写的一首是《北碚喜遇漱六表兄赋赠》，原诗录后：

> 渊源溯中表，相识各衰龄。
> 清远北碚地，晶莹南极星。
> 辞官身更健，话旧涕俱零。
> 未死聊槃礴，糟醨莫漫醒。

两老依依惜别的时候，漱六公还送了父亲一支名贵的灵寿杖，据说产自剑南，似木实藤，多节类竹，不施斧斫，浑然天成。父亲欣然接受，回黄桷树又做了一首诗致谢。

转瞬间暑假已过，一家人劳燕分飞，父亲回重大执教，伯阳、丽丽也回重庆巴蜀小学，我自己则留在黄桷树。除了在复旦兼几点钟法文课以外，我天天要渡过嘉陵江去北碚教科用书编委会上班。

早在一九三八年一月，陈立夫先生出任教育部长，鉴于国内沦陷区的大学多已关闭，许多有成就有造诣的学人教授，大都投闲置散，有的已到了后方，有的则仍留陷区。为了使这些人安定生活，继续研究，因而设立了一个教科用书编辑委员会。委员会共分四组，即实验教材组、青年读物组、民众读物组和戏剧组，委员会设主任委员一人，由教育部次长张道藩先生担任，每组各设主任一人，青年读物组最初是陈之迈先生，后改由赖特才先生继任；民众读物组由王向辰先生主持；戏剧组为赵太侔先生，各自分组办事。凡已撤退到后方尚无正式工作的教授学人，都被延揽到会中编纂各种著作读物，按月领薪。留在陷区的，则请其撰稿，如能每月寄稿一万字以上，即可付给一百五十元的生活费用。稿件经过审核，如有佳作，立予出版印行，出版后作者还可以得到版税。

由于张道藩先生的介绍，我被派在青年读物组工作，职责是审查稿件。

▲牛浴（徐悲鸿，1938 年）

在这一段时期，我的心情相当愉快，因为我结交了许多朋友，复旦方面除了但荫孙夫妇，还有张友三、孙寒冰、端木恺、熊子容、陈子展、李亮恭、陈国荣、温崇信。编委会这边又有方令孺、梁实秋、王向辰和赵太侔，以及赵太太俞珊，这些朋友彼此不拘形迹，时相过从。尤其是方令孺女士，我们朝夕相处，同行同止，差不多有两年时间。方女士是安徽人，她也在复旦教书，在编辑委员会我们又同组办公。她极重感情，有文人的气质，她的作品词藻华丽，热情洋溢，颇受当时青年读者的推重和爱戴。但是她的个性和思想却和我截然不同，因此复旦教务长孙寒冰先生（孙先生是继金通尹先生接任教务长）对于我们两个曾有一个对照式的批评，他说：

"方令孺犹如清溪涓流，蒋碧微则似高山巨瀑！"

方女士嫁给一位陈先生，陈是金陵世家，两夫妇曾在美国留学。陈有一副科学头脑，思想缜密，做事有条不紊，最重秩序，方则大而化之，一副"名士"派头。两个人在性格上有基本的歧异，因此始终格格不入，虽然不曾离婚，却也分居很久。除此以外，据我冷眼旁观，和方令孺经常接近的一批复旦学生，思想言行，可能都有些左倾，所以我和她交往的那段期间，绝口不谈政治，以免由于各人观点的不同，损害了彼此的友谊。

编委会起先在重庆办公，后来因为空袭频仍，才搬到北碚。方女士就住在会里，我则因为北碚黄桷一水之隔，不妨早出晚归，通常都是一早到达北碚，中午的时候，男佣坤生为我送来午餐。方女士则在会中包饭，我们两人就在她房间里共食。下午下班，已是薄暮时分，她总要把我送到江干，两人走过一道长长的沙滩，等我登上渡船，她还在岸上连连挥手，情意绵绵。

大概在一九三九年以后，敌军占领了我国沿海各省，中路敌军掠武汉而据宜昌，就此陷身泥淖，无法再越雷池一步。在沉滞胶着的战况之下，侵略者为了企图瘫痪我们的后方，开始了疯狂的轰炸攻势，渐渐地连学校、民房、医院、郊区都成了目标。一九四○年五月僻处黄桷树的复旦大学被炸，一时弹片横飞，硝烟四起，教授学生死伤枕藉。孙寒冰先生就在这次罹难，死状之惨，令人不忍卒睹。孙先生平时来看我，总是一走进大门，先叫一声"蒋公！"他死以后，我常常有一种幻觉，仿佛他蓦然走进来叫我一声的样子，这使我不但悼念良友之永逝，而且还有点恐怖。

我们住处附近，就是复旦大学的医务室，轰炸过后，一批批的同事同学以及老百姓被异抬搀扶而来，施以紧急救治，肢体破碎，血流如浆，惨况真是怵目惊心！有一位同学大概已被震死，全身毫无伤痕，眼睛也睁着，救伤人员还想予他人工呼吸，助他苏醒，可是终于回天乏术，废然放弃。另一位同学两膝中了弹片，皮肉翻开，变成两个血球，看了他的伤势，我只感到头皮发麻。而呻吟呼号之声，更是时时刻刻缭绕在耳边。女佣同弟受了重大刺激，放声痛哭不能自止。这一次面临从未有的惨剧，给我精神上的打击实在太大，于是我决心辞去编辑委员会及复旦的职务，搬到磁器口，接受四川省立教育学院的聘约。

磁器口是巴县一大镇市，坐落在青葱蓊郁的歌乐山麓；也在嘉陵江畔，以出产落花生而闻名。歌乐山一峰突起，有如屏障，磁器口恰在山隈水陬，大家都以为像这样的地方敌机一定不会光顾了。我迁居磁器口，除了避空袭以外，还有一层更重要的原因，那就是父亲任教重大，伯阳进了南开中学，重大、南开全在沙坪坝，距离磁器口只有两华里的路程。我搬去了，对于他们的生活照料，就方便得多。

四川省立教育学院院长颜实甫先生，是一位学兼中西的文人，他留学法国十七年，曾在巴黎大学、里昂大学卒业，身材矮小，生活俭朴，不惑之年，仍单身未婚，经常一袭海昌蓝布袍子，除了做学问和搜集古董，别无嗜好，又很刻苦，纯粹是个学者。

颜先生是四川人，当时郭有守先生担任四川省教育厅长，深知颜先生有学问才能，所以拉颜先生出来，主持省立教育学院院务。颜先生聘请复旦同仁熊子容先生为教务主任，教务处设注册与出版两组，注册组主任是余书麟先生，熊先生建议颜院长聘我为法文教授，兼出版组主任。等到开学以后，图书馆一时找不到人负责，十数万卷书籍，乱七八糟地堆着，师生们都不能借用，于是熊先生再跟颜院长商量，请我出来主持图书馆的事务。我费了很大的事，才将这十数万卷书整理出头绪，分门别类编号做索引卡，总算粗粗有了点规模，然后才开馆借书。

我在教育学院住的宿舍，是一排五间的平房，前后有院子，最末一间是厨房和下房，每间房分隔成两间，前后有门，前院面临小河，隔河就是教院的农场和另一部分宿舍，远山近水，风景清幽。

同事中只有我带着两个佣人，坤生和同弟便住在那间下房里，并且利用厨房做饭，颜院长和我比邻而居，起先他在伙食团搭伙，我看他们的伙食不太好，因此建议他到我家吃饭，前后吃了一年多，直到他结婚以后方才自行举炊。

在教育学院工作相当繁忙，不过精神倒还愉快。一九四〇年十一月四日，是父亲的七十诞辰。事前，朋友们很热心地提议给他做寿，我回想父亲五十初度，我远在国外，曾买一只瑞士金表，托朋友带回为他祝嘏。六十大庆，适值丹麟弟和姑母先后逝世，全家正笼罩在悲哀伤惨的气氛之中。这次父亲寿登七秩，虽说国难期间，但是友好的诚意既不便却，我自己也想尽点孝心，希望给他老人家一点欢慰，于是就在十一月四日，假沙坪坝饭店准备了寿筵。自动参加的友好约三十余人。就在这一天朋友们还为父亲做了一件极有意义的事，那便是由张道藩先生发起，承伍蠡甫、余井塘、吴南轩、沈亮、但荫孙、宗白华、金国宝、范存忠、徐仲年、徐辅德、郭子杰、章益、梁实秋、程天放、叶元龙、华林、端木恺、颜实甫、罗家伦诸先生解囊分金，醵资四千五百元，花了一年的时间，把父亲六十岁以后的诗稿辑印问世，是为《理斋近十年诗词》，内载《欠死集》一百二十一首，《西南游草》一百二十三首，附《游记》三篇，合共二百四十七首，全集于一九四二年一月印竣。

转瞬到了一九四一年，暑假开始，颜实甫先生提起父亲以七秩晋一高龄，独自一人住在重大宿舍，起居饮食乏人照料，而且轰炸频繁，因此殷殷地劝他搬到教育学院来住，他将为他在楼上准备一间房子。

父亲接受了颜先生的建议，在七月一日迁来教育学院，暑假后并在教育学院兼课三小时，以便长期和我住在一起。

然而这时日本飞机的轰炸越来越厉害，连磁器口也接二连三地挨了炸弹。

在我们那一排房子前面，学校沿着院中的小坡筑了一个简单的防空壕，顶上撑起木板，这个防空壕只能挡挡炸弹碎片，如果直接命中当然不可想像。不过它离我们的住处很近，距厨房门口只有两三丈远，所以坤生、同弟警报来时仍然照常做饭，听到飞机声音再逃进洞里都还不迟。八月二十一日敌机轰炸教育学院，大楼被毁去一隅，父亲损失了很多东西。

这以后，大家就不敢贪图近便躲小防空壕，一发警报，要步行一里多路，跑到一处军事机关所构筑的大防空洞，洞里曲折深邃，洞门有三四座，躲在里

▲霜草识秋高（徐悲鸿，1939 年）

面当然很保险。有一天敌机再炸教育学院，飞机去后我们走出洞口一看，只见烟尘滚滚，灰蒙蒙的一片，教育学院的房舍全都被掩遮得看不见了。一时大家都在提心颜院长是否安全，因为他总是等到敌机来时，才肯躲到院中防空壕去的。好容易等到警报解除，急忙赶回宿舍，知道颜院长平安无恙。但听他说，当时防空壕被震得摇摇欲坠，壕里的人被一阵强风压倒在地，大家都以为这次一定是洞毁人亡，想不到最后还是吉人天相，逃过了这危险的一关。

每次学校挨炸，躲警报回来总要大扫除，房子受到震动，天花板和墙壁的石灰泥块纷纷坠落，地面一片狼藉，家具蒙上厚灰。往后日本人更变本加厉，实行所谓疲劳轰炸，敌机每两小时一批轮番袭击，警报整天整夜不能解除。我们躲在防空洞里，经常是日以继夜地不饮不食，挨到天黑，实在撑不住了，冒险回家吃点冷东西，休息一下。万一飞机再来，我们就只好再躲小防空壕。

当时全重庆的人都是这么咬紧牙关，忍受痛苦，房子炸掉了重新盖，敌机飞走了立刻开始工作，就凭这种艰苦奋斗，不屈不挠的精神，使我们赢得抗战胜利，国土重光。

直到一九四二年，美国的陈纳德将军组织飞虎队志愿空军东来，我国神鹰健儿获得了美国战斗机的补充，几次空战，打得日机落花流水，警报方始渐渐地稀少，后来太平洋战争爆发，日本空军南移，重庆的警报终于宣告绝迹。

7

许多年来，徐先生的学生和我经常往还，而且始终很亲切地称我"徐师母"。他们对徐先生和我之间的僵局，大都表示惋惜。因为他们觉得徐先生当时正值鼎盛之年，倘能给他安定的生活环境，一定会在艺术上有更深的造诣。可是自从徐先生闹了"恋爱"之后，一直都在茫无目的地东奔西跑，席不暇暖，最明显的一点是他不再从事需要全神贯注的油画创作。这对于他自己和中国艺坛，都是相当重大的损失。所以关心他的同学常来跟我谈天，并且零零碎碎地告诉我些有关徐先生的消息。

徐先生自从一九三七年底迁出"光第"，到一九三八年四月国民政府部分机构还在汉口的时候，据说郭沫若和田汉曾经邀他到政治部去共事。徐先生到了汉口，大概他自知不适宜于这种工作，于是就离汉入湘，在长沙会见避难而来的孙韵君和她的父母，然后把他们一家接到桂林。

孙家抵达桂林的那天，徐先生当晚假借广西省府一位朋友的家里，摆下酒席，欢宴洗尘。有一位当时旅居桂林的留法老朋友，那晚凑巧到那人家去，走到门口，碰见在徐先生画室里的那个模特儿，也就是徐先生以前所"收容"的女难民。只见她神情紧张，痛苦万分的样子；他心里有点奇怪，跑过去隔着窗户一看，看见客厅里面摆了一桌酒，孙韵君居然在座。他这才明白，那个女孩子所以会那样难过，一定是因为孙韵君来了的关系。他不禁感慨系之，悄悄地退了出来。

不久，徐先生为孙韵君设法，在广西省府谋了一个差使。据我们那位老朋友说，后来他认识了孙韵君的父亲，彼此很谈得来。孙老先生曾一再向那位朋友强调说："徐先生和我女儿是师生，要想打破这层关系，我是决不许可的。"他不仅态度大变，而且对待徐先生很不客气，常常疾言厉色地逼徐先生回重庆去。徐先生迫不得已，才在一九三八年五月返抵重庆，再到中大上课。可是一到同年七月放了暑假，他又匆匆地跑回桂林。

徐先生回到桂林，忽于七月廿九日写信给好友郭有守先生，通知他："兄得此函后，弟即与碧微正式脱离"。令郭先生为之愕然，他立刻将这信拿来给我看，原文是这样说的：

子杰（郭先生的号）吾兄大鉴：

弟不才，累友人以极度无聊之事，良深惶愧。弟家庭之变，早至无可挽救，且分离日久，彼此痛痒不复相关。今幸碧微振起奋斗，力谋自立，又蒙诸至友如兄等扶持，有所工作，亦足以慰藉其痛苦之心灵。弟精神日疲，不能自存，而责任加重，命运偃蹇，日暮途穷，辄思得人为助。惜两全之计，竟不可得，故拟解决不可挽救之局，以应未来逆运。兹拟处置家庭办法，恳兄转告碧微，情缘如此，天实为之。碧微必欲恨我，我亦只得听之，虽弟初心，岂敢如此？抑如去冬之隐忍，犹且无济，宁非天乎？惜适当国难严重之际，允称无聊之极者也。

一、不论碧微有无收入，弟以每月三分之一与之，两孩归碧微抚养，用费由弟负担，但以俭约为原则。

二、兄得此函后，弟即与碧微正式脱离。弟之隐痛，乃在未受法之束缚，但为余生计，不能不解决，亦想不到更善办法，诸好友向来盛意，只是铭记肺腑，倘加责备，弟又何辞？临书悲梗，不尽缕缕。

敬颂暑祺！

此书请不必告夫人。

悲鸿拜启　七月廿九日

我看了这封信，但觉啼笑皆非，于是我向郭先生说："怎么办呢？"

郭先生认为站在朋友道义的立场，他有义务给他做最后的忠告，请他悬崖勒马，早回重庆。于是他洋洋洒洒，写了一封文情并茂的长信，复给徐先生，这封信的原文如下：

▲巴人汲水

（徐悲鸿，1937年）

悲鸿兄：

接到七月廿九日的来信，读了以后，实在有受宠若惊之感！我既不是法官，也不是受任徐府家庭法律顾问的执业律师，要像你信上所说"兄得此函后，弟即与碧微正式脱离"！试问，我哪来这种权力？又哪有这种责任与义务？这不但使我深感骇异，还必需向你否认！因为此项名义，我是受之有愧，却之亦不算不恭。我在你的来信中可得而推测的，计有数点，请为你一一陈说：

一、你说"家庭之变早至无可挽救……"是不是真的到了如此严重地步，真的不可挽救了呢？我看你还要三思！假如在某种情况与条件之下，才能夫妇言归于好，我虽然驽钝，仍愿与诸友好向嫂夫人进言，希望能尽最大之努力，以达到你的愿望。但是必需请你将某种情况与条件明白告知，才好进行；恐怕嫂夫人并未认为夫妇绝对不能复和，而且希望恢复旧日情感，也未可知。你之所谓不可挽救，仅是片面的说法而已！

二、你的信中有"……辄思得人为助"，不知是否有意再结婚？结婚之对象是否即为孙女士？请你也明白告知。你与孙女士的感情，究竟进展到何种程度？这是老朋友们所深切关怀的，你能告诉我吗？以我之意，结婚一层，似可从缓，因为原配之脱离手续，如未办得十分妥当，为此惹起纠纷，实在是不值得！这种自投罗网，即使为了爱情，也应该郑重考虑。像你这样高明的人，总不能说我的话不对吧！

三、你又说"不论碧微有无收入，我以每月所得三分之一与之"。此处所谓"每月所得"，应该是指你的全部一切收入而言，想来不是单指某一处之薪俸而计，因为时局不定，薪金收入可能减少，或者竟至完全没有。嫂夫人生活攸关，到了这种情况，她又怎么办呢？

所以只有祝你永远收入不断，但这究竟不可靠。像你这样的当代艺术大师，作画所得，应当远较月薪为多，因此盼你能对这一点加以明白解释，否则将来不知每月三分之一究有多少？以我等朋友之意，总希望不至于有这一天。

四、两个小孩归嫂夫人抚养，用费由你负担，这很妥当。但也应由你规定一个数目，交给嫂夫人分配，倘若毫无规定，在执行上似颇困难。两个侄儿资质甚佳，如能善加培养，前途必然无量。你是他们的父亲，当然会关怀他们，无须乎我这么过于顾虑。总而言之，在我等朋友的立场，都盼望你们和好如初，消除一切意见。所以我在得到你的信后，还未敢告诉嫂夫人。因此请你将心中所要提出之和好条件，明以相告，使素蒙不弃之老友如我者，可以做最后一次调解之努力。

倘使万一双方都不愿言和，那就要订定一项解决办法，则一般所通行者有两种：甲、分居，由夫方供给赡养费一次若干，以后每月各若干，但男女均不得婚嫁，即使各有相好，赡养费亦不得变更。乙、协议离婚，赡养费及每月供给若干，与分居相同，但男婚女嫁，可以各听其便。以上两种办法，均须双方同意。条件说妥之后，然后请出法定数目之证人，写立合法之契约，然后才可生效；决没有片面致友人一信，就算离了婚的。如果以上两种办法双方不能择定一种，势必闹到法庭相见，徒然给别人看笑话，那才是最下乘的离婚手法。

阁下的事使我不能不有所感者，以我们出洋吃面包十几年，平素号称天狗，还不能脱世俗之见，非要离婚另娶，这又何苦！天下到处都有美女，又怎能个个娶来为妻？你实在太傻了！以一个大艺术家竟这样看不开，恐怕将来会受累无穷，实在为你可惜，还望悬崖勒马，早日返渝，并希望你答复。

祝暑安！

弟有守再拜　八月十二日

尽管郭有守先生苦口婆心，晓喻利害，劝徐先生莫要闹到"对簿公堂，贻人笑柄"；然而我们还不知道，在他那一封信之后，还有更莫名其妙的行动传来。发信后的第三天，一九三八年七月三十一日，徐先生在广西报纸刊登了一则两行小字的广告，其文曰：

徐悲鸿启事

鄙人与蒋碧微女士久已脱离同居关系，彼在社会上一切事业概由其个人负责，特此声明。

朋友将他刊登那则启事寄给我，当时我并没有惊奇，也不曾想要采取什么行动，只是感叹他的作风未免欺人太甚。回想二十年前，以一个不出闺门的十八岁少女，跟他跑出去到处流浪，共患难，挨贫穷，生儿育女，谁要是不承认我是他的太太，他能不感到侮辱？可是他到今天，居然登出脱离"同居"关系的广告，想就此抹杀自己的责任，其居心，其用计，令人是可忍，孰不可忍！当时我便这样想，这一件事即使将来我睡到了棺材板上，我也不能忘记！他算是做尽做绝了。

消息传播开去，朋友们都为徐先生的行径齿冷。傅斯年先生和我并不太熟，四年之后，父亲逝世，他因为不知道我的住址，写信请张道藩先生转致唁函，他在那封信上便这样写着：

阅报惊读蒋碧微女士之讣，凄怆之感，出于衷心，于是连读三日希腊人论人生哲学之书，亦可笑也。蒋先生去世，只有碧微在左右，而悲鸿先生之登报词，使人惊心动魄，故弟亦深感人生之惨酷耳。吊伊一信，不知如何称呼？嫂固不可用，而弟之交谊又不能姊之，于是措词难矣。凡人之家务，他人皆不可置词，然如悲鸿之登报词，岂止薄幸，直可为人道悲矣！

傅先生的寥寥数语，沉痛万分，足可为当时士林评议之代表。

广告刊登出来了，沈宜甲先生兴冲冲地拿着报纸去看孙老先生，他胸有成竹地提起婚事，不料竟被孙老先生泼头浇了一盆冷水。他顿足大骂，把沈先生骂得狗血喷头，撵了出去。孙家随即准备行装，不几日后，离开桂林，远远地跑到浙江丽水，在那里定居下来。从此徐先生不但"两全之计不成"，反而弄得两头落空。

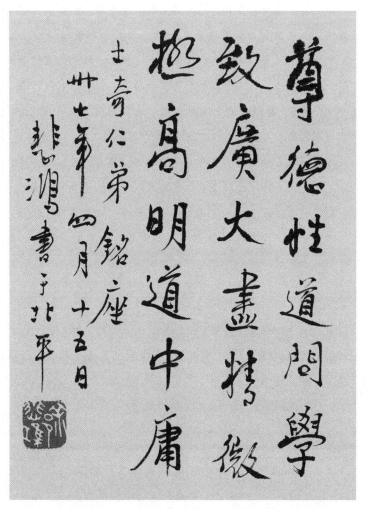

▲徐悲鸿书法（1948 年）

事后，沈宜甲先生大感狼狈，写信向朋友们解释种切，信中对孙韵君的家庭颇有微词，我心里明白，这只是他的聊以解嘲而已：

××兄：

接廿日函，知现在贵阳甚佳，悲鸿固已在桂林登报与蒋女士脱离同居关系（事先曾请教几个法律专家，皆云无违法之处），但与某女士结婚，乃外间揣测之辞，事实上恰恰相反。此报登后，不数日，某女士即独自离开桂林，大约永不再回矣。悲鸿现埋头乡间，拼命作画，局外人焉知其中痛苦。即使某女士千肯万肯，无奈其家人混蛋无聊，较张某夫妇尤卑污下流，处任何人之地位，皆不愿认此门亲。而将来即便结婚后，因女儿关系，又不能断绝往来，真是悲剧！至某女士本人，则的的确确是个十成的安琪儿，幽娴贞静，旧道德，新思想，兼而有之，受尽家中折磨，外间激刺（原文如是），泰然处之。来桂林后，凡任何男女友人与之相处愈久，愈觉其为人可佩，身世可悲，即无与悲鸿之一段痛史，单就其家人情形，已非人之所能堪。伊自云决定终身做受难者，确有此境，父、兄、母……皆恃伊一人生活，所有之薪金全部交与家人，仍时受责骂，世间竟有如此父兄？彭太太对伊极认识，极端佩服，表同情，外间不知内容者，以为此定系一浪漫女子，实则系一极苦痛之女子耳。我常把她与我以前的妻子比，觉两人都是第一流无用好人，所不同者，孙脑筋清楚，张则神经病较剧耳……

孙韵君全家离桂，徐先生幻梦顿成泡影，心力交瘁，跑到河池以西，黔桂接壤，极偏僻的边境矿区，一处小村名叫八步的地方住下，颇有与世隔绝之概。到了这里，他才写信回复郭有守先生，语多激越，可以想见他当时心情的懊恼：

子杰吾兄左右：

奉长函极讥讽嘲骂之致，老友因关切而壮怀激烈，夫岂可怪？惟"天下多美女，安得一一妻之"数语，可谓不知弟者。但弟此时，亦不暇辩，承兄愿为最后之努力，至为纫感。弟明知无益，不敢烦劳，盖碧微从前虽对弟切齿痛恨，究亦尚具恩爱。自去年八月后，便只有恨无爱，弟当年容有二心，但未尝无爱，且从未甘心如来书所指之俗气。嗣后日夜思维，觉得虽说不是冤家不聚头，毕竟不能完全以恨结合，若谓相处可似朋友，而世上实无气味全不相投之朋友，至于兄弟姊妹，我又不必如是怕她！弟因国难之故，回心转意，尽量卑鄙，以冀复修旧好，侍候月余，不特毫无影响，且变本加厉，借题发挥，以是知人心已变，不能挽回。况寄人篱下，全无辞色，胡能腼颜久留（其实完全用我的钱）。故最后之努力，弟已亲身试验，完全无效。所以兄不必多此一举，弟良心不泯，她虽对我如此，我总不忍抛弃，故甘愿担任其生活所需，亦因弟之收入较之为多，否则一受辱被逐之我，宁来供养逐我之人？尤不可以为弟之态度，为缓和法庭见面，此固非弟所愿，惟人家以为非如此不行，我也没法，在事前须得请教过高明些的律师。总而言之，"光第"生活，弟决不再试，弟愿多保持些碧微好的感想，至于没世。若兄以弟所陈为不尽善，敬恳兄集弟亲友一二人，若白华兄、斯百弟，商议一更好办法，不必令任何一方吃亏，交弟执行，无不乐从。未来如何，此时不得而知，结果恐亦难别雅俗，不问其为天狗为土猪，总是那么回事。弟因心力交疲，孙女士已离开广西，来八步小住，此地为矿区，不烧煤，故甚清洁，工人生活，亦可入画，但其工逸而不劳，与世隔绝，每日杀死几多虾仁，毫不所知，亦到罢了。

敬候俪福！

弟悲鸿拜启 九月二日

他在八步住了一些时候，回到桂林，这时新加坡和印度都请他去开展览会，于是他决心出国，准备以售画所得的钱，捐献给国家，以尽他做国民的义务。他的行程是沿西江东下，经香港而先到新加坡，路上碰到封锁，耽搁了不少时间，辗转到了香港，在香港报上发表了一篇《西江飘流记》。一九三九年元月四日，乘荷兰轮直驶星洲，行前他给孩子们寄了一封简短的信：

伯阳、丽丽两爱儿同鉴：

我因为要尽到我个人对于国家之义务，所以想去南洋卖画，捐与国家。行未到半路（香港）便遭封锁，幸能安全出国。但因未曾领得护照，又多耽搁了近两个月，非常心焦，亦无别法可行。兹已定今夜（一月四日）乘荷兰船 Van Heufze 赴新加坡，在路上有四日。如能一切顺利，二月中定能返到重庆。国难日亟，要晓得刻苦用功。汝等外祖父母亲想安好，我虽在外，工作不懈，身体不好亦不坏，可勿念。你二人须用功算学及体操，旧邮六张两人分之，外祖父前代我请安，母亲代我问安。

到新加坡，他仍住在黄曼士先生家里。画展相当成功，新加坡总督夫妇

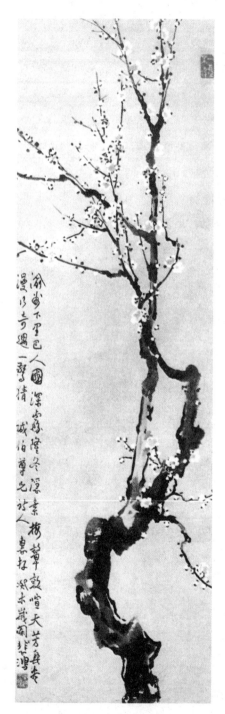

▲白梅（徐悲鸿，1943 年）

亲临参观，并且和徐先生合摄一影，登在报上，占据很大的篇幅。同时他也筹了一笔钱，汇回国内，捐给政府。

他在给孩子的信上，说是二月中定能返回重庆，然而他这次飘然去国，往返于印度星洲之间，前后历时达三年之久。一九三九年底，又接到了他写给丽丽的一封回信。

丽丽爱儿：

你的信甚好，但是你又留级，我能常常看见你在小学里，原也不错，但要你不断向上长高才好，否则一个大孩子，恋恋在小学里，会令人看轻。从此以后，除非因生病，或特别情形，不准再留级，否则你便无权利受高等教育了！

你做的手工甚有趣，我谢谢你这可爱的礼物，我现在没有什么赏给你玩，但你能好好用功，你将来玩的东西，一定很多。

我常常想到你小时候的哭声"姆妈哎——"，那时候实在讨厌，谁想你那种哭声，令我感到无限的伤逝情绪。

国家大难临头之际，各人须尽其可能尽的义务，事变之后，我们不见得会比人家更不幸福的。

父字 八月廿五世界大战前

在这封信里，他又附寄了一包荷兰邮票，而且用大字写着他的叮咛：

"荷兰邮票不可浸水。"

旁边另有一行，算是安慰伯阳的，他说："因此信包着者是丽丽的，将来每封信都有，而两人结果所得是同样的。"

一九三九年八月，有一天我从北碚进城到曾家岩，去看吕斯白先生。吕先生刚刚接到徐先生的来信，拿给我看，我一看原来是徐先生转寄来孙韵君的一封信，信中有几句重要的话，大意是说：

"我后悔当日因为父母的反对，没有勇气和你结婚，但我相信今生今世总会再看到我的悲鸿。"然后徐先生在信末批上了三句："我不相信她是假的，但也不信她是真心，总之我已作书绝之。"

我看完信如坠五里雾中，心里十分纳闷，我问吕先生说：

"这是什么意思？他为什么要把孙韵君写给他的信转寄给你？"

"这你还不懂吗？"吕先生耸肩笑着说："他还不是想要我拿给你看。"

当时我非常感慨，我很坦白地告诉吕先生说：

"我这个人大概是有点特别，在我看来，像徐先生这种行为，是最不可原谅而且最不道德的。徐先生如果不再爱孙韵君，他尽管把她的信退回或烧掉，决不可以将这种信寄给任何人去看。他不要以为我看到他侮辱了我的情敌，便会觉得高兴。他应该知道：我不是这样的人，相反的，我将更看轻他！"

与此同时，母亲从上海写信告诉我，她说她接到悲鸿的信，埋怨我脾气太大，分开了那么多年，他也想到我的好处。他并且在信上说，他愿意将孙韵君送给他的红豆，由他镶成了金戒指的转赠给我，表示他和孙韵君的决绝。

我捧读母亲的信，到最后一段，心里真有啼笑皆非的感觉：徐先生想把红豆戒指送给我，难道他要我戴着这只戒指，一天到晚纪念着他们的恋爱？

一日，和梁实秋先生闲谈，谈起了这件事，我还开玩笑地说："假如徐先生真把这枚戒指送给了我，我把红豆挖下来送给你，金子换钱用。"当然以后徐先生并没有真的把戒指送我，而且，三年后他从南洋回国，大家都不曾见他再戴过。

▲泰戈尔像（徐悲鸿，1940 年）

二十年后，一九五九年我作马来亚之旅，在曼士先生家中谈起往事，黄太太曾经告诉我，当年徐先生旅星时期到过槟榔屿，结识一位华侨小姐。据说徐先生和她订过婚，而且把那女郎带到黄家，曼士夫妇都见过。那女孩子既不美，又平凡，所以黄太太劝徐先生打消原定计划。她说："这位小姐和你的夫人简直不能相比，你怎么会看中这种人呢？"后来，大概因为南洋战事激烈，徐先生急于离星，这桩婚事便不了了之。

徐先生在一九三九年远赴印度，开画展，并为印度诗人泰戈尔画了一幅素描像，其后又于一九四〇年仍回新加坡。

我和徐先生自一九三六年，他离开南京到广西去的时候起，除了一九三八年暑假他去桂林留了一封信给我以外，无论他到哪里，我们从来没有通过信。但在一九四一年六月，我突然接到徐先生一封航信，情词恳切，令我为之愕然；原信如下：

碧鉴：

三年以来，汝率两儿在轰炸之中，坚苦支持，虽增强了汝之志气，却愈刺激我之悲痛。而此两孩曾亘一年无一书，想起终日遭受空袭之烦闷，无论如何，远方之人毫无恐怖，便不当以大较悠闲之情，以责备挣扎者之任何一切，逝者如斯，言之惘怅！吾今特致慰于汝，并告汝一重要之事，林语堂兄来函，美国援华联合会邀吾赴美，举行中国现代第一流画展。我之川资由各方友人相助，至美后便无问题。汝倘蠲弃前嫌，我竭诚邀汝同行相助。所悲两孩皆在成长之时，携之同行，力所不能，必须托一好友。我此时想起杨德纯先生（庐山会过），或吴蕴瑞先生（杨先生住弹子石群力工厂，交情够得上），我希望在八月二十可以起程，汝如同意，须在得书后三日之内（七月二十以前），给我如下一电：Oni, Jupeon Chinese Consulate. Kuala Lumpar, malaya Pillevi（译文为：徐悲鸿、中国领事馆、路名、马来亚、碧微）；便即于八月十五日以前乘飞机至港，在中华书局可询得我住址也。吾今假定汝能同行者，进行护照等事（我自己有护照），美国签证颇难，但似乎可设法，如有其他一切困难，可往见季陶先生，并托黄君璧先生代办一事，及征求吕凤子先生精作数件。祝汝安善，老丈前请安，两孩并此吻之。

悲鸿　六月廿五日金马仑山中

我读完了信，觉得他的要求实在无法照办，虽然他用了"竭诚邀汝同行相助"的字样，但我也只好婉言谢绝，我立刻回了他这样一封信：

悲鸿先生大师道席：

辱承惠书，荷蒙邀赴新大陆观光，盛意隆情，良可感激。然微所以不敢奉命者，诚因福薄之人，既遭摈弃如前，无论处境如何，难再妄存荣华富贵之想。抑且老父子女，咸赖侍养，责任所在，固亦不容轻离也。日昨奉书后，本欲先行电复，孰意问询之下，一电十字，须耗百金，在此米珠薪桂之秋，百金本不足言数，无奈在穷人观之，此区区者已足影响生计，故不得已，只有作罢矣。两儿已渐长成，年来颇少疾病，丽丽下年亦将入中学肄业，此二人者倘有日成立，则微毕生之责已尽，他无所望矣。

此复敬叩旅安！

蒋碧微拜启

一九四〇年除夕，我由重庆乘飞机到成都，这次旅行是奉公差遣。因为在四川省教育厅的主持之下，以省立教育学院的名义，在成都举办了一个图书管理人员训练班。我是教育学院的图书馆主任，校方派我去主持该班的毕业典礼。

公事办妥，趁着假期，郭有守夫妇留我在成都多玩几天，一延再延，我竟在郭家前后住了十多天。郭氏夫妇陪着我，遍游成都近郊的风景名胜。我们游过锦官城外的武侯祠，百花潭上的薛涛井，英雄美人，把秦蜀古城点缀得十分生色。少城公园树木蓊郁，春熙大街行人如织，真不愧小北平的美称。大概是严君平曾经卖卜蓉城的关系，成都的半仙铁口者流特别的多。郭先生介绍了一位"不需来人开口"的神卜给我，据说当时在成都大大有名，命相极为灵验，许多达官显要都请他看过相。我一时好奇，便也去请他看一看。当我和那位神卜隔案坐下，把我的生辰时日报给他以后，他注视了我好一回，并不问我什么，他说我生性刚强，是女生男相，并且指我的性格是"一事不遂，三日不忘"，他又说我不宜早婚，如果早婚的话，不但夫妻不和，甚至将来连儿女都不是我的。他说得活灵活现，煞有介事，倒使我将信将疑，有点迷惑。最后他说我在七八年以后将会服丧；后来回到重庆，我将这些话报告父亲，父亲笑笑说："那我还有好些年活呢。"但是后来事实证明他的断语不确。

我们去游灌县，参观了二郎神庙，途经川北最有名的竹索桥。那竹索桥和台湾的吊桥约略相仿，没有桥墩，临空架设，全部用竹子做的粗缆绳，两旁护以稀疏的竹栏杆。桥上横铺着木板，但有的断缺，有的腐朽。我们有意步行通过，试一试走索桥的滋味，我和郭太太便一左一右地拉着郭先生的两臂，把他夹在当中，三个人一排往前走，因为桥身有弹性，一经压力，便抖动起来，踏上去后，长桥立刻摇摇晃晃，下望百丈深渊，的确有些吓人。越往前走，抖动得越厉害，一面还得留神足下，唯恐一脚踏空，或是踩到了腐朽木板掉下去，势将粉身碎骨。郭先生被我们两边牵牢，颇有点儿身不由己，心里又怕，情急了，他便高喊："你们把我抓得这么牢，叫我怎么办呢？"我看他满脸惊惶，不由放声大笑，觉得实在有趣。

回程，滑竿夫毫不在乎地在桥上飞跑，把我们抬到对岸。

在成都我曾大快朵颐，因为成都的小吃极其精美，饭馆小摊，情调都非常好。我们尝过真正地道的姑姑筵、麻婆豆腐、吴抄手、赖汤圆以及名实相副的"不醉不归"。

还有一项奇特的尝试，便是郫县之游时坐过鸡公车。那是一种独轮的车辆，一脊中分，两旁有木架支座，可以载人，也可以运货。相传诸葛孔明当年的木牛流马，所谓木牛，便是这种古老的交通工具。鸡公车的由来一定相当久远，因为在那些青石板上，中间的一道深槽，便是一辆辆鸡公车通过时留下的轨辙。

最难得的是，某日逛游书肆，居然给我发现了一部宋拓本的《郑文公碑》，当时不禁大喜，马上将它买了下来。这部碑帖是北魏荥阳郑道昭所书，碑存云峰山，一向是习北碑者所宗。我买下它，因为忆起我在一九一七年和徐先生出走日本，旅居半年，整天关在下宿，唯有习字自遣。当时我所临的，便是这部郑文公碑，因此我在回重庆后，于卷首写了一段小记：

> 岁初漫游成都，得此殊喜，犹忆二十年前，曾临此半载，未尝间日，今则不复有此闲心绪矣！
>
> 卅年二月碧微志于蜀省之教育学院

漫游成都近二十天，谢过郭氏夫妇的殷勤招待，我又回到了重庆磁器口，继续教读生涯。

一九四一年三月卅一日，一群朋友在中国文艺社聊天，徐仲年先生提起明日就是西俗万愚节，想到徐先生片面登报离婚，他要趁此机会开个玩笑，替我们登一则结婚启事。当时大家起哄，我便说：你四月一日登结婚广告，我四月二日就登报否认。徐仲年先生说不要紧，我登我的，你登你的。于是他当场拟稿，四月一日果然在《中央日报》第一版，登了这么一条大字广告：

徐悲鸿蒋碧微结婚启事

兹承吴稚辉、张道藩两先生之介绍，并征得双方家长同意，谨订于民国三十年四月一日在重庆磁器口结婚，国难方殷，诸事从简，特此敬告亲友。

　　结婚启事刊出后，因为当时在国内很少有人想到这是开玩笑，不免有人信以为真，当日中枢举行某项会议，张岳军先生看见张道藩先生，便问他说："至少徐悲鸿与蒋碧微是相爱的，别人才会开这个玩笑。"也有稍知内容的人说："如果登载徐悲鸿和孙韵君结婚，大家一定相信。"吴稚老则说："这样很好，他们正可以借此和好起来。"另一方面，在成都的郭有守先生和刘伯量先生更写信来道贺，郭有守先生并且热烈地欢迎我们到成都去度"蜜月"，他说他将"扫榻以待"。

　　四月二日，我的否认启事也在《中央日报》第一版刊出，文曰：

▲愚公移山（徐悲鸿，1940 年）

蒋碧微启事

　　昨为西俗万愚节，友人徐仲年先生伪借名义，代登结婚启事一则，以资戏弄，此事既属乌有，诚恐淆乱听闻，特此郑重声明。

　　一九四二年四月廿六日，徐先生的得意门生，宜兴同乡画家顾了然先生，遽尔逝世，英年物化，令人痛惜悲悼不已。顾先生自与我们一家西迁重庆，一向在中央大学艺术系担任助教，他的健康情形很好。一九三九年间忽然咯血，经过检查，知有肺病，便到歌乐山疗养院长期治疗，后来竟会神经错乱，狂呼乱叫，打医生，纵火，疯癫怪态不一而足，闹得医院无计可施，只好把他手脚吊起。他在大后方并无可靠亲人，经我请托同事马寿征妥为照料，并且略予济助。

后来，吕斯百先生为他筹开展览会，替他募集医疗费用，得到张道藩先生的竭力帮忙，连国民政府林森主席都买了他的画所以这一次画展卖了不少钱，使他维持了一年多时间。然而他的病却毫无起色，终于撒手西归。他死去以后，一切丧葬各事都由我亲手料理，他落葬在歌乐山上，墓碑是父亲的手笔，上书："画家顾了然之墓"。

顾先生少一目，装上假眼，所以取名了然，采一目了然之意。他天分颇高，又肯努力，绘事精湛，和当年同学张安治、费城武都是徐先生的得意门生。奈何天不假年，死时还不到三十岁，尚未娶亲。他曾为我及外甥女程静子绘过油画像，都能酷肖传神。静子的像经我携来台湾。

8

一九四二年春夏之交，新加坡形势危急，徐先生因为随身携带的金石字画、艺术珍品数量既多，体积又大，运送回国势所不能，舍弃了又心有未甘，进退维谷，陷于困境，几乎已经决定留在新加坡，与他收藏之物共存亡。就在这紧要关头，他认识了一位大名鼎鼎的某"抗日将军"。

我有一位朋友也认识这位将军，据说抗战前他在夫子庙当茶房，是一个文明戏子的外甥。九一八事件发生以后，全国抗日情绪高涨，这位将军大概跑过一趟东北，回来的时候头戴翻皮帽，身穿军大衣，拍了一张照片，在杂志一登，说他是抗日游击队的×将军。以后辗转到了南洋，目的在募款接济抗日游击队，但是他后来一直留在新加坡，在那里和徐先生结识。

他听说徐先生要留在新加坡，大感讶异，连声地问徐先生：这是什么缘故？他说：别人可以留下，你徐先生怎可不走？像我们这样的人死多少都无所谓，但你是国际闻名的大画家，万一牺牲掉，那将是国家多大的损失？徐先生答说他本来是想走的，可是他所带的东西太多，没法携运。这位将军当时就拍胸脯，他说：我负责替你运回国。

有这么一位热心肠，而且有办法的朋友帮忙，徐先生当然非常高兴，于是自己带了部分收藏动身回国，安然抵达昆明。不久，这位将军也到了，他果然言而有信，将徐先生托带的大部分东西一一运来。

两个人住在云南大学一间楼上，龙云时任云南省主席，他的公子绳祖和绳武，都是留法同学。他们对于徐先生十分礼遇，招待隆重优渥，并且帮徐先生的忙，在昆明举行画展。正在高兴之际，忽然有一天，徐先生发现他珍藏的李龙眠白描手卷，竟会不翼而飞。李龙眠是宋代大家，画佛直追吴道子，他这幅手卷画的八十七位神仙，男女皆有，形貌各异，活灵活现，在徐先生的收藏之中，大家都公认这是第一精品。这幅名画失踪，使徐先生焦灼万分。事闻于云南省府，派人调查，限期破案，然而查了许久始终不得结果。无法破案的关键，便是徐先生所住楼上，除了某将军以外，绝少有别人上去。

徐先生和这位将军到了重庆，朋友们和他的学生听到这个消息，大家都觉得愤懑不平，于是有人出来找将军说话，责成他设法寻觅。闹了很久，一日他突然跟徐先生说，画已经有了着落，可是现在成都，如欲取回，必须付代价十万元。

徐先生无可奈何，只好照办。这位将军到了成都，果然就把原画带回。这其间不知是何道理，徐先生欣然于珠还合浦，当然也不再深究。

徐先生初回重庆，住在观音岩中国文艺社。第二天，颜实甫先生就去看他，徐先生见了颜先生，并不曾问起我们。还是颜先生开口告诉他：老伯和两个小孩都好，现在都在教育学院住，"尤其碧微，身兼三职"。徐先生听后，一声不响。大概他想起了从前我说过的话："倘若我将来奋斗有成，我只有离你更远！"

当天晚上，徐先生接到我的请帖，请他次日中午到磁器口便餐。据说他当时十分兴奋，和华林、陈晓南两位先生商量，明天到磁器口，应该带什么东西送给我。最后还是他自己决定，挑了一张自己的画，画中有几株芭蕉，一畦草地，草地上疏疏落落地憩着几只麻雀。这幅画裱工很考究，画轴两端是玉石的，由他自己随身带来。

翌日中午，徐先生由华林、陈晓南两位先生陪同，到了磁器口我的家里。他显得神情愉悦，送了父亲一张复印的泰戈尔画像，那是一张明信片，同时亲自把送给我的画挂在我起居间的墙上。他得意洋洋地说：过几天，等他的行李运到，还有成挑的东西送到这边。

我请他坐，奉茶，当时在座的陪客，还有颜实甫、王临一、吕斯百、华林、陈晓南等诸先生，连自己家里的人在一起，圆台面坐了十四五个人。

在客厅迎门的书架上，最高一层，放着一只玻璃镜框。镜框里一张白纸，贴着徐先生在桂林报纸上登的片面离婚启事，左下角，我自己写了"碧微座右铭"五个大字。镜框放置的位置很明显，照理说，他一进门就可以看见。

▲八十七神仙卷局部（徐悲鸿藏画）

十二点，准时入席。大家坐定以后，徐先生端起酒杯迅速地站起，这时坐在他旁边的颜先生拉了他一下，他不理，举起杯来对我说：

"过去我有好多事情对不起你，今天，我向你道歉！"

我望着他苦笑笑，然后跟他说：

"过去的事现在不必再提了。不过，你知道我今天请你来的目的吗？"

"不知道。"他说，放下杯子，同时坐回了原位，他在等候我的下文。

"我今天请你来，是为了办理移交的。因为我已经把两个孩子带到这么大，他们现在离开母亲不要紧了。我自己前途黯淡，孩子们跟着你也许比较好些，因此，我希望今后由你负责教养他们。"

他听我这样说，知道不是和好的征兆，于是，默不作声，饭菜也很少吃。直到席终，他仍然一语不发，我无可奈何，只好主动向他建议。我说："我有三个办法，请你择一而行。第一，孩子由你带去；其次，你让我带两个孩子，但是你要负担他们的教养费用。如果这两个办法你都办不到，那么，我请你明天登报声明，否认这两个孩子是你的。后天，我再登报声明将孩子改姓蒋，以后就由我负责抚养。"

但是徐先生自始至终，不作任何表示。饭后不久，朋友们散去，徐先生也跟着走了。

徐先生走后，父亲告诉我说：悲鸿借了一支墨水笔给他。当时我还不相信，我问："怎么会是借的呢？"但是父亲说确实借的，再问孩子，伯阳、丽丽也都说爸爸借了一支笔给外公用。我听了只好苦笑笑！

为什么会发生借笔的事，我必需把父亲这一段小小故事说一说。父亲曾在上海买了一枝廉价钢笔，已经用了许多年。在徐先生回重庆以前，那枝笔就坏了，父亲拿到沙坪坝一家铺子去修，谁知道修理费竟比原价超过好几倍。父亲想想不合算，所以就没有修。大概那天父亲提起了这件事，因此徐先生才借了一枝笔给父亲。后来父亲逝世，我便把这枝笔以及徐先生送给父亲的那张复印泰戈尔画像一起送还给他。

不久徐先生得到朱家骅先生的帮助，由中英庚款拨一笔经费，创设一所研究性质的中国美术院，院址就设在沙坪坝对岸，风景宜人的磐溪，由徐先生担任院长。当时院中的研究员，大半都是徐先生的得意门生，在艺术方面已有相当造诣，而且绝大部分和我都十分稔熟，诸如吴作人、张茜英、陈晓南、费城武、冯法祀先生等人。

有一天，徐先生忽然又来到我家，那时父亲和我正在前面房里。徐先生把我叫到后房，我便在床沿坐下，他站在房中央面对着我，双手叉腰，神情凝重，把嘴抿了几抿，才说：

"我今天有话要和你说。"

"我在听着。"

▲牧童（徐悲鸿，1941 年）

"我晓得，我已经把你的心完全冷了下去了，现在能不能够重新温起你一点心，我实在是毫无把握。不过，过两天我要到广西去，在我临走之前，我想知道你对于我究竟是……"他没有说完，但是我已经懂得他话里的意思，于是我婉转地向他解释：

"关于我们两个人的事，我有一个譬喻，仿佛一件很精美的瓷器，不幸被你打破了。尽管你找到最高明的工匠把它修补好，但是，这条裂痕永远是除不掉的，我宁可将它打碎，也不愿有假的完整。"

他听了，嗒然若有所失，默默地穿过后门，走到后面的院子。

颜实甫先生正在院子里小坐，徐先生走过去，对颜先生说：

"老兄，我最后的努力也做了，最后的希望也没有了！"

"你做了什么努力呀？"颜先生抬起头来望望他说："到今天为止，你这才是第二次来。《圣经》里说的话：当人掴你的左颊，你不妨把右颊也送上去，你竟连这点勇气都没有？"

徐先生感慨地说：

"年龄不同啰！"

颜先生深沉地向他笑笑：

"要说谈情说爱，还讲什么年龄大小？"

徐先生当天回到重庆，第二天便动身去桂林。临走之前，他很"客气"地写了一封信给我：

碧微女士慧鉴

　　汝伤痕太深，有如铜镜破碎，不能再治。我自知每被见面，必致汝增加愤恨，抑吾并知关于我之一切，亦将令汝厌恶。我之于汝，将成一魔，便令吾自责，亦徒然也。吾此往当力知自处，然此半关命运，非全属人事。兹托斯百弟携上五千金，备两儿入学等之用费，伯阳须俟开学后，我方能完全负责。此两月中尚须偏劳，诚自愧也。

　　敬祝署安并敬为大人祝福！

悲鸿启　八月十一日

吕斯百先生送来了那法币五千元的学费，至于徐先生信上所说的"力知自处"是何指呢？不久以后，有一天，我进城到中国文艺社，看到华林先生。闲谈之间，华先生告诉我徐先生在离渝之前跑到磁器口去找我谈话，他确是想试探一下我们还有没有重圆的希望。如果有，他将继续留在重庆，否则的话，他就急于要去桂林，因为他看中了唱桂戏的一个女戏子，艺名叫冬渡兰。他想和冬渡兰结婚。

华林先生又说：他曾力劝徐先生："你何苦这样呢，娶个唱地方戏的女戏子，怎么成呐？"徐先生感叹地说："现在再不找女人不行了。"他举出例证，说是最近他分别在昆明成都两地开画展，几乎就没有一个女人写信来向他表示崇拜和钦慕。我向华林先生说：他这种想法是绝对错误的。因为他应该了解，女性钦慕或崇拜画家，跟钦慕崇拜演员明星截然不同，因为后者是以他们的自身在表现，而画家需透过作品博得观者心理的共鸣。甚至可以这样说，观者爱好倾倒的仅只是画家的作品，在情感交流上，和画家本身无异是脱了节的。

桂林方面的朋友写信告诉我：徐先生一到桂林便央托欧阳予倩的太太，为他做媒，向冬渡兰求亲，其结果，是冬渡兰不愿嫁给徐先生，很直率地拒绝了。但是欧阳夫妇不便明说，在徐先生面前，就是说她已经心上有人，别有所恋。

婚事绝望，徐先生意兴阑珊，再回重庆，继续在中央大学任教，同时主持中国美术院院务。

父亲在重庆时，唯恐抽香烟容易起痰，所以总是抽土产的小雪茄烟。九月的某一天，父亲亲自到磁器口街上去买烟。从后门出去，必须经过一座小桥，再爬十几级石坡，就到了磁器口大街。老人家买好烟回家的途中，刚走下三级石坡，遇见一个挑担子的在往上走，为了让他的路，一侧身，便从数级高的坡上摔到田里，因此左手腕扭了筋，开始浮肿。照老人家的意思买了栀子来吊伤，后来渐渐地好了。可是从此身体更弱，胃口不好，食量也减少，虽然没有什么病，总是觉得浑身乏力。十二月十日，张道藩先生来磁器口，我谈起老人家的情形，问他是否可以找名中医师张简斋看看。于是张先生约我们坐他的座车进城，到张简斋诊所诊视。张医师也说不出是什么病，开了药方，买药回家煎服。

进城看过了病，回到家里，吃过饭后，八点多钟，徐先生和陈晓南先生突然来了。据徐先生说，他们是在对面山上，吕斯百先生那里吃晚饭，听说老人家不舒服，特地赶来探望。父亲身体一向很好，他有一个习惯，即使生病也不肯上床休息。所以徐先生他们来时，他正坐在藤椅里面，面对着隔开后房的墙壁，墙上悬着徐先生送给我的那幅画。

▲紫气东来（徐悲鸿，1941 年）

徐先生和陈晓南先生在右边的沙发上坐好，他问起老人家觉得怎样？父亲叹了口气说；

"现在身体真是不行了，越来越感到衰弱。"

于是徐先生安慰他说：

"老人家不必太辛苦了，我看，您以后就别再教书了吧。"

"不教又怎么成呐？"父亲十分感慨地说："从前生活倒还简单，现在是谈何容易啊！"

我在一旁听了，心情非常沉重，父亲以七十二岁的高龄，还在过那艰辛清苦的粉笔生涯，不遑休息，岂单为他老人家自己的衣食问题而已！

当时徐先生却很轻松地说：

"老人家不要想得那么多嘛！"

谈了一阵子闲话，忽然，徐先生的视线落在他送我的那幅画上，他说：

"这画不要总是这么挂着。"

我以为他是在说一幅画挂得久了，可能会弄坏，所以我连忙接口说：

"好的！我明天就换上一幅。"

但我万万没有想到，就在这种场合和这样的气氛之下，他忽然把脚一蹬，从沙发上欠身而起，向陈晓南说：

"把这幅画取下来。"

我听他这么一说，一声不响，立刻起身走到后房，拿出画叉，递给陈晓南先生。陈先生把画叉下，徐先生还用鸡毛帚子掸了掸灰，两个人把画卷起来，由徐先生拿在手中，随即告辞离去。走到门口，徐先生还回过头来说了一句："明天我叫临乙再拿张画来！"

我被激起无限反感，心里暗暗地在说："明天，即使有再好的画送来，我也不要。"

他们刚从前门离去，五分钟不到，颜实甫先生夫妇便自后门穿过房进来，探视父亲的病，刚好就坐在徐陈两位先生方才所坐的地方，我告诉他们说：

"徐先生刚来过，才走一刻。"

颜太太还在惋惜地说：

"徐先生才走呀！我还从来没有见过他呢！"

当颜先生殷殷慰问父亲的时候，老人家像是有点激动，右手徐缓地抬起，指向他对面空白一片的墙壁，由于虚弱无力，手臂和手指都有点发抖，他语音低沉地说：

"看看！连画都给拿走了！"

我们三个人都不敢言语，移时，老人家的眼眶里闪闪的有着泪光，他一声浩叹，无限懊恨地说：

"偏偏今天我又提到了生活问题！"

我陡觉心酸难过，咽喉梗塞，一句话也说不出来。

二十四小时以后，父亲溘然逝世。这一晚的种种经过，给予我极大的憾恨和痛心，使我毕生难忘。

稍后，颜先生不胜感慨地说："老年人病了，在他四周的东西最好不要移动，尤其是这里面还牵着情感问题。徐先生这一举措，实在是有点……"

吴稚老也说："假如蒋老先生能够看开一点，不怄那些闲气，也许他还能多活几年！"睿智长者的感慨，意在言外！

翌日下午，我在图书馆上班，五点多钟，张茜英、吴作人两人同来看我，走进我家，看见父亲歪倒在沙发里，仿佛衰弱至极。他们看看情形不对，急忙跑到图书馆叫我回去，建议我立即把老人家送到重庆住医院。我听他们这么一说，心慌意乱地抛下手头工作，快步奔回家中。果然见到父亲神色不好，气息急促，于是我们把他先扶到床上睡好。由于磁器口地点偏僻，交通不便，我只好打电话去向张道藩先生借车。张先生答应尽快来接，可是他当时刚刚膺命出掌中央宣传部，公务极为繁忙，到晚间八点多钟才匆匆赶到教育学院。颜院长两夫妇和许多同事都来帮忙，大家一商量，唯恐路上颠簸，老人家体弱支持不了，于是请校医来先打一针强心剂。校医把了把脉，说是脉搏很细微，我听了心中又是一急。十二月间，正值隆冬，寒气凛冽，朋友们七手八脚将父亲抬进车里。张先生坐在司机座旁，我坐在后座，父亲就横躺在我身上，全身用棉被紧紧地裹住，我记得我还问老人家一句：

"爸爸的脚冷不冷呀？"

他老人家有气无力地答了一声：

"不觉得冷。"

这就是他老人家在尘世所说的最后一句话了。

汽车加速行驶，到了重庆市立医院，已是晚上十时。老人家被抬进急诊室，值夜医生来诊察过，劈头便说：

"已经很严重了。"

我自诩平时很能克制自己的感情，然而在那种悲怆绝望的时刻，我一听到医生的宣布，立刻便失声恸哭起来。医生连忙劝止，他说：你必须抑止悲声，因为恐怕病人听了难过。这时，张道藩先生请医生全力施救，务求竭尽一切的努力，以保全老人的生命。然而父亲毕竟年事已高，心力俱竭，医生也是回天乏术，束手无策。一小时后，时值一九四二年十二月十一日子夜十一时整，父亲撒手人寰，溘然长逝。在他老人家旁边的，只有我和张道藩先生。

霎那间，悲痛和哀伤，啃啮着我的心。有生以来，也只有在父亲瞑目不起

▲张道藩像

的那一刻，使我感到从所未有的无助与自怜。一位护士小姐以悲悯的目光望我一眼，她拉起覆盖在父亲胸前的白被单，轻轻地罩上了他的脸，那张苍白、瘦削、失却生命的熟悉的脸。他曾生我育我，教我慰我，以他无比的慈爱护持我度过苦难的岁月。"从此刻起，我已成了无父之人"，这个意念，像闪电一般袭入我的脑海，我太伤心了，我号陶，呜咽，饮泣。不久外面走进来两个工友，用熟练而迅捷的动作，他们毫无表情地把父亲的灵床，徐徐移向太平间。

一只微微颤抖的手，搀扶着我的左臂，我知道那是张道藩先生在给我深切的安慰。他导引我紧紧地跟随在灵床之后，小小的送灵行列肃穆得简直没有半点声响，我机械地移动着脚步，我不相信周遭的一切是真实的，然而它们却又鲜明得使我无从置疑。

不知何时，我们已经伴送灵体来到了阴森可怖的太平间，不知何时张道藩先生离开了我的身畔，一灯如豆，淡黄的灯光在偌大的空间散布着朦胧的光影。我不知道从哪儿来的傻气与胆量，突然我担心那幅白布阻塞了父亲的呼吸，我竟伸出手去揭开它。奇怪！仅仅是这么一瞬间的事情，我发现父亲的容貌和生前已有显著的改变，他已经固定于永恒的那一点，再也不见慈颜笑貌，再也没有声音謦欬，他已不属于我所存在的这个世界。太平间里一切都是静止的，只有我那孤独的身影，正在地面上摇曳，继续地摇曳……

蓦地有几张熟识的面孔映入我的眼帘，冰封的心扉，透过一丝暖意，满脸悲怆忧伤的好朋友，华林先生、陈晓南先生……原来张道藩先生方才是打电话通知中国文艺社的朋友们去了……朋友们从睡梦中醒来，惊闻噩耗，赶到了市立医院太平间。

"张先生亲自选购棺木去了。"华林先生语音喑哑地告诉我，"因为太平间里停灵不能太久，灵体很快就要入殓。"

我点头，表示我能理解，挂在脸颊上的热泪，跟着滚滚地抛落下来。

恍惚中又看到了徐先生，他就在我的面前，严肃的面容是我从未曾见的。就在这时，陈晓南先生说他今夜陪我守灵，徐先生也表示了同样的意愿，我无言地接受了他们的决定。有人进来又出去，有人落泪，有人发出深沉的叹息，有人走近我的身边，低声而恳切地向我说些什么，我只是点头，茫然地点头。

暗淡的灯光下，我看到徐先生在为老人家留下静静的永恒的肖像，他画了一幅素描。

五点钟了，窗外透进来一线曙光，这惨淡的曙色该是我有生以来所看到的最凄凉的一次了。我正在哀切地想着，陈晓南先生突然说他要去办丧葬的事了。于是太平间里，除掉我父亲静静地躺着，就只剩下了我和徐先生两个人。

忽然耳朵里传来了徐先生低沉的声音：

"你不要难过了！老人家的后事哩，总得好好地办！钱的问题，你也不必担心。"

刹时间我的头脑像窗外曙色一般的清澄，我立刻想起了前天晚上，在我家里，他那不可宥恕的行为，为那幅画。

愤怒急遽地从心底升起，但是我仍忍耐着向他说：

"不然！老人家生平轻易不用人家一文钱！现在他过世了，我必须遵照他平素的意志行事，我认为这比什么都重要！至于丧事，我只求尽哀遵礼，有钱是有钱的办法，没有钱就做没有钱的打算。我必须预先声明，我决不接受任何人的帮助！"

他默然无言，东方天际，太阳涌出了云层，有一缕灿然的光，恰巧照射在父亲的脸上，他的面孔好像有点红晕，仿佛他又复活了。

"现在，我替你想想，也为孩子们着想，"徐先生又打破了岑寂，像是在对我加以试探："这样下去，总不是办法啊！"

我恨恚已极，为什么二十年来他永不更改，无论在何时何地，什么样的情境，他只要跟我一开口，便是以他本身的利害或意向为前提？完全不顾我的心境和情绪？我遭了这样大的变故，心里的悲哀，正在难以支撑，父亲还僵冷地躺在我们旁边，在这种情况之下，他居然还有心来和我谈什么情感上的问题，我真为父亲二十六年来对他的错爱而抱屈。

"算了吧！"我义正辞严地打断了他的话："我们既已分开，一动不如一静！天下离异的人很多，不足为奇！你和我的个性太不相同，勉强再在一起，将来万一又闹离婚，岂不是大笑话！如果你需要女人，尽管去找吧，难道我还会跟你捣乱不成！"

这时，天色已经大亮，朋友们闻讯纷纷赶来帮忙办事，太平间停灵不便，重庆又没有殡仪馆。当天中午就举行大殓，父亲穿的是蓝袍黑马褂，盖棺以后，朋友们纷纷行礼，我匍伏在灵前叩头，悲恸得几将晕厥，再也抬不起身，记得还是张茜英把我从地面拖起来的。

那一天最辛苦的是张道藩先生，他日夜奔波，买好了棺木，又和马寿徵先生到歌乐山去勘定茔地。马先生也是早年留法比的同学，而且也是我的同事，歌乐山一带都归他管理，因此在他的鼎力协助下，十三日圹穴便已做成，吉时安葬。

出殡那天，我从市立医院扶灵到上清寺，再改乘汽车。有大批送葬的朋友护送灵柩，直驶歌乐山巅。徐仲年先生刚好路经上清寺，看见了我们，才知道父亲的逝世，他临时参加了我们的送葬行列。

▲前进（徐悲鸿，1941 年）

父亲一生，除了潜心经史，于诗古文辞致力尤多。他在任教之暇，还喜欢研究医书，因此兼擅岐黄之术，只是从来没有悬壶济世。抗日军兴，后方医疗设备不足，他老人家在重大教院执教时期，两校师生和工友，常来请他诊病，夏天暑热，求诊者更多，而老人家向来不收诊金。所以他逝世以后，接受过他诊治的人，感念他的恩惠，不知有多少人远道亲来吊祭，盛意非常感人。此外，国民政府行政院曾予明令褒扬，颁发恤金，更是无上的哀荣。

老人家平生淡泊自甘，宁静致远，当了四十多年教授，上无片瓦，下无寸土，私人积蓄总共只有一万余元，加上四川省教育厅的抚恤，行政院恤金，凑集起来，仅够丧葬费用。徐先生在落葬之前日，请陈晓南先生送来两千元，我敬表心领，当即退回。

父亲逝世以后，有很长一段时间，我内心的悲恸难以言宣，想起平素父女相依，朝夕相对，如今只剩下我茕茕一人。每天早上一觉醒来，眼泪便夺眶而出。最艰堪的是坐上饭桌，独据一方，仿佛老人家的音容笑貌犹在眼前，筷子还没有举起，就情不自禁地心酸落泪，简直使我茶饭无心。后来想想，我生来不是多愁善感的人，那段时期的哀痛逾恒，无疑是父女情深，天性使然。

一九四三年三月二十一日，亦即父亲逝世百日之期，承叶楚伧、陈立夫、张洪沅、颜实甫、章桐、程天放、余井塘、章益、张道藩等诸先生发起，举行追悼会，会场在重庆夫子池新运服务所。

也不知道是由于巧合，还是徐先生的故意安排，偏偏他的画展也选在那一天揭幕，因此他当然很忙，追悼会时间已到，仍不见他的踪影，只有他所送的花圈，引人注目地放在礼堂正中，他在下款用的是"甥"字。

大家等他等得心急，傅斯年先生在批评他的不是，还有许多朋友也在议论纷纭；最后徐先生匆匆地赶到，我已带着伯阳、丽丽跪在家族席上答礼。徐先生步入礼堂显得有点进退两难，踌躇不决，因为他不在家族席上恐怕受人批评，走到我身边又怕我当面拒绝。终于他还是站在来宾群中行的礼。参加公祭者除上列诸位发起人之外，还有吴稚晖、陈树人、潘公展等诸位先生，共约三百余人，各方致赠的诔辞挽联多达数百件。

行礼的时候我一直在想，老人家膝下只有姊姊和我两个女儿。儿时父亲特别怜我，长大成人也以我沐受父亲的慈晖为最多。在这漫天烽火，万里流浪的大动乱时期，也只有我一个人替他料理后事，因此更增加我的哀痛。

父亲的著作有《国文法教本》、《学诗法》、《庄子浅训》、《诗范》、《理斋类稿》、《国学入门》、《理斋近十年诗词》、《词学概论》，以及尚未出版的《诗苑释词》等书。

9

父亲逝世才九个月，我又一次遭受了无可比拟的悲痛。有一天接到姊姊从沦陷区辗转寄来的信，告诉我母亲在南京一病不起。母亲的弃养，是我终身无法弥补的憾恨。父亲间关万里逃抵西南的那年，母亲因为年高体弱，路途遥远而未能随行。从此她老人家便陷落在上海，茕然一身，乏人照料。尤其是当时上海食物缺乏，食油荤腥很难买到，她老人家生活的艰辛可想而知。后来二堂兄在南京任职，二哥二嫂想到母亲独居上海，实在寂寞，于是便把她接到南京去奉养，对待她老人家非常之好，闲居无事，便打打牌，听听戏。父亲过世以后，南京方面早就得到了消息，只是始终瞒着她不敢讲，因此母亲经常惦念父亲，为何那么久没有信来？情绪不宁，忧心忡忡。九月间突然中风，二哥二嫂连忙请医生为她诊治，并立即电告在宜兴的姊姊，姊姊接电赶到南京侍疾，起先好了一些，后来又起变化，竟然医药罔效，她老人家就这么撒手西归。

自从我到重庆以后，私心一直在盼望，等到来日胜利复员收京，我要好好地侍奉父亲母亲再过几年安乐的日子，以娱他们的晚年，想不到昊天罔极，上苍竟连这个小小的愿望也不让我达成！

姊姊告诉我说：他们已将母亲的灵柩暂厝在南京上海路边的荒地上。

父亲逝世前后，伯阳、丽丽两个孩子都在沙坪坝南开中学读书，家里面只剩下我一个人，坤生、同弟实在闲得没事。有一天，坤生进来告诉我，说是有人介绍他到中国银行福利社工作。我觉得他也应该出去找个求上进的机会，当时就表示赞许，准他去了。

　　两三个月以后，突然有人带信来说，坤生不知为了什么，跟人家打架，被人一拳击中肚皮，顿时昏厥过去，现在已经抬到了市立医院。我听了之后先劝同弟不要着急，派人陪她去探视。她们见到坤生在医院没有病房住，就躺在市立医院的走廊地上。这时候坤生已经苏醒，他吵着要回家，同弟她们别无办法，只好雇车把他带回家来，将息了好几个月，方才渐渐地康复。到这时我们才发现他既患肺结核，又有气喘的毛病。

▲群奔（徐悲鸿，1942 年）

　　不久，张道藩太太带着女儿，到兰州去养病，张先生自己一个人住在文化会堂，需要雇用一个能够负责照料他的人，又要会做饭，又要能够应对洒扫，同时更须信任得过。我想坤生可以适合这么多的条件，因此便将他介绍过去。张先生果然觉得他很得力，从此就把坤生留下，一直跟随着他，由重庆而南京，由南京而台湾，都是在张先生的办公室工作，直到一九五五年六月一日——史坤生病逝台北新店乡间。

　　一九四三年暑假，伯阳在南开中学初中部毕业，我当然很高兴。不过这孩子读书不大用功，一九三七年我把他和丽丽带到重庆，起先进的是川东小学，后来又转到巴蜀小学住读。小学毕业，考上沙坪坝南开中学，功课都不算好。尤其是他生一种夜溺症，每夜都要遗尿，住在宿舍里，乏人照料，他自己又怕羞，溺湿的被褥不好意思拿出来晾晒，因此身心双方都觉得痛苦，使我也极为难过。父亲说给他吃白果、吃龙虱，什么药方都试过，可是全不见效。放假时被褥拿回家中，总是全部烂掉。这个毛病，直到他十四岁以后方始渐渐地痊愈。

初中毕业，身体较好，我们很为他庆幸。回到家来，他却一刻也待不住，成天想往外面跑。当时教育学院有一位毕业同学郑先生，他的太太在教院任助教，所以他们也住在教院宿舍里。他家弟妹很多，非常热闹，于是伯阳便一天到晚待在郑家。我见了生气，责骂他，他置之不理。我为这件事心里很不愉快，同时又恐怕他老不读书，暑假后考不取高中，所以我就把他交给好友郭有守先生，带他到成都，考入华西中学。

刚刚念了一个学期，大后方如火如荼地展开知识青年从军运动，"十万青年十万军"的大字标语，贴得满街都是。忽然有一天，我接到郭有守先生的电报，他通知我说：伯阳瞒住了他，偷偷地报名从军去了！那时候，他的十足年龄，还不满十六岁！①

接电之后，我内心有无比的伤痛。诚然，别人的儿子可以去当兵打仗，我有什么理由阻止自己的儿子从军报国？不过，午夜扪心，我不能不自疚与惭愧，由于我的性格比较严峻，生平最不善于表现感情，更不会以温言细语去对待人，加以十多年来遭受家庭变故，心理上一直悲哀沉重，而且为了独立谋生，又常把孩子寄居学校，因此对于孩子的抚育照料，难免有所欠缺。孩子们处在这样残破不全的家庭里面，当然是得不着多少温暖的，因此我不讳言，伯阳的从军，与其说是由于一时的冲动，不如说这是家庭环境所造成的必然后果。

伯阳从军以后，受过短暂的训练，旋即编入孙立人将军所率领的新一军，开拔到缅甸，转战于蛮荒异域的丛林草莱之中。抗战胜利后，新一军返国接收广州，随即又开往东北。一九四六年底我复员返京，才托钱昌照先生致孙立人将军，请准伯阳退伍。一九四七年夏他回到南京来，我们母子才重逢。那时候他简直是个大人了。

一九四三年，徐先生专程再到桂林，登报招考中国美术院图书管理员，规定只收女性。笔试由张安治先生主持，口试由徐先生亲自评审。报名者多达五十余

▲鹅闹（徐悲鸿，1942 年）

人，最后录取了一位湖南籍的女学生，徐先生给她改了名字，叫做廖静文。

　　廖静文当时十九岁，高中程度，家世大概还不错，她母亲早逝，因为不满她父亲所娶的后母，姊妹二人先后离开家乡，自立谋生。她姐姐在贵阳，就读于贵州大学，她应征投考中国美术院图书管理员，目的在得到免费赴重庆的机会，当时她一心只想升学。

　　徐先生亲自带着图书管理员回重庆，在桂林上车，买的是卧铺票。送行的朋友，亲见他们同一卧车，而且在上车的时候，管理员的行李，是徐先生帮她提着的。

到了重庆，住入中国美术院，院长和管理员先分开来住，廖静文和张蓓英女士同住一个房间。每天一大清早，徐先生就要过来找廖静文，他们的关系渐渐公开化。

翌年暑假，徐先生的一位四川朋友杨德纯先生请他到南岸山上避暑。一日，遇见一位留德医师谭守仁，谭医师看徐先生面部浮肿，气色不好，就在杨家为他检查，检查的结果说他病势相当严重，劝他立即进医院治疗。但是，徐先生说他自己并不觉得怎样，另外请了中医、西医看病，据说有一位中医师把过了脉，说：徐先生的病不可忽视，调养得好还可以拖个十年八年，否则的话也许只有三年两载。

杨先生看看徐先生健康越来越不行，只好将他送到中央医院。医院为徐先生检查，说他是肾脏病，后来渐渐地影响到心脏，最后更形成血管硬化。

徐先生在中央医院住了几个月，病况稍有进步，又回磐溪。

此后不久，徐先生忽然向我提出离婚的要求，他委托沈钧儒律师跟我开谈判，于是我便敦请端木恺先生担任我的法律顾问，两位大律师通信商议，我提出初步条件为赡养费一百万元，另外要他一百幅画。谈到伯阳、丽丽的教养费用，我告诉端木先生说：我们先不提出条件，且等徐先生看他如何主张？孩子们现在都已经在念中学了，一个月需要多少费用？徐先生不难算得出来。不久沈钧儒先生写信通知我们，说是徐先生愿付两个孩子每月各两万元，全年一共是五十万元。我当即表示同意按照他的条件办理。但当端木先生复告沈先生以后，徐先生竟然翻悔，反说数目太大，他没有那么多钱。

徐先生为了这件事，还在沙坪坝请了一次客，请的都是多年老友，如宗白华、徐仲年、吕斯百、王临一等诸位先生，席间徐先生大骂我敲竹杠，不应该问他要"那么多的钱"。

宗白华先生对于我们历来的情形都很了解，他当时就语重心长地说：

"悲鸿，假如我处在你今天这样的地位，哪怕写文章，赚稿费，我也要解决离婚问题；何况，你是画家，多画几张画不就行了？"其余的几位先生也都劝他还是答应了，早点办好手续好。他一听，觉得大家并没有以为我不对，因此，这一顿饭也就毫无结果而散，而离婚的事件又再延搁了下来。

▲徐夫人像（徐悲鸿，1947年）

转瞬间，到了一九四四年初，徐先生又去登报，再度声明与我断绝"同居关系"，这一次的广告用特号字体的"悲鸿启事"，刊于二月九日的贵阳《中央日报》，其文曰：

> 悲鸿与蒋碧微女士因意志不合，断绝同居关系已历八年，中经亲友调解，蒋女士坚持己见，破镜已难重圆，此后悲鸿一切与蒋女士毫不相涉，兹恐社会未尽深知，特此声明。

三天之后，在当月十二日，再登启事正式宣布和廖静文订婚，广告是一行大字："徐悲鸿廖静文在筑订婚，敬告亲友"，当天还请了两桌客。

接二连三地刊登启事，可能徐先生自己想想也觉得太不应该，于是他在给吕斯百先生的信上最后说："又做错了事情，准备回重庆挨骂，赔罪。"

当时刘大悲先生还在贵阳办农场，一见报上所登的启事，顿时就剪下来寄给我。我见到了剪报，真是气得发昏。时值中国美术院在重庆中央图书馆举行画展，美术院的全体同仁都在场，我匆匆地跑到那边，把剪报拿出来，请所有的朋友过目，我说：

"徐先生毫无理由地一再给我侮辱，这一次，我实在不能再容忍了。我要控告他，但我不是控告他重婚罪，而是要控诉他侵犯我在社会上独立生存的自由。"

所有的朋友全都无话可说，脸上有着不胜惋惜的神情。就在这时有人告诉我，徐先生今天要从贵阳赶回重庆，主持这一次展览会。

大家正说着话，徐先生忽然在会场门口出现，他一眼看到了我，惊惶失措，不知如何是好，于是朋友们提议，一齐到中国文艺社去吃晚饭。当时已近傍晚六点，一群人簇拥着徐先生和我，由两路口转赴观音岩。走到半路，徐先生趁机说了一声"我还有事"，急急忙忙，一溜烟地跑了。

我被朋友们请到文艺社，他们叫了菜，又备了酒，劝我不必生气。徐先生的学生们频频向我敬酒，代替他们的老师向我赔不是，我为这些朋友的热情深深感动，因此我向他们说：

"你们老师的种种行为，实在是太不应该。不过，你们都是我的朋友，我要是有所举动，于你们的面子也不好看，我虽不再顾惜徐先生，但我还不愿失去你们的友谊。所以，请你们尽管放心，我不会使他过分难堪的。"我还说："徐先生的举动不仅轻率，而且缺乏常识。他最令我气愤的是，第一次为了追求孙韵君，片面刊登启事和我脱离关系，如果那一次的启事具有法律效力，他又何必再登第二回？如果第一次的启事不能生效，那么再登一百次也没用！可恨的是，他连这种最简单的法理都不懂。"

当时在场的人，对于我所说的话，都表示深具同感。饭后，我回磁器口，当即写了一封信给徐先生，向他表明我的态度，我在信上写着：

书奉怀慈室主人座右：

敬维垂鉴，窃碧微与君结缡二十余载，其间经过，初则恐惧忧惶，继则辛酸困苦，虽未极人世之惨痛，然何尝有一日之安宁？而浩天不悯，尤以为未足，令君中途变心，至破家室。碧微自知罪孽深重，岂敢怨天尤人，是以捐弃以还，唯知振奋，力图自存，冀能不仰给于人，而两儿之教养，亦自认为天职，未尝一日忽怀。乃不蒙谅解，反对微怨恨日增，疾嫌备至，不特利我之摧毁，抑且置儿女于不顾。窃思我遭天谴，应受苦厄，弱小何罪？被此无辜！伯阳既绝望投军，不知生还何时？丽丽虽深知奋发，可怜担负无人！此情此境，凡我友人，莫不洞悉，然屡请

▲懒猫（徐悲鸿，1943 年）

人转达微忱，君咸听若罔闻，毫无责任之心。以微之识君，固难信其绝无良心，然证诸事实，则又似人性全泯，岂近朱者赤，近墨者黑，是君所以至是者乎？碧微迫不得已，乃延律师致书于君，而所提条件，咸为君力所能，至其价值，实卑不足论，因微只求度过抗战难关，初不望此区区者，能惠及将来。然君犹以为苛求，不惜诉苦言穷，一再议价，至令闻者，莫不窃笑。因此等事，固不能如货物之贸易，其理甚明。碧微素性率直，言出必行，行必不改，然事先亦必有深长考虑，然后出之，非若君之全凭冲动，随口声诺，信手书凭，而事后无一践行，此则应请熟虑是幸！至于诉诸法律，非碧微初意，抑亦所有友人不愿吾人有此结局。故多年来，虽屡受登报之辱，终无报复之行，盖碧微一本古人"君子绝交，不出恶声"之训，初非因无把握而不敢为也。且微向不为损人利己之事，倘欲快一时之心，又何尝不能令人一尝铁窗风味？然自问良心未泯，纵此时与君，生有嫌隙，然究曾为夫妇二十年，亦未能忍情若此也。抑君此时，已爱助有人，心焉可慰，体健康复，幸福绵长，当可忘怀于碧微之罪戾衍尤，亦以见君子之恕道也，冒昧陈辞，诸准谅宥。专此即请

艺安

蒋碧微敬启　卅三年七月十六日

我也曾去看过朱家骅先生，告诉他徐先生登报的事，我并且说：

"我今天来，并不是要请你帮什么忙，只因为悲鸿是你所器重而支持的人，当然不愿见他以私害公，由于个人的行为，而有损中国美术院的声誉。所以我是来告诉你，我对于他的行为已经超过了我所能容忍的限度！"

朱先生婉言地劝慰我，请我不必生气，他说他要和张道藩先生商议商议，应该怎样处理这件事情。他并且十分痛心地说了一句：

"我看悲鸿恐怕是有神经病了！"

女儿丽丽已经十六岁了，从学校里放假回家，听到了这件事情，当时觉得非常气愤，她写了一封信给她父亲，信上悲恚地写着：

爸爸，我要问您，为什么您每次追求一个女人，就要登报跟妈妈脱离

一次关系？假如您还要追求十个女人，您岂不是还要登十次报吗？

徐先生读过了信十分尴尬，无从答复，他请陈晓南先生帮忙，"快去安慰安慰丽丽"。

一直拖到一九四五年，抗战胜利，我的律师端木恺先生已经飞回上海去了，我们的问题仍未解决。有一天，我直接去看沈钧儒先生，商议我和徐先生的离婚问题。沈先生跟我谈得很好，他告诉我上次所提子女教养费，是徐先生请他代拟一个数目，于是他便亲自去向许多有孩子念中学的朋友打听，打听的

▲1948 年在齐白石家，右起：徐悲鸿、吴作人、齐白石、李桦

结果一个中学的孩子每月至少要用两万元，因此他才提出伯阳、丽丽教育费一年五十万元。不过事先他没有征求徐先生同意，想不到徐先生竟会拒不应承。

说到这里，沈先生突然向我说：

"你们两位好不好不离婚呀？"

"那为什么？"我很惊异地说："我答应离婚，完全是为了成全徐先生，好让他和廖小姐结婚。"

沈先生连连地摇着头说："我看你们最好是破镜重圆。"

"现在事情已经闹到了这个地步，"我无限慨叹地说，"确实是无法挽回了。"

最后我托沈先生转告徐先生，我们的问题闹了十四五年，如今抗战胜利，我再也不愿把这个问题拖回南京，我坚持要在最短期间解决。

终于徐先生同意了一切的条件，不过他保留一点，那是因为伯阳正在从军，他说伯阳的教育费，需等他退伍回家继续升学时再起付，我听了之后，淡

然一笑，也就无可无不可地应允了。

一九四五年十二月三十一日，签字离婚仪式在重庆市沙坪坝重大教授宿舍张圣奘先生的家里举行，到场人士除了我和徐先生，证明律师沈钧儒先生以外，还有张氏夫妇，以及两位证人马寿徵、吕斯百两位先生，以及我的女儿丽丽。

▲1947年徐悲鸿、廖静文和孩子在北京

徐先生到得很早，他神情颓丧，脸色苍白，手里拎着一重庆流行的粗布口袋，那里面盛着一百万块钱和一卷不曾裱过的画。自始至终，他一直低着头，四点多钟的时候，有关人士签字盖章完毕，手续告成。徐先生匆匆地先走，然后马上回歌乐山，吕先生回磁器口。我谢过了主人，带着丽丽就便搭乘沈先生的汽车，直驶重庆。在中国文艺社度过了胜利后的第一个除夕，又到钟宪民、钱英夫妇的观音岩寓所，打了一夜的牌。

必须补充一点的是，由于上海乱造谣言，说我问徐先生要了几万美金。事实上当时的国币一百万元，大约可抵普通公务人员一年的薪水，或者是复员回南京两三个人的旅费。至于争执最久的子女教育费，在一九四六年一二三月每月都寄了二万元，四月因为他已动身东下，分文未付，后来到了北京，曾陆续寄过数十万元，但因币值跌落，已经不值几何。等到女儿丽丽考取了金陵女子大学，徐先生曾在信中附寄了十元金圆券给她，而那时我为丽丽缴付的第一个学期学费，即为金圆券一百七十余元。

徐先生是于一九四六年春买棹东下，回到上海，和他的二弟寿安见过了面，乘津浦路车到北京，就任北京艺术学院院长。徐先生留在北京，于一九五三年九月逝世，得年五十九岁，恰在他患肾脏病十年以后，那位中医师的预言果然灵验。

在徐先生画室里，他经常挂着一副对联，那是他集前人句亲笔写的八个大字：

> 独持偏见，一意孤行。

横额是他的斋名：

> 应毋庸议！

注释：

①在母亲写的《蒋碧微回忆录》中，说我是1943年参加远征军的，这是她记错了，实际上我是1944年参加远征军的。为了说明情况，特将我的入伍情况补充如下。

1943年7月，父亲带领中国美术学院的全体正副研究员，一起去灌县青城山写生，那位刚从桂林带回来的"秘书"、19岁的廖静文小姐当然也一起去，因此母亲心中十分不甘，于是托人带话给父亲，要他将两个孩子也带去，父亲答应了。出发那天，母亲带了我和妹妹，还有我们两人的简单行李，从磁器口四川省立教育学院教职员宿舍走到沙坪坝集合的地方，将我们两人交给了父亲。

出发时，父亲和廖小姐，还有我和妹妹，坐上了一位企业家杨公庶（杨度之子，也是四川省教育厅厅长郭有守的大舅子）的面包车，其他人坐了另外的车，出发到青城山。

灌县青城山是川西著名的风景胜地。到了山上，我和妹妹，跟着父亲还有廖小姐住在天师洞，其他人住在上清宫和其他的洞中。那些正副研究员们安排好住处后，即各人背了画箱、画架、画布到山上去画写生，父亲就留在洞中画画，我和妹妹就到山上去玩。当时只顾得玩，却完全忘记了我那年已是初三毕业，暑假中必须要重考高中，等我记起来时，已经来不及了。当时我从青城山赶回成都，住在华西前坝郭有守伯伯的家中。他见我因无法赶回重庆沙坪坝去参加入高中的考试而发愁，就劝我说："你就不要赶回去了，我这里华西坝上就有一所华西协合高中，我保证让你进去。"他的意思是不管我考不考得取，他都能让我进去。我想了一会，没有别的办法，于是就答应了。这样我就没有和父亲、妹妹一起回重庆，而是一人留在了成都。后来我参加了华西协合高中的入学考试，居然考取了，没有要郭伯伯帮忙。华西协合高中是一所教会学校，由几个教会联合办的，每个教会盖了一座宿舍楼，我住的是圣公会，其他还有英美会、美以美会等。刚入学时，父亲托了他的另一个好朋友，四川省防空副司令陈离将军照顾我，于是我每到星期六就到陈副司令的大儿子陈隆培的家中去住一晚，星期日晚再回学校。白天一个人去看电影，什么《钟楼怪人》、《魂断蓝桥》、《翠堤春晓》……都是那时看的。后来渐渐地出现了许多描写太平洋战争的美国片子，如攻打中途岛、塞班岛、瓜达尔康那尔岛等的战争片，感到特别过瘾，而同时对美军装备的精良产生了特别深刻的印象。

那年的寒假，实际已是1944年，我一个人在学校中过的。但在暑假将临时，郭伯伯告诉我一件事，说张伯伯（张道藩当时已是海外部长）来电话，要他帮我买一张到重庆的飞机票，我听后真是高兴极了。

动身那天，郭伯伯用他的车送我到机场。这是我有生以来第一次坐飞机，滋味很不好受，幸好时间不长，很快就到了重庆的珊瑚坝机场。可是降落时才发现外面正下着瓢泼大雨，下机时十分狼狈，只好冒着雨跑到出口处，母亲和张伯伯早已在等我了，大家立即上了车，回到磁器口的家中。

一个暑假很快就过去了，张道藩伯伯给我联系了一辆邮车，坐它回到成都，回到了优美的华西坝的学校宿舍。没过几天，就爆发了一场成都市空前的大学潮，起因我已记不清，就是记得有一批警察到一所中学去抓男生，而一群女生站出来排成一排挡住了警察，不让他们去抓男生，警察就动手打这些女生，打伤了几个女生。消息传出，引起公愤，学校间互相串联，决定发起一次大规模的游行示威，向当局讨回公道，而我们华西高中最积极，到华大、金大、金女大、川大等多所大学去发动。

到了那一天，各学校的游行队伍纷纷走上街头，我们学校更是积极，首先集队走上繁华的春熙路，一边走，一边喊口号："打倒方超（成都市警察局长）！""打倒余中英（成都市长）！"马路两边站满了看热闹的市民。那些平时受警察的气的人力车夫看到我们最高兴，主动要我们把标语贴在他们的车身上，好出出气。游行一直继续到傍晚，各校的游行队伍已各自解散，惟有我们学校的队伍走到当时的西南长官公署的门前，代表们进去谈判，要求解决问题。等待了很久，没有得到任何结果，大家也就都散去了。

两天后，报上登出了一条消息：方超与重庆市警察局长对调，余中英与重庆市长对调。这件事就这样结束了。

大家回到学校后，都没有心思上课了。一天，我一个人从学校所在的华西后坝闲逛到前坝，正走到离校门不远的金女大的大楼前，见到一名穿灰棉军装的青年军官，在那里高喊："有谁愿意参加远征军的，可以到我这里来报名。远征军是全副美式装备，由美国军官训练的。"我一听"全副美式装备"，立即联想到我看的那些描写太平洋战争的美国电影中那些场面；再由于自己长期生活在破碎家庭中，得不到父爱，得不到母爱；又赶上那时日本鬼子大举进攻华南，占柳州、陷桂林，一直打到了贵州的独山，而盟军中国战区的指挥部也发出一个响亮的号召："一寸山河一寸血，十万青年十万军"，号召爱国的青年教师、学生参军打日本鬼子；这时我又想起我们一家原来住在南京傅厚岗6号那座"危巢"的花园洋房中，多么幸福，是可恨的日本鬼子，把我们赶到了重庆，不把日本鬼子打垮，根本别想过好日子。于是我毫不犹豫地走到那位年轻军官面前，说："我报名。"那位军官看了我一下，然后问我叫什么名字，我告诉了他，他写下了我的名字，并把我带到一个地方，发给我一套灰棉军装，让我回家等待，到出发那天，会通知我。

我高高兴兴地领了那套棉军装，回到学校宿舍，立即脱掉了身上的校服，换上了棉军装，而且十分得意地跑到郭伯伯家，告诉他我参军了。可是我万万没有想到，他一看到我换了军装，脸色立即变得我都几乎不认得了，他立即发出命令，把我看守起来，让他的司机把住前门，另一个男佣人把住后门，绝对不准让我离开这个屋子。

接着他就立刻打长途电话到重庆，告诉了张道藩。张伯伯知道后也十分吃惊，于是就在电话中和我直接通话，大意是：我现在不能走，因现在我父亲正在患重病，母亲也离不开我，想参军可以将来参加青年军，等等等等。可是我对自己在一个破碎家庭中长大的痛苦滋味已经忍无可忍了，我得不到家庭的温暖，得不到双亲的关爱，我活着也是活受罪，还不如走上战场，打日本鬼子，真的牺牲了，那也为国捐躯。所以张伯伯在电话中虽然一再地劝说，但我毫不心动。

最后我作了妥协，答应了脱去军装，仍返校读书，但他规定我必须每天回郭伯伯家住。这样我每天仍到学校上课。

过了没有几天，忽然接到那位青年军官的通知，说："今天下午就出发！"我告诉他，我的棉军装已被扣了，他于是又给我拿来了一套，换上后，即把我带到中央军校成都分校。我从那里给郭伯伯家的老女佣徐妈（她是我们住在南京傅厚岗的"危巢"时，就已很熟的女佣）打电话，说我今天晚上要和陈副司令的侄儿一起去看电影，看完就上他家去住，因此今晚就不回来住了。就这样，我和其他十几个来集合的报名同学，坐上了一辆面包车，一直开到新津机场。当晚也没有地方睡，我和一个同学就穿着棉军装，躺在用大块鹅卵石铺成的停机坪上睡了一晚。碰巧那晚天空发生了空战，只看到一串串红色、绿色的子弹链在空中穿来穿去，十分好看。

第二天早上，开始上飞机。这是陈纳德飞虎队的运输机，机舱内没有座位，我们就沿着机身的两边坐在地上，背靠着机身。不一会就起飞了。中午开始降落，下机一看，原来是到了昆明机场。等飞机加了油，大家吃了点东西，又上机接着飞。于是看到窗外的高山，我们的飞机就在山峰间穿过去。原来这就是被飞虎队认为是世界上最危险的空中走廊——"驼峰航道"。到下午，飞机开始降落，有一排美国的十轮大卡车早已在等我们了。下了飞机，爬上大卡车，在车行途中，看到一个站牌，才知道这里是印度的汀江。一会儿车开进了一个新兵营，营里全是一排排白色的帆布帐篷。下车后，营里的美国兵把我们带到一个大坑边，要我们把身上穿的衣裤鞋袜，一起脱了扔进坑里，然后走进坑边的一个浴室，要我们把全身洗干净，特别是头发。据说他们发现过有的中国兵头上长了虱子。

在浴室里洗了一个痛快的澡，出来时每人领了一身英国军装，从头到脚，里里外外，全部是和英军一样的制服。最令我不解的是每人发了两双十分厚的白毛线袜，高统的黑皮靴。印度的气候是十分热的，可是我们却一年四季都穿着厚羊毛袜。

我们穿上了英国军装后，就被带到帐篷边，按人数每10个人住一个帐篷。然后发粮食，每个帐篷一大袋面粉，各种美国罐头，一口大桶锅，要自己做饭。我们的帐篷中，有一位华西高中的同学，是当时贵州省主席杨森的儿子，叫杨汉华，他主动承担起了这个任务。每顿饭都是先烧一大锅水，再和一大盆面粉，等水开了，就把和好的面，用手捏成一小团一小团地往锅里扔，再开几个美国牛肉罐头，把肉全放进去，熟了就每人舀一碗来吃。

有一天，营里来了一个军人，自称他是远征军重炮团的，要找一个文书，问谁愿意去？当时没有一个人出来。又过了一两天，又来了一个军人，自称是战车营的，也是要一个文书，同样没有人愿意去。

住了约一个星期，突然在一个早上，来了十几辆美军十轮大卡车，营里要大家收拾好自己的东西，准备出发。不一会就一个接一个走出帐篷，顺序上了美军的军车，等全部约五百多人都上车后，车即开动了。

路径雨多，突然天空下起了大雨，幸好我们的车都是带篷的，不怕雨淋。只是翻野人山时，却遇到了谁也没有料到的麻烦：原来野人山的汽车路都是泥地，被大雨淋湿后，路面变得特别滑，遇到了一个斜坡，头一辆车开上这个斜坡时，半途就上不去了。只见车轮打转，车就是不动，急得那个美军黑人司机冒着雨，下车在前轮上缠上一条铁链子，但开起来仍不动，试了几次都不行。大家见了这样的情况，也都十分着急，怎么办？正在这时，突然耳边听到一阵履带声，大家伸头往车外一看，原来开来了两辆推土机。推土机就把第一辆卡车用大铲子顶住车身一阵往上推，很快就推上去了，一直推到山顶，再推第二辆……

我们就是这样过的野人山。下山后不久，又上了公路，只见路边有一个牌子，写着"孟拱"。车一直往前开，终于到达了我们的目的地密支那，车停在一个紧靠着森林边的大操场上，军营门口的牌子上写着："中国驻印度远征军，陆军新编第一军，军部直属干部教导总队。"

我们下车后，即开始编队，我被编入学生第7队第3区队第7班，任轻机枪第三兵（国内编制一挺轻机枪配备一名枪手、一名弹药兵，而美军的编制是两名弹药兵）。

接着就是搭盖军营，很简单，都是用竹竿搭盖起来的，床是竹片排成的大统铺，屋顶铺的草。一切弄好后，就开始发枪，还每人发一副绑腿，是深绿色呢子的，和当时国内宪兵用的一样。

教导总队的编制，一个队相当于一个连，三个区队相当于三个排，每个排按国内的编制都是三个班，可是远征军是按美国编制，每排四个班，三个步兵班，一个小炮班，即有两门60毫米小口径的迫击炮。

接着就开始了正式的极严格的军事训练。

这就是我的入伍经过，当时是1944年的11月，而不是1943年，特此更正。

徐伯阳　2005年10月31日　天津

附　录

最后，我要介绍徐先生一生中所画的，比较重要的和比较巨大的几幅油画，以及他为我所画的油画像：

1.《田横五百士》油画，绘田横一袭红袍，满面悲愤，身后侍立五百徒众。大约有六尺高，九尺宽。

2.《伯乐相马》油画，绘一人牵马，马作怒嘶状，伯乐顾而相之。大约有五尺高，八尺宽。

3.《若大旱之望云霓》油画，旱魃为虐，泥土龟裂，有羸牛渴喘，农人以手遮目，怅望天际骄阳高悬。大约有七尺高，九尺宽。

我的画像：

1.《凭桌》油画，在巴黎郊外麦浪避暑时作。我坐在一张红木桌旁，桌面漆光鉴人，当中置一盆大红花，和我头发上一个大红夹子，相互辉映。大约有二尺高，三尺宽。

2.《箫声》油画，在巴黎第八区六楼画家作。绘我在吹箫，画面于朦胧中颇饶诗意，法国大诗人伐莱理见了极为欣赏，曾在画上题了两句诗。大约有三尺高，一尺五寸宽。

3.《裸裎》油画，作画地如上。写我赤裸之半身，大约有二尺宽，三尺高。

4.《慵》油画，作画地如前。侧卧之半身像，大约有二尺宽，一尺五寸高。

5.《静读》油画，作于巴黎。我穿着沪上所制之宽袖短衫，静坐读书。大约有二尺宽，一尺五寸高。

6.《韵律》绘于巴黎。写我奏小提琴之侧影。此画现为我所藏，有一尺五寸宽，一尺三寸高。

7.《传真》绘于南京丹凤街寓所。此画画幅最大，写我斜坐沙发扶手，仅较真人实景略微小些。徐先生一九四八年旅星期间，据当地友人见告，他曾将这画高悬壁间。大约五尺高，三尺宽。

蒋碧微回忆录 _下

我与张道藩

蒋碧微——著

华东师范大学出版社

图书在版编目（CIP）数据

蒋碧微回忆录/蒋碧微著.—上海：华东师范大
学出版社，2014.9

ISBN 978 – 7 – 5675 – 2564 – 1

Ⅰ.①蒋…　Ⅱ.①蒋…　Ⅲ.①蒋碧微（1899～1978）
—回忆录　Ⅳ.①K828.5

中国版本图书馆 CIP 数据核字（2014）第 219922 号

蒋碧微回忆录

著　　者　蒋碧微
项目编辑　许　静　储德天
特约编辑　邱承辉
审读编辑　王国红
封面设计　吕彦秋

出版发行　华东师范大学出版社
社　　址　上海市中山北路 3663 号，邮编 200062
网　　址　www. ecnupress. com. cn
电　　话　021 – 60821666　行政传真　021 – 62572105
客服电话　021 – 62865537（兼传真）　门市电话　021 – 62869887（邮购）
地　　址　上海市中山北路 3663 号华东师范大学校内先锋路口
网　　店　http：//hdsdcbs. tmall. com

印 刷 者　北京京都六环印刷厂
开　　本　787 × 1092　16 开
印　　张　37.5
字　　数　630 千字
版　　次　2015 年 1 月第 1 版
印　　次　2017 年 6 月第 3 次印刷
书　　号　978 – 7 – 5675 – 2564 – 1/K. 411
定　　价　88.00 元（全二册）

出 版 人　王　焰

（如发现本版图书有印订质量问题，请寄回本社市场部调换或电话 021 – 62865537 联系）

目 录

CONTENTS

我与张道藩

▲七喜图（徐悲鸿，1942 年）

楔 子

……

为什么她爱我而我不爱她，我却无法启齿向她直说："我不爱你。"

为什么我深爱一个女子，我却不敢拿出英雄气概，去向她说："我爱你。"

为什么我早有相爱的人，偏会被她将我的心分了去？

为什么我明明知道我若爱她，将使我和她同陷痛苦，而我总去想她？

为什么我一点儿都不知道她对我是否也有同等的感情，我就爱她？

为什么理智一向都能压制的我，如今离开了她，感情反而控制不住了？

为什么我明知她即使爱我，这种爱情也必然是痛苦万分，永无结果的，而我却始终不能忘怀她？

——你不必问她是谁？也无需想她是谁？如果你对我的问题觉得有兴趣，请你加以思考，并且请你指教、解答和安慰；以你心里的猜度，假如我拿出英雄气概，去向她说："我爱你。"她会怎么样？假如我直接去问她："我爱你，你爱我不爱？"她又会如何回答我？

张道藩

一九二六年二月八日于意大利佛罗伦萨

你说的她，我既不知道是谁，当然不能正确地解答你的问题；因此这儿是我心里的猜度——

1. 你虽然不爱她，但你对她总有知己之感，你不肯向她直说"我不爱你"，是你不愿意使她难堪。

2. 并不是你缺乏英雄气概，并不是你不敢向她倾诉"我爱你"；而是由于你早已想到此爱唯有痛苦，永无结果，因此极力压制，免生是非。

3. 以我看来，你原先的爱，热度还嫌不够；因为我敢断言：爱到极点，决不是任何第三者可移情分心的。

4. 明知你若爱她，两人必将同陷痛苦，而你却偏要想她？——事实上，天下能有几个人可以见得到而又做得到？同时，人生趋向，总爱往难路上走，因此世界才有进步，倘若知道有痛苦，就可以不想；晓得不成功，就可以不做，岂非天下从此无事了么？

5. 我要反问你，为什么你爱了一个人，一定要知道她对你的感情如何？譬如你爱一画一物，难道也要晓得这物爱你不爱么？

6. 相见时理智可以控制自己，离开了反而感情泛滥；那是因为她对你的态度与他人无异，或者因此使你镇定；现在离开了她，你单方面的想像太多，所以使你头脑糊涂，压不住了。

7. 即令如你所说，这种爱情必然痛苦万分永无结果；然而为爱情所受的痛苦，也可以说是乐趣，于是明知故犯，这是人之常情。

至于你要我猜度，假如你向她说："我爱你，你爱我不爱？"她会怎样回答你？我既不是她，怎能知道她的心理？不过你既然这么爱她，对于她的性格和为人，你一定深切了解，那么将会怎样回答你，至少也该晓得个十之八九，又何必叫我来胡乱猜度？至于你说她会扰乱你的心神，你难道不能想个方法，不为她动心么？我倒劝你把她忘了，但不知你能否做得到？

我写信给你，如果对你有害，我便从此搁笔。一切等你回来面谈，望你珍重，并且自爱！

蒋碧微

一九二六年二月十五日于法国巴黎

1

放下笔，视线落在窗外天际，巴黎的黄昏，氤氲苍茫，总是带给人们一种如梦似幻的感觉，我在那云霞深处，仿佛看到远在意大利佛罗伦萨的道藩。他面容清癯，身体显得有点单薄，一对炯炯有神的眸子，闪烁着智慧过人的光芒，神情在谦和中流露几分严肃。我一向把他当作最忠实可靠的朋友，我们之间的称呼是二嫂和三弟。接到了他突如其来的那封信，我必须承认，我很惊愕。我从来不曾想到，他竟会这样的热情与大胆，他不是刚在巴黎和素珊订了婚吗？

长长地叹了一口气，忧悒和怅惘在向心头凝集，但愿它能早些化解吧，因为我不是一个多愁善感的人，我无意再尝爱情的苦蜜，像营营的山蜂错憩在黄莲的小白花山上。已逝的二十八年岁月里，我曾在爱之波涛里浮沉了九年。一九一七年，我以江南的古老世家一个订过婚的少女，和一位醉心艺术的画家私自出走，逃到日本、北京、巴黎，终于发现我丈夫的心力，全部专注于他所热爱的艺术上面，我无法分润一丝一毫，既得不到温暖，也得不着照顾，然而基于我的性格和教养，却使我安于做他忠诚尽责的妻子。

天际的云霭层层加深，室内的光线渐渐减弱，周围静悄悄的，寂寞深锁着我。回忆一九二二年在柏林，第一次和道藩的相见，是他到我们的寓所来拜访，他告诉我们，他在英国伦敦大学大学院美术部学画。乘假期之便来游德国，当他到达柏林后，听说一位中国画家徐悲鸿也在此地，所以他特来拜访，希望结交一个志同道合的朋友。

第二次见面，是悲鸿带我去回拜他，在他和傅斯年先生合租的房子里，有着很好的陈设和舒适的布置，起居室地上还铺了一幅猩红的地毯——"那一天你曾给我留下极深刻的印象，记得吗？"若干年后，他曾回味无穷地对我说："你穿的是一件鲜艳而别致的洋装。上衣是大红色底，灰黄的花，长裙是灰黄色底，大红的花。你站在那红地毯上，亭亭玉立，风姿绰约，显得多么的雍容华贵，啊！那真是一幅绝妙的图画。"

当时，我静静地听着，报他以表示谢意的一笑。是的，我应该感谢他的恭维，但我绝没有想到他会有什么用意。在国外住了八九年，以女性的优越地位，我听过各式各样的赞美，甚至于一位中国同学说："像你这样的女孩子到外国来，真为我们中国人增光。"

是的，我在外国曾是一群男同学中的天之骄女，我参加他们的聚会，参加他们的谈天，我和他们同样地放言高论，朋友们对于我的关心和爱护，简直把我宠坏了。除了在悲鸿面前，无论言谈举止或者是在潜意识里，我从不曾以女性自居。

一九二四年，道藩从伦敦完成学业来到巴黎，再进法国最高艺术学校深造，他在拉丁区的小旅馆里租了一个套房。徐志摩也到巴黎来了，朋友们热烈欢迎他。吃过晚饭，我们在道藩的房间里打麻将，一打就是通宵达旦，直到晨光熹微，牌局结束，我已经累得精疲力竭，顺势往沙发上一坐，迷迷糊糊地竟会睡着了。等我一觉醒来，发现整个房间只剩下我一个人，房门关着，阒静无声。后来我才知道，道藩送走了朋友以后见我睡在沙发上面，他踟蹰踯躅，坐立不安，为了避嫌，他悄悄地溜了出去，到卢森堡公园散步……

"笃！笃！"

房门上响起轻微的敲击，将我从沉思中惊醒。望望铅黯的天色，我知道这是房东太太来请我用餐了。匆匆地把回信封好，贴上邮票，准备在饭后顺便投邮。然后，我徐徐地站起，步下楼梯，走向饭厅。

2

这时候是一九二六年的早春，悲鸿正在新加坡埋头作画，筹措我们继续留法的生活费用。早在一九一九年，我和悲鸿是靠一份官费，到法国来苦学度日，我们曾撑过无数濒临饥饿边缘的日子。想不到撑到一九二五年，官费受了国内政局的影响，宣告断绝，这使我们沦于山穷水尽的地步。在这种情形下，只好由悲鸿去新加坡设法筹款，我一个人暂时留在巴黎，为了节省开支，换租了一间供应膳食的小房，将生活水平尽量地降低。

朋友们照拂我十分周到，道藩是其中最热心的一位。那时候谢寿康、刘纪文、邵洵美、道藩和我几乎每天见面，因为在此以前我们组织了一个别开生面的"天狗会"，一个规章奇特而情谊挚切的小小集团。会员兄弟相称，谢寿康是老大，徐悲鸿行二，张道藩居三，邵洵美排四，此外还有一些重要分子，譬如孙佩苍是军师，郭子杰是"天狗会"行走，我这唯一的女性，荣衔是"压寨夫人"。

道藩在天狗会的朋友中最重感情，最慷慨，他的经济状况也比较好，于是他常常会钞请客。他一向在中国饭馆包饭，和饭馆老板攀上了交情，有钱付现，没钱挂账。我们是他的好朋友，必要的时候，当然也可以利用他那块金字招牌。

他是那么忠实可靠，热情洋溢，乐于助人，悲鸿不在我的身边，他确曾帮过我很多忙，我对他寄予无比信任，常常请他充任我的男伴。一位研究东方文化的法籍白俄玛库力埃斯，为了举办"东方民族游艺会"，邀请我担任招待。事前他请客，问我想邀哪位男士作伴时，我毫不犹豫地说出张道藩的名字。

为什么他会忽然从佛罗伦萨写来这样的一封信？给我带来莫大的震惊和困扰？他在信里提出了七个问题，第一个问题便隐含着一桩动人的故事——

道藩始终没有对那位"她"说出"我不爱你"这句话，但是他却表现了坚定的毅力与决心。我常想：处理这桩恋爱事件，如果说他是挥慧剑，斩情丝，应该并不为过——问题中的她是魏小姐，湖南人，"她"和她的同乡胡小姐，一同住在拉丁区的旅馆里，道藩的住处和她们相距不远，看她们寂寞孤单，常陪她们出去吃顿中国饭，看场电影。三人行中渐渐地有人起了感情变化，湘女多情，魏小姐热烈地爱上了道藩。

可惜她不知道，道藩自己正陷入复杂微妙的感情苦恼之中。

那就是他信上所说的第二个问题了。

我也是接信以后方始恍然大悟，道藩所深爱的那位女士，竟会是我自己。

独坐窗前，仰脸眺望天空中的星星和月亮，我又一次深沉叹息。

复杂微妙的感情和纠缠不清的苦恼；进入最严重的时期，道藩偏又身不由己，卷入了第三个爱之旋涡。

素姗，天真活泼，纯洁得像一张白纸的法国少女，她是一位公务员的女儿，父母双全，有一个姊姊。在巴黎，舞厅是高尚正当的交际场所，不设舞女，待字闺中的女郎，常由母亲陪伴到舞厅，希望能在这儿邂逅如意郎君，青年男士可以向她们请舞。道藩就这样结识了可爱的素姗，他们的感情进展很快，朋友们都为道藩高兴，认为他俩是一对理想的情侣。

可是恋爱期中的道藩，却经常愁眉深锁，郁郁寡欢，他变得沉默，忧悒而带几分迷惘。我们不懂他为什么这样反常。另一方面，热情如火的魏小姐已陷入了痛苦的深渊，她的表情是愤恚和激越，她甚至采取了行动。我忆起了在麦兰发生的滑稽可笑的那一幕——

麦兰，是巴黎附近一处美丽的小市镇，平畴万里，禾浪飘香。一九二五年的夏天，悲鸿，我，还有另一位四川籍的李琦小姐，我们三个人结伴到麦兰歇夏。不久，道藩也来了，素珊母女和他同行。在直耸云天的树林前，有青葱柔软的草地。素珊和她母亲闲闲地憩坐，道藩支起画架来写生，人和景，构成曼妙的画面。我一再提醒悲鸿和李琦，让我们避得远远的，不要打扰了他们的静趣。

宁谧地过了几天，魏小姐气冲冲地从巴黎赶来，了解他们的"问题"，我们不免要为道藩捏一把汗，道藩的麦兰之旅真是太不愉快了。表面上虽然没有闹出什么事情，但是周旋于两位女士之间，也只有道藩才能发挥他的肆应长才。

"魏曾经主动地吻我。"

回到巴黎以后，有一次道藩快快地说。那是在魏小姐房间里，她一时情感冲动，奔过去吻了他。——我们跟他开玩笑，是什么滋味？他苦笑着摇摇头说：

"我始终保持理智，并且告诉她说，我们是绝对不能结合的，因为——"他强调说："我一生中不可能只爱一个女人。"

他为什么说得那样肯定？当时我困惑，如今我却懂得了；道藩的信上不是写得很明白吗？——为什么我深爱一位女士，我却不敢拿出英雄气概，向她说："我爱你！"

道藩很坦然地叙述他和魏分手时的情形，就在那一天，他表明了自己的态度，然后回身就走。魏追过来拉住他，道藩着急了，用力把魏推开，仓猝地夺门而出。魏伤心欲绝地伏在地上痛哭，房门在道藩身后轻轻地阖上。隔着那扇门，他站停了脚步，听到她悲恸的哭声，——一阵犹疑彷徨，他还是毅然决然地离去。

为什么我早有相爱的人，偏会被她将我的心分了去？

我几乎能够听得见他这种无可奈何的呐喊，那是他内心的呼声，这个"她"是谁？居然就是我。素珊知道了该会多么伤心？她以为得到道藩完整的爱，实际上她仅只占了一部分。其余的部分呢，我反复的思考，啊！我的立场是不容动摇的，我无论如何不能接受。

如今回想起来，难怪道藩的订婚显得那么勉强，他是由朋友代替他去求婚的。朋友们看他太忧郁了，太消沉了，开始为他担心，天狗会的老大谢寿康一再追问他，是不是他和素珊的感情受了挫折？他用惯常的表情回答，摇头苦笑。老大自告奋勇，表示愿意代他到素珊家里去求婚。逼得急了，有一次他脸上出现慷慨壮烈的表情，他庄严地向谢老大点了头。啊！现在我才明白，原来他是为了避免无法解脱的烦恼，决心用形式上的婚姻，驱除他内心对我的爱慕。是的，在他来说，这是一次牺牲。处在当时的环境里，他不得不做这样的牺牲，因为我是悲鸿的妻子，而悲鸿却是他的二哥，他一直都在叫我二嫂的。

谢寿康代表道藩，到素珊家里去求婚。这位未来的外交家果然不辱使命，办成了他一生中第一次外事交涉，素珊和她的父母都答应了。连我在内，大家兴高采烈地帮助他筹备婚礼，典礼是在巴黎最负盛名的中国饭店杏花楼隆重举行的。在那里我还以好友的身份，在他们的订婚宴席上向他们敬酒，祝福。

我懂了，看过道藩的信以后我懂了，道藩在他的订婚宴上醉酒失态，果然那是他内心苦闷的一次发泄。想起那一晚他不断地轰饮，大醉，狂歌，乱舞，使他的岳父连连地皱眉，叹气。我们以为那是他快乐欢欣的流露，谁知道他竟是伤心人别有怀抱！啊，我心头涌起无端的烦乱，为什么会有这种感情发生呢？道藩，我真为你担心，痛苦将如一面无形的巨网，永远永远地笼罩缠绕着你呢？你将如何挣扎？如何解脱？

我祷祝上苍，愿我们早早恢复从前纯洁而正常的友谊，我愿道藩赶快想一方法，不再为我动情；或者是，赶快把我忘记！

在我这间三层楼上的小房里，那架租来的钢琴上如今是空无一物，然而脑海里却出现了一幅色调生动和谐的画面：就在钢琴的顶端，曾经有过一只朱砂的花瓶，插了几枝芬芳馥郁的白玫瑰。这幅回忆中的画面使我无法不想到道藩。那一天，我到他的住处，看见他房里有那么一个殷红可爱的朱砂瓶，我盯视着它说：

"这个瓶子真好看。"

"是一位朋友寄存在我这里的。"他说。

"如果可以的话，我想借用它几天。"

于是，他很快就把它送来了。双手捧着插好玫瑰花的红瓶，神情是那么样的虔诚和庄重，当我想到他曾捧着瓶与花走过大街小巷，步上曲折的楼梯，一直送到我的房里。我承认，我无法不为之感动，——每一件与我有关的事情，他总处理得如此周到，充分表现出他对我的恳挚。

3

我很忙了。

因为玛库力埃斯举办的民族游艺会，早就通知过我，游艺会的主要节目是交际舞。

我不会跳舞同时我也没有合适的舞衣。悲鸿回国以前，由于他对生活从不过问，对家务向来不理，我要管家，要烹饪，要洗衣打扫，还要学音乐，练提琴，忙得喘不过气，因此我没有工夫学跳舞，参加交际应酬。他一走，我就轻松多了，为了应付迫在眉睫的难题，我每天到跳舞学校去临时抱佛脚，学几种舞步。此外，我还要做一件晚礼服，我买了水红色的绸料，由李琦小姐和袁浚昌太太帮助我。我们三个人通力合作，缝制了一套中国式的短袄长裙，衣服和裙子的边缘，钉上了闪闪发光的珠钻花边。

于是我参加了一次热烈狂欢的晚会，衣香发影，冠盖云集，我们跳舞，谈天，通宵达旦，尽兴而散。休息够了以后，我写信给道藩，告诉他那一夜的盛况，因为他如果不是要去意大利观摩名画，凭吊古迹，他也会出席这一次盛会的。

我学会了跳舞，邀请便纷纷而来。我仿佛转移到一个新的境界，现在不闻厨房的油烟味，不见成堆的脏衣服，代替的是华丽宽敞的厅堂，悠扬动人的音乐，鲜花美酒，以及男士们的赞美和阿谀。

一天早晨，我在房门口的地面上发现了一封信，捡起来拆看后，觉得很惊异，因为那是玛库力埃斯写给我的。他想邀我去同看一场电影，我不知道应该怎样应付，拿着信去找老大谢寿康，他看完信后便沉下了脸，神情紧张地说：

"这怎么可以？"

"那我应该怎么办呢？"

"你写封回信给他，告诉他你没有时间，无法奉陪，而且，从此以后请他不必再来找你。"

我立刻照办，与此同时，我暗暗地下定决心，以后尽量减少交际应酬的次数。

道藩从意大利回到巴黎，不久便乘船回国去了。我希望他永久保持宁静的心情，而我，也因此如释重负，舒了一口气。如今，总算是一切恢复正常。

悲鸿回国不久，我生了一场病，进医院割除盲肠，开刀后，整日不停地呕吐，一连十几天不进饮食。据医生说我是怀孕了，在医院里住了一个时期，再回到寓所卧床休养，朋友们虽然热忱地予我照料，但是客中染病，实在是太痛苦了，而且既已有了身孕，还是赶快回国的好。于是我写信告诉悲鸿，请他寄旅费来，让我回国。悲鸿回信同意了我的要求，可是他寄来的旅费不够，等我在上海教书的父亲再寄了三百元法币，我才押运着大件小件的行李，从巴黎经过马赛，搭上远航东方的法国客轮，——一次孤单而遥遥的海上旅程。

到新加坡，我深切地体验了失望的滋味，悲鸿早就和我约定，他将在新加坡等我的船到，然后一同回国。我把"一同回国"看得相当重要，因为十年前我和他悄然地离家出走，曾使我的父母受尽了冷讽热嘲，以及困扰和打击。在欧洲一住八年，悲鸿在艺术造诣上已经有所成就，虽然还说不上什么载誉归国，但是，两个人一道回家，多少可以冲淡一些别人对我们的"批评和讥诮"。因此我在船抵新加坡时，一直站在甲板上凭栏眺望——咦？我怎么找来找去看不到他呢？

一会儿，好友黄曼士夫妇挤上船来接我，递给我一封悲鸿的留书。啊，原来他等不及了，他已经先回上海去了，理由是为布置一个新家。

我仍还是独自一人到达上海，却在一个月以后才搬进去。我的父母弟弟和悲鸿的弟弟，一齐搬来和我们同住。起初生活过得很不安定，并且还欠了债。后来，悲鸿出任中央大学艺术系教授，我们才算有了固定的收入。就在这年年底，一九二七年十二月，我的儿子伯阳诞生，结婚十年，才做母亲，我把全部精神和心力，都搁在孩子的身上。

4

一九二八年春天，记得是四月一日，悲鸿在南京上课，我还住在上海。上午收到他简短的来信，说是道藩要接素珊到中国来结婚，请我在上海设法，筹寄一千块钱给素珊做旅费。看完信我真是高兴极了，道藩又以行动驱除了我残余的疑虑。他和素珊的结合，将使他内心那隐秘的苦恋弥于无形。我当天吃过午饭立刻出动，以两小时的时间圆满完成任务，把素珊的旅费汇出，并且写信告诉道藩说：

今晨得鸿书，令吾速集资电寄珊，饭后立即奔走，至二时许，款已汇出矣。今将汇据及账单附上。昨得浚昌兄书，言大哥返国之意似又动摇，不识究属何心？岂真欲老死法国欤？可恨可叹！闻杰已返川，在沪时竟未一尽地主之谊，甚疚于心。时已不早，恕不多书。

碧　微

杰是天狗会老友郭有守，他号子杰。

暑假，我和悲鸿带着孩子，应福建教育厅长，老朋友黄孟圭的邀约，乘船往游榕城。前后逗留了两个多月，悲鸿画了几幅巨画，得到了一笔足够偿还债务的润资。

当我们正在遨游八闽山水，八月间，素珊和旅法旧友沈宜甲同行，循海道抵达上海。九月二日，道藩和她在上海沧洲饭店举行婚礼。我们无法躬逢其盛，可是我曾虔诚地默祷他们永远快乐幸福。

倦游归来，悲鸿仍旧到中大教书。不久他感到两地奔波太不方便，于是我们决定搬到南京去住。中央大学在石婆婆巷给我们准备了两间宿舍。

回国以后弃画从政的道藩，春风得意，仕途顺遂，这时他已荣任南京市政府的主任秘书了。

在下关车站，张主任秘书笑容满面地在欢迎我们。这是和他自从巴黎分别以来的第一次相见，我欣然发现他的神情举止已经有了显著的转变，在潇洒中有其凝重的一面，眉宇间洋溢着爽飒的英气，谈吐中充分流露出睿智与机敏。他服饰高雅，风度翩翩，已经是一位年轻有为的政治家了。

旧友重逢，分外亲切，他请我们吃饭，席间谈起了别后种种，他生动而详尽地为我们叙述一件往事。那是在一九二七年，当他奉派到贵州去推行党务，筹组贵州省党部的时候，由于工作进展的神速，引起当地军阀贵州省主席周西成的猜忌，强迫他们交出和中央通信时所用的密电码。他们誓死不从，于是被周西成下令逮捕，在监狱里饱受残酷的毒刑，而且被视作待决的死囚，他的健康因而受到严重的损害。后来送进了医院，一面治疗，一面软禁，他却在最后关头运用机智设法逃出。一路上历经艰辛危难，总算苍天庇佑，使他逃离了虎口。

这个慑人心魄的故事，就是后来轰动一时的"密电码"电影，那是根据他的原著拍摄的。

我和悲鸿听了这一段惊险的往事，不禁为之动容，于是举杯向他致敬，他扬声大笑，满满地干了一杯。

以后，他的工作很忙，悲鸿也忙着教书作画，我要持家带领孩子，所以我们见面的机会很少，但是无论我和悲鸿有什么事情，他总是非常热心地帮忙。好极了！我暗自庆幸，他终于用强有力的理智克制了易于泛滥的感情，我们又恢复了原先的友谊。

有一段相当长的时间，他带着素珊到了青岛，就任青岛大学教育长。后来再到浙江杭州，出长浙江省教育厅。他的生活应该过得幸福而快乐的。

然而，散播灾祸的魔鬼却正在我自己的头顶盘旋。那时候我和悲鸿都已步入中年，他的绘画艺术正在他一生中颠峰状态，他声誉鹊起，交游广阔，同时我们又有了一对活泼可爱的儿女。女儿丽丽在儿子伯阳两岁的时候降生。正当我以为苦尽甘来，可以好好地享受一下美满理想的家庭与人生时，噩运突然来临，悲鸿告诉我，他和他的一个女学生孙韵君，已经发生了不正常的感情。

阴霾迅速地积聚在我受创的心头，怀着被弃的悲恸情绪，我泪眼旁观悲鸿的行动越来越超逸常轨。

为了顾全他的名誉，并且由于我自己好胜的本性，我在人前强颜欢笑，竭力地隐瞒事实真相，暗地里却时常望着两个无辜的孩子伤心落泪，我悄声地向他们说："我们的家快毁了！"

这句话竟然不幸而言中。有一天悲鸿居然不声不响地离开了家。他带走了简单的行李，一个人跑到上海。写了一封信通知我说：他将每个月付我两百块钱，一直付到一万元为止。付足了一万元以后又怎么样呢？他写着："总之你也在外十年，应能自立。"

感情纠纷的消息渐渐地传开，起先是亲友们知道，后来传到了学校、社会，报上经常有绘声绘影的新闻，我的痛苦也在与日俱增。

5

一九三三年，悲鸿准备到法国去，举行"近代中国美术展览会"，我由于冀望尽最后的努力，弥补我们已濒临破裂的感情，我表示愿意陪他同行。悲鸿没有意见，因为他知道他自己缺乏处理事务的能力，他在这次漫长的旅途中毕竟也还需要我的助力。

这次以二十个月的时光，我们遍历欧洲每一个重要的国家，法、英、荷、比、意、德、希腊与土耳其，最后我们到达了苏联，归国的行程是取道西伯利亚，经海参崴、日本而回到上海。父母关切地问我：这次长程旅行，对于我们已濒破裂的感情是不是有所裨益？我唯有黯然地一笑，裨益？几等于零，相反的，悲鸿的弱点却在尽情地暴露。他瞒着我仍和孙韵君信函往来，在巴黎的时候他甚至无故生妒地把我关在门外一夜……那许多令人愤恨的事情我不愿告诉父母亲，我想起不知是谁说的一句至理名言："情侣们由于误解而结合，基于了解而化离。"横亘在我和悲鸿之间的，已经由丝丝的缝隙浸润而成宽深的鸿沟，我看不出有什么重圆的征兆，或者是和好的契机。

果然，悲鸿和我的距离越来越远，行为表现更是极端任性，绝顶荒诞。他开始弃妻子儿女于不顾，除掉回家睡觉而外，整天都在中大，不是上课，就是画画。到了一九三六年前后，我们两夫妻由于情绪恶劣，常常争吵。有一次，悲鸿所说的话伤害了我的自尊，我忍无可忍，一怒离家。道藩和谢大哥得到消息，大为着急，四处奔走寻觅。悲鸿反而像个没事人似的，一副满不在乎的神情，仿佛他正希望我这样离开家庭。

在袁浚昌夫妇的家里，道藩终于找到了我，他苦口婆心地劝我回去，他说我纵使不能忍受悲鸿的无理，也得为两个孩子着想。他一向有说服别人的口才，而且也是一位雄辩滔滔的天才演说家。可是我很抱歉，我内心所受的刺激太深，尤其当时的情势也无法立刻转圜，我感激他的好意，但我仍然坚持再在袁家住几天，以便获得一个喘息的机会，让我平复一下这颗创痕累累的心。

"你不应该这样不告而别，"他还在做最后的努力，"万一你非要离开家庭不可，你也得跟他把话说明白，否则他不是可以说你不负家庭责任吗？"

当时我正在气头上，没有体会到他这几句话里的深意，我未加思考，愤愤地说："我要走就走，用不着向谁报告！"

"我今天真是倒霉，"他叹口气说："忙乱了一天不提，还得两面受气。"

我有些愧意，深湛地望他一眼。

第二天早晨我和袁太太同车到了上海，住在父亲那里。离开了南京，离开了那个充满痛苦、支离破碎的家，我的心境渐渐平静。思前想后，悲鸿遗弃家庭的意图已很明显，往后还有久远漫长的岁月，我们母子三人将来怎样生活呢？突然，一个意念闪入我的脑中，我想起了道藩。朋友中要算他最有成就，他有力量帮我的忙。我拿起笔，匆匆地给他写了一封信。

　　别后，即于翌日晨偕为琨姊乘八时车来沪。抵沪后身心较为舒适，饮食睡眠，亦觉进步，此堪告慰故人者也。弟爱吾，所以为吾谋者至忠！吾非草木，宁有不感？故前夜负气之言，弟知吾当能谅吾也。鸿处吾决不去信，悉听其自然，并恳请友好亦不必设法调和，最好作为无此一事。吾唯以至诚恳切之心，求弟与骝先先生代为觅一工作，俾吾奋斗有地，苟能自立，即从此分离，亦大佳事。盖吾自问无负于人，虽觉痛苦，而良心甚安，此亦无可奈何中，聊堪自慰者也。昨奉家母书，言及悲鸿之态度安详，毫无忧戚，甚为震怒。老年人受此打击，其悲痛可知，弟苟有暇，务祈代吾劝慰一番。我生不辰，既遭薄幸，复无术以慰亲心，更贻子女将来以莫大伤痛，呼天抢地，此罪莫赎。嗟乎。天实为之，谓之何哉！

碧 微

写完信。一阵心酸，眼泪竟成串地滴落在信纸上面。

信发出去了，但是道藩和朱骝先先生都以为在这种情况下为我谋事，恐怕会使我们夫妇间的局面更僵，甚至会促成家庭的离散，所以他们在未得悲鸿同意之前，都不便为我介绍工作。

6

苦难的岁月继续到一九三六年，悲鸿一方面在逃避家庭，一方面听信了什么王神仙的鬼话，他远远地去了广西南宁。他在那儿很受广西军政首长的礼遇。可是不久桂方为抗日问题和中央发生歧见，形势相当紧张。我不愿意他因为家庭纠纷陷入政治旋涡，影响他的前途，便决心冒险到广西去，看看是否能够把他劝得回来？

道藩坚决反对我在兵荒马乱的时候蹈险履危，他极力劝阻，可是我说我非走这一趟不可。最后，他喟然长叹，只好听我，送了我三百块钱程仪，以壮行色。

"你了解我的性格，"我顿时谢绝了他的好意："我对于钱财的事，一向喜欢来去分明，丝毫不苟。而且到南宁的回来旅费，我早就准备好了，你不必为我担心。"

但是他说什么也不肯收回，因为他怕我长途旅行，万一准备不足，那会使我受到困窘。他所举的理由总是那么样的充分，我只好暂放弃我的原则，把他的三百块留存下来。

经过上海、香港、广州、三水、苍梧，历尽艰辛地到了南宁，可是悲鸿全无倦鸟知还的意向。他说他要是在这种时候离去，对广西方面太不讲道义了，因此他拒绝了我请他回京的建议。广西当局殷勤地招待我，游过桂林阳朔，历时一月，又千山万水地独自踏上归程。

忧愁烦闷的表情，重又在道藩脸上出现，当时我还不知道他的内心深处，正在忍受着痛苦的煎熬。悲鸿的不忠，以及我所受的打击和侮辱，使他感到非常的憾恨和愤慨。因为他一向把我视为女性中最可崇敬和最足钦佩的一位，而我如今竟遭悲鸿遗弃，这不能不使他痛心疾首。

直到这个时候，他才应允了我的请托，在中法友谊会替我找到了一份干事的工作。

从此，他更关怀我的生活、工作与情绪。他对我简直是柔情万丈，体贴入微。不但对我如此，甚至对于我的父母儿女，也同样表现亲切关心的态度，他已成为我们全家在精神上最有力、最可靠的支持者。

7

我家在傅厚岗的房子，是吴稚晖先生邀集友好醵资建造的，有广阔的庭园，繁茂的花木，巍峨高大的两株白杨，亭亭有如华盖，两层楼的建筑里，有一间高深宽敞的大画室，楼上两间卧室和浴室，楼下是客厅饭厅，这该是一个幽静舒适的画家之家吧，可是我们的男主人却常年在外流浪。

一九三六年的冬天，龙盘虎踞的金陵城，正值大雪纷飞，寒风怒号，道藩在我家用过晚餐，和我的两个孩子谈笑玩耍了一阵，孩子们去睡了；客厅里只剩下我们两人，灯光柔和，壁炉里闪着熊熊的火焰，当我们静默时，听得木柴燃烧的哔剥声。

"屋里和屋外是两个世界，"道藩和我坐在隔着茶几的两张沙发上，他突然划破了沉寂，感慨地说："只有在你这里，我才会感到这样温暖和舒适。"

"你不是有个可爱的家吗？"我带笑地望着他问："你们一家围炉取暖，情调一定也很好。"

"可惜，"他的脸色忽然变得凝重，他冷冷地说："我们通常都是保持缄默。"

"怎么会呢?"

"丽莲还小，"他脸上漾出那种自嘲的笑，"至于素珊，你应该知道，我们一向很难找到合适的话题。"

我默然，因为我现在才是真难找到合适的话题。

"最近，"他燃着了一支烟，喷出袅袅的烟雾，"我常常感到焦躁，烦闷，甚至还有反动的情绪。"

"你太累了，"我关怀地望望他瘦削的脸和他那一对疲倦的眼睛："当前的时局这么紧张，而你的职责又是那么样的繁重。"

"这些跟我的工作毫无关系，"他唇角现出一丝苦笑："我所有的情绪变化，仅只与一件事有关。"

"什么事呢?"

他缓缓地抬起头来，眼睛盯住我，我从那对眼睛里发现一种奇异的光，心里怦然一动，立刻把视线转移。于是，他那低沉而热烈的话音，又在我的耳畔缭绕。

"我真想做一件什么事情……"

"……"

"为了达到这个不能抑止的愿望，"他的声调越来越坚决了："我愿牺牲一切的一切!"

"道藩!"

"然而，"他痛苦地将双手捧着头，"每次当我要下决心的时候，我就会发现我自己是这么软弱!"

"……"

他忽然无限悲愤地说:

"我痛恨自己的软弱!"

"道藩，"我满心酸楚，但我仍然勉强地笑着："你应该坚强。"

"是的，我应该坚强，我应该做一个刚毅的男子!"他目光闪闪地望着我，慷慨激昂的表情渐趋缓和。他又轻柔地说："这也是你的愿望，不是吗?"

我竟一时错会了他的意思，我连连地向他点头。

"假如我成为一个软弱无能的人，"他继续往下说："那你一定会轻视我的。"

"……"

"因此，"他斩钉截铁地下着结论，"以往的错误必须纠正，理想的未来要靠我们自己去开拓。让我们面对现实。现在，悲鸿已经离开你了，至于素珊……"

"啊，不，"我恐怖地叫了起来，我睁大眼睛，神情紧张地说，"你完全弄错了我的意思，你怎么会想到这件事情上面去的？"

"我——"他愣了一愣，茫然地望着我说："你的意思是说——"

"我希望你坚强，是希望你在精神和身体双方面，都能坚韧强健。"我十分诚恳地对他说："因为你肩头上的责任太重大，至于情感方面，唉，"我确有深切的感喟，"但愿——我能给你勇气。"

一刹那间，他的脸色变得悲哀和失望，我能够想像得到他内心的矛盾，正在作何等剧烈的交战；我衷心感动地凝望着人，我恨我自己对他爱莫能助，环境是这样的复杂，重新激起的情焰竟会如此热烈，除了怨怨造物者恶作剧似的播弄我们，此外还有什么话说呢？期望在煎熬着两颗心，时间一秒一分地移过……

"道藩，"我终于定定心神这样说了："我对于爱情的观点，我想你也许可以了解。我一向认为，珍贵的爱情最好局限于精神的领域，你和我都是尝过婚姻滋味的人，男女两性由恋爱而结合，有几个人能够享到真正的幸福和快乐？我常常想：恋爱就像爬山，携手攀登，途中人人都在欢呼高歌，然而一到峰顶，无论是向前或向后，摆在我们面前的就只有下坡路了。夕阳无限好，只是近黄昏，走下坡路又是多么可悲的事呢——道藩，"我真挚地向他要求："让我们永远保持心灵的感情，你要知道，唯有心灵中的爱是最纯洁，最美丽，而且是永远不朽的。"

他低头无语，激动的感情方自平复，他仿佛已陷入悲哀的深渊。柴声哔剥，屋外的白杨在朔风中萧萧作响，我在心里默祷，沉思。也不知道过了多久，蓦地我听见他语音黯然地说：

"我要走了。"

急速地转过脸，两个人的视线刚一接触，他便很快地避开，电光火石般的一瞥，我为他眼底的忧郁，在心中泛起层层的阴霾。

唤仆人开门送走了他，侧耳倾听汽车马达声逐渐远去，四周重归于寂静，耳鼓里只听到白杨萧萧，燃柴卜卜。我忍受不了这种更添凄凉的声响，快步跑上楼去，在我的起居室里的书桌上，扭亮了灯，一片惨淡的晕黄……

拔出笔，磨了一池酽酽的浓墨，这一池墨写得尽我的心曲吗？我惘然了，想起道藩悒郁的面容，一声长叹，我开始振笔疾书：

别后愁思纷纭，伤感万状，恨造物之弄人，痛遭遇之不幸，长此以往，宁能自已？微本烬馀死灰，爱河久逝波涛，岂料孽根未尽，情海重复沉沦；自维命薄，怜爱难承，每亲芝范，徒添怅恨，误人误己，罪深莫赎！此后惟求自拔，冀毋堕苦海，愿君亦理智自持，藉图解脱，庶几浩劫可免，亦以见相爱精诚也，临书抑恻，诸维爱照不宣。

碧　微

很偶然地抬眼瞥见案头的日历，十二月三十一日，啊，今天竟是除夕，带点感触意味地在信末加上一笔：一九三六年最后之一日。

8

冬去春回，转瞬间又到了一九三七年的炎炎夏日。

就在这一年的七月七日，霹雳一声，卢沟桥事变突起，日本军阀掀起了漫天烽火。八月十三日，敌军登陆上海，十五日，开始滥炸南京，每天都有日机袭击，将一座六朝金粉的建邺故都，炸得烈焰冲霄，伤亡狼藉。当时我首先顾到孩子们的安全，把伯阳和丽丽送回宜兴故乡，邻居好友郭子杰叫了工人来，在我家园里挖了一道简陋的防空壕，因此谢寿康和悲鸿的一位学生顾了然，为了躲警报方便，都搬到我家来住。在这紧急关头，我忽然生病，谢寿康很着急，打电话告诉道藩，道藩闻讯，立刻赶来把我送到德国医院治疗。住院期间，他每天都抽空来看我，殷勤慰问，无限关心，这份深挚的情谊，使我在危难的时候，获得了莫大的安慰。

从医院回家，人还是虚弱得很，整天躺在楼上，恹恹悒悒，毫无生气。一夜悲鸿突然从广西回来了，我连忙将寝室让给他住，自己搬到起居室里。大概是第三天吧，他气势汹汹地跟我"开谈判"，说我没有尽到妻子的义务，结果当然又是不欢而散，使我更加深了对他的不良印象。轰炸越来越凶，刚好碰上中秋节，大家料定必有日机夜袭，道藩因为他家里有坚固的地下室，素珊又已去了牯岭，所以打电话来，邀我们这边的一群老朋友，全部搬到他那边去住。他把自己楼上的卧室让给我和悲鸿，谢寿康和郭子杰住在饭厅，此外还有两位贵宾，陈立夫先生住地下室，陶履谦先生睡在我们对面的房间里，他自己搬到地下室去。

住了几天，悲鸿又十万火急地要回广西，留下五十元，给我和两个孩子，以及如同家人一般的男女佣人，作为从南京到重庆的旅费，请朋友劝我举家搬到四川去，以避战乱。然后他孑然一身独往桂林；他这么惊鸿一瞥地来去匆匆，简直使我无法猜测他的目的究竟何在？

一天，我在楼上房间里，从落地长窗望到园中，看见道藩独自在花间树下徘徊踯躅。俄而，一位男仆敲门进来，手上拿着一朵月季花，他告诉我说：这是张先生叫他送来给我的。

将那朵花插入瓶中，我凝视着，兴起一阵轻微的凄伤——但愿花长好。

在道藩家里住着的时候，虽然我们是如此接近，可是在人前我们是不能畅所欲言，互倾心曲的。于是只好藉纸笔互诉衷肠，同住一座屋檐下，信函却在秘密地传递着。

像文人另取笔名一样，在我写给他的信上我用了一个代字——"雪"。他也把原有的名字"振宗"专为给我写信用。道藩起先不赞成我用那个"雪"字，因为他怕雪太容易溶化，后来，他又热烈地赞成，由于他找到了新的诠释。在他写给我的一封信里，他曾说：

亲爱的雪：

我本来不愿意你用这个名字，因为雪虽然很洁白，但是太容易溶化了；可是我现在叫你雪了，就让你自己所选的这一个字，永久留在我心坎上吧。我希望你这"雪"，是那喜马拉雅山世界上最高峰的积雪，宇宙间最高贵，最洁白，最令我崇拜，珍贵，心爱的雪！我希望有一天能死在这雪里，这雪会结成冰，给我作一口晶莹皎洁的棺材。我的身体尽管让它腐烂，但我必须保留我这一颗小小真挚的心，那颗心上一定永远现着"雪的真爱者"这几个字！于是将来有一天，一位探险家到达了那个最高峰顶，他很自然地发现这个奇迹，把这段神秘不可思议的恋爱故事传播到人间。

我曾经向你说过，以往有若干女性主动地爱我，都被我拒绝了，除了从前对珊以外，我不曾对任何女子像对你这样过，我愿意把我所有对女性的爱全部集中给你。因为十多年来，根据我严格观察的结果，只有你的一切条件，才够得上是我理想的爱人。我诚心希望我将对女性的爱集中在你一人身上，以作我此生此世爱的一个总结束。但是，我的雪，我希望我以后不会反动，假如反动了，我会将我这种观念打散了，让它散在所有的女人身上，做一个对所有女子，甚至于所有男人的报复。啊，要到那种地步，我的一切理想都粉碎了，我将自暴自弃地死去。如果魂灵有知，也必来向你哭诉……

宗

他的比喻是这样的美妙！我从不曾想到他会有如此丰富的感情，如此奇特的幻想。这一位外貌严肃，不苟言笑的青年政治家，在他的胸腔里，正有着一颗热烈灿烂的心，爱情不是人生的一切，然而，爱情却永远在抉发着人生最美好的一面。

我已决定举家西迁重庆，重庆对于我，虽然是一处完全陌生的地方，然而四川素称天府之国，形势险要，易守难攻，是政府指定的疏散区，而且已经有许多朋友搬去了。我却不过朋友一再的劝促，同时也得到道藩的鼓励，我只好下定决心，准备逃难，奔向我茫然不知的前程。我派人到宜兴，把孩子们接回南京，一方面托朋友订购船票，打算在最短期内动身。行期既定，我把心里的一片离情，向道藩倾诉。

宗鉴：

　　两月来倍承怜爱，梦寐难忘，此后茫茫，忧患正多，自度将永沦苦海，而不复能自拔矣！惟冀天可怜吾，予吾以勇气，再赓续此无聊生涯，以尽吾未了之职责。念人生得一知己，可以无憾，抑天之遇吾，又何尝云薄哉！长天怅望，愁入云寰，漫书尺素，和泪寄君，惟愿相敬相爱相怜惜，而相矢勿渝也。

雪

然而我却没有想到，分别之前的那几天，道藩的情绪变得极不稳定。他本来是力主我们西迁的，但是当他听说船票已经买好了，就仿佛为沉重的离愁别恨所压倒。他经常失眠，眼神显得呆滞而忧怆，他发狂似的每夜为我写信，许多悲伤愤激的语句，像火山熔岩一般喷溅，洒落在我的心田，使我觉得彻心彻骨的痛楚——

　　我的雪本来是人家的一件至宝，我虽然心里秘密地崇拜她，爱着她，然而十多年来，我从不敢有任何企求，一直到人家侮辱了她，虐待了她，几乎要抛弃了她的时候，我才向她坦承了十多年来，深爱她的秘密。幸而两心相印，才有这一段神秘不可思议的爱。但是忽然人家又要从我的心坎里把她抢回去了……请问上天，这样是公道的吗？请问爱神，这样是合理的吗？我的雪，千言万语，也说不尽我心中的悲哀，再多写些又有何用？我只希望彼此真正做到"海枯石烂，斯爱不泯"这八个字，那就好了，至于此后何时能再相见？如何能通情愫？全都无法知道，不过，无论在任何情形之下，请你记着，我是永远爱你的。

"海枯石烂，斯爱不泯"，我噙着感动的热泪，反复诵念这八个字，我知道，它们将永远地镌刻在我的心版上。

离别的日子更近，每天相对，只是黯然。他的信越写越勤，越写越长，越写越伤感，越写越叫我心弦颤栗，不忍卒读。啊，我将如何是好？

雪：

　　我一想到你走了以后，我们几乎连信都不能写了！啊！我到那时一定会发狂自杀的！我整天想找一个机会，到什么地方去大叫大哭一场，或许可以减少我心中的苦痛，我这两天总想着等战事完了，再来一个总解决。但是我现在却怀疑我有没有勇气能等到那个时候了，我万分憎恨我自己，我恨我没有勇气告诉他"我爱你"！只有我才配爱你！只有我才能领略你的伟大和天才！只有我才能鉴赏你的美丽！只有我才能真正地爱你！啊！教我怎样写下去？请你拿一把刀来，剖出我的心，细细去看吧！我爱你！我爱你！我爱你！千千万万个我爱你！一个人心里在流泪，表面上还要装出笑容，天下事还有比这更苦的吗？我一想到你就快要离开我，我的心全碎了，我已经没有勇气生活下去！啊！你忍心去吗？我这几天的作法，无形中把滔天大祸暂时缓和了，遮掩了，但是我自己觉得我真成了一个世界上最卑鄙的人了！我忍心看着你，想着你同他在……啊！天！我真太可怜太卑劣了，我将何以为人？我今天一天心里只觉作痛，相对而不能诉衷曲，这是何等的可悲！请你写几句话给我吧……

　　此刻是清晨四点半钟，我由睡梦中哭醒来，用我的热泪，和着墨水，给你写几句话。原来我已经在梦中送你的"行"了，轮船开动，浪花四溅，徐徐西驶，你在船上，倚栏而立，彼此相视无言；当船去已远，人影模糊时，我掉泪了，我伤心了，我放声哭了！醒来方知是梦。心中虽然窃喜这只是梦，但是，我的雪，这不是几天以后就会成为事实的吗？雪，有什么法子能教这事实变成梦呢？我们这种神秘不可思议的爱，果然不出我们所料的，现在就给我们苦痛了。你为了我，一切降心相从，受尽委屈的妥协了。你的苦痛，或许比我更多，更深，我一想到这儿，我就万分惭惶，我不能使你减少苦痛，不受委屈，叫我怎能不自愧自责？我的雪，现在还有什么补救的方法吗？假如还有办法，不管怎么办，只要你认为可行，只要你认为可以给我们慰藉，只要你认为那样做了我们不会后悔，请你下命令吧！我一切听信你，绝对服从你，纵使要我牺牲一切的一切，我也在所不惜！雪，请你下命令吧！你说过你愿意我很"坚强"，希望我给你勇气；我也这样想过，我应该做一个刚强的男子，我不是一向都在这样勉励我自己吗？但是到了这几天，我不行了！我发现我比谁都弱！啊，亲爱的雪，为了你而示弱，为了爱而示弱，该不能算是卑鄙的吧？雪，我真太爱你了！我会爱你到如此地步，老实说，在一星期以前连我自己都没有料到，我以前总以为我能克制自己，但是到了现在，证明这种自信全失败了！

昨天整夜不能安眠，我初以为读书可以给我一点勇气，度过这如年之日，可是到了今夜，一切都无效了！你的行期益近，也就像我受死刑的刑期益近一样；啊！我骇怕死吗？不，我决不怕死，假如会有另外一个人值得你爱，我可以死了让他。但是，我的雪，你想现在还有那样的一个人吗？我一想到你以后会受种种苦痛，我的心就要碎了！

宗

9

江畔，下关码头，西航汉口的江靖轮升火待发。船上船下，一片嘈杂紊乱，乘客、茶房、力夫和水手们，在甲板上挤来挤去，人潮汹涌，川流不息；每个人的脸上都呈现着忙碌紧张的神情，因为这不是旅行，而是逃难。贴着红膏药的日本飞机，每天疯狂猛烈地轰炸南京，已经连续一个半月；北方战事失利，上海的局势更是岌岌可危。

这一天是一九三七年十月六日，我带了伯阳、丽丽两个孩子，多年相随的佣人坤生、同弟夫妇，同行的还有悲鸿的学生顾了然。我们坐道藩的车子到了下关，挤上轮船，一直送到船上的是道藩和子杰。道藩的车子就停在码头外面等候。

道藩眉峰深锁，神情黯然，一路上始终缄默无言，我不敢和他谈话，怕挑起他激越的情绪。我紧紧地攥着手袋，手袋里密藏着道藩给我的那些信；我曾在前几个夜晚，把这些信不知读过多少遍，那里面的许多呻吟呼号，我几乎可以背诵出来，我当然了解他这时的心情，然而在这纷纭杂乱的环境里，我又怎能向他温语相劝，给他些儿安慰？尤其是当着两个初解人事的孩子！

找到我们的房舱，道藩仿佛精神振作了些，他为我和孩子拍了许多照片，舱里舱外，甲板船舷，我们留下许多纪念，我望着他瘦削苍白的面孔，以及强颜欢笑的神情，心中真有说不出的难过。我知道为了这次的离别，他已经失眠了好几夜，白天的公务是那样的繁忙，静下来时心情又如此其悲哀，以他单薄的体质，怎么支持得了？我有无限叮咛，一直在等待一个和他单独相对的机会，向他作临别赠言，但是船上太闹太挤，偶然间我们的视线相接，却又苦于不会目语。

骊歌已奏，两情依依，越近开船的时刻，道藩的神色越显得惨淡；船上敲起了小锣，请送客的赶快下船，我一连催促了他几次，子杰也在说再不走就要来不及了；道藩却还在恋恋不舍，不忍离去。蓦地，大家最担心骇怕的事情来临了。"呜——"那尖亢凄厉，令人肝胆俱裂的警报汽笛，破空而起，戛然长鸣，船上的警钟紧接着铛铛作响；日军的轰炸机在俄顷之间就要来了，而我们人在船上，船在码头，敌机一到，大轮船必定是最显著的目标，只要吃上一个炸弹，水火无情，全船人都将难逃噩运。

"你们赶紧下船呀，"慌乱之中，我大声地提醒道藩和子杰："车子还在等着，你们上车以后往郊外开，找个偏僻地方躲一躲！"

子杰听了我的话，转身就往梯口跑，他用最快的速度冲下了船，道藩却还在迟疑，他居然忘记了自己的安危，嘴里连声在问：

"你们怎么办呢？你们怎么办呢？"

"你就别管我们了呀！"我眼看着船上和码头一片紊乱，着急得跺了跺脚："快去，道藩！快下船躲到郊外去！"

"我想——"

他一语未竟，忽然又有紧急而嘹亮的锣声，舱面人声鼎沸，乱成一团，依稀听到远远的有人高声叫嚷：

"好了！好了！要开船啦！"

"哎呀，要开船了！"我尖声地提醒他："道藩，你再不走可怎么办？"

道藩一向都是动作迅捷，反应灵敏的，然而在当时那种紧要关头，他偏偏呆滞迟钝，犹豫彷徨；直到我们清清楚楚地听见，船上锚链哗啦啦的响了。我奔近船舷，凭栏俯望，不禁失声惊呼：

"糟糕，船已经开啦！"

"船已经开啦，"道藩满脸苦笑，复述着我的话，然后，他又自嘲地添上两句："这样更好，我不是可以和你们一同到汉口去了吗？"

"那怎么成？"我焦灼万分地说。

"可是，"他摊摊手："船开了，我插翅也难飞上岸去呀！"

"了然，"事态紧急，我只好当机立断，转过脸去关照："你马上去见船长，告诉他，内政部张次长因为送朋友，发警报的时候来不及下船，你请他想个办法。"

了然也在为道藩着急，听完了我的话，回身就走。不一会，船长穿着笔挺的制服，大踏步赶到我们的客舱，就在门外，他很有礼貌地见过了道藩，然后皱着眉头说道：

"敌机很快就会来临南京上空，为了全船好几百人的安危，我们不可能再驶回下关码头去。"

"那当然，"道藩表示同意地说，又问："在不妨碍你们继续行驶的原则下，是不是还有什么办法，可以让我下船？"

船长想了一想，建议说：

"现在只有一个办法，我们放一只舢板下去，派两名水手，同时减缓航行的速度。再请张次长登上舢板，摇到岸边。"

"好极了！"道藩的脸上现出了笑容，"我们能不能立刻就走？"说罢，他又想起了一件事，再问那位船长说："船上少了两位水手，对于你们的航行，会不会有什么影响？"

"没有影响，"船长回答得很快："这一点，请张次长只管放心——"他顿了顿，微微地蹙着额头说："这一带江面很阔，而且风高浪急，又有空袭，倒是张次长您自己——"

"不要紧，"道藩连忙打断了他的话，眼睛越过船长的肩头，望着我说："不会有什么危险的。"

"好的。"船长点点头，随即开始行动，派水手，令人通知驾驶室减低航速，由他亲自指挥，小舢板慢慢地降到波涛起伏的江心。

我们担着很大的心事，站在栏杆旁边，目送道藩登上舢板，徐徐地划离大船，在辽阔的江面载浮载沉，险象环生地驶向岸边丛丛芦苇。他在离船的时候没有忘记向我们挥手道别，我凝望着那一叶孤舟渐行渐远。突然间，我看不见他了，因为我已泪眼模糊。别了，南京，别了，道藩！

10

晚秋，扬子江上已有飕飕寒意，经芜湖，越安庆，江靖轮绕过横枕大江的马当要塞，回风撼浪，惊涛拍舷，满天飘洒着霏霏细雨，从这儿起，便是江西省的地界了。那一日，我怀念道藩，独自凭栏，冒着劲风斜雨，俯望由绿转黄的湍急江流，江水刷刷地擦舷而过，使我一里一里地离开道藩更远。再相逢，不知道是哪年哪月？想到国事蜩螗，战火弥漫，首都南京日夜被炸，以及两天前满怀离愁，难分难舍的情境，阵阵凄怆忧悒，又在我的心中奔腾激荡，犹如那江上的洄汰洪波，反复冲涌。告别南京以后，我眠食无心，精神恍惚，时时想起送别的下午，道藩在那么紧张危急的状况之下，乘舢板，渡长江，他那一叶扁舟会不会有什么危险？舍舟登陆，遇到敌机没有？这些都是我在未到汉口以前所无法获悉的，越是焦急越觉得度日如年！

船到九江，目的地汉口已不在远，我想起一到汉口便可以给道藩寄航空快信，陡觉精神振奋了些，我执笔在手，准备写信询问平安，蓦地兜起一桩心事，又使我迟迟不曾落笔。

——在道藩的家里，不是还有几位朋友住着吗？譬如陶履谦、郭子杰，大家都太熟了，如果我的信寄到那里，道藩竟私下阅读，而把信的内容，秘而不宣，可能会使他们起疑，倘若我泛泛几笔，只报平安，却又怎样安慰得了道藩渴望的心情？唉，这事真是为难得很！我踌躇半晌，忽然灵机一动，于是我提笔写了两封不同的信，装在一只信封里，道藩是多么聪明精细的人，他一定可以了解我的用意——

道兄鉴：

一昨多累，歉疚无似，想小舟过渡，芦苇暗藏，必饱受辛苦，不识究于何时登岸，何时返家，勿为风雨所欺否（因忆兄未携外衣）？凡此皆使吾惶虑不宁，须俟接读来书后，始能释然矣！吾等自六日午后启碇，于翌晨抵芜湖而未靠岸，下午五时到安庆，停两小时即行。今晨八时抵九江，十时半后开航，据闻明晨便抵汉口矣。船中一切，尚称舒适，惟我个人，离愁别绪，百感交集，触目伤心，无以自慰，前途茫茫，家国之演变，不知伊于胡底也。在京时深扰一切，并承招拂，不敢言谢，且亦非本会条文，只得永铭肺腑，秘而不宣！

碧　微

信里所指的"亦非本会条文"，是我们在法国时组织的天狗会，因为子杰和道藩都是其中的重要分子。

宗鉴：

自君登小舟，吾船亦启碇，更行更远，终于不复见君之影矣！噫，目断波光，故人何在？从此河山阻隔，地远天长，纵有情怀，凭谁寄语？惟寸心自矢，不负知己而已！两日来离愁万斛，别绪千重，触目伤心，柔肠寸断，情思深几许，苦痛亦正相埒也！舟过九江后，沿途风景亦殊不恶，奈睹景伤情，相思更苦，只好逃避斗室，背人垂泪，如此情况，明知自陷绝境，但吾爱既萌，又有何法抑止耶？兹有一得之言，愿君采纳。以后凡遇无关紧要之事，望能淡然处之，不必过事认真，徒损精神。眠食两事，尤盼特别注意，苟能调整得宜，健康之恢复必易。希望于再相见时，体重能增加二十磅，则不特本会之幸而已矣。

雪

我知道道藩和我离别以后，一定会为我长篇累牍地写信的。啊，我是多么渴望知道他给我写了些什么？

雪：

此刻是八日晚十一时，计算你我已经分别了五十六小时了，你此刻也在想念我吗？你乘的船行驶速度怎样，我不知道，我想你此刻大约已经过了九江，在快到汉口的半途中。你若一到汉口，就给我写信，最迟我后天晚间可以接到。我希望你不会真的不写信给我，你不会那样忍心的！过去那五十几个钟头，我除昏睡无知的时间外，真是无时无刻不在想念你。你以从前的情形来猜想，就可以知道我是采取一种什么态度，在消磨这两天的光阴。我虽然外表上极力镇静，甚至于强颜欢笑，但是我想陪着我的那位聪明朋友，一定已经看出我的心事了！

前天那样匆忙地离别了你，跳上小船，心里十分难受，幸而在船上还可以看到你，彼此招手示别的时候，虽然在笑着，其实泪已盈眶，真惨极了！两船相去既远，极目望去，还可看见你的脸部和两手，以后渐渐缩小，变成了白色的点线，最后是连点线都看不见了。我所乘的舢板，停于江东门广播台附近江边的芦苇中，静避敌机空袭，船上虽有人和我谈话，我的视线却从未放弃追踪你所乘的船。到了四点钟，警报解除，舢板加速驶回下关，我仍目送你的船到无影无踪。这时眼液已溽溽地流下，幸而独在船尾，没有被人发现，否则别人一定莫名其妙。舢板抵下关后，仍乘原车回家，和朋友无话可谈，上楼到房里，伤心落泪，饮泣多时，怕被别人看出，心中更苦了。吃过晚餐，大约七时半，警报又响，虽然明知夜间船上毫无危险，但是没法不为你忧虑，在地下室闷坐，万分无聊，乃上屋顶观察，只见全市漆黑，真所谓"伸手不见五指"，阴惨之气，令人生畏。幸亏敌机未临南京市上空，约九时警报解除，和友人坐谈，可是谈来谈去话题终不离你。于是我又去书室整理文件，想转换一下心思。夜一时上楼就寝，辗转不能成眠；觉得我的灵魂，早已随你而去，在这儿的仅是一具躯壳而已。二时，起床作笔记，直到四时，疲劳已极，才昏昏睡去。

昨晨醒来，已是八点多了，天气阴雨，大有"秋风秋雨愁煞人"之慨。在家无聊，便出外访客，并为大哥办好应办各事。下午公事较多，又来几位客人，晚间也有友人聚谈，但我心不在焉，无时无刻不想到你。藉着陪朋友饮酒为名，自饮茅台两杯，我还是学你在酒里放糖，此情此境，更令我忆念及你，更不能不以酒浇愁。午夜就寝时，走进房间，一见床榻，就倒卧其上，热泪满面了。这种生活，再过下去，我必定会发狂的。

今晨醒来，又是八时半，昨夜靠了酒的助力，睡眠很好，是十几天来从未有的。因此神志较清，独步园中，忆你勉我"刚强"的话，立刻抖擞精神，写几封信复亲友。下午除办公和开会外，即作整理书籍等工作，身体虽感疲劳，心思却较单纯，但欲不念你，还是决无可能。

以上是别后两天半的生活情形，不能不为我最爱的雪作一报告，但是这信一时还不能寄出，预计你看见这信，要在十日以后了。雪，我至爱你，此生此世，我也将永远爱你，同时我必力求上进，以免辜负你的爱我。我现在就拿以下几件事自勉。一、极力恢复我刚强的气魄，而成为一个你所爱的人。二、我必努力加餐，切实注意我的健康，以养成你所爱的身心健全的男子。三、我除了应办的事情以外，在最近两个月内，必定努力创作，以纪念我和你的这次聚首。以上几点，不知道是不是可以安慰你？今后如果能够多通信，我就用笔记式的信写给你，否则一切留在笔记里面，等你以后再详读吧。

宗

雪：

今晨六点半醒来，第一件事就是想你，计算你大概可以到达目的地了。向窗外一望，又是淫雨连绵，撩人愁思，在床上静卧着，足足想了你两小时，什么都想了。每逢想着你，就自己问自己：为什么会对你有这样诚挚热烈的爱？我实在找不出很圆满的答案，但是我自己心里明白，我对你的爱，绝对不是世俗的爱情，惟其如此，所以我更不容易找出圆满的答案来。

现在是正午，我由客厅上楼来作笔记，自己安慰自己，就像和你面谈一样，室内盆中的兰桂，全已盛开，芬芳四溢，唯有你那样高贵娴雅的风度，才可以和这种香味相配，因为你喜欢桂花，我特地采了小小的两朵，附在信中奉献给你。最奇怪的是在我折取的时候，无意中得到两朵五瓣的，不能不叹为奇迹！园中近芭蕉处的那株桂树，居然也开了花，色艳味香，竟是一株最难得的丹桂！我也采了两朵，附献于你。

午餐后，稍为休息，就是三点钟了，开会到五时方毕，接着办公事，会客，晚餐，直至现在才闲下来。雪，教我不想你，真是一件不可能的事！我现在在我房中布置了一张办公桌，专为我写信之用，纸墨笔砚都经常准备着的，只要我有几分钟时间，就可以上楼和你笔谈。我近日很少说话，又常常一个人躲在房里，同住的朋友，也许多少有些奇怪，管他们的，难道我就没有自由吗？

船上拍的照片都印来了，你照的都很清楚，我给你照的就不然，但是我正爱你那样若隐若现，飘飘欲仙的模样，使我看着仍须想着，才更够回味。

宗

11

九号那天，江靖轮缓缓驶入武汉江面，我们都站在甲板上眺望，可是只看到汉口这一边。红尘十丈中，首先映入眼帘的，是江汉关巍峨的钟楼。码头上挤满了接客的人群，船一靠岸，苦力、车夫和旅馆兜揽旅客的伙计，像苍蝇一样地哄了上来，我们好不容易冲出重围，雇车到我们决定去住的璇宫大饭店。

然而十月十日凌晨五时，道藩还在猜度我是否到达了目的地呢！

雪：

　　想念你似乎已经成了习惯，今晨五时闹钟把我吵醒，睁开眼第一件事就是想你，你此刻应该到了目的地了，有没有人来照料？住在什么地方？精神身体怎样？等等等等，都是我想知道的，但是我又如何能知道呢？假如我能够和你同去，一切由我照料，使我得一个为你服务的机会，我将何等快乐！

　　今晨五点起床。六时参加中央的国庆纪念典礼，七时参加国府的国庆纪念典礼。今晨下雾，紫金山从山顶到半山都被大雾笼罩，敌机或许不能来。听说欧战时德法两国国庆日，两国都能互示礼貌，不派飞机轰炸，但是我们固然不敢以此指望于我们最无礼、最野蛮、最狭小、最没有人性的日本敌人！今天全国一致对前线战士作慰劳运动，我想把家里可捐的衣物捡出来，捐作伤兵及难民之用。

　　　　　　　　　　　　　　　　　　　　　　　　　　宗

十日下午，我想着所寄的信到达南京还要一两天，唯恐道藩等得着急，因而请旅馆代我拨了长途电话到南京。电话接通后，一听到那个熟悉的声音，竟过于兴奋，有好几秒钟说不出话。可是电话接通了，怎奈身边有人，我还是没法说出心里要说的话，他呢？我一听他的语气，立刻就明白他也不是独自一人在那里。因此，对话便只能限于泛泛的报告和问候了。

"道藩吗？"

"咦，你是在哪儿打的电话呀？"

"我们到汉口了，现在我在璇宫饭店。"

"路上好吧？孩子们呢，他们好不好？"

"好，他们都好。你呢？你这两天还是很忙吧？身体怎么样？"

"忙是很忙，身体倒还好，谢谢你的——惦念。"

"那一天劳你送行，"我望望身边的人，言不由衷地说："又受累又受惊的，我心里真是不安得很。"

"哪里哪里，这是我应该的。"

"……"

这是我俩之间多么深沉的悲哀，彼此苦苦思念了几天，然而当我们万分感奋地听到了对方的声音时，偏偏碍着旁边的人，千言万语，无从诉说，只好传语平安。因此打完电话以后，反而觉得更增惆怅！颓然地放下耳机，回到房间，听着檐前的滴漏，更添几分凄凉落寞。一到汉口就下雨，莫非苍天也在为我们落泪？道藩接听了我的电话，又是怎样的一种心情呢？

雪：

　　午餐后已经一点钟了，三人坐谈到两点，我和杰到大华看战事影片，因为买不到票，败兴而返。早晨起来过早，精神极疲，所以稍事休息，到五点半才醒。大概五点三刻罢，接到你由汉口打来的电话，虽然只谈了几分钟，心中十分愉快！通话以后，忽又愁上心来，雪，你该知道这是什么缘故罢！我的雪，电话和信不同，固然我们可以听到彼此的声音，但是话机一挂，声音就断，又不免黯然神伤了。现在因为赶寄航空快信，不再多写，即拿这几天所记的，附入寄你，以表我想念之情。

　　　　　　　　　　　　　　　　　　　　　　　　　　　　宗

雪：

　　六点半匆匆发信后，心中无端的烦闷，七点半吃过晚饭，两位朋友在下棋，就独自收听战事新闻广播，可是脑海中始终盘旋着你的丽影，我竟不知道听到了些什么报道！

　　你用雪字署名，我起先不赞成，是因为我怕雪太容易溶化了，后来再一细想，天下哪儿有比雪更纯洁美好的事物呢？所以我又赞成你用了。记得曾有一次，我们愉快地谈天，你叫我替你想个别名，我现在请求你在雪字下面加一个"芬"，两字相连，成为"雪芬"，不知道你愿不愿意采用？假使你答应了，请在来信中告诉我。当然，你如果能另选其他的字，只有更好。

　　我今晚读白香山词谱，排遣时光，今后我还要多读诗词，以解苦闷。一个人在惨痛不堪的时候，倘若能随着朗诵之声而落泪，也是发泄悲愁的一种方法。有空，我会抄寄些心爱的诗词给你。

　　今天为了翻寻捐献衣物，从旧皮箱里，翻到了你一九二八年在上海写给我的一封信，也许你早就忘记了。十多年来，我所获得你的信，全都加以珍藏，这也是我爱你的证明之一。

　　现在时间已近午夜了，我仍独坐房中，为你写信，就不知道你此刻在做什么？今天在几千里外，还可以和你遥遥通话，不能不感谢近代科学的赐与。当你和我通电话时，我一直在心跳，如今想来，还有点忐忑不安呢！

宗

雪：

为了刻"雪芬"这一颗图章，前后费了我五小时之久。这是我生平学刻的第四颗印章。我知道刻得不好，但我是专门为你刻的，不管好坏，总算是我亲手完成，别人不容易仿造，同时也给你留下一件小小的纪念品。

宗

12

十一月，汉口依旧阴雨绵绵，我们困在旅馆里已经是第三天了，情绪低沉，无以复加，我心头始终悬念着道藩，他的心情好点了吗？精神振作了些吗？

雪：

我曾到你家里去看过，原来打算去采一枝白薇，到了以后，正见着有人搬东西进去，后来我遇见李田丹，知道他今天开始迁移。我到楼下房中看看，脑海里忽然涌现了若干的回忆，我摘了一枝白薇，一枝桂花，回到寓所，亲手插入一个很精致的小瓶里，供在我房中书案之上。我此刻就在这美妙色香温慰之下，来跟你写几句话。桂花是你所爱的，白薇可以说就代表你，你叫我怎能不爱它们？你或者笑我痴，或者以为我太孩子气。可是到了这个时候，我还有一点天真的孩子气，岂不是世间最难得的事吗？

宗

雪：

你的来信很妥当地收到了，我独自在房中读了几遍，不由我不落泪！我昨天寄给你的信，要是今天下午收不到，明日一定可以收到的。你读了我写的一切，也就可以知道我们真是两心相印，谁还能比我们此刻更相爱？我希望并且相信，我们这种爱会永久留存于天地之间！你戒我的几件事，我一定诚心诚意地照着你的意思去做，否则我便是爱你不深了。因为你来信信末问候了陶郭二人，所以我冒昧地把你的信也给陶看了。这封信的文字，写得极好，陶看了大为敬服，我给他看的目的，就是要他崇拜你，我的目的总算达到了。他很慨叹地说："有了这样的夫人，还求什么？……"你看他也在替你抱不平呢！雪，你读到这儿，应该有一点安慰，我听了他的话，我也很自负，因为我有这样的爱人！

我在这里纳闷，不知你从汉口到重庆的船票买的是什么舱位？我想你若为了省钱而买房舱，你会感受许多不便的。你能节省本来是件好事，但省了钱，让别人胡花，自己受罪，我真是不平极了！现在已是午夜十二点钟，我不再写了，祝你晚安，并盼你今夜在梦中与我相见！哦！假如真的梦见了你，我会狂笑！我会痛哭！我要给你千万甜蜜的吻，使你的灵魂，永远附在我的身边！

宗

他接到我九日发出的信了，聪明的宗，当他看到两封信时，立刻便懂得了我的用意，果然把可以公开的那封信，拿给朋友看，我真高兴。"心有灵犀一点通"，岂不正好是我们的写照。

十二日下午，正在旅馆里坐立不安，心烦意乱，有人轻敲我的房门。

"进来！"

一张堆满笑容的脸，从那移开的门缝，探入了我的房间，原来是旅馆里的茶房。

"你家有电话，请你家到柜台上去接。"

"电话？"我诧异地问："从哪里打来的电话？"

"不晓得你家，"茶房每句话里都带一声湖北人尊称别人的"你家"？他继续笑着说："好像是从南京打来的吧！"

"南京？"我失口欢呼，一跃而起，匆匆地奔下楼去，果然，在耳机里听到道藩兴奋快乐地在喊我。

我万分快慰地回答，我们在电话里谈了十分钟，在他当天的信上曾经写下经过：

雪：

忙了一天，直到现在深夜十二时才能同你笔谈，可是今天我觉得十分高兴，因为我已经在电话里和你说了十分钟的话。为要打电话给你，不能不绕一个大圈子，先和在牯岭的珊通了话，然后再淡然地作一个打电话给你的提议，杰赞成了，我才去通知电话局。这都是我心眼儿太多的缘故，其实可以不必绕这些圈子的！我事先想着有许多话要说，因为有他们在旁边，我还能说什么？听见你的声音，我的心直跳！几乎讲不出话来——幸而没有当场出彩，让他们察觉。

宗

汉口，大小旅馆挤满了各地来的逃难客，汉渝航线船少人多。二十世纪的国人，重又感叹着蜀道难。我们虽然已经订好了民生公司"民权轮"的舱位，可是航期却在一天天地延迟，焦急烦躁，忧郁苦闷，使我的情绪，陷落到最低潮。一直到了十三日，天气忽然放晴，大家的心情才始开朗，我带着伯阳、丽丽上街，到处走走，在路上想起南京白脱油缺货，而白脱油是道藩最喜欢吃的食物，他几乎一日不可无此君，于是我一口气跑了许多家食品店，结果我很失望，总共只买到了四罐。

下午，又带着孩子，由几位朋友作陪，我们渡过宽达数里的扬子江面，去游览武昌附近的风景名胜。抵岸以后，首先登临黄鹤山，凭吊费文祎登仙歇驾的黄鹤楼，到了半山，所见的只是几间破屋，一幢洋楼以及一座尚未落成的张公祠，据说是纪念两湖总督张之洞的。从高处眺望附近景色，觉得也很平常；大家不免有点失望，乘兴而去，败兴而归。

在武昌一家饭馆吃过中饭，下午回到汉口，再去小游中山公园。这座公园树木蓊郁，花草宜人，占地极为广阔，有一泓池水，可以划船，很像巴黎郊外的阔人游憩之所。汉口竟有这么好的一座名园，倒是出乎我们意料之外。

回旅馆后，知道老友张寿伯先生明早就要动身去南京，我跑去托他带那四罐白脱油给道藩，写了一纸短笺，附在包内，把今天游历两处名胜的经过说给他听，并且告诉他我明天想去珞珈山访友，珞珈山是国立武汉大学所在地，有许多旧友在那儿任教。我感喟地说："大概又可以消磨一天光阴吧，光阴只能消磨，真是惨极了！"

令人欣慰的是在动身之前，又一连接到了道藩寄的几封航空快信——

雪：

今晨我摘了园中最美丽的两朵玫瑰花，一红一黄，插在花瓶中，你可想到我插花时念念不忘的，除你之外还有谁？我很盼望明后天能接到你一封信，以慰我不尽的怀念。啊！我的文字实在太笨拙了，否则我会把我过去七八天的心情，写成无数美妙的诗篇献给你！我想你此刻也许在千里之外想着我吧！

宗

雪：

今早醒来，见窗外阳光斜照于瓶中已渐萎谢的一枝白薇上，使我顿生无限感慨！我自责不该摘它回家，倘使它仍留在树上，此时或者还不至于萎谢凋零。我的感慨如果不错，那我就成了"爱之适足以害之"的罪人了！花神能够宥恕我吗？即使花神能够宥恕我，我又怎能安心呢？言念及此，愁思纷涌，忽然想起今天是你启程西上之期，此后你将离我一天比一天更远了，我真不知道何以自慰？现在已是下午三时半，盼你的信不到，心中郁闷更甚，将来万一连信也通不成了，那可怎么办呢？

宗

雪：

现在是夜间十一点钟，他们都睡了，我正独坐斗室想念着你，此刻你大概已经在轮船上向西进发了，今天万分盼望着你的信，到此刻还不来，一定是没有希望了！我现在就去睡，但愿明早起床时，你的信已经在等着我开拆。亲爱的雪，你不要再教我失望吧！明早如果再不见信到，我敢断定我又将一整天不快活，雪，最好今夜梦中来吻你的宗。

宗

珞珈山上，武汉大学的黌舍，嵯峨宏伟，许多朋友在这儿担任教职，十四日我们抽空去玩了一天，参观武大，并且和朋友们聚晤欢谈。那一天我们过得很愉快，然而回到旅馆，毕竟也感到有点劳累，于是很早便安歇了。

13

我托张寿伯带去的短笺和白脱油还没有送到，难怪道藩会急得"更感苦痛"！他不但无端地自苦，而且还幻想些自以为是的接不到信的理由，他甚至要请仁慈的爱神为了怜他而责我——

雪：

今天早晨八点才起床，起床以后立刻下楼，查问有没有你的信？结果又是失望，心中怅惘之至。难道你在离开汉口以前，竟不会给我写信吗？是不是你怕引起我的悲痛，所以故意地不写信来？如果真是这样，那你岂不是使我更感苦痛？因为我现在对于你的深情，已经是任何事物都无法阻止的了，因此我恳求你千万不要这样做，免得更伤我的心。我当然知道，我没有任何权利可以责备你，但是那仁慈的爱神，一定会可怜我而为我责备你的！

宗

雪：

现在已经是十五日下午五时半，我还没有断绝收到你来信的希望，我要忍耐着等到明天下午，如果再不得信，那我就至少要等到两星期以后，才能获得你的消息了。啊！我真不知道我怎样撑过这两星期度日如年的日子！

我今天晚上实在苦闷不堪，又喝酒了！喝的是我们一同喝过，剩下来的最后一杯，喝的方法也是加了糖的，你叫我怎么能够不想念你呢？那一瓶Cherie Brundy（我替它改的名字，其实是茅台酒），本来还有两小杯，因为你喜欢喝，我特地留着，原想找一个机会我俩同时喝的，不知怎么后来竟忘记了！这两小杯酒，只好让我以后独酌吧！让我对看你的丽影独酌吧！我此刻是带着酒气写信，也许将来你收到时，信上还有酒味呢！今晚杰告诉我说，川大所谋之事没有成功，那么你到成都去又无事可以解闷了。可是我又何尝希望你找到了事久居成都呢？人往往就是这样的矛盾！总之我不管你在什么地方，做什么事情，只希望你不要忘记我，只希望你让我尽我的能力爱护你，安慰你；你要知道你如果谢绝这一点，那就是你不爱我了！

宗

雪：

今夜月明星稀，我攀登到屋顶的平台，极目向西眺望，可是我怎能望得见你？又哪儿排遣得了这刻骨铭心的相思？寒风阵阵吹来，凉意中别有一番凄苦！你在船上，此刻是什么样的天气？你也能见到这孤悬空际的一轮明月吗？我已经默祷月里嫦娥，把我的情意传送给你，假如你现在不曾忘记我，我想你的心中一定会有感应的！

明天早晨七点钟有事，我必须早起，所以今夜应该听你的话早些睡了。然而，手表却已经指向了十一点！

宗

雪：

今天一天以内，遇着引起我想念你的事，实在太多了。早晨去开会，车过你家附近，会毕我一个人跑到后湖，循着我们上次去过的路线，重走了一次，下午又到陵园，在我们月夜同游的幽静之地，低徊了一小时。这都是因为我近来思念你过切，走投无路，希望那样可以得着万一的安慰。偏偏今天有人送了螃蟹来，晚餐时立刻又叫我想到你，你不是喜欢吃蟹吗？你今后却一天一天地远离有好蟹的地方了！今天白天是那样的晴和，这种万里无云的蔚蓝天色，任何画家也无法把它画出来！今夜的月是那样明，气是那样清，不能同爱人度此良宵，真是辜负了上帝和爱神！

宗

雪：

我已经答应过你，遇事不要太认真，但是今天我实在做不到了！我终日急躁得莫名其妙，我见到和我接近的人就会生气，我想用种种的方法躲避他们，不愿意和他们谈话，我也不愿意和他们同到新的防空壕里去，我只想登楼极目西望。敌机到了天空，我宁可独自一人坐在我们曾经共同避难的斗室里，让我很清静地思念着你，好像你仍然坐我的身旁一样。我自己寻求所以急躁的原因，就是因为没有得到你的消息，雪，你看你简直把我的精神全支配了。

宗

"民权轮"决定十七日启碇，驶往重庆，我们接到通知，头一天就从旅馆搬到船上，明天便要开船，我得为道藩写下离开汉口以前的最后一封信：

宗鉴：

余等所乘之民权轮，已于前晚抵埠，故今日即搬至船上住宿。顷闻明晨拂晓即起碇西驶，此后相离益远，相见难期，东望都门，能无肠断？恨造物之弄人，抑何惨酷至是耶？在此遇旧识不少，但因所见所闻，均非吾之所思，故亦不能减我愁闷，日惟自恨恨人，而复无计自决也。

雪

雪：

　　出乎意料之外，今晨起来收到你托人带来的信，和奶油四罐，你可想见我心里的高兴！我很忏悔，过去几天里不应该埋怨你没有信来，谁知道你的信早已在路上了呢！我要早知道你昨天才离开汉口，我又可以多写信多打电话给你了，我希望轮船没有再误期，你此刻已在西驶的船上了。但是为着我的私心，我又何尝愿意你去得更远呢？去吧，可怜的雪，你既不能不去，就只好去，只要你永远不忘记你的宗，无论你在哪儿都是一样的；只要我永远爱着你，不管你在天涯海角，或是那全世界最高峰的顶巅，我也能找到你的！只要你常念着我，你也会觉得我时时刻刻纠缠着你的，因为我的身体虽在这里，我的灵魂早已跟着你去了！你想想还有谁比我更爱你？还有谁敢夺我的爱？要有的话，我一定同他拼命！唉，为什么我总会想着这一点？我未免太无自信了！我从此以后不再想，我相信你永远永远是爱我的！你决不会使我伤心失望的！雪，你说对不对？为什么我写到这里心会跳？我真蠢极了，我不再写了。

宗

雪：

　　你在公园池畔所拍摄的照片，姿态美丽，笑容可掬，再加上幽静的背景，真是一幅好画！你在那里面，我只有用俨若天仙来形容了！你说，谁能不仰慕你的高贵，你又怎能不使我神往？两天以来我偷偷地吻你的像，至少已有一百次之多！你能把这张照片的底版寄给我吗？

宗

雪：

　　今天忙乱了一天，虽然不能早些和你笔谈，但是我并没有忘记你，近日天气晴和，我常借阅报的时候，到屋顶上去晒太阳，希望对于我的身体会有点好处……

　　每回开会，见着许多有头无脑的人，就免不了生气。今天又遇到了，我当时想着你劝我遇事勿过认真的话，只好心里暗笑，忍了下去。

宗

14

宗：

我们所乘的船，昨天下午一时离开汉口，往西行驶。上水船只乘客拥挤的情形，是你可以想像得到的。幸而我们坐的是官舱，所以还不受影响。我们这一次的舱位，似较江靖轮略小一些，但是清洁却远过之。一日三餐，早餐是稀饭，令我稍感不惯，因为我多年来早餐只吃咖啡牛奶，这是我唯一存留的"洋气"。牛奶咖啡，以后恐怕要像至宝一样，再也不容易尝到了。中饭晚饭都是川菜，倒也适口，同桌的是一位中年妇人和她的三个小孩，连我们一共七个人，大家彬彬有礼，颇有些儿"绅士气派"。

两日来天气好极了，昨夜的月色，尤其皎洁明朗，回想你曾向我说过："等我们分离以后，如果遇到月明之夜，我一定在月下怀念你，明月有知，必然会为我们传递情愫。"所以昨晚我悄立船头，将十天来别离的愁绪，相思的苦况，默告月里嫦娥，求她转达给我眠思梦想的宗，但不知你这时正在做什么？是不是在陪朋友谈天？唉，我亲爱的宗，我此刻这样的想念你，你怎么会不觉得呢？倘使你会知道的话，你一定不忍心再让我继续行程，让我离你更远。如果这时我仍在南京，你见我这样的伤感与愁闷，不知道要怎样安慰我呢？因此我每到万分苦痛的时候，常常会把你对我的爱，引作无上的安慰，但是爱是不是一定可靠呢？二十年前不是也有一个人同样爱我吗？曾几何时，他那份爱，险一点成了我的致命伤，幸而我有奋勇坚强的意志，才能抵抗过去。到了现在，我自己也想不到会重堕情网，而且还比以前来得更深更严重，我感觉到，这一次如果我再遭打击，我一定会自杀的。因为我已经失去以前的勇气了。宗，请你原谅我发这些牢骚，你应该知道，这并不是我在怀疑你，只不过是我一贯的思想，不相信人类有恒心有持久心罢了！你不是说过吗："能这样想，或者可以减少点失望。"但是我又哪能这么达观？所谓不认真，其实也是假的。

昨晚十二时就寝，今晨七时半即起，早餐后觉得无聊，便拿了几本书到甲板上去读，这时有几个中大的男女学生，笑语喧哗，兴高采烈，我真羡慕他们的无忧无虑，不知痛苦为何物？午餐后，更感百无聊赖，只好再上甲板看书，直到五点三刻，茶房请进晚餐，我才下去。回到舱里，发现女儿有点不舒服，已经睡了，因此心中很不安宁，怕她途中生病。

晚上八点钟船抵沙市，因为民生公司在这儿并无码头，所以只能停泊在江心，远望岸上灯火寥寥，了无生气，而团栾明月，却这时越显得明亮，加以波光反映，山色含烟，更觉得美无伦比。我的宗，你想这样的良辰美景，怎能教我不想念你？假若我们是在一起的话，不知道会怎样的快乐幸福呢。但我现在独自一人，所感觉到的只是凄凉寂寞，我怎么能不伤感啊！

雪

上船的第二天，丽丽便病了，虽说是伤风感冒的小毛病，但已足够使我慌乱焦心，因此在遥迢的五日航程里面，仅只为道藩写了数封潦草简短的信——

宗鉴：

昨夜因女儿发热，心中焦虑，竟夜未眠，今晨伊仍有热度，但精神尚佳，问茶役，谓船上无医生，虽知某名医同船，但因并非重病，不敢冒昧请求，若至无可奈何时，亦便顾不了许多矣。中午女儿进粥一碗，热虽未退，但觉其并无疾苦，心中稍宽。十二时，船抵宜昌，仍不能靠岸，饭后偕友人及儿子乘小船登岸，雇车至东公园，园据两小山，荒凉不堪，惟遥观江景尚不恶，在茶室稍憩，步行至二马路，宜昌之热闹区也，两傍店面，颇整齐可观，路亦柏油筑，似可比拟南京之太平路，仅长阔不及耳。乃购置热度表一支，神曲一方，药膏一盒，及食物数事而返。归来为女儿试热，有三十八度，乃令服阿司匹林一枚，视其仍欢笑如平时，晚餐并进稀饭一碗半，至八时安睡，发汗甚多，体温似亦稍退矣。

雪

宗鉴：

今晨五时船离宜昌，等吾起身，已见两岸崇山峻岭，雄伟无伦，始知七百里三峡奇景，已起点矣。此后竟日均驶行群山鳖中，所见奇峰怪石，不可胜数，而绝壁临江，尤壮丽罕匹，摄影多帧，因限于船行方向，不能随意自如，恐难有佳构。下午五时，舟过巫山十二峰，因忆先伯父"巫峡峰高云不渡"词句，颇涉遐想。六时抵巫山县，舟即停此过夜，待晨曦始能开行。今日女儿之热度已退至三十七度六，但未许其起床。上午遇某夫人，始知其同船赴渝。入夜皓月当空，江流似镜，群山起伏，峰影参差，独步徘徊，如涉仙境，安得吾亲爱之故人，忽从天外飞来，与其胜景，庶几不负此良宵也。

雪

宗鉴：

晨九时，舟离巫山县，沿途风景，雄伟秀美，一如昨日！十时过夔府，遥观城池房舍，殊无奇处，因在晨间，更不能领略杜诗所唱"夔府孤城落日斜，每依南斗望京华"之悲凉气概，颇感失望。舟过夔府后，山势即渐见平庸，吾八时起身，早餐毕，浏览风景多时，仍回舱内看书。下午四时，舟抵万县，即停驶以待来朝续航。闻此间有西山公园，据在千余亩，广阔无比，布置亦佳，在上江颇负盛名，同船之人，均纷纷登岸往游。吾因女儿新瘳，且意兴萧索，无心游览，后闻人言，亦殊平凡无奇也。

雪

宗鉴：

今日下午四时半，船抵重庆，已有三友人在埠相迎，令吾感慰无既。下船一一握手毕，相与决定先至郭府暂住，行李过多，不能携带，乃悉交四川旅行社搬运。我等即偕友人乘车至郭寓，迨抵则郭张两太太已相迎于门，盖已等待多时矣。适今晚防空演习，七时即戒严，故各友人均匆匆离去，晚餐虽备，亦未留食，令吾心歉殊甚也。承郭太太为吾备房两间，颇可安居。吾等数月不晤，畅谈甚欢，至午夜始睡。

雪

15

我们所住的地方，坐落在渝简马路，小小山头上一幢两层建筑的楼房。那是重庆一位名绅的私宅，取名"光第"，郭有守和张直夫两家租下了二楼一半的五间房。我便占据了两间。

到重庆后第一项重大的收获，便是接到道藩用航快寄来的一包信件；啊，道藩，你真是心细如发，对每件事都计划得这么周密，你是算准了时间，让我一到重庆便收到如此可贵的礼物，它们将我五日行程中的郁闷凄怆，一扫而空。

也许是我太过于兴奋了，忙着拆信，忘记身畔还有几位朋友，他们和道藩也是很熟悉的，一时大意，我差点将一大扎笔记统统抽了出来，我仿佛觉察到他们正在向我注视，心里一紧张，正好右手触摸到附寄来的照片，于是我请他们看照片。自己便走进卧室把道藩的笔记藏过，直到晚间十一点半，坐在床上，方才开始阅读。

雪：

刚刚写完一封信给你，忽然接到你十六日从民权轮上所寄来的信，读过之后觉得欢慰极了，可是，当我读到你所写的："此后相离益远，相见难期，东望都门，能无肠断……"这许多美妙的句子，你叫我怎不心酸难受，悲从中来？写到这里，警报来了，只好暂时搁笔。

宗

雪：

现在已经是下午两点，空中已无敌机，但是警报仍未解除，此刻我把最近所写的笔记，全部寄给你，这以后应不应该续寄，希望你来信告知，因为我恐怕因此闯祸。还有，以前我所寄的笔记，如果无法妥为保存，请你用挂号信寄回，由我保管，比较妥当。假若你说以后不能再寄，那么我也就不寄了。

宗

雪：

下午发一信给你，把最近的笔记，附在里面寄上。发信以后。不知什么缘故，心中郁闷不乐，好像我的心已随信飞去。两星期来，相思未免太苦，长此以往，我将怎样生存？假如有人能够使我改变，那我宁可辜负了你，我也不愿再吃这种苦头！但是拿我今天的心情来揣度，恐怕谁也没有这种能力！这样说来，我的前途岂不是死路一条吗？

我近来觉得自己一切都和平常不同了，推想这里面的主要原因，大概是如此严重的局面之下，我竟没有特殊机会，能为国家竭尽我的智慧与能力，有所贡献。同时，我心里的郁闷更是无从发泄，因此使我有点变态。这种情形我不敢对外人说，因为不了解我的人，也许还以为我是在掩饰自己的缺点和过失呢。

宗

雪：

　　现在是晚间七点半，我刚和立兄晤谈归来，一进这个门，立刻便陷入愁城，重读你的信，更增无限的悲感。在这时候除了你以外，还有谁能安慰我呢？但是你离开我一天天的远了，即使想在梦里一见，也不可得，还能奢望其他吗？我的苦痛，除了你以外，是没有人可以容我倾诉的，素珊无法了解我，我也不忍心责怪她。对于一切的事，我只有憎恨我自己，因为有了我，才会生出这许多问题，等到有一天，我消灭了，一切的一切，方始可以完结。

　　你的信上写着："……所见所闻都不是我所想的，因此也就不能减除愁闷，每天只是自恨恨人，但是到了最后，依然是无计自决！"读了这些话，我知道你心中的凄苦，也不比我少，啊！我们为什么这样的不幸呢？

　　我没有办法安慰你，同时也无法安慰我自己，这种种的痛苦，不知道要忍受到哪一天？是不是爱神故意在施展它的伎俩，想试探我们两人的相爱，果否有坚决的意志？啊！爱神，你大错而特错了，我们早就有了誓言，"海枯石烂，斯爱不泯"。雪，我真要发狂了，我已热泪盈眶，不能再写了！

宗

雪：

　　我这几天努力加餐，饮食渐增，如果能够长此下去，再有两三个月工夫，相信我的体重不难恢复一百十五磅到一百二十磅之间。我现在每天下午午睡一小时，因为气候渐渐凉爽，醒来已不觉得头闷。假如就此养成习惯，对于身体健康一定有益，知道你很关心，所以我特地写信告诉你。

　　首都各界抗敌后援会慰劳委员会，决定排演我的《最后关头》一剧，筹募捐款，这以后我又有一段时期忙碌了。

宗

很好，这是我最希望听到的好消息，我一时振奋，拿起笔为他写回信。

宗：

　　早晨十一时接到你的航空快信，欣喜万分，但是正有朋友在这儿，我一不小心，险些把你的笔记抽了出来，幸好有附寄的照片做救星，方才掩饰过去。乘他们看照片的时候，我到卧室去，把笔记藏过；但是偏偏又整天不得闲空，直到夜里十一点半，坐在床上，才开始阅读。我把你的笔记一连读了几遍，竟无法分辨心中是悲是喜，只觉得你太爱我了，把我看得太理想了；这样下去，也许有一天你会对我失望的，到那时候，也就是你所说的"爱之适足以害之"，恐怕我也要像白薇那样萎谢凋零，伤心痛苦，悒悒而终了！

听说你近来身体很好，快慰极了，《最后关头》一剧，将由你在南京导演，自然可喜，但是同时又想到你会因为导演、布景种种的麻烦，过于兴奋劳碌，又不能不为你的身体担忧，希望你善自珍重吧。承你赐我佳名，并且亲自为我刻图章，我是何等的荣幸！希望这"雪芬"的名字，能够永垂不朽，只是谁又会想得到"雪芬"便是我呢？

雪

16

我们到达重庆的日期，道藩是先从别人那里得到消息的，因为重庆又比汉口远了一程，两地信函，邮递需时。他在南京打听到，和我们同船的人已经有电报到了南京，他说："那么间接地证明你们已平安地抵达了，我心里觉得无限的安慰，我想你此刻一定接到我的信了，我希望两三天内也可以接到你的信！"

他在信上告诉我，"今晚在中央电台广播，很痛快地骂了一番日本小鬼，稍抒一口胸中闷气。我在广播时，总想着要是你偶然听到我的声音，该会多么的高兴。"——读到这儿，我感到一阵惘然，那天我没有收听到他的讲演，因为我的收音机还不曾安装好，如果能听到，我当然会很高兴的。

这不仅由于私人感情的理由，事实上，对于演说，道藩无疑是有天才的，他口齿清晰，条理分明，每次演说，都很动人，总会对听众构成极大的吸引力。他演说从来不打底稿，不做准备工夫，他每每在演讲之前，自言自语地说："今天讲些什么呢？"最有趣的是，事前越准备越糟糕，反到不如临机应变的好。我想他这种天才的来自，可能与他学养的优良与感情的丰富有关。他说他很痛快地骂了一番日本小鬼，居然"稍抒一口闷气"，我忍俊不住地笑了，他用这样的方式来稍抒闷气，真是异想天开！

"……这次演说我自信讲得不坏，就因为我一面讲一面想你的缘故。我愿将一切荣誉和成功归之于你，不知怎的有这种'寿头'想法，但不这样想，又怎能表示我爱你的深切?"

他自称"寿头",是他信中罕见的幽默,给我看来更增温暖。"寿头"是江南话,意义可解作"傻头傻脑"。也许就是这"傻头傻脑",使我更爱他吧。

雪:

　　盆中的月月桂开了,园中的芙蓉花也开了,可惜你不在这里替它们增色,假若你站在芙蓉花下,笑容可掬地拍一张照,那将何等的美丽而可贵!雪,你在这里留下的纪念太多了!我想不仅我爱你,连我园中的一草一木,一定也和你发生了深厚的感情!我想它们也和我一样痴心痴意地等候着你的信息!望眼欲穿地企盼着你的重临,给它们一点温慰,给它们一点欢欣。严寒的冬天快到了,你教它们怎么不希望你来呢?雪!你哪天才能使它们有机会狂欢地迎接你呢?

宗

宗:

　　我每次得到你的信,准可以欢喜几天,因为我在十分无聊的时候,读你的笔记,就好像和你见面谈话一样。虽然不能如一室相对的亲切,但是精神上总觉得是贯通的。你的信中说:你园中的花卉树木,全都和我发生了情感,并且也跟你一样痴心痴意地等着我的消息,望眼欲穿地盼我早早回去,给它们一点温慰,给它们一点欢欣……唉,我的宗,你不知道我读了这几句话以后,我的感想真是多极了!想当初不晓得是上天或爱神的一时兴起,鬼使神差地把我弄到你家去住,于是便留下这许许多多悲欢离合的事,我的生命因而也和你的一切发生了密切关系。但是你以为将来还会再有这种事吗?无论战争胜败如何,到我能够回南京的那一天,恐怕所有的人也都回家了。你想想,在那个时候,不但你四周的景物和我绝缘,就是你本身,可能也会有所拘束,哪里再有机会能让它们亲近我?更不要说狂欢地迎接我了。

　　芙蓉花也是我所爱的,想不到四川处处可见,就在我住处的四周,也栽了好几棵,花儿开得非常茂盛。我的佣人知道我有花癖,因此她每天会采撷一朵,插在我书桌上的水盂里。但是这花有一种特性,便是一经摘下,无论供养得怎么好,总是不肯开放。我想芙蓉如果生而有灵,她的灵性一定很高傲,而不轻易许人亲近,你说对吗?

雪

自从悲鸿离开家庭以后，我为了解决一家的生活问题，早就开始了职业妇女的生涯，悲鸿尽管可以放弃责任，不顾家庭，我却必须坚强地站立起来，面对现实，接受考验。离京之前，我便在进行找工作的事，由于当时设在成都的四川大学，校长张真知先生和子杰是好朋友，张校长的夫人李琦，更是我在巴黎时期的老同学，我托子杰写信，希望能在川大找到一个工作，可是张先生却由于川大方面也是人浮于事，因此婉转写信复告子杰，答说短时期内无法安置。我从子杰的信上得到了消息，颇有一点进退失措的感觉，经过再三的考虑，我以为我还是暂时留在重庆的好，于是我便写了一封信告诉道藩。当然，这封信我是准备他也能拿给子杰看的。

道藩兄鉴：

　　昨奉手书，敬谂起居清吉，眠食胜常，欣慰无似，吾等已于前日抵此，一切安好，幸请勿念。昨读杰兄惠书，知川大之事未成，既如此自无赴蓉必要，适此间有空房两间，故决心与郭张两家合住，既省开支，亦少寂寞，岂不甚好？此间气候潮湿，雨水尤多，但较江南温暖。城据山而建，街道高低不平，行路甚费脚力，坐轿乘车，亦颇危险，唯风景尚佳，因时有云雾，故江山隐约，大大有致，颇有英国名水彩画家 Turner 画意也。今日出购木器数事，殊觉便宜，日常生活所需，如非外国外省来者，亦皆较他处相应（川语便宜），每月有数十元，可以生活矣。

碧微

这一次他的回信来得很快，信中赞成我在重庆住下的决定，并且说子杰也是同样地赞成。其实这时我已和郭太太商量好租下光第的两间空房。抗战时期，一切从简，所以也没有什么好布置的。从此我就开始了重庆八年的难民生涯。

雪：

　　今天如果再像昨天那样，我真不知道怎么度过这一天，大约在早上十点半钟的时候，你二十五日给我的信和笔记寄到了，我真是如获至宝，狂喜地跑到楼上，关好房门，细心地阅读。读完之后，我反觉得麻木了！是甜是苦，是喜是悲？竟不自知。雪，你看，你简直把我整个人控制了！不管怎样，我的心境不像昨天那样萎靡不堪了，我想着中午我一定可以吃三大碗饭，哪晓得一碗之后就不能下咽。因为我吃饭的时候，仍然是心不在焉地想着你。

你的信我给杰看了，成都的事情既然没有成功，我们都赞成你留在重庆。午餐以后本想睡一下，无奈一心一意惦念着你，不能成眠，又取出你的笔记详读。你在这些笔记里给我绘了许多幅美妙的风景画。尤其是"巫峡峰高云不渡"，使我悠然神往！

我希望你在重庆，仍旧能够保留你那仅有的洋气，如果咖啡牛乳这两种东西，在渝市不容易得到，我可设法寄给你。月里嫦娥一定为我们传达了情意，因为那些夜晚，你对月相思，我也正是如此。我看你写的"到万分苦痛的时候，常常会把你对我的爱做安慰"，我真是欢喜极了！但是，请你不必怀疑我的可靠不可靠，你的宗是永远爱着你的，是绝对可靠的，就是你将来不爱他了，或不能爱他了，他仍会像过去十几年一样片面地爱着你的。因为我爱你，决不是基于青年时之尚虚荣、好美色等的冲动，而是由于彼此间的同情和了解，是难能可贵的，是不易消灭的。雪，二十年前的事不要再想吧，谁教我们当时不相遇？现在我们饱尝相思之苦，好像过的不是正常生活，但我觉得这正是刺激我求生存求上进的神药，苦则苦矣，可是苦中有乐。假如这能刺激我们求生存求上进，那就是我们的幸福，其余的一切都可以不管了。我爱你，出于真诚，出于自动。我求得你爱我，那是上帝将你赐给了我，我决不会失望的。

你对"雪芬"这个名字觉得满意，我很高兴，我必尽我的全力使这个名字永垂不朽，并且使将来的人知道她是谁！我想我有法子做得到的。

你录的词太与情境贴切了，我多读了几遍，心又酸了！我听从你，暂时不将笔记寄给你，但是我每月仍旧照记，我希望这些笔记总有一天能够到达你的眼前，不过这样一来我们以后却要更苦，我们还能用什么方法多传达情愫呢？还是只有默祷上帝和爱神，可怜我们而为我们另找一个妥善的方法呢！

宗

准备在重庆长住，除了布置住所以外，成一个家，要做的事情还真不少。从十月下旬起，我几乎整天都在忙碌着。朋友对待我们虽然很热诚，可是有好多事都是不能假手他人的。异乡飘泊，拖儿带女，前途是一片渺茫，往往在奔波劳碌一天以后，晚上面对孤灯，便不禁感触万端。我所做的事情，我所受的委屈，我所有的忧愁，唯有藉着笔墨，传递给远在南京的道藩。

宗：

　　早餐后，偕张郭两位太太和小孩一共五人，乘轿到巴蜀小学，为儿女打听入学手续。到后一问，才知三年级尚有空额，五年级则已有七十人，再无容纳可能，因想二人分校，有许多不便，所以未为女儿报名，日内当另找别的学校。十二点返家，饭后寄一航空快信给你。今天已把无线电收音机装好，下午为布置房间裱糊门窗忙了半天，晚饭后和友人坐听无线电报告，并饮酒一杯，顿时感想万千，愁思泉涌，你应当知道这是什么缘故吧？这种境界，不是我们在京时天天晚饭后的情形么？那时是何等的幸福，并且觉得一切都是有意义的。如今境是人非，感想亦异，爱情的移人心情，真变幻不可思议！

雪

宗：

　　此时夜间十时半，我对着几朵鲜艳无比的芙蓉花，独坐凝思，回想你我过去短时间的幸福，藉以驱除许许多多的新愁旧恨。我觉得自从我决定了离京入川之后，对于前途仿佛已迷了路，不知所向了。以前我是何等有决心，不管事之好坏，一经决定，无不努力做去，现在对一切都伤感惶惑，无所适从。仔细想来，恐怕还是爱神在捉弄我，你说是不是？我此刻虽然与友人眷属同住，但是否能长久，很难逆料。一因各人都有小孩，终日喧哗吵闹，烦嚣太甚，我现在的处境，正如你所说"颇感无躲避之处"。二因同住者的性情和我是很难融洽的，这一点你也略知一二，以后能否不发生意见，实是问题。

雪

初冬，让我们瞻仰了雾重庆的风采。晨起，乳白色的浓雾层层叠叠地砌在光第四周，走廊上，房门边，都有薄如蝉翼的雾气，缓缓漾动。眺望山城，更是白云缭绕，飞絮绵绵，房屋道路和行人，全都遮掩在漫天覆地的苍茫之中。一直到午间，浓雾方始渐渐地散去，然而霏霏细雨，夹杂着萧瑟的秋风，却又接踵而来。索居无聊，只好向道藩诉苦——

宗鉴：

　　冷雨连绵，愁闷欲绝，既不能出门，亦无友人来访，长日无聊，惟读书自遣，而萦回脑际者，仍为汝之言行笑貌，情魔之缠人，真不浅哉！

雪

宗：

　　昨夜竟在梦中会见了你，但是你对我神情冷淡，似乎很不高兴的样子，真令我伤心极了。清晨醒来，仍是愁怀不屈，悲痛有余，虽明知梦不足凭，但竟无法排遣。屈指你我分离，已经二十四天，叹欢乐之易逝，恨苦痛之无穷，今后竟不知何以自处？古人所谓"一片芳心千万绪，人间没人安排处"，可以为我此时咏矣。

雪

宗：

　　来到重庆以后，只有过半日晴天，近来更是细雨如烟，阴云四布，愁惨之气，充满天地。我既无法排遣这种苦闷生涯，因此更加消沉。我深悔从前在南京的时候，没有早一点接受你的爱，否则我此时一定会有更多的回想，以慰我破碎的心。但我也悔恨为什么要接受你的爱，弄到今天这样的痛苦。我此刻极希望你向我说一句"我不爱你了"，让我一恸而绝，那便什么问题都解决了，这岂不是一件最痛快的事！

雪

17

雪：

　　昨晚作笔记后，又试刻了一颗图章，比以前稍觉进步，把它拓在下面，给你看看，这一颗章和"雪芬"一章，总算成了一双，这是我最好的纪念。前一颗图章我到现在还没有拿给别人看过，这一颗我已给朋友们看了，他们都不知道我为什么要刻"振宗"这两个字。

　　今天天气晴和，秋风飒飒，可是敌机没有来，像是少了一件什么事情似的，希望夜里能梦见你。

宗

雪：

今天慰劳委员会召集南京的歌女和各茶社的经理，举行茶会，商议请歌女卖唱，募款做棉背心，送给前方将士。茶会推我担任主席，演说了五十分钟，很使他们感动。到会的歌女大概有五十多人，我还从来不曾见过歌女，今天算是大开眼界，这才知道所谓的歌星，不过如此。其中几乎没有一个可以称得上美丽，而又丑又蠢好像臭丫头的反而很多。最可怜的其中有十几个人，恐怕还不到十五岁，像这样的女孩子也过暗娼生涯，未免太没有人道了。

我对于请她们筹款慰劳前方将士这件事，心里有很多的感触，因为社会人士平时莫不轻视这批可怜虫，而这时却又请她们出来帮忙募捐慰劳。社会人士如果稍有一点良心，就不该利用她们那种可怜的关系去转求别人。现在捐款筹不足了，把她们也给拉出来，真是社会人士的莫大耻辱。假如我是歌女，我一定会大骂他们！！

晚上又遇见一桩怪事，有人大请其客，理由是慰劳从香港到南京的十几位医师和护士，他们是来办理后方医院的，我在被请之列，不能不参加。可是没有想到，饭后竟有人大开留声机，跳起舞来。当时在场的都是南京银行界和知识界人，在前方这么吃紧的时候，将士们在浴血奋战，后方竟有人征歌逐舞，实在令人痛心！我吃完了饭看到这种场面，认为他们太不应该，因此推说有事，辞出回家。唉，中国莫非真要亡了，否则人心怎么会这样麻木不仁！我为这两件事，心里颇为愤慨。你或者又要责备我太认真，实际上我要是对这些事也麻木，那就失去了我平时做人的原则，你也不会以有我这么一个知己为可贵了。

你此刻正在做什么？你也曾偶然想到你那痴情的宗吗？

宗

富正义感，嫉恶如仇，一颗无比忠贞热烈的爱国心，一份艰苦卓绝永不动摇的斗志，这便是道藩，我唯一的平生知己！

雪：

我每天在这里写笔记给你，你收到了要费许多时间读，你不厌烦吗？我上次的信和笔记你总该很妥当地收到了吧？这几天写的又是二十多页了，在我没有得到你的信要我再寄时，我不再寄了，因为我不愿意我的笔记落在他人手里，引出些讨厌的问题。雪，要是以后我不能再寄笔记给你，恐怕我写的兴趣不久也会消失。雪，你想想，我为的是写给你看，你不能看见，不能在短时期内看见，我写了有何趣味呢？唉！人生要不是这样矛盾苦痛，岂不是可以多活几年吗？但是平平淡淡地活到一百岁，又有什么意思？

我十年前有一个志愿，就是希望我有三个儿子，我让他们一个学军事，一个学财政，一个学外交。假若这三个儿子都成器，他们就可以帮助国家对付敌人。很不幸的是我不会有儿子了，但是我此后有力量，一定要帮助这样三个青年读书成功，聊慰我的宿愿。

宗

他可能没有孩子，这是道藩平生最大的憾事，我第一次见他从字里行间道出，委实使我吃惊，因为我知道他内心的沉痛和悲哀。道藩是贵州西南边陲盘县的世家子弟，门第显赫，簪笏世家，他的父母膝下只有他一个儿子，偏偏他由于先天的关系没有得嗣的希望，这一个重大的问题很使他们全家痛苦困扰。熟朋友都知道，道藩和素珊曾经在上海访过名医，检验身体，但仍然不得结果。啊，道藩，命运为什么要这样折磨你？

雪：

夜来得梦，梦中见一猫，初被大蛇之尾部围住，猛力挣扎，毕竟脱去，忽由草丛中跃出，直奔毒蛇，蛇欲回首反噬，似颈硬不可能者。后见猫已咬下大块蛇肉，弃于地下，即转至蛇之尾端，咬其尾，拖行至一大洞口，以之放置该处。余告以恐人以为蛇尚未死而受惊，忽闻人答曰："汝言甚是。"余怪视之，却又不见有人，即于此时被声响惊醒。在迷信者看来不知是何意义？余自幼恨蛇，且以蛇比日人，此或为日人将遭惨败或灭亡之兆耶？

宗

道藩怀着敌忾同仇的壮志，一心希望日本军阀早日覆灭，他用生动古朴的文笔向我抒写了这样的一个梦境，使我觉得非常有趣。然而写完了这个梦，接着又是非常热情的倾诉：

雪：

我今早苦闷极了，什么缘故我也不知道，我不能见你，有了苦向谁诉去？雪，你此刻会在想念我吗？我精神的无线电你会感应到吗？计算"他"也快到了，你或者又要受气了。雪，我心里难受得不能支持，我希望今天有什么可以安慰我一下，最好是收到你的信。唉！你已经寄了给我吗？它今天恰巧会到吗？

　　我今天过了一天极难受的日子。尤其是下午下雨，我的泪好像随着雨点洒到地上，洒遍所有你曾留下足迹的地上。你走后许多天，我照样地折花供在瓶里，以后因为没有花了才停止。

宗

　　他信里所指的"他"，应该是我那位长年在外"流浪"的悲鸿，他怎会知道悲鸿快到重庆了呢？我心里纳闷得很。

雪：

　　今天园中又开了一朵很美丽的玫瑰花，我向它注视了许多时，心里苦苦地想着，花若有知，它不怜我也必笑我痴也。

　　晚上下过一阵雨，睡觉时想到那朵玫瑰；夜一时半，外面又下雨了，雨点渐渐沥沥，真像情侣们临别前如泣如诉的悲声。可怜那朵玫瑰此刻必受风雨摧残，我真后悔，没有把它摘下，此刻怎么办呢？如果已被风雨吹落，见了又是一夜不能成眠，不摘吧，心里不安；还是下楼去摘——现在花儿摘来了，虽然受了风雨，可是花瓣尚未散落，它现在总算如依人的小鸟，同我在一起了！奇怪，此刻天空忽有雷鸣！这决不是炸弹声响，但何以在初冬会有雷鸣？我的雪，这也是我的神经错乱吗？我看我还是别再写了吧。

宗

雪：

　　昨夜我没有睡好，大概因为昨天过于疲劳的缘故，直到天亮时才昏昏睡去，在整夜失眠中，教我怎不想念你？今早十时方起床，好在是星期天，无事可做。下午无聊已极，阴沉愁惨的天气，更容易令人发生悲感！

　　明早要五时起床，所以不能不早睡，因此也不能多给你写了，但是我的雪，多写少写有什么关系？总之我的心我的灵魂都交给了你，我只希望因为爱了你，能给我很大的勇气，使我努力于我的事业。

宗

雪：

　　一个年幼的孩子痛苦了，就会叫娘，到了年纪大的时候，他变了，他痛苦或烦恼了，就会想着他心爱的人。我已经和你说过此生此世值得我爱的只有你和珊，但是我无法使珊整个地了解我，又因为语言文字的关系，我感觉更不容易对她诉说我的衷肠，所以只有向最能了解我、最聪明的雪倾诉了。但是，唉！连我写的笔记以后都不能寄你了！这种诉苦，也等于聊以解嘲罢了，你说对吗？假如我的笔记现在不能寄你，你何时能读？或竟终不能读到，也未可知，那么你又哪里知道你的宗总是这样忠实地爱着你呢？

宗

18

落寞萧索的日子过了半个多月，能够藉以打发时光的，唯有道藩的来信和笔记，可是挑起无限愁思的，也正是他的来信和笔记。大凡一个人陷入感情的网罗，多半会变得忧悒愁惨。十一月初，道藩忽然郑重其事地写了一封信给我，这封信和他往日的情意缠绵大异其趣，他劈头就告诉我说：

雪：

你托我保管之款千元，此刻既不需用，贮寓中铁柜殊不保险，今晨特代存进中行鼓楼办事处，限期六个月，自一九三七年十一月三日起至一九三八年五月三日止，按周息六厘生息，定期存单号数——经手办理存入者为该处的许君，此人余与相识，兹详记于此。若存单遗失，可向该行申请挂失，户名用汝自取雪芬两字，冠蒋姓，只有图章，不用签名，存单图章暂存余处，以信封封固，外书明"碧嫂寄存重要文件"。倘余遭难，汝可根据上述各种详情，查取存单与图章，如不能得，即据此详情向该行办事处挂失，觅保取款，当无问题。汝积蓄此款颇不易，故余代汝办理此事，必须特别郑重清楚，心方能安。

宗

我读完信后，觉得非常的诧异和纳闷，我几曾托他保管过一千块钱？又烦劳他费那么大的事，为我存进银行？而且细述详情，怕我以后无法取出，在信上他还写着令人酸鼻的"倘余遇难"那一类话，就好像是交代后事似的。

想了许久，我恍然大悟。啊！道藩，我无法不为他的体贴关怀深深感动。他一定是眼看战争残酷，漫无止境，想到我以一介女流，带着一家大小，住在人地生疏的重庆，他感觉我的前途茫茫，了解我的处境困难，于是他要尽他的力量，助我一臂之力，给我存下一千块钱，以备不时之需。可是，十多年的交往，他深切了解我的性格，即使在最艰难困苦的环境中，我也宁愿咬紧牙关，苦苦撑持，决不愿意轻易接受朋友的帮助。因此，他煞费心机地用这么一个方法，替我开了定期存款户头，写了这样一封信。他希望和我彼此"心照不宣"，同时他也为留下一个表证，可以随时提出作为款项来源的说明。

我感谢他的心意，但是私下仍然觉得难以接受，生平不受无功之禄，这是我立身处世的基本原则。但是为了不辜负他的一番苦心，我准备将它保留，好在存款到期还有半年，等将来有机会再行原璧归赵吧。

由于下面的一封信，我可以看出道藩对于爱情的无比饥渴，因为他需要爱情来鼓励他努力前进——

雪：

我又在翘首盼望你的信了。上次的信好像甘露，现在已经干涸，我这颗枯燥的心，又需要你的甘露来滋润。雪，以后我写信给你很难，你写信给我比较容易，我多么渴望你能多赐给我一些甘露，培养我这颗心，使它能够努力为国家谋贡献，而且也有精神永远爱你。

我一向性急，这是你所深切了解的。我每次遇到自己急躁的时候，我总会回想你勉励我的话，"尽量忍耐"，假如因此对我的身体有益，于事业有帮助，不都是你所赐予的吗？我的缺点很多，你若是真心爱我，应该一一为我指出，使我得能改正，那你对我的帮助也就更大了。

宗

雪：

我今天真是疲劳极了，从早上八点到晚间十点半止，中间除午餐后休息一小时外，其余的时间不是在做事说话，就是在想心事。我虽然很忙，但是没有忘记想念你，我近来的经验是越忙越苦越想念你，因为我想你要是在这里，一定会给我一点安慰的。

——你会到我梦中来吗？

宗

不知道为什么，他在努力工作中忽然有很深的感慨：

雪：

　　我知道政治内容越多，越发感到政途的艰难可畏。我十几年来，只不过是为人作嫁，从来没有做过独当一面的事。但是即使这样，我已觉得自己的才智不够应付。如果要我单独主持重要事件，我将会更感无法适应。所以世间的事，责备别人容易，自己做起来就难了。过去那些唱抗日高调的人，现在中央领导抗日的时候，他们却连一点力量也拿不出来。我不知道这些官僚政客，以及欺世盗名的名流学者，当他们扪心自问，他们会有怎样的感想？

　　　　　　　　　　　　　　　　　　　　　　　　　　宗

雪：

　　今天一天又算忙过去了，六时回家，他们都出去了，稍微休息，醒来已经七点，一个人吃晚饭，觉得很凄凉，于是更想念你。勉强吃了一碗饭，出门去看朋友，半小时以后回来，陶兄已经先回，和他畅谈上下古今，十一时洪兄也回来了，大家互饮一小杯酒，又使我想起你在这儿和你对酌的情景，于是我便推说疲倦，上楼睡觉，其实呢，我倒并不很困，我只是想上楼和你笔谈罢了。

　　这一会儿北风怒号，大雨滂沱，好像马上就要下雪了。啊！我的雪，我真欢迎你来，盼望你来，但我决不愿意你是受了狂风暴雨而来！雪，我忽然这样想你，你应当了解我的心境。雪，你现在安好吗？

　　你为什么没有信来呢？两三天，我都在渴盼能够接到你一封信，不知明天能否达到我的愿望？

　　　　　　　　　　　　　　　　　　　　　　　　　　宗

雪：

　　昨夜因为太想念你了，我又失眠！直到今早四时才睡着，十点钟起床，独自午餐，万分无聊，餐后有朋友来，瞎聊了三个钟头之久。五点钟上楼，开始写独幕剧，而且下了决心，今晚必须写完，果然在十一点钟的时候完成了初稿，大体上还好，修改以后应该可以看得。你听到这个消息，一定会很高兴的。我真恨不得现在用长途电话告诉你，让你和我同享这几分钟的快乐。可惜这仅仅是想想而已，自己也知道事实上是不可能的。

　　　　　　　　　　　　　　　　　　　　　　　　　　宗

雪：

　　我今天又忙乱了一天，直到现在才能来和你笔谈，想再像两星期以前一样，白天随时可以上楼写几句，恐怕要在两个月以后了。

　　今天是阴历初十，×××的生日，他请了一批熟朋友，到家里晚餐。他说下午要我早点回来吃螃蟹，我以不能吃蟹的理由推辞了。请他们先吃，不必等候。事实上却是一提起吃蟹，我就不能不想到你。可怜的雪，你不是很喜欢吃螃蟹吗？假如你在这儿，我一定可以买到最肥美的螃蟹献给你，可惜你现在离我那么远，我只能空有这番心意罢了。

　　此刻又怀念你不已，能否早早成眠尚不可知，我的雪，到梦中来安慰安慰你的宗吧！

宗

为了寄照片，我简单地写了这样一封信给他。

宗鉴：

　　沿途所摄的照片已经洗好，殊无奇特处，检寄数种，以留纪念。此间天气甚劣，太阳如稀世之珍。遥望南京，或正气爽天高，枫叶满地，怎不令人忆念？而玄武湖滨，灵谷寺旁，难得之优美境界，尤令吾神往不止也。吾在此生活简单，枯寂无味，读书而外，无他事可为，因每兴骨肉知己，沦落天涯之感，故居恒苦闷，无计自遣也。

雪

宗：

　　中行存款的事情当遵嘱办理，我对你这种厚意，不用说是铭感五中，但是我不到万分无奈，是决不敢接受的。我有我的理由，请你不要误会。

　　我近来新有一种疑问，愿和你谈谈，并且望你解答。宗，你以为一个人无论男女，会不会同时爱两个人？我之所谓爱，是绝无权利义务、金钱以及其他种种人事问题夹杂其间，请你细细地体会一下，很忠实地给我一个答复，然后我再把我的感想告诉你。你来书时叫我相信你，其实我又何尝怀疑过？倘若有的话，那也是人之常情，无法改正的！我是不相信人类，甚至不相信自己，但是尽管有这种想法，而爱情的令人颠倒沉迷，仍然无法遏止。它的力量之大，简直匪夷所思，因此社会上这种公案，就层出不穷。人们的自寻苦恼，大都如此。

现在我把十几天的笔记一齐寄给你，以后能不能再通情愫，就很难说了。我时刻都在设法克制感情，希望恢复从前状态。你应该知道我既不轻易爱人，一经坠入情网，苦痛也倍于常人。我虽然不恨你的爱我，但却恨我自己为什么会遇见你，又为什么竟也爱你？我希望医学上会发明一种健忘针，注射之后，会把一切都忘记，那便幸福了！

雪

19

十一月初，随着南京周围的战况渐次紧张，我对于道藩的惦念与日俱增，正在愁肠百结，忧心忡忡的时候，忽然一片阴霾闪进了我们草草布成的"光第"寓所，闪进了我的生命，使我的生活与感情双方面，起了莫大的波澜，陷入无比的困扰。

我写信给他，叙述这件事情的经过：

宗：

清晨六时起身，因为我要送孩子上学，七点钟出门，到川东小学办完一切手续，留下两个孩子在校上课。步行出来，忽然天气放晴，阳光显露，精神为之一振，因此我就去青年会看朋友。到了那儿，竟然听说悲鸿已于昨天抵渝，就住在青年会。不久他被朋友喊出来和我见面，彼此握一握手，仿佛无话可说。朋友邀我们一道出去逛马路，我默察他谈话时的语意，大概他很想搬来我家里住，但是他既没有明说，我当然也就装不知道。快到十二点钟，我就回家吃饭。下午两点多钟，他和两位朋友来了，坐了一会，邻居张直夫太太提议打麻将，居然一致赞成，立刻组成牌局，但我推说有事，不曾参加。七点半钟接到你的来信，当着众人没敢拆开，转到房里打开一看，看看信上没什么，我就拿给他看，免得大家猜疑。九点钟打完牌，朋友们散去，悲鸿竟留了下来，我忍不住告诉他，这里房子太小，没有地方留他住宿。他听了这话，一言不发，拿起外衣就走。

我平铺直叙地写完这封信，丝毫没有透露我激动紊乱的心情。因为我怕给道藩刺激，更怕引起他极端的愤慨和忧虑。事实上，悲鸿的突然在重庆出现，而且想在我的家里留下，确曾引起我莫大的憎嫌和反感。

那一夜，我躺在床上，不仅思念道藩，而且许多前尘往事，一幕幕地映现在我脑海之中。痛苦的创伤，是那样的深刻清晰，历久犹新——早已变成无法除去的严重烙痕。

二十年前，我以一个十八岁订过亲的闺阁少女，从书香门第的守旧家庭，和悲鸿逃奔日本，简直是自绝于家人，而且连累我的父母，不知受了多少讥讽冤屈。北京一载，法国八年，忍受过无数穷困忧伤的日子，回到国内，好不容易建立起一个家庭，孩子接连的出世，我正有苦尽甘来的感觉，谁知道他竟因把握不住自己的感情，陷入师生相恋的困境，报章腾传，朋友私语，在这么令人难堪的情况下，我还忍耐了好几年，奢望他能迷途知返，重回家庭。然而他却变本加厉，干脆离家出走，弃妻子儿女不顾，只身一人跑到广西，后来我冒着极大的危险，独自到南宁去接他回京，他不但率直拒绝，而且任由我一人伤心绝望地踏上归程。全面战争爆发，南京每天都在硝烟弹雨之中，他从广西回到南京，来去匆匆，打了一转，留五十元给我做旅费，叫我把一家五口搬到重庆。——前后算算，他离弃家庭，已经一年多了。在名份上，我不能否认他是我的丈夫，但是我永难忘怀，并且决心坚持我在他弃家以前向他提出的忠告："如果你和别人断绝关系，这个家随时都欢迎你回来，但要是别人结了婚，或者是死了，你若要回家，我可不能接受了！"

因此，悲鸿自己也应该明白，至少在这时，他仍还是不受欢迎的人物。

拿悲鸿和道藩相比，说来会令人难以置信，世界上就有这么两位为人性格迥不相同的男子。悲鸿的心目中永远只有他自己，我和他结缡二十年，从来不曾在他那儿得到丝毫安慰与任何照顾。他需要妻子儿女，是为了点缀他的人生。我们活着，一切都得为他，因此对于他的轨外行为，我们也必须加以容忍。道藩呢，他所求的仅只是我给他一些精神上的安慰和鼓励，而他却付出最大的代价，细心熨贴，无微不至。他向我表现了无可比拟的热情，掬出了坦诚忠实的心灵。他将我俩之间的爱，看作世界上最纯洁珍贵的一件事。他曾信誓旦旦，要以他的全部生命去培育它，保有它，必要时，赴汤蹈火也在所不辞。

窗外有呼呼的风声掠过，这阵寒风，假使是从东边吹来，可能夹带着道藩温馨的抚爱。仰视着天花板上垂挂的淡黄灯光，回忆几个小时之前发生在这间房里的种种切切，我仍觉得很坦然，丝毫也不后悔。我关上灯，阖上眼，希望道藩会到我的梦中来。

宗：

今朝××二友来访，拿大义来责我，说我不应该对悲鸿如此决绝，我以为他们不太明了我们的过去，所以约略为他们述说一些经过。听说朋友间已议论纷纷，传说甚多，真教我愤恨欲死。为什么世界之大，竟没有一片清净土能让我安居？命苦一至于此，真教我无法再生活下去！我的宗，你为什么要爱我而又无法拯我于苦海呢？我千思万想，已觉我之所冀，是不能做到的，所以我只有忍痛求你，以后不要再爱我了，因为从今天起，我若不能与人断绝，那我就会被环境的逼迫，义务的驱使，委曲迁就人家的。到了那时，不但我不配再接受你的爱，并且会觉得不值得你爱了。我的思想一向是崇尚高贵和纯洁的。目前的情境，使我感到既不高贵，更欠纯洁，还有什么资格谈爱情呢？想我生来不幸，既已半生糟蹋，牺牲又何足惜？但你必须为国家着想，振兴你的事业，保养你的身体，好好地生活下去。我以后也许不再为你写信，你的笔记请再寄我一次，给我一点最后的安慰罢！啊，惨极了！

雪

我噙着眼泪，写完了上面的这一封信，可是，越是处在这种时候，我越发思念道藩。往往眼睛一闭，他那满布忧伤的面孔，立刻便浮映在我的眼帘，啊！道藩，如今我像在从事一场激烈残酷的战斗，沉重的压力，正从四面八方推来，悲鸿的侵逼，朋友们好意的"撮合"，这一切叫我如何抵御？偏偏，在这最危急紧张的关头，你和我却隔着千山万水，你和我却同样地处于艰危困境，呼天无路，抢地无门，难道我竟会就这样被推入激流，违背自己的心意，走上我衷心厌恶的"妥协之路"？不，不，不！我内心在倔强地呐喊，不！我不能屈服，我必须奋斗！

这一天的笔记上，我写下了自己悲愤万分的心声，我必须承认，这是我一生中最痛苦的一段时期，我的笔记，简直是和泪以俱的——

早上写了一封信给道藩，写完后，不禁千愁万绪，悲痛得无法自持，就好像囚犯被判决了死刑，而执行的日期即将来临！偏是中午有人请吃饭，推辞不了，只好赴约。饭后主人再三邀请游逛公园，刚好天气晴朗，远眺江山如画，景色宜人，大家都非常快乐欢畅，只有我觉得一切美好事物全已和我绝缘，不再有美恶之分了。回家后神思伤惨，心乱如麻，倒在床上，掩面隐泣。唉，我真的不能控制自己的感情了！

直到如今我才知道，我越想和道藩分手，便越觉得爱他，而且我更明白，实在不能一天没有他！因此，除死而外，又有什么方法能够使我与他诀别呢？虽然想以后不再给他写信，但是我真能做得到吗？除了他，我还能向谁去倾诉我的苦痛？而且举世滔滔，又有谁能了解我，安慰我？要是连他也失去，那我还有什么生存的意义？

可是我也曾想到，总这样下去，结局一定是很悲惨的，我的牺牲不足惜，又何苦连累他受罪呢！

昨夜因忧思过度，无计睡眠，已深夜二时，犹枯坐怀思，忽闻箫声出于邻舍，不禁惊奇万分，想此时此际，何人有此雅兴？觉其人亦殊不俗？但细聆此如泣如诉凄然之声，益增愁绪，泪乃夺眶而出矣！令晨六时醒来，觉头眩目枯，极不舒适，正思安睡半日，稍稍休息，忽儿子来言手痛，为视始知昨日受创，今已红肿有脓，乃起觅酒精、红药水等为之洗敷，忽复言头昏而踣，乃急扶令登床，为之包扎完毕，已见其略适，更一小时则又起而游玩，但我心已为之惊扰不宁矣。午后复偕之进城，为制制服两套，并购书籍数事而返，抵家后觉得无聊转甚，顿感人生之萧索寡欢，都是天命，非吾智力所能排遣也。

雪

转瞬之间，距离道藩江干送别的一幕，已经整整一个月了，相见无期，我唯有将满腔思念，化作无数字句，洒落在我的每一页日记里面；让草木制成的纸笺，与我同悲！因为，我不是已经说过不再为他写信了吗？

今日为余离宗恰届一月之期，晨起即愁思起落，低徊往事不已，取出道藩送吾上船时，吾在船舱中为之所摄照片，予以狂吻，竟不自觉热泪已如泉涌矣！亲爱的宗，想你我分离一月，相思两地，缠绵悱恻，何曾宁息？只恨造物之安排，使宇宙之内充满苦痛，而吾人亦竟无法抵抗，一一甘心而听受之，人力之有限，可以想见矣。

三日未出室门一步，惟闷坐为人制绒线衣。自松江失陷，太原亦在紧急中，国事如此，遑有宁日，忧心无极也。

日来无事，倒翻二十年之过去，觉人生实至残酷而苦痛也。想我适人二十年，患难与共，坚贞自守，迄至今日，仅博得弃我如遗，生死不问。自顾虽上有父母，亦既不吾知，中鲜兄弟，有姊亦无以慰我，下育子女，幼小更不解我忧，虽有二三友人知我苦痛，但亦未识吾孤零若是也。用是对于人生乃极度消极，固无任何愿望矣。乃自年前为始，承宗相爱，忽觉生命之间，复现一线曙光，而精神上所得之安慰，尤非意料所及。始稍稍觉得吾之生存，尚有些微意义。不料国难骤临，中华民族已处危急存亡之秋，自惭弱质，不能略有裨益于国家，更不能累宗，使其不能安心尽国民之职责。否则非天下之至愚，何至移家数千里外，并此生平唯一知己亦肯离去耶？

午间吴夫人邀往便餐，悲鸿亦在座，未交一语。盖自上次被拒以后，彼认为大失面子，故从此即未再来我家，虽于他处相遇，亦视同陌路。我私心窃愿如此，所以反得泰然处之，饭后相共作叶子戏，至四时而返。

晚上复有人请往城内吃饭，五时即出，六时入座，席间饮酒数杯，不觉兴致倍增，议论风生，其实如此情形绝非故我，正因内心痛苦甚深，而始有此变态也。晚九时返家，入室独坐，于是过去悲欢离合之事，又一一涌上心头，而宗之形貌，更萦绕胸怀，而不能或释矣。

度日如年的日子又挨过了几天，我叫道藩给我再寄一次的笔记自天而降，当我拆读的时候，心里感到苦中有乐的况味：

雪：

你叫我把笔记再寄你一次，看来以后恐怕没有机会寄了，所以我改用这种纸张，预备将来装订成册，使你在阅读的时候觉得方便，而且可以留下永久的纪念。我现在立下志愿，要用这些笔记表示我对于你的爱。我们两人既然有"海枯石烂，斯爱不泯"的誓言，那么我希望在我有生之年，必定继续不断写我的笔记，假如有一天，我无缘无故地中辍了，就是你不爱我，或竟是我不爱你的表示，我决不愿意见到有这么一天，让它打破我们纯洁的爱情之梦。我所以敢大胆立这个心愿，并且还能对我自己产生幻想，是因为我们都已非年轻无知的人，同时我们的爱，决不是一时的感情冲动所可比拟。万一真有这种不幸的日子来临，不是你死，便是我死，或者是我们两人一同死去！因为我们如果再经过一次这样的失望，我们还有什么乐趣活在人世？我唯有虔诚地祈祷上苍，决不要让我们连累到第三者，以免加重我的罪过。

有时候我觉得我爱你，似乎本身就是莫大的罪恶。可是我以为上苍可能会原谅我的，因为我爱你是出于至诚，这一点，或许可以减少我的罪恶于万一。我爱你，远起于十二年前，而我竟能隐忍这么样久，丝毫都不表露，这就不是一般人所能做到的了。当时我必须隐忍的缘故，是因为我决不愿意为了自己的私情，破坏你的幸福。直到一年以前我眼见你几已被人遗弃，我非常痛心，眼见你屡次被人欺凌，更是无限愤怒，可是我又有什么权力能替你打抱不平？你应该知道我当时内心的痛苦深到何种程度！有一天你来看我，说起你的苦况，我送你回家以后，整夜不能成眠。我那时便有一个计划，想帮助你脱离苦海愁城。第二天再三考虑，总是觉得不妥，所以就再度抑制感情，想法使你和悲鸿重圆，结果是我所有的努力全归无效。后来你亲赴西南，不能把悲鸿接回来，我在愤恨之余，爱你的心更加坚定。

你知道我去年九月大病一场，十分严重，这场病的起因，表面上说是由于家事烦扰，其实你八月十四日离京赴桂，才是我真正的病源。这件事我从来没有告诉过你，是因为我不愿太暴露我的弱点，而使你看轻我。我在当时所害的五种病中，如像神经衰弱和所谓的脚气病（其实都是医生的胡说八道），都是由于不能爱你而得，你细细地想想，自然就可以明白。假使我当时竟已死去，你今天绝对不会知道我爱你的深切，以及精神上身体上所受的痛苦是多么大。在那一段时期，我所受的罪，是无法形容的。想来想去，也只有今年中秋前后的一星期中，差可比拟，这些都是你亲眼目睹的。

有时候我顾虑社会和伪君子们的批评讥讽，但我自问我除了爱你这一件事以外，从来没有做过任何足以使人认为有罪的事。我现在所必须自励自强的，就是一切竭尽我的智慧与能力，以求对于祖国有点贡献；如果社会对我这一方面的愆尤，仍然不能谅解，那么我也就不再理会了。

宗

原想不再给道藩写信，可是情魔缠人，竟使我无法抗拒，只好向它屈服——

宗：

我此刻的生活，可算得枯寂无味已极，尤其是这儿的阴沉天气，更加使我苦闷不堪，终日除眠食而外，无所事事，唯一的消遣是听广播。最难堪的，就是邻居们的啰啰嗦嗦，你想我怎么受得了？但是又有什么法子脱离这个环境呢？搬家吧，不容易找到房子，换地方，除了回南京而外，我是不愿再到任何地方去了。

今晚接到你的信和笔记，使我欣慰万分，现在我唯一的快乐，就是接你的信和读你的笔记了。悲鸿已不会再来，听说不久将去中大校内居住，所以你尽可放心多寄信给我，以慰我寂寞的心情。

我读了你的笔记，觉得你近来很忙，天气又渐渐地寒冷，你不可不格外小心。你自己应该知道，这时候如果再生病，既没有"细心熨贴"的珊来侍候你，更不会有"海阔天空"的雪来陪伴你，你将如何的受罪啊，所以你还是保重为要。

你该知道此生此世，我的精神身体都是属于你的了，我希望你留的印是永远地封固着，等待着你的来临。我一想到有人将以权利来逼迫我，我是何等的愤恨，一身而无自主之权，岂非莫大的耻辱？尽管你不会责备我，可是我却忍受不了。至于今后将有怎样的发展，那就不得而知了！前次信里，你说你已写成了一个独幕剧，我想一定很好，我急于寓目，请你赶快寄给我。重庆已寒冷异常，我是连冬衣都上了身，据说以后的温度也不过如此，所以我决定今年不烤火炉，试试我的抵抗力如何？——其实这儿根本就没有火炉。

雪

雪：

今天接到你十一月四日到十二日的笔记，一个人独自在房中细读，还没读完，眼泪已涔涔而下！心爱的雪，你这样的痛苦，我竟不能代替你于万一，奈何奈何！我们伟大的爱情，为什么不能感动上天，给我们较好的待遇？上天真是昏聩极了！

今天领到十一、十二两个月的薪水和公费，除去一切折扣，还剩一千多元，我交了五百元给子杰，请他带到重庆汇给我的父母，因为我不知道以后还能不能再汇钱。即使可能，也要到明年一月。上个月我汇去了五百元，现在再汇五百元，一共是一千，预计父母和妹妹如能节省点用，至少可以免除七八个月的冻馁之忧。

你的信里，曾经写着："此生此世我的精神身体都是属于你的了，我希望你留的印是永远封固着，等待你的来临"，心爱的雪，当我读了这几句话时，我是何等的安慰啊！几年来深心向往你对我说的话，你总算说了，我真自负极了！我的雪，只要你的精神身体全属于我，我还敢希望什么？那"有权利"的人，他尽管可以逼你！为逞他的私欲逼你！可是他应该知道，以他年来对你的一切，他早没有资格再逼你了！你之所以被逼，一来是因为你的伟大，再则就是我的无能，没有办法救你脱离苦海，所以我与其恨他责备他，不如自恨自责！可怜的雪，你在无可奈何的时候，随便你怎样去应付吧！你的宗除了惭愧以外，是决不敢有任何怨言的！

我近来颇为忙乱，加以精神受刺激，紧张过度，因此身体比较差，希望数日后可以稍微好些。我决定遵照你的嘱咐，小心保养身体，希望不至于使"海阔天空"的雪，为我焦虑忧心……我的雪，现在已是夜里一时，我不能不睡了，明天再谈吧！雪，我天天在祈求梦见你，上天有灵，让我们今夜梦中相会，聊慰苦情吧！

宗

宗：

这几天尽听到战事失利，心中怏怏，忧煎如焚，我想你这时的难言之痛，一定比我更甚！不知你的近况如何？消息如何？互慰不能，真叫我寝席难安！

早晨起来忽然头痛得很，吃了一粒阿司匹林，因此想起在南京的时候，有一次也是因为头痛，你亲手倒了开水拿着汤匙，替我把药化开后服下，你说：这样吃容易生效。但是今天我仍然是把整粒药片一口吞下，吞下去以后，心里又懊悔不该不照着你所说的那样做。唉，我的宗，要是以后我还有这种福气，得你亲自喂我吃药，我再照你的方法吃吧！

雪

宗鉴：

今晚六时返家，归途忽见亮月高悬，照澈大地，怅触君情，相思无已，不识汝此时在何处？作何事？安得明月如镜，一一影入而现吾目前，吾岂不将惊喜欲狂耶？

雪

宗鉴：

下午友人来请看电影，因想与其闷坐，不如藉此消磨时间，乃至新川大戏院，此间最大之影场也。影片为《春残梦断记》，根据托尔斯泰原著《安娜·卡列尼娜》改编，剧情写一有夫之妇，被一少年军官所倾心，百计追求，结果萌生爱意，后为其夫发觉，因声名关系，不欲离婚，仅绝之使去，并不令再与伊爱子晤面，此妇不得已往就其爱人，相偕至文丽市同居。初甚幸福，厥后军官加入塞尔维亚军，往土耳其作战，匆匆不顾而去。伊赶赴车站，思欲再睹一面，适见渠正与一贵族小姐哝哝话别，见此情境，乃不敢复前。迨火车启行，爱人远离，顿悟伊人别有所钟，即留得性命归来，亦决不能相爱如前，悲怆之余，竟跃身路轨，而殉情矣。

观后，感想甚多，当然故事是作者虚构的，不过我以为人间男女正无时无刻不在重演一幕悲剧，仅事实之略有不同，而结果则一也。

记得我曾对你说过，我之爱情哲学就是"目的既达便难持久"，况人心喜易，怜新弃旧本属天性，否则世间又何有演变？且无进步可言矣！质之吾宗，以为如何？

雪

宗：

计算你我分离，已一月又半，四十余日间，可说无时无刻不在想念你，而眼前手边，更随处都是你给我的东西，益发令我睹物思人，此情此境，惟天知晓？昨夜儿子卧病，心绪麻乱，夜静更深，无以遣怀，乃将你给我之一切书信笔记，阅览一遍，整整读了两小时之久。

雪

一连几天，每天都在为道藩写信，记笔记，有时候觉得吐出积郁，心胸略爽；有时候却又感到愁闷更增，虽说写信读信聊可使我们心灵相通，只是分离的日子，毫不容情地一天天积累，使我们为了爱情，尝尽苦涩的滋味。

从以前道藩写给我的信里，我发觉道藩情绪上的苦闷已经达于极点，而且在悲观消沉的顶峰，但他终于将这种绝望的感情加以升华，使他到达了另一种境界——另一种忘我无私，慷慨壮烈的境界。当然，他内心强烈愿望的形成，和当时的国难日亟，以及他一向爱国的热忱，有着很大的关连。我想起，早年在巴黎，他开始从事党务工作的时候，每年双十国庆，清早起来第一件事，就是十分虔诚地在房间里独唱国歌，那时有朋友们笑他傻气，后来却人人都由衷地对他钦敬。

道藩虽然不是守土有责的军人，他却暗暗地决心与南京首都共存亡了——，这是我从他以后的两封信上，怃然惊觉的——

雪：

感国事之危，忧心忡忡，我独自出外，沿着广州路到清凉山的那条路上，来回缓步。明月当头，清辉四溢，勾引起我很多感想。我已和部长谈过：假如政府迁都，南京需人留守，我志愿作留守者之一，我愿与守卫首都将士，和南京城共存亡！

我并且说：我从事党政工作十多年，从来没有自动要求任何工作，我将来要求这种工作，总不会有人笑我毛遂自荐吧！我一定要达成我这个愿望，我才能心安！

我所放心不下的，除了父母以外，只有你和素珊。我的父母都快七十岁了，而且已经回到故乡，他们不会遭遇什么危险。唯一遗憾的是，假如我有幸以身报国，我是没有后嗣可以代替我为父母送终的。这是我无可奈何的事，可是我一心为国，当然也就顾不得家了。

我果然达到报国的志愿，素珊一定会非常悲恸，她爱我，并且极爱我所爱的丽莲，她的年纪比较轻，将来如果不遇难，她怎样在中国生存？实在是大成问题，这是我无法解决的事情，因此我只好听其自然。

假如我真能杀贼而死，偿我素愿，那么，最痛苦的可能只有你一个人了。你将痛苦到什么程度，我想你会苦到不敢在人面前为我流一滴泪，这是何等深沉的悲哀！倘若你能安全，你务必要自己保重，好好抚养两个孩子，以慰你的将来。你以前的来信中曾说："悔不该接受你的爱。"你又说："悔不该早些接受你的爱。"而我也有"我为什么不大胆地早早爱你"的痛悔！凡此种种追悔，如今已属无益，我以前不敢向你示爱，是因为看到你和悲鸿之间，还有一丝挽回的希望。后来我知道你和悲鸿已经绝无爱情可言，而他也竟弃你远去，前后历时一年之久。在这种情形之下，我才向你求爱，我扪心自问，我觉得我并没有任何对不起他的地方，因为他和你的感情破裂，与我毫无关系。我所最惭愧，而且必须自谴自责的，是你既然接受了我的爱，我却毫无办法使你脱离苦海，这里面虽然有种种因素，使我不能毅然决然地放手去做，可是我却始终不能减轻自己的咎恨！

我的雪，最近几个月来，你已经占据了我脑海中的每一部分，自从你离开我以后，我尤感彷徨苦闷，看了我一个多月来的笔记，你大概已能了解我的心境。我果若死去，我将一无所求，我只希望你永远相信，我是至死不渝地爱着你的。

雪，我但愿你健康长寿，更希望孩子们都能长大成人。你如果能保存我的笔记，你将来可以把它们拿给丽莲看。让她知道，我最爱的人是你，我希望她也把你当做母亲一样看待。假使真能这样，我虽然死了，我也会含笑于九泉之下。

我今晚忽然写出这样的笔记，决不是我对于国事悲观，更不是我心怀畏惧，我是怕以后没有机会写，所以现在先向你说明我的心事。

宗

信还没有读完，我的热泪已在潸潸地流淌，从我的面颊滴落在纸上，将道藩遒劲有力的毛笔字，漫漶成一朵朵的墨花。斗室静夜，雨声淅沥不停，我原已悒郁愁惨，怎禁得起他再赋悲声？我对道藩有深刻的了解，在他文质彬彬的外表下，他确实拥有一颗火辣辣的悲壮义烈之心。他口口声声地杀敌报国，与首都共存亡，我知道他决不是信笔所至，随口说说而已。

以我自己的性格来说，轰轰烈烈，一死报国，不同样也是我深心向往的人生结局？假如能够为苦难中的国家民族做出一点事来，即使牺牲，也是光荣而有意义的。

然后道藩似乎早已料到，他那封信所将带给我的震撼和悲恸，他紧接着，又给我写了这样的一封信：

雪：

现在是晚间十一点半钟，我又来给你作笔记了，我将昨晚所记重读一遍，觉得太悲惨了。假若你能收到，读了以后，一定会很伤心的，我引起你伤心，未免太不应该了！我的雪，时间的变化，其速度恐怕远在我的想像之上！国运如此，为之奈何？但是我的自信力决未消失，不惟不消失，反引起我最强烈的反动。我在下定最大的决心以后，已经尽可能在作一些安排了。

正记到前一段，得到今晚最高会议决定迁都入川的消息，以及种种办法，为了能够和你接近，我也未尝不可以和大家一同入川。但是，我最爱的雪，我觉得我今天应该把对国家的责任，看得比家庭和对爱人更重要，所以我的决心仍不动摇，我希望你不会为了我做这样的决定，责怪我对你无情。因为我对你的感情，不应该在这种时候，以惺惺作态的儿女之情作表证。我能为国家牺牲，至死爱你，才够得上做你的情人，否则的话，我为儿女之情而入川，不但不光明，甚至纵使将来每天都能见到你，而我仍然不能爱你，那我岂不要气死，这样未免太不值得了。

宗

他道尽了他心中的话，然而却愈加使我满心悲酸，彷徨无主，我正不知怎样给他写回信，答复他的问题，表明我的态度；解释得更详尽的笔记，又很迅速地来到。

他心情宁静，有条不紊地写着：

雪：

现在已经是午夜一时，我才得到机会，上楼为你写笔记。同住的人，明后天就要离开南京，子杰（郭有守先生的号）明天晚上走，明晚以后，这里就只剩我一人了。和三个月来热闹的情况相比，将有天渊之别！我希望我能勇敢地忍受这种情景，同时，也许我正可以有更多的时间，来为你作笔记，抒解我心中的悲酸。

我从前的信上，曾经向你建议，请你把以前的笔记，寄回南京，因为我恐怕为你惹祸。现在南京既已危在旦夕，即使寄来，也只有在必要时烧掉。因此假如你还没有寄出，那么也就不必寄了。但你必须设法妥为保存，免得失落以后，对你有损害，这是不可不小心谨慎的。

政府在南京一天，我总要想尽种种方法，留在南京不走，到了首都弃守的时候，如果我幸而不死，我也只好随着大本营人员撤退。倘使需要死守，即使大本营人员撤出，我也决心与守城将士同生死，相信那时我在城里还有许多事情好做的。你或许会责我，不应该不顾一切地这么做，可是你必须了解：与其苟全性命而忍受长时间的痛苦，为什么不早求死得其然呢？回忆十年前我也曾遭过大难，设若当时我被周递西成所杀，十年以来的种种切切，岂不是全都谈不到了吗？

对于家庭，我曾得到机会侍奉了父母几年，聊尽人子之责，使我稍感心安。唯一的憾恨，是我不能为这一支人生儿育女，承祀香火，但我总算也为几位妹妹尽到我应尽的责任。

至于素珊，诚然，她很爱我，我也很爱她，就一般的丈夫而言，我大概还不能算是一个坏丈夫。我虽然对素珊有所不忠，但我却从来不曾给她任何难堪。我对待朋友，自问也不至于有什么内心惭愧的地方。我对你的爱，以世俗道德的观点来衡量，我可能对不起一个人，但是，他既然对你这么绝情寡义，而且是在他恶意将你遗弃的时候，我才向你表明了爱意，同时你也方始接受了我的爱情，因此我对他确是了无愧怍——以上所写的这些，等于是我在未死以前，对于人生的忠实招供。这些发自肺腑的话，我只有诉之于你，因为其他的人，根本就不配听！

我不相信我会死在这次战争之中，但是我果真死了，我又有什么憾恨？现在想起有几件必须求你的事，你将来如果能够设法去做，我虔诚地希望你能让它们一一实现：

一、请将我所著的剧本，汇集齐全出一部专集。

二、假如我的各种作品还没有焚毁，请为我出一本画册，作为我学美术七年的纪念。

三、我最近几个月的笔记，你可以加以删改，隐去关系人姓名和字句，在适当刊物上发表，作为我和你的爱情纪念。

你能为我做这三件事，我即使死了，死也瞑目。

我死了以后，请你央托和你我相知相熟的朋友，设法筹措足够的旅费，使素珊能够回到她的祖国，平安度过她的晚年。万一将来她也遇难，那就不必说了。

我写这篇笔记，已经俨若遗嘱，你读了一定会很伤心，但是你尽可不必；人生终有一死，我何时而死固然不得而知，但我是必须预为立嘱的。

宗

再者：你给我的信，到了紧急时候，我一定会带在身上，好在文字中决不能看出是你写给我的（必要时当将有关的姓名涂去）。有你的信陪伴我死，我一定会得到无限的安慰。

读完信，我心旌撼摇，凄然泪下，我急于给他写回信，只是提起笔来千言万语，一时竟不知从何说起。劝慰？勉励？措词都非常困难，但是使他心情宁静，不为痛苦所困扰，也许是最最迫切的事。于是，我委婉地写着：

宗鉴：

……国运如此，诚堪痛心！但仍冀努力奋斗，为国珍重。吾人报国之途

甚多，非仅抛头颅，洒热血而已！苟国人之心不死，吾敢信直捣黄龙，复我
金瓯，终有报仇雪耻之一日。来书所言种种，令吾悲伤无极，但吾决不信会
有此一日，所嘱各事，希望于时局稍为平靖时，吾人能共同做成之，岂不更
添快慰！

雪

20

担心东南战场的情况，担心道藩一身的安危，我无法排除内心的忧虑；正在
这时，不意又和悲鸿冲突，于是我写信将经过情形告诉道藩：

宗：

今天又和悲鸿冲突了，缘由是为了钱。起因还是我在南京的时候，问他
以后对于家庭经济负不负责？他抗声回答："我怎么不负责？"我就说："如
果我到重庆，你每个月给我多少家用？"他当时答应我两百元，后来因为他
啰啰嗦嗦，我自动减少五十元。上个月是如数付给的，今天忽然托朋友送了
一百元来，我问为什么又少了五十元，他没有解释。我不能忍，跑去质问
他，因此又闹了起来。想不到他竟痛哭失声，这是我二十年来从未见过的
事，可见他的心里，痛苦也很深切。后来我回家，临走时对他说："请你漂
亮一点吧，要知道我二十年来，从来没有为钱跟你吵过。"

宗，你是了解我的，我决不是爱钱，我实在是太气愤了。现在想到有一
点你曾劝我："听他去罢，不要为这些事再寻烦恼！"我恨我没有听你的话。

雪

紧接而来的事态演变，是出乎意料之外的急转直下，悲鸿不顾我是否愿意，
他竟采取行动，搬到"光第"来住了。当然他是在强迫我"履行同居义务"。他
这种绝对自私，对我毫不尊重的表示，使我受到了生平最大的创伤和打击。骤然
之间，我变得麻木，我仓皇失措。我不知道应该怎样应付这个难堪的局面！

我必须立刻写信通知道藩，以免他继续寄信，引起悲鸿的疑惑，损伤他们之
间十多年的亲密友谊。

宗：

想不到我一生最悲惨的时候来临了，恐怕以后我不能再为你写笔记了。啊，叫我如何写下去？叫我向你说什么？

今晨七时我尚未起身，悲鸿忽然来此向我说："我现在要我的家，你究竟怎样？"宗，我这时的感觉简直是麻木了，一若有人将刀刺在我的心头，不知是痛是苦？我惟有静待死神的来临。

可怜的宗，你白爱了我了，我命薄如此，竟无福消受你的爱。我只求你一件事，此后你恨我也好，骂我也好，甚至不爱我也好，只要你还能保留一点以前的友谊，我便满足了。我不是常常顾虑着么？恐怕经过了恋爱以后，连友谊都会失掉的！你向我说："希望我们不至于这样。"我也相信你不至于这样！

此后我很难给你写信了，因为这儿只有两间屋子，无法守秘密！而你则更不能寄信给我，你的信寄到什么地方呢？我一想到这些，我真要发狂了。我没有了你，教我如何再生活下去？

数日来盼你的信不至，不知你究竟怎样？我寄给你的两封信，你都收到了么？万一你能到重庆来，我能再见你一面，那我便如死而复生的人。我惟日日祷祝你身体健康，百事如意，并勿忘了千里外有一点细微的雪，在受烈焰的欺凌，将要化去了。

雪

自从悲鸿搬进"光第"，我的平静生活起了绝大的变化。令人意想不到的是，悲鸿的行为举止居然也有着显著的改变。当他和孙韵君大闹恋爱的时期，家庭对于他形成一具桎梏，妻儿对于他无异是层层障碍。他可以全凭自己的意兴，不顾我们的能否生存，一再地不告而别，一再地飘然归来。在南京闹恋爱闹得最凶的那段时期，我和儿女们简直整天见不着他的面，他推说白天授课夜晚作画，尽可能地多在中大逗留。现在呢，他搬进了"光第"，他竟恋恋不舍于这个家了，他除了必须到市区沙坪坝中央大学去上课以外，他很少离家外出。

这么一来，反倒增加了我无穷的苦恼，因为现在我不愿和他面面相对，因为早已化为灰烬的感情是不可能重炽的，爱与恨仅只是一物之两面，其距离犹如剃刀边缘。当悲鸿步步深入泥淖时，我曾竭尽一切努力与可能，殷切地盼望他"迷途知返"，如今我已对他全部绝望，又怎能勉强我自己忘却那怵目惊心的往事，强颜欢笑，和他重归于好？

更重要的一点，是他始终不曾向我表明他和孙韵君是否果已断绝？这是一个非常重要的关键，悲鸿明明懂得，但他却一无表示。还有一件使我时刻不能忘怀的事，便是他手上曾戴过一枚十分惹眼的红豆戒指。鲜艳的大粒红豆，我听说是孙韵君送给他的，灿烂的金戒，则是他自己请人镶嵌。据说在戒指的反面，还刻着小小的"慈悲"二字。

因此之故，我是绝无可能和他接近的。然而"光第"的地方太小，我又有什么方法可以躲避他呢？无奈中我想出了一个办法。当时后方的妇女为前线将士缝征衣的运动，正如火如荼地展开，这是光明正大，冠冕堂皇的理由。我从张溥泉夫人那里领了大批的布料，无日无夜地缝制棉背心和纳底的黑布袜。我迟睡早起，辛勤努力，避免和悲鸿无事相对的尴尬局面。同时，也将我的悲哀情绪，藉着不断的缝纫工作而有所寄托。

> 宗鉴：
>
> 吾已三日未为汝写笔记矣，此三日中，吾精神上之辛酸苦辣，实难以形容。自惟命途多舛，遭此不能解决之境遇，只得尽此身心，受苦受罪。犹有万一之冀者，即中国不亡，吾人幸尚生存，重相聚首，彼时望你助我以力，俾得自立谋生，庶几再图些微幸福。否则即不被强敌杀害，亦必将憔悴以终！
>
> 悲鸿搬来已三日，看来颇具决心，以图和好，而我心乃益难堪矣！数日以还，我日夜望汝之消息，同时亦忧虑信件落入人手，则将奈何？昨晚六时余，我等正在晚餐，而汝信递到，幸趁盖章之便，得将笔记抽出，但此心已跳跃不止矣！顷彼出门，乘隙为汝写此数语，不识汝亦知可怜之雪，日夜梦魂颠倒，想念于汝否？
>
> 雪

十二月十四日，噩耗传来，南京保卫战在城厢一带宣告结束，唐生智下落不明，六朝故都已于十二月十三日失守，恰在日军强行登陆淞沪的四个月以后。京沪战役虽然粉碎了日本军阀三个月内战胜中国的狂言，可是毕竟我们也付出了重大的代价。至少，金陵蒙尘，秦淮含羞，每一位中华儿女都在悲愤不能自已，而我却在悲愤以外更有一份忧虑，道藩此刻在哪儿呢？我简直不敢想像。

正当我着急万分的时候，忽然接到他打来的一个电报——我这才知道他已离开南京危城，安全转移，到达牯岭，许久以来的焦灼不安，如今总算一扫而空。此后不久，我又接到他离京前夕，给我寄来的最后一封信，知道他是受了陈立夫先生的力促，方始放弃了与首都共存亡的壮志。我满心欢喜地读着他的平安消息——

雪：

你知道现在是什么时候吗？已经深夜两点了，我刚从立兄那边回到家里，昨日忙乱了一天，直到夜里一点才睡，因为疲倦过度，没有为你作笔记；今天又是整日的忙，而且还生了一天的气。

整天北风凛冽，已有将雪模样，和你在这儿时地下室里都得扇扇子的情形，大不相同了。

我想和守城将士留在南京的志愿，终于无法达到了！可爱的六朝故都，可纪念的湖山寺庙，可留恋的雅轩小楼，此后会被敌人毁灭，还是得能幸免？我都不敢再想了！我最怕旅行，最使我难弃难舍的，就是这儿经你接触过的一事一物，一草一木，我怎能舍弃它们而去？我已失你于几千里之外，如今连你曾接触过的事物也将失去，你说，我的心是怎样的迷惘惆怅！

宗

最爱的雪，你的宗算是平安地离开了南京，到达牯岭。这一次离开南京，完全是受了立兄的逼迫，否则的话，我不愿这么快就离开那可爱的首都，以及有着种种珍贵纪念的小楼！

你最近的笔记，今天朋友抵牯岭时，原封带到。我希望你接到我上次的信以后，就没有再发过信，那么你的信就不会落到别人的手里。

一星期来因为旅途劳顿，昨天想给你写信，结果没有写成，所以今天早晨拍了一封电报给你，免得你惦念。这封电报我本来不想发，恐怕别人注意怀疑。最后才下定决心，不管别人知道了怎样吧，今日我一共发了三封电报，一封给我父亲，一封因为公事拍给蒋部长，一封就是给你的。由此你可以知道，我虽然到了牯岭，你在我的心中还是占有多么重要的地位！

路上走了五天，可以说没有一天不想着你。我的雪，你若把我拿去烧成了灰，细细地检查一下，你可以看到我最小的一粒灰里，也有你的影子印在上面。

宗

21

宗鉴：

前日阅读致云慧书，备念近况，心慰无似，云慧颇以汝作详书为奇，吾则明知而不敢言也。汝等旅途竟有如许困难，闻之心悸，幸已平安抵达，应谢上苍之护佑也。

闻汝有来渝可能，欣喜欲狂，把晤非遥，诸俟面罄。

雪

云慧，指的是好友兼邻居郭子杰太太，郭家在南京就和我们相邻。我这次逃到了重庆，又承她把所租下"光第"的房子，转租了两间给我，而子杰则在南京教育部工作，一直住在道藩的家里。这次道藩历经艰危，乘坐汽车越过安徽南端，用了五天时间到达江西牯岭，路上几度遭遇空袭，甚至于有他已被炸身亡的谣传。他将这一路上的旅程经过，写上一封详函，为了避免嫌疑，他竟寄给郭太太。使郭太太得信以后大感讶异，我心里明明知道这是道藩煞费心机想出来的方法。他晓得郭太太接到信，一定会拿给我看，因此可以避免悲鸿的注意。我了然这个秘密，只是不敢说出口而已。

此后，很久不曾得到他的消息，怅望庐山，我心里实有深切的感触，道藩总算是回到他的家里了。在星子岭上，有他的素珊和女儿丽莲；经过了南京这一段时期身心双方面的痛苦煎熬，他的确应该休息休息了，我希望素珊和丽莲能够给他温暖的亲情。

但是久无消息，我仍然不能抑止内心对他的惦记与悬念。在那时候，我甚至得不到他的行踪和动向，只知道他接受了中央政校的新职，一会儿说是政校迁长沙，一会儿又说政校要搬重庆，究竟是怎么一回事？我既不便向人打听，在报纸上也无从获得任何新闻。迫于无奈，我试探着写信给他，我只想他能复我数行，一通音讯。

宗鉴：

久乏消息，悬念之情，无时或释，不识近况奚似，行踪若何？务望惠我数行，以慰渴望。月之十三日曾上一函，由湘垣转交，不知未误洪乔否？日处愁城，心绪恶劣，凡所见闻，无非流离颠沛，凄凉悲惨之境，如此情形，又何贵乎有人生哉！

雪

悲鸿搬进"光第"，并没有挑起家庭生活的担子，我为了决心自力谋生，除了在家缝制前方将士的征衣外，一面积极寻找工作。当时复旦大学已经迁到重庆，留法时期的好友但荫孙先生在该校任教，承他的推荐，我接受了复旦的聘约，担任法文教授，每周授课两天。有了这样一个工作机会，我比较定心了些，心想凭我自己努力奋斗，这一家人的生活，也许还可以维持得下去。

听说我找到工作，悲鸿表面上不作什么表示，然而我知道他的内心一定受到很大的震动。因为他和我是二十年的夫妻，对于我的性格当然了解，我一向是言出必行的，这个准则我在任何情况之下决不轻易动摇。他知道我找工作就是为了要独立谋生，努力奋斗，不再对他作任何指望和依靠，因此破镜重圆已不可能。一九三八年一月十二日，藉着一次小小的龃龉，他决定第三次脱离家庭。翌日一早，他匆匆收拾行装，搬了出去。

第二天，便收到一封汉口寄来的航空快信，我一看就知道是道藩寄来的，一阵心喜，急急拆看。这封信他写得很短，几乎使我一目了然，但是，就在这封百忙之中草草写成的信里，他给我带来喜出望外的好消息。道藩不久前带着素珊、丽莲从牯岭到了汉口，而且由于一九三八年元月国民政府改组，陈立夫先生出任教育部长，他已调任教育部次长。最后他还告诉我说，他可能要来重庆一趟，处理若干公务，他对于我们很快就可以见面，在寥寥数语中洋溢着无限欢欣。

我真高兴极了，分别已经三个月，历经战乱与困厄，现在，晤面畅叙的时机居然就要来临。我没有再去信，因为我无法测知他的行期。

一月十五日，我开始到复旦大学授课。当时复旦大学刚从贵阳迁渝，校址设在菜园坝，临时的校址不敷应用，校方整天都在忙着找地方迁校，一切都显得很不安定。

就在这个时候，道藩竟如奇迹般地飞来重庆，使我陡觉无限的欢慰和欣喜。他急于来看我，可是当他坐在我家客厅的沙发上以后，郭张两家邻居好友全都跑来围坐在他的四周。那时候子杰也到了重庆，道藩拉着伯阳、丽丽的手，娓娓地谈着别后的经过，我故意坐得离他远一点，因为只有这样我才可以不受注意，远远地注目于他。他消瘦了些，面容也略现憔悴，但是一对有神的眼睛依旧目光闪闪，清癯的双颊有着兴奋的红光。我出神地盯住他望，连他在那儿说些什么，几乎都没有全部听进去。

相思两地，刻骨铭心，如今一室晤对，我们竟找不到机会交谈几句私语，倾吐一番心曲，甚至连四目偶一相接，都得匆遽地避开，我感到恻然，也觉得自悲。伯父那阕《蝶恋花》里写的："……众里相逢频笑语，道是无情，心比秋莲苦，可奈今生缘已误，明珠和泪还君去！"啊，这不正是此刻最佳的描绘吗？

朋友太多，孩子也在跟前，恰值悲鸿离家不久，形迹上的任何蛛丝马迹，都难免被人猜疑附会，闹出不好的传闻。因此，他只好做得像通常的拜会，我也只好装得有如款待多年的旧友，几声问候，一席泛谈。他推说有事，忙于告辞，我夹在朋友中间，送他到楼梯口。

回到客厅，我把他带给孩子的糖果当众打开，分给邻居朋友的孩子们，孩子们一声欢呼，皆大欢喜。

22

道藩在重庆只耽搁了几天，公事办完，又回汉口去了。从此以后，我和他全都在忙碌着，因为道藩当时已转任教育部次长，同时中国国民党临时全国代表大会在汉口召开，不免有许多事要做。而我呢，二月间复旦大学决定迁到嘉陵江畔北碚镇的黄桷树，因为我自己也准备搬到那里去住，所以必须先将伯阳、丽丽两个，送进他们的学校住宿。

重庆的匆匆一面，不但没有在久别重逢后，给我们一点欢娱安慰，反而增添我们无比难受和怅惘。以后两个人又在各自忙碌着，直到一个月后，我们才又开始通信——

雪：

别来忽已一月，无日不在思念之中。有时心中苦痛万分，欲哭无泪，无名之火竟藉各种不相干的事发作……尤以最近两星期为甚，每一念及吾最爱之雪，即心中作痛……写到此即未能再写。

我常反躬自问，十年以来，成就何在？自己究竟有何本领，可以贡献国家？而屡屡不安于所事，究系何故？此后究想如何？应如何方能使我愉快？

诸如此类之问题，我自己亦无法解答。年岁益长，自知益浅，有时竟自认为一毫无所能之尸位素餐者。凡此种种皆神经已有变态之表征，有时亦颇自危。

自离京以后，环境不许可，时间不许可，不能继续作笔记，胸中痛苦，无法宣泄，但有时想想，记了又便怎样？也不过多留点笑话在人间而已，有几个讲恕道的人，能在其中看出伟大的情与泪呢？我自己罪恶，复引人罪恶，我自己入苦海，又拖你入苦海，是真千万不该，但是吾人既已受造化之播弄至此，除强自排解，以求将来万一这安慰外，又有何法？亲爱的雪，请你相信，这里有一个糊涂的人，永远至死是爱着你的。

宗

我接到他上面那封"胸中痛苦，无处宣泄"的信，心里很难过。就在这时，汉口的中央银行通知我，关于道藩代我储存的那千元存款提取的问题，我觉得我应该把经过情形告诉他，并且再度表明我对这件事的态度。我写信给道藩，顺便也把我的近况，略略地说了一些，——我已经快要离开重庆搬去北碚了。

奉读手札，感喟无似，吾人日处于无可奈何之生活中，不知几时才能解脱？益觉人生唯苦痛为现实，其他均不可靠也。数日前曾得中行由汉来函，谓吾之存款未到期前，不能汇寄，将来定可由渝转付，故此事已无问题，汝可放心矣！至于吾之生活，一时尚无须忧虑，因所入虽微，仍勉可度日。际此国难时期，亦不敢求享受，即此恐不如吾者，正不知有数千万计也。朋友助我，固令我感激涕零，不过无功受禄，依赖他人，非我素愿，幸爱我者勿更增我罪过，以免他日之懊悔无地也。学校已于今日开始搬动，校址暂设北碚，我在月底或下月初，亦将迁离渝市，虽不无戚戚，但为免生事端，实至妥善，且驻此本为汝之初愿，心中尤喜不背汝之意念也。

雪

雪：

你应该明了，无论你在哪儿，我的心灵总会紧随着你。相思苦，相见而不能倾诉衷曲更苦！不过我早就知道，跳进苦海就得吃尽苦中苦，所以我毫不在意。可惜的是苦海茫茫，恐怕我们永无到达彼岸的可能。我所求的是在苦海之中，不遇狂风恶浪，可以慢慢挣扎，或者能够挣扎到一座孤岛，快快活活地聚一天，尽吐心曲，然后再相互拥抱，蹈海而死，这是最痛快的事。假如天上果有神灵，应该使我们真有这么一天，才不辜负天生我们。

近来还是毫无生气地活着，每天和机器一样，照例做事，对于任何事都感失望，抗战的前途虽不悲观，但是因为我知道政治内容较多，眼见一般人还和以前一样地在投机取巧，争权夺利，又叫我怎么不灰心？

谈到那一千块钱的问题，以后你如果有什么需要，在我俩之间，实在不应该再有什么功禄的想法。你愿意自立自给，当然是我很钦佩的，但是在我能够帮助你的时候，你就不应该拒绝我。

宗

三月里，道藩准备把素珊和丽莲送到重庆，以免战局紧张，临时撤退不及。她们在重庆的寓所早已准备妥当，但是素珊以一个法国女人，初到一处陌生的地方，当然会有许多不便，于是我不得不对她们母女加以照料。

宗鉴：

寄书两册，已经收到，感激之情，非言可喻。数日来此间天气极佳，风和日暖，鸟语花香，惟大好春光，益添惆怅，眷念故人，无时或已也。学校开课，尚有时日，我大约在十二三日始去上课，闻汝将于月中来渝，则一面之图，亦不可得，缘客至此，何胜慨叹！不过相对不能诉衷曲，心神徒乱，其苦痛或尚有甚于相思也。项从杰克处得悉珊等所乘之船，因机件有损，竟不能直航重庆，然则途中必有许多困难，不识亦曾早为料理否？殊用悬念，读来书，知甚烦忙，仍盼节劳减思，善自珍摄为要。我一切尚善，勿以为念。

雪

宗鉴：

七日手书收到，姗等已于八日下午安抵此间，是日曾偕云慧至码头迎接。昨日上下午并曾往寓所探视两次，及偕访陈夫人。彼等一切尚安，惟因天气骤变，寒冷异常，颇感疾苦，房子尚清洁舒适，仅出路狭隘，再兼泥泞满道，极不方便，可否久居，恐尚有待汝来决定也。

三日来，感想极多，内疚甚深，觉孽障重重，无可挽救！昨夜辗转终宵，深自忏悔，已决意不再与汝通信，免至万劫不复。无奈今晨手翰忽至，令吾悲喜交集，感伤逾恒，终乃不能自己，让受制于情魔矣。上周因天气不正，冷暖无常，儿女在校，不自知照料，乃至生病，吾心益难堪矣。用是数日来，抑郁满怀，无计安排，彷徨忧虑，勇气都消，竟不解我之生存，究何所为？故日维乞怜上苍，令吾速死，则一了百了，种种问题，都无形解决矣！提笔书来，无非愁恨，自知非所以报爱者之情意，无奈此心一无安慰，日日煎熬，苦痛太甚，不向汝诉，只好闷死，想爱我者必能谅我也。

雪

是的，自从素珊、丽莲到了重庆以后，确曾给了我不少感慨，但是我没有想到的是，道藩的愁绪怅触比我更深：

我最爱的雪：

十日的信，今晚饭后收到，读了以后我不禁心酸泪下！惟恐友人返屋看见，匆匆出门，独自在江边散步，整整三个钟头，方才回来，已是十一点钟了。本来想即刻写信复你，因为心中万分烦乱，知道无法作书，乃即就寝，在床上辗转了三个钟头，不能成眠，现时（夜间二时余）若不起来写信给你，我今夜一定会通宵失眠的！

我看了信落泪，我今晚如此苦痛，我不是可怜你，而是痛恨我自己！因为我知道你这几日来的苦痛都是我给你的！但是，亲爱的雪，你若是还有我的话，请你千万原恕我罢！很不幸我不能不把珊送到你所在的地方去，你自己也知道我没有别的办法，我也很明白你对她绝无恶意，她也不一定对你有何失礼，但我不能不使你遇见她而生出种种的感触，那就是我的罪恶了！你说你"内疚甚深"，这话不对，一切的罪恶都在我，一切的孽障都是我造下的，你莫说只是向我诉你的愁恨，你就是骂我，恨我，甚至打我，我都唯有接受。这不是我卑鄙的说话，而是我真心的自责，再说除非你不爱我，否则你的一切苦痛和愁闷不向我诉，应向谁诉？到你不向我诉的一天，那就是我失掉你的时刻了，在我应该是何等悲惨之事，你忍心吗？可怜的雪，设法强自排解吧！不管我们是自投罗网也好，或是命中注定也好，总之我们已经陷入可爱又可怕的，似甜而又实苦的情海，想要自拔，已无办法。唯一的希望，就是我上次信里所说的那一个岛！忍耐吧，心爱的雪，事到如今，忏悔已晚，徒伤无益，万一我们尽量小心谨慎，仍不免沦到万劫不复之境，亦只好同归于尽了！现在正是抗战期间，我们只有忍耐一切，先把我们的精神尽量寄托在为国家社会服务上去，要是在抗战期间死了，也是很光荣很自然的结束。设若不死，抗战完毕，再设法了结吧。我常常责备我自己，我觉得世界上不应该有我这样的人！要不是我还有未尽的责任，要不是想对我自己惹下的祸找一个较好的解决，我随时都可以死！我虽然只活了这点岁数，人生的一切苦痛我都尝够了！雪，可怜我吧！我一知道你苦痛，我的心就疼了！你要是真爱我的话，你要还爱我，你应该想尽种种方法快乐下去。我愿意看见我的雪那一双神秘的眼睛，永远是光明的，我愿意看见我的雪那可爱的嘴上，永远带着爱宗的微笑！啊，我最爱的雪，我想到你这幅可爱的画图，显现于我的眼前，我真要发狂了……我的雪，我爱你！千个爱你！万个爱你！永远爱你！至死还爱着你！雪，笑吧！让我数千里外听见你那娇脆爽朗的笑声吧！啊！雪，你要见我这样发狂，你或者会骄傲得看不起我了！随你吧，我是不怕在你面前丢脸的！我既是把我的心都给了你，其余一切还算什么？你说对吧？我的雪，啊，我真发狂了，我现在疲倦极了！我不能再写了！假若你迁移住地，应早告诉我，因为我不愿意我给你的信，落在别人手里。

宗

宗鉴：

十二日手书，于前晚收到，读后伤痛万分，热泪盈盈，点滴纸上，书信都湿矣。深知此重公案，无以解决。只恨上天残酷，将人玩弄，自身意念不坚，乃遭浩劫。处此境况，又何从愉快？欲求安乐，有死而已。数日来，为搬家事忙碌不堪，前日已将一切用具运往北碚，我亦定明晨六时北去，但在离渝之前，如不作书致汝，心实难安。孽障之深，可以想见。此后惠书，请寄复旦大学，因寓所并无路名号数也，乡间情形如何，俟抵彼后，容再续报。此时因家具运走，只好据一茶几为汝作书，觉两室空空，凄凉殊甚。顾视窗外，月明如水，益增愁思，正不知月里姮娥，是否仍有怜悯之心，而为吾传递情愫否也？

雪

宗鉴：

十六日奉书，想已收到。吾本定十七日晨北来，不料于清晨六时，在码头等待一小时余，仍未得登轮，此路航线之不便，殊出人意料。汽车既无法假借，雇用又复不赀。不得已，乃往访轮船公司经理，得一个介绍函，令坐账房间，始得于十九日乘轮来此。经三日之布置，一切略已就绪，同居者有六七人，饭食与共，颇不寂寞，唯房舍阴湿，土气袭人，殊感不适耳。学校已于昨日上课，吾之功课，排在星期二四，其余诸日，完全自由，盖为探视儿女之预计也。此间生活，大有隐居之意，吾惟冀两儿不生疾病，则此心便可稍憩矣。前托购之消食片，系友人所需，该价几何？请来示告知，否则不免令人猜疑也。日来身心尚安，惟故人音容，仍无时或忘，相思已成习惯，无此或将更感空虚矣。

雪

23

北碚，是重庆北郊的著名风景区，襟山带水，树木蓊郁。隔着嘉陵江，有一个名叫黄桷树的小镇，茂林修竹，环境优美。复旦大学便选定了这处地方作为校址，教授职员和一部分学生，散散落落地分别住在民家。

我和但荫孙等几位复旦大学同事，租下了当地王家大院的两翼厢房，一群人为了方便，共同起伙，就由我的佣人坤生、同弟两夫妇担任了炊事工作。生活渐渐安定，空闲时和朋友们到处游玩，借此驱除寂寞苦闷，甚至于希望解决那胶着纠缠的感情问题。于是，整整有一个月的时间，我竭力克制，不再为道藩写片言只字。

然而就在这一段时期，在汉口举行的临时全国代表大会，宣告闭幕，道藩重责初卸，又忙不迭地给我写信。他那日以继夜的思念之情，在他热烈而又真挚的字里行间，充分地表露无遗。我连连接到他的信，一遍遍地诵读，刚刚建立起来的感情堡垒，仿佛被狂涛怒浪所冲决，刹那间土崩瓦解，无影无踪。我茫然了，这一段永无可了之情，叫我怎样处理是好呢？迎既不可，拒亦不能，我内心里的犹疑踌躇，真可以说是生平莫此为甚！

譬如说以下的这封信，每一字每一句都深深锓入我的心田，使我无从回旋——

雪：

又有许久没有接你的信了，数日来因为大会已了，稍微清闲，终日思汝不已，汝近况如何？在北碚安否？每日生活情况如何？教书之外尚作何事？有何消遣？有些什么朋友可以陪陪你？新居如何？当地的天气风景等等如何？一切的一切，尤其与你有关的一切，都是我愿意知道的，你总该不会骂我多事吧？

我们是无可逃于彼此想念的了，既然如此，何必再思逃避以自苦？你应该比我多有闲暇，所以我要求你多给我几封信，安慰我的痴心，你不肯吗？除非你变了，除非你不爱我了，否则你忍心拒绝我这一点要求吗？我原希望本月中能来渝，现在又因种种事情的纠缠不能办到，你想我心里是何等的苦闷！

我在此异常的孤单，除办事外无可消遣，教我怎样不想你？我最爱的雪，快给我信吧！

宗

"我最爱的雪，快给我信吧！"他那两句热情的召唤，时时刻刻都在我耳畔缭绕，我竟挣扎不脱这个感情的网罟，中断通信一个月以后，再又给他写着——

宗：

你的信我都收到了，读了以后，感慨万分，回忆过去三个月中，何尝有一时一刻不想念你。先时还盼望你来，希望有所慰藉，到后来并此念都打消了。所以三月间毅然决然地搬到此地，无非想借此另闯生路，因为不论恩情怨恨，总使我痛苦太甚。一月来不作书与你，亦为既无可安慰你，又何必再伤你的心？你说："除非你变了，除非你不爱我了。"要是我真会变的话，那便什么都可解决了，至于不爱你的话，要是你会这样想也很好，起码可以减少一点烦恼。我常常觉得，天意似乎不许你我相爱，所以我便竭力克制自己的情感。我现在虽然住在乡间，生活倒很舒适，同住的人相处也颇和睦，每周授课三小时，非常清闲。有时重庆的朋友们来访，便相偕游玩，减除我不少寂寞。温泉一带，景色如画，尤其所住的地方面山临水，优美无比，每当夕阳西下，明月东升，闲步江边，乐乃无及。只是良辰美景，兴感更多，泪浮枕簟，固无人知晓。我在此生活甚俭，一时并无需要，请勿为我顾虑。汉口如有新龙井，能为购少许，感谢不尽。此间天气已渐闷热，大有初夏景象，汉口或尚不至如此吧。

雪

这时候中枢各机关一部分迁到了重庆，一部分则暂驻汉口，渝汉之间经常有航空班机往来，联系非常方便。我请他代买一点茶叶，不几天他便托人带到。读他附来的信，知道他为这点小事，还真花费了不少的时间和精神，使我觉得很不心安。

雪：

近日异常忙乱，加以每到季节更换的时候，我的身心常感不适，因此一连接到你两封信，都没能立即作复，但是我的心里却未尝一刻忘怀了你。寄上茶叶，不知道合不合你的口味。浙江已陷入战区，新龙井无法运来汉口，我曾亲访四家茶庄，方才买到这些。按照价格来说，六角钱一两应该是很好的了，因为当时匆匆买好，马上就托人带走，所以来不及先试一试。

相片三张收到，喜极。你好像消瘦了些，可是愉快的神情，以及周围美妙的景色，都在引起我的神往。我尽在想，什么时候才能得一个机会，和你在这样的美景中携手同游呢？从明天起，我又要增加新工作，以后想要脱身，恐怕更加困难。节劳既不可能，减思更不容易做到。天意要不要我们相爱，我也不去管它，但求我们有生之年，能够尽情地欢聚几天，那就不虚此生了。

你的"岁月诗"写得很好，可是每读一次，就使我增添无限的悲戚。希望你以后能够多给我写诗，使我多得到些精神食粮，来延长这孤苦悲观的生命。因为近来我在事业上苦闷极深，常常发生两种极端矛盾的想法，一种是逃避现实，隐名遁世，一种是投身战场，慷慨杀敌！这两种想法其实都是想要早点结束这种矛盾生涯。我年龄越大，越缺乏自信，越不能自制，越没有自知之明。能够早些死掉，或许是保持过去清白名誉的最佳途径！否则还不晓得会得到什么可悲的结果呢。

宗

24

在复旦大学的同事中，有一位熊君，对我特别殷勤，看他的种种表现，很有倾心爱慕的趋向。我从他的神态举止渐渐有点觉察，一些老朋友也在暗示我应该对他加以注意，我只一笑置之，但却不免引起不少的感触。我在写给道藩的信上，无意间提起了这件事情。

> 宗鉴：
>
> 　　昨上寸笺，想已入览。今有友人自重庆来，带到茶叶及李君所购各件，倍觉良友遇我太厚，中心感愧殊多也。
>
> 　　悲鸿已由桂返川，请人带我三十大洋，顷已将款托人转还，盖我虽无能，亦不至短此而饿死，是真辱我太甚矣！我在此生活既感烦闷，而所遇复至奇特，令我益为惶恐不宁。因我抵此不久，即有人向我倾心爱慕，诚不知百劫余生，血泪都尽，遑有宁日，侈口言情？是真枉生妄想，有时我颇觉可笑，有时又感麻烦，故在此能几时居留，殊不可必耳。今日在公园遇见×君及汝之族人数人，顿令我心怀不定，愁绪纷纭，自亦莫明其故也。
>
> 　　　　　　　　　　　　　　　　　　　　　　　　　　　　　　雪

令我想像不到的是，这桩在我看来渺不足道的小事，被我略略地带上几笔，给道藩知道了，却使他觉得严重万分。他立即写信复我，居然说他"不胜愤妒"，引起他一阵伤感，又俨然若有其事的，给我详细的指点，告诉我应该怎样应付。

> 雪：
>
> 　　我听到你所说的奇事，不胜愤妒！但是自己想想，我有什么权利嫉妒别人？于是又哑然失笑了！人生奇怪的事很多，我们所遇见的不过九牛之一毛而已。要是你能自持，正可以借此机会研究心理，考察人性，何必为这件事苦恼，更何必想要逃跑？你应该知道，无论你逃到哪儿，都免不了会有这些麻烦，因为你实在太可爱了，怎么能怪别人爱你？问题只在爱你的人，是不是值得你理睬。同时，你更应该了解，这些事情都是由于你和悲鸿感情恶劣，消息传到外面才会发生的。否则虽然有片面爱了你十年以上的人，也只有把爱情埋在心底，始终不敢明白向你表露！
>
> 　　我现在为你着想，应付这事只有两个办法：第一是那个人假如存心玩弄你，你要是愿意，可以反过来将他玩弄，但是这样等于玩火，你不可不谨慎小心。第二，假如那人对你真有痴情，而你对他并无怜惜之意，不如早些简单明白地婉转拒绝，使他在绝望之后，也不至于恨你，或者对你有所伤害。

这样可以一了百了，你说是不是呢？

凡是你吩咐我的事情，我决不会大意轻忽，倒是每每在没法办到的时候，心里总是闷闷不乐。我的精神已经全部为你所支配，即使想要不服从，也是不可能的了。

悲鸿只带给你三十块钱，虽然太不漂亮，不过你不应该退还，因为你这样做，他正可以拿你拒绝接受他的钱，来掩饰他不负赡养责任的过错；你虽然不靠他生活，但也不能不预留地步。他回重庆前经过汉口，曾来看我。我们一同吃早点，看他的精神好像比以前差得多了，因则使我想到十年来这一群朋友中一切的一切，真是感慨万千！他遗弃了他的所爱再去追求别人，而我也走上了他的路子，其他朋友的秘密，一定也很多。一想到这儿，真不知道人生是怎么一回事？如今我才了解，那些看破红尘，隐居遁世的人，他们都是大有缘故的啊！

宗

他在前一封信上又提到了他的身体不舒服，工作繁忙，心情苦闷，使我很为他担心。因此我急于向他提供建议，劝他休养。而他的第二封信却在为那位"倾心者"的事烦恼！可是我这个人又是生来藏不住话的，凡属有关我的事，总喜欢很诚实地向他报告。我以为瞒着他岂不是更不好吗？

宗鉴：

连奉两书，至欣至慰，惟闻汝不适，复用焦急，盼善自调养，早复健康，为幸多矣。汝惟消极太甚，复烦忙不堪，此种生活，实太不合卫生。公事既无法摆脱，私生活亦无可安慰，长此以往，何能度日？汝宜极力商之立公，来重庆小住，藉资休养，想未必不允耳。上礼拜斯百夫妇偕吾儿女来此游玩，我因今日为学校校友节，及在此立校纪念日，有话剧京剧等游艺，故留儿女在此看戏，明日将送彼等返渝，约下星期一返此。此行亦为中行之款，已届期满，应往办理换折手续也。此间之趣事颇多，倾心者虽不敢向我明白表示，而一往情深，无微不至，实亦可怜。我惟装痴作呆，不知不解。若谓彼有意玩弄，则殊未必，盖以言手段，我或较彼尚胜一筹也，不过我确无心以玩弄之耳。

前数日，复登此间之缙云山（照片中，有坐石上者，即此山之最高峰），在山巅极目东望，思汝不置。每感吾人缘悭之甚，竟无福同享此美丽胜境，憾恨无穷。再寄照片二帧，为吾室之一角，虽属土房，亦尚娴雅有致，汝以为如何？

雪

我坦白地向他说明对"倾心者"无意玩弄，以及我装痴作呆的态度，我想道藩应该了解我的性情，不至于再疑虑了。趁着送孩子回重庆去上学，我要到中央银行去一趟，因为那笔千元存款，已经到期，我准备将款提出来，寄还给在汉口的道藩。

重庆的气温已高达华氏九十度，我冒暑到中央银行去提款。不料行员却说：照财政部的规定，南京的长期存款，必需先由上海转到重庆中央银行，然后再从该行每周提取百分之五的存款。全部提完，大概要五个月。这样一来，我原来的计划又无法实现，只好再搁置下去了。

五月九日我动身回黄桷树，想不到竟误了时间，轮船已经开走了，没奈何，只好在重庆又多耽搁了一天。

可能是因为中了暑的关系，一回到黄桷树，便发冷发热地病倒了。当晚昏昏沉沉的，一夜没有睡好。翌晨想挣扎起床，但是头重脚轻，全身乏力，试试自己的体温，竟然热度很高。

就在我辗转床榻的时候，佣人进来，递给我两封信，接过一看，都是道藩从汉口寄来的航空快信，心头一动，我忽忽地拆封，才看几行，竟怔住了！

雪：

读到"倾心者虽不敢向我明白表示，而一往情深，实亦可怜……"等语，我真难过极了，我虽然没有权利叫人家别爱你，但是他的"倾心，一往情深，无微不至"，已经使我愤妒万分！而你竟还在说什么"可怜"，你更叫我失望了！我当然知道你绝对不会爱他，因此你才肯告诉我实情，可是我心里实在不能不难受。我晓得我这种态度未免小气，然而，要是我能大方得不计较的时候，那岂不是我已不再爱你？

假如我对你的爱，果然到了我可以命令你的程度，那么现在我会毫不迟疑的，命令你别可怜他！你应该知道，你这一个"怜"字，可能将会引起我和他，我和你，你和他之间种种的祸事。我对那个"有权于你"的人固然无可奈何，然而对于这种人我是绝对不能容忍的！我现在虽然不知道他是什么人，但是自从上次收到你那封信以后，在精神上我便没有一天安宁！如果你弄到我由于无理智的怀疑而愤妒，而失望，甚至于进而采取报复行动，那真是天下最悲惨、最残酷的事了。亲爱的雪，我知道你一定不会逼我到这个地步！我现在仍旧相信你并没有把他放在眼里，但如你始终"怜"他又怎么办呢？我写这信时，心中十分难受，当然，我此刻还是很信任你的，同时我更必需尊重你的人格和自由。但是我既然又愤怒又嫉妒，满心疑虑重重，倘使我不告诉你，那就是我对你不忠！我又怎可以这样做呢？

我也知道，我现在这样，可能会使你以后不再对我说实话。但是，故意表示自己气量大，自欺欺你，并不是不能，而是非我所愿！你已经眼见我痛苦到了这个地步，你能安心吗？你肯听我的命令，从此不怜他，设法使他绝望，不再对你存非分之想吗？我在静候你的答复。

心爱的雪，这封信可能使你不高兴，可是这几天来的郁闷，我若不向你倾诉，又叫我向谁诉去？我们今天这么缘客，已经够苦恼。我们之间，以后不应该再有任何疑虑和误解，否则我们就不会有半点安慰了。雪，正因为我太爱你，我才这么急不择言，你能否体谅我为情所苦而予我宥恕，我真是不敢问了。

致我淘气的雪

希望还没有真失掉你的宗

雪：

前天发信以后，至今心里不安，因为我恐怕你读了伤心难过。不过你应该知道我说那些话，还是因为我爱你太深太切，否则我怎么愤妒成这个样子？你了解这一点，或许可以原谅我，也未可知。

我现在已经决定本星期六飞重庆，你接到这封信以后，就不必再寄信到汉口来。至于我到了重庆，我们应该想什么办法见面，希望你预先筹划。我在重庆大概有三星期的停留，或者我可以藉口到北碚参观的机会，来看看你。唉！我们竟会这么不自由，真叫人苦恼极了！我一到重庆，你的信可以寄到我的办公室，比寄别处方便，我极盼望在离开汉口之前，还能接到你一封信。不管你来信怎样责备我，我都愿意接受。

宗

这真是从何说起？他竟会把这件事看得那么严重！我前几天还写信劝他保重身体，设法请假休养。怎么反倒为这种不相干的事更增添他的愤妒和疑虑？与此同时，我也感到有点不平，道藩和我相知相爱那么深，他不应该对我发生怀疑！

不顾自己的病还没有好，我必须赶紧回他的信。

宗鉴：

　　昨晚由渝返此，抵家即寒热交作，一夜未曾安眠。今晨仍觉头痛眼花，精神萎顿。盖我近来不仅消瘦，身体亦远不如前之健康矣。七日手书，顷已递到，阅读之下，不禁失笑，故虽在病中，不得不急急作复，释汝疑虑，汝真太不认识我矣。别人不论，即以汝而言，爱我十余年，至最近数年间，追求不可谓不烈，而我且未肯轻易谈爱，汝试想想，岂一毫不相干之人，足以动吾之心乎？自念平生爱吾者实不乏人，而我所爱者二人而已。而此二人，已足令吾痛苦受罪，或尚有一悲惨之结局，亦未可知。爱情之为害，固早已洞悉，避免之不遑，又岂肯再事尝试乎？且二十年以来，阅人不可谓不多，殊未觉有足令吾爱慕者，己虽不才，而择人甚苛，此亦不易沉迷之一因也。吾人相识十余年，汝应以我之过去而信我将来，否则如能另觅相爱，固亦所愿，自维命薄，虽有所爱，而天之畀予吾者，实不足以慰吾。有时悲极恨生，亦常思反动，但终以清白之身，不愿作无谓之牺牲也。病榻支离，伤感益甚，叹爱我者有人，而庇护我者，不知为谁耶？

雪

我所说的每一字句，都是实情，我相信道藩必能了解，否则他就不能算是我的平生知己了！当我将信寄走后，自己已经相当的疲累，想着这一件"奇事"，竟会使道藩掀起了那么大的感情波澜，实在有点可笑。

25

这一次道藩没有回我的信，因为，他已决定在五月十四那天，搭飞机来重庆。

但荫孙先生一生最讲究吃，而且还有一手上等的中西烹调功夫。我的佣人坤生和同弟，对于锅勺手段原就不弱，小伙食团成立以后，他们在但先生的指导之下，手艺进步很快。因此，我们的伙食团，便以精美丰盛而驰名。复旦大学所在地的黄桷树，只是一个小镇，简直就没有一家像样的饭馆，每当学校有贵宾光临，校方总是来跟我们商量，借用我们的地方款待佳宾。久而久之，大家都戏称我们这儿是"光禄寺"。

五月中，道藩已经到了重庆，他决定在二十号那天来黄桷镇视察复旦。当天，吴南轩校长便借我们这"光禄寺"招待道藩午餐。

道藩到重庆以后，一定会来看我，这是我预料中的事。但是我也知道，在这种近乎官式招待的场合之中，我们不可能有机会单独谈话。而且，众目睽睽，我唯恐我们的神情表现，被别人看出什么破绽。最使我担心的，还是他心里毫无必要的"愤妒"。我不知道我披心沥腹地向他譬解的最后一封信，是否已使他的"疑云"尽去？——万一他由于感情冲动，不克自持，发生什么窘事，其后果简直不堪想像。

怀着忐忑不安的心情，我关照佣人准备宴席的事情，同弟和坤生听说张先生要来，喜上眉梢，十分高兴。他们那真诚而自然的感情流露，使我深感道藩和悲鸿在为人处世方面，真是截然不同。悲鸿爱的是艺术和他自己，对于家人一向冷漠疏阔，因此谁也无法和他亲近。道藩却由于爱我的缘故，对我周围的每一个人，莫不关怀备至，所以我家的人，对他也就自然而然地觉得亲切欢喜。见微知著，这一点也可以证明他们两人基本性格的迥异。

第二天早晨，道藩在吴俊升先生、陈可忠先生和郭有守夫妇的陪伴之下，抵达黄桷树。我们相见，也和普通朋友一般地握手寒暄，晤面是欢欣的，我发现他气色很好，而且眉宇间并无忧悒愁闷之色。悬了一夜的心事，立刻松散，我猜想，我那封信也许收到了效果，只是他显得很瘦，这一定是由于他过分疲劳和精神不宁所使然。我暗暗地替他担心。

在吴南轩校长伴同下，道藩和同来的人视察了复旦全部校舍，以及听取了迁校经过和此后的计划等，费了两小时多。之后，一行人便到了我们家里，道藩立刻要参观我的住处，当他走进房门的时候，我看见他将一个小包往左手边的书架中间一塞。我不知道那是什么东西，但又不敢问，因为房门外还有许多人在那里。

这一天的午饭吃得很欢畅，道藩谈笑风生，席间经大家商议之下，决定饭后一同去游北温泉，晚上便在那里住宿。道藩表示赞成。同去的除了他们从重庆来的五位之外，仅我一个陪同前往。北泉离北碚不远，溯江而上，大致两小时可达，濒江一座花木扶疏的公园，雅洁有致，游人甚多。温泉水滑，热度适体，在重庆近郊的四大温泉中，北泉要数第一。游览途中，我曾告诉道藩，下星期内，我可能到重庆去看他。然而，当夜在北温泉一家旅馆住宿，郭太太却在闲谈之中说起，道藩这次回来，素珊表现得特别温柔体贴，两个卿卿我我，像是十分恩爱。她言者无意，我却听者有心。我觉得，既然道藩和素珊如此相爱，岂不正好让我急流勇退，脱离旋涡。我固然爱道藩，但是这一份爱尽可寄寓在心灵里面，我对道藩从无占有之想，而且我一直希望他能有愉快幸福的生活。几经考虑，我终于下定决心，宁可失约，道藩在重庆勾留的这段时期以内，我不准备再去看他，同时最好连信也别写，要是真做到了形迹渐远，了然无痕，不是也是解脱无穷苦恼的最佳途径？

当然，我并没有把我内心的决定告诉道藩，次日一早，我仍还是若无其事地送他们一行五人到北碚。大家握手道别，伫望他们的车子绝尘而去，驶回重庆。

回到家里，我才把他塞在书架上的包裹打开，一看竟是三百块钱，我感激他用意之深，但我仍不能不万分难过，退回去吧，又怕他生气，留下呢，实在非我所愿。这件事真使我为难极了，因此我只好再给他写了这样一封信：

宗鉴：

　　前朝欢聚，有若梦寐，昨日分离，倍觉凄凉。返家后，神魂俱丧，心意都灰，觉天地之大，竟无吾安身之所矣。承君厚赐，愧悚难言，本拟奉还，复恐有忤尊意，只好待下次赴渝后，再携并存款中，盖无故决定不敢动用也。温泉之游，感想若何？如此山水，或难惬君意，不过偶尔闲散，得倘佯其间，亦可消愁破闷也。

　　　　　　　　　　　　　　　　　　　　　　　　　　　　　雪

但是道藩却一连三天在他的办公室里苦苦等待，等得心急，他便来信说：

雪：

　　我多么希望昨今两天你会到这儿来，所以每天上下午老早就到办公室，一步也不敢离开，就怕你来了找不到我，这两天工夫，便这样望眼欲穿地度过。现在已经是下午四点钟，今天恐怕是没有希望见到你了，明天呢？你会来吗？明早我要到沙平坝，参加一个学校的典礼和讲演，又将费去半天时间，假如你来，岂不是又见不了面？

　　这几天天气这么热，我也忙得够苦，心里无时不在想念你。你假如有感应，你应该觉出我的灵魂，是如影随形般地跟住你的。唉，上天这样的折磨我们，未免太不应该了！立兄大约下星期一二可以到重庆，他一来，我就得回汉口，我们也许不能再在这儿相见了。但是不管怎样，宗是爱你的，没有法子可以忘记你的。"海枯石烂，斯爱不泯"，这就是宗和你的誓言！不管受什么折磨，不管人事怎样的变迁，我们的爱，一定永存于天地之间。可怜的雪，忍耐着吧，也许我们会有一天比较惬意的日子，使我们尽情欢爱，以酬我们的苦心。万一在重庆不能再见的话，只有到汉口再写信给你。

宗

雪：

我这三天以来，无端地烦恼！除了因为没有见到你而外，实在找不出别的理由。我最恨的是竟找不到适当借口，再到乡间来看你一次。我只希望今天能得你一信，到了此刻，已是下午四时，还没有消息，大概又是空望了，我希望你没有生病，我希望上星期六的信，早已送到无误，但是我想不出你不给我信的缘故？你还以为这样冷淡，就会使我疏远你吗？要是真的话，请你千万不必这么想，因为这与我们"彼此单独占有"是同样不可能的事。上苍已经这样处罚我们，孽障已经这样玩弄我们，他们是决不肯放松一步的。过去七八个月，我也曾想尽种种方法，和孽障奋斗，但是全无效果。催命符似的飞机票已经到了手上，后天一早我就要离开此地，哪一天再见面呢？在哪里重欢聚呢？谁知道？谁又能够算定？没奈何，一切只有听诸天命。雪，我敬佩你的孤高，但这也许就是你之所以苦恼；我爱你的聪明，但这也许就是你之所以不幸。亲爱的雪，妥协点吧，装傻点吧！不然你太苦了，我自愧是个最无用的人，既不能使你消愁，也不能为你解闷，更不能给你什么安慰。唉，为什么这支笔总是不能传达我心里的悲哀和情感呢。

宗

看他一连三天等不到我，同时也等不着我的信，竟会烦躁懊恼到这种地步，我心里实在不忍，尤其是在他的第二封信上，写出冷淡既不能使他疏远我，"彼此单独占有"也是同样的不可能，因此他要我装傻，要我妥协……使我感到我无论如何也得向他表明一下我的决心和立场；因为妥协既非我所愿，装傻更非我所能，同时，自始至终，我从没有过单独占有谁的意念。这一点，在以前的信上，我曾不止一次地向道藩强调、声明，我想他不应该连我这种基本观念都不了解。我反对占有式的爱情，那是由于我已饱受爱情的创伤，历经血泪的教训，我以为爱情到了"占有"这一步，一切丑恶与苦难，都将不断地来临。因此我才和道藩说过"爱情犹如爬山"的"理论"。所以，我再一次地向他说明我的观点和心志。我写信正告他说：

宗：

　　每次接到你的信，总使我愁上加愁，恨上添恨，但又不知愁从何来，恨自何起？你教我"妥协"，"装傻"，你试想想，以我的生性能做得到吗？除非你下定决心不爱我，以及所有的男子都讨厌我，那时候，我若还有勇气活着的话，也许能做到什么都不在乎。否则我是万无可能的！人生反正总是苦痛，所以我宁为玉碎，不求瓦全！我最不甘心的，便是我为什么总做三角恋爱的人物？难道真是命中注定么？我想人力也许可以胜天，我总得设法跳出苦海，才不辜负上天生我。好在我并没有野心想要夺人之爱，只求做到不接受人之爱以及不再爱人，便于愿已足了！亲爱的宗，请你原谅我吧，你一定也知道我是爱你的，因为我的精神身体都已给了你，但是我既不愿破坏你和珊的感情，便只好忍痛而放弃你了，我希望你不会骂我负心。再会吧！宗，过去的爱，让它去搁在喜马拉雅山的顶峰，待将来哪个探险家发现了以后，再传播人间吧。以后的雪芬，只算是你多添了一个妹妹，不过这个妹妹，因为身世的不幸，有时还得你扶持她才好！这次见你，觉得你消瘦多了，希望你以后能爱护自己，尤其在节劳减思，珍重你的身体。我以后也许不再写信给你了，你若了解我的话，你一定会原谅我的。

　　　　　　　　　　　　　　　　　　　　　　　　　　　　雪

雪：

　　你写那封信的时候，哪里全想到它给我多大的打击和苦痛！我虽然知道你信里的一字一句，无论你怎样说法，都是因为爱我太过，受到痛苦以后的自然流露。但是我读信以后，不能不恐惧，彷徨，失望，你真的要忍痛放弃我吗？你真能做得到吗？我不会骂你负心，我在任何情形之下，都不能骂你负心。因为我知道你是爱我的，我除了自己惭愧，不能将我的一切献给你而外，我还有什么理由，有什么权利可以骂你？亲爱的雪，当你写到"再会吧！"三字时，我可以想见你的心情是怎样的难受。但是，雪，你真忍心吗？你要是在这儿见到我这么苦痛可怜的样子，你一定会热烈地吻着我，说你收回你的话了。你愿意我把你当作妹妹，并且说愿意得到我的扶持，你认为这是我的责任和应尽的心意；你说你也许不再写信给我了，又说我若了解你的话，我一定会原谅你的，我真太为你悲痛了！你真不再写信给我吗？唉！可怜的雪，你以后就是天天写信给我，我能再得到你几封信，都要成问题了！你知道吗？现在汉口已经开始疏散，昨今两天，大雨滂沱，使人回忆去年十一月中，南京疏散时的那种惨状。我若不幸被炸死，你再有许多信给我，我也看不到了！就算将来幸而安全地逃出武汉，以后如何谁又能够预料？此后公私一切，都将大难而特难，我们何日再见，也不能预期。我的心虽然是至死不会一时，一刻，一分，一秒放弃你的（无论你对我怎样，我总是不变的），但是此刻一切的恐怖现象，似乎在责备着我不应该自弃地纠缠着你，增加你的苦痛，并且增加我的罪行。所以我今后也只有极力压制自己的情感，应付过当前的难关。如果幸获生存，将来再作别的打算，以尽我对你未尽之心。如果不幸一了百了，那就无话可说。无论如何，请你记着，你虽然不能明白地占有宗，可是宗的一切都是献给你的，不特至死不忘你，死而有知，也永不忘你的！你若果可怜宗的话，那就再继续给他几封信吧，如果他使你苦痛，那就随你的便！你真能忘了他，就忘了他吧！

你的宗拭泪书

虽然他的回信写得这么悲怆沉痛，但我当时的意志仍没有动摇，我还是这样复了他一封信——

宗鉴：

一周来心灰意懒，魂梦恹煎，萧索满怀，无法排遣。昨晚接读来书，益多伤感，皇天有知，亦应怜吾所遭之惨也！星期五日，本拟来渝一行，嗣念相见每添怅恨，又何苦再寻烦恼，因而中止。但缠绵情意，时仍婉转心头，魔障之深，如堕万丈之渊矣。自分生性刚强，复孤高自许，益以朋侪宠爱之深，乃养成一不能委屈之性格。无奈所遇复悉乖所愿，枉自小心，仍不免痛苦，虽云孽由自取，要亦不能不归咎他人，从今而后，正不知如何度此痛苦生涯？天若不我弃，当予我以慧剑，斩断情丝，庶几生存有望，勿再自害害人。牢骚满纸，维君原谅。

雪

然后，道藩为了他可能到湖南工作，所以又来信要求我多写信给他：

雪：

因为在重庆没再晤面，所以离渝前夕，终夜不乐。爱神既然这样播弄我们，上天决不会给你慧剑，情丝也就无法斩断。希望你能提高勇气，设法自慰，静待良机，那么我们将来自然会有比较圆满欣慰的一天。你这么爱我，就请你听我的话吧。回到汉口，就有会议，几天来又在忙乱。时局相当严重，在这里能停留多久，还不知道，将来很可能到湖南一方面去工作。要是真的到那里去，以后就没有航空，通一次信非得两星期不可，再要多通情愫，可就不容易了。乘着现在交通还方便，你还是多来几封信吧！

宗

我为了力求自立生存，又在国立编译馆兼了一个差，负责审查工作。虽然忙一点，可是多少能够抒解一些精神上的苦闷。这个新职务，仍是道藩为我介绍的，所以事情成功之后。我便写了一封信报告他，同时还有两件事情请求他，那是受了两个同事的转托。

宗鉴：

吾于昨日来城，今晨往晤汪君，承示一切，不日即拟往编译馆工作。惟学校结束，须在下月中旬，如能将工作携出办理，则决俟学校放假后，再搬来重庆，亦所以求全始终也。前书所言之留比学生为金先生之令侄，已嘱其将学历等转呈教部，至时如蒙鼎力相助，感荷无似。再有恳者，友人某君，因其尊翁逝世，拟求立公及兄各赐题赞数字，以光泉壤。某老先生生前研究佛学有素，极为人所器重。倘荷不弃，赐以翰墨，则惠及存殁多矣。屡渎清神，抱惭无似。故人其能谅我乎？一月来心神破碎，寤寐不安，往事追维，都如梦境，浮生碌碌，殆不苟延残喘而已。炎威多厉，保卫为佳。

雪

宗鉴：

手教敬悉，微于上星期六返渝，本星期一开始到编译馆工作。现所审查者，为《国语新读本教学法》，此书之审查工作不难做，无奈我对于中小学教育毫无研究，故不能有任何表示，只好在思想上和文字方面多事注意而已。闻悲鸿将于日内赴桂，自上月曾与同席一次后，至今未通闻问。三数友人，因见彼无家之苦况，每欲从中调和。我则早已声明，彼回家，我决不拒

绝，不过要我忘形一切，恐怕一时难以做到，此系感情问题，要非任何事件
之阻力也。

雪

在这一段时间，我的生活上也起了变化，因为学校放暑假，以及我在国立编
译馆的职务关系，我又搬回了重庆。伯阳、丽丽也从学校回到家来，仍旧一齐在
"光第"，我所保留的那两间房子。

国立编译馆的工作，必须按时上下班，但是我并不以为苦，因为我必需坚强
地站立起来。我对工作很认真，总希望能够做好，不至于让人批评。

26

宁静的生活期中，道藩又遥遥寄来他的心声——

雪：

过去这几个星期之中，我很少写信给你。你也许很奇怪，你也许以为我
把你忘了，对吗？假若我能够轻易地忘了你，倒也很好，那岂不是彼此都可
以减少苦痛了吗？唉！可是我哪里做得到呢？我没有写信的原因甚多，属于
外在方面的：一、为了国民参政会，我名义上虽未担任任何职务，但事前事
后，我却忙得不得了；二、部中第二次疏散后，人数少了，我连秘书都没
有，所以特别忙碌；三、天气渐热，使我无法待在家里；四、家乡来了许多
不如意的消息，使我苦闷；五、还有一种秘密工作，使我繁忙；六、文艺界
的活动也占了我不少的时间。我说这些都是一般的原因，因为尽管这样，并
不能阻止我不写信给你，我不曾多写信的重要原因，还有以下三点：第一，
因为斯百上月中有一封信，说你已经和悲鸿见过面，可以和好了。第二，是
参政员喻××被杀，警察人员在她家里的信件中，检查出立公和我给她的信
各一封（立公的信是介绍她去见蒋夫人，我的信是她以前写信要求我，请立
公给她一个中学校长，我回答她说没办法。信里虽然没有什么有关系的事，
但是在一个被刺的女子文件中查出，总觉得不好。尤其她之被刺，大家都怀
疑是她丈夫由于爱情关系将她杀了的。其实中间还有政治上的原因，侦查至
今，已有许多线索）。第三是郁达夫和王映霞事件的发生（请看附上文件即

悉一切）。这几件事接二连三的来，真使我发生恐怖了！为了第一理由，我不给你写信，是不使你和他之间因为我而不能和好。为了第二理由，我当时一想，万一被刺的那个女子是我的雪，我怎么办？我自杀以谢雪吗？我为雪报仇吗？我像狗一样躲起来不做声吗？为了第三理由，假若我和雪的事，像许（指许绍棣，编者注）与霞一样闹开了怎么办？我自作自受，虽自杀以谢雪亦所甘。雪，如果能假手别人结果我的性命，那更好了！不过要是那个人竟像喻的丈夫那样凶残愚蠢，竟置我最爱的雪于死地，岂不使我抱怨无极吗？我虽然同样地可以自杀，或者为雪报仇，但是我可爱的雪已不能救，又有何用呢？半月以来，这许多事无时无刻不在我脑中打转，我的精神实在太苦痛了。我将雪半年来给我的信，每夜上床熟读几遍，原想熟读以后写信给雪，彼此将所有的信和思雪楼笔记等都烧了；但是每一想到彼此的信都是呕心沥血真情真爱的流露，都是天地间不可多得的宝贵文字，如果烧了，也就等于自己的精神宣告死刑，将来又何堪其苦？设若不烧，在这些乱世，或者失落，或者被人窃取，闹得满城风雨，又怎么办？我怎样都想不通，怎样想都不是好办法。于是我起了坏心，就是我要将我的爱，忍心害理地移转到别人身上去，或者可以使我将你放松。但是你却叫我到哪里去找那样一个可以够得上在你手中将我夺去的女人呢？若果那样去泄愤，去戕害我的身体！就算能够不顾一切，于我的精神上又何安慰和寄托？我有了这许多心思，你可知道我每天的心境是怎样的了。我今夜下了最大的决心，又写信给你了。我希望这封信不会被检查，而安全地到达你手中。现在各机关不久就要迁到重庆，我大约下月也可以抵渝，到了那里见了面又该怎样？还不是一句话都不能传达吗？啊，那恐怕要比不见面还苦呢！上次到渝不敢再去看你，你也不敢来看我，那种滋味已尝够了！但是要非去不可我又有何法不去呢？怎么办？怎么办？怎么办？怎么办？请你接此信后从速回我一信吧，过了二十五日，我也许不在这里住了。

宗

读了他这样的信，我只有浩叹，什么挥慧剑，斩情丝的计划，也只好搁在一边，教我无法再坚持下去。尤其是他那种胡思乱想的猜测推断，可能会严重地影响他的心理和损害他的健康。国家多难，时局紧张，在这危急存亡关头，他仔肩艰巨，任务重大，我怎忍心让他疑虑彷徨，甚至于想到要"戕害自己的身体"！我要澄清他这种幻想，使他恢复理智，并把我要和他疏远的原因，向他说明。

宗：

接读来信，令我伤痛极了，原想不复你，无奈情难自禁，恐怕从此又得多添一重孽障！我要求你听我一句话："你以后就应安心镇静地过日子，把一切徒乱你心性的思想，都抛弃掉！"你若还爱我的话，你应当照我所说的去做，否则你的前途是太危险了，也太悲惨了。来信所述都是一些非非之想，我以为你既有现在的顾虑惧怕，那又何必当初？我是早知道你是爱珊的，偏偏又莫名其妙地爱了我，更因为你宅心忠厚，所以处此情形，便不免内心自疚，怨恨终天。我只恨我自己，为什么这样冒冒失失地爱了你，以致造下许多罪恶，想我一向不愿与人谈爱，而无故地又爱了你，这岂不是前生冤孽吗？回想一月以前，你来渝之时，有人告诉我你和珊相爱的情况，当时便给我一个决心，从此不再和你通信，免得使你为难，而你此时又何苦再多事呢？你要知道，我是始终认为男子都是自私的，有占有欲的，不会有始终的！所以你尽管可以不理我，我决不会失望和说你负心。因为我觉得这是自然的，何况你过去种种诚心待我，热烈爱我，已足够我铭感五中，而且终身亦将引以为荣。此外还有一事，我一定要告诉你，希望你不要多心才好。便是同事熊君，他待我真是太好了，尤其是待我的小孩极好，所以更令我感激。我想我此生除你之外，恐怕再找不到第二人能够如此，但是因此也更使我惶恐不宁。我此时有若惊弓之鸟，见人爱我，不特不高兴，反而视之如蛇蝎。所以每每想一个人逃入深山，与世隔绝。无奈矛盾的人生，思想与行为总不能一致，以至魔障和罪恶的来临，也就无法逃避。我很抱歉，我虽然爱你，而实际上一点都不能安慰你，其实你真是白爱了我了。再见吧！宗，希望你好好保重身体，并祝你一切如意。

雪

于是，道藩回信说，他将于十日后来重庆了——

雪：

二十日的信收到了，数日以来我真无法告诉你，我是一种什么心情。把我和珊相爱情况告诉给你的人，也许别有用心（不管她好意恶意），你怕我多心，我还有什么可以多心的！好在他还是除我之外的第二人！可是你要知道这"第二人"和"他待我真是太好了"的话，已经够使我这无理智的傻子心碎了！！！我知道你不是很容易爱一个人的，我也知道你还爱我，但是你教我不心痛是不可能的！

你说"男子都是自私的，有占有欲的，不会有始终的"，但是我希望你把"都是"改为"多是"，因为也许会有例外。现在心绪太恶劣，不多写吧。十日以后就可以见面，我总希望有机会和你单独一谈。请你多想你的宗是永久热烈地爱恋着的！

宗

27

一个炎夏的晚上，我正在家里看书，道藩忽然在我的面前出现，使我惊喜交集，恍如梦中。客厅里只有我们两个人，我们紧紧地握着手，四周是一片静寂，将近一年的时间，这还是我们第一次单独相处。深心盼望了那么久的机会，一旦来临，反倒是千言万语，不知从何说起！道藩只告诉我：他是今天刚从汉口飞到重庆的。

我请他在走廊的帆布椅上小坐，天际有溶溶月色，山下，重庆闹区灯火闪烁；一杯茶，一支烟，无数心语在滔滔细诉。

光第的房屋构造非常特别，二楼四周，以及屋与屋间，都是宽阔的走廊。从我那两间屋子前面，居高临下，远望，可以看到大重庆市区部分，右边，一道逶迤的山坡，树木蓊郁，芙蓉秋葵，各尽其妍。我买了几把帆布靠椅，朋友们来时，就请他们在走廊上坐谈。清风习习，视野辽阔，比客厅里舒服得多，所以，我在光第居住的这段时间，这走廊的一角，便成了我和道藩谈心的小天地。

那一晚我们谈了很久，感情、生活、内心的苦闷，都在尽情地宣泄。——最称心的是，没有人打扰我们。

夜未央，他依依不舍地起身告辞，因为天气炎热，白天又曾经长途飞行，他觉得有点疲累，我送他下楼。第三天，我得到了一封怪信。我要告诉他：

宗鉴：

　　前晚叙晤，快慰奚如，惟君身未出吾门，相思已追踪而至，灵犀一点，盖无时不缭绕左右。数日来，心神不定，伤感逾恒，度日如年，殊难自遣。微君之情，吾其绝没人世乎？今得自汉口来之怪函一通，读之颇甚发噱。为君一时多事，乃令吾受人罗扰。几时得闲过我，当为面述一切也。

雪

　　汉口来的"怪信"，究竟是什么一回事呢？原来有一位高大魁梧的空军军官，是我们宜兴同乡。我和他仅只见过几面，不知道他怎么想法，竟会对我"一见钟情"。抗战初起他找不到我的下落，偶然在汉口遇见了道藩，打听到我在重庆的地址，立刻写来洋洋洒洒的长函，备致"爱慕之忱"，我看了虽然一笑置之，但却不能不怪道藩的多事。

　　在我的生命历程中，欢乐总不会久长，道藩来到重庆以后，心情算是略好一点，可是又一场无法逆料的狂风骇浪忽然来临。一天，子杰接到悲鸿从桂林寄来的信，他说我们的家庭之变，早已无可挽救，而且分袂已久，彼此痛痒不复相关，他没头没脑地向子杰声明："兄得彼函后，弟即与碧微正式脱离！"

　　子杰读完了信，惊诧万分，他立刻过来找我，把悲鸿的信给我看，同时嘴里连声说：

　　"他这是什么意思？他这是什么意思？"

　　我读完了他那封"自说自话"的信，尽管他在信上一再强调："碧微必欲恨我，我亦只得听之"，可是，我当时的确丝毫没有恨意，甚至于认为他所说的那些"情缘如此，天实为之"，确实也是真情。不过，他用这种方式和我脱离，未免滑稽可笑。天下总没有想和太太离婚，反倒先通知朋友，再请朋友转达的道理吧；而且离婚是"两造共同为之"的事，绝没有片面声明就算了事的。悲鸿是四十几岁的人了，怎么还会做出这样幼稚的行径？

　　当时我和子杰商议，应该怎样处理这件事情？我们很感慨地谈了一阵。当晚，子杰根据法理人情，条分缕析地写了一封长信，苦口婆心，劝他悬崖勒马，不要一意孤行，真要闹到对簿公堂，岂不惹人笑话？我自己呢，对于这件事反倒淡然处之，因为悲鸿的轻率浮泛，不懂得如何处理事情的毛病，我是太了解了。

　　但是，更令人出乎意料的消息，紧接着由当时也在桂林的朋友传来。朋友寄来一份剪报，并略述经过：悲鸿竟不顾一切地在桂林报端刊登启事，声明和我脱离同居关系。

他这种做法，使我愤慨恼怒，实在无法容忍。他应该知道，无论在任何情形之下，我决不会拒绝他提出离异的要求。甚至我曾经当面向他表示过，如果他认为孙韵君可以给他幸福快乐，我一定不阻止他们。但是，我说我们必须办好手续，同时他也应该对两个孩子尽点责任。

朋友的信上写着：悲鸿所以这样做，是因为他已经将孙韵君一家接到桂林，可是孙韵君的父亲，对悲鸿似乎并不满意，朋友猜测他登这个启事的用意，是要恢复他的"自由之身"，藉此向孙家求婚。

结果，广告登出后，反而促使孙家一怒离开桂林，也使悲鸿八年来追求孙韵君的美梦从此宣告破灭。更不值得的是，所有认识他的人，都对他的行为齿冷。至于我，受辱以后也就留下了永远无法消弭的憎恨。只是我并未采取任何报复行动。

农历八月，我们前院里的芙蓉盛放，桂子飘香，转瞬间的中秋节又将来临。在那一段时间，我的工作和生活情形依旧，心情却一直不好。因为，我渐渐地发现，道藩来看我的次数越来越少。我不知道这里面有什么缘由？因此有一次当他来看我的时候，我由于内心的不满而责怪了他。也许这使他很难堪，所以他回去以后，便写了一封长篇累牍的信，向我诉苦。

雪：

自从前天见面以后，我的灵魂好像已经被你摄了去似的，无时无刻不在想你。

你曾怪我不常去看你，而且做了许多使我难堪的事，说了许多使我难堪的话，假若你知道我心里是何等难受，你也许不会做，不会说了。我虽然对你那样做那样说，没有法子也没有任何权力阻止你，可是，如果你相信我还是那样真诚地爱你，那么我的"爱"是有资格求你不要再那样做，那样说的。假若你以为我对你的爱已经变了，那还有什么话说呢？

你曾经说过，"同在一市，竟如此疏远，反不如从前接你的信还好些！"你也许是对的，但是你哪里知道我常常想去看你而不能如愿吗？有时是忙，有时是顾忌太多。上次由你那边回来已经十二点，在家里竟惹了烦恼。我何尝不想写信给你，可怜不但没有时间，并且连让我写信的地方都没有，办公室里吗？那是你知道的，一去了就做苦工，人来人往，怎么能给我一刻空闲写信；回到家吗？更是不能了。我竟成了这样一个可怜的人，所以我近来万分感觉不自由的苦痛。现在是趁着大家都睡着了，我才起来写这一封信，回头也许她就会起来问我写什么的。她的爱我，简直使我觉得她把我的一切自由都剥夺尽了！

当我告诉你，说我不能同你一道赏月的话时，我心里是何等难受，何等惭惶！昨午××又说你约的许多客，恐怕在晚餐之前多数不能到，要我也去去，我心里又是何等难过！我只有拿自己在家里也要做主人的话搪塞过去，其实，那全是鬼话！

昨天送一点果饼给你，明明晓得你不稀罕那些东西，不过想藉此使你明白我决没有忘记你。我早已对你说过，我一定会过一个最难受的节。我直到现在还在难受着，你知道吗？假若你不能感觉我这二十四小时都在想念你的话，那除非你是一个平凡的女子，或者是我的爱还不够精诚。

今早六时起床，准备去南温泉，自己丝毫无兴趣，不过陪着去还债罢了。晚上六时回到家，疲倦得像死人一样，草草吃完饭就睡下，因为我明天还得六点钟起身。但是现在已经是夜间一点，我还不曾阖眼。如果不起来写这信给你，今夜或竟不能成眠，明天有那么多事又怎么办？

雪，你此刻在干什么？睡了么？还是也在想念我？你睡着了吗？你会梦见我吗？我多么希望你能到我的梦中来啊！

我从来没有想到，我会成了这样一个没有希望的人！到今天我才感觉我的无能！我才发现我的愚蠢！我也才知道我的脆弱！我对自己已经失去了自信！我对当前的难题不知道如何处置！我对一切都万分悲观！我时时刻刻只会想到一条无用的途径——自杀！这简直太不像我了！有时候它会令我毛骨悚然！我感觉一切都是烦恼！我实在不能再在这种复杂矛盾状态之中生活下去！我要辞职，没有理由！我要到前线，没有机会！我要突然来一个惊人的失踪，会闹笑话！就是突然地自杀了，也许给恨我的那些人，加上许多我不应得的侮蔑！啊，我真不知道我到底应该怎么办！我为什么就到了这走投无路的境地？我把办公室当作监牢看，但是也幸好有这样一个监牢，让我把每天的时间消磨在那里，要不然我会很快地疯狂的。我不管别人怎么样，我总觉得像我这样的人，应该早早毁灭，免得给世上良好的青年很恶劣的印象。今天过江时，我曾希望船翻一翻，刚好把站在船边的我，翻落到大江里去，因为我连跳江的勇气都没有。现在我又希望炸弹炸到我头上，或者让我害急病而死，如果这样结果了我，得以掩盖我一切的罪恶，那么我便死也安心了。

唉！我的雪，你看现在的宗还值得你爱吗？

宗

阴历中秋节的晚上，我曾请了几位熟朋友到"光第"来餐聚赏月，当然我也邀了道藩，可是他已经答应了素珊，要陪她们母女到南温泉去玩，因此又引起了他内心的矛盾和痛苦。以我们当时所处的环境，像这样的事又怎么能够避免？啊，读了他的信，我也不禁为之惘然。

28

宗：

下午去参加××会，希望在那儿会碰见你，后来听说你因为另有重要会议不能来，使我很失望。我的父亲也许不久就要到重庆了，关于他老人家工作的问题，恐怕又得请你帮忙，不知道你能不能代他设法？

雪

父亲以六十七高龄，和华林先生间关万里，从上海绕道香港，溯西北上，经桂林、贵阳。一路历尽艰辛，抵达重庆。我知道老人一生志在教育事业，他一定不甘投闲置散，所以曾经托过道藩为他找个工作。道藩对这件事情十分热心，他和重庆大学校长叶元龙先生商量，可否请叶先生敦聘父亲担任重大教授。叶先生早年在大同学院念书，还是父亲的学生，他当时便表示欢迎，所以父亲的工作在他抵渝之前，可说已经安排好了。

十月下旬，父亲到了重庆，因为他在上海时，所记的"光第"地址，是旧名称。当时，国民政府已经迁到陪都，就设在光第山下渝简马路，于是渝简马路也就改名为国府路。父亲在重庆南岸下了长途汽车，过江后雇了一顶四川特有的滑竿，把我的地址告诉给他们，可是找了半天，始终找不到他所说的"渝简马路"，正在心里焦急，忽然听见路旁有人欢声高喊："外公！"他大喜过望，转脸一看，原来是伯阳、丽丽在马路边看到了他，两个孩子正由佣人史坤生从学校接回家来。

父亲平安地来到，使我欣喜万分，同时也有很深的感慨，老人家自从丹麟弟在一九三〇病逝牯岭以后，膝下只剩我和文楣姊两个女儿，如今文楣姊和姊夫陷落宜兴故乡，母亲又独居上海，他老人家披星戴月，绕行了半个中国大陆，一路吃尽苦头，远来和我们相聚。他路过桂林，约好相候的悲鸿竟然没有等他，飘然去了新加坡。老人家到了贵阳，中途旅费不敷，还是问我的老朋友刘大悲借了点钱，才算顺利抵达重庆。

父亲来了以后，我又向房东多租一间屋子，作为父亲的卧室。父亲的卧室在二楼正中间，和我们所住的两间，隔了一条走廊，实际上还是连在一起的。

道藩听说老人家到了，匆匆地赶来，和老人家谈得十分欢洽，父亲知道他的工作都是由于道藩的预为安排，他再三地向他道谢。

最使父亲和我感到兴奋的，便是那天道藩带了丹麟弟的一部遗稿。丹麟毕生治学极勤，他曾费尽心血，编写了一部书，名为《天地间有数文字》，读过他初稿的人，都说这是他对中国文学的一大贡献。在南京时，我曾将这部遗稿交给道藩，希望能有机会予以出版。道藩逃离南京的时候极为仓猝，他只带出了很少的行李，然而这部原稿，他却妥为保存，直到父亲抵渝，他才想起拿回来完璧归赵。那天他离去以后，我便写了一封信，诚挚地表示我对他的谢意。

宗鉴：

　　昨晚晤对，感君神情落寞，深致不安，知君忙碌，实不应屡屡以琐事相烦也。老父事，重承关垂，感纫无似，亡弟存稿，复蒙保留，益谢厚爱。微不才，受恩深而无以报德，耿耿此心，惟日夜祷诸上苍，赐君以健康幸福，更何敢以儿女私情，累君不宁乎，诸维自爱。

　　　　　　　　　　　　　　　　　　　　　　　　　　　　　　雪

父亲十月底到达重庆，十一月便接受了重庆大学的聘约，担任国文教授，每周授课十二小时。学校坐落在沙坪坝，离开重庆三十多里，老人家总是挤公共汽车往返，非常辛苦。我在国立编译馆工作了两个月以后，又转任教育部教科用书编辑委员会编审。编委会虽然隶属教育部，但却并不在一处办公，它的办公室就在上清寺一座小山坡上，距离我们的住处不远，通常我都是步行而去的。有一天中午道藩忽然到了我家，偏巧碰到我的情绪不佳，而且当时我正匆匆忙忙地要赶去上班，道藩提议要送我去，我不便拒绝。于是我们走下光第的石级，同乘道藩的汽车到编委会。因为编委会的房屋，是在小山坡上，道藩又陪我走上山坡，送到门口，他才离去。途中我似乎有许多话要向他说，然而满怀的悒郁好像阻塞在咽喉，使我无法说出心中的积愫，偶尔交谈两句，也是泛泛的话语，说与不说全都一样。天上有皑皑的白云，街头上行人稀少，一阵轻风过处，摇落了树梢片片的落叶，天地间似乎充满了萧索景象。蓦然，我觉得我和道藩间的距离，仿佛无复当年的密迩了。回忆白下深情，信誓旦旦，陪都重逢，欢逾一生，前尘往事，一一都在眼前，我陡感一腔幽怨，心酸难忍，究竟为什么会有这种感觉，连我自己也莫名其妙。那天晚上我便写了这样的一封信给他：

宗：

我为了听到一些闲话，心中难受极了。同时也非常地不高兴你，偏偏下午你又来了。当我看到你的时候，我很生气，简直不想理你，这是什么缘故呢？难道我不愿意看见你吗？不，有时候我是何等地盼望你来，尤其是晚上，当众人都睡了，寂静充满了宇宙的时候，我孤灯独对，静聆墙根壁间时时发出来的凄惨蛩声；在这种境界中，要是你忽然来到我跟前，我一定会疯狂似的欢迎你。唉！但是不知道为什么，我近来竟有一种成见，觉得你我之间，似乎已隔了一层薄幕，精神和心灵都不能如前地融洽贯通了！并且觉得你我相处益近，相离更远，譬如今日当你伴我去办事处的时候，我似乎有千言万语要对你说，而结果是一句都找不到，只好说了些不相干的话，来打破那种沉闷的晤对，这是多么悲惨的事啊！

有时候我自怨自艾，懊悔不该重投情网，自苦苦人，不过有时又另有一种想法，以为像我这样的人生，要是没有这一段恋爱，也许就不能再活下去了！

昨天去看戏，回家后，感想万千，再也睡不着。追溯一年来的种种，真有无限感慨。你要是问我究竟为了什么？我自己也说不出所以然，只觉心神不定，非常彷徨和恐惧，似乎有大祸临头的样子。

雪

其实，没有什么阴影，也不曾滋生什么暗潮，我和道藩，并没有一丝半点问题发生。午夜梦回，忆想自己的心情变化，实在找不出理由；因此便借一点小事，到他办公地点去看他，不料他也不知为了什么，竟以不愉快的神色来接待我，使我更觉难过——

宗：

昨天为了几个学生的问题去看你，其实也不过想藉此和你谈谈，后来见你神色不愉，意态落寞，我当时坐在你对面，真有说不出的难受。走既不好，坐又不安，只恨自己来得不是。返家后糊糊涂涂地吃完了饭，因为心里不高兴，便睡觉了，但是哪里会睡得着呢？想到去年也是在这时候，我曾做过一个梦，梦里见到你，可是你对我的神情非常冷落，我伤心极了，使我痛哭而醒。今天呢？我好像又在做梦了，但是为什么我伤心，我痛哭，而我的梦竟不醒呢？这几日的天气那么晴朗，尤其到晚上，月色是那样皎洁，可是在愁人看来，适足以增加伤感！唉！亲爱的宗，你知不知道我是怎样爱你？你简直是我的"生命之灯"，有了你这灯光，我才能前进，要有一天我失去了这光，那我的前途就永远黑暗了，那也就是我的末日到了！

雪

后来道藩告诉我说，那天他是因为我第一次去他的办公室，他的情绪不免有点局促紧张，因此在态度上显得很不自然。他提起了这一点，我是很了解的，道藩的为人，一向公私分明，他很重视自己的职责，也很注意办公室的秩序。经他这么一说，事后我反而在心中自悔孟浪了。

宗：

我最近读了一本法国名著小说。它述说一个女子，看透了爱情在结合之后会起变化，所以她拒绝和她的爱人结婚，不愿为了表面的幸福，牺牲她精神上不朽的恋爱。末了她竟以忧郁而终。她虽然牺牲了生命，但她的灵魂却永远是安慰而愉快的。我读了这本书，很受感动，觉得人类要有这种精神，才配谈爱，这种爱情，才有价值，才算得伟大，高尚，纯洁！可是在现时代又到哪里去找这种人呢？

雪

29

转眼间，一九三九年的新年将届，十二月二十八日，早晨我去上班，回家以后，父亲告诉我说：道藩曾经来过，还留下一包东西，放在我的房里。听到老人家的话，我颇感惘然，快快地回房，将小包拿在手中，忽然听到轻微均匀的嘀答声，打开小包一看，竟是一只金色的瑞士女表，在阳光下散放着灿灿的光辉。

我将它套上手腕，凝望了它好一会儿，想到我生平很少佩戴饰物，同时我也从不曾有过什么首饰。记忆中儿时曾戴过一种风帽，母亲在那上面用红丝线缀上许多小小镀金的银罗汉；少女时期，母亲给过我一只金镯，一九一八年在北京，因为穷得没有饭吃，这只金镯还进过当铺，后来因为把它弄断了，就干脆卖给了巴黎的银楼。这以后不要说悲鸿一直没有钱，即使他再有钱也不会让我买这种"奢侈品"的。一九二三年当我们在柏林的时候，我过二十四生日，谊兄张季才先生送了一只表给我，这是我第一次戴手表。用了十五年以后，又得到道藩送我这第二只手表。到了一九四六年底，邵洵美由美返国，他送给道藩一只金表，道藩又把它转送给我，一直到现在，我一生算是戴了三只手表。

我随即写了一封信给道藩，向他致谢。

宗鉴：

　　晨去办事，不期驾临，遂至失此一面，心中怅惘，未可言宣。承赐珍饰，永不释手，铭心刻骨，纪念长留，奈自愧无以为报耳。人生泡影，世事空虚，唯君淡处一切，善自宽解，庶几努力国事，舒展雄才。盖长此彷徨，殊非图存之道也。天寒，希乞珍重。

雪

这时，抗战已进入了最艰苦的阶段，黄河以北，悉告陷落，东南半壁，尽入敌手，穷兵黩武的敌人，已经攫夺了武汉三镇，下沙市，占宜昌，紧叩四川天险长江三峡的门扉。

一九三九年元月，一群经常聚会的朋友，发起组织"光第小集"，每周一次，在我家里聚餐，杖头资自备。小集同仁共十位，都是学术界知名之士：如方令孺、宗白华、郭有守、章友三、孙寒冰、陈可忠、端木恺、徐甫德、蒋复璁、郭实甫，我是地主，所以得附骥尾。聚餐时席开两桌，因为我们还要请一些客人，客人各期不同，除了相熟好友，便是某一界或某一方面的人士。譬如"参政专号"就请参政会的若干参政员，"考古专号"请考古专家，"教育部专号"请教育部同仁。这样谈话可以有中心，大家因而集思广益，从谈论中获得若干知识。

道藩虽然不是发起人，但他和这一群人都是很熟的朋友，因此他也是小集的常客，在这三四个月的时间里，我们经常见面，减去不少思念之苦。小集以十二期为一卷，第一卷由我主编，从开始起，一直很顺利地举行，每逢小集，大家议论纷纭，谈笑风生，非常欢洽愉快。

一九三九年一月十日，重庆第一次遭遇空袭，十一架敌机如入无人之境，在闹市投掷了大量烧夷弹。山城空屋，建筑简陋，又大多是竹片木条捆绑起来的，一旦失火，蔓延非常迅速，很容易造成重大的损伤和死亡。亏得政府一面积极宣传防空的重要，一面利用市区的岩山，大筑其深入地底的防空洞，加上警报系统的严密周全，损害方始渐渐地减少。

四月二十五日，小集第二卷开始，我的主编工作由端木恺接替，才请了一次客。五月三日四日，接连两天遭遇到史无前例的惨烈轰炸，城中心的繁华地区，被坠落如雨的烧夷弹，燃成了一片火海，全城几告瘫痪，人人争先恐后地疏散下乡，小集同仁风流云散，这一个很有意义的聚会也就宣告寿终正寝。

一九三九年前后在重庆住过的人，大概不会忘记那两天怵目惊心的被炸惨况。两次大轰炸我都没有进防空洞，在光第楼上，我目睹市中心区烈焰冲霄，火光烛天。空气里混杂着硝烟硫磺的气味，隐隐中似乎还听到从灾区传来呻吟号哭之声，强烈的惊恐和愤恨，使我的神经紧张到了极点。我憎恨日本军阀的惨无人道，任意屠杀我们手无寸铁的同胞！想那火光起处，不知道有多少财产毁灭，那爆炸的地方，不知道有多少善良无辜的市民腹破肠流，血肉横飞！历史上最大的惨剧正在残酷地演出，我义愤填膺，咬牙切齿地在低呼："血债，要用血来偿还！"

瞬间另一个可怕的意念闪入了我的脑海，道藩呢？他住在七星岗，那是接近闹区的地带，他的家有没有被炸？他此刻究竟在哪儿？是不是安全无恙？一连串的自问加深了我的恐怖，我极目眺望，但在这熊熊烈火中哪里看得到七星岗？漫天的浓烟早将视线遮断了。

第二天，才接到道藩的来信，他很详尽地叙述当时情形：

雪：

昨晚敌机轰炸声刚停止，我就挤出了防空壕，登高一望，看见国民政府及大溪沟并无被炸迹象，强迫自己相信，空袭时你在寓所必定安全，中心窃慰。可是回头东望，见七星岗领事巷一带火光熊熊，浓烟冲天，估计距离，当在我家不远，即刻步行回去。眼见大火之处，已在嘉庐附近，施救效力极微，燃烧十分炽烈。素珊催我搬点东西，我嘴里答应，心里实在不愿意，这时候的心情，就像前年离开南京寓所以前的那几小时一样，因为我想索性付之一炬，倒也干净！静默中忽然听到女儿说：

"爸爸！你把我的衣服拿到教育部好不好？"

这句话使我大为感动，我当然知道这是素珊见我不动，是她教女儿这样说的，于是我才将重要的衣物搬到教育部。晚间十一时，厨子送饭来，勉强吃了点饭，因为我怕残酷的倭寇，借重庆的大火为目标，再来夜袭，所以我叫素珊她们跟着最后一批行李，到部中暂避。十二点钟才送饭给她们。素珊在惊慌劳累之余，竟食不下咽，丽莲倒吃了一碗，而且很高兴，好像以为到达了安全地点。我再回家，已经十二点三刻，赶紧就寝，希望在夜袭之前，能有片刻的安眠，可是神经紧张太过，无法睡着，正在倦极昏迷的时候，警报又来了，于是急忙起床，跑到部中防空洞，素珊母女已经先到。大概四点半钟警报解除，再回家睡了两小时，等素珊回来商定送她们到歌乐山。她们是上午十点半去的，只携带铺盖和一些衣物。临走时，丽莲喊着说："爸爸，你快来呀！"我这时心里的难受，真非笔墨所能形容！十时三刻，到部办公，公务已无形停顿，因为有三十多位同事的家里被炸烧毁，其中多半都有眷属，除了逃出性命，几乎一无所有。

下午一时，城内忽然人潮汹涌，争先恐怕地逃往城外，大家都说有警报，其实并无其事，由此可见人心的恐慌。七星岗一带既遭火焚，附近的菜市和商店都关了门，要想买一枚鸡蛋也买不到。自来水早已损坏，无水可用，家里的米刚刚吃完，也没有地方可买。厨子从昨晚十二时回家，就不曾再来，我想一定是他的家里也被炸了。我这边的情形就是这样。素珊上山以后，既无菜米，又没锅灶，假如街上没有饭卖，连吃饭都成问题。所以我的心情极为烦乱，但是在这样烦乱之中，我仍无时无刻不想念你。因为没有汽车，今晚或者不能来看你，所以先寄了这封信。现在交通这么困难，你的迁移计划，也将大受影响。你一时当然无法觅得交通工具，搬运杂物下乡。我看你最好是先陪老幼离开重庆，不知道你的意思怎样？真是悬念极了！

宗

道藩对于当时的情况，描写得非常真实。是的，从五月五日开始，在大轰炸中获得保全性命的重庆市民，流离失所，家宅毁圮，可是这些受难的人们，在悲愤惊悸中仍旧流露出永不屈服的坚毅勇敢精神，默默地、静静地组成了从所未有的疏散队伍。数十万人有如江流，滔滔不绝地涌向通往重庆四郊的道路。所有的交通工具全都用上了，无论水上陆上，舟车滑竿，都不容易雇到。于是绝大多数的人都只好步行，肩挑着他们仅存的，或者是所能带走的东西。有人由于不胜负担，不惜抛弃他们的所有，有人因为困乏不堪，坐在马路边上休息，没有食物，缺乏饮水，然而大家继续不断地前进，既不怨天，更不尤人，怀着一颗向侵略者复仇的决心。重庆被炸瘫痪了，大家疏散到山陬水涯，荒郊僻野，继续和万恶的日本军阀，从事争取胜利的长期奋斗。

机关团体公私学校，在短暂的时间内全部疏散下乡，教育部疏散到青木关，坐落在离重庆不远的成渝公路两侧，是群山环绕中的一小片平野，有近百家民房，疏疏落落地散布着。教科用书编辑委员会被指定疏散到北碚，这一个决定对于我倒是最理想的，因为我仍还担任复旦大学的教职，而北碚和复旦所在之地的黄桷树，只有一江之隔。

费了很大的力气，也吃了不少的苦头，我才算把一家人搬到了黄桷树。

30

不久以后，藉由一次视察编辑委员会的机会，道藩翩然来到北碚，来到黄桷树，我们热烈地欢迎他。老朋友们聚晤款谈，十分欢畅。饭后，不知哪位提议："何妨苦中作乐，一同去玩趟缙云山？"道藩表示赞成，小小的旅行团迅速地组织起来，说走就走，立刻出发。渡江的时候，我想起他在汉口接到我游山照片时，曾经在回信中说："何日何时才能得到一个机会，和你携手同游于这样的美景之中？"今天我们居然就可以同游了，但若"携手"，却仍旧是不可能，因为还有那么些朋友陪同着我们。

缙云山风景清幽，山径曲折深邃，有苍松劲竹，夹道峙立，古木森森，气派雄浑。山上的一座缙云寺，古称相思寺，寺外有相思崖，生有一种相思竹。于右任先生曾有一首名曲："相思崖上相思寺，相思树结相思子，相思鸟惯双双睡，相思竹自年年翠。似羡白云飞，敢作劳人计，更临风，思唤高僧起。"读之令人低徊。我们游踪所及，欢声与笑语时生，当夜在山寺里借宿一宵，次日仍循原路下山，一路上，倒是拍了不少照片。

良辰苦短，聚少离多，快乐的时光稍纵即逝。我满怀离愁，随着大家欢送道藩，一行到了江干，声声再见，挥挥手儿，眼看着他的身影，进入汽车，风驰电掣而去。

颓然地回到住处，独自一人，无限凄凉，淡淡的夕阳斜照地面，我惆怅移时，顿觉疲惫不堪，只好睡下休息。第二天，觉得疲劳已经恢复，但是情怀未尽，便执笔写了几句，寄给道藩：

> 小聚两日，欢逾一生，尤以缙云同游，共赏山光鸟语，为最欣乐。昨别依依，车轮即动，君去如飞，吾犹木然悄立，似灵犀一点，已被君摄去矣。返家后，始觉此身已不能支，倒卧床间，身心如炽，万念俱灰矣。今日稍感安定，唯思君不置，乃草此寄君，聊以自慰，亦希有所以慰君也。
>
> 雪

就在同一天，他回到重庆，也在急急给我写信。

> 雪：
>
> 别后你身体好吗？我万分系念。我返此间后，身体极感不适，似有大病征兆，精神亦极不宁，仿佛大祸将临。虽仍勉强工作，希望可以消磨时间，移转心思，但心中之苦闷悲戚，并不能减去分毫，奈何奈何？你近日心境，或与我相同，我竟不能安慰你，真惭愧万分。远行虽已订期，倘至下星期日，精神身体仍不恢复，或展期或取消此行，因并不感觉任何兴趣也。
>
> 宗

道藩信上说"远行虽已订期"，那是他因为公事，要去成都一趟，但我接到了他这一封信，却又不禁为他担忧。他既感身体不适，精神也极不宁，在这种情形之下，他怎能受得了长途跋涉的辛劳？然而我正在担心，他却已经启程，而且在他到了成都以后，随即写信告诉我，离渝前夕，他接到悲鸿从新加坡投邮的信。他说：悲鸿这时正在星洲举行画展，准备募集一笔款项，捐给苦难中的国家。道藩回信给他，对于他的爱国热诚备加赞扬。他跟悲鸿说了些我们的近况，以及重庆被炸的惨烈；末了，他竟异想天开地劝他，如果还想和我重修旧好，不妨先和我通讯，他说悲鸿应该了解我为人的傲气。

我读了他的信，心中万分气愤，我知道他成都南旋以后，下月初旬要到复旦大学来演讲，于是便故意写了这样的一张便笺给他：

> 道兄鉴：
>
> 两奉惠书，敬悉一是。多承关垂，致书悲鸿，为吾等谋和好，私心感篆，非言可喻。受恩深重，没齿难忘，此生已矣，来世有知，当图犬马之报

也。下月初君曾有来此之约，届时微或不在，当预嘱仆人妥为招待，务恳仍下榻舍间，勿存客气为祷。

碧　微

但是就在这信发出的同一天，我又接到了他一封满纸热情，是他在大醉以后所写给我的信——

雪：

　　我从上次与你分别以后，没有一刻忘记了你。我到了成都两天半，仍是没有一刻忘记你，我十二日未起身以前，接到你六号的信，我几乎哭出来了！现在已是午间十二时，我在大醉了以后，还不忘记给你写信，你还敢说我不爱你吗？要总是像过去这几天一样地想念你，我的命一定活不长的，怎么办？怎么办？下月三日我要到复旦演讲，你是知道的，非到那时不能再见，叫我怎么等得了？

　　我现在可以报告你的，就是我虽然这样苦，身体精神还能支持。我祝你玉体安康，精神愉快，我盼望你也像我想你一般地想着我！

宗

然后，是他已经接到我的信了：

　　雪，我一刻不能忘的雪！十二日的信，今晨转到，读了以后就出发到各约定地点讲演、宴会。但是无时能忘你，又无时不在想着"或不在……"之语。你知道我的神经是十分敏感的，你这一句话使我想到一切的一切，心乱已极，痛苦万分！夜十二时半回到旅馆，因为十分疲劳，立即就寝，打算明早抽空给你写信，但是睡了两小时，仍是心乱如麻，不能成眠，现在起来给你作书。我要问："为什么下月初你或不在？"你恼我写了那信给他是不是？你甚至于下定决心绝交是不是？要不然你会有甚么事，二十天以前就决定到那时你或不在那里？你应该知道，你这句话对我发生的影响是多么大！你也应该知道，你这样一句话，不特会使我一刻不能安宁，而且会让我受无穷的苦痛！难道说你以为我写了那封信，我的心就有所变动吗？你要那样想，你还算是知我爱我的人吗？请你替我想想看：我去时你若不在，我还能演讲什么？你忍心让我去语无伦次不知所云地出丑吗？要是你真要那样不自然地躲避我，我宁可届时爽约不去，因为我断定去了决没有好结果的！我们现在活着靠的是什么？还不是只有这一点唯一的安慰吗？要是连这一点安慰都没有了，或者是不可能了，还不等于生命线断绝了一样吗？那样活着还有什么意思？将来的一切听它去转变好了，为什么还没有上断头台我们就先自苦呢？我现在唯一的解释，是你以为我写那封信时心理一定变了，我已说过了知我罪我由你，但是千万不要对我有丝毫不必要的怀疑和推测，不管怎样，你应该给我一个当面解释的机会。所以我求你，到我下月初来时，你一定要等着我，如像平时一样的等着我。你如果说我应该下命令，那么这就是命令！我能够希望我这第一次的命令，得到你第一次服从吗？我想你决不会叫我失望的，因为我自信没有做错什么事，会教你气恼我，拒绝我到如此地步！

宗

于是我只好写信复他，听从他的命令，免得他在百忙之中，"一刻不得安宁"。

宗鉴：

成都惠函，早已收悉，敬如命，下周当恭候大驾也。唯此间同人，深盼能于周六抵此，因光禄寺卿拟于是晚略备便餐，为君洗尘，并拟亲任烹调之职，不识君能于此日赏光否？敬祈示知为荷！兹有恳者，舍亲程一雄，前由中比庚款，派送出国，将于今夏八月初由马赛启程返国，唯因旅费不敷，曾于二月间由驻比使馆转向教育部申请外汇证书，但迄今数月，未见批示，可否请代为一查？如有邀准可能，则是项证书，当由微领取，以便汇款也。君此次赴蓉，适值天气炎热，旅中定多劳顿，归后身体健适否？至祈珍摄是幸。

雪

一雄是我的外甥，他笃志向学，到比利时研读医科，毕业后为了早日参加抗战阵营，亟欲回国。我将这桩汇款证书的事托付了道藩，想他一定会很快地给我办好。道藩对于我所有的亲友，一向关怀备至，这也是使我深心感激他的一点。

从成都回重庆以后，道藩重临黄桷树，这一回他是应邀到学校演讲。他按照我的安排，提前一天在七月二日下午抵达，当晚由光禄寺卿但荫孙亲自下厨，烧一席丰盛的菜肴欢迎他，同时还请了复旦许多同事来作陪。那一晚他显得兴奋欢愉，饭后小院纳凉，我们一直谈到深夜，方始就寝。

翌日他向复旦同学发表演说，我也敬陪在座，凝神倾听。他讲得极好，分析时势，见解精辟。末后他以动人的词句，激发听众敌忾同仇，抗战到底的决心。听到掌声如雷地响起，我仿佛也在和他共享这份荣耀和欢欣。

分别的时候又到了，我们送他渡江，他的座车停在北碚等候。送走了他，我们在北碚闲逛了些时，再渡过映着夕阳余辉的嘉陵江回家。

宗鉴：

　　数日来炎威复炽，酷热重施，唯乞君善自调息，多致休养，虽云职守难旷，要亦不能拼命从公。如有可能，还以上山小住为宜，应知倘君致疾，除我而外，为君忧虑而担心者，将有几许人在？君爱人及己，固应如何珍视身体，以安众心。昨晚十一时许，曾发出警报，旋有敌机两次过境。吾起坐院中，视明月似水，露滴如珠，心神顿感爽飒，转念君或正杂坐防空壕内，受浊气之熏蒸，遂又心中怅恻。恨不能飞驰君侧，同聆此狂暴行径也。

雪

31

忽然听到朋友谈起，道藩因体力不支，竟在防空洞里昏了过去，这个消息使我十分震惊，同时也极为悬念。道藩的体质一向较弱，最近工作那么样忙，警报又来得特别多，如此身心交疲，万一生病，那将如何是好？

宗鉴：

　　项闻友人言，五月夜汝在防空壕内昏倒，不识此时身体如何，已恢复健康否？令吾万分悬念，一时除作书问候外，竟无法能探得汝之消息。知汝在山小憩，故并此书亦不能达左右，郁郁此心，只好在无可奈何之天，任其煎熬矣。上周曾寄一书至渝，不知已入览否？一雄事，荷蒙设法，至感垂爱，但此时请勿寄款，因彼八月初即离法，恐款到而人已行，则将大费周折。吾身体健适，请勿置念，惟神魂悠悠，日绕君侧，有所思想，亦唯君为缘，业料此生此世，将永无解脱之可能矣！

雪

雪：

一到山上，就胃痛发作，饮食无味，因此心中特别烦乱！每天总是为些小事情生气，不但别人莫名其妙，连我自己也难以解释。人在此地，心神却无时无刻不追随在你的左右。假如你在这儿，我一定可以安静得下来！

昨天下午无聊极了，到青木关去取衣物，希望在车上能够排遣一下心中的郁闷。但是到了以后，忽然又想叫车夫开到北碚去看你，在那犹疑不决的时候，我真是万分苦恼！今生今世，果然没有让我们享受自由的一时一地吗？

明明知道你不会寄信到山上来，可是每天仍在殷切地盼望。请你接到这一封信以后，立刻写封信到重庆。这样，我到重庆就可以接获你的信了。现在从黄桷树到重庆，连快信都要走三天，你知道吗？

宗

宗鉴：

十日惠书读后，伤痛万分！不知涕泪之何从也？念吾人应遭天谴，乃膺此无穷愁苦，茫茫大地，遂不复有宁静之乡矣。别后十日，曾两次缄书，一寄渝，一寄青，计时适均与君相左，遂至久劳注盼！今想已悉邀君览矣。下周吾或须赴渝一行，藉理琐事，便接家君来乡，届时当趋寓与君一谈也。天仍炎热，诸希珍重自爱。

书成，复得由渝来函，始悉吾书仍未达览，颇用惊奇，幸祈一查为要。胃疾既未痊愈，何不多休养数日，应知汝病不痊，吾亦无宁日也。

雪

战时陪都邮递的情形很不正常，道藩以为快信三天可到，而我那封信竟走了四天，他到了重庆，一见没有我的信，又十万火急地写信来：

雪鉴：

在山时曹寄奉两函，不识早收到否？今晨勉强进城工作，原望可得汝一信，不料未见只字，万分失望！同时亦甚忧虑，盖恐天气炎热，汝身体不适或者生病，甚盼一二日内能得一书，以慰下情。

宗

第二天，信到了，于是又一信——

七月九日的信，早晨收到，如获至宝，知你身体健适，尤觉安慰。今天精神大振，做了一天的事，这都是你那封信的力量。我从七日起到前天，一共给你三封信，不知都收到了没有？以后我们必须注意，勿使信件落到别人手上！两三天以来虽然还是在吃稀饭，但精神体力已经渐渐地恢复，不过重庆非常炎热，就怕又会病倒。孽海情天，永远没有了结的时候，只好鼓起勇气，继续生活下去！等待良好的环境，以求安慰，并且延此残生。盼你切勿遇事悲观，免得太苦！

宗

雪：

每次得你一信，真不知要读多少遍。因为只要我一有空闲，就会将你的信取出来读。你要知道，这是分别时期我唯一的安慰啊！

宗

七月下旬我又生病了，起先以为没有什么关系，后来渐渐地厉害起来，竟至必须躺在床上休息。道藩得到消息，非常着急，立刻到黄桷树来探望。他在病榻旁边陪伴我很久，说了许多要我宽心休养的话，绵绵的情意，深切的关怀，使我无限感动。我惟恐他担心太过，告诉他我得的并不是什么重症，因为我每年夏天，都会感到不适。只不过这一次由于工作太劳累了，成天在北碚和黄桷树之间来回奔波，晒多了太阳，于是由"疰夏"变成了"中暑"，如此而已。可是他听了仍不放心，千叮咛，万嘱咐，方才满脸忧悒地离去。临走的时候，他在我枕畔留下了一只信封——唉，他又使我大伤脑筋了！

宗鉴：

别后，开函一视，不禁讶异万分，满以为此系吾心爱人之手札，其间定有许多缠绵情意，相思苦况，俾吾一夜陶醉，孰料竟大谬不然，真使吾失望难言，愧恨无地矣！汝应知过去汝每有斯举，均极伤吾心，只因深识汝为人之敦厚诚笃，决无鄙薄心理，故吾虽不愿如此，亦姑赧颜收存，恐过事推却，反使汝难堪也。今汝习以为常，遂令吾不得不明言矣。此后务乞勿再为之，则吾人之爱，或犹可冀其永保清洁也。

雪

我非向他说明我的心理不可。抗战期间，物价高涨，公教人员生活艰苦，那是普遍的现象。我虽然肩负一家人的生活重担，但我量入为出，经常都能维持。道藩这一次当然是见我生病，恐怕我用度不够，所以他为我留下了一点钱。我很感激他这份挚情，不过，他应该晓得我的脾气，不再做这种使我内心不安的事。

雪：

这几天，天天盼望得到你的信，没有接到，心中苦痛极了，到此刻我几乎不能再支持工作了。你没有信来，使我无法不疑虑你的病势加重，我希望这是我的神经过敏，那就好了。你知道我是怎样地想来看你，但我竟不能来，我自己问过千万次为什么？为什么？为什么？我痛恨这个社会，我痛恨我的环境，我痛恨一切事一切人！照这样下去，我还怎么能再活着？我又怎么能再做事？怎么办？怎么办？怎么办？

我每天办完公事，回到斗室之中，除开想念你以外，无所事事，甚至于只会想念得发病而竟不能提笔作书。你看我是多么的可怜，我相信你也一定在那里想我。你若是在重病中想念我，那你更苦了！啊，我的雪，怎么办？什么人会可怜我们？什么人能使我们得到爱恋的自由？我想世间相爱的人不会有比我们再苦的了！上天为什么对我们这样残酷？我上星期日回家，苦闷了一天，星期一晨是不欢而散。谁也不知其中理由。我知道我不应该无理由地教别人受罪，但是我又怎能假装快活？……

没有你的安慰，我很难工作下去，没有你的爱，我只有趋于毁灭！我读了你的诗只会落泪，无法和你，我希望我的泪会和润了你的心！多给我写诗吧，让我读了多落泪，或者也是祛除苦痛之一法。除了你，一切的一切，都是假的，都是讨厌的，都是使我苦闷和痛心的。我希望不久可以接到你的信，否则不管一切，我只有请假乘船来看你。别人怎么说怎么想，我一概不管！天坍下来我也不问了！一个人准备毁灭自己，还管得了那许多吗？我最爱的雪，我无时能忘的雪！我虔诚地祷告上天，使你从速恢复健康，把你所有的爱，给你可怜的宗。

宗

32

事实上，我一连几天不写信，那是因为我的病还没有好。战时，大后方医药缺乏，普通小毛病，往往全弄成大症候。我这次还算幸运，仅只发了几天的高烧，偶尔也会在夜里忽感恶寒，由于我在儿时害过很久的疟疾，自此以后就不曾复发，因此我自己都可以断定，我并不是感染了当时在大后方最为流行的"打摆子"。后来还是父亲为我开了一张方子，服了几帖中药，方才渐渐痊愈，可以起床。虽然精神还很萎靡，但我必得赶快为道藩写信了：

宗鉴：

吾小病已瘥，幸请勿念。一周来支离病榻，所思唯君。每热极昏迷之际，辄似耳闻君声，心乃弥慰。一夜忽发奇冷，虽裹棉被，犹寒战不已，因思君若在此，定能拥吾于怀，俾吾能抗此殊寒也。凡此种种，固属梦幻，但痴心一片，亦可以泣鬼神矣。病中曾接家母来信，絮絮为述海外人之凄凉生活，及其不忘意念，希吾勿再坚持，以图和好，藉慰双亲老怀。吾读此信后，中心乃益郁郁不舒；自念此生除死而外，实无法调处此复杂境遇。只恨上天不情，无辜生吾，复不予吾以超人智慧，解脱此困厄，俾自振奋，惟使碌碌此生，以情魔自缠，至成一人世间不忠，不孝，不慈，不贞，不义之人。生既无味，死亦可讥，反不如愚夫愚妇辈，犹得恬然自乐也。自家君所开中药后，病已完全解除，近日胃口大佳，食量陡增，想不久当可恢复以前健康矣。何时入城之便，请为吾往文渊阁或其他北平纸铺购信纸信封几许，及小楷笔数支（以狼毫或紫毫为宜，因吾喜硬锋也）。觅便带碚，不胜感荷。数日来，大雨如注，江水骤涨，天亦因此凉爽。似此乍寒天气，最易致疾，唯君珍卫为要。

雪

信里所说的"海外人"，道藩当然知道我指的是悲鸿。悲鸿自从一九三八年登报离婚不成，求婚也不成，"两头落空"，只身远走新加坡，到这时已经将近一年。他突然写信给我远在上海的母亲，说他在海外孤独凄凉，有时候也想到我的好处，所以他要把孙韵君送他的那个红豆戒指，转送给我。母亲看他颇有重修旧好的意向，于是便写信来劝我，莫再坚持，破镜不妨重圆。辗转传来悲鸿"不忘意念"，等于是刺戳我深心里迄未愈合的创痕。他片面登启事，与我脱离"同居"关系，那种做尽做绝的行径，曾经予我多么深巨的损害与打击，他怎还能希望我回心转意？

我在信上向道藩倾吐我的痛苦，因此，又惹起了他的无限伤感。

雪:

想到上海来信，劝你的一切，以及你因此而受的痛苦，又叫我如何能食得下咽？这是个永久无法解决的问题，萦绕在我们脑中至少有两个月了，你又何必自责自苦如此？假若你真已是陷于不忠不孝不慈不义不贞的话，那都是我害你的。但我是为了爱你，才使你这样的！我的心可以质诸天地鬼神而无愧。我常想这段孽缘，我们自己是无法负责的，只怪天错生我二人，更错支配了我们以往的一切，又没能使我们永久不相见，以致弄到这样的地步。现在怨天尤人也是无益。我已准备一切，到了无法安慰你和自慰时，只有毁灭自己的一条路。不过我绝对听从你的命令，你要我怎样我便怎样，我既然爱你，我又不能援你脱离痛苦之境，但凡可以使你快乐的，使你不至于再陷于不忠不孝不义不慈不贞之境，使你跳出矛盾环境的事，我都应该做，我想我也一定能强迫我自己做到。总之一句话，我一切听命于你，只要你的命令不是违心下的，我总服从。也许你说你不要这样一个爱情的奴隶，但请你替我想想，除此而外，我还有什么办法？不管人事如何变迁，甚至于别人求得你谅解，我们永久不能再见，永久不能再通情愫，到我死后，你若把我的心，切成片片，你一定能在每一片上看见你美妙的丽影。到了那时，我的一切总算可以证明了，我的灵魂有知，也可以得到安慰了。至于我对你，我决无任何要求，使你感到困难和痛苦，假若人可以相信人，爱人可以相互信任的话，我绝对相信你是爱我的。我并且可以武断地说，你在这世界上，不会再找出一个比我更爱你的人，同时我也相信你对我这种爱是确有认识的，因此我相信你能永远爱我，所以我不再有任何要求。我这番真诚的话说了以后，我求你千万不要为我设想，我万分诚恳地求你，采取一个使你减少苦痛的最后决断。不要为了我重拂父母之意，使你精神上感到无端的痛苦；不要为了我使朋友对你有不良的批评；不要为了我使子女认为你不慈；不要为了我使你失去人生的乐趣。要是到了那步田地，我的罪恶就更大。在你有了决断以后，我自然不会那样无理智的，不必要地，不负责任地去毁灭我自己。我自然还要挣扎，还要努力一切足以使你以为我夸耀的事业来安慰你。但是有一件事，我必定努力做到的，就是除我对珊的责任而外，我决不再爱恋任何异性，以表我永远保留着我对你的纯洁之爱。

宗

宗：

一日的信，昨晚收到。读了以后，觉得你这样爱我，我除了愧对知己而外，还应该有什么不满足呢？你每提到我们的问题，总是教我下命令，但是你明明知道，你既没有办法，我又有什么命令可下呢？我要是能解决这个问题，那也用不着你说，我早就已经做了。你以为我是为你设想而拒绝人家，又以为坚持不欲和好，会怕拂了父母之意，怕朋友批评，怕子女说我不慈而难过，那你就都想错了。你说你相信我是爱你的，那么你应该知道，我是因为爱你，所以才拒绝人家，你知道我是不能做违心的事的，不会假敷衍的。至于父母朋友子女，我自问尚无亏负他们的地方，暂时不必去管他，我所虑的只是你我之爱。我觉得近数月来，你我相爱之深，已至无奈何之境，唯赖时时刻刻加以克制，这种苦痛，其实太难忍受。万一有朝一日不能克制，那又怎么办呢？我近来已经觉得事事无心，总是若有所失的样子。我想常常和我在一起的人，一定会看出我的改变，但是我又有什么方法能使自己振作呢？倘使我果真做得到去与人和好，藉以解脱我们这种不生不死的生活，那也未始不是幸事，无奈我这一颗心又不允许，真叫我上天无路，入地无门！自笑此生虽然经过了数十年光阴，到了今日，才算领略到爱的滋味！一向自以为还算坚强的意志，就此一蹶不振，也才晓得爱的魔力实在无可比拟。我知道你此时的心境，也和我一样的苦痛，我竟不能给你一点安慰，我是多么的愧恨。想我所能给你的，只有这一颗爱你的心，可是也就是这一颗心，才弄得你日夜不宁，尝尽苦痛。你想想我活着还有什么意思！

雪

信发出以后，不旋踵又接到他的来信，急急展读，热泪又复夺眶而出。

雪：

我的苦痛，得到了你的热泪，使我枯竭濒死的一颗心，稍许温润了一下。照理说我应该感到安慰，但是想起你接到我一号的信，不知道又将引起你多少愁思悲戚，你说我怎么能够心安呢？最近天气太热，已使我夜里不能安眠，再加上敌机连连侵袭，我身心交瘁，根本无法休息。朋友们都说我精神不好，瘦得厉害，我只好说我犯了胃病。其实这完全是托词，我的心事，世界上只有你一个知道！

这个月里，无论如何要想办法来看你一次，以慰思念之苦。昨夜因为想念你的病况，回忆前年在南京的时候，我在你的病榻之前守护，种种情景，仿佛就在眼前。可是时间已隔了整整两年，你这次生病，我竟不能抽身侍疾，真是憾恨之至！

一号的信，你当然已经拆阅了，知我罪我，我真不敢想像。但我自问一切都出自我诚挚热烈的爱心，万一你要责怪我，我也只有接受。我所求的仅只是你爱我之心永久不变，我所必须自勉的，也就是我爱你的心，矢志不渝！

我最爱的雪，你可怜的宗竟无法得到一分一秒快乐安静的时光，而且不但没有人能为我分忧，就连这种种苦处，除你而外，我也无人可以倾诉。

我急切地期待今天或者明天，能够再得到你一封信。

宗

宗鉴：

今晨慵睡未起，侍者以手书至，乃倚枕拆阅，读未竟，已泪水盈眶，模糊不辨字迹矣。嗟乎！君何忧思之深也！念吾二人虽不能时相依从，但情爱愈笃，信念益坚，固已大可安慰矣。故维君力求振奋，以图保国卫家，勉抑相思，善自养身立命，则所以慰藉苦雪者多矣。至于因爱之初，遂尔自持能力削弱，奋斗精神锐减，是则吾久已感到，每常惕然自危，今愿与君相互砥砺，勿蹈此绝境，则幸也不胜矣。何时得闲，可来此一叙，不必寻何托词，因你我交情，则此一视，似亦并无可怪。况吾父在此，更堂皇而有礼也。

雪

雪：

我虽然只有三个星期没有见你，似乎已和三年一样。在这期间假如有何妙法把我想你的心思，记录成文字，至少当有百万字以上。唉！可惜一到提笔，我就没法写出来了。你的变态，有人会感觉，我想我的变态也被人发现了。每天肝火旺，容易动怒，一开会就随便发言冲撞人。每天晚间多半守在一间极热的斗室里，见着家人连敷衍的话也懒得说，精神极坏。好在有每次空袭可作理由，如此这般还不是变态吗？每遇空袭，我并不怕死，我只求同你死在一起。我恨敌机前年为什么没有把我们炸在那一间小楼里，要是那样结束了，岂不是理想的结局吗？我有时恨我以往不肯找钱，假若我今天有三四万块钱在手里，我至少可以不顾一切地逃到世界另一角落，重创一番事业，另找一个安适的环境，献给我心爱的人。我现在一切都受着束缚，比关在监狱里的犯人还苦！直是等死！这教我死也不甘心！我根本没有资格，没有能力，没有胆量，没有气魄讲恋爱，而我偏偏不自度德量力，以致造成现在走投无路的局面。苦了自己，又害了你，我就是毁灭了我自己，也无以对你，怎么办？……爱神是势利的，上帝是瞎眼的，一般人是那样幸灾乐祸的，社会是那样的盲目无情的，活在这个世上还有什么意思？假若这个世界没有你，假若我不为你，我真不要活了，现在唯一的希望是静待一个有利的机会，来解决一切。

宗

宗：

你这样的为我不宁，为我受苦，你叫我又怎样过呢？你若是真正爱我的话，那么我就凭你的爱向你要求，从此以后，不要再去想那些不能解决的问题，你能答应我吗？你要知道，倘若你我之爱，没有那些阻碍，也许就平凡了，也许就不会那样的热烈，不会那样的坚决，甚至于不会那样的长久了。你看世界上那些因爱而达到目的的人，有几个是幸福的？有几个是不失望的？要是我们也到了那没有幸福和失望的境界，不是要更苦了吗？到了那时，也许又觉得现在这种情形，反而有趣味，有安慰，你说对不对？我看我们还是来研究研究有什么方法，可以使我们常常见见面，互相安慰安慰，做点目前的打算，不是更值得吗？以后的问题，谁知道怎么样？何必现在来自苦呢？就是到了万不得已，那还有一死呢！等到死了以后，不是什么都解决了吗？你说本月内一定要设法来看我一次，倘使你有什么不方便，我也可以到重庆来看你。我来的时候，决不再去住在朋友家，一定要找一个清静的地方和你畅谈一天，以消胸中悒闷，你说好不好？昨天我曾寄你一信，你收到了么？我希望你晚间能够好好地睡觉，不要尽胡思乱想，白天也不可过于劳碌，有机会休息的时候，就应该多休息。你知道我日夜不安心的就是怕你生病，你若是肯体谅我一点苦心，就应该听我的劝告，爱护你的身体。你要是有了好的身体，你还怕什么没有希望吗？你的雪总是你的雪，不会被人家夺去的，你放心吧！

雪

雪:

你劝我的话，我自然应该听。我也知道终日去想那些不能解决的问题，只得些苦恼，于事还是无补。但是好像有神鬼播弄一样，使我无法丢得开。我此后一定勉力做去，那就是勉力做到体谅你的苦心。只要我的雪总是我的，别人再夺不回去，那么我的一切痛苦，都有意义了，我此后保养好身体，也才有意义了。老伯何日回校，请事先通知，以便准备来接。我来时预备请假两日，不在星期天，到时你也可以请假一天半天。我们至少可以多见见面，用我们会心的微笑，和我们两双流不尽苦泪的眼睛，传传我们的心声。

宗

33

宗:

今晨一到会中，便看到你带给我的包裹摆在桌上。我见了这些东西，虽说不能像见你那样的快活，但是它们是由你那里来的，我觉得也就等于是你的心灵来抚慰我，所以我很高兴。你给我这么多信纸和笔，女友看见了，便说:"你应该多写信给他才对呀!"我想这是不错的，只可惜我这支笔太笨拙了，不能写出些美妙的文字来安慰你，而使你忘掉一些你我的不幸，我是受之有愧了! 五号七号两天我寄给你的信，你收到了么? 这几天的天气是那样热，我每早七点多钟过河，清晨的空气是比较凉爽，还不觉得怎样，可是到了中午一点多钟我回家的时候，走上沙石滩，真好像在一块烧红了的铁片上行走一般，再加上头顶的烈日炎炎，简直像是走进了洪炉似的。回到家中，勉强地吃过饭，神思完全是昏闷的，说也怕说，甚至连想念你的勇气都没有，你说苦不苦? 还好没有病倒，总算是件幸事。想你在城内，一定也是热得难受。我希望你不要太劳苦了，好好地保重你的身体。

前天我接到姊姊的信，说一雄在巴黎已请驻法大使馆代他向教育部请求返国川资，照此看来，这项呈文的发出，应在你我作书之前，但我并未得到本人的报告，不知其详，只好请你留心，要是有是项呈文到来，务恳你设法帮忙，那就感戴不尽了。儿子本学期已在小学毕业，下半年便应入初中肄业，但是直到现在，我还没有决定叫他进哪一个学校，或者就送他去南开也使得，但是不知道此校招生是在什么时候？我想请你帮我打听一下，也许还得求你介绍，因为听说投考的人甚多，恐怕不容易录取呢？

雪

雪：

知道你每天过沙滩受酷热的苦，真使我心痛，要是弄病了怎么办？照我的意思，我真不愿你再这样受苦地继续工作。但是为了你每天稍微有点事做，借此排遣无聊苦闷的时间起见，我不敢阻止你。为了不拂你"自食其力"的高尚意志起见，我更不敢阻止你。我每天都在替你筹划一种稍为舒适而且可以给你安慰的工作，但是至今尚无成就，自己觉得万分惭愧！我近来虽然因为日夜想念你，时感苦痛，但是心思极其单纯，因为我要把我此生此世的爱都结束在你身上，所以对一切也都淡然了。

在此地每晨总是六时起床，七时至下午一时或办公或开会，一时半至二时半之间午餐，餐后假如没事，我就睡一小时或再多些，以后又去办事，晚间约七时返寓，七时半至八时半晚餐，餐后除有会议外，决不出门，多于九时左右即就寝，有时十一时左右即能睡去，有时是热得无法成眠，这就是我在此的生活概况。我为了使我能永久爱你，我不能不设法保养我的身体，但是教我不想念你是做不到的，因为这似乎已是超出我自己控制能力以外的事了。我现在想要求你一件事，这件事也许使你要受点苦，不知你愿不愿做？那就是请你将数年来给你的信，陆续抄一全份给我。最要紧每一封信的年月日要记明白，能够以时间分前后次序最好。因为我打算把我们的爱恋经过，写成一本人间仅有的真切而深刻的小说，就是我们死了，雪和宗也会永久留于人间。我想我能把它写得很好，也许不久就有较多的时间开始写的。

宗

宗鉴：

顷阅致子杰函，得悉嘱其进行笔会改组事，承子杰下问，略有意见数点，请君裁夺。一、此次召集斯会，究用何种名义？如似前番以私人请客式召集，则应由何人出名？二、现时许多文人作者均散处四方，恐未必容易请到，想来此会定在重庆举行，至时倘若到会人数寥寥，殊不成体统，此不能不预为准备。三、微与子杰均以为应选××出任秘书,在对外方面,似甚适宜,不识君意以为如何?四、此次延请参加笔会之人选,究应采取何种态度,严格或宽广?亦应先有一标准也。以上诸问题,请君明鉴,予以解答,俾再遵照进行。因与文人共事,至为困难,故不得不多所考虑也。

雪

道藩写信给子杰,要他负责筹组笔会中国分会,子杰因为我跟文艺界的朋友比较熟悉,拿了道藩的信,跑来请我帮忙。我和他作初步的会商,将一些需要道藩决定的原则问题,由我写信给他,请他指示。

这件工作相当的复杂烦难,尤其是会员人选的延揽和遴定,过严或过宽都可能招惹批评;为了这桩事,我曾冒着火伞高张的八月溽暑,不知奔走了多少天,文艺界许多知名人士,都由我亲自登门拜访邀请出席。成立大会在重庆牛角沱先生花园举行,这是我国参加世界笔会的始端。在道藩、子杰和我通力合作之下,工作总算圆满地达成。

八月里,为了一些琐事,使我生气,在心烦意乱的当儿,我不但无心抄录道藩给我的信,而且也懒得写信给他。我先寥寥数语告诉他说:

宗:

我为了一点不相干的事,非常生气,非常怨恨,心中烦乱已极!

我要清思涤虑数日,所以这几天恐怕不能给你写信。但是请你不必着急,因为并没有大不了的事,只不过我不愿向你述说而已!你叫我做的事情,等到天气稍微凉爽点,我一定能够办到,请你放心。

雪

不料这几句话又使他胡思乱想起来——

雪:

自从看了你的信直到此刻(夜间二时半),我没有一刻不想念着你。十一时就寝,到现在还不能成眠,我至少已将你的信读过十二遍,我迟钝的脑筋不断地思索着,无论如何想不出是什么不相干的事,使你"非常生气,非常怨恨",同时又使你"烦乱已极"。你为什么不愿向我述说?你替我想想,你叫我不必着急,不是白说吗?你教我怎么能够不急呢?你要知道,我二人此生此世的精神是永久合一的,你心疼,就会令我心疼,你烦乱,也会引起我烦乱，要不是爱恋至深，是决不会如此的。使你生气和怨恨的事，与我有关吗？是我使你生气烦乱？如果是的话，那我罪恶就太大了，如果是真的话，那么请你宽怀吧，我宁愿接受你对我的处罚，也不愿你自己痛苦。你若真爱我，请听我的话，宽怀吧。我们后天就可以相见了，你到那时处罚我好吗？前晚写好一信，昨早寄上，昨天下午又寄你一封快信，为的是怕你只知道我职务变动，不知内容，发生疑虑，所以立即写信给你。由这一点，可想见我的爱你，实在是无微不至！我宁愿自己受苦痛，来替你解除痛苦。世间一切都是假的，假使这个世界上没有了你，我活着就毫无意义了。因此我可以说，我活着，完全为的是你，我仍勉励自己报效祖国，也是为了有你；我为家庭尽一切责任，求得相安，还是为了有你。你已经成了我生命的元素，和奋斗的原动力了，所以你的精神能支配我的精神，你的心情能感应我的心情。西人对于恋爱者有一种说法，就是真相爱的两个人，每人只算半个，两个人才成为一个，这不是我们现在的写照吗？从现在起，三十六小时以后，我就能见到你了。哦！这三十六小时教我怎么挨过呢？我又想，倘若让我见到你而不能说一句知心话，我或者会哭着回去的。这又有什么办法？我真恨极了，我们为什么不能通告全世界的人，说我们是相爱的，那么我们就有自由公开的恋爱了。我想到这儿，几乎要疯狂了，我恨一切，恨！恨！千恨！万恨！我希望抗战胜利早日降临，使我能断然放弃一切，而不受人责骂，那时我们再飞走吧！飞到天边去，飞到海外去，飞到哪一个孤岛上去。让我们尽一日自由爱恋之乐，然后我们就同时毁灭了自己吧！

宗

将他的信，读了再读，心中的烦闷爽然若失。数年来，在这国难家变时期，我心理上，一直有孤独岑寂的感觉，唯有道藩，每每在我苦闷彷徨的时候，会适时合宜地给我安慰与体贴。这是他对我最大的赐予，使我在冷酷的人世，得到无比的温暖。

我们如约在重庆相见，使我觉得十分快慰，这种机会，事先不知经过多少天的渴望，事后更有不尽的回忆和相思：

雪：

违心的事是无法做到的，那天我不是说过：以后除了报平安而外，不再写其他的信给你了吗？唉！这哪里做得到啊！自从前天早晨，眼看你乘车走了以后，我直到现在没有一刻开心，我只觉得一切都是空虚！本来嘛，我心爱的雪不在此地了，叫我怎么会不感空虚呢？我也觉得自身彷徨无主，就像我的灵魂已经随你去了一样，啊！我的雪，我们怎么办呢？

"我不要离开你！"这一句话，永远留在我的心中，我耳朵里时时都听见你的声音，你那美妙的神韵姿态，永远在我的眼前打转，这种种的想像和思念，使我心神片刻也不能安静。我老实告诉你，我对我的新工作，实在不想去，也实在没有勇气去，一旦想到今后将离你更远，已经够使我不能勇往直前了，更何必问别的理由？你叫我不要再想那些无法做到的事，我有时也曾竭力地做，但是情魔的威力太大了，我完全被它慑服了，我确实无法抵抗。明明知道这种思虑既无益，又伤身，但是随便怎样都不能不想。我这一次来时，把你给我的信，全部带来了，预备抄一份给你。前晚空袭时，我把它们带到防空洞里去，因为这些信，成为我唯一的至宝了，我在洞里想，假如我被炸死，有那些信陪着我化成灰烬，我即使死了灵魂也会得着安慰的。我知道你不喜欢我变成一个不值得你爱的弱者，但是你如果知道我现在弱成这样，纯粹是你那伟大的爱力所压成的，那么你就不应该看不起我了。

我今晚再将你的信全拿出来，重读了许多封，使我想到在巴黎时的情形，在意大利接你那封信的境况，在丹凤街寓所你的病榻前面，在傅厚岗，在合群新村，月夜在灵谷寺，空袭时在斗室中，重在渝市相见，光第晤谈，黄桷快聚，缙云畅游等，历历如在眼前。这样一来，叫我怎么能成眠呐！现在已经是深夜三时，我还在这儿写信给你，明天怎么会有精神呢？许多朋友，一见面就说我太瘦了，我自己也感觉精神身体都不行了。我也许下月初才去执行新工作，我想请假休息几天，但是又叫我到哪里去呢？来看你是不可能的，回山上我又不甘心，这叫我怎么办？

宗

他下月初要去中央政治学校执行新工作，他将迁往离城三十华里的南温泉，也就是政校的所在地。南温泉风光明媚，又是当时最理想的疏散区，道藩搬去那边，对于他的健康和安全，都有益处。但是因此也使我们的工作地点距离更远，今后见面的机会一定也更难。想起我们一在北泉一在南泉，要想见面，必须旅途转折，换乘多少次舟楫车辆？我不觉惘然了。

宗：

　　二十四日那天我写了两封信，其中一封是给你的，二十五日一早，我拿了两封信到北碚去投邮，后来因为我伴送××二人到码头乘船回重庆，荫兄便说："你的信，请他们带去发，不是更快么？"我虽然不愿意将给你的信托付别人，但是当时又无法推托，只好交给他们。要是他们一到重庆就送的话，那么你在二十五日下午就可以收到的，但是为什么你来信上没有提到呢？现在你已经收到了吗？我真不放心得很。你为了爱我，在那里这样受罪，教我怎么安心呢？我恨我没有勇气脱离你，害得你如此不宁，现在悔也不及了。要是有办法能够教你忘掉我，或是不爱我，我真什么事都愿意做，只要你不再为我痛苦，能够安心做事。过去我也曾想过许多办法，可是又都做不到，就是做到了断绝关系，也未必能使你减少痛苦，甚至于也许会发生意外，那又何苦呢？所以我一向还不敢轻易尝试，不过总像现在这样下去，实在不是办法。我每每劝你要保养身体，但是你自己也明知白说，你想有了我，还能教你安心养身体吗？这种爱你反而害你的情形，真叫我衔恨无穷。我不愿意离开你，固是实情，我希望永远离开你，也是实情，反正这种矛盾心理，一天到晚总是在内心交战的，只是没有勇气选择哪一条路罢了。我希望你能够回山休息几天，至于你所说的"不甘心"，实在是傻话，这是为了你的身体起见，有什么甘心不甘心呢？你知道我是不会有那样想法的，请你不要顾虑好了。

雪

宗：

　　在重庆的那几天，气候特别的热，我虽然感觉疲劳，但是每天都能见你一面，心中万分高兴，所以也就忘掉了一切倦怠。回家以后，身心都还安宁，只是一想到以后和你见面之难，以及相思之苦，便会悚然忧惧。我从前总笑人家说什么："我爱你，没有你我不能生活"的话，哪知到了今日，才晓得确有这种情境的！

　　昨天空袭究竟炸了些什么地方呢？我从警报发出以后，直到解除，两小时之间，心中只想着你。我是在警报中吃的晚饭，因此想到你一定是挨着饿坐在防空壕里，天气又那样热，还要被逼着去受恶浊之气，该是多么的苦啊！我希望你早点去南泉，免得再在重庆受罪，昨天读了××一信，觉得人生实在太滑稽了，有爱也苦，无爱也苦，不知道究竟怎样才会不苦？真是一个大问题。今天是但家孩子过生日，他们请了不少的客，热热闹闹地吃了一顿饭，放了很多鞭炮。我平生最喜欢放鞭炮，因为它一经点燃，便勇往直前，绝无退却，觉得有一种大无畏的精神，你说对不对？那一天你说："我们以后不要再写情感的信了。"不知道像这样的一封信，是不是算有情感，请你告诉我吧！

雪

34

雪：

我极愿意像鞭炮一样，有你所喜欢的那种大无畏精神，哪怕一爆即灭，也是快事！这些小事都足以表示我们见解的一致，也就是我们会爱恋到不能分解的一种因素。尽管我们爱恋到如此，结局又会怎样呢？我不能不对一切怀疑或失望。我有时会恨上帝，有时又不然，因为我想根本没有上帝，假若有的话，它决不应该让我们这么痛苦。有时我感谢爱神，因为她使我能够得到你这样一位知己；有时我又极端地恨她，因为我觉得她毕竟是一个毫无作为的纸老虎，丝毫没有助成我们的能力。

我不忍看前面的江水，因为我一看就想到它是从你那边流下来的，它带了你无限的缠绵情意给我，我却不能使它倒流上去，将我的情愫送达与你。我心里不止痛苦，而且恐怖，因为我感觉我实在变了，我对此间的一切已毫不关怀，我总想告诉珊说：我爱了一个人，你愿意怎么办？但是她对我实在太好了，也太天真，我话到口头，又咽回去，因此我更加感到痛苦。今天午餐后，我就睡下，她却很关心而且很柔顺地问我：

"你有什么烦恼的事吗？"

我回答她没有。她又说：

"把你的眼睛看着我说！"

我看着她，但是质诸良心，竟一个字也不能出口，她见我不再说话，含着眼泪出去了。也许在这种情形之下，她看出了许多事情。其实，说了又怎么样呢？看出来了又怎样呢？还不照旧是死路一条吗？

我这几天在城里已经觉得精神不行了，昨天决定请假一周回来休息，希望到南泉时比较像样一点，但是要像今天一天这样地生活下去，恐怕只有更糟。我最恨的是，我有几天的假，竟不能同你一起度过。假如你在这里，我一定会变成另一个人，这不是"没有你不能生活"的悲惨境界吗？我们的情况如此，鸿、珊不也同样的是可怜虫！

昨午接到八月九日星洲来信，其中谓："家庭问题，来示言某已嫁，则余决无回家之可能，天下决无如此办法，其时某已三月不通消息。今得其来书，知仍未嫁，余方作函绝之。要之这类无聊之事，抗战方殷，我自然感弟厚意，暂且不必谈起。"因信中尚有需我为他进行的事，故稍缓再以原信寄奉一阅。

宗

悲鸿能有这样的表示，也好，最低限度我"暂时"不必因他而苦恼。可是道藩描写他和素珊的那一幕，却强烈地撼动了我的心——

宗：

你的信，引起了我几许悲愁，至今心中仍郁郁不舒，真想跑到深山大谷之中去痛哭一场，以消胸中的积闷。我知道，我造孽深重，把一个温暖的家庭，弄成了苦痛的魔窟。但是这种无心的罪恶，要是上天有知，它也许会可怜我而原谅我的。我很想和你断绝，只要能够减少你的苦痛，我一定可以拿出大无畏的精神来做的。本来像现在这种情形继续演变下去，不但是你我二人的毁灭，恐怕还要倾覆两个家庭，到了那时，无论在道德上，良心上，我们都会受到威胁的，还有什么幸福爱情可讲呢？也许天意不欲我们成功，所以才造成这种无可奈何的局面，教我们永远也打不破这重重难关。你想以我们有限的人力，怎么能够回天呢？所以还是早早地醒悟吧！不要再沉埋下去了。

我在二十八、三十两天，都有信寄给你，想它们一定早在你的办公室等着你。你这次上山，既然是为了你的身体起见，那么就应该抛弃一切不想，平心静气地休养一星期，方不负你自己请假的初意。真要是像你所说的那种情形，那又何苦多此一举？可是我也知道，你处于这种两难的地步，再加以良心的谴责，怎么能够安定呢？

昨夜十二时，此间发出警报。一时左右，大批敌机过境，隆隆之声，震耳欲聋。因为浮云甚多，所以机飞极低。那时候虽然月色朦胧，而敌机历历可数。到三时许，警报解除，我始入室安息，但是千愁万绪，充塞胸头，简直无法睡眠。这种情形，也是你所常有，所以你一定会领略此中苦况的。听说孩子报考，已被录取了，但是因为我的疏忽，二十八日那天没有能够去检查身体，据说就要取消学籍，不知道还可以请你设法补救否？

雪

这时候，道藩已从歌乐山回到重庆的办事处。

雪：

所有你给我的信一大包，我带往山上，昨晚又带回，所以它们也同我一道去避险。你要知道，有了你的信在我身边，我就作为是你在我身边一样，这虽不免类似画饼充饥，但在一个痴人，已经很够得着安慰了。昨晚的消息，敌机炸了北碚、歌乐山、小龙坎、化龙桥等地，究竟实况如何，不得而知，你想我听了这种消息，还能安心吗？由北碚自然想到黄桷镇，又听说歌乐山上投了许多燃烧弹，我自然也在为珊与丽莲担忧，但是又有什么办法呢？来接我去南泉的汽车已经等待着我，我在未离渝以前，必须写这封信给你，不然你又要迟许多天才能得信了。我此刻的心情，好像赴杀场一样，叫我怎样对新工作发生兴趣？假如那工作地点是在你的附近，我还会有这种心境吗？当日叫我到青木关，我是何等高兴去，就是因为离你近了一点。

你的三封信使我悲戚万分，此刻也无暇详复，等到南泉再复吧。伯阳入校事，我想没有问题的，最好先于七八日到校登记，说明得信已迟，故未于二十八日到校受检身体，校长必会特别通融。以目前的情形看，你下次来时，我是无法再与你谋面了，真是恨事！

宗

宗：

昨天寄给你的信，收到了吗？我从前天接到你的信以后，直到现在，可以说是无时无刻不在想念你。我对于审查稿件的工作毫无兴趣，有时候看了好多页，竟不知其中说些什么？因为这颗心，总是在你的左右徘徊，实在无法把它摆到工作上去。在家的时候，就躲在房间里，天气又热，什么事也不能做，只好躺在床上，却是并不想睡，只在盘算你我的问题。有时候想到你那么爱我，心中就感觉到一些安慰，同时也觉得很可夸耀，但是再一想以后的结果，就会不寒而栗起来。我总觉得像你我这种情形，世间一定还有不少，为什么人家就不像我们这样痛苦？不过反过来说，我这句话也许太偏见了，因为我又从何知道人家没有痛苦呢？就如我们的痛苦，人家不是也不知道吗？这样一想，就觉得这世界上痛苦的人一定很多，只不过大家不表露出来罢了。昨天晚上警报的时候，你在哪儿呢？你还是带着我的信进防空洞吗？你真太痴了，你这样看重我，我自己觉得非常惭愧，其实我有点什么值得你如此重视呢？只不过你用了这种诚心来爱人，上天有知，爱神有知，他们一定要护卫你的爱，决不会辜负你，而使你失望的。

雪

雪：

上月二十七、二十九、三十一各信，常在身边，夜间放在枕头下，不知已看过几遍了。

我们的问题，已经到了最严重的阶段，我总觉得不久就会发生什么事故，我真不知道应该怎么办才好。你说"我恨我没有勇气脱离你……"，"要是有办法能够教你忘掉，或不爱我，我真什么都愿意做……过去我也曾想了许多办法，可是都做不到，就是做到了断绝关系，也未必会使你减少痛苦，甚至于也许会发生意外……"

心爱的雪，你这许多话简直可以说是替我写出来了，这可见我们的心心相印，也可见我们所见皆同，更可见我们为了将来苦思的结果也正一样。啊，可怜的雪，不幸得很，这也就是我们爱恋到如此地步的因由！还有什么办法想呢？我早已告诉过你，你对这事是无须自恨自责的，我现在再重复告知你，一切的罪恶都是我所造成，我自己的毁灭，或我家庭的倾覆，你都不应该负任何责任。当然，我们也要想种种方法，使我们不致毁灭，使双方的家庭不致倾覆，万一不可能的话，那我只希望毁灭我自己，而不累及我心爱的雪；我也只希望倾覆我的家庭，决不愿我心爱的雪为我牺牲那一对聪明可爱的儿女。这不是虚伪的谎话，而是从心底里呕出来的心语，也是我对于"爱"的最高理想，最忠实纯洁的观念。世间要有那样一个愿意他所爱者与他共同毁灭牺牲的人，那就不配讲爱情了。至于那些因爱生恨，以致欲置自己心爱者于死地的，除了他根本是自私自利而外，其实还是基于爱，不过这已经形成了变态的爱，疯狂的爱，无理智可以制服他，这种只是可怜，不算可恨。我们的爱恋，既出自真诚，你不愿意我毁灭，我不愿你毁灭，因此不能不努力求万全之策，此策固然不容易求得，但我们必须尽人事，才不至于后悔。我们相爱到如此境地，要想断绝关系，怎么可能？你既然知道即令想了许多违心的、不自然的办法，做到了断绝关系，不特不会使我减少痛苦，甚至于会发生意外，那我就求你千万不要自苦地去乱打主意了（因为纵使你做了，我也不会相信的，譬如你让他悔过，容许他回去，或者另外爱了一个人，你想你能教我相信吗）。所以你这种"决心"和"大无畏精神"都是用不着的。我既觉得危机四伏，恐生意外，你也感觉不安，同时欲彼此断绝又不可能，要想立刻如愿更做不到，我左思右想，现在只有一个"避免大祸速发"的办法。这个办法就是：一、抱着"有人有世界"的信念，想种种方法，使我们不致毁灭，静等一个有利时机及环境，来安慰和满足我们的苦情。要做到这一点，我们必须：二、极力用理智克服我们的情感，所有的眼泪往心底里流，一切的情感寄托在秘密的笔记上，无论彼此因为想念如何苦痛，都不表现于信札之内，只以普通信件往来传达彼此生活实况。欲做到第二点，我们必须：三、彼此之间绝对信任，不致以于爱情有任何变迁；四、对家庭态度改善，做合理的应付，使能相安；五、将一切精神时间，寄托在自己所任的工作上，常常想着："我能将我的工作做好，我的事业有进步，才是我心爱的人所期望的，我对他的爱，就表现在这里。他见我多有成就，有以安慰，也足以夸耀于人。"

心爱的雪，你对于这个提议赞成吗？要是赞成的话，我们就试一试，要是真有上帝，真有爱神，我们又能够这样做去，我想我们此生此世，在未死以前，一定会得一个有利的时机和环境来安慰我们的。这个时机和环境，谁知道呢，也许很快，也许三年五年，甚至要到十年八载以后。心爱的雪，我们不必怕，我们既把我们的爱，作为我们此生此世对于爱的总结束，哪怕我们到了六十岁（只要我们能够活到那时候），还是相爱的！何况决不至于等那样久呢！"海枯石烂，斯爱不泯"之语，你的宗是终身不会忘的！心爱的雪，世界上谁还夺得了你的"宗"，谁还敢夺去我的"雪"。等！等！等！等！等！等！等！等！等！咱们等吧！耐心地受苦地等吧！等我们有利的时机和环境来临吧！

宗

就在他写这一封信的同一天，我因为整整一个星期不通音信，心里觉得非常忧虑，所以我也写了一封信给他：

宗鉴：

　　一周不获消息，吾亦未曾作书，此为三数月来所未有之事，诚不知为好现象抑恶先声也？欧洲风云日亟，生此世者，将无宁日，恨芸芸众生，唯以侵略杀戮为能事，更何处求得世外桃源，尽吾余生耶？日来神情落寞，意兴萧索，觉茫茫大地，一切都已绝缘，更无一人一事，可使吾恋恋于此世。故三日夜敌机来袭时，默念若能毕命于弹火之中，以了尘劫，固所深愿，无奈未有此幸遇耳。

　　后日将送孩子入学，若手续能于是日办清，即拟于翌晨返乡。此后天气凉爽，当多事读书写字，以消磨此无聊岁月，要亦唯一排愁解闷之法也。近日偶得一书，中有《浮生六记》及《香畹楼忆语》两篇，文字及事迹均佳妙动人，读后颇多兴感，觉历来才色之姝，辄为造物所忌，终成薄命。惟自叹才色之无，而薄命犹人，固不解造物之安排，究何用意？君处空气清景，风景优美，于君身体，当有补益，即工作亦较政务清闲，倘能借此息心养身，实一大好机会也。

雪

发信后的第二天，我到重庆，刚走进吴稚老家的大门，佣人告诉我："张先生来过了，给你留了两罐咖啡。"我听了便觉心儿往下一沉，苦苦思念了这么久，竟又错过了见面的机会，真是失望已极！

宗鉴：

　　昨晚抵此，闻君过访相左，甚恨，承惠咖啡，敬领谢谢。本拟今年返乡，嗣因友人坚邀晚餐，固辞不获，只得多留一宿。唯炎热无聊，闷坐终日，殊感苦痛。孩子将于后日到校补验身体，入学谅已不成问题。唯彼年龄犹稚，一旦离家，诚恐不易自处，体复荏弱，不能不令吾牵挂而难于放心。前晨寄君一函，谅也入鉴，此后南北暌隔，音书往返，至少亦须一周，安能不兴咫尺千里之感？自闻欧战之起，中心益形郁闷，觉无论私事，家事，国事，以至世界大事，均有不了之势，闲愁万斛，虽明知杞忧可笑，但亦无计排除。夕阳秋草，在在愁人，纸短情长，行行是泪，不知君亦有同感否？

雪

35

回到黄桷树，一进门，便看见道藩的信，端端正正地放在桌上，急忙过去拿起，翻过来一看，封口已经拆开了，我不禁大吃一惊。正在心慌意乱，父亲走近我的门口，说了一声：

"信是我拆开的。"

然后，便转身回他自己房间，我漫应一声，呆呆地站在房里。一时真不知如何是好。像道藩那种热情洋溢的信，给父亲看到，多年来的秘密拆穿，叫我怎么办呢？父亲纵使不会责备像我这么大的女儿，可是，他老人家对我，和对道藩的印象，必将全部为之改观。

当我探手封上，将信取出，我的眼睛陡然一亮，紧悬的心立刻松弛。啊，道藩永远是那么细心，他竟加了一层外封，里面的信并未被父亲再拆开，因为他写上了"请转雪妹"——

我连忙写信给他，告诉他这一次的"侥幸"。

宗鉴：

星期日正午，返抵家中，入室即见汝函置案搁头，乃急取视，始知已为家君拆阅，心中不禁忐忑不宁，及既开读，益佩君用心周至，固已早作准备矣。

多日以来，心烦意乱，对一切都生厌倦，幸此次由渝带回法文书数种，遂日日埋首其中，以冀转变心情，使复常态。入秋以来，燥热愈甚，偶或不慎，易致疾病，维君善自珍摄为要。长天万里，别恨无穷，江水滔滔，离愁罔极，吾其终沉沦于斯耶？

雪

雪：

今晨起来，天气比较凉爽，但是满天灰白色的层云，使我见了立刻引起无限的愁思，整日心里不痛快。你的信要是再不到，我真不知如何是好了。五时余你十三日的信送到了，我想我那时的高兴，只有小孩子见了等待已久才到手的糖果时的表情，方可比拟。但是看完了信，我的高兴反倒减了，因为这样香甜的糖果，只有那么几个，怎么能充我的饥呢？我能怪你只给我这样短的信吗？这还不是我自己提议不要多说触动感情的话吗？我如今又不能忍耐，怎么办呢？那封信未被老伯拆阅，自然少了许多不便，就是拆阅了又会怎样？难道他老人家就不可怜可怜我们吗？我想如果他知道我们的苦情，至少也会暗中为我们落几滴眼泪的。因为他虽然年高，但总是一个情感丰富的诗人啊！

孩子进学校想必没有问题，不知学校规定看他的时间如何？请打听明白告诉。老伯大概也快回学校了，我不能送他回校，心中甚歉。我以后有便，当替你去看他们祖孙二人，想必你会允许我这样做的。

宗

至于那封幸而没被父亲拆阅的信，是道藩很伤心地写他这次到重庆，阴错阳差，和我找来找去见不到面的经过，他写得相当详尽——

雪：

昨今两日，在百度（华氏百度接近38℃——编者）以上的蒸笼里，挥汗工作，但无刻能够忘怀你。我一想到你每天要经过热如炽炭一般的砂石去工作，就使我心痛。我愿意变成新鲜凉爽的绿茵软地，让你踏过；我愿意变成能遮挡你不灸烈日的爱华伞，罩住你的全身；我愿变成一股凉爽的轻风，吹遍你的身体，使你不受炎热的侵逼。总之，我愿意做一切的事物，只要使你舒适。

九号下午，我表面上是为一位朋友的急事，再回重庆，实际上我是想要去会你，诉诉几星期来的离情。早晨由渝南返前，见到你的仆人，知道你已到了重庆。我因为急着要赶回南泉参加九时的会议，不能不走，但是心里一直盘算着还有什么理由，可以请假再来重庆一趟。下午五时，朋友的信到了，我将信给上司看，说有要事必须赴渝，才算得到允许，又回城里。车子到南岸，因为时间已晚，不能渡江，自己一个人由轮渡渡过，再坐轿子，到了曾家岩，已经是七点半了。看见吴稚老，他说狄君武邀你到生生花园吃饭，此刻也许还在那里。我就说我找他们去，如果找不着，明朝再来看他们。于是我赶到生生，已经八点钟，食客大都散了，我找遍了每一个房间，不见你们，当时既倦且饿，勉强在那儿吃点东西，九时离去。本想再转到曾家岩，但恐吴稚老莫名其妙，只好回两路口了（如知你翌晨便走，我无论如何也会来看你的）。原以为你必须等孩子十日入学后才回去，所以假定你十日一定会留在重庆，一心准备次日上午十点钟再到曾家岩访晤。谁知道早晨九时佣人将你九日傍晚的信送到，我这才晓得你已在一小时前搭车回去了，我看了信不禁呆若木鸡，茫然地不知道在想些什么。我们的缘分实在太浅了，上天竟连这么一面也不让我们见到，我只有徒唤奈何而已。十日下午赶回南泉，因为那天开学，工作很多，我必须亲自处理，同时你既然不在重庆，我就觉得重庆像是空无一物似的，还有什么留连的必要呢？

这件事还是误在吕斯百，因为当我八日下午去看他时，他说你因为最近沙坪坝老是被炸，正考虑是否还要把孩子送进南开。那时候我也认为这是很合理的猜度，在这种情形之下你大概不会到重庆来，否则的话，我就可以不到山上去了！

六日来信已收到，我在同一天给你的长信，你现在该看到了吧！这封信又不知道将要引起你多少的愁思和热泪！造化小儿这样处处玩弄我们，叫我们怎不怨天尤人呢！我们的信，岂仅行行是泪，只怕字字都是血啊！可恨我这支拙笔，竟不能传达我的心意于万一。

到南温泉虽然只有一星期，但是一切都还算顺利，所着手改革的若干事项，已经大得人心，以后可能不会再有什么大困难了。事情琐碎一些，却也比较单纯。最难得的是夜晚清净，使我正好利用这段时间，多给你写信，或者多作笔记。假若有你在这儿伴我，那我就是世界上第一等幸福的人了！

宗

36

重庆之行，两个人像捉迷藏似的，几次三番错过了见面的机会；在我，还不是同样的懊恼万分，惆怅不已——

宗：

这次我从重庆回来，带来了无限的离愁别绪，和一颗重似千钧的心，直到现在，胸中还是百结不解。昨夜在众人都就寝以后，我独坐灯下，将你的信，读了许多遍，一时痛定思痛，不禁泪下如雨，痛哭久久，始觉胸中郁闷稍舒，但是也就因此而失眠。我近来的心绪不佳，主要原因，是我不放心把儿子一个人摆在学校里，但是读书是正当事，我怎能教他不去呢？其次我又想到，凡我所爱的人，都有天经地义的理由离开我，教我不能不把情感屈服于理智之下。我想人是最富情感的，但是最无情的也是人，这还有什么可说呢？这一次我在重庆屡屡与你相左，始终未得谋面，缘吝一至于斯，岂非天乎？我记得我到重庆前一天，曾接到你的信，说此番恐怕不能和我谋面了，所以我去的时候，是绝对没有抱着见你的希望，并且打定主意，第二天一早就回来。哪知一到重庆，就听说你已经来看过我，你可以想见我当时何等的失望？无意间我又询问他们，知不知道你往哪里去的？所得的回答是，"大概是到南温泉吧。"于是我也就绝望了，偏偏早晨佣人又碰见了你，回来述说了你的话，你想我是多么的懊恼！我也想着，倘若你知道我会来的话，你也许就留在重庆了。到了下午，本想乘三点钟的车回乡的，因为君武一定要请吃饭，就答应了他，其实心中是在希望你也许会再来看我。吃饭的地方，离吴家很近，也是在那条街。吴家的佣人认识你，我想若是你来的话，她一定会来通知。所以我在吃饭的时候，总留心听着外面有没有人来。等到九点钟，我们回来了，一进门，我又另有一种希望，就是希望佣人也像上次一样，那一天晚上她告诉我说："张先生来过了，他说九点钟的时候，还要来看你。"但是当我走上楼梯，经过厨房的门，她竟一声不响，这时我所有的希望都消失了。到了第二天一早，当我坐在黄包车上，经过你的住所，心里不禁怦然一动，想着你也许在里面呢？可是我没有勇气去探问，等到我乘了公共汽车回头再经过你的门口，我看见一辆汽车停在那里，那时我已断定你又回来了。然而，唉！真惨极了，这不是已经太迟了吗？你可以想像我在车中，是怎样的心乱如麻。思前想后，觉得一面之图，尚且如此困难，还敢再存其他的念头吗？更可见人生一饮一啄，都有前定，绝对不能强求。

从前天起，气候是转凉爽了，但是这种云山万重，风雨无边的境界，也太凄凉！暑热固不好过，而这种落叶萧萧的滋味，却更难受！我也知道要是能和心爱的人在一起，来领略这自然天趣，那我的感觉一定会完全相反了。可见人生一切都由心造，心无安慰，又哪来快乐可寻？写了这么多，都是一些无聊伤心语，既不能安慰你，也不足以自慰，真是无谓之至。

雪

回信很快地到来，他还在为那次的"错过"深深懊恼！

雪：

重庆不得一面，都怪我自己不好。先是自己以为不能去了，所以才写信告诉你，也许不能谋面。但是谁知道你那份爱的力量太伟大，使我想尽方法找借口跑到重庆去，结果弄到两人心里如此痛苦！我真没想到，吴稚老竟没有把我去过的话告诉你（不知他是有意不说，还是无意），假如他当时不在门口，我遇见了佣人，反而好了。我如果知道你第二天要走，一早赶到车站，岂不至少可以见一面吗？唉！还说什么！我近来虽能强迫自己工作，但是每到一个人独坐斗室，就会想起你来。因为一切的人和事不能使我爱恋你，所以我痛恨一切！到了有那么一天，我连恨都没有，那也就是我采取最后步骤的时候了。这最后的步骤是怎样的呢？我现在还说不上来，我现在最可怜的就是受经济压迫，最缺乏的就是我向来所轻视的钱。你也许愿意跟我吃苦，但是我的天性是绝对不肯让我所爱的人，因为爱我而受到种种苦痛之外，还要陪着我忍受冻馁。我能够牺牲一切，牺牲我所厌恨的一切，可是我不能没有钱，使我和我所爱的人，能够安全地跑到一个地方，脱离这一切可恨的人事环境，另外去创造我们未来的天地。我恨我以往不知惜钱，我有时甚至恨我过去没有想法子赚钱，我从来不曾想到钱有这么大的力量，更没有想到我会受金钱这么大的威胁。我此刻不求多，只要两个人可以到一个地方的川资，和生活一年的费用，我对以后的一切就有把握。这个数目至少当在英金四百磅，合法币需三万元，我又到哪里去找这一笔钱呢？你不会笑我太无能吧？因为像我这样一个人，竟无法筹到三万元，我还不痛恨自己无能吗？我如果不能取这个步骤，那只有不堪设想的另一步骤了，但是我不甘心那样做，因为那是怯懦者自私的办法，我总相信人力可以回天，我也相信我们真切的相爱，可以感动上苍，助我们成功。所以我一面自勉，一面劝你忍耐善处，等待时机，要是总像过去这一个月一样，让我们埋葬在苦思隐痛，以泪洗面的生活中，我们只有从速摧毁了我们自己完事！

宗

宗：

昨晚收到你的信，知道你接了我的信，非常失望，这可以证明，你我之

135

间，已是无法疏远了。过去的半个月中，我因为有极度的烦闷和痛苦，又不愿向你噜嗦，扰得你也难受，要是不写信给你，又怕你生误会，而且自己也做不到，所以就随便写些简短的信，只要使你我之间，声气不断就算了。我并且还打算以后把通信的数量，渐渐地疏减下去，希望在不知不觉中，大家减少一些热狂的痛苦。可是这种试验，现在已有了反应，你已经在不满意了，就是我自己，难道真的能够做得到么？因为我只要有三天接不到你的信，就会感到心神不宁，走投无路。还记得上次你在山上的时候，我一礼拜没有得着你的信，到后来几天，你简直不能想像我是怎样的苦闷，似乎觉得在这个世界上，我已一无所有，完全空虚了。每天下午，我回到家中，总是坐在院子里，对大门望着，看见有人走过，就以为是送信的（因为此间的信，是在六点钟左右送来的）。但结果总是失望，等到六号那一天，总算盼到了一封信，就是你将离开重庆去南泉时所写的，那时我读了信的感想，恐怕就和你接到我的信的情形一样。所以我老实告诉你，我以后决不再想离开你，或是和你断绝关系的念头了，从此除了不公开宣布我们相爱而外，我一切听其自然发展，就是到了毁灭，也是天实为之，教我无法避免。只是你爱我一场，结果使你受罪，我不能不万分痛心！

你所要的书，我又买到了一本，特和这封信，一同寄给你，我一样也有一本，因为你不是愿意我们各执一本吗？

儿子进学校已有一礼拜了，头两天就连着遇到警报。我在此多么的担心，前天派佣人去看他，今天回来说他在那儿还好。他有不少从前在巴蜀的旧同学，所以还不觉得寂寞，只不过学校没有防空壕，一到警报来时，听说学生们都东跑西躲，极其混乱，这教我总不能放心。家父须到月底才回学校，因为学校要到下月二号才开课呢，承你盛意去探视他们，使我心感万分。学校方面并未规定探视的时间，不拘什么时候，你都可以去的。我现在是从早晨七点多钟过河，要到下午六点才回家，只有晚上的时间算是我自己的，也可以说它是你的，因为在这个时间，我总是在想念你。这种长期的相思，也不知要到什么时候才能了结。

前昨两天我写给你的信，收到了吗？关于××的事，要是有可能的话，请你极力为他办一办吧。时局是愈来愈糟，如此下去，我们简直要死无葬身之地了，教人怎不悲观啊？

昨天下午一个人跑到九龙坡去看朋友，回来的时候，天快要黑了，细雨濛濛，愁绪万端，随便作了几句诗，写在另纸，请你教正。

雪

北泉南泉，睽违两地，鱼雁往还，络绎不绝，有时候伤心满纸，有时候情愫万千，道藩想从极度痛苦之中挣扎出来，他又在算那远走高飞的账了。

雪：

　　每天早晨四时半就起床，否则不能从容盥洗，五时半参加升旗礼，如果像这样的日子，叫我再过两个月，我必会发狂。我觉得一切都是无望，无事可以乐观，却仍终日强迫自己工作，强迫自己乐观，还劝别人努力前进！这些万不得已的行为、态度、言语，更使我内心感觉无限悲伤！我原来以为我每月有五百元的薪金，但是到此以后，方知只有四百元，底薪三十元，其余七折计算，实得二百八十九元，还要扣去什么捐之类，究竟实得多少，还不知道。即使所得的钱，全都可以储蓄不用，岂不要九年时间才有三万元吗？到那时候，不知我已死了化成飞灰，飞到何处去了。我还能等吗？真是笑话！除此之外，我既无资本做生意，又不肯做贪污之事赚钱，更不能出卖自己去当汉奸，那么我又有什么方法，很诚实地、很名誉地得到这笔款子？达成我们逃到天外乐享自由恋爱的幸福呢？还不是死路一条！难道说我们的性命，我们的爱情就这么消磨，以至于毁灭吗？要是那样，我死而有知，也必会跟阎王爷算账的！

宗

37

宗鉴：

　　今晨拂晓，偕数友人往青木关访友，沿途遥睹山岭隐约白云间，秀逸多姿，因有微雨，遂使树木色益形苍翠，偶有一二红黄者，夹杂其间，尤觉鲜艳无比。入秋以来，此为第一次领略清秋风味，心神至感爽适。因念汝或亦正在山上，虽相隔只数十里，而咫尺天涯，不容一面，复感凄惶耳。傍晚归来，接读二十二日手书，并所录拙句，至为感慰，今晨曾致一函，想已先此收到，不识汝读后，所生感想如何。时已届近中秋，各处桂花盛开，清香馥郁，沁人心脾，如此良辰美景，不得与汝一事玩赏，抱撼固不言可喻矣。所录诗，后两首，小有错误，特附还，请为重书一遍，感幸无似。美化文学已读过否？有何感想，吾甚愿得而知之也。

雪

雪：

　　昨天是中秋节，回想两年前的中秋，我们不是在首都吗？我不是请你们到我家里去住吗？我那一夜是不曾阖眼的，现在都已过了两年了，你虽然为了我爱，吃了许多苦，但是你还是那样的美。说到我呢，我觉得我是老多了，白发少说也增加了三百六十根，这三百六十根白发，至少有一大半，是想念你的证据，你相信吗？我在山上三天，除了尽量工作来混时间，我常会半天不说话，不得已，我便同女儿玩玩。我无法自慰时，便紧紧地抱住她，热烈地吻她，幸而她年纪还小，不然一定会莫名其妙。家里的人只以为我这么沉默寡言，一定是事业不如意，或者经济发生困难，也常想法子安慰我。但是越安慰我，我心里越难受，只好闷住一言不发了事。物极必反，因为苦闷了几天，今天得到了你的信，又有了写信的自由，所以心里反倒快活了起来。

宗

宗：

　　已有五天不得你的信了，心中是多么的牵挂和疑虑，不知道你为什么缘故不写信来，难道你病了吗？或是出了什么事，不能写信了吗？否则便是忙得没有时间执笔，我想总不会是把我忘掉了吧？我自己也有好多天没有给你写信，原因是前几天由于父亲快要动身，忙着预备带给儿子的东西。父亲是在前天早晨搭轮船去的。晚间本想写信给你，哪知刚吃了晚饭，警报就来了，没有办法，只好睡觉。昨晚也是如此。白天又不便在办事处写，真叫我无法可想。此时又发出空袭警报了，我仍点着灯，在此作书，要是紧急警报来了，只好搁笔，好在明天是星期日，无论如何，总可以把信写完的。中秋节那天，目击人家过节的欢乐，感慨万端，很不愉快地过了这个团栾佳节（外面已发紧急警报，只好暂停）。

　　昨晚为警报所阻，没有能够继续写下去，今朝起来，天气非常晴朗爽适，但是我的心中，仍然郁郁寡欢，大概是因为还没有得着你的信，所以愁思也就无法排除。清秋的景色是那样的美丽，每当我早晨过河的时候，总是晓雾迷离，笼罩着四周的青山，树枝在云雾中显露着它们绰约的风姿，桂花的清香，一阵阵从江风中送来，我独坐舟中，大有超然尘俗之境，只是总还带着些凄凉情绪。屈指我们已有一个多月没见面了，终日的想念，和毫无安慰的心灵，只好忍耐着，煎熬着，一天一天地过去，好像在等待不幸的来临，永远也等不到安息的一日。我希望明天会接到你一封信，以慰我不安的心情，否则我简直就不能支持了。现在我对面的房间又空了出来，我已经把它大大地扫除了一下，预备你来时可以住进去，但是你果真会来吗？

雪

雪：

等了整整三天，不见你的信，我忍耐不住了，到今天下午三时，还是一无所得，正在万分失望，忧虑丛生，一二两日的信同时到达，啊！我一见信封便开心得像什么似的，你若见我这种情景必会笑我孩子气的。真奇怪，你不接我的信，就会想着我病了，我这几天也同样的在这么想，因为我怕你夜间起来躲避空袭，受了风寒。我们几天不接信，就如此苦闷，忧虑，而且所想都相同，这证明了我们相爱之深切。

昨天出乎意料之外，有一件小小的值得高兴之事，就是每月除我在校所得，还可以领三百元的补助，钱是小事，可见领导也知道我穷，使我无限安慰。有这笔补助我每月才能维持生活，否则除自己用度而外，对于家中父母及弟妹的教育费，都无法负担了。我希望此后极力节省，每月至少储蓄一百元，以作紧急之需，否则一旦遇到工作上的变化，就要闹饥荒了，太受不了。

我想七日乘船到黄桷树来，一切的一切，等我们七日晚间详谈吧。

宗

他将在三天以后看我，使我精神一振，但是想起他要坐船，我又有点不放心，于是我连忙去信阻止他：

宗：

二十八日的信，今午佣人送饭来时带了给我，读过以后，才算把几天的疑团化开去。你愿意来看我，我能不快慰？可是你想坐船来，那我宁可牺牲一叙之乐，而不愿你去受那种罪。因为上水船要走六七小时，拥挤还在其次，你尽管甘愿为我吃苦，但是我心却不能安，所以我想请你把此议取消。也许本月中，我还要到重庆去，那时我再约你到朋友处见面吧。昨天写了一封信给你，今早才发出。这几天每夜都有警报，想你一定又受扰不浅。现在夜里的天气已经很凉，你应该小心才是。我在此地是不会有什么危险的，所以我从来不躲，事实上也无处可躲。每遇警报，我就熄灯睡觉，有时解除或第二次警报，都听不见。因此这几天，我反而睡得很多，精神也似乎较以前好一点，所以你绝对不要为我担心。

我现在想做一桩事，但是怕你会生气，所以还不敢做，倘使你能先答应我不生气，而且还可以同意我做，那么你真是一个爱我而真能了解我的人了，你能够这样么？我一定要等你答应了我，我才能告诉你，否则我就不让你知道。

红叶诗我总觉得不好，昨天又把它改了几个字，不知是否好一些，特别录给你，请你教正。

雪

七号，道藩来了，盘桓了两天，九日晨，他又匆匆地离去——

宗：

你为什么这样快就走了？你竟忍心地离开我而走了！当你的船开动的时候，我含着泪和你挥手，几乎要哭出来了，怕人家看见笑话，就把眼泪拼命往下咽。我想把你追回来，我想跟了你去，我想永远在你身边，享受着你给我的幸福。唉！盼望了这么久的见面，竟这样快就过去了！教我不能甘心！不能不恨！我前夜和你说："好得你没有钱，否则就会出祸事了！"但是我现在却又恨你没有钱，恨你不能把我带走。你看我的心理竟变得这样快，大概是你的爱，把我的理智带走了。我希望这颗心过几天会慢慢地平静下来，否则就不堪设想了！

你第三号的信，昨晚才到，因为我正在伤心，所以它给我不少的安慰。我所要做的事，承你同意，我很感谢你，过几天，我就要告诉你了。

今朝在会中纪念周上，听到主席报告，要搬会址的理由，但是并没有决定地点，下午就有人提出不离此地的请求，征询各人的意见，听说已有过半数的人签了名，所以也许搬不成。昨晚我已把自己的信，都读了一遍，觉得内中有很多写得不好。倘使真有一天你要写书，那么这许多信，一定要改过的。我希望以后给你的信，会写得好一点，否则就太没有保存的价值了。

这一次见你，觉得你比以前更消瘦，也许是你头发长了的缘故。我希望你回家后，得着休息，恢复你的疲劳，那就是我的幸运了。明天是国庆日，此地民众预备开盛大的庆祝会，镇上的学校也一齐参加，就恐怕惨无人道的敌人，一定会来捣乱。今天一整天，我都觉得头昏脑闷，好在明日放假，可以休息一天，这时我要睡觉了，下次再谈吧。

雪

38

一九三九年底，教科用书编辑委员会有迁址之议，我对于这个问题很注意，因为如果将来搬得太远，我便不能再兼这个职务了。

道藩七日来，已将我们历年所写的信件交给我重阅整理，他当时早有把我们相爱的故事编撰成书的计划。我们所做的第一步工作，便是交换抄誊信件，把一封封的信抄在装订成册的本子上。

雪：

你这两天大概用了不少的工夫，看那一包可贵的文献，回想一切，也许免不了有感触，我想我们的信不管内容如何，文字如何，我们之间毫无保留的真实情感都在里面，人间还有什么比这更可贵？如果我们能够将它们编纂成一本有趣的书，那么我们的至情也许藉此永存于天地之间。至于别人如何批评，只好不理。

一个人有人抢着要，固有可以自慰之处，但始终不过供人使用，又不免令人生气！

宗

他说"有人抢着要"，是指他的工作问题，当时道藩除了担任政治学校的教务主任，还兼任国民大会选举总事务所的工作，大概那里又有别的机构希望借重他，他难以抉择，因而才有这样的感慨。

在德国结识的好朋友李田丹，他和他的夫人早已归化中国，在南京时我们往来很亲密，李夫人最近到了重庆，李田丹写信来约我去和她聚晤，于是我写信告诉道藩：

宗鉴：

　　自君别后，恨欢娱之太促，叹晤见之难期，每当夕阳归棹，晓雾乘槎，辄泪洒秋江，不自知悲从何来也。双十佳节，曾寄寸笺，谅已先此达览，吾唯日日伫盼音书，虽明知无望，而痴念难消，相隔虽仅数日，固已数年不啻矣。今晨得李君书，谓其夫人已于前数日抵渝，亟盼吾往一聚；惟前聆君言，本周难于离职之说，则吾即去，亦必无计与君谋面，私心窃有不甘，故已函约前途，定于下周末赴渝。想斯时或能为吾牺牲数小时，一慰吾相思之苦也。今日第一次往授课，不期有学生三十人，因初闻此学期选读第二外国语者极少，故荫兄颇为我担忧，今忽激增数倍，殊非始料所及也。

　　日来读巴尔扎克一书，其间有曰："欲老死此生，唯杀除情感，反之，则接受热情之摧残，而任其早死。"不识君于此二途，亦愿何者为取也。

　　　　　　　　　　　　　　　　　　　　　　　　　　　　雪

雪：

　　九姑（方令儒）劝你多写文章，你应该听她的话，以你的聪明及你读书的根底，只要你肯写，一定会有成就的，最好写成之后用一笔名发表。你要知道，唯有文字可以使我们遗留痕迹在人间。你说你感到以往给我的信写得不够好，这要看怎么说。我觉得文字其次，真感情第一，只要我们写出来的文章，毫无虚假，句句真言，那就足够宝贵了。

　　　　　　　　　　　　　　　　　　　　　　　　　　　　宗

　　方令儒是当时颇有名气的女作家，她经常鼓励我从事写作。中央大学教授宗白华先生，也曾一再劝促我将自己半生的经历写出来。他说以当代的女性而言，无论在见闻、生活、感情和遭遇方面来说，我的经历算是够丰富的，他认为这是大好的题材。我自己也早有此心愿，要把我的一生据实报道出来，免得许多报章杂志捕风捉影，随便乱写。不过当时由于我受创太深，在感情方面，正当愤恚冲动的时候，写起来可能有失偏差，因此我总想等到若干年后，到我的思想比较成熟，态度更能客观，然后平心静气地写，也许会较好一点。为此我还曾正告过好友徐仲年，我的事迹不许任何人越俎代庖，将来要由我自己执笔的。

雪：

昨晚从七点到午夜，今晚自七时至此刻（夜间二时），都在抄你以前给我的信，我的手抄痛了，此刻写字，是将笔管置于无名指与小指之间写的，所以出现了这种怪字。我已抄到一九三七年十一月二十三号了，究竟有多少字，我没有算过，但是我可以说我有生以来，从没有这样努力而且虔诚地抄写过这么多的字，尤其在这样短短的十二小时以内，写了这许多字。我本来想再抄它一整夜，好像有鬼在催我赶快抄一样，我似乎觉得我要不在这几天抄，以后就不能再抄了，自己也莫名其妙！可是我抄到此段，我悲伤了，我落泪了，我不能再抄下去了。你或者还记得一九三七年十一月二十三日早七时是何时吧，那里正是我从南京逃到宣城，而悲鸿正向你要他的家的时候。我当时读到这里，曾万分愤怒，我现在抄到这儿，仍然万分愤怒，并且自惭自恨！假若我能够保护我心爱的雪，何至于会让她受烈焰的欺凌呢？若果此后教我再看到她受烈焰欺凌，那我只有自杀了！

五日的信，今天下午收到了，你既说："……君倘若有所取决而令吾者，吾唯君意是从。"那么我请求你，在我们未见面商决以前（我希望不久），你要强自宽慰，维持常态生活，以减我忧。我的工作有变动，我即将借此离开此地，我也无意担任新职。我两星期来之所谋，已经实现了一半，此后一切较易处理，我只稍需时日，就可以自由活动了。我明天去重庆，在城里或有三日勾留，因为有三次会议将要举行。

宗

宗鉴：

五日之信，前晚始收到，最近两次来书，为时均需四天，不识何以迟缓若此？令人生恨！得信两日，竟无法作答，因有友人寓此也。今晚复奉七日手书，慰我良多。日来身体已渐复原，唯心病不除，此身亦永难安适。悉君复有来此可能，闻讯既喜亦忧，相见固欢，而相离之苦，每每不能自支，以是颇不欲君之频频往返，重添苦恨也。现职能摆脱固佳，要吾初意觉此事殊非合宜，但新职事务，势必又将烦劳不堪，亦非吾所敢赞同也。

雪

雪：

我希望本星期五六能来看你，当面详谈一切。因为我有许多话无人可告，也无人能懂，只有你才能了解我。

整整四天没有继续抄信了，心中十分地懊恨。原来想一口气抄完了，在下次见面时可以交给你保存，可惜现在又做不到了！你若是爱我，就应该强自欢乐！

宗

一次欢欣无比的聚晤，但我们却从事了一场认真而严肃的讨论。道藩告诉我，最近他的精神十分苦闷，感情无法宣泄，他想趁着政校人事更动的机会，相机提出辞呈，然后和我遂行他那“逃到天外”的计划。我听了他的话唯有苦笑，因为我知道这是绝不可能的事情，以国家对他的倚重，家庭对他的需要，他怎能放弃一切而和我去“天涯海角”，“创造新生”？

我婉转地请他打消这个意图，他一再强调他的“德行”不足以担任他目前的工作，我觉得他这种说法不对，以他的品格和才华，实在是当今不可多得的人物。至于他爱我，只要不损害别人，他又有什么罪恶呢？何况：“世间究有几许完人？”

雪：

分别时，你那可爱的笑容，直到此刻还留存在我的脑际，使我得着无限的安慰。可是，也许我们微笑时热泪正往心底流呢？

警报又至，如今已是紧急警报，大家散开，我却借此空闲，回宿舍来给你写信。如果因为给你写信没有入洞而被炸死，只要有人能把我这封未写完的情书寄给你，我死了也高兴的。

我辞职的事，已得消息，尚未解决，不知道怎么样才能脱身？要是始终不准，那我将感受极大的困难，尤其免不了精神上的威胁，这是最大的痛苦！“世间究有几许完人”，你这话固然不错，但是我的个性你是很清楚的，如果只是我个人受着责骂，我尚可忍受，要让服务机关及一大堆人因我受辱，我是不干的。这未免是“寿头”主义，但这也许就是我仅留的一点好处了。

所有你给我的信，截至今日为止的——共四万余字——都已抄好了，这是我生平从来未干过的苦事，手尽管抄酸了，精神上却得着无限的快乐，任何人几百年后看到你给我的信，固然知道你爱我，但是要看到这个抄本，也可以想见我是如何地爱你了。

你要高高兴兴地带着孩子们过年。你只要想着我的心灵是永久围绕在你左右，你能快乐，也就是爱我了。

宗

我深信，道藩一个多月来热烈激动的心情，终于渐趋宁静，主要原因得归于他努力抄写我给他的信件。他除去工作时间以外，几乎是废寝忘食地埋头抄写。从一九三七年到当时，我写给他的信大概已有四万多字，他用手笔，以遒劲秀逸的行书，抄在宣纸订在簿子上。每封还用朱笔加圈加点，在书眉和脊缝写下他的批注，多一半是他一读、二读、三读……时的心境和感想，他全心全力地在做这件事。这份艰巨的工作，使他平复了心湖中的浪涛。

当时，我也和他一样，埋头抄写，可是我比他更苦，因为他写给我的信，字数要在十万以上。

雪：

前天下午给你的信，想必收到无误（是李田丹君转交的，我因为怕他们莫名其妙地误拆了，而且拿它找别人翻译，所以连西文姓名也写了）。我原来的计划是希望能于昨日请假进城，那么从昨天下午直到今天下午，我都可以在城里和你畅聚。不料他们要留我参加今晚的聚餐以及明晨的典礼，在我的职务上我是应该留下的，可是我又因此而万分的苦闷。

前天晚间继续抄你的信及诗，直到夜间二时，居然全部抄完了，这使我心里得着一些安慰。昨天下午我们请客，因为一肚子的委屈，又以酒浇愁，结果吃得大醉！睡了一下午，傍晚六时陈家佣人来请吃饭，我却没去吃。倦倦地起床，头直在痛，身体发冷，烧了一大盆火，烤了半天，才算慢慢地回复过来。晚间自八时至夜二时补抄你的信和笔记时，头又昏了，这才停止睡下，直到三时余方睡着。今晨八时即起，九时至下午四时除吃中饭约四十分钟外，其余时间全在圈点你的信，到四时总算圈点完毕。我心里十分欣喜。

我的雪，我虽然不能达到在城里与你晤谈的目的，但是我自前晚以来的时间，除去吃饭睡觉而外，全都贡献给你了，所以我心里才宽慰了一点。昨晚及今天一口气将你的信及诗全部重读一遍，感想多极了。世间相爱的人固然不少，但是我们的爱若公诸社会，谁也不能否认它是伟大的！我一生有此，即使身败名裂，死也无憾！我们今天虽然受着极大的苦痛，但是如果没有这种种苦痛，我们的爱又何从表现呢？还不是平平凡凡地过去了吗？

我一面读着信，一面在想像着我们将来写书的计划，真兴奋极了，只要你同意，我们一定要写这本书的。你的信写得太好了，可惜我那些信太杂乱，太随便，太缺乏修辞功夫了，将来一定要大为删节，方能采用。我们的信最难得处，即在写时心中毫无做作，想着什么就写什么，所谓真情的流露是毫无问题的，只要加以修辞及删节就很好了，你同意吗？我要把我的抄本及原信都交给你保管，请你将我所抄你的信再读一遍，如果有什么修改的意见，可以在书页顶上批，或另外写出，再将抄件交我，作写书之用。此件因为是抄给你的，我自会珍藏，不致污损。至于原信，我想另订一种黏信的大本子，将来把它完全黏成一本，以便保存，你说好吗？至于我给你的信，我想要抄完未免太苦了（因为我抄你的信，我觉得常抄确是不易，若非情书，谁给我任何报酬我也不干的），请你将未抄的交一部分给我自己抄罢。我自然希望得着你的手抄本更好，但是你即使愿意吃苦，又哪来这许多时间呢？这事如何办好些？我随你决定吧，但是我总希望快，因为我不愿把写书的兴头放去了。你或者会说我们自己还不知道是何结果，书又如何写呢？这个我们现在不能顾及，好在写到结论时，尚须时日，以后你有信来我就抄，免得积下来，又得长时间才能抄完。我抄信的纸总算勉强够了，我觉得这种抄本很好，我现打算自己去专印几十本，并且题上"思雪楼志"的字样，以便将来抄的可以一律。你说好吗？我们这样苦苦相爱的结果，也许就是使这天地间最伟大的爱情，能够留存人间呢。

宗

道藩的这封信写成于一九三九年除夕，写好了他直接寄到重庆城里的李田丹家。李田丹夫妇一前一后到了重庆。旧友劫后重逢，分外亲切，我每次进城都会到他们家去坐一坐。从除夕到新年，我又应邀在李家盘桓了几天。道藩怕他们不识中国字，可能会误拆了他给我的信，所以还在信封上写着我的西文姓名。

新年假期，不但我们每天见面，道藩还伴送我回到黄桷树，到第二天才回重庆去。我每次和他分别，总觉得非常伤心，别后也更觉得忧愁苦闷。

所以第二天我便给他写信：

宗鉴：

别后形单影只，无限孤凄，乃晨读所抄书信，藉遣闷怀。午餐方毕，即蒙被而卧，虽疲惫不堪，而仍不能入睡，两番闻人来访，因无心酬应，便假寐不理。傍晚九姑来，并留宿，纵谈十数日别后情况，愁闷稍减。今日独自枯坐，无聊益甚，思欲抄录君书，借以消磨时间，乃复不知何故，竟心乱如麻，无法宁静。回忆一日之夜，拆阅君书，及手抄各件，感君情爱之深，欣喜不禁泣下，自惭残陋之资，本不足以侍奉君子，乃承宠誉有加，遂令吾骄矜自傲，视世俗之爱，都如粪土矣。君回渝后，安善否？望能抽暇为吾作书，以慰相思之苦。

雪

39

雪：

这是我今年给你的第一封信。我本来想换一种信纸，可是因为这种信纸原来是专给你写信用的，还剩得有三四十张，我不愿拿它写信给别人，所以仍旧用它。

我们在今年开始的六天里，每天都能见面，真是难得，可是如今又有四天不相见了。分别的早晨，那难舍难分的情况，使我深印脑际，永远难忘，你的热泪一直流到了我的心坎！同我强忍在心底的泪相混合了！这种真挚的流露，正足以表现我们相爱的深切，但是心里也就够苦的了！男子毕竟心肠硬一点，所以我居然忍住没有流下泪来。回来时我原想去访问许多人，然而见到谢君时，自己觉得心不在焉，语无伦次，所以临时只好取消。当天到山上转一回就回城里，几天来在忙乱之中，仍旧想念着你。昨晨十一时抵此，第一件事就是翻阅大批信件，看看有没有你的信，结果又是失望！心里十分难受，而且着急！因为我怕你精神不好，又病倒了！让我在这儿虔诚地默祷上苍，佑你平安，你所给予我的伟大的爱，应该可以感天地而泣鬼神的！

宗

雪：

上星期我在城里买了两枚小巧的印石，已经托人刻好图章，你一个我一个，将来我们各执一枚，留作永久的纪念。

宗

宗鉴：

　　吾不幸，竟不出君所料，复于星期日夜间卧病矣。初仅发热，至第二日更胃痛腹泻，幸至昨日已止。今日似已稍痊，唯精神体力仍不济耳。数日来犹扶病到会工作，虽苦不堪言，要亦得不拼命支撑。因前已请假两周，不欲再予人以口实也。自叹此身竟至孱弱如此，大有不久人世之感，故对一切都已灰心。君虽爱吾，恐吾命薄，不特无福消受，或即因此反折吾寿数矣。昨晚曾抄录君书十数页，至午夜始睡。因最近吾必须努力将此工作完成，以了心愿。自思既无以报君恩情，倘此区区之事，犹复不能做到，吾诚无以对君，万一死去，必至抱恨终天。校事不易办理，复不容辞去，诚可焦心，幸君应付向有长才，或不至有不良结果。承允赐吾《文选》，欣喜万分，君谓俟下次来时带吾，想必非最近可以得睹，真令人急然矣。回忆五日之午，得与君并步于光天化日之下，中心喜慰，为有生以来所未有。诚不知此后余生，天之予吾人者，尚能再有此际遇否耳？

雪

　　道藩的来信中，殷勤以我精神不佳为念，我却果真病倒在黄桷镇上。病中读了他的来信，更感凄酸悲梗，因此才有那些颓唐消极的话。元月五日我曾和他在黄桷树散步，这种稀松平常的事，我们偶一获得，便会"中心喜慰，为有生以来所未有"！而且，还不晓得哪一天会再有这样的机会！想到我们的种种遭遇，心里感觉莫名的悲哀，同样的人生，为什么我们的爱，就只有忧虑、恐惧、苦痛与相思？想到道藩信里一再地向上苍向爱神痛心疾首地呼号，那真是人世间最悲哀的不平之鸣！

宗鉴：

　　十二日的信，昨晚即收到，《陷京三月记》已读完。故人如此惨无人道，想吾遭难同胞在天之灵，必能佑吾忠勇将士博得最后胜利，以报此血海深仇也。昨晚因有友人寓此，故未能为君作书。今日复因溥泉先生暨夫人来此午餐，并有铸秋、友三、实秋等在座，又忙乱半日，至下午四时余始散去，故精神甚感疲累，但不书于君，中心又不能安宁。念自上周与君别后，迄今已有十日，此时期中，无论独处或与众谈笑，均不能置君不思，尤感除君而外，天地间已无一人一事能令吾安慰愉乐。如此情况，诚无以自解，要亦危险不可及也。校事不易办理，复无法摆脱，为之奈何。惟冀君能善自宽解，勿过忧伤，因作事亦只能求之于心无愧，何能遍获人事万全耶。

雪

这便是我们相互慰藉的典型词汇，他叮咛再四地叫我"强自排遣"，我口口声声要他"善为宽解"，其实，我们都知道，我们又怎能宽解，如何排遣？

我有很多事情要办，必须到重庆去一趟，虽然没有多余的时间和道藩晤面，但我还是告诉了他：

宗鉴：

行将于周六赴渝，拟寓李君住处，因欲做之事甚多，恐无暇与君谋面，如君已预定上山，请勿为吾滞留重庆，虚耗光阴。昨夜大雨滂沱，秋窗风雨，良感凄苦也。

雪

雪：

今晚月明星稀，天气很好，晚饭后，我一个人在附近旷野散步，心里一直在想着你。这时候，你是不是也静坐在院子里，央托一轮明月，转寄你对我的爱意？

最近我虽然遇到了许多不痛快的事，但是因为你的缘故，尽可能勉力排遣，而且时刻注意锻炼身体。十几天来，我已做到清早六时出门不穿大衣，固然这些时不算太冷，可是我的身体显然比较往年进步。你听到这个消息，一定会为我高兴，同时也为你庆幸不置的，是吗？因为我必须有强健的身体，今后才能和你一道为我们的爱而奋斗。万一我们必须逃到天涯海角，去追求我们未来的光明，那也非得有强健的身体不可！我今天还有这样的勇气，正足以证明我们的爱还有前途！所以你知道我身体健康，就应该欢欣鼓舞，力图挣扎，而保持你健美的身心。万万不可遇事灰心，伤了你的身体，同时也伤了我的心！我生来命苦，因此我所遭逢的事情几乎没有一件不烦难。现在只好一切寄托于你。如果上苍能够使我得到你永恒的爱情，那么无论是什么样的苦事，我也觉甘之如饴！

近来我心里有一个喊不出来的口号，那就是当我感觉苦恼，不知究竟怎样是好的时候，我会向自己说："我是为我心爱的雪才这样的！"于是，心里立刻就会得到无限的安慰。这件事我本来不想告诉你，免得你过于骄傲，因为你今天不但影响我的精神，而且都影响到我的事业了！但是你知道我向来藏不住话，尤其没法对你隐瞒什么，所以我还是老实说了。你应当知道，世界上固然不可能再有任何人对我有这么大的影响，恐怕也没有一个女人会对男子有这种影响力的。想到这儿，以为即使你感到骄傲，不也是理所当然的吗？

宗

宗鉴：

顷接十八日来书，读后既欣且感，不觉泪下。君如此爱吾，诚可使吾傲视天下女子，但自问既毫无过人之处，乃竟蒙此殊荣，不特令吾惶恐不安，抑尤虑无以负君望也。忆上次晤面时，君曾问吾："汝亦怕吾否？"吾对曰："甚怕。"盖吾之所谓怕，非怕君责骂吾或不爱吾，实虑吾不足以符君之理想，倘有一日使君失望，吾又何以为人？是以每对君辄战战兢兢，恐无以惬君心而令君不愉也。不知君亦曾有所感觉否？闻君身体较前健胜，喜慰万分，君健胜吾健，有君始有吾，君能有健壮之心，吾能不欢欣鼓舞耶？得悉君将于下周来此，遂日日纷乱不宁，不知是忧是喜？只觉百无聊赖，度日如年，而屈指相见之期，尚须数日，真不知如何度此一周。转念相离之苦，则又恐一日之叙，过去太速，不禁又栗栗畏惧，日夜以此萦绕心头，苦况可知矣。今日王平陵君来此，明日又得设宴招待。三日来，因房东嫁女做寿，宾客日必数百，闹得不亦乐乎，而吾反更感寂寞。因无君，吾又何能欢乐？

雪

宗：

今天还是没有接到你的信，我想你一定是病了，教我怎么办呢？难道上天竟如此残酷，不但教我们尝尽相思之苦，还要摧残我们的生命吗？今天的天气又是那样不好，终日细雨霏霏，寒意袭人，益发令我苦闷。晚饭后，又在抄你的日记，抄到现在已经将近十二点了，刚好抄到一九三七年十月二十八日那一天。在你的日记里说也是一个下雨天，你说："雪，我今天过了一天极难受的日子，尤其是下午下雨了，我的泪好像随着雨点洒到地上，洒到你的足迹所踏遍的地上。"你又说："雨点渐渐沥沥，正像一对情侣临别前如泣如诉的悲声！"这种情境不就是我此刻所领略的吗？想不到在两年多以后的今天，竟也教我领受一番你所经过的情形，这不是一个奇迹吗？所以我在抄了三个多钟头的信之后，还要写一封信给你，告诉你这个奇妙的巧合。还有，我读了一篇日本作家谷崎润一郎的《寄与佐藤春夫述说过去半生的信》，觉得非常巧妙，因为这一段故事，颇多与我们相似之处。我本来想把这一本书，寄你一阅，可是因为是借人家的，所以不大方便。我现在把这书名录在下面，你可以到书铺去问问，要有就买一本看看，因为我想着也许你读了这一段故事以后，会使你减轻一点道德上的观念。宗，我真不敢告诉你，我心中是多么的难过，倘使总是这样一天一天没有你的消息，我简直不知道怎样过下去。你现在在什么地方？我也不知道，就是知道了，我又能怎样呢？难道我还能去看你吗？我此时只有诚心诚意地祷告上帝，佑你健康无恙，那就是我无量的幸运了！

雪

40

山雨欲来风满楼，忽然，令人忧惧的消息不断地传来，使我们极感不安，首先是道藩惊疑不置的来信：

雪：

果公（他的上司，同时也是最关心他的长者），昨晚忽然坚决要我将素珊搬到南温泉。他说，他愿意把他距离南温泉十多里的新房子让给我们住。我虽然举出种种理由推辞，但是心里总觉得有点奇怪：他为什么突然坚持要我搬家呢？事后想来想去，一直想不出缘故来（他在没有谈到这件事以前，先问我最近回歌乐山了没有？我老老实实的说没有。我猜想，他大概是见我上星期日留在学校，昨晚又说本星期日仍然留校，因此觉得起疑。同时他的夫人昨天也到南温泉去，我总怀疑素珊和她在城里见面，提起我近来的态度不对）！

我向来神经过敏，所以往往疑心病重，其实果公说这些，也可能是他想要我下定决心，留在这儿服务的一种单纯理由而已！

宗

说他种种的忧惧可能是由于他神经过敏，疑心病重；在我，却认为事情并不这样简单，同时，这也并不是某一事件的问题。我知道，所有的忧惧都是由于我们当时的环境所造成。

宗鉴：

　　接读手书，数日来忧愁不定之心，始释然宁静，唯此书竟在途中勾留四五日之久，不能不令人恨邮局之迟误，而造化小儿似亦在冥冥中捉弄吾人，诚可浩叹也。果公之命，不问其有意无意，均足令人忧惧。吾唯深知吾人之爱，实蹈莫大错误，故每遇外来之刺激，辄悔恨丛生，即思有所取决。无奈君之恩情太深，纵令吾有千般勇气，亦难敌君之爱力，故欲图解脱，恐只有远离之一法。因此遂生梦想，倘若大哥使西成功，吾或求其予一小小职务，俾吾脱离此间苦痛之环境，庶几一生纠纷，亦可藉此而得一结束矣。

雪

由于当时谢寿康大哥正有出使西班牙的传闻，我很希望传闻变成事实，那么，我可以在他那边谋一个职位，离开重庆，远走高飞，挣脱这越陷越深的感情泥淖！然而，希望犹未实现，我自己这边又发生了令人困扰的严重问题！

宗：

　　今日接得家母来信，并附有海外人一书，中谓"孙小姐已断得干干净净，甥亦时时为战后子女教育费等打算，到那里碧如与从前一样，甥亦能够待她如从前一样，这不过是个理想罢了！"等等，我看了这一段，真是觉得可笑，他这么说，就好像从前是我有不轨行为，所以只要我能悔过，他还可以和我恢复以往的感情，这岂不是滑天下之大稽！

　　昨天佣人回来，说他到重庆那天，到两路口一问，知道你已来了北碚，所以他就没有把信交出去。他还说："张太太也在那里。"我听了这话，一声未响，可是一晚上都觉得不舒服，思前想后，总觉得自己所做的事和所处的地位，实在是太错误，太危险了！自己也想不到会变成这么一个人。说到这儿，我可又要怪你了，宗，你实在不应该这样拼命地爱着我，你知道，这都是你的爱，才把我弄得糊里糊涂，把一切理智和勇气都打消了。可是你不要以为我这样说，是要你负什么责任。我只希望我们能够慢慢地做到淡漠一点，让我鼓起勇气来结束这个问题。因为我敢相信，我们的事只有我下决心，才会了结这桩公案，否则是永世也不会得到解决的。我想你一定也认为我的话不错吧？

雪

道藩以最快的速度给我答复——

雪：

无论海外人怎样说法，你又何必自找麻烦，去理会他！我认为我自己最不争气的一点，也说是你所说的：我今日的情况，竟和海外人当年一样。可是除了目前我们这种不生不死的局面，以及我们的不幸和他相同以外，我敢大胆地说：他爱孙韵君，和我爱你的程度绝难比拟！这也是我在惭愧抱憾之余，还可以自慰自解，并且希望能够使你得到安慰的唯一理由。

你信上说："你实在不应该这样拼命地爱着我……可是你不要以为我这样说，是要你负什么责任。"我的雪，我这样拼命地爱着你，只要能使你在苦痛中得到万一的安慰，上苍必能宽恕我为了爱你而造下的任何罪恶。至于"责任"，这不是你要不要我负的问题，而是我们的爱，使我不能不负，你固然不要我负任何责任（如果你要我负，我才负起责任，那也就毫无价值了），但是我已经将我的一切交给了你，我还有什么责任不能负？

你又说："我敢相信，我们的事只有我下决心，才会了结这桩公案，否则是永世也不会得到解决的。"我仔细想想，我觉得你这话不一定对，因为无论如何决定，充其量只能做到"外表"和"形迹"上的"了结"。如若做到"精神"上以及"内心"里都了结得干干净净，那除非是我们的魂魄都完全毁灭。否则躯壳虽死，神魂也必定会聚结在一起的！我的雪，问问你的良心，是不是这样？

我已经过了几个月走投无路的痛苦生活，我再也没有勇气，没有能力，同时也没有方法作了结之想！我既然爱恋你，崇拜你，我只有将我的一切交给你，听命于你，随你怎样处置。你或者会因此轻视我，认为我"无用"，但我在伟大的爱人面前，确是彻头彻尾地屈服了。雪，随你怎么想吧！这就是你最忠实最可怜的宗——他的招供！

宗

41

宗，我有一个谜语，要请你猜猜，若猜中了，我会给你一千个吻作奖品；若猜不中，那就罚你三个月不准吻我。下面便是谜语：

心爱的，我想你，我行动想你，我坐卧想你，我时时刻刻想你，我朝朝暮暮想你，我睡梦中想你，我至死还是想你，到天地毁灭我也还想着你，可是有一个时候，怎么样也不想你。请你猜猜，那是什么时候？

宗，给惯坏了的雪，她心上正在恨你呢！因为她别了你九天，只接到你一封信，使她不能满足。

雪

——这么简单的谜底，他应该很容易猜得出来吧！

雪：

你说因为我九天之内只有一封信给你，教你不能满足，所以你在恨我，假如这"恨"里，是像我所想的含着"爱"，那么你尽管恨吧！今天下午二时接到你的信，到此刻已有七小时了，时时刻刻在猜你的谜语，直到此刻还没有猜中的把握，以我的智慧如何能猜得中呢？奖我千吻固甚欣幸，罚我三月不准吻你，未免太过分了，我决不能同意的。我试猜如下：一、当我爱你的时候，你怎么样也不想我了。二、当你想着我会爱别人时，你怎么样也不想我了。你既没有限制我猜若干次，所以我猜了两次，我猜得对吗（我不管猜中与否，由你这谜语知你想我之切，我真骄傲自负极了，欢喜极了）？还是只是近似呢？或者竟完全不对呢？

从上星期六起，轮到我值星。咳嗽还没好，每日须起早，觉得很苦。近来因为新生的事特别忙乱，今早七时，正想写信给你，一件麻烦的事发生了，打断了我的兴头。就是今天不接你的信，今晚也必写信给你的，我巴不得能坐下来写信给你，因为这是我不能同你在一起时，唯一的安慰和快乐。我若闲着去做别的事，不特无以对你，而且无以自慰，这一点想你不会怀疑的吧！我既不能见你，我只有想种种方法，使我安安静静地想着你。我的雪，宗的心已经完完全全被你占领了，岂止任何人不能强占丝毫地位，就连珊，也无法再得她原有的地位了。我现在已将一切的人都忘掉，倘若你这样还不满足，那你只好干脆把我吃了，使我永远不离你吧！最会事聪明小妹妹，我们哪天才能再欢聚呢？哦！心爱的雪，今夜到我梦中来吧！

宗

雪：

　　昨夜写给你的信，封好了还没有发出去，此刻又在想念你了。昨夜希望会在梦中见到你，你竟没有来。早晨三时醒转，就念你不置，你应该知道午夜梦回，凄凄凉凉想着恋人的苦况。

　　我猜的谜语不一定猜得对，但是我知道我除昏睡之外，真说不出何时不想你，我常想这都是我们的反常生活。我们年轻时代，虽然也曾自由恋爱，那只可说是一些青年时期热情的冲动，很难说得上是真爱；再加上婚后生活又是那样平凡，板着绅士面孔，过了这些年，因为对于人生了解加深，对于世俗所谓的道德假面具，都看破了，又怎能叫我们不反动呢？我曾经告诉你，我担任现在的工作，时时感受到一种威胁，那是因为我把公德看得比私德格外的重，我总以为我个人的私德如何，只要不影响青年，或使人认为有辱我所占的公家地位，哪怕造成我的毁灭，我也甘心无悔！如果我个人的一切，竟使别人牵强地来批评公家，这是我绝对不愿意的！因此我时时刻刻想脱离我现在的职务。可是我又想，现在许多所谓领导青年领导社会的人，私德比我更坏的，也并不少，何以他们毫不在乎地生活着，而且还戴着假面具教训别人！我不知他们心里究竟是如何想法，因为我自责过分，所以我总感到我的生活真况如果暴露了，上峰一定对于我处分得特别严厉。同时我又想，他所领导的若干比我地位更高责任更大的人，他们的道德比我更坏的都有，又何以见得对我特别严厉呢？除非他本着爱之深责之切的心情来处分我，那我只有心甘情愿地接受了。我亦常想将我的生活实况告诉领导我、扶植我和爱护我的几个朋友，他们或者允许我脱离现在的一切关系，让我另找对祖国贡献的方法。我所以不敢这么做，一则怕他们对我失望，再则怕他们逼我改善生活。一个人使人对自己失望，尤其是使爱护自己的人失望，该是一件多么痛心的事。我若知道别人对我失望，因而轻视我，宽容我，是我宁死也不愿忍受的。受人宽容已是莫大的耻辱，更何况受人轻视？我现在的生活是无法可以改善的，在这种情况之下，已使我够苦，假如连这种安慰也不可得，他们不如杀了我！我怕的是他们迁怒到我爱恋的人，而对她有什么不利，那他们比杀我自己还要痛心，要是他们以为这种手段是好意，不但我不能接受，甚至会逼得我疯狂地恶意地报复！这些想法不知道透过我的脑子多少次了，今天写在这里寄给你，你也许笑我无能，笑我无勇气，笑我矛盾。让你笑吧！我就是这样一个无用的人，你看还有什么办法呢？

宗

宗：

你猜的谜语，第二点是完全不对的，因为当我想着你会爱别人时，足见我还是在想你。第一点虽然近似，但确不是我所想的。我现在告诉你吧，这就是"当我见着你的时候"。因为我能看到你，当然不会再想你了，所以你猜的只能算是不对。你说我罚你的条件太过分了，那么就把它打个对折，算一个半月吧！你同意不同意呢？其实你尽管不同意，我想你在一个半月之间，也未必会见到我，所以这也是白说。你六号的信上有这样一句话，"最会事聪明小妹妹"，我看了实在不懂，所以把它写下，罚你再好好地写给我。因为那样一句亲切的话，竟把它写错了，还能不罚你吗？我前几天因为种种的烦闷，所以又胡思乱想地盘算着要疏远你，想第一步和你少通信，但是越要这样做，心里就越苦闷，就越想写信给你，所以弄得这几天反而信写得更多。你说这不是孽障吗？昨天我又把你所抄的信翻了一翻，看到有一天我给你的信上说："我此时始知愈想与你分手，愈觉得爱你而不能一日无你，除死而外，无他法令我绝你矣！我虽想以后不再给你写信，但真能做得到吗？想我除你之外，能向谁去诉我的苦痛？并且举世又有谁能了解我，而给我安慰。要是连你都失掉了，那我简直无生存的意义了。"哪知到了今天，还是这种情形，真叫我毫无办法。你说现在把一切人都忘了，教我应该满足而且更爱你，我也不知道应该怎样才算更爱你。我只知道我除了你之外，我不特把一切人都忘了，并且连一切事都忘了。你知道我一向无论在文字里或口头上，总不会有很热烈的表现的，因为我觉得爱是自己的事，并不是用以表示给被爱的人看的，所以用不着经常把它表现出来。但是尽管有这样的想法，而不自觉地流露，竟无法制止。我近来竟还有一种不好的心理，就是我常常会测验自己爱你的程度。倘使我果真会毫不在乎地不爱你，那我就也会不顾你的一切，而和你断绝的。并且我还深深地盼望会有这一天的来临，因为我

觉得倘不如此，那我们就得要有其他办法，总像现在这样地爱下去，就是毅
力最大的人，也未必会支撑得住，终究是要闹出事来的。

雪

42

腊尽回春，是一九四〇年的农历元旦了，新正开笔，为他写庚辰年第一
封信：

宗鉴：

今日为庚辰年岁首，吾敬以至诚恳挚之心，祝汝今后身体日健，万事遂
心。并祝吾人之爱能永永不移不懈，信守坚贞，则有生之年，得此安慰，亦
不枉为人一世矣。今日天气至佳，朝阳初上，春意盎然，想系国运行将转机
之兆。昨晚除夕，爆竹之声，彻夜未停，遂令孤寂之心，大兴天涯零落之
感。今日因会中放假，故吾未出室门一步，闷坐无聊，乃为汝作书，不识汝
此时在作何事？或竟与吾有同一之情境乎。

雪

雪：

一九四零年元旦第一封信是写给你的，今天旧历元旦第一封信还是写给
你，无论何时何事，你在我心中都占了第一位。你如果还不满意，那我就不
知道该怎么办了。我虽然没有糊涂到将一切事都忘掉，但确已将一切人都忘
了，固然这不是你教我做的，但已很自然地到了这个地步。假如我的父母知
道了这种情形，必定会妒忌你！别人呐，或者就会恨你了，那么你还不应该
满足而更爱我吗？

今天许多人还是循旧例过年，连合作社的小饭馆也不做买卖了，送牛奶
的人也停送了，此刻已是八点钟，我还没有点心吃。假如我是同你在一起的
话，你一定会给我许多可口的东西充饥。——幸而还留着一盒冠生园的伊府
面，打算叫人去煮了来吃，还打算再喝一杯咖啡，就算纪念着同你一道吧！
在此良辰佳节，不能与你相聚共乐，真是人间恨事。

——这时面送来了，吃了面再写——

我已经有一个月没有看见女儿了，我希望她将来会像你，你说我不应该这样希望吗？我现在所顾虑的是她的个性，也正像我一样强。将来她长大了，如果不改变些，那么父女之间或者不易相处的。同时我又想我的性情，几经折磨，不是已大大地改变了吗？等我到了六十岁，当更改得和易了，那时她已经二十岁，或者也听话了，又有什么可顾虑的呢？我向来不作长寿之想，但是为了你，为了我们二人的前途，我鼓起勇气想，而且准备再活二十年。为了我们的爱，我们应自视是二十岁的人，假若奋斗有结果，我们到了六十岁，依然可以过四十岁的生活。也许我们意外的成功，能在人间留一段佳话。

宗

"八点钟还没有点心吃"，"一个月没有看见女儿了"，这两句话使我非常难过。自从阳历新年以后，他就不曾回过歌乐山家中，一个月不见女儿，当然也没有见到素珊。在这种情形之下，素珊的心里会作何感想呢？旧历新年是在寒假时期，分明他没有留在南温泉的必要，又何至于弄得点心都吃不到？许久以来，仿佛他总是尽量避免回歌乐山，我忆起他前封信里说的："就是珊也无法再得到她原有的地位"，我不禁悚然惊觉，疑虑丛生。像这样下去，一定又会发生事故，因此我不得不向他痛切陈词：

宗鉴：

来书言一月未回山上，令吾生难言之感。若照常情及自私而言，吾或须喜悦，惟自问确无此种残酷之心，此亦并非自谓高于他人也。汝爱吾，固可令吾泣感而自豪，但每当吾闻珊之名，辄觉愧悔无地自容。回想当年在沪，代汝汇款与伊之时，又何尝想到今日之事？万一将来伊若因吾而返法，岂非天地间最不可思议之事。唯吾扪心自问，不特从未怀有此种忍心愿望，即此时唯有更感忧惧惶悚，虑此不幸之来临。故吾每思与汝决绝，要即为此也。凡此种种想法汝并非不知，唯其吾人有清晰之头脑及周密之顾虑，而犹不能有所克制，避免此万恶之魔劫，遂使此事，益发不易收拾，苦痛因亦倍蓰矣。抑吾不能责怪汝者，即每当略具勇气之时，汝必不吾助，反以种种不可能或做不到等事实，而动摇吾心。吾此时难以最诚恳之心，求汝一事，即今后吾人应竭力避免见面。倘能做到，或吾人犹有终了之日，否则必无善果也，汝亦能允吾否乎？至于精神上及内心里能否了结，又是另一问题，果能做到外表及形迹之疏远，实亦难能可贵矣。汝以为如何？

雪

雪：

　　我和珊的情形如此，完全是自然的趋势，谁都无可奈何。你不但不应该负起任何责任，而且根本就不必有自责的想法。我提起种种情形，并不是要表示我是怎样的爱你，我不过顺便告诉你实情而已。你既然听了她的名字，就有愧悔和不快的感觉，那我以后就尽量避免提她。

　　你责备我不帮助你了结这段孽缘，我敬谨接受。我今后再也不敢拿那些不可能或做不到的事，来使你心理动摇，如果你真感到避免见面不会觉得痛苦，那么不管我自己痛苦到什么地步，我也要尽力做去。不过，假如你是因为我和珊的关系，才勉强你自己不再见我，那真大可不必！你要是怕我因此和珊闹出事情，我也未尝不可以委曲求全，以此来换得你的心安。但是我却要老老实实地告诉你，我和珊闹成这样，确有其他原因，你根本用不着把一切事情都拉到自己的身上！

　　我现在一想到避免见面，便已有无限的愁苦，不过，为了你的缘故，无论今后还得忍受多惨的煎熬，我也会照做不误。

　　其实，你那些苦痛悔恨，都是为了不听我的话得来的，因为我早已试验过，而且为了试验如何可以忘记你，几乎闯了大祸！试验的结果不特无效，而且还得着无限的苦痛，所以我以后死心塌地地不再那么想了！我虽然知道长此以往，必有大祸临头，但是既然没有办法解决，也就只好听天由命！我诚挚地希望你此后和我同样地采取这种态度，也许可以稍减痛苦。

　　重读你最近给我的三封信，其中一号那天的，你说你的心境竟和我一九三七年十月二十八日一样，可见我的笔记记载得很忠实。我们如此相爱，决非偶然，一切心境想像，多半相同，这就是我们难分难解的基本原因。你说，我们怎么分得开呢？

　　还有，今年元旦，你写信给我的时候，正好我也在为你伏案作书，试想我们是如何的心心相印，你祝祷我们的爱永远不移不懈，信守坚贞，那么我们有生之年，得到这样的安慰，也就不枉为人一世了。这一点我深信我们必能做到，以我们的个性和决心，我们一定可以做到一件不同世俗的惊人之事！

因此，你既然明白"有生之年除非此气断绝，痛苦殆亦无从再肆虐矣"，你以后就应该无一时无一事不强自排解，以免抑郁生病。你应该知道，除了我们不能常在一起之外，我敢断言今天在世界上再也没有比我们爱得更深更切的人，如果我这样爱你还能给你安慰的话，你便必须强自排解驱遣抑郁，那就是你在安慰我了。我希望你为了我们的爱，勉力做到这一步，好吗？

还有，你曾说过你想去外国，只要你觉得出国可以使你安心愉快，我当然赞成你去，但是你要晓得，这样并不一定能够了掉一生的纠纷。你想，假如我跑到外国去找你，那又怎么办呢？

我早说过，你的话就等于是命令，这并非取悦于你，是因为我若不能替你解决心事，消除困难，减少顾虑，那我就不配爱你！我就是这样一个人！

我对倭寇的一切，都有成见，所以从来不读日本人的文章小说。并不是认为日本人没有名著，我自己知道这是不应该的，可是你说要读《春琴操》，我今晚晚餐后，居然费了两小时，到总所附近各书店去找，结果是没有找到。由这一件事，你又可以知道我对你是如何的服从，你高兴吗？此书恐怕终究不易找到，万一得不到时，只好请你再向有这本书的人，借来寄我，然后再行寄还。

儿子何日返校，你打算怎么送他去，你请了假没有？你愿意我来看你，顺便把儿子带到学校吗？如果你愿意这样，快写信给我，并且指定日期，这样一方面我们可以相见，一方面也就把儿子上学的事，附带地办了，不是很好吗？

我今晚头一次在所里住宿，我的房间相当宽大舒适，我现在给你画两张草图，你由这两张草图可以得知大概。今晚刚刚到，就在这间屋里给你写信。这种小信纸是今晚买书买不到，偶然看见三盒，一齐买了下来的。此后凡在城内给你写信，都用这种信纸，你一见就可以明白。除此以外，我又亲自去买了新笔墨和砚台，好像我用粗俗的文具写信给你，不但不敬，同时还会有辱你的妙手美目去拿着看呢！

宗

他的信里情见乎词，将爱情与事理反复申论，我除了承认我确实是幸运的，仿佛再也找不出话来说了——

宗鉴：

吾最近或不能来渝，因无事亦无因，虽云可与汝谋面，要亦徒添怅惘而已，幸相思已成习惯，无此将更难度日。若谓欲真能不感觉痛苦，然后避免见面，则有生之年，或亦难有此日。昨闻端木言，××与××，恐难有和好希望，人生悲惨之事正多，自问能得汝如此爱怜，所享幸福已非任何人可及，固不应如此日日忧戚不欢也。知汝甚忙，颇不敢以自私之心责汝多为吾作书，汝既知吾恨中含爱，应即听吾多生恨，藉以增加爱汝之心，不亦佳乎？

雪

教科用书编委会积极准备搬家，为了迁移地址问题，引起同仁们纷纷的猜测和讨论，因为新址的选定，和大家的切身生活有关。教育部在征询大家的意见，可是主管人员自作主张，说是应该迁到地点偏僻，交通不便的歇马场。这个主张为绝大多数同仁所反对，尤其是当我们听说这位主管选定歇马场是由于自私的缘故，因为他的家就住在那儿，于是大家愤懑不平，议论四起。我激于义愤，曾把一切经过情形写信告诉道藩，其实这事与我本身并无关系。

宗，我这几天肝火很旺，脾气也大，今日又听到些不公允的事情，教我生气要骂人。偏偏我要骂的是你的朋友，并且又是在你面前骂，所以你一定会不高兴，但是我也管不了那么多了！

我听到赖先生说：本会的新址，大概十分之八九是决定在歇马场了，是离许先生的家不远，有一所房子出卖，所以许先生就向部长请求买下这所房子。至于部长如何指示，现在还不得而知。这些事本来与我无关，与你尤不相干，向你发牢骚是毫无理由的。不过推根究源，你对会中的人和事，也不能说完全没有责任，所以我才敢向你说几句话。

许先生来做主任委员，当然是你得了部长的同意，才把他请来的，他的学问、道德、才能，因为过去我和他不熟识，不敢妄加批评。不过自从他到编委会后，所做的事情，成绩却并不怎样显著，而他和人吵闹的情境，倒是昭昭在人耳目。最近又发生了一件事，尤其令人可笑！

目前本会的区党委开会，选举秘书，当时徐咏平当选，由于徐不就，改推一位姓莫的。莫是实验教材组的编辑，他也推辞很忙不干，但是大家并没有理会他，糊里糊涂说一句"请你负责吧！"就散会了。莫先生没有办法，事后就去找许先生，说他不能担任的理由。当时是怎样说的我不知道，只听到许先生高声大骂说："我不跟你说话！"莫先生就一声不响地下楼去了！第二天早晨莫先生到我们组里来告诉赖先生，说他又写了一张辞呈给许先生，许先生又把他叫去大骂一顿（当时也是高声地骂，我在办公室听到以为是骂工友），说他没有受过教育，对于前辈，不应该在辞呈上称他同志。所以莫先生就问赖先生，在党里究竟应该怎样称呼？这样一段事情，显然是许先生没有道理，好在莫先生很有涵养，否则任何人都会跟他打起来的！

关于搬会所的问题，你也知道已经闹了几个月，事实很明显，许先生根本就不愿意留在北碚，所以从来不曾就近设法，现在也许要搬到他家附近去了！我们姑不论他是不是有私心，总之会中有好几十人，虽说服从为负责之本，同仁无须参与行政的事，但是主事者也不应该完全不替大家着想。试问在歇马场，除了工作之外，教这些人公余之暇做什么消遣？连本书都无借处！在这儿不管怎样，散步的地方也多一点，尤其在这人人苦闷的时候，还要把人逼到那种穷乡僻壤去受精神上的罪，我想就是对于工作，一定也会发生影响。所以我要求你，倘使你有机会可以进言，希望你做点好事，把这种有违众意的事情打消，我想一定会有很多人感激你的。我以为像许先生这样的人，最好让他去研究研究金沙江的水流，也许他的成绩要比在这儿好些。你把他拉了来管我们，我想没有人会赞成的，编委会的工作成绩不好，你也不能辞其咎！

好了，骂了一顿，心中的气也消了！此刻自己反倒好笑起来，这些事究竟与我什么相干？其实人家并没有得罪过我呀！

雪

雪：

你为了会里的事，骂了那位不近人情的人，我怎么会不高兴？就是向我发牢骚，责备我，也没有什么不应该，这并不是我不愿拂你的意思敷衍你，我心里的确是这样想。因为他到会不久，我就发现找他接替是一个失败，到后来我知道他同会里许多人都吵过架，闹出许多笑话，我就很坦白地对立公承认我的失着，同时请他赶快设法解决。至今还在拖延的缘故，一定是因为没有适当的人选。为了搬会所，我也曾和立公谈过，凡此种种，都是我暗中在求补过的证明；这些情形只可让你一人知道。我看这位先生实在太蠢，否则不管怎样，也不会建议迁到他自己居住的地方去。关于这件事，我自然可以去向立公说，假如还没有批准，当然有变动的可能；要是已经批了，那就很僵。此外我想还有一个办法，那就是全体同仁联名向立公上一呈文，列举迁到该处种种不妥的理由。呈文措词要特别委婉，字句更须细加斟酌，主要是再请立公特别体恤全体同仁，另择相宜地点。以我看来，他要迁离北碚，以拆房子避空袭为理由，实际是藉词对付某某等人，甚至连方也在内。因此我判断他倒并非完全为他自己的方便，你仔细一想就可以明白了。我知道你为此等事动肝火，发脾气，心里非常难受，你若再为他动气，未免太不值得了。为什么为蠢人做的蠢事生气呢？我知道你不是为自己，而是替大家抱不平，但是因此气坏身体，值得吗？至于你个人方面，免得为了这一个职务，受到种种的麻烦，好在你的请假休息，本来在宣布迁歇马场以前，将来如果辞职，自然不会和这个迁移问题牵连在一起。

昨今两晚我又到各书店去找《春琴操》，结果仍无所获，却花了五十六元，买得一部八函六十大本，版本最好的"御批通鉴辑览"，看见这书的人，都说我买得便宜。你曾说读《资治通鉴》，我现在两种都有，你想要看哪一种？下次来信告我，以便带来。我还买了一部《闺范》，影印明刻版，及一部《十竹斋书画谱》，五彩木刻套版印刷，这些书都是预备藏入思雪楼的，因此全都属于我们两个人。

……我房里的窗子是朝西的，所以每晚都可以望着明月想念你！

宗

宗：

我的请假呈文还没有批下，仍得继续到会工作。即使请准了假，我也不打算去重庆，因为除掉看你而外，实无其他理由。而这种怀着多少顾虑的晤见，不但不能使我们快乐，或许反而增加发生事故的危险。还有，我以为"林妹妹"的人生哲学是可以取法的，她不是说"人生有聚必有散，既觉得散是苦痛的，那么最好就不要聚"，这理论你认为对吗？我知道，我现在的性情是愈变愈孤僻，对于一切事或人，都生厌倦。无论应酬，游玩，我都不会感兴趣，这些都是爱你太过，所生的变态，所以总这样下去，就是我们不逃到天涯海角，在精神上也是无形地与社会渐渐脱离，你说对不对呢？

昨天我又听到些可笑的话，据说×××向人说，你每礼拜都来北碚看我，可见得她很嫉妒我。因此我想到为了你爱我，遂令爱你的人都恨我，替我树了不少的敌人。可是我并不怕，不但不怕，我反而很高兴，因为她们嫉妒我，正是证明我在爱情上获得了胜利，更教我可以夸耀骄傲。不过，我的宗，我真敢这样大胆说胜利的话么？我现在自满，也许以后的失败和打击，会比任何人都厉害。可是我希望我不会有这一天。我相信你不会忍心使我有这一天，你是爱我的，你会永久爱着我，你决不会忘掉我的。宗，请你告诉我，事实是不是这样呢？

《春琴操》一书，也并不怎样了不起，没有必读的价值，只是最后作者写给他朋友的几封信，我希望你能看一看。因为他的朋友，也就是爱他太太而结果和她结了婚的人。这段故事和我们的情形颇有点相同，所以我才加以注意，明天再去把书借来，倘若那几封信不很长，我就把它们抄下来寄给你，否则只好将书寄你一阅了。

雪

雪：

因为我爱你，使你受到别人的嫉妒，难道你爱了我，就没有许多人嫉妒吗？管他的，我们讲一点儿恕道，随他们去吧！你得到爱情的胜利，这是千真万确的，你用不着有丝毫的怀疑，我不会叫你失望，更不会使你感觉失败，或受打击。所以你有一千零一个充分的理由可以高兴，可以夸耀，可以骄傲，可以自满！我过去已经向你说了许多，我现在再向你这样说，我以后却不再说而以一切的事实来证明。你想想，我会那样忍心使他所爱的雪痛心吗？假若我将来有一天那样混账，你可以杀了我，你若不能杀我，你可以把这封信，当着我的面宣读，数落我的罪状，我就自杀在你面前！你得了这封信，应该绝对放心了吧！

尽管你的智慧，叫你对一切事一切人不可相信太过，但是你对我是不应该怀疑的，否则你未免太苦了。某人居然在旁边吃干醋，说来未免可笑，假如我不厚道一点，可以使她很难堪。我们应该拿出对人类的同情心，去原谅她，你说对吗？《春琴操》里的信，能抄给我固然好，否则寄我一看也罢，免得又费你许多时间和精力。

宗

是的，在这一段时期，道藩常来看我，因为国民大会选举总事务所有一部分人在北碚办公，道藩为了工作的关系，不免要去指导一番。但是我们见面的机会虽多，自由的程度却并没有拓广，由于道藩的地位和我所处的环境，我们必须小心翼翼地避免蜚语流言，因此无论走到哪里，都好像有十目所视，十手所指的感觉。我们每一次的晤面，真不知要花费多少心机来安排，这种种切切，实在令人言之伤心。

以上信里的"嫉妒事件"，和以下函中的"疑惧重重"，都可以看出我们心情的矛盾和苦痛。

宗：

你将要来看我，我能说不高兴吗？但是我却又想教你不要来。我自己也莫名其妙我的心理是怎么回事。我只知道，除开你在我面前的时候，我可以忘掉一切痛苦之外，在你未来之前和来过以后，都会使我感到极度的不安和苦恼，尤其是你离去以后，使我惆怅空虚，堕入愁闷不堪的境界。这几天天气那么好，白天风和日暖，夜里月朗星稀，我整天都在想着，要是能和你到野外田间去散步，让我们在豆花香里，陶醉自由，该是多么的幸福啊！唉！可是哪有这种可能呢？我很想读一读《资治通鉴》，请你就把它带给我吧。假如你真的要来，那么我希望就在下个星期之内，我们可以很清静地畅谈，过此以后，那就不方便了。

雪

雪：

但荫孙夫妇都在重庆，你看我到黄桷树来的时候，是不是要做个顺水人情，约他们搭我的车子一道走？因为我怕荫孙这一两天会来看我，万一他提起他们那天回去，我却把自己也要到青木关北碚的事瞒住不说，当他们回去以后发现我已经来过，或是恰巧碰上，岂不是太不自然，而且也会引起他们的疑心，你说对吗？

总而言之，我们现在心里存着许多矛盾，一方面希望两个人能够安静地在一块儿，不为任何人所打扰；另一方面又想找些口实，为我们的相见作掩护！这具是苦透苦透！此外我又想到，可能会发生些小事故，叫我不能如愿地来看你。首先是我这几天身体不舒服，倘若加重，我就来不了。其次是我的汽车在修理，装配油箱，万一到星期六中午还修不好，我又来不成。第三是学校的大车坏了，星期六有七八位教授要到学校上课。如果到时候校方来问我借小车子接他们，我也不能来。唉！你看，我们想见一次面，竟是这么的困难，真叫我愤恨得不能忍耐。但是，却又叫我有什么办法可想呢？

假使我真不能来的话，我将在二十四日打电报给你，电文就写"来件收到释念"这几个字。

《春琴操》到手后，急忙先把书后所附的信读了，因为还没有先读故事，因此我只能以想像去了解它。我看这都是作者在舞文弄墨，尽管是在事后若干年，哪里会有这么许多有理智的人！

宗

43

雪：

别后，又是一天半了，光阴过得真快！我昨天中午过河，下了船往运动场走，刚刚走到街上，就碰到骟先和他的两个侄子。他们说是到北碚来看亲戚，问到我时，我说是来看朋友的，这样交谈了几句，就分手了。我在车中只顾埋头看书，大约在距青木关还有五六公里的地方，忽觉有一大车擦过，回头一看原来是部大型客车，一时没有看清楚是不是什么机关的交通车，车上有没有认识我的人，有没有什么熟人看见我在小车里？当时我看了表，时间是三点差五分。车过青木关，有一辆公共汽车停在那儿，上面人很多，也不知道那里面有熟人没有？因为我的汽车是从侧面岔过，开到镇上去的。

我的生活和办公地点这么不固定，使我们通信很不方便，然而这是无可奈何的事。你既已请假两周，在家休息，就应该安心静养，务使身心有所进益，切勿多生思虑，徒增烦恼！我们的遭遇，固然不能尽如人意，但是和一般人相比，也未尝不算差强得过。可能还有许多人暗中对我们羡妒呢，你说我这话可对？

永远爱你的宗，他的灵魂正围绕在你的四周，你能觉得出吗？

宗

宗鉴：

日来淫雨不休，春寒入骨，幸汝小心珍卫为要。吾两日未出室门一步，闷时唯读书以自娱，并日习大字数页，借以消磨时间。今日有人赠吾红茶一株，高与人齐，花大如拳，鲜红满树，诚洋洋大观也。无聊之时，以此为伴，可破岑寂不少。若告汝以送花人姓名，汝或不免又感妒忌意矣。《通鉴》读完三册，殊感兴趣。吾近来颇有意往此间农场实习园艺，惜假期无多，转瞬又将工作，徒有此心，恐终不能实践也。

雪

我还没有告诉他送的人究竟是谁，道藩已经在重庆发出怒吼：

雪：

是谁敢送花给你？假如他出于对你的真诚崇拜，那么我倒还不至于会有什么妒意，假如他竟存非分之想，那么我岂止妒忌而已！——唉，我的雪，话虽这么说，心虽这般想，然而，他果真对你存有非分之想，我又有什么资格妒忌啊？

你爱莳花植木，要是真能抽空学习园艺，那倒不失为一件赏心快事，但是必须先有一两亩地，自己亲身实验，才真有趣。

宗

宗：

昨天我又愁闷了一天，因此又引起不少悲观的想法，不知什么缘故，我总觉得你我终究是要分离的。这并不是我发现了什么，也不是说你我相爱得不够，只是我有一种预感，觉得我们的事是不会有好结果的。你常教我不要多事思虑，事实上我无法做到。请你想想，我们的将来，尤其是我的将来，可以说完全是在黑暗之中，当我一想到我也许会受到种种的威胁，被迫再和别人同居，而你我的情爱关系却已经到了这步田地，我还能泰然处之而毫无痛苦的感觉吗？到了那个时候，我想我除了一死以酬知己而外，我是再也无路可走的了！反过来说，你我如果有办法抛弃一切，逃到天涯，在情爱方面，固然是得着了安慰，但我以为一定还有很多的艰难困苦，在等待着我们，这也不能不教人惶惑恐惧。我也知道，事到如今既然走上了绝路，回头未免太迟，尽在忧愁苦恼又有什么用呢？然而郑板桥不是说过的吗？"聪明难，糊涂亦难"，一个人糊涂不了，又有什么办法？

前几天有人跟我说：有一本小说，专讲人类的爱是有摧残性的，我以为很对。譬如人家送我这株茶花，我顿时就有这种感想，茶花本来好好长在园子里面，它享受着雨露的滋润，阳光的亲炙，该是多么的自由幸福！偏偏有人爱了它，就把它搬到屋子里来，局促地栽在一个瓦盆里，使它再也得不着所应享受的雨露与阳光，这能说不是摧残它吗？但是你又怎能说移植它的人不是为了爱它，因此我联想到我们的爱，不是也在互相摧残着吗？究竟我们得到爱的好处在哪里？唉！我真不知道人是怎么一回事？天天在感觉不满足，天天在想找安慰。可是结果是拼命地往痛苦里钻，这实在教人难于索解！我常常想以我们两人的智慧，如果要处理任何事件，似乎还不至于感到难，为什么对于自己的这件事偏偏就毫无办法呢？最有才智的宗，你能解释这一层道理吗？

雪

雪：

你要我解释为什么我们对于自己这件事，偏偏就毫无办法的道理，恐怕我也未必能够分析得明白确切。不过，大体上的解答，我想还不太难：

第一，我们两人的爱，是基于真正的相知，而并非由于感情的冲动，或者是仅图爱欲的发泄。

第二，我们两人都有不得已的苦衷，不如意的遭遇，半生过了，毫无惬意之处。有这几层重大原因，方始互认对方是唯一知己，所以才不顾一切，但求心之所安，也就是求所以延长生命。试想我们这许多年来，如果不能互相安慰，可能已闹出比今天更严重的事，甚至根本毁灭，亦未可知，你以为我这个解释对吗？

你今天所面临的最大威胁，就是唯恐将来被逐再和别人同居，这也是对于我的最大威胁。我对这件事，无日不在筹思，深切抱愧的是至今还没有想出办法安慰你。你所谓的被迫，逼迫你的人可能不是别人，而就是你无用的宗！如果宗不早想办法，那就无异强迫你与人和好，那岂不是人间最悲惨的事吗？我为这事不知已耗费了多少心血，沉思苦虑，始终不曾得到结果，我实在是太对不起你了！现在我要虔诚请求你的，就是暂时不要忧虑，因为忧虑也是无益，徒然扰乱心神，却又何苦来哉！万一在我没有想出办法以前，你被迫的环境已经造成，那么你尽可以任意选择，任意处置，我决不敢有所异言，同时我必定也会想出自处之道，以此报答你对我的深爱。

总而言之，即使你不责备我负心，我也不愿任何人有我对你负心甚至玩弄了你的印象或感觉。我再以至诚之心恳求你，不要在这种时候以此自苦，自苦不仅于事无补，而且我们两人也会因此不能心安。像这样的拖延办法，固然太不彻底，可是我们舍此而外，又有什么好办法呢？

近来，每逢身体不适，就觉得心灰意懒，兴趣索然。今晨理发，看见鬓边已是白发斑斑，自己觉得开始受到"老"的威胁，不禁惨然久之。心里在想，要是须发全部白了，还不知道会有什么感想呢？

宗

44

宗：

我已十天不出门，闲来只是读书写字，虽然有时苦闷，幸而眠食尚佳，身体似较前略健，你听了一定会高兴的。两星期的假期已满，但我仍然提不起精神去上班，而且天气还是如此寒冷，所以决心再续假两周，今已将医生证书及请假单送去，想来不至于不准吧。我无端愁烦，又引起你忧虑，实在太不应该，只有请你原谅。前天我又发了一次小脾气，现在想来，自己也觉得好笑。事情是这样的：复旦已于星期一开学，但是直到那天我还没接到聘书，我倒也并不在意，可是校中又送了授课时间表，这可见并非不续聘；偏偏时间表又填错了字，本来应该填初级法文，而误填了初级德文。我想既没有拿到聘书，那么是不是应该去上课呢？想不做声又有点不妥，所以就写了一封颇为严重而其实略带诙谐的信给孙寒冰，并且将时间表附还。哪知到了下午六时，校长亲自将聘书送来，还说了许多抱歉的话，倒把我弄得有点不好意思。想着这样小题大做，实在不该。

日来乱七八糟的同时读了好多种书，有一本法文小说名叫 *Les jardin des supplices.* 是 Octave mirbeau 所著。不知道你听说过没有？他写的是在中国看见的种种不人道而不可思议的刑罚，当然这完全是向壁虚构，绝非事实。我读了以后，真愤恨极了，觉得像他这种人，确实应该拿来处以极刑，因为他脑子里既有这许多匪夷所思的念头，那么就以其人之道还治其人之身，不是很公平吗？想起来中国人实在也太可怜！听人侮辱，任人诽谤，而竟没有一个人出来自辩！

雪

这也是我在万般无奈中想出来的一个办法。每当道藩对于感情问题，看得紧张严重的时候，我便勉强抑压自己的紊乱心绪，故意用闲散之笔，谈一些其他问题，藉以疏导他的感情，转移他的心思，而尽量避免和他作正面的讨论。譬如上封信里，对他长篇累牍的分析，我只用了寥寥几句："我无端的愁烦，又引起你的忧虑，实在不应该，只有请你原谅！"轻描淡写，一笔带过，然后再和他谈些无关宏旨的轻松小事。渐渐地，我觉得这种方法是有效而可行的。

雪：

又有三天没有得到你的信了，你精神上舒畅一点吗？上星期六寄了两本英文课本给孩子，希望已经收到。本想购全四册，不料竟有一册缺货，又想买一本专习拼音的书给他，也因为缺货而没有买到。

你的假期快满了，你又要去过苦闷的枯坐生涯了。我每想到不能为你找得能感兴趣，能施展长才的工作，我心里就无限的难受！

我现在每天清早起来，就喝一杯盐开水，这虽然不是你的命令，我却依然照办。因为我想，当我们每天清早喝盐水时，不是也就自然地互相想念着吗？天气慢慢地好起来了，我每晨六时左右到操场升旗，都可以看到火红的朝日由天际涌出，映照着薄雾缭绕的山林，真是美妙爽快极了。假如我们两人每晨能够共赏这样的景色，岂不是天地间最快乐的事。唉！这又如何做得到呢？

今晨升旗以后，早点完毕，就为你写这封信，原想少写两页，全部用楷书写，结果又没做到！近日我在试着少吸香烟，因为一听烟的价钱，竟超过一斗米价，想想实在太不应该！不过五天以来收效甚微，你看你的宗毕竟是一个意志薄弱，终属一事无成的人！你怎样能够教他进步呢？

宗

宗：

我现在真是懒到极点了，每天早晨总是在床上吃点心，十点钟左右才下床。和你起床的时间一比，竟晚了四五小时之多，真不成话。当你看见红日东升时，我还在睡梦之中，你还说什么和我共赏妙景，简直要把我愧死。你说我所爱的宗，不能为我找到更感兴趣，更能施展长才的机会，这话是不对的。我以为我的宗绝对不是没有办法为我找理想的工作，只可惜我的能力太薄弱，做不了什么事，所以才使他为难。我除掉自己惭愧而外，还要请求他以后不要再把我的工作问题经常摆在心上，真到万不得已的时候，我不是还可以不做事吗？反正有人愿意养活我，我还怕什么呢？

我听说你现在每天早晨喝一杯盐水，我真高兴，因为这对你的身体一定有益，其次是你竟如此听话，你一向不爱喝咸的东西，居然也喝起盐开水起来了。我自己不但清早要喝，这几天连下午晚上都用盐水漱口，因为喉口头有点发炎，又添了伤风，所以天天在用它治病。听说你在试着少抽香烟，这是一件很好的事，希望你能努力去做。我近来差不多都不抽烟了，只是因为人家送了我几听烟，所以就每天抽它三五支玩玩，等到抽完了，决定不再去买，可是当我写到这儿，我发现自己正抽着烟在给你写信，实在可笑！

你说你写信时，"原想少写两页，全作楷书"。这是为什么呢？是不是想省几张信纸？是不是因为我写给你的信，每张只写七行，要用很多张纸才写得完，因此使你觉得应该写少一点呢？好吧，就让我先来实行，把字写密一点，少写两页或竟三页，你以为怎样？

雪

随着风和日暖，百卉争艳，季节渐渐在步入三月小阳春，而我们又能强自排遣，将一切痛苦扰人的事情，暂时搁开。见面的机会增加，通信的频率更高，我们的心境，越来越轻松，信中的内容，越来越广泛——

雪：

前辈人常说，从写字可以看人的终生事业。我常觉得自己写楷书体，精神总是不能贯注到底，很有点像是将来结局不佳的样子。同时，我每次想写楷书养成习惯，可是屡屡都没有做到，心里颇为不怿。当我写"原想少写两页，全作楷书"那句话时，我绝对不曾想到你一张纸只写七行，而要你将字缩小多写一些，如果我有这个意思，我一定会率直地告诉你。多绕圈子说话，那就不是真心相爱的人所应有的态度，由于这件事情，我希望你以后对于我信中任何意义不明的话，千万不要生疑。

晚间对此间作家协会分会作讲演，他们要我讲自己的写作经验，我只好将我仅有的一点经验告诉他们。末了我讲了一个作家应具备的几项条件如下：

1. 精密的观察，2. 敏锐的感觉，3. 深切的体验，4. 合理的分析，5. 渊博的阅读，6. 正确的认识，7. 灵活的想像，8. 情境的探访，9. 美妙的结构，10. 畅达的文字，你认为如何？

这几天前途又屡次劝我把家眷接到南温泉来，我委婉地推辞了，假如我能够接你到这里住，我还待人劝吗？总之我既不能同你相聚，我就只有独居。最低限度，我的思想永久可以安静地系念着你，这就是你的宗在没有办法以前，唯一所可以报答你的。

宗

宗：

读了你的信，教我不禁发笑，我不过和你开开玩笑，故意问你是不是要省信纸才想少写几页，而你竟认了真，以为我"感觉太灵敏"。其实当我写那些的时候，我也没有想到这许多，所以究竟是谁"感觉太灵敏"，还有待考之必要。在重庆的时候，能天天和你见面，固然使我很高兴，可是相对而不能畅谈，也很气闷，觉得反不如现在离开了用纸倾吐，倒还痛快些，你说对不对？

雪

我们在重庆日夕相见，但是旁边总有朋友在一起，这就是我所指的"相对而不能畅谈"的原因，有一个星期五的晚上，道藩请几位熟朋友吃饭，那一次他觉得非常得意！

雪：

星期五的晚餐桌上，我们俨然像男女主人，我心里真有说不出的骄傲和欢慰。如果我们真能公然地以男女主人身份宴客，那将是何等的幸福！就不知道当时在座的诸位，对于我们的表现有什么感想？

早晨看见街头有卖海棠花的，真想将它们统统买下，再叫车夫送去给你。可是继而一想，在汽车上带这么多的花，不但麻烦，而且惹眼，于是只好作罢，心里面还有点忽忽不乐。后来才晓得，幸亏我当时不曾买，否则车夫送花到你那儿，发现你已经回黄桷树去了，那时候，他一定会把大捧的花带回来。办公室里，叫我往什么地方摆呢？说不定连车夫都要暗暗地笑我痴呐！

宗

一九三七年十月，和我一家同船到重庆的顾了然，是悲鸿的学生，也是我们宜兴同乡，他一直在中央大学任教，是一位天赋很高的画家。今年初，他忽然得了肺病，住进歌乐山肺病疗养院长期休养，我因为他在大后方只有一个还在念书的弟弟，可以说是举目无亲，特地上山去探视他。道藩的家就住在歌乐山，但是我却不知道是在哪个方向。那一天，我颇有——"只在此山中，云深不知处"的茫然之感。

宗：

上周去歌乐山看顾了然，心中怦怦然不宁，目睹山林深处，四布房舍，吾竟无从知何者为汝居处。思欲问人而复不愿问，思欲识之而复不欲识，矛盾心理，交战不已。及由疗养院独步下山，感想愈多，觉四周一切，都与汝有密切关系，而吾竟无缘接触。似茫茫大地，悉予吾以障碍，而不令吾近汝，故是日大有已经失汝之心情。抵渝后，复因为为时已晏，无法与汝晤面，翌日晨起，即以电话叩询，又已外出，然仍亲往留字而返。直至汝来视吾之前，中心之怅惘不宁，实难描绘。及既见汝，神魂始渐安定，乃觉吾人之间，实仍相属。自笑此一日夜之惶恐，都由心造，殊无谓也。

雪

到了重庆，我们又相见了，只是朋友面前，我不能把我这一段心境，向他吐露，于是我写了上面的一封信给他。不三天，道藩藉上山回家之便，亲自跑到疗养院，为了然解决了不少问题，还写了一封长函报告我探病的经过。我读了不胜感叹，道藩对于我所有的亲友，永远是以爱屋及乌的精神，热心诚挚地去关切照料。

雪：

昨早我仍留在山上，十时去看顾君，同他谈了半小时，看他的病势似乎很重，据他说半月以来最少吐了五十次血，至今未止。为了购马血清打针，医院未能尽早购来，又为了请疗养院院长十五次，最后一次才到。熊院长一到，他便打了熊一棍。据他说，熊尚有医生道德，并未还手，此事他自己也觉得动手打人过分一点，但当时实在忍耐不住。又因为医生（熊）写信给他的保人陈某，说他打医生及看护，因他除打熊而外，并未与医生看护闹过，所以他要向熊理论。我再三劝他在病中不可如此动气、认真，一切等病好再说。最后我走以前，为他留下一百元，他最初无论如何不肯接受，费了许多口舌，他才算勉强留下了。我别了他，就去找医生和看护，谢谢他们照料他的周到（他已迁入二号单人病房），随即去找挨打的熊院长，山上山下医院的各部分都跑到了，才将他找着。我介绍自己以后，他倒非常客气，然后我开始同他谈顾的事情，他心中还为挨打的事情愤愤不平。我一想顾既不能不住在他的医院里，他若总是这样，或者与顾不利，我只好一面劝他，一面再向他道歉。刚巧一位姓郑的医生来了，我又当姓郑的面，再向他表示歉意，使他觉得有面子，比较好些。谈话结果，才知道买马血清的事，并非熊不肯买，实因初未买到（郑医生说熊是托他在城里买而未得，这些话确否自然待考），后来知卫生署有了，才找服务社的一个女护士到城里去买的（顾以为女护士自动去的），至于请他十五次的事，除最后一次外，他全不知道（这话不一定靠得住）。总之人在医院要靠他们，不论谁是谁非，还是多说些好话为妙，所以我决不同他辩。最后我告诉他，假如顾的病需要较贵的药或手续，请他不要为了钱迟疑，以后经济方面由我负责。如果有要事，请他用电报、电话或快信通知我，一切邮电费由我照付。如果派专人到城里购药，车费我也负担，若要我由城内购药送来，我也可以办到，一番话说得他无话可说。我将山上城内南泉的住址电话号数都给了他，我才走了。

　　　　　　　　　　　　　　　　　　　　　　　　　　宗

宗：

　　顾君了然生病已一年了，自从他到山上养病以来，恐怕还没有人看过也，当我去看他的时候，他感激得什么似的。尤以去年我托你带给他的款子，他至今不忘，说了许多感谢的话。说的时候，他几乎要掉泪了。现在你忽然去看他，不晓得他会发生什么感想？你我的相爱，他是略有所知的，我相信他见到了你一定会联想到我的，可怜他的病恐怕不容易好的了。这样异地孤身，贫病交迫，怎不教人代他伤心呢？

雪

45

雪：

　　我希望下月六日赶到黄桷镇为你祝寿，去年因为没有查旧历，竟会把你的生日忘掉，直到寿筵席上方才知道，心中万分的惭愧。今年我是绝不会再忘记的了，但是十几天来，一直想不出应该送你什么祝寿礼物。你要是真心爱我，请你告诉我你喜欢什么？也好解决我的困难，否则今后十几天内，我一定会为这件事不得安宁。因为你有高雅的嗜好，超越的美感，所以要是我随便买点东西，却并非是你喜欢的，你虽然不说，我一旦察觉，仍然会不得心安的，你说对吗？

宗

宗：

　　我的生日，你果真能来，我就荣幸非凡了，至于礼物一层我以为大可不必，因为你就是我最喜爱的，还有什么更好的礼物呢？况且这世界上还有什么会教我觉得比你更宝贵呢？所以我请求你千万不要去瞎想那些无谓的虚套，徒损精神，弄得我也不安，这又何苦呢？难道你我还要客气吗？

雪

雪：

　　我听见你做新衣的话，心里万分的兴奋。我给你的衣料，若果能够保护你永远不受任何人糟蹋，那我也就永远成为世界上最幸福的人了。

　　这些日子天天都在盘算着下次和你快聚，精神反而不宁静了，这必须等见了面才能按下心情的。

　　我想在下月六日十时左右，由重庆动身，大概十二点半到北碚，午餐后渡江，两点半左右就可以和你见面了。可是直到此刻为止，我还没有想起应该送你什么礼物，为你祝寿。我恐怕只能带上我这颗爱你，崇拜你，永久忠于你的心了。

宗

为了我的一次小生日，他早在十天以前，已经盘算着怎样和我欢聚，他将从南温泉赶来，这一番情意，使我非常的欣幸。相见难，但是难于相见也另有一份意外的乐趣，这大概就是上苍赐予我们的补偿吧！

我过生日的那天，道藩果然如约而至，他参加了朋友同事们为我举行的小小宴会。那一天大家的欢声笑语，给予我不少快乐和安慰，道藩也觉得兴奋高兴。只是无限的欢愉，每每又会带来别后的怅惘与凄凉！

雪：

两天前的此刻，我还在你面前，现在我却距你二百里之遥了，江畔分袂，朋友在旁边，我们不能不含笑握别，其实心里正万分的难受，此后又不知何日方能谋面！

你又消极灰心，真不知道应该怎样安慰你才好！想起每当我们欢聚以后，总难免有这种痛苦，我也觉得黯然神伤！所不同的，是我的工作忙碌，不容我有时间思索，而且我明知多虑无益，不能不存心放弃不想。你呢？生活比较单纯，又没有可以倾心相谈的人，因此使你更感凄凉，便趋向灰心消极了！我诚恳地希望你善自排解，一切等待"来日"！你既然深信我对你的爱情是不容置疑的，那就应该为我爱你的苦心，强忍一切，珍爱你的身心，以图将来的欢乐。假如我们今天事事消极，岂非什么希望都没有了。请你三思斯言，我也就可以略微心安些了……

读我自己的笔记到当时立志每天作笔记给你的那一段，我十分惭愧，这件事因为后来时间环境不许可，以致没有做到。这是我在你面前唯一食言的事，希望此外再没有别的了。但是，我的雪，我虽然没有能够做到每天作笔记给你，至少我做到了无日不想念你，这和作笔记固然不同，但我爱你更深，你应该不会怀疑吧！

我自己再读笔记的感想，发现我给你的信，虽然文字很劣，但是没有一言一语不是出于真爱，我不相信世界上还有比我们更忠实的爱人，你能找出第二个吗？你把我的信抄得这样好，我固然很高兴，但是正因为你抄得太好了，因此不免进度太迟缓。我希望你以后不要再这样讲究，并且希望你每天能抽空抄一些，早早抄完给我，使我能够早作编辑的计划。否则我若早死了，或者这种珍贵的笔记遇到了什么灾难，这种天地间仅有的至情产物，不能留存于世，岂不可惜！

宗

宗：

读了你这样热情满纸的信，教我既高兴而又难过，你这样的爱我，我还有什么可说呢？只是一想到以后种种，就不免灰心，因此这几天竟有说不出的苦恼，时时在我的脑海中盘旋。

我是最不喜欢写小字的，因为实在写得太难看，你偏要说我抄得好，那是你怕我灰心，想这样恭维我，或者可能鼓励我快点抄，是不是？倘若你否认，那我就要说你这"好"字是有意讥讽我了。我又得声明，这并非"感觉太灵敏"。

这一次我由重庆回家，忽然发现家里来了两只燕子，它们在梁上做窝，所以从早到晚，呢喃之声，不绝于耳，我看它们经常同出同归，觉得它们很幸福。可是有的时候，只有一只燕子来过宿，而到了第二天早晨，只要把门一开，其他的一只就飞进来了，如此已有好几次，我再也想不出这是怎样一回事？难道它们也有秘密吗？难道它们还另外有家吗？宗，你知道其中的理由吗？

雪

雪：

你那里的一对燕子，实在令人喜爱，如果那一只经常出门的燕子，总继续着那种情形，那它一定另有秘密的！我想人物皆然，难道说只准人们有秘密吗？

族姑将赴上海结婚。素姗昨天进城来，大概还有一两天的勾留，使我不能安静地给你写信，心里觉得很不痛快！

宗

<h1 align="center">46</h1>

长年置身忧患的人，欢乐日子总不会长久，我们的心情方才轻松了一点，忽

然暴风雨的前奏又来临了。

宗：

　　昨天佣人忽然来告诉我说：会中的门房老李和他说，数日前他在报上看见关于徐先生的消息，说他不久就要回来了。我听了以后，非常难受，自己也莫名其妙这是什么缘故，其实谁又能把我怎样呢？我难道还怕谁吗？可是尽管这样想，心中总还是不愉快，因此想到将来真的人到了重庆，还不知要我更苦恼到什么样的地步？唉！我的宗，我真想此刻马上离开重庆，让我一概都听不到，看不见就好了，但是又怎样可能呢？

　　　　　　　　　　　　　　　　　　　　　　　　　　　　　　雪

雪：

　　我也和你一样，不管那种消息真假，每次听见，总感到一种威胁，并不是怕他会把我怎样，而是怕他使你苦痛。我也知道，你不会怕他把你怎样。因为自从他片面地在桂林登了那一段无情的广告以后，你早已是自由的了。他从那时起，也就丧失了对你的任何权威了，他还有脸再像以前一样，来向你要他的家吗？

　　你所以想到这种事，总会不愉快的缘故有二：第一是他一到了，一定会有许多朋友会向你罗唣，劝你重圆，你将感觉无限的麻烦；第二是你拒绝了一切，你自己将来怎么办？

　　这两点，第一点恐怕我将来要处于哭笑不得的地位，那就是假如许多莫名其妙的朋友，会约我参加劝你，或者"明其妙"的人，会存心弄我出来做调解人。关于这一点，我早已决定将来无解释地拒绝一切。至于第二点，那才真是我的威胁，我的正当办法就是向素珊公开一切，无论她要任何代价或条件，我都接受，只要她同意离婚。唯有这样我才能与你结合；唯有这样尽管我犯了罪恶，我还可以另做一个人；唯有这样才不辜负我们的爱。将来最大的难题，是珊知道一切以后，无论任何代价或条件，她都不允许离婚，那么在法律上我也就永远得不着与你结合的自由，这样一来岂不是死路一条？所以我以前和你讲过好几次，除了逃到天涯海角，实在别无办法。

　　你要我鼓励你的勇气，我最简单的话，就是要你拿出勇气来，无论在任何恶劣环境之下，总要争取生存。为什么我要向你说这些话，因为以前有一种要不得的想法，就是不得已时，一死了之！后来我仔细想了以后，这简直是无耻无勇的想法，我为了爱你，我必须生存，我才有挽回一切的机会，使人不至于以为我是不值得你爱的懦夫。其次我要向你说的，无论你将来如何处置这件事，只要你不是违心的，只要是可以使你减少苦痛的，我决不至于对你有任何埋怨，这是我此生此世对我唯一心爱的雪，所说的肺腑之言，此外我再也没有比这更足以表明我忠诚的话了。

宗

宗：

收到你的信，我觉得十分欣慰……正写到此，佣人拿了吕斯百一封信来，我就搁笔拆阅。读完以后，人都麻木了。啊，亲爱的宗，想不到我的毕命时期竟就到了，我死了也不甘心，因为我一生并没有做错什么事，我只是先后爱了两个人，难道这就该被逼而死吗？我此时心里乱极了，也不知道怎样答复人家！我只好把信寄给你，我希望你能够帮助我商量出一个对付的办法。事到如今，我想你总不至于听我去吧！宗！你应该知道，我不能离开你，我无法离开你！我也知道，也有别人不能离开你，无法离开你！但是两全又怎么可能呢？啊！怎么办？我伤心极了，不能再写了！

雪

犹如晴天霹雳，惊得我麻木呆滞，不知所措，我只觉得自己的心在往下沉。几天来，我那不幸的预感，早已使我惶惶不可终日，现在，吕斯百的一封信，证明我的预感果然信而有征。斯百是悲鸿的学生，当时已在中大艺术系任教，他和我们关系密切，就像自己家人一样，多年来我和悲鸿若断若续的关系中，他一直在扮演着青鸟使者角色，我深感到他对我的真诚，但是，他今天偏偏写来了令我极为震骇的消息。

他告诉我，悲鸿遨游新加坡和印度将近两年以后，他终于倦鸟知还，亟于想回国，斯百希望我能原谅他的过去，让他回家团聚。

当时我的第一个反应，便是我宁可死，也不会接纳悲鸿回家。他曾将我推入痛苦的深渊，他曾予我深巨沉重的打击，最后还公然登报侮辱我，这许多的创伤，教我怎能平复下去，我又怎能再和一个要恶意遗弃我的人共同生活？

怀着极度反感和忧惧，我愤激呼号般地给道藩写了上面的那封信，然而将信写完，躺到床上，始终不能成眠。快近天亮的时候，小窗透入晨曦，一片春寒料峭，曙色使我的理智恢复，脑海渐渐地澄清，我猛地一跃而起，写了一封回复斯百的信，并且把信的内容抄了一份寄给道藩。

宗鉴：

昨晚作书后，通宵不能成眠。辗转思维，觉君亦未必能为吾觅得应付之策。故今日晨起，即作一书复斯百。兹特将辞旨录奉一阅，不识君亦以为何如耶？

吾以不幸之身，得君青睐，遂时以万难之事，扰君不宁，良用疚心。唯吾苟有法自全者，要亦不愿重以此身累君也。幸乞悯吾遭际而谅吾苦衷也！

雪

这两封信所给予道藩的震撼，当然是可想而知的，他复了我一封最长的信：

雪：

今夜再不写信，我又将一夜无法安眠，因此我在饭后喝了两杯咖啡，提提精神。

前晚接到你十日的信，知道你悲戚仍多，心里十分难过，恨不得插翅飞来，给你安慰。自从接到你的信后，心情一刻也不得安宁。今天下午又收到了你十三日的信和附件，一再详读，我的心神更加惶恐不宁了。晚餐席间和饭后，和大家敷衍着谈话，简直是心不在焉。谈了些什么，现在全都忘记了。

此刻我取信再读，还没读完，热泪已潸潸而下。"宗，你应该知道，我不能离开你，我无法离开你！"这几句话，深深锲入我的肺腑，我依稀听见你苦痛的呼声，要我忍住眼泪，怎么能够做得到！

雪，你也应该知道，我们两个人的爱，早已使我们化成了一个人，不但精神感应一致，血液都像是混合了。因此我俩无论是谁在快乐或痛苦，一定会发生连带关系，这正可以证明我们爱的真切，而我们之间的问题不易解决，也就是为了这层缘故。假如我们只是彼此玩弄，或是仅只由于一时的感情冲动而结合，没有真爱存在其间，那么随便怎样解决，也就不会痛苦了。我们的个性都极坚强，平素也敢作敢为，对任何事都还有办法，然而偏偏轮到自己首当其冲的时候，居然把一切弱点全都暴露出来了。我相信这决不是我们无信心，无勇气，无办法，而是由于这个虚伪的社会，复杂的环境，使得我们不能不有种种的顾虑。

为了我们的事情，你已经不知受了多少苦痛，我所能安慰你的，只好请你暂时搁置，不去想它。时候还没有到，我们又何必事先自寻烦恼。当然，我也知道这是不彻底的办法，可是，在无办法彻底解决以前，我们也只能拖延。我知道，迟早总是要上断头台的，今天读你附来的信，觉得这日期大概不久就要来临了！想起我使你这么痛苦，实在愧恨惶恐，无法安宁。既然大限将到，我们不得不冷静头脑，求一个彻底解决的办法。现在我把所能想到的解决途径，写在下面，听你选择。这里面无论哪种办法都是我自愿努力去做的，不问其结果如何。不过在我提出这些办法之前，我却要恳求你，对于我衷心爱你这一点，绝对不能起丝毫怀疑。否则的话，那么我除了用自杀表明心迹以外，就没有第二条路可走！反之，不论你怎么取决，我今生今世，对你爱我这一点，我也绝不会有丝毫怀疑的，这句话我可以对天地而质鬼神，甚至愿以我的父母来对你发誓！我们两人必须先有这样的了解，然后你才会明白以下我所说的都是平心静气，有理智，无成见，无猜疑的话。假如我们之间有了半点怀疑，那么我们的爱，就连粪土也不如了！用不着受别人的逼迫，而自己已断绝了生存的凭藉，因此我必须先在此郑重说明，我相信你一定同意这一点，并且接受我的恳求。

解决办法：

第一，离婚结婚。

我用我已经另外爱上一位女子为理由，向素珊提出离婚，无论她开了什么样条件，只要我能力办得到，我都愿意接受。不过素珊在没有答应以前，一定会问这位女子是什么人？我却只能答应在办好离婚之后告诉她。她经过我这样的要求，依我的推测，她必然会在下列三种办法之中，采取其一：

1. 无论如何不愿意离婚（因为我已经试探过），如果我逼得太急，她一定会告诉果、立两公，请求解决。二公必以种种理由和利害，劝迫或压迫我，事既如此，我当然不受任何压迫。可是素珊既然不允离婚，假如我片面宣布脱离，自然无法生效，其结果一定闹成僵局，终将无法解决。

2. 素珊因为这件事而受刺激，自寻短见。

3. 素珊提出一种我无法接受的条件（譬如一次要我付赡养费十万八万之类）。

无论怎样结果，有这么一段经过，一定会闹得满城风雨。我既不听果、立二公的劝，当然会和他们闹得感情不洽，而他们对我必然失去信任。我从此也不愿意继续和他们的关系，更不愿再在这个圈子里求生活，唯一的办法，只有远离，另谋生存，另谋出路，不过我绝对不至于去当汉奸、卖国贼罢了。

第二，逃避求生。

离婚既不可能，我们两人只有放弃一切，逃到远方，不再与这个社会和环境相接触，另谋生存，再图幸福。因为不这样的话，你将来一定会为环境所迫，与悲鸿重圆，不但你太难堪，而我又何尝能够忍受？但是如想远走高飞，我们至少要准备一年的生活费用，才可以徐图良策，否则一旦离开现在的环境，就别说自己不愿意找人家帮忙，纵使愿意找，也不会有人肯帮忙的（尤其是那些劝我不动的人）。因此我们必须在事前便将款子筹好，我们都是年过四十的人了，奋斗吃苦的毅力，当然不能和十几年前年富力强的时期相比。固然我们心甘情愿地为了爱情而吃苦，可是愿不愿意是回事，办不办得到又是一回事，将来究竟要苦到什么程度，现在还没法预料。假如我不能使你得到最低限度的安全和舒适，即使你不怪我，我就是不自杀也必会郁郁而终。万一竟因此使你与我同归于尽，不但我将永留骂名，我死了以后在九泉之下也没有脸见你！

还有关于我们的亲属问题，我们既然不顾一切地远走高飞了，当然不能再见我们的双亲。你我的双亲年龄都在七十左右，他们未来的百年大事，恐怕我们都无法出面料理了，到那时候，只好任人唾骂为不肖的子女。但是你最爱你的一对儿女，若干年后，只有我们两人孤苦相守，或许将使你更加想念你的儿女，那时候我既然无法使你和两个儿女相见（悲鸿一定不会允许他们和你见面的），我又怎么安慰你呢？

至于将来逃到什么地方？我现在是毫无计划，只要有钱，哪里都可以去！没有钱也可以逃到深山峻岭之中，不过最要紧的是我们一定要逃到他们所找不到的地方，否则他们一定会追踪而来。当然，他们来了我们还可以坚决拒绝一切，但是必然会发生法律纠纷（这一点你尽可以不必担心，因为悲鸿对你已无任何权力，而素珊跟我不曾正式离婚，除非她甘愿放弃，否则我终身不能自由）。

在我们放弃一切，逃离这个恶劣的环境之后，无论逃到哪里，在一两年内会受极大的孤零苦痛，一切的环境都变更了，甚至亲友的通信都不可能。这种种的痛苦，除非有最大的决心，必然是很难忍受的。不过呢，与其采行第一个方法而无结果，反而打草惊蛇，使他们防备，倒还不如采取第二个方法，比较直截了当些！

第三，忍痛重圆。

如果第一个方法和第二个方法都做不通，或者不能做，那么只有我们两人忍痛割爱，听从朋友的调解，你仍旧和悲鸿重圆。这样也许可以免除种种的麻烦，但是既然这样办理，我们就必须绝对做到断绝形体上的爱，而秘密保存着精神上的爱，才能无愧于心，才可不受侮辱！因此我们必将受到莫大的苦痛，不过只要我们忍受得了这种苦痛，以后或许还能强迫自己在表面上维持正常的友谊，使我们借此友谊图得相见和相互关照的机会。再在这种不得已的情况下，等待天然环境的变迁，以及事态的演进，说不定还有自然形成的机会再让我们相爱，也未可知。万一致使终身不可能，那么我们的爱将永远留存于心底，以度过我们残余的生命，尽此毕生的相思，藉以完成我们的杰作——拿我们的信件作主要材料，而写成的书，为人世间留下一桩理想的爱情，那也就是我们不幸中万分之一的慰藉了！

唉！我写到这儿，真觉得我实在是世界上最卑鄙、最无能的男子！你就是不责备我，我也自己惭愧，不配做你的爱人！

第四，保存自由。

你如果认为以上的三种办法都不妥当，那么，就只剩下了一个你为爱我而不惜为我牺牲一切的办法。不过我既然这么爱你，而且我向来不作自私的打算，我除了凭恃你的爱，同时为了将来还有退一步的办法以外，我实在没有任何理由向你作此提议，我只不过写在这儿，供你参考而已。

这一个办法是，当悲鸿回来以后，你根据他登报声明过脱离同居关系的事实，拒绝一切调解，说明和他永久断绝，这样你可以保留自由之身，而为我秘密的爱人。我希望在这种情形之下，拖到战事终了，再来求一个彻底解决的办法。那时候素珊可以回她的祖国，或者容易得到她离婚的同意，而我们的事，假如不在战时公开，也可避免别人因此攻击我个人，而牵涉到党政方面。同时这样也能有比较长一点的时间，使我们能在无形中作种种的准备，以作将来的打算。即或在这个拖延期间，一切都给他知道了，他除了毁掉我之外，总不能把你怎么样吧？再说重圆以后我们仍不能割爱，被他发现，那么我们两个人都有罪，若果重圆后我们还是忍受不了，再采取上面所举的某种方法时，你就要反过来向他请求离婚，当然又会发生种种困难。不过这样做法，人家一定会责备我破坏他的家庭，这个罪名我是逃不掉的。然而万一有人讥笑你是我的秘密情妇呢，只怕你更加无法忍受啊。

以上所说的种种，都是我本着天地良心，忠实诚恳的话，种种办法可能还不太妥当，不过我的智慧只能想到这么些，希望你多加考虑再予选择。不论你怎样取舍决定，我是绝对照办的，总而言之一句话，就如你所说的："两全又怎么可能？"既然不能两全，那就必须求一个有所全！不管事情演变到何种程度，我只恳求你千万不可灰心消极，我们自己不愿死，任何人任何事都不能逼我们死！而且与其白白地死掉，不如采取任何一种方法，至少还能有一线希望。你一生除了爱过两个人以外，并无半点罪过，我除了为爱情而于私德有亏以外，无论在公在私，也不曾犯过其他的罪恶。上苍不应该为这件事毁掉我们两个人，爱神有灵，也应该怜惜我们，帮助我们。我决定奋斗到底，决不轻易寻短见，闹出笑话，反倒有利于人。即使你因为种种的关系，不能作自由的选择，我也决不因此对你的爱情有任何变更。我爱你是我的理想，我只要知道你在任何情形之下仍旧爱我，我就能忍辱含垢，为你生存。所以你尽可大胆决策命令我实施，我绝不会有丝毫迟疑。我在最苦痛的时候冷静头脑，详细熟虑，以泪和墨写了这封信，虽然文字极坏，但我情真意切！这是我们通信中最足系念最可宝贵的，也是决定我们将来一切的一封信！

现在已是深夜四点，心里十分悲哀，不能再写了！

宗

47

宗鉴：

长函读后，肝肠寸裂，不禁失声痛哭，但此非悲伤所致，实感激涕零而复自愧无以报德也。吾人不幸，遭此逆境，至日夜无以安宁，真不知前生造孽几许，遂令今生受此折磨！承示各种办法，详密周至，无意不尽！感慰莫名，而汝忠诚恳挚之心，尤溢于言辞，想吾几生修到，得爱人如斯，即令顷刻而亡，亦不枉此生矣。汝欲吾自选决策，此实大难，兹试将吾之意见，为汝简略陈之。第一，"离婚结婚"，此事决无可能。无论珊应不应允，即使愿意，吾亦不欲如此办理。因吾深知必使汝极度难堪，吾固不愿意吾两人之结合，有任何阴影及拂意事存乎其间。第二，"逃避求生"，此计困难甚多。首先吾人均有父母家室之难于抛弃，即令彼此俱能忍心不顾，但无钱亦无办法，而此后之图谋生存，亦将大难而特难，倘万一竟因困苦而终，不特生前未能谋得幸福，反贻身后莫大讥刺，是又何苦？故此实属理想之举，固不易实行也。第三，"忍痛重圆"，此一做法，当为吾两人最难堪，最惨痛之牺牲，但实际却最为合理，因不特可予"他"与"她"以莫大安慰，即家庭儿女，亦可完整无缺。吾以为苟吾两人竟无法得一圆满解决，莫若牺牲一己，以成全他人，或亦更增吾人情爱之价值及"杰作"之材料也。第四，"保存自由"，此节吾绝对可以做到，且亦为吾所希望者。唯结果倘不免使汝离婚，是则又为吾所忧惧，故吾为欲避免此事发生，即不得不忍痛重圆，否则只有一死而已。至于汝之爱吾，吾固未尝有一刻怀疑，倘世间真尚有所谓爱者，愿吾两人能永久保留之，固不论其结果也。

雪

雪：

昨夜写信给你，直到今晨四时才写完，五时就寝，天已发白，上床后约一小时方才睡着。八时就给开始办公的铃声惊醒，当即起床，将给你的信发出。

今天一天虽甚忙乱，但是没有一刻不在念你，不在想我们两人的前途。下午五时左右收到你十四日给我的"久三十二号及附件"，方知你怕我未必能得应付之策，所以已经函复吕君，及读致"彼"函语，更加佩服你的聪明，因为这样才是答而不答的好办法。

今晚见到斯百，他也略微告诉了我一些悲鸿要回来的事情，同时他又谈到为顾了然开画展的事，我当然会遵照你的所命，尽我所有的力量帮忙。我那么爱你，所以我一向对你所爱的人或物，除了排除我的人以外，我早就在无形中爱了，因此你要帮助的人，就跟我自己要帮助的人一样。

你接到我今晨发出的信，不知道又要感到多少苦痛与不宁。上苍似乎专门拿这件事来折磨我们，一年也不晓得有多少次。我现在只有静候你的选择，再作详细计划，和进行的步骤。在我们的前途不得解决以前，我们是决不会有安宁愉快的日子的。

宗

在这些日子里，我们的心绪是如此的恶劣，精神是如此的紧张，道藩身体素弱，他又这么焦灼忧伤，他熬夜写信不眠不休，我真为他担忧。

宗鉴：

今晚复奉十六晚手书，读之良慰，唯汝竟不自保重如此，实令吾灰心！似此眠食无常，万一致病，将复奈何？倘汝犹爱吾者，吾即恃爱下令，以后不准再如此自戕身体！

雪

雪：

这几天里，无时无刻不在想念着你，此刻忽然灵机一动，以为今天一定会有一封信在城里办公室等我，于是连忙打长途电话过去，通知他们，此后五天之内，所有寄给我的信件，必须立即转来。其实，我只想早些接到你的信而已。你这些时的心境怎样，我真是悬念极了！十五日夜给你的长函，我急于想知道你怎么决定，以便早作计划。昨天早晨见到华林，今早陈晓南又来看我，说起中华全国美术会的事，他们都说悲鸿要回重庆，只不过他将经由海道，或是乘飞机，还没有决定。听他们的语气，悲鸿要回来是毫无问题的了，只在时间早晚而已，因此我们的事必须早作决定，以免临时麻烦。我近来的心神不宁，你一定可以想像得到，我从我自己的心境，正可以推想你在黄桷树也是无时得安，唉！这种罪罚真是比任何苦刑更难忍受啊！……

我打过了长途电话以后，原以为今天必有一批信到，更渴望这批信里至少会有你的一封，下午转到一大批信，其中偏偏就没有你的。啊！我是多么的失望啊！如果你从十四号起就没有写信给我，除非你生病，否则我真找不出任何理由。我唯一所能找到的解释，便是你在接到我那封长信以后，可能会感到对那些办法难于取舍，因此才迟迟未复，或者你以为我至今都拿不出处理当前问题的办法，而竟以我自己不能决定的办法请你选择，于是你对我的爱，也就发生了怀疑。以上所说的几点猜测，究竟哪一点是正确的，我当然不敢妄自判断，但你如果认为我始终没有决心采取任何步骤，那我是绝对不愿承认的。长信中提出的四种办法，一切顾虑，都是为了我们两人，决没有为别人设想的地方。只要你决定，我立刻就执行，结果如何，我可不管，不管你有什么意见，有什么怀疑，你都应该告诉我。假使你秘而不宣，那你将会给我最大的苦痛。我真希望这些都是我太过虑了，你决不至于这样对待我的。

到了下午五点还没有接到你的信，我没有一分钟不在想你。刚才中央训练团音乐干部训练班的学生七时到校演唱，我不能不到场，但是我的躯壳虽然在几百人中间，我的脑海里只有你。假使有人问我听得如何，我该怎么说呢？因为我连一个音符都不曾听进去呀！

好了，熬到了天亮，终于接到了你十八日写的"久三十三号"信，下午又接到了"久三十四号"，读了以后，我心里的悲惨，真不是笔墨所能形容于万一。我本想晚上写信复你，不料六时又有警报，草草地吃过了饭，马上就进防空洞，在洞里受困四小时，每一秒钟都在念着你。我在幻想，如果有人能够发明一种"神秘透视镜"，就可以看出有一条丝，直由我的心里通达你的心，其间绝对没有一毫一缕细丝分润他人。我在洞中万分不能忍耐，又不晓得警报什么时候解除，于是我又回到宿舍，把门窗用布遮掩，点起蜡烛来给你写信，因为不这样我的心就始终没有寄托，也无法平静，同时我也可以使你早些得到我的复函，以免牵挂。

我读了你的信以后，知道你已经如何选择了，当时我的心神全部麻木，根本就不晓得自己有什么感觉，只是觉得悲惨无比，有眼泪都流不出来了。

雪！我知道你在作这个选择以前，以及下笔写回信的时候，不知经过了多大的苦痛，下了多大的决心，终于这样的决定了。同时我也知道你作这选择的当儿，是以极坚强明晰的理智为出发点，我对于你的选择，不但毫无埋怨，而且还在准备虔诚接受。但是你应该了解我自责自恨到什么程度？以我们两人相爱之深，不得已而采取这种结束的办法，固然像你所说的"当为吾两人最难堪，最惨痛之牺牲"！你说这是我们牺牲自己，成全悲鸿和素珊，我可要说绝对不是，我们只可以说这是你成全了素珊，而我居然也能忍痛接受你的决定，实则我在成全你和两个儿女的爱，我决不是在成全那个辜负你欺侮你的人。同时，也是我自己在这么困难的环境里，我无法善后，迫不得已，才听从了你这样的选择。因此我的自恨，自责，自怨，将会终身无已时了。我当然希望能有勇气处理这个无可奈何的局面，将来到万不得已无法忍耐的时候，我只有以自杀来报答你，来处罚自己的无能，来身殉我的理想！

我预料我们将来生活的情况，真教我不寒而栗，苦痛的程度，当为人世间最难堪的。试问：我们即使能压制自己，做到形体上的隔离，但是又怎能断绝精神上的相思？委屈着自己的一切去迁就别人，人世间还有比这更残酷的事吗？这种况味，几年来我已尝够了，而你将来的受苦，还要比我更增加千百倍，因为你和他曾有情感上的破裂，而我和她却还没有到这种地步。因为我的无能，没有办法，没有金钱，可以帮助你得着解决的办法，因而使你不能不这样选择。我不但对不住你，而且永远将是爱情中卑鄙无耻的罪人。想到这，我死也不能瞑目的。

我今天虽然决心服从你的选择，但决不敢确定自己真能忍受。到不能忍受时，我自己要另外采取一种办法，但这与你毫不相干，你绝对没有任何责任，你也不应该感觉不安。我既不能爱你，自然也不会再去爱那妨碍我爱你的人。我将来如果能做到孑然一身，使我的精神思想全贯注在你的身上，使我不再属于任何女人，这样我才能对你无愧于心。

宗

48

宗鉴：

今晨忽又下雨，而且狂风怒号，摇撼山林，令人心悸。吾独步荒郊，乱发蓬松，向后狂吹，雨衣一袭，飘扬高飞，四周风涛险恶，前途道路泥泞，偶一不慎，便即倾跌，而劈面风雨阻抑，呼吸尤感困难，唯吾仍挣扎前进，不容或疑，此情此景，岂非象征吾未来境遇耶？

雪

雪：

读你三十四号，知你受了狂风暴雨的侵凌，竟至跌倒，我真是心痛万分。假如我当时在你身旁，我还可以保护你；如果事后我在你那儿，我会以千万个热吻来抚慰你！你拿狂风暴雨的景象，来比拟的前途，尤其使我悲痛惭愧，无地自容。你今日固然已在狂涛恶浪之中，我又怎能安慰你于万一？想到这里，深觉辜负了你的爱，我是何等的咎恨。你近来为了我们的事，饱受苦痛，我希望你以后设法达观一点。天意尽管这样安排，这样捉弄我们，我们如能忍耐，也许还有成功的一日，请你不要忘记。只要我有机会，即使到了六十岁，我还是要和你结合的。

宗

宗：

　　我这几天的心神，简直无法安宁，我想我现在能告给你的，就是我将抱定宗旨，忍辱含悲，不再为自己打算，只希望能做到不侵害别人的自由幸福，就是你的牺牲，我也拒绝。倘能相安无事，使我无负于人，那就侥幸莫及，万一仍力有不逮，终不免出事，那也只有一死，以明素志。至于数年以来，所受你的恩德和安慰，除掉铭心刻骨，衔感终身而外，实无可酬报，自愧有负知己，不能无耿耿耳。在最近期间，我一定要努力把你的信札抄完，因为我怕一旦发生事故，也许会永久不能抄写。抄完以后，我想把你我的信札和纪念物品，统统交给你保存，还有以前你托杰带来的汉镜、殷骨及田黄石章等，我也要交还给你。这并不是说我如此做是表示决绝之心，实为留于我处，万一暴露，或竟因此而生事也。

　　昨晚接到二十二日的信，读了以后，极感伤痛，这种无可奈何的分离，虽已久在意料之中，然仍不能不戚戚于心耳。我希望你此后能将精神转移到事业上去，要知道人生几何，又何苦在这万难中争此不可捉摸之安慰呢？想我们都年过四十，此在男子，固正当盛年，但在女子方面，实在不应该再存非非之想。试问天下能有几人像辛蒲森夫人这样具有魔力？我何人斯，而敢仿效之乎？与其将来不得善果，反不若此时留一理想，更可寻味。

雪

汉镜、殷骨和田黄石，是道藩多年来收藏中的精品，南京沦陷前夕，他托子杰带到重庆，交我保存，这时我想起要交还给他。

雪：

　　越在这遭受挫折不能不作撒手打算时，越使我更爱你！越使我不能忘你，越使我觉得无法离开你！今日下午接到你二十五日"久三十六号"信之后，因为忙着去开会，开完会就匆匆回校来了，所以此刻才得空写信给你。你教我此后将精神转移到事业上去，这本来是正当的出路，假若我能够做到，因而有些成就，或者也是安慰你的一种办法。但是照过去一星期来的心情，我实在没有把握做得到。我近来只觉得麻木，对于所有事毫无兴趣，且感苦痛，对于一切人我都厌弃。因此遇事总易生气，牢骚，动怒！

你说："能有几人像辛蒲森夫人？"心爱的雪，你未免太小看了自己！你的宗要不是这样无用、无能、无权、无势、无勇又无钱，也许会使你比她更高贵千万倍！唉，我除自恨自责而外，还有脸对你说什么？

宗

雪：

自从接到你第三十六号信以后，就不曾再接到你的信了，心中极端系念，深恐你因为近日空袭疲劳，或者其他原因生了病，内心怎么能够安宁？要是明天信还不到，我将要急死了！

前天收到斯百来信，五月一日将为了然举行个人展览会，要我出面发请柬。我在上星期六中午把请柬文字更正后送回，并且写信问他如果有空当在晚上约他谈谈，信到时他刚好不在家，因此没有见到面。如果今天已经举行展览，单靠请柬，到会订购的人或者不很多。等我下次进城，我会另想办法为了然卖画。这件事是你托我办的，凑巧碰上别的事情打扰，因此没有办得好，我很觉得对不起你，我一定会另想办法补救。

宗

顾了然的画展，举办得相当成功，参观的人很多，售出的画也不在少，连国民政府林主席都买了他的画，这可以说多一半是道藩的功劳。了然孤苦伶仃，罹染重病，躺在歌乐山疗养院里治疗，社会上总算给了他莫大的温暖和同情，那笔售画收入支持他撑过将近两年的病中岁月，直到一九四二年四月逝世，一部分的丧葬费用，也是用的这笔卖画的钱。

道藩这封信送到我住处时，我还在办事处没有回来，同弟看到信很厚，便叫伯阳拆开来看看，这使我又是一惊，幸好道藩还是用了两只信封，而孩子却只拆到外封为止。我写信把这事告诉了道藩，他又急忙来信叫我研究他们拆信的动机，所以我在信上便为他详细分析了一番。

宗：

二十五日来信，昨晚收到了，因为急于赶抄你的信，没有立刻复你，今天是星期日，孩子们远足旅行到缙云山去了。我一个人在家，颇为清静。但在白天，总不敢抄信，怕人撞见，写信也不大方便，我又没有关门的习惯，真苦极了！但写信究竟比抄信容易掩饰，所以还是为你写信。

你愿意知道孩子佣人拆信的动机，我敢相信他们决不是恶意。佣人的意思，恐怕以为你又是送什么东西给我，被好奇心所驱使，想要看看。因为每次你带来的东西，她总喜欢估计一下价值，她的心理大概不外乎觉得你对我太好和崇拜你的阔气。至于孩子们，我觉得他们是很喜欢你的，因为究竟他们还小，不懂得什么是和他们父亲有利害冲突。不过儿子看见你的信这样多，有时候就会问我："张先生又来了信，他说些什么？"可是他看见我不做声，也就算了。你那封信他并没有拆内封，不过凡此种种现在虽然没有什么，将来倘使有人要考问你我的关系时，这许许多多就都是证据了！为这一点，我对未来的决定，实在踌躇得很，因为我是为了不肯牺牲别人，才准备忍辱含垢地接受重圆。倘使我们的爱恋终于暴露，我就得受人指责和唾弃，这种侮辱，不但比死还难堪，就是我数年来的傲骨峻峻，坚强奋斗，所博得社会上的一点同情，也就尽付东流了！那时当然只有一死，可是死又何能洗去这种耻辱呢？所以我前途的困难，可说是一关又一关，要想打通，真太难了！

你对了然这样热心，他的感激你当然不用说，你是凡事不过问则已，一过问就得彻底做。这种有魄力，大刀阔斧的做事方法，实在教我佩服和敬爱，更不论你慷慨好施和待人接物的忠实诚恳了。我对于了然这个人，其实也并不怎样喜欢，不过他现在境况如此，我们本着人与人之间的同情心，不能不帮他一点忙。我惭愧自己能力薄弱，不能助他一臂之力，现在有你这样热心帮忙，我真太高兴了，也太感激你了！我恨不能立刻给你多少热烈的吻，表示我敬你，爱你，佩服你的心。

近来的天气真怪极了，不是热得不堪，便是狂风暴雨，冷不可耐，我昨天去北碚又弄得满身透湿，自己一路上想着，这种生活究竟要到什么时候为止呢？究竟为什么要这样呢？虽然说是为着生计问题，其实最大原因，还是自己的一股傲气，不肯示弱罢了！幸好身体还能支持，总算是极大的侥幸！

雪

雪：

今天天气这样的热，俨然像大暑了，虽然热得头昏眼花，但是精神上却颇为快慰，因为早晨总所有人来，带到你上月二十八寄城内的"久三十七号"信，下午四时又收到三十日"久三十八号"，我只要知道你没有生病，很安全，我就有无限的安慰了。

我知道孩子们未拆内封的信，我放心了。我所以注意这一点，并不是怕什么祸事，其实佣人们难道还不清楚吗？我最怕的是我们的一切影响了孩子们纯洁可爱的心，以至于影响他们将来的做人和幸福。我的雪，不管我们的作为对不对，我们若不影响他们，则我们的罪过就可以减少了！你的话不错，他们都很喜欢我，但是我最怕的是他们长大后都痛恨我。到那时，我的雪，你所爱的儿女，竟痛恨你心爱的宗，你心里将何等难受，我也将何等难受。这也等于我有时会想到，假若我的女儿将来被人教得会恨你，我将何等痛苦是一样的。

宗

教科用书编辑委员会搬到北碚乡间以后，我每天渡江去上班，要步行二十分钟，山径曲折，泥泞难行，我接连遭逢几场暴风雨，心境又是这么抑郁，内外交攻，终于不支而病倒。病中，似乎很久不见道藩的来信，使我在痛苦万状时又添一份心事，就怕他也和我一样地呻吟病榻。体力稍微恢复了些，我便写信给他：

宗鉴：

一周未获消息，疑虑不言可知，更因卧病，益焦愁无计。昨日校中同事吴君，特来探视，为立一方，服药三剂，病已就痊，唯仍弱不可当，因数日未进食故也。昨日曾稍起行坐，晨间栉沐，揽镜自照，觉憔悴形容，迥非昔比，果能于此际长逝，固亦大好时机。月馀以来，自取决应采之途径后，万念已灰，一切既感绝望，遂亦无所求，经此一病，更感消沉，故决意辞去编委会职务，静待命运之安排矣。昨晚得读来书，无边疑虑尽释，惟冀与君互信不疑，长留天地间一丝真爱，于愿已足，更不敢再强求见面。自知心灵软弱，苟不相见，尚能勉力支撑，否则或竟因情感之激动，向君作无理之要求，势必酿成不可思议之悲剧，是则非初意所愿。故君如可怜我者，应允吾所请，勿再作相见之图也。

雪

雪：

得知你的病已渐渐痊可，比较宽心一点，可是你那信里都是悲观消极的话，说了令我心酸难忍！你在病中，只宜静养，为什么又想得那么多呢？我以自己一个多月来内心的苦闷，可以想像你决定方针以后的痛苦！你这次得病，未尝不是因此而促成的，俗话说："有人才有世界"，假如我们根本消灭，一切问题当然也就没有了。可是现在我们既不甘心，也不可能被消灭，那么我们就应该珍重有用的身体，以求达到万一的希望。你恐怕我们见面以后，会因为感情的冲动，向我做无理的要求，势必演成不可思议的悲剧，因此你叫我不要再作相见的打算。你应该知道，你从来就不曾对我做过任何要求，每一件事，都是我自动自发地去做种种的进行与布置。你怕你会酿成我和素珊之间的悲剧，我必须告诉你，纵使将有悲剧发生，你不但可以问心无愧，而且决无责任！

我们应不应该见面，我仍还是听从你的命令，不过觉得我们今天还没有到不能相见的时候，我们又何必这样自缚自苦呢？一个多月不见面了，我们已经因而在精神上受尽苦痛煎熬了，你大病了一场，我也在日渐消瘦，这真是何苦来啊！

宗

49

一九四〇年五月二十七日那一天，日本军阀的魔掌，竟伸向了毫不设防的神圣艺术殿堂。下午，天空悬着初夏的灿烂阳光，同学们大半都在上课，镇上的那一条街，静悄悄的不见人影。忽然，凄厉的警报声破空而起，大地似在颤抖。于是，课堂里的人们涌了出来，树丛里的鸟儿，被惊得扑扑地振翅而飞散了。这时候人们的神情仍还不怎么显得惊惶，因为在大后方，警报和轰炸几乎已成家常便饭，尤其黄桷树本身就是疏散区，每次发警报，炸的多半是重庆城区，复旦大学的师生，在心理戒备上难免不太紧张。所以这一次的警报来临，大家也和往常一样，仅只疏散到街市和学校以外，仿佛在作一次散步或远足。许多教授先生，干脆回到家里，忙里偷闲，休息片刻。

紧急警报发后不久，人人都在心里嘀咕，不知道今天的大重庆，又该轮到哪一处地区遭殃。俄尔，隆隆的轰炸机声，自远而近，好像直攫北碚方向而来，这是以往从所未有的事情，我们有点纳闷，走出门外，向一碧如洗的天空眺望。

就在这时，髹漆红膏药的丑恶轰炸机，三十架一批，犹如鹰隼搏兔，劲矢一般地向黄桷小镇冲，我们的惊喊还没有出口，裂帛似的弹啸慑人心魄。敌机刚刚掠过我们头顶，轰然的弹爆巨响震耳欲聋，一阵狂风卷过，硝烟硫气火辣辣地扑人脸面。一时间天崩地裂，日月无光。地面的黄土纷纷揭起直冲云霄，附近小山坡上也中了炸弹，大小石块崩裂冲滚，势如万马奔腾，将许多校舍民房轰破压坍。哀号极喊的人声此起彼落，一座安谧的学府，一个宁静的小村，竟在转瞬之际变成了惨酷屠场，火海地狱。

到处都是燃烧倒塌的房屋，到处都是血肉模糊的受难者！人们盲目疯狂地跑来跑去，脸上布满惊骇欲绝的神情，复旦的校舍半毁，死伤人数盈百，名学人孙寒冰被巨石击中后脑，不幸惨死，这便是复旦大学的被炸，日本军阀惨无人道的屠杀行为。

我家的隔壁是复旦的医务室，不久，那些受伤的人，都被抬来救治，呻吟悲号之声，不断地传来。许多全身染满鲜血，骨肉支离破碎的伤患抬过来又抬过去。女佣同弟受刺激过甚，无法克制自己，她哀切地放声痛哭，凄厉的哭号也使我流下眼泪。我悲伤，我憎恨，我激动。倘若有一个日本兵出现在我的眼前，我会毫不迟疑地冲上去和他舍命相搏——当时的幸免者，人人都和我有着同样敌忾同仇的心情。

但是这种屠杀无辜的残暴行径仅只是开始，自从复旦被炸，日本军机一连串地向重庆市郊所有学校，展开了惨无人道的袭击。

道藩在城里，当然听到了消息，他担心我们的安全，着急万分，不顾一切地，在夜间九点多钟赶到北碚。这时开渡船的人已睡觉，无法渡江，他想尽方法找到了船夫，央求了半天，付了一笔很大的船资，才算答应摇他到黄桷镇。他急忙赶到我家，见我们安然无恙，才算放下了心。可是这时我家里正在乱成一团，因为端木恺家房屋塌毁，我把他们一家老小接来，暂时住在客室里。道藩到但荫孙家去过了一夜，第二天赶回重庆。我的惊魂犹未平复，情绪也显得分外恶劣，期待了一个多月的再相见，就在这种悲惨刺激的情形下过去了。

宗鉴：

前日目击惨炸经过，惊魂至今未定，汝来不特令吾感谢相爱之深，实予吾慌乱之心无限安慰也。临别因悲苦太甚，中心至不愿汝舍吾而去，一时无可理解，遂至有拂汝心，至今自恨自愧，固不敢乞谅于汝也。汝去后不久，友三与九姑来此，相对潸然，悲惨万状。晚间孙君入殓，伴彼等坐待至午夜始成礼，满堂哭声，怆人心腑，二十年来实未尝目睹惨境也。今晨十时余，警报又至，乃偕家人仍至昨日与汝并坐之处，但心境已大大不同。反顾四周，徒见汝之踪影，而汝之音容，固已不在吾之左右矣。

雪

50

就在我写上面那封信的同一天，五月二十九日，沙坪坝的重庆大学又遭轰炸，道藩惦念我父亲的安全，又急急忙忙地从重庆赶到沙坪坝，专程探望他老人家。

雪：

今天早晨正在为你写信，空袭警报又响，到下午五点才知道沙坪坝重庆大学等处被炸，我在六点半约旭庵吃过晚饭，立即赶到沙坪坝，拜见老伯。远远地望见老人家屋子里有灯，就已经知道他平安无事了。见面以后，看到老人正在作诗，他的安闲宁静，真是一般人所不能及。言谈中，老伯说他当敌机轰炸的时候，他曾到附近的一座防空壕去躲避。我只好委婉地劝他，以后最好还是进防空洞，比较安全，老伯的意思是嫌洞里的人太嘈杂，我看他还是不大肯入洞呢。我又向他报告了些在北碚见到你的情形，以及城里被炸的实况，便辞退出来了。

宗

他一接到了我的信，立刻写信来说：

雪：

上次分离前，你说的一些话，你没有任何要我原谅的理由，我们既如此相爱，一切皆应认为出之于爱，还有什么原谅不原谅可说呢？比方我每次去看你，结果到分离时总使你感觉苦痛，我心里也一样的苦痛。可是我这种为了爱你而使你苦痛，我又怎样向你求谅呢？反过来，我既这样爱你，我应该承受一切，如果你觉得骂了我打了我能使你减少苦痛的话，你尽管这样做。我可断定我对你的爱情，能使我甘心接受一切的。

宗

宗鉴：

天已渐热，不识君亦安健否？此次晤见，觉君憔悴殊甚，深望此后能将眠食调整，务须有一正常规，万不可如前之毫不经心也。吾自此间遭炸后，心神迄未安定，入夜尤感不宁，每觉死伤之人，历历在目，竟至不能睡眠。平素固以胆大自豪，今则不敢自信矣。此或亦系身心虚弱之故也。颇思暂离黄桷镇几时，无奈在此时期，又不愿与家人远离。若欲一并携去，更无从觅得住处，故终日惶惶然不知所计。日来得各方慰问甚多，须一一作复，亦颇忙碌。本月内拟努力将君之信札抄完，因恐过此，将无机会抄写矣。

雪

雪：

你想暂时离开黄桷镇，我十分赞成，现在我谨建议你几点：

一、你应该带儿女同行。

二、近来空袭既多，你不可住在城里。

三、你可以带儿女到南温泉小住，来的时候最好带些被单用具，因为我恐怕你嫌馆里的东西不干净。现在是六月初，你不妨在这儿住到月底，然后约好老伯一齐回黄桷镇。从北碚到重庆，最好是坐公共汽车，到重庆后和我同车赴南温泉。将来老伯回黄桷镇时，我再派车相送，可以减少疲劳。

四、你如果不愿到南温泉来，那就只有住到李田丹家里去了。

你究竟如何决定，请早些写信通知我为要！

宗

三天后，道藩又来信，告诉我说：

雪：

现在敌机实施滥炸，你易地休息的事，最好还是从缓。一来由北碚进城，难免在路上遇到空袭，再则南温泉所有的旅馆都住满了，一时无法找到空房间。我现在又替你想到两个办法：

一、稍候几天，希望可以直接到李田丹家，但是来时非我亲自送不可。

我乘车来接，你最好在清晨五点动身，或是晚间，甚至是夜里，免得路上遇险。清晨五点动身是最理想的了，因为八点多钟到重庆，一到就立刻渡江。

二、你马上叫坤生到北温泉，无论哪家旅馆，不管多大价钱（希望你千万不要省钱），租下两间房子，你就在北温泉休息。有两间房子，我来的时候也有地方住了。

——写完这封信以后，对于你找地方休息的事，又详加考虑，我想，你最好还是别离开黄桷镇太远。如果北碚能找到房子就好了。因为要去远处，必须乘车旅行，除了雨天敌机不会来袭以外，实在难免遭遇危险。你到底怎样决定，请早复我。

老伯在重大什么时候放暑假，通信时请你问明白了。假如你不离开北碚，我还要预计接送老伯到北碚的日期。

关于我自己的问题，你知道我并不怕死，当然我也绝不会寻死，我一向鄙视贪生怕死不负责任的人，所以我绝对不能示弱，反被别人鄙视。我如此爱你而偏不能断然处置一切，内心里早已痛苦万分，并且认为这是我生平最大的耻辱。假如现在我再不能为公众尽责，我扪心自问，还有什么脸来见你？同时，我若不能在这方面做人，那我岂不更辜负你的爱了吗？

宗

51

这一段时日，正是疯狂的日本军阀，倾巢来犯，连番猛烈轰炸我国后方都市，他们因为地面部队的攻势，被我国的英勇健儿所阻遏。北起潼关，南至三水，进退维谷，因此他们图作困兽之斗，日夜不休地施行空袭。自从复旦、中大、政大相继被炸以后，他们更进一步地展开史无前例的"疲劳轰炸"，一连七天，空袭迄无休止地进行，重庆一带，镇日警报不解除，害得市民们不眠不食，日以继夜地困处防空洞中。日军的毒计，是想藉此瘫痪我们的大后方，瓦解我们的战斗意志。因此，那几天是重庆最黑暗恐怖时期，但是中国人永远不会在暴刀之前屈服的，我们在无法抵御的情况下遭受轰炸，面临屠杀，我们的精神意志却越来越坚强。人炸死了掩埋好，房屋炸毁了重新建造起来，在那种生死俄顷的当儿，居然有人幽默地提出了"见机而作，入土为安"的口号，传诵遐迩，人人听了都发出会心的微笑，是的，这就是当时的实况写照。

我曾目睹黄桷树惨遭轰炸，亲见许多朋友学生以及老百姓无辜惨死，内心的悲愤臻于极点，精神上也不免受到重大的刺激，因此想易地休息。我把这一个意思透露给道藩，又使他在百忙中再添一件心事，他一再详细地为我策划，为我设想，然而迟疑，蹉跎再蹉跎，一直到六月底，我仍还不曾离开黄桷镇。

宗：

　　前天这里竟热到一百零三度（39.4℃），夜间我曾睡在客室的床上，虽然铺上凉席，可还是炽热如火，想像又多，所以更不易睡眠。偏偏这一双燕子，不知是在什么时候飞进房来的，憩在我的头边的画框上，竟在我床上遗矢。初时我还不知，适我偶一转侧，觉左臂上粘沾有物，将电筒一照，才发现此事。害得我起身抹除污秽，又将此一双小鸟驱至窗棂上休息，才算重又睡下。可是已经闹得半夜没有宁静。

　　　　　　　　　　　　　　　　　　　　　　　　　　　　雪

道藩因为我始终无法决定行止，心里着急，竟跑到黄桷树来。这一次我们很清静地欢聚了两天，他的来临，使我的心境趋向平静。爱，就有这么大的力量，仿佛在他强有力的保护之下，我什么都不怕了，什么都不想了。

当时，老朋友颜实甫先生担任了四川省立教育学院院长。复旦同事熊子容先生就任该院教务主任，熊先生坚邀我到那边去任教。

由于黄桷树被炸，我精神上所受的刺激太大，不能再在那里住下去，所以教院之事，倒是一个很好的机会。我和道藩商议，他也极力地掇促我去。于是我写了一封信给熊先生，答应他们的邀约，道藩自告奋勇要为我亲自送去，他想顺便看看磁器口的环境，是不是对我适宜。

他的信息很快地来到——

雪：

　　两天的欢聚，真是我生平最难得的幸福！

　　今日七点钟下山，八时左右到了教育学院，见到了熊先生，将你的信交给他，我请他先看信，然后再详谈。他起先以为你不肯应聘，脸上颇有怏怏之色，好像失望得很。我说："你还是先看信吧！"于是他把信拆开看了，我见他看过信后高兴万分。由此可知他们是十分盼望你到该院去服务的。

你将来所住的房子，是和实甫他们的房间在一起，由一幢大房子分隔成若干小幢，每一小幢各有前后门，跟邻居互不相犯，这对你倒是很方便，而且屋前屋后的院子里，都有树木，你一定会十分欢喜的。

宗

我既然已经决心接受四川教育学院的聘约，于是我向复旦也提出了辞呈，同时，在此以前，我因为继续编委会的工作，精神体力俱感不支，早已决心辞去那方面的兼职。我曾亲自将辞呈递交赖主任，他再三慰留，我坚持不肯，他只好请我等到许主任委员回来的时候再说。

宗：

前天在警报声中，大雨倾盆，雷电交作，防空洞内，一时欢声雷动，既喜敌机可遭打击，复庆农田得沐甘霖。我未待警报解除，便即返家，因雨大水急，道途悉成池沼，浮游而归，上下无不透湿，几天燥热，被冲洗尽净，真快事也！昨天曾过河到编委会，许公闻声而至，告以辞职尚未邀准，仍着慰留，然又闻六月份，会中只发我半月薪金，是已明明承认我已去职，又何必多有慰留之一举，殊可笑也。

雪

52

道藩在城里的办公室被炸了，他幸获安全。我读了他寄给我的短笺，我真佩服他的安详镇静，而且，更对他那么样的一往情深，为之感动——

雪：

想不到在灰烬砖瓦堆里，还找出了这种信纸来写信给你，这使你看了或许更顺眼些……今晚八时就散会了，我曾到城里街上转了一转，想给丽丽买皮球，因为没有电灯，商店大半不开门，居然没有买成功。不过却在无意之中看到一本邵可侣编的《大学初级法文》，我立刻给你买下了，也许能有助于你的教课呢！

宗

雪：

　　阅报，知道重大、中大又被炸，重大损失惨重，并说宿舍已毁，我真为老伯担心。原想吃过饭便赶去探视，不料十二点钟警报又来，而我下午四点还要开会，恐怕解除警报时来不及赶回，只好叫车夫去叩谒老伯。五点半车夫回来了，他说老伯所住的宿舍，只受了点儿震动，除了瓦皮略有破裂，并无丝毫损失。车夫代我问老伯愿到黄桷树否，老伯仍说不必，问老人家需要什么东西，也说不要。我既已得到老伯平安的消息，特地写信转告你，免得你多挂念。

　　算来已经和你分别六天了，这六天以来，无时无刻不在想念你，心中万分苦闷，好像有所失似的。我自己也莫名其妙，推其原因，大概就是因为想着此后我是不容易和你多欢聚。唉！现在已经如此，真到那一天，我又将怎样呢？雪，我不相信此生此世还能离开你，但我又何能永久保有你？你想想，有这些问题整日盘据在我脑中，我又怎能快乐呢？

宗

　　这时候，我已经决定带伯阳丽丽到凉风垭，在李田丹夫妇家暂住。凉风垭在南山背后的山上，犹如更上一层楼。古木参天，翠黛蓊郁。以营营扰扰的人世，和烽火连天的战场相比，这里无疑是人间仙境，世外桃源。尤其难能可贵的是，这里不愧为大重庆的避暑胜地，整日山风习习，披枝拂叶，不但白天不致挥汗，夜晚都还得盖被窝睡觉呢！

　　到凉风垭，也是道藩亲自驱车相送，直到山口，汽车开不进去的地方，他才怅然而返。

雪：

　　别后已经三天，当时没有送你到水井湾，回南温泉后，始终不能释然于怀。以你那么能干的人，而且事实上也绝不会有什么意外的事情发生，但是我仍还这样惦念不置，连我自己也不知道是什么缘故！

宗

53

在凉风垭，优美的景色，清新的风物，以及主人待客的殷勤，使我觉得分外的欢愉——

宗鉴：

　　别后四日，无时不在想念中，回忆竹林掩藏，黄桷深居，温馨熨帖之情，不特无以去怀，抑且终身将引为快慰也。昨早曾偕中大数友人乘骑至汪家花园游览，得识金焰王人美夫妇，并在其家午餐。二人均诚挚大方，略无摩登习气，至难能可贵也。昨日天气颇为炎热，返家时因乘骑已无，只好步行于烈日下，径程十数里，为时一时半，翻山五六岭，迨及抵家，已汗透层衣，筋疲力尽。晚饭后，八时余即就寝，幸赖一夜安眠，今日已恢复疲劳。惟因不惯坐骑，遂至擦伤皮肉，不良于起坐，亦自讨苦吃也。

雪

八月中旬，道藩回到了他的家，歌乐山上——

雪：

　　星期六及星期天我留在山上休息，表面上我是在那里休息，实际上我的心思时时刻刻在数十里外，远对着我那山上的一个可爱的人儿身上。这都是因为我把地理弄得太熟了，在那万里无云的晴空之下，我认清楚了哪个是南山，哪个是文凤山，哪个又是后面凉风垭，因此我虽然得到比较凉爽的天气，却是连夜不得好睡。我又想着，不久你到了新的工作地点（教院），我若回山，你说更近我了，而我却不容易，不方便去看你，到那时候不知道我怎样能忍受。因此我很悔，我不该赞成你到那里去工作，我曾向你说过，为了不自私，要逞英雄，所以赞成你去，现在自己又懊悔了，反正一切总是这样矛盾的。

宗

歌乐山与凉风垭，南北对峙，恰好将浮图关下的重庆丘陵地带，和蜿蜒会合的扬子嘉陵两江，夹在中央。晴朗的天气，隐约可以互见云烟缭绕的山巅。道藩说得不错，他在数十里外，是可以看到凉风垭的，但是，我们又怎能眺望到远方的人影呢。他的信，引起了我深切的感慨和叹息，像我们这样两个经常不能快乐的人，一段永远陷于绝望的恋情，始终只有苦苦的思念和互寄情怀的缘分。这是多么的可悲啊！

道藩已经在念着我搬到教育学院时的情形了，他的幻想实在太多。教育学院设在磁器口，磁器口就在歌乐山下，一条崎岖的山路蜿蜒而上。在我的住处，抬头举目，便可看见歌乐山屹立在那里，而道藩在山上，也可以俯瞰磁器口的全景。

漫长的暑假终于结束了，李田丹夫妇殷殷地送我下山，一步一留连，一步一珍重，他们已经归化了中国，没有亲人，早就把我视为唯一的密友。和他们订交将近十年，只有这一次盘桓最久，临别的依依难舍，可以想见。

道藩的座车在公路尽头等候我，他亲自相送，穿越大重庆，直驶磁器口。

我的新宿舍，和道藩所描写的大致差不多，我与颜实甫院长比邻，占据了两间等于独立成幢的屋子，自有前后门，我对我的新居还算满意。

到校第三天我进了一趟城，买点应用的东西，并且希望见道藩一面，可惜的是，我们又相左了，他紧接着追来一封满纸惆怅的信：

雪：

　　昨天没有遇见你，非常的失望！我们虽然只有四天不相见，我觉得好像已经很久。上星期六中午你下车以后，我驱车入城，当时心里的空虚，也正和车里的空虚一样，只有你手里拿的桂花所留下的一点余香，使我仿佛陶醉。

　　我希望明后天总可以得你一封信，万一没有，我希望你不是因为和朋友快谈而把我忘了，你要是那样，小心我和你算账！

宗

教育学院颜实甫院长是我留法时期的老朋友，他一生自奉俭约，治学极勤，学识的渊博，在朋友中确属罕见。我在教院任教初期，他还没有结婚，一向在我家里附搭伙食。他极健谈，而且谈吐极为风趣，加上我自己也是一个好聊天的人，因此他很喜欢到我家来闲聊，古今中外，天南地北，几乎无所不谈。一般同事如熊子容先生等，也常来参加我们的座谈阵容，于是我家便一天天地热闹起来，经常都是高朋满座，笑语时闻。道藩因为自己不能常和我相见，所以对于能随时接近我的人，发生了羡妒，他不止一次地在信中提到。

阵阵秋风吹过，满院落叶飘扬，转瞬之间，又是天上月圆，人间中秋，不知怎的，我们对这一个节日偏有过分的敏感！

雪：

车到歌乐山，天都快黑了，即使赶到城里，也没法渡江回南温泉，只好耽在家里。晚间坐在门口，极目探望你的住处，中心闷闷，一语不发。大概在八时半，家里人拿出月饼糖果，我一块也没吃！有什么吃头呢？我想，我既然不能和你一同赏月，一同尝月饼，我宁愿这么不吃月饼过节吧！

宗

读完信，我不禁好笑起来，爱情真可以使人恢复青春，道藩竟越来越孩子气了。

54

雪：

杰要你到成都去，所任职务是什么？地位如何？做些什么事？是暂时还是长久？既说训练班是令教育学院主办，然则你去是否以院中人员的地位，到成都去参加工作？对于这些我都不清楚，所以我不知向你如何贡献意见。总而言之，为了私情，当然我不愿意你长期地很远地离开我，但为了你的前程，为了你在社会上的地位和服务的经验，为了使你身心得到愉快，我没有理由更不应该自私地不赞成你离开我。这是我心里矛盾的见解，因为上次自己赞成你离开北碚，近来时时刻刻怀着矛盾的心情在懊悔，所以我对于你这次问我意见，我不愿意再表示了。这并非客气或者滑头，我的意思是让你自己去决定，你要去你就去，你去了，我心里难受时，便不至于因为痛悔我自己赞成你去而更加痛苦。你若不去，也由你自己做主，免得我时时刻刻觉得我阻止了你。这话好像我对于你的事不关心，不愿替你做主似的，其实不然，我要有勇气，有可能一切为你做主，那我便是世界上无上幸福的人，我何乐而不为？但是我很惭愧，我既无此能力和勇气，我又怕心中矛盾的苦痛，所以只好如此。你那里既然无法清静地畅谈，我只好听你的话，暂时不去看你，但是我对随时能和你谈天的人，不止是美妒而且是痛恨。我有气，每天有很多的无名气，向任何人都在发泄。我想我此后的性格一定会更乖张，否则也不会决心不吸纸烟。我如何能向你发脾气，我说不能非无此想，只是一见了你，一切恶气都消了，还能发吗？万一有一天向你发气，那就完了。

宗

又得归咎于我那封信写得太简略，没有来得及告诉他详情。子杰当时在成都，担任四川省教育厅长，教育厅在成都办了一个民众教育馆服务人员训练班，和一个图书馆管理人员训练班，这两个训练班都将在年底和下年初先后结业。由于在名义上是归四川省立教育学院主办，而我除了担任教院法文教授外，还兼了图书馆主任，因此子杰来信约我去主持训练班的结业典礼，同时，也趁此机会一游锦官古城，和他们两夫妇聚晤几天。道藩接到我语焉不详的信，竟以为我是要调职到成都去了。

雪：

我们已经四十天没有好好地见一面，和清静地谈一句话，我已感到无法忍耐，时觉彷徨和苦闷。九日晚间满以为可以和你快谈片刻，谁知到得门外，已知里面有许多客人，欲即转身回去，但未与你一面实不甘心，故仍敲门入内，勉强谈笑一个多钟头，其实热泪正在往里面流着，叫我怎能耽得下去，只好起身走了。

宗

宗：

今天接到你的信，读后心中难过极了。我们互相过着这样愁惨的生活，真太苦了。你这样的消极，益发减少我生存的勇气，因为我的生命已完全维系在你的身上，你既这样绝望，我还有什么可希望的呢？数周以来，这种晤面而不能罄积愫的情形，真比不见面还苦，但是有什么办法，还不是要忍耐下去吗？依我平素的个性，可以说是决不愿意这样不生不死拖着的，可惜因为岁数的增加，对于人生多了一点经验，所以顾虑就多了！勇气也差了！毕竟我们也是斯世之人，又怎能超凡脱俗呢？家君生辰本系下月四号，现拟提前一日举行，因三号是星期天，为来客似乎方便些。我希望你这一天能来。倘使你二号进城，当晚就可以在我处休息，翌日中午一同到沙坪坝吃饭，不知你愿不愿意这样做？

雪

55

十一月四日是父亲七十寿诞，照老人家的意思，国难时期，一切从简，只要大小团聚，吃一碗面也就罢了。但是父亲一生尽瘁教育事业，先后历时四十多年，受业的学生很多，大家发起为他祝寿，弄得父亲和我都深感却之不恭，受之有愧，于是再三商议之下，才以最简单的方式，于三日午在沙坪坝一家饭馆请了几桌酒，觥筹交错，宾主尽欢而散！晚间，又承重庆大学方面的同事友好，设宴请父亲，我当然也在座奉陪。

那一天晚上，我的心情却竟凄凉落寞，盛宴以后，一个人步行回到磁器口。途中忽然疾风迅雷，使我在惊悸之余，益发感到隐隐中似有不祥之兆。

> 宗：
>
> 　　家父寿辰，承颁厚贶，万不敢当。且吾亦无辞可以禀告老人，不得已，而由邮局汇还。幸君谅吾苦衷，纳回成命，庶几爱吾更深矣。
>
> 　　别后，无限忧愁，戚然难耐，然犹不得不强作欢笑，以娱老人。昨日晚间在沙坪坝宴集既竟，为时已晏，独自踽踽返寓，备极凄凉。复值天时骤变，雷电交作，益予我以前途之启示，亦正如风暴之将临也。非不知君情似海，然正因如此，遂令吾取舍益难。一念及君或终将弃我如遗，此心即宛若刀绞。凡此本不欲为君告诉，无奈执笔复不能自已，自惭无以慰君，及又重伤君心也。今日气候骤寒，已如冬令，维君即时添衣，为我珍重。
>
> 　　　　　　　　　　　　　　　　　　　　　　　　　　　　　　　雪

道藩接到了我这一封信，随而便用最快的速度，赶到磁器口来和我相见，他竭尽可能地抚慰我劝解我，希望我宽弛心情，将一切愁绪苦思，尽量导向未来的光明展望。我感激他的深情，但是我知道这郁悒是不容易化解的，我在他离去以后，才写信告诉他，我这次忧伤的由来：

> 宗鉴：
>
> 　　昨日老人复以海外来人书见示，引起我无限愁恨，两重孽缘，无法了

结，不识前生造下几许罪恶，以至今世受无穷之苦也！

雪

我正在彷徨无计，幸好成都之旅时间已定，最低限度，可以容我排解愁闷，暂时丢开一切。

教育学院给我订好了飞机票，我被通知将于十二月三十日清晨自白市驿机场起飞，直赴成都。

宗：

现定三十日晨七时飞行，你明天若来城，或犹有晤面机会。你不在此，我颇感彷徨失依，到了成都，还不知是什么情绪呢！一年容易过，又是岁末朝春，我不能和你共度新岁，只有祝你身体健康，事业进展，并祝我们的爱"永久不移"。我自己对于新岁的最大愿望是能中头奖，你或者要笑我太俗，但这是维持我们相爱的很重大条件，所以你也应该祷祝我能够达此愿望。

雪

战时，连短程的航空旅行都有那么多的困难，三十日，我竟未能成行——

56

宗：

屈指和你分别已有八天了，在行前我多么盼望再见你一面，可是终于没有达到愿望。当时我所乘的飞机起飞的时候，我怀着离别的心情，俯首下望，默念你也许正在这时到达重庆，而我竟离你远去了！二十七号那天，当我得到了飞机票，曾立刻作一书送至会府，为的是你若进城，得着信就知道我还没有动身，可以到文艺社来看我，哪知等了两天，毫无消息。三十日一早，我五点钟起床，六点钟出门，到飞机场时，天还没有大亮，哪知一直等到九点多钟，飞机才来。不幸又因为雾，在上空盘旋半点多钟，不敢降落，而警报忽至，飞机也就飞走了。待到下午二时，警报解除，飞机于三时降落重庆，惟因当晚还须赶回昆明，所以不能再飞成都，至于翌晨是否有机开行，尚不可知，须乘客自赴川盐银行询问。我无可奈何，只好仍回文艺社。

但当时虽极懊恼,心中却起了另一种希望,以为因此也许可以再见你一面,所以在去川盐之先,又到会府去探望你一次,知道你仍未入城,只好留一字条,想此刻你一定见到了。三十一日清晨,八点半钟,王临乙伴我到了机场,不久飞机来到,半小时后居然开行了,十点一刻便到了成都。当时有子杰派来的汽车,在机场迎接,遂于十一时抵达郭公馆。坐谈之下,知道民众教育馆服务人员训练班,即于是日下午四时举行结业典礼,所以,饭后即由子杰伴往参加,并在该处聚餐。晚间有杨云慧等所组织之文艺剧社上演你所改编的《狄四娘》,系杨导演,刘开渠夫人任主角,我自然应该去捧场。在观剧的时候,我真说不出我的心情是愁是喜,因为我不但时时刻刻想念着你,并且觉得剧中有许多对话,仿佛是你在说给我听,你教我怎样会无动于衷呢?剧散回家,已经十一点多钟,睡到床上胡思乱想,久不成眠。想着你此时此刻,未必会想到我,一时心灰意冷,觉得世界之大,我已茫无所依了!

以上为我结束一九四零年最后几天的情形,特拉杂报告与你。今天是一九四一年开始的第一天,我首先祷祝的是国家抗战胜利,其次是祝我们的爱情永不衰退,我想你一定也和我有同样的愿望的。今天饭后,子杰夫妇曾伴我到离此数十里的一个小城崞县去玩,看了几个庙宇,极其伟大壮严,茂林修竹,可惜都住满了军队,就失却了肃穆清幽的境界了。明天预备去灌县,我还想到青城一游,不过听说到青城必须住夜,颇不方便,所以还未十分决定。据说图书馆人员训练班要到九号才能结束,我自然要等到它结束后才会离开此地,至于回来时究竟乘车乘机,此刻还不能定,等决定后再告诉你吧,希望你不至于为了避嫌疑,而不写信给我。

祝你新年百福!

雪

就在我飞抵成都的那一天,道藩为我写信:

雪:

今天是一九四零年除夕,此刻是晚上八点半,学生和同事都在参加游艺会、看话剧,只有我独坐房中,为你写今年度的最后一封信。

我不能和你共欢乐,度此良宵,心里真有无限的憾恨!我想你现在如果已经到达了成都,那么你可能正和朋友们其乐融融,怎么还有时间给我写信呢?说不定,连想念我一下的时间也没有呢!

写到这儿，我对于在成都的那些朋友，真是羡妒之至，因此，我更觉得自己在成都未免可怜！假如你真能为我所占有，我或许会禁止你和任何人往来，因为我每次起了妒念就痛苦万分！你可能笑我太痴太傻，有时我自己也责备我不该对你有这想法，但是我的心意总归如此，我实在是控制不了我自己啊！

昨天接到老伯的手教，附有一首诗，大概你还没有读过，特地抄在下面：

曲江风度举朝无，折节论交到野夫。

烟叶珍逾金佛草，砚池滑似玉儿肤。

薜萝门径频回驾，曲蘖精华备蓺炉。

高咏缁衣好贤句，尚有古调在巴歈！

你读了这首诗以后，也应该承认我实在不配受到这样的夸奖，但是我由这首诗，正可以自知我还并不见弃于老人，你会为我高兴吗？

宗

除夕的信刚到成都，元旦发笔一函接踵又来：

雪：

去年元旦发笔，是写信给你，今年还是写信给你。过去一年，总算上天默佑，使我们得到平安。自问对于职务，没有未尽之责，在那样物价高涨，生活大受威胁之下，自己还能够保持素来廉洁之身。今年但愿我们的亲长以及我所敬爱的人们，个个获得安全，我们的国家，获得抗战的胜利，我们神圣纯洁的爱日益增进！

宗

57

雪：

十日不相见，这十日真好像十年一样的长！你或者以为我由于避嫌不写信给你，其实此刻还有什么能够阻止我呢？你在渝时所留给我的信，直到元旦下午二时才收到。我二时半在文艺社问过后，方知你确已于三十一日成行，我就赶回山上去看珊的病，到后见她热度已退，危险期过了，我才安静一点。但是你的倩影立刻又现于脑际！二日中饭后，赶到教部开会，直到晚十时方回李宅。你元旦午夜那封信我收到了，读了以后非常高兴，因为我知道你很想念我，且有好几件事与我所见的完全相同，这一点你可以在我元旦发笔的信中看出。不过当你除夕回寓，久不成眠怀念我的时候，你以为我未必想念你，那你就错了！你看我除夕给你的信不就是证明吗？这该不用我再说了吧！天知道我这样爱你，我已经把我的一切都献给了你，你居然以为我未必想念你，这实在太过分了！我只求爱神的公平裁判，假若它判错了，你应该补偿你疑我的过失！

这几天虽然忙乱，仍无时不想念你，我只望你快快回来，并且希望飞机行期定了，就先写信通知我，我或能设法赶到城里去接你，然后送你回家。我们这样的分离，已感觉苦恼彷徨，万一将来因为工作关系不得不远离时，不知道更要苦到什么程度呢！

宗

在成都玩得十分欢畅，一转眼，整整十二天过去了。

宗：

我又有十天没有给你写信了，你是不是在那里想我玩得高兴把你忘掉了？是不是你还在妒恨着和我接触的人？要是这样，那就该派我的不是了。我所以不能给你多写信的原因，是白天经常出门，就算在家也没有清静的地方可以写信；夜间往往伴杰等到十一二时，回到卧室，既没有火，天又寒冷，脚上的冻疮已经红肿得难受，所以就不敢再夜坐，只好睡觉了。但是时时刻刻都想着你一定在盼望我的信，心中实在不安得很。

我来到成都今天已是十三天了，承子杰兄嫂殷勤招待，天天伴游名胜古迹，到现在可说都已游玩遍了。此间的两个训练班，已先后结束，我的任务也算完毕了，所以这几天正在打算回重庆。可是听说十六号以前是无法购到飞机票的，幸好今天见到谢树英，他现任资源委员会的铜业管理处处长，他们每周都有大车开重庆，要是我愿意，可以乘坐，我高兴极了。我的外甥康民，他最近已在中央军校毕业，现在被分到贵州独山炮兵团去服务，所以我要把他带回重庆，沿途有他伴送，我可得照料，否则你一定又要不放心了。我大致十七八号可以到达重庆，因为既是坐车，我就决定在小龙坎下车，径回磁器口了。你说要到重庆来接我，并且送我回家，这样就无需了，但是我深切地盼望我回家后，就能见到你，我想你一定会抽暇来探视我的。我动身的日子定了以后，也许会打电报给你，那么你便可以确定我哪一天到家了。我在此碰到你的小妹妹和他的丈夫林先生。不知什么缘故，我和他们招呼过以后，竟不敢多和他们说话。我想他们决计梦想不到他们的大哥竟和我结下了不解之缘，要是知道了，也许他们会更注意我，或者恨我呢。

雪

雪：

你说你会见了我的妹妹，有一种特别感觉，没有和她多谈，但是你知道我见了你的亲人，却不是如此的。比方我会见了老伯，我只觉得特别的亲切，我恨不得大胆地告诉他，我是真正的唯一的爱他女儿的人。我虽然没有幸运做他的女婿，但是我对他的亲近，早已超过他真正的女婿了。我也常常想，他要有了我这样一个女婿，他会觉得怎样？上一次为你进行的事，没有成功，我自己非常的失望，因为我当时心里怀着一种始终不告诉你的意见，那就是假若这件事成功了，也许可以使老伯高兴，因为他的儿子虽然死了，他的这个女儿，也可以将他所期望于儿子的一部分成功，贡献给他。关于这一点，也许连你也想不到我会有这样的想法。前天接他来信，说诗稿已抄好，要我作序，叫我何以敢当？但老人之命又何不遵从？我打算本星期内入城时，不管你回来与否，我要去看看老人和孩子们，顺便将稿取来，进行印刷。就是你没有回来，我仍到那里去看看，心里也会得着安慰的。

宗

58

父亲六十岁以前所作的诗词，曾经辑印《理斋六十以前诗词》行世，传诵颇广，从一九三零年到一九四零年，他老人家又成了两个集子，计《欠死集》存诗一百二十一首，《西南游草》一百二十三首。当他七旬寿诞前后，各方友好和他的学生，都希望他能把这二百多首诗词编印成集，以广流传。道藩对于这件事情非常尽心尽力，亲任筹印校对之职，前后花了好几个月的工夫，才在印刷条件相当困难的大后方，出版了父亲的《理斋近十年诗词》。书成之日，老人家得到很大的安慰，而我对于他的一片诚心，更有无限的感激。——道藩说得不错，"我虽然没有幸运做他的女婿，但是我对他的亲近，早已超过他真正的女婿了！"

我在成都住了大半个月，原以为十七八号可以搭乘资源委员会的便车返渝，可是临行之前得到通知，大车驶渝展缓一星期，使我觉得懊恼万分。但是子杰夫妇却很高兴，他们坚持要我在成都过了春节再回渝。我闻言虽然感激他们的盛意，但是在重庆公私两方面都叫我不能再多事逗留。尤其是道藩，他等候我的归去，已经等得很着急了。

> 雪：
>
> 　　三四天来日日盼望着你的电报，竟无消息，不知你已否动身返渝，还是要在蓉度旧岁呢？究竟是乘车或是乘飞机回来？总之每天念你千万遍，只觉丝毫无法捉摸！人家苦留你固出于善意，又何能想到你不愿留，更何能想到遭我的妒恨呢？这一次的分离，虽然为时尚不及一月，使我无端的怅惘，异常的苦闷，原因就是由于我们七八个月以来很少会相隔一个月不见面的，有了这一次离别的经验，使我更感到无法离开你！我这一向虽然没有做什么特别的事，但总觉得忙乱不堪，尤其觉得空洞！最大原因，就是你离开我太远了，使我觉得没有你在，没有你的安慰，好像一切忙乱都是空的！
>
> 　　当我上次寄第二号信给你的时候，因为还没有接到你二三号的信，心里无端地起疑，深恐第一次的信有遗误，或为人窃藏，所以第二号信是那样的轻描淡写，你或者已能会意，否则又要责备我了。我现在不知有几大车子话想对你说，但是我若果安心写下去，今晚又会不能睡的，只好留着面谈。你如果真是要过了旧年才回来，那么我们见面之期，至少还有一星期，我真不知道怎样过这如年之日！最苦的是我此刻不敢将信寄你，寄去时你若走了，怕会遗失，因此你也要有很久得不到我的信，这可能会使你发急，但是我并无别的办法，只好让你发急了！
>
> 宗

一月二十四日，我总算顺利起程，贯穿过川中盆地，回到重庆，已经是腊鼓频催的岁暮时分了。

将父亲和孩子们接回磁器口教育学院宿舍，我们过了一个平安快乐的旧年。

年前年后，道藩赶来探看我们的次数增多，我渐渐发现，他的亲切与诚恳，已经得到所应获的亲情补偿。父亲、孩子，甚至佣人，一致对他表示热烈欢迎，局促与不安迅速地消逝，他仿佛已经成为我们家里的一分子。对于这一种显著的改变，我承认是我和他相恋以后，所获得的最大喜悦！再也没有比这更令人高兴的事了。

过了旧年，很快的又是开学的时候，父亲仍回重大宿舍，把伯阳送入南开，回到家，寂寞无聊，便为道藩作书。

宗：

你走以后，我忙着为儿子整理入学行装，不久就吃饭。饭后，由佣人背着铺盖箱子，一行三人，步行至南开，便开始缴费报到领证书等，跑了不少路。在那里碰见了劳君展，她一见我便说："你怎么愈过愈年轻了呢？"我只好笑笑，心想其实是她老得太快了。从南开出来，经过沙坪坝，买了些零星物事，忽又碰到了周梅生和魏壁，我已有近十年没见过魏小姐了，她虽然还是从前的样子，可是面上却添了许多皱纹，看去似乎比劳小姐更老些。我见到她就立刻想起你，想到你们从前的一段历史，假如她现在知道你我的关系，你说她会作何感想？她是嫉妒我呢？或是羡慕我得着她没有得到的可爱的人呢？据说她从去年十月起，就住在沙坪坝，你大概是不知道吧。回家已是五点钟，独坐一室，至感空虚，想到一天送走两个亲切的人，心中不免难受，无可告诉，就爱笔给你写了这些。

至今还爱你的雪

雪：

你遇到了十几年没见面的朋友，她们都觉得你越过越年轻。这绝不是敷衍话，因为你比起若干人来的确是如此。我年来除了我的雪外，任何人我都不关心，谁又去管谁住哪里？至于她有何感想，我自然无法断定，但恐怕是嫉妒的多吧！这种嫉妒当然是由羡慕而来，否则便是无理由了。

我近来一切心思都被我的雪占领了！她还有什么不满足吗？为什么说"至今还爱你的"？难道心里在打算不爱我吗？下次见面再算账好了。

宗

在重庆和道藩见了一次面，回到磁器口以后，总觉得惆怅与感伤。

宗：

别后谅必安适，气候逐渐和暖，此间之桃花已怒放，林鸟鸣声婉转，晨夕不辍，自然天趣，固未尝稍稍变易，无奈世事倥偬，忘怀不易，春光虽好，难解愁思。家君复感不适，于昨日来此，盖因在校赶看考卷二百册，遂受风着凉，呕吐一次，胃纳大减。老人服务之精神固令人钦佩，然不自珍重如此，要亦不该也。

雪

雪：

我有时想，我尽管这样爱（我不能比过去几年来再爱你了，我不相信任何人爱一个女人会比我爱你更深），我实在是害了你，因为我若死了，没有像我这样爱你的人来爱你，那你不是就苦了吗？你说是不是？

你知道宗今天的一切精神心思都交给了你，他早已成了你的奴隶（虽然你从未愿意他这样），他现在只时刻想着如何更能多贡献他的一切给你，如何可以使你成为他理想的伟大女子，更如何使你建筑起你所向往的"宗荫庐"，到那时候你的一切都是他的，他的一切也都是你的了！唉！希望上天让我们得到那样的一天吧！

宗

我曾向他说过，我已把我的居室命名为"宗荫室"，用意就是在纪念我们这一段永远都在奋斗挣扎的爱情。宗，是他专为我而用的名字，"宗荫"，表示我愿恒久在他的荫庇之下，我要他用坚强的意志，予我以我所需要的保护。我还请吴稚晖先生为我篆了一帧"宗荫室"横额。

59

宗：

前天早晨我决定去凉风垭，所以九点半钟就乘车到了重庆，在文艺社会看了斯百夫妇，就一同去看女子书画展。到了那里，遇见了许多熟人，拉着谈天吃饭，就把去南岸的时间耽搁了。下午参观大千画展，颇为满意，究竟他是科班出身，功夫老到。在画展里遇到孙军师，又邀往对面茶社坐了一小时，晚饭是在一心吃的，住夜是在天主堂街山城别墅同张茜英连榻。在城里两天，屡次想到会府去探望你，但终于自己克制住了，怕徒扰你的心神。你又怎么会想到前天晚上，我是在离你很近的地方住着呢？唉！你不知道也好，免得又弄得你清梦难安。昨天同吕夫人和张小姐在马路上闲逛了半天，在冠生园吃了饭，回到旅馆，坐谈一回，于四点半偕同吕夫人到七星岗乘车。幸好只等了半小点钟，就上车，还得着座位，到家已是六点。读了你的信，心中非常难受，懊悔着在重庆为什么不去看你？昨晚上本来想写信给你，没有能够做到，一则是在城内睡得不好，又奔跑了两天，疲倦万分。二则是读了你的信心中懊恼忧虑，无法宁静，勉强吃了一碗饭之后，就睡下了。可是又怎样睡得着？总是丢不开你，自己也莫名其妙，究竟我们这样爱恋着是什么缘故？你总说你虽然这样爱我，其实是害我，我也不知道究竟是你害我，还是我害了你？不过我总觉得倘使你此刻心上没有我这个人，至少你不会有这许多痛苦。至于我就不同了，假如我这几年以来，没有你的爱把我维持住了，说不定我早已经消沉或是死了。所以我之还有今日，可以说完全是你造成的，你还说什么害了我的话呢？我曾想我们都是理智很清楚的人，所以不但你明了无法打破已有的环境，就是我也抱了"己所不欲，勿施于人"的原则，不愿破坏你的一切。可是我们的周围，已是危机四伏，将来是否能不出乱子，可以说毫无把握！外界的逼迫固然可怕，就是自身的情感也大可忧虑，因为我们每到精神或身体不好的时候，就会觉得格外需要相互爱的安慰，倘使一朝连这一点安慰都找不到的时候，那又怎么办呢？万一无法克制，岂不就要出事吗？你是说"我们是人而不是神"，那么哪里会有超人的勇气来解决这事呢？有时候我是怎样地痛恨我自己做这种暧昧的勾当，甚至还觉得可耻，所以也未尝不想逼着你来一个总解决，可是这也同样地需要一种超人的勇气，我既是人，又怎样会做得出来呢？唉！说来说去，还不是只好由它往下拖，人就是这样无志气，又有什么办法呢？

你的身体既不大好，就应该丢开一切的事，静养几天，为什么还是这样奔忙呢？我恨不能把你关锁起来。明天是植树节，此地当有一番热闹，农林会议也就在明天开幕，要到十八号完毕。从昨天起，他们的办事人员几十个已在此间开始办公，把图书馆的房子几乎占去一半，所有的教室，也陈列起图样和农作物出品等，弄得上课都成问题，真可说是"喧宾夺主"了。我个人恐怕得应酬几天，比方今日刘伯量就在此吃中饭，此外熟人一定还不少，免不了要尽点地主之谊。

雪

农林会议假教育学院举行，使我忙碌紧张了八九天，本来这个会议和我丝毫无关，但是来出席会议的人，有很多是熟识的朋友，免不了餐宴茶叙。颜院长是名副其实的"地主"，他还没有成家，本身就是两肩担一口座上客，兼以我的佣人烹饪功夫很有点儿名气，于是我家又成光禄寺，款待住宾，经常是借用我的地方，所以在这一段时间，整天人来客往，络绎不绝，我家里便呈现着空前未有的热闹。

唯一美中不足的是我和道藩一直都不曾见过面。

雪：

　　近来心神不宁，固然是由于身体不舒服，但是同时仿佛觉得有大病或大祸临头，连自己也不知道究竟是什么缘故。在没有得到你的安慰之前，恐怕我是无法宁静的。你那边既然要到十八日才开完会，那么在这儿以前我就不作去看你的打算了！我想二十日进城，当晚到你那边来。

　　二十六日是你的生日，虽然在中央全会时期，我仍希望当天能够亲来为你祝寿。几个星期以来，都在盘算为你买纪念品，可是直到现在还没有想出究竟买什么东西。自问对于任何事都不太蠢，唯独对这种事常感困扰，你说奇怪不奇怪？

宗

<h1 align="center">60</h1>

父亲被接回重大去了，农林会议如期宣告闭幕，家里由繁喧重归于平淡，一下子变得清清静静的，回忆以往七八天的满座春风，我不免又有点悒闷。接到道藩的来信，才知道我的生日又快到了，他镇日在苦苦思索，依旧是若干年来老问题，他不知道应该送我什么礼物是好。于是我写信给他，劝他不要为这种小事烦心。

宗：

　　你说我二十六号过生日，我自己倒没有想到，读了你的信，我才翻开看日历，你又何苦为这种无关紧要的事去给我东西，何必一定在这时呢？在我只希望你那天没有重要的事把你纠缠住，能到此地来和我叙叙，那就比送什么礼物都好，你想这世界上还有什么东西会教我比看见你还喜欢呢？倘使你真爱我，你就该听我的话，不要再自寻烦恼。

雪

我说的是真心话，能和道藩见面，我就高兴，何苦为些礼物的小事煞费心思？我以为我们之间已不用计较这些细微末节了，何况他应该了解我的性格，我对种种世俗的虚套从不感兴趣，我所需要的仅只是他给予我心灵的抚慰。

一九四一年的生日过得令我称心惬意，为了一切的安排都很简单，道藩送了我许多花。三五好友，吃碗面，泡杯茶，悠闲地谈天说地，直到夜晚，他才和朋友们驱车离去。

三月三十一号那天，我到了重庆，住在中国文艺社，恰好徐仲年也在那里，还有张茜英、陈晓南、华林一班朋友谈天谈得很高兴，不知怎么忽然谈到悲鸿在桂林片面登报和我离婚的那件往事，仲年突然兴冲冲地说：

"明天是西俗的愚人节，我想开个玩笑，替你和悲鸿登广告，说你们订于四月一日在重庆结婚！"

在座的听了都觉得十分有趣，乱哄哄地一片拥护赞成之声，我说这种玩笑开不得，但是却不过大家一再的怂恿撺掇。徐仲年果然拟稿子掏出广告费来，这时我也拟好了一份否认的稿子，要求在二号登出来。

大家拍手叫好，事情仿佛就这么半真半假地决定了。于是陈晓南自告奋勇地到《中央日报》去登广告。

四月一日那天的《中央日报》，就登出了徐悲鸿蒋碧微的结婚启事，像煞有介事的用特号字在第一版，广告上说，介绍人是吴稚晖和张道藩。

道藩当天就十分火急地写信给我。

雪：

今天《中央日报》上的广告，引起许多人的误会和评论，凡是知道我和你相熟的，都纷纷地来向我探问详情，我只好说今天是西俗的愚人节，这一定是爱开玩笑的人所耍的把戏。张岳军先生因为不知道你过去的情形，和你们以往的婚姻关系，他竟说："至少徐先生和蒋女士是相爱的，别人才会开这种玩笑。"也有晓得内幕的人说："假如登载徐悲鸿和孙韵君的结婚启事，大家一定相信。"吴稚老则说："这样好嘛，他们也许可以借此和好起来！"

他又说:"这个多事的人,也许是有很深的用意咧!"更有许多人问我:"你这个介绍人负不负责呀?"至于其他不明究竟的人会有什么看法,那就不是我所能一一知道的了。

我固然有点疑心,这个玩笑可能是仲年他们所开的,只是我还不敢确定,因此我请彭革陈兄打电话问《中央日报》,现将该报的复信寄上。你就可以一切了然了。我认为这个玩笑实在开得太大,中国人懂得愚人节把戏的,一千个里面难得有一人,平白无故地惹出许多闲话,实在是太犯不着!同时我又担心,万一问得谣诼纷纭,你一定会大不高兴的!

宗

四月二日,我在《中央日报》以同样地位郑重否认的启事刊出,然后我写封信给道藩,解释这一件事的详细经过,事已如此,我们唯有一笑置之。但是在朋友之中,这个不合时宜的玩笑,居然还在那儿余波荡漾,在成都的郭子杰和刘伯量竟写来专函祝贺,甚至还有登门道喜的人,说来也实在可笑。

宗鉴:

别后维无恙是祝。春寒入骨,百无聊赖,昨日未晚即蒙被而卧,乃静中思君益切。昨日章友三君忽然莅临,盖因阅报以为真有其事,遂不惮跋涉,来探奇迹,既知受愚,匆匆即去。在此凄风苦雨中,往来奔波,吾料其应悔多事矣。

雪

61

自此以后,道藩除了公务以外,全神贯注于我父亲诗集的印刷工作上面,唯恐重庆印刷所的字体不全,他又转托了子杰,改在成都排印,于是成都、重庆、磁器口之间信函往返,十分频繁。我只要举出道藩给子杰的一封信,便可以知道他是如何重视老人这部诗稿的编印:

子杰兄惠鉴:

本月二十八日为梅笙老伯诗集印样之信,由碧姊转寄学校,适弟留渝十日，直至日前回校，立得拜读，同时碧姊得兄函后又将奉商蒋老伯后之意见示知，兹将关于此事应请注意各点，详陈于后，以便吾兄就近督促办理。

一、印来样张全不合用。

1. 诗稿全文在弟上次附寄说明中，系指定用三号大字排印，而样张只于诗题用三号字，而诗之本文则用四号字，其错点一。

2. 所有诗之本文中句读，应于每句落脚一字之右下角用小圈，不必以句读占一格，而样张不特全部用短点"，"，且以"，"点占一格，故排后颇不美观。

3. 因改用四号字之故，致页面过窄，太欠美观。

4. 样张之纸尚不够好，纸色亦不佳。

二、请告印刷所改正各点如左。

1. 书之大小尺寸，须全照上次寄上蒋老伯所书篆文首页之尺寸，其中每半页（中国页数半页）十行，每行二十二字，印成后裁行为六开本。

2. 诗之全文无论标题（如《欠死集》与《感事》，《对雪偶书》等，或诗之本文，全部用三号方字）或仿宋字亦可，遇有小注则用五号字（如"民元十九冬至二十七之秋"）。

3. 诗句在每句末字之右下角，用小圈如"。"，上句末字与下句首字之间，毋须留空处，举例如左：

汉家马上得天下。典册高文信可册。周颂摛辞多失韵。参军……

4. 纸张既不能得较好之带色纸（如毛边之色），请改白色纸（如附来样张《华西学报》所用者亦可）。

5. 首页（蒋老伯亲篆书者），须用锌版印制。

6. 装订时用线装，书面用磁青或古铜色皆可，若用粘签，以白地仿宋字，作《理斋近十年诗词》七字。

（以上有几点，前附寄原稿中已有详细说明，兹再重复陈述。）

三、诗集印两千本，请于排定样张选好用纸后，令印刷厂估价示知，应需款项当即由此间汇奉转交。

四、诗集首页之后尚有代序（即以缘起代序）一篇，请先告知印刷所，预留地位。

五、原稿此间尚有一份，前寄上之稿请保留在蓉作校对之用。

六、样张重排之后，请即以选定之纸印就寄弟，以便作最后决定。

七、所有印就之初稿，请全部以航空寄弟处校对后再印书。

上述各点，为弟忙中所能考虑到者，其余尚有考虑未周之处，请兄再加斟酌，如兄事忙，请即将此信交印刷所参考可也。

道藩

我这边，成为了父亲编印诗集的联络站，信函纷纷地投向成都与重庆。

宗：

顷得子杰书，又附来诗集样张，并告以君处亦同时寄出，想此时当已收到，新样自是较前者为佳，然篇幅仍觉太狭长，字之间隔亦仍嫌稀疏，倘能稍稍紧密，而将全篇缩短一二分，或较美观。题目字与本文大小相同，虽无大碍，然究不若有区分之明晰，此处尚觉印工欠佳，因字之粗细浓淡，竟不一致，不识是否为系样张之故。以上数点，均吾个人之见，未卜君意亦同否？

雪

62

我到教育学院任教，道藩本来赞成，后来他又懊悔；是因为想起我在教院住的是公家宿舍，不比在黄桷树时，自己租屋居住，一切可以自由自在，而他来看我时也就不会觉得拘束不便，因此他才后悔。可是在我定居之后，由于距离重庆较近，往返方便，他来看我的次数反而增多。因为我在的宿舍等于独门独户，他尽可以随时来我这里坐坐谈谈，休憩身心，情形和黄桷树那边并无改变。何况住在我隔壁的颜实甫院长，和道藩也是旅法时期的老朋友，听说道藩来了，总是跑过来陪他聊天，他们两个人都很健谈，话题又广泛，一谈起头就忘了时间，往往谈到深夜，回城太晚，道藩便会在我的客室里榻上过一夜。

我搬到磁器口对我们的见面竟比以前方便，在道藩来说确实是一大意外收获。也正因这一层缘故，我们的通信便慢慢减少了，有话说或者有事情讨论，不是他下乡来，就是我进城去。因为教育学院和重庆之间的交通往返，学校备有校车，一天开驶两班，来回都是从起点到终站，搭乘起来很方便。另外还有市郊的公共汽车，也可以乘坐。

宗：

　　十七日手书奉悉，家君于昨日来此，谓复于前日害疟症，曾婉劝其请假休养，无奈不肯采纳，仍坚持于明返校。幸服药后，今日即未再发，希望能从此而止，即万幸矣。自恨力薄能低，无以奉养父母，遂使年逾古稀之老人，犹须为衣食奔忙，辄惭恨无地自容。倘吾生为男子，或不致蹉跎至今而毫无建树，天实为之，谓之何哉！闻近来沙磁一带，劫盗小偷甚多，前数日元龙校长家，又第二次被盗，并闻炼钢厂枪毙盗铁贼十二名等事情，诚可忧虑也。

雪

　　外地人到四川多半都发过疟疾，这种四川人称为"打摆子"的传染病本来不算什么重症，可是当时父亲已经七十岁，而打摆子的毛病总是拖延很久，不容易立刻痊愈。我眼见七秩老父辛辛苦苦一辈子，如今以抱病之躯还要营营扰扰地为衣食而奔波，当时我内心里的痛苦真是笔墨所无法形容。我一再劝他老人家不如早早退休，让我这个做女儿的尽责，但是老人坚决不肯，甚至于请他告几天病假都不答应。我心知老人的想法，他晓得我抚养一子一女，负担已经够重，不愿再增加我的负荷。在这种情形之下，我便和道藩商量，是不是可以申请退休，因为父亲尽瘁教育事业四十多年，国家应有养老金或退休金的办法，以使他辛勤一生以后，能得乐享余年。我认为父亲目前所顾虑的不过是生活问题，如果能让他领到一笔养老金或者是月支若干退休金，他也许会在不增加我的负担的心情下，能同意告老退休。道藩欣然地说这个办法很好，而且在他回重庆后立刻就四处调查打听。

　　雪：

　　学校教职员养老金和恤金条例，已经取到，我详加审阅以后，发现其中规定须连续在"国立"、"省立"院校服务十五年以上，才能适用。老伯在教育界服务年限虽然已有四十多年，恐怕多半是在私立学校（如复旦等），即使连续在复旦服务十五年以上，照这个条例仍不适合，每年只得一千二百元的养老金，未免太有限了。现将原条例和细则寄给你，看后便知一切。这个条例的目的，在鼓励教职员能够长久在一校服务，由于私立学校太多，国家一时不作普遍的救济，所以私立学校的教职员不能适用这个条例。

宗

这样想使父亲退休就养的事，算是一无希望了。

雪：

老伯既不肯休息，只有等到暑假再说，这就是"顺为孝"。你不因为自己不是男儿而遗憾，试问你的才识，哪里比不上男子？又有好多男子能够有你今天的成就，去安慰他们的父母？不过你的运气的确不太好，否则你必会遇着一个比我更有权势，有金钱，而且能在老伯面前尽子侄之责的人。尽管如此，请你一切不必烦心，因为你要知道我早已把你的一切事当做我的事，你所应尽的责任也就是我应尽的而愿意尽的，我想你对于这一点是可信得过我的。

近日天气炎热，使我感到难受是小事，如果天旱下去，闹成荒歉，那就不得了！今天此地的米价已到六十四元一斗，也许还要涨呢，生活若再高涨，盗匪恐怕还要多的，教育学院需要防备，你也得特别小心！

昨天托人带上的《希特勒之私生活》，如果你还没有看过，值得一看。我前晚九时起开始阅读，直到夜间四时才读完，只睡了两小时，就起床了。我一口气看完一本书是很少的，你或者又要责备我太不保养身体了。假如我们能共同读完它，一面读一面谈，应该是无上快乐的事。因为我读书时总是想着你，所以把它送给你一读，你可以想着你所读的每一个字，都是我曾读过的。

宗

宗鉴：

读来函，计其时日，当为二十二日所书，然信末却作二十日，想必又是心乱如麻，乃有此误也。顷连得文化运动委员会来通知，一系文艺组，一为国际组，而国际组之通知却上书于斌之名，若系装入时误投，则于主教之通知，当为吾名，亦可笑也。星期一或将往文艺组开会，倘汝在城内而无其他要事，又有汽油，则吾固深愿能与汝一同返此，然三者有一不备，即请汝毋庸为吾顾虑，无已，乘洋车亦可返也。是日吾当于早晨赴渝，即赴小梁子稍事勾留，午间可返至文艺社，如汝仍在城内，能来一晤，无任欣盼。昨曾饬人往叩老父起居，据云本周来尚无不适，明日为星期六，当可来此小息两日矣。《希特勒之私生活》一书，犹未寓目，想来必极有趣，惜常君尚未将书交来。前日此间之米价已涨至每斗八十元，幸前昨两日已降微雨，或不至即成旱象，然欧亚战事均失利，不能无忧戚耳。闻汝书而忘睡眠，吾不特欲加责备，倘吾果能制止汝者，必然下令曰："以后不准如此。"

雪

宗：

《希特勒之私生活》一书，始终未带到，不知落于谁人之手？吾因此间图书馆备有一册，故已于昨日将其读完，此书内容，虽可谓其为事实，然在兹二十纪文明已达相当程度之时，犹有此等败类，直令人难以置信，要之此书究不若《英德外交内幕》及《法国之悲剧》两书之有意义也。今日天气爽朗，冷暖宜人，门前峰峦叠障，树影参差。此时此景，固应增添愉快。然中心所萦回者，无非忧愁祸患，觉国家个人，都无出路，后顾茫茫，未可逆料，又焉能学太上忘情，悉置一切于度外耶？浮云来去，系我恩情，明月解意，应识相思，苦心人倘亦有邀天庇佑之一日乎。

雪

63

雪：

去年今日，我记得是和你们在黄桷树午餐，今年此日我却卧倒病榻！

八日回到城里七星岗一看，知道会府大楼当天早晨被炸了，而且炸弹正落在防空洞口，心中吃惊不小。等我到了那里，房子虽然炸得一塌糊涂，幸而人员没有死伤。我指挥他们办理善后，下午四时才起程返校。

晚间八时与陈先生详谈校事，毫无结果。最后我说："我的新职务如果不立即发表，自当按照以前的诺言，继续工作到新生入校为止；如果立刻发表，我就马上离校！"谈话完了，外面大雨不止，我冒雨走两百步路回寓，并且洗了个澡（水不甚热）。浴后就寝，一面因为屋里太热，一面又觉肚里微痛（其实早就有点痛了），一夜不曾睡好。

次日早晨九时起床，头发昏，一试热度，已经九十八度，到十一时，高达一百度，下午三时更到了一百零三度，直到夜里十一时才减为一百度。

发烧发到一百度左右时，我还请了人来，笔记我口述上总裁的呈文，他下午五时才修改誉清，我昏头昏脑地看了一遍，盖好章，就派人送到重庆。

十日早上醒转，温度虽然减至九十八度，今晨才恢复正常，幸而有医生诊治，验血的结果，知道是受暑受风。自己回想在城内数日，跑警报，受暑不小，再加病劳，肚痛，或者因为七日乱吃了炒米茶、冰粉之类的东西，八日晚再冒雨步行，又洗凉水澡，有这种种的原因，当然会生病了。现在除开周身酸痛，没有别的病征。这次生病我本来不打算告诉你，免得你着急，可是病已痊愈，不要紧了，我才写了些经过详情。

宗

雪：

十一日的信，十二日下午就收到了，我早就想到进城以后一定会得着你的信，可是你绝没有料到你写信那天我正卧病在床。我的病今天可以说已痊愈了，早晨能吃两片面包，中午吃了一碗干饭，晚间吃了两小碗稀饭。明天，我就要出去办公。

下午听说磁器口对面火药库爆炸（没说明哪时），江边、镇上，死伤许多人，震坏不少房屋，不知你住的地方怎样？心里万分悬念，在没有得到你们老幼都平安的消息以前，我是不会定心的。据说连歌乐山考试院的房子都受震动，也许我山上的房屋会被震坏，假如真有此事，那我送眷回山的计划就不能实现了。

你看我已经能够安静地写信，可见我病是真好了，请你千万不要挂念。

宗

暑假之前，重庆大学发生风潮，若干学生对于叶元龙校长公开表示不满，最严重的时候，全校为之停课。父亲处在学校动荡不安的环境里，精神颇感苦闷，老人家又在为了下学期的出处发愁。道藩懂得老人的心理，一面尽量地给他安慰，一面又在为老人将来的工作问题未雨绸缪，预为策划。他设想得十分周到，鉴于老人年龄已高，生活行动诸多不便，因此他想老人的工作地点应该和我的距离越近越好。他在信上和我讨论说：

雪：

老伯下学期的工作问题，最理想的是能到教育学院，其次是如果元龙的职务没有更动，他仍在重大任教，再其次是到中央政校来。我把中央政校列为再其次，是因为我恐怕你照料不便的关系，当然这是指你教院工作不变动而言。如果教院主持人有变动，你一定不愿在别人主持院务的情形下留任，要是这样，一切就要重新布置了。请你加以考虑后示知，或者在我们下次见面的时候再谈。

最近百事繁冗，文化会的人事问题和美术教育委员会的工作成绩等，都使我异常烦闷，不但时时想离开本校，同时更愿将一切文化关系摆脱，你要问我以后怎么办呢？连我自己也回答不出来。总之觉得今天所做的任何事情都不如意，更谈不到什么兴趣了。强迫自己服从他人，强迫自己做生活的奴隶，任何人在这种情况之下，都不可能有生气，而生性如我这样的人，那就只有更感痛苦而已！

宗

当时我又想到了另外一条途径，父亲从小便研读医书，他老人家的医道相当高明，对于中医不但下过功夫，而且颇多发扬。抗战时期，医药不便，父亲在沙坪坝、磁器口一带，义务为各大院校的教员学生工友诊病，真可以说是活人无算，有口皆碑。因此我想到如果为他老人家请领一纸医师执照，爽性悬壶济世，开设一个诊所，一方面有点收入，另一方面也藉此减轻他的工作。我又把这个意思向道藩说了，难为他在百忙之中破费了许多时间，试探这一件事的可能性，他打听得很详细，同时顾虑得也很周到，没有几天，他便写信来告诉我说，事情虽然可行，然而由于我们物质条件的不足，恐怕仍难成功。

雪：

老伯请领医师执照的事，只有以曾在上海行医多年的资格，向市政府请求，再和卫生署疏通一下，大概不会成问题。不过挂牌以后医务所的布置和照料等，倒是很不简单的事情，一切还是面谈吧！

宗

64

这时道藩的工作非常忙碌，因为他继陈果夫先生之后，接任了中央政治学校教育长,整个学校的教育行政重任搁置在他的肩头上。除此以外,当时的中央文化运动委员会,以及全国美术委员会,这两个团体,也都归他负责领导。他经常仆仆于重庆南泉道上,忙得席不暇暖,眠食无常。

雪:

七时全校员生扩大纪念周中,果公宣布我就职,他报告代理教育长三年半来之校况后,令我训话。我演说约半小时。事后同事认为诚挚恳切,而且得体。其实在未登讲台前,自己尚在踌躇,不知说什么才好。平素曾对千万人讲演,从未感到慌张过,今晨因全体员生的热烈掌声,竟使我大受感动,于是稍觉慌张,有点像第一次在南京公余联欢社登台演戏的情形。一个多月以来,苦心忧虑的出处问题,终因"情感"及"命令"关系,仍作牺牲而告一段落。校事前途不但繁琐,困难也正多,此后一两个月,当为紧张重要关头,只要审慎应付,大概还不会有什么问题发生。但愿在此期间,精神身体可以支持,那就不需多顾虑了。

次彭所译的《自救》,这儿已寄到几本,等得到他的信后,再照他的意思分送朋友。现将我亲手裁开的一本先寄给你,这也是天狗会的一桩成就。可惜没有会长传令嘉奖,未免有点辜负老大哥了。

我希望天阴几天,让你能够得到安息,精神健康才可以恢复过来。上次见你清瘦了些,精神也不好,你的身体向来强健,不过还得随时注意保养。这个礼拜不能离校,一来诸事待理,再则车子又坏了,大概二十六七才能进城,我会来看你的,希望能和你详谈一切,因为你的智慧常能给我助力。这是我就职以后所写的第一封信,你是我唯一的知己,你才配得到这封信,由此可证明你在我心中所占的地位怎样了。

宗

《自救》是道藩所编的第一部多幕剧,曾在国内多次演出,天狗会的谢大哥寿康中法文造诣均深,他在国外将该剧译为法文并且出版问世。

道藩的体质素弱,多年以来生活起居的不正常,以及精神的悒郁愁闷,已经相当影响了他的健康。在此以前他就经常感到身体不适,现在呢?工作增加这么许多,休息和睡眠的时间相对减少,万一他体力不支,以他平素责任心那么强的一个人,他必会更感精神痛苦,那便将形成对于他身体的双重伤害。然而不久以后,我竟很庆幸地发现,工作负荷越重,道藩的精神便越更焕发,健康情形也并没有更坏。虽然有些时候，他会在我面前，说些缺乏工作兴趣，事情繁冗就觉得烦躁的话，但是在实质上，他却是一个热衷工作，勇于任事的人。任何事情不是到他手上便罢，如果由他办理，他一定会殚精竭虑地将它做得尽善尽美。他对于工作的热忱几乎到达忘我的境界，一旦忙碌紧张起来，他连身上的小病小痛全都忘了。于是我想，道藩的许多过人成就，确实不是幸致的。我感到高兴，同时也为他觉得骄傲。

七月十一日，道藩的生日到了，我当然无法亲自跑去向他祝贺。同时那一天他也不可能到我这儿来，我十分虔诚地，以一纸便笺遥遥地向他祝福。

宗鉴：

寿山万仞，维君直造其端，音容阻隔，未许亲陈祝贺。只寸心一缕，默祷上苍，赐君以健康幸福，禄寿无疆。

雪

雪：

我定十一日下午进城，十二日晚六时一定可以来看你，并已写信通知美术教育委员会同志，约集他们在十三日上午十时谈话。同时我也约了仲年在十三日下午四时到你那边一谈，这是因为他要求到你那儿谈的。

宗

当我接读这封信的时候，我承认我稍许有些诧异。仲年是很熟的朋友了，他想和道藩商量事情，为什么要指定到我这儿来谈？是为了方便？是为了知道除非在这儿就很难和道藩清清静静地谈话？还是由于他了解道藩的心理，约他到我家里来，他一定会很高兴？这些假想都可以说是，也都可以说似是而非，不过不管怎样，它至少证明一种迹象，那就是有许多友好，可能已经清楚我和道藩之间的感情。这种发展将会导致怎样的结果呢？秘密渐渐地公开，对他，对我，又将有什么样的影响？我突然感到很忧虑，然而在忧虑中似乎也有一丝隐隐的喜悦，我分辨不出这份喜悦究竟从何而起，总而言之，我深深觉得一切的一切都是极端矛盾的！倘若道藩和我自以为这一段秘密的恋情始终遮掩得天衣无缝，而别人却早已冷眼旁观，洞如烛火，那我们这许多年来煞费苦心的处处掩盖，岂不是成了掩耳盗铃了吗？

像这样的情形，以后就渐渐地多了。和他，同时也和我认识的朋友，想找他商议什么事情，或者是朋友们到处找不到他的时候，便会托词来到我家里。后来我家居然也会有不速之客，拜访问候，我虽然觉得很不耐烦，但是为了道藩的缘故，我也只有勉强敷衍。

至于美术教育委员会，则是隶属于教育部的一个研究机构，会址就设立在教育学院对面的凤凰山上，山顶上一幢小巧的洋房，原先是教育学院的宿舍，但是因为要爬坡，同事都不愿去住。当时吕斯百、秦宣夫等都在中大授课，没有宿舍，他们同时又是美术教育委员会的委员，于是就由道藩和我去跟颜院长商量，把这幢空房借给该会作会址，一部分办公，一部分留供委员住宿，颜院长很慷慨地答应了。道藩非常高兴，因为在他来磁器口看我的时候，也可以和美术会员们商讨一些公事。

65

宗鉴：

今日七夕，牵牛织女虽只一年一面，然此夜却可骄视吾人。忆近人有句云："鹊桥万里无归路，反被牵牛笑独眠。"亦多情人伤心语也。因思中国近时所定节日至多，何不即定今日为情人节，质之于汝，不识亦以为然否。两日来，大大睡眠，似已恢复前状，只胃纳终差，每饭厌恶，殊非佳征也。

雪

当时我的心里想，欧美国家非常重视的"情人节"，何独我国偏偏没有？在外国，到了每年情人节的这一天，无分男女，都要向过去以及现在的情人略尽一点心意，上自白发皤皤的老人，下至初涉情网的少年，或则是引起遥远的回忆，或者是表示现时的爱慕，表现的方式往往是寄赠一份小小的礼物，一抒绵绵的情愫。因此在这一天里，丈夫和妻子谁都不准拆阅对方的邮件，为长期的婚姻生活增添一份神秘的情趣。有时，一位凄凉寂寞的孤独老人，在毫无生气的时日中，忽然接到一件来自远方的旧日情人的礼物，他当时所感到的惊喜与温馨，以及所勾起的甜蜜回忆，必定有莫大的安慰。我觉得像这样的事，其本身就是一首优美的诗篇，动人的故事。"情人节"可以增加人世的温暖，赋予生命欢愉的韵律，因此它是值得提倡的，应该设置！尤其在我国，我们刚从封建时代不自由的婚姻桎梏中挣脱出来，我们歌颂自由，礼赞爱情，那么，我们为什么不替神圣的爱情，增加一点绚烂璀璨的色彩？让我们也有一个情人节，让我们衷心地对爱情，顶礼膜拜！——而我认为最理想的情人节日期，便是每年的七夕。牛郎织女的故事不仅早已脍炙人口，而且也是我们珍贵的爱情遗产，值得加以纪念。道藩给我写回信的时候，他对于我那订定"情人节"的建议，却由于他想起七七是抗日战争纪念日，恐怕两个"七七"会有冲突，然而事实上后来抗战胜利，政府订九月三日为抗战胜利纪念日，嗣后又改为军人节，因此七七订为情人节是不会跟其他节日有冲突的——

雪：

　　你以七七为情人节建议好极了，可惜现在已有阳历七七的抗战纪念日，恐怕会有冲突吧？上次别后，就到城里办事，二十九日下午回山。第二天早晨发警报，第一批敌机炸的便是沙磁区。我在炸后跑出防空洞，登高远望，看见教育学院全为烟雾所笼罩，心惊万分，惟恐你的住宅被炸了。一直等了十几分钟，烟雾渐渐地散去，我发现你住的房子完好如初，心中稍感安慰，至此我只希望你和儿女们在大防空洞里，除受惊外，应当不至于有什么危险。警报解除后，我就下山，原想转到你那儿探望一下，但是因为司机听到解除警报消息太迟，车子开回来时已经五点，而我又必须赶上最后一班轮渡过江，否则不能参加今晨七时的纪念周。所以来不及绕道看你，到现在还感到歉疚不安，只有暗中祷告，祝你和儿女们平安，那就是我的万幸了。

　　今天敌机未炸重庆，解除警报也早，倒是出人意料之外。回校以后，桌上的信件五十多封，公文更达一百余件，直到此刻一点半钟，还没有料理清楚。我的秘书，一直找不到合意的人选，因此我就更苦了。如果你来给我帮忙，哪怕叫我一天工作十六个小时，我也不会觉得劳苦，可是，这种梦想什么时候才能成为事实呢？近来我为这些事心里特别难受，我也知道，明知不可能的事，偏偏要去想它，所以才弄得这么苦恼。

　　你每饭厌恶，食不甘味，这是很不好的现象，务必要设法调养，使精神体力早日恢复。假如英美不跟日寇开火，我们受空袭的时间，至少还有两个月，身体太差，一定会无法支持的。你既然"为爱而生"，我便要你"为爱而珍重"，我常常想，我们两人万一有一个遭遇不幸，另一人的生存必然会有问题。你要知道，今天唯有我们的爱，在那儿维系着我们的生命，如果这份爱也没有了，活着还有什么趣味呢？

素珊仍想搬到温泉来，但是我宁可独居，因为我既不能和你同住，至少可多有些时间想你，或给你写信。昨天我带了一个厨子，已经在这儿自己开伙，饮食可以稍微便利一点。不过略略计算，一主二仆的伙食和开销，每个月至少得八百元，是否能够长久维持下去，还成问题，然而面子也是不能不顾的呀！校事太杂，问题更多了，除了尽心尽力去做，其他的事，我全不去管它。

这样的信纸，只剩下了这最后的一张，要想再买到同样的是不可能了，因此我必须用这种密峦麻麻的小字，才可以写完这一封信。九日是美术节，下午四时在生生花园开会，会后聚餐，你那儿会有通知寄去，如果你可以进城参加，我当于晚间送你回家。次日早上假使学校没事，我就上歌乐山，否则便一直回南温泉了。

宗

宗：

今日气温又超过九十度，复稍稍嫌热，入晚凉风骤起，黑云满天，大有雨意，一人独坐廊下，怀思不已。此间复于二十九日遭炸，计男生宿舍毁去一角，女生盥洗室中一弹，全部倒塌，园艺组炸死工人一名，凤凰山羊舍被焚，幸乳羊均安然无恙。吾是日适偕两小及女佣去柏溪省问老父起居，幸免一次惊骇。在柏溪逗留两日一夜，于三十日夜晚抵家，入室后，只见一片狼藉，满布尘埃，经两日工作，始算肃清。顷闻南开已放榜，据人言小女未能列名，此后作何打算，颇费踌躇，故尔焦愁不已。

雪

道藩接到了我的信，尽快地赶来看我，沙磁区频遭轰炸，他力劝我们全家到南温泉去住一个时期，他说他已经为我们订好了南泉街上的仰光旅社。那儿依山面水，窗明几净，房间和设备都很理想，我听了自然内心赞成，于是在征得了父亲的同意以后，我们收拾了一些必备的衣物，就坐道藩的车子，浩浩荡荡地开往南温泉。

许久没有全家一同旅行过了，父亲固然游兴很浓，两个孩子，伯阳和丽丽也兴高采烈。尤其是丽丽，她和道藩一向很亲切。愉快的旅途中，她把投考南开中学不获录取的事简直抛到九霄云外了。

仰光旅社住得倒是很舒服，不过当时正值中央政校即将开学，道藩整日忙碌不堪，他无法抽出太多的时间陪伴我们，因此我们虽然近在咫尺，他仍不得不利用书柬来向我解释——

雪：

　　昨天下午本想来看你，可是警报解除以后，就不断有客来，又监督整理新生录取名单，直到深夜十二时，才得闲空，然而已经太晚了。今早要到研究部介绍新主任就职，并对职员训话，中午在南泉五劳斋宴请三民主义研究会开会人员，大约下午二时左右可以完毕，拟到仰光旅社来看你们，稍为静静头脑。车夫的哥哥和儿女生急病，请假到青木关去了，只好留老伯和你们在南温泉多玩一天。

宗

我们一家在南温泉整整住了一个礼拜，无可否认，这是一次愉快的旅行。

宗：

　　一周欢聚，无限欢欣，然感触正复不少，殊难超然置怀。为吾之故，累君负债，良疚于心，纵君不以为意，然受者又何能心安？闻最近四川省务会议一致通过，将教育学院迁省垣办理，只须征得颜君同意，便可在年假期间搬迁，此事如成事实，吾个人当受莫大影响。倘吾无老父子女之牵累，则随校迁蓉，固未尝不佳，然处现在情形之下，则万无可能，故不能不忧虑彷徨也。抑近来心绪纷乱，颇思解决生计问题。吾为是言，君必讥吾无聊，然自问无能，又傲慢成性，不欲屈求于人，长此以往，良难自立。且为君计，似此秘密行径，亦终非了局，倘吾得一归宿，能从此断绝往返，要亦保持令名之一途也。

雪

66

　　一连几天的大雨，使得化龙桥附近土山崩坍，交通阻隔，我已经好几天不见道藩，同时也不曾接到他片言只字，我有说不出的惶惑忧虑——

宗鉴：

　　两日来吾惶惑疑虑之心情，殊不能以言语形容，不识汝究在何处，亦安健否？前日因大雨未克入城，将晚始悉化龙桥一带因土山崩塌，道路不通，乃知汝亦不能来，然仍时存妄想。昨早急急打听，闻公车已通，心始稍释，冀汝能来。及下午披读报章，见美术会开会消息，未有汝名，不禁又疑虑丛生。晚间待汝不至，益觉不能安宁。今晨本拟入城一探究竟，孰料又大雨如注，且转念汝倘在城，绝不至不来视吾，若不在城，则往亦无从探得消息，遂又废然而止，然此心情惶觉其中必有事故，否则当不至连书信都无也。此时已晚间九时，盼汝能来之希望又已消失，中心忧焦如焚，竟不知如何是可！明晨先拟先打一电话至南泉，然汝倘不在校中，则电话亦无用，但吾固无其他更好办法，此时吾唯以至诚恳挚之心默祝汝平安无事，则幸也不胜矣。

　　　　　　　　　　　　　　　　　　　　　　　　　　　雪

雪：

　　原来希望今天下午可以会到你，接到六日的信以后，知道你不一定进城，但是我晚间仍然可以去看你，到了此刻（九日上午十一时），方知今天的晤面是不可能了。原因是昨晚整夜倾盆大雨，到现在还没有停，而山洪暴发，南泉花滩溪水骤涨两丈多，目前仍在续涨之中，如果再涨一丈，校长的官舍和我的住宅都有被淹的危险，要想逃过这次水灾，除非上游五六十里一带的地方立刻停止下雨。政校校舍在溪河的西边，平时渡向东岸，除了渡船还有南泉石桥和堤坎浮桥，如今南泉石桥已在水深丈余之下，那条由政校花了两万余元，由七条木船连接而成的浮桥，已经在今晨六时被大水冲毁，只抢救到三条船，冲向下游的四条船一定是毁坏无疑了。南温泉有许多房屋倒塌。溪边建筑都沉到水中，滚滚浊流里，我们发现好几座大茅草屋顶顺流而下，由此可见上流的灾情远比我们严重。学校附近的新村，恰在两山之间，许多房屋都是土墙，一旦浸水，不几小时就告坍塌，住这种房子的教职工员有三十几家，他们现已无处容身。学校的房屋，无论礼堂、图书馆、办公所、教室或宿舍，多半漏雨，许多学生夜里不得安睡，今天早晨又因为无法买到小菜，学校早先储备的干菜、酱菜、榨菜之类，都藏在防空洞里，洞前山洪成河，没法去取，于是全校师生，中午只好吃盐水稀饭。

——写到上一段，因为要再到外边视察各地情形，暂时停笔。

中饭过后，打听南泉赴海棠溪公路有没有障碍，因为早晨并无公共汽车或小车到南泉，打听的结果，方知公路有数处被水冲断，无法通行，所以我对于到重庆参加美术节的事，已感绝望，可是我仍希望下午可以通车。我从早晨六时起到学校各处视察，弄得全身尽湿；中饭后，有点疲劳，稍事休息，睡到三时方起，还是觉得身体不大舒畅，大概是受寒的缘故。但我仍然盼望能够进城，现在已经五点，最后一次打听，公路还没有通，到重庆的意念不能不绝望了。如果城里也下大雨，今天出席美术节的人恐怕不多，不过无论如何我自己不到总不应该，知道的人或许可以原谅，否则的话只有挨骂而已。

我希望你没有到城里去，不然就糟了！因为我既不能进城，当然也就不会有人送你回家，城里十室九漏，你到哪里可以安身呢？这都是我多事的不好，写信给你，否则怎会弄得这样窘！不知沙磁一带，昨天雨水是否很大，你所住的房子受震多次，万一因雨倒塌，你又怎么办呢？明知你很能干，碰到问题一定会有办法解决，不知道为什么我总是事事替你操心！

这里邮局已被大水淹没一半，幸好从五点钟起，水已下退，雨亦稍停，水灾亦不至扩大。据说南温泉闹水，是十几年来所从未有的事。从前的各次水灾，因为我这儿人烟稀少，没人注意，听说这次倒塌冲毁的房屋在五百幢以上。大轰炸不曾来，偏遇到这种大水灾，真是南温泉居民的不幸，令人不胜浩叹！

跟你写信，实在是一种快乐，否则我这么乏累又受了这么多刺激，今夜一定睡不着觉的。

宗

67

张圣奘先生博学多才，在重庆大学执教时期和父亲比邻而居，父亲对于他的才华十分赏识，在《理斋近十年诗词》中，便有许多和张先生的唱和之作。道藩邀聘张先生到政校主讲"中国政治思想史"，因他授课不能按照进度，引起了学生的不满。这件事使得道藩相当尴尬，我们在南温泉的时候已经略有所闻，回到磁器口以后，果然接到道藩的快信，附来致张先生一函，请我面交，意思是请张先生编写讲义，循序进展，以便他向校方和学生交代。

雪：

本校中国政治思想史课程，现在发生重大困难，不能不变更办法。我原想亲自到沙坪坝和圣奘先生详商，因事不克如愿，兹有一函致张先生，请于六日下午代为面交。

宗

宗鉴：

得信后，即先至家君处，略以张君之经过情形，禀告老人，旋即偕访张君，适彼上课，至十二时始得晤见，当将汝信转交。彼阅后，即向吾言："很好很好，吾极赞成张先生之办法。"吾见其颇不怀疑，便亦未置一辞，起立欲行，彼坚邀午膳，苦辞不获，遂偕其夫人及家君四人，往沙坪坝午餐，饭后分别回家。孰意老人于吾行后，即举以告之。翌日午，适为教院宴请同仁，张君亦来参加，乃乘间向吾表示，如此失败，深觉有负朋友厚待之诚，以后定按期编制讲义，务求简洁正确。倘汝认为满意，即请汇刊成册，分散学生，藉图恢复名誉。并谓立志当于数年内写一本"中国政治思想全史"，约十数万言，希望有所成就。吾觉倘彼果能如计而行，或此次之打击，适足以助成之也。此间之新生训练，汝曾允为演讲一次，不识下星期四汝亦有闲空否？是日本为"修学指导"，应由吾讲话，因吾觉无话可说，故要求免讲。是以王立夫遂嘱吾转请于汝，若不能来，希即复吾数言，俾作准备，或另延他人。世界风云绵延益广，竟不知应喜抑悲。两周以来，吾忙碌殊甚，至晚即觉疲惫不堪，辄思作书，而日间既无暇晷，入夜又有人坐谈，不容得间，而自身思想之矛盾，亦成一障碍，遂致月余不通只字，实三载以来未尝有也。

雪

道藩立刻便应允我的央托，以他的演说代替我的"修学指导"，但是他要我和颜院长商议另订时间，因为他的工作日程实在安排得过于紧密。可是，在他不曾接到我的回信以前，忙不迭地又写信来问：

雪：

上封信请你和实甫兄商量，我想在十八日晚上到教育学院演讲，并且请你回信到城里国民大会，不知你商定了没有？因为直到此刻还不曾得到复信，万一时间不合适，或者晚上召集学生不便，只好请他们取消了吧。因为我被指定为教育审查组召集人，十八日晚上可能还要开会呢。

宗

这一次演讲，结果还是由于联络不及，终于无可奈何地取消。十月初，又是旧历中秋节，我知道我们在短暂时期以内，很难得有见面的机会。

宗鉴：

中秋佳节，吾闭门而居，殊不敢一窥圆月之面，良以处境如此，有何心情，赏心乐事？"良辰美景奈何天"，只益添伤感而已。六日晨，曾赴柏溪取物事，八日晚返家，严君即以手书付吾，并言信极厚重，不知所容何件，吾曾急欲拆阅，奈恐暴露秘密，因佯作不关心而先阅读其他函件，俟人不注意时，始行开拆，乃知有致颜君及陈公函，但将另书藏过，然后将附件报闻老人。旋有吕吴二君来坐谈，吕君且留宿，直至晚间十一时，始得阅读，可怜为读一信，亦须颇费如许周折，宁能无不自由之苦也。在柏溪逗留两日，曾访晤宗白华君。宗君因其太夫人得肝癌症，数月以来均在病榻旁侍疾，故形容憔悴，且明知疾难愈，尤觉其忧愁不堪也。去柏溪日，适吴稚老亦赴彼演讲，在舟中相遇，稚老亦留宿吕君处，于翌晨步行回途。以彼七七之年，犹具如此精神，吾辈诚应愧死。

此间一是如恒，无可告诉，吾足不出户，针黹而外，日读小说数小时，余则逗小猫嬉戏，以遣愁闷。知君忙碌，暇时甚少，即亦不敢以私情奉扰，唯借河鱼之便，报平安而已。秋风多厉，维珍摄是要。

雪

雪：

你总想不到我会回到学校过中秋吧。我二日下午上山，因为有人同行，未能绕道看你，也未能带月饼送给你，我心里十分难受。三日下午下山又有顾君同行，赶到城里开会，会开完就匆匆返校，明月已在当头！

昨天虽然是礼拜，又是中秋佳节，但我仍然忙乱不堪。晚上约了十几位单身的同事晚餐赏月，人在南泉，心灵实在环绕在你的左右。客人散去时已经午夜，极想写信给你，可是身体十分疲劳，只好睡觉。在枕上望见窗外月色，思你不置，久久不能成眠。如此佳节，如此良夜，如此明月，竟不能和你共赏，我真是愤恨巳极。

今早七时起床，就开始写这封信，刚写到第三行的一半，有人来商量事情，只好停下笔来，这一停便是接连一整天的忙碌。直到现在都午夜十一时了，方才得空再拿起笔来写信。像这样的生活，还有什么乐趣可说？

你四日深夜十一时的信，下午五时收到，匆匆一看，就有客来。晚间清静了，展开详读，此刻已在看第三遍了，真是愈看愈感苦闷。你在南泉一周，刚好碰到学校事忙，我们竟连清静畅谈的机会都没有，心里已是万分难安。如今你还在拿累我负债，引以为疚，岂不更加使我难受。以我们的爱，我一切都可以牺牲，又何在乎这区区的债。我平时所顾虑的，就是万一发生事故，要使我们分离的时候，又将如之奈何？重庆既然改成直辖市，教育学院迁移成都，可以说是理所当然，颜院长同不同意，都没关系。不过你无论在何种情形之下都没有搬到成都的必要，生活问题，你用不着担心，只要我在人世一天，断断不会叫你受冻馁之苦，就怕终日闲居，精神无所寄托，才是一件大苦恼。这以后我一定要另筹一个妥善的办法，我绝不愿，也不准你求所谓"解决前途生计问题"的"归宿"。你要这样，我还有什么生存的意义，更还有什么"令名"之可说！不如自杀以谢你，以偿我所造的一切罪恶！

我十四五日晚可以设法来看你，详谈一切，但恐无法单独畅谈，计划一切，真是苦恼之至。总而言之，在一切未有决定之前，求你万勿忧虑彷徨，于事无益，对于身体反有所损，而且更加使我不安！

宗

68

雪：

原来以为二十七日返校，今年就不必再进城了，谁知道国防最高委员会上星期六开会决定，裁撤二十几个机关，其中有国民大会筹备委员会和选举总所。这两个机关都和我的工作有关，所以今早又进城来，指示人员，办理结果，大概一月中旬，一切事宜可以完竣。以后城里既没有事，也没有必要多来，不过万一有事要来，连住处都成问题了。这两个机关的人员至少已经养了半年的老，我早就劝大家另想办法，一直无人肯听，现在忽然有六七十人失掉工作，生活顿成问题，也很可惨。至于我自己，两年以来都是拿这两个机关的薪俸（去年支总所薪，今年支筹委会薪），实际上我百分之九十的时间精力都在为中央政校工作，对这件事我于心不安了，将来可以名副其实地支政校的薪水，而为政校做事，这样比较问心得过。

下午五时从国民政府回来，接到徐仲年兄一封信，并附集资编印老伯诗集赠款五百元，其中徐仲年二百元，华林、白华、存忠各一百元，款暂存弟处，该不该收，请你决定，如果该收你还得写信谢谢他们。

宗

国民大会筹备委员会奉命撤销，道藩在重庆城内少了一处可以勾留的地方，所以他耽在南温泉的时间因而更长，写信告诉我的时候，他不免又有许多苦闷，亟于向我发泄。这时正值重庆雾季，整日灰蒙蒙的一片，气压非常的低沉。忽然成都方面传来了老朋友孙佩芳逝世的消息，使我忍不住潸然泪下。孙字雨珊，为人足智多谋，是我们天狗会的军师，他一生俭约，省下钱来专门搜购艺术作品，所以他的收藏极为精美丰富，如今异地身亡，他的家属还在沦陷区，这样的结局，实在太凄惨了。

宗鉴：

三十日手书，昨日午后四时始到，察封面邮戳为二日所发，想系工友遗忘，将信搁置，至延误两日之久，害我等待，似无意间亦在捉弄我。筹委会取消，于汝发生许多不便，亦无可奈何之事，盼汝勿又因此增加懊恼。倘汝犹以我之爱汝为可安慰者，则汝应信我愈在艰难困苦之中，固愈能坚定吾爱汝之心。总之吾人处兹乱世，殊难望有共享幸福之日，能相矢不渝，即属万幸。过去数月间，吾因心理上之种种矛盾，对于如此关系，极度厌恶，致使与君晤对，往往伤痛万分。汝或以吾为恨汝，实则因爱之深，既识相离之苦，复知相聚之难，遂有此悲喜不常之态。每常自思，倘吾终得机缘而与汝脱离者，则此身亦将如游尸之往还，不复有灵魂存在矣。今日报载孙佩芳在蓉逝世，闻讯之下，无限感伤，念此人虽无大贡献于国家，然毕生尽瘁艺术之搜藏，至死而后已。其精神实至可佩，倘能将其所藏，聚集一处，创建一美术陈列所，则于艺术界将大大有功。此事吾深盼汝能促成之，一以志念死者，同时亦聊尽朋友之谊。苟死者有知，亦可瞑目于地下。且此事除汝而外，固无其他人可以为力，想汝或不至不欲与闻也。新岁以还，来此贺年者，颇不乏人，吾终日唯谈天吃饭睡眠三事，以视汝之身心劳瘁，疲于校务，大有天渊之别。每常恨不能稍分汝劳，然亦天意不许吾助汝也。

雪

美术陈列馆没有成功，因为雨珊的家眷沦陷在北京，但他在重庆还有一些东北同乡和学生，他们代表远在北京的孙夫人集中保管他的遗物。

雪：

昨晚奉到命令，要我在四十八小时以内准备好，以便随时离开重庆去办一件重要的事。所以我今晚赶到城来，准备一切，明早还有许多事要办，下午即须听候指定起程的时刻，因此无法来告别。此去大概十多天才能回来，我一切自知谨慎，请勿惦念。如果有人问我近况，只可说是不知道，万勿提起我离开重庆的话。我从来没有这么匆忙旅行过，而应该准备的材料和事项，又绝不是明天和今夜所能完成的，心里十分烦乱。万忙中抽几分钟空，写这封短信，使你安心，一切等我回来以后再详谈吧。

宗

雪：

我这次没有向你辞别而离开重庆，起初你一定怀着不少的疑虑，这也是我心里最抱歉的事，当时因为奉命必须极秘密，因此我也无法面告或者在信上详加说明。我想我们到印度的消息在国内宣布以后（大约在二月十二日国内才宣布），你也就知道了。这一次和委座同来是我从来未有的荣幸。在过去十天之内所见所闻和所参加的工作，也是我过去十年之内未能学得到的。虽然整天忙得很苦，但是工作极有意义，极有兴趣。现在想要一一告诉你，真不知道应该从何说起，只好等回来的时候再面谈，我百忙中写这封信给你，只不过是表示我在旅行中并没有忘记你，和许多爱我而为我这突然离开发生疑问的朋友们。

此地有很多的东西可以买，一则折算国币太贵，再则飞机不能多载，三则不知买些什么东西好，所以无法多带，将来能够带点什么使你喜欢的东西，真成问题。我一直念着两个可爱的侄儿侄女，我也常念着老伯的康健。实甫兄一定也在奇怪我这一次何以被命同来访印。假如我这次就这样不说不讲永远离开了我所敬爱的朋友们，不知道国内会造成多少不相干的谣言，你说对吗？

宗　　一九四二年二月十三日自印度总督官舍

一九四十年初春，道藩忽然一连多天毫无消息，我正惊疑不定，有一天从报纸上看到头条新闻，这才知道他是陪侍蒋委员长访问印度，会晤甘地、尼赫鲁等印度领袖。三月初他回到重庆，给我带来了许多珍贵的异邦特产。偏偏他来的那天，我家里已有几位朋友在座，我们离别匝月，时间虽暂，而距离却是从未有的遥远。我们都有无穷尽的离情别绪亟于倾吐，但是当着众人，又叫我们如何畅所欲言？他只好匆匆地告辞离去，我知道他内心的懊恼苦恨和我是一样的。等其他朋友离去之后，我才检视他带给我的礼物，突然我觉得对他有无限的向往和怀思。

宗鉴：

忆自得君远游确息后，中心极为欣幸，庆君能为国宣劳，而又多广见闻也。然吾个人月余以来，既伤别离，复感前途威胁之将至，寝食因以不安，日日披阅报章，冀得君言旋消息。及前夜晤面，复相对不能诉衷曲，处境一至于此，宁尚有慰心可言。承惠如许珍品，乃睹物怀人，益增惆怅，然念凡此皆心爱人所遗，其间固含有无穷恩情厚爱，不禁又抚摩玩弄，既感且欣，盖连日情绪，无非萦绕君身也。下周末，倘有暇昝，望能来此一同晚餐。届时如家君尚未迁入新居，当请君偏憩其室，因此时尚无任何人居住，殊不敢令老人独居一大厦，故虽已着手布置，究竟何时往居，尚不得而知也。

雪

周末，很准时的，道藩来了，而且在为父亲准备的房间里耽搁了一夜。颜院长听到来了，赶过来和他相见，道藩的精神很好，我们三个人欢畅地聊天，谈得很晚，总算是一次差强人意的相聚吧，他谈了许多访印的见闻。

69

宗：

此刻是夜间十二时还少二十四分，我刚从大风雨中淋回文艺社，两脚透湿，衣服也湿了一大半。现在总算舒适了，坐在你从前的办公桌前面，身上裹着棉被，为你写几句话，想你此刻一定已经睡了，你梦中会不会感到你的雪正在想念你呢？我是多久没有看戏看电影了，今天忽然会跑到重庆来看赵荣琛，偏偏又遇着这样的大风大雨，这不是奇怪的事吗？沿路回来，受着凄风苦雨的刺激，我总感觉到我平常的生活，实在是太安逸舒适了，在这种遍地烟云的时代，人类的苦痛，正无般不有，淋点雨又算什么。然而我竟感觉狼狈不安，懊悔不该来此受罪，你看我真太没有吃苦的勇气了！我又想假如我为了生活，必需做苦工，一天到晚要劳动着，那么我也许就不会再发生恋爱了，而恋爱的痛苦，也就不会有了，你说对不对？这几天我翻着一本小说叫《碎琴楼》，真是杰作，恐怕《红楼梦》以后的言情小说，没有胜过它的，不知道你读过没有？倘使你没有读过而愿意一读的话，等你下次来看我的时候，我一定借给你。现在已经是一点十分钟了，我觉得又疲倦又冷，要睡觉了，不再和你多谈。

雪

为了看一场京剧，我独自跑到重庆去，偏偏又遇着狂风骤雨，回到中国文艺社还裹着棉被为道藩写信，现在想想，我那时候的兴致真不浅啊！

但是翌日我仍没有回磁器口。战时重庆和郊区之间的交通，由于车少人多，确实是相当的不便。

宗：

昨天因为车里挤得水泄不通，上不去，所以又未能回校。今早想坐十点钟的车走，听说你今天会进城，我不能等你来见一面，很懊恼。倘若你有工夫来看我，请你在星期三来。当然以后几天也行，不过请你今明天勿来，因为我有客，不能招待你。来的时候，请你去约章警秋一同来，至于住的问题，你可以告诉警秋，我们已为他在新教员宿舍，预备了一间房子，他尽管来多住些日子，我们是非常欢迎的。刚起床，还没有洗脸，就给你写信，现在已经八点钟，没有时间多谈，连同前晚的信一并寄给你。

雪

道藩果然邀了章警秋一同来到磁器口。章警秋是留法同学，也是我很好的朋友，他在南京创设了南京银行，自己做经理，南京沦陷后他撤退到重庆，南京银行也关了门。

宗：

你说你爱的程度，比我爱你要深几百倍，我听了很惭愧，因为这确是事实。我自己也晓得，我是不值得你这样用情的。可是你要知道，我生来是理智富于情感的人，所以我无法完全沉迷于热爱之中，而置一切不加思索，这也就是我痛苦的由来。不过你应该相信，我已是尽我所有的爱，完全给了你，难道你还能责备我爱你不够吗？我自问虚荣心是有的，但从来没有羡慕富贵，凡是能令我敬仰的，大致是些学问道德或是有特殊才能的人。而这些人，只能教我敬仰崇拜，却不能令我生爱。所以我敢说我平生除你而外，实未尝爱过任何人。从前对于悲鸿，实在不能说是爱，完全是年轻人的一种冲动罢了。以后更不会再遇见比你还教我心折的人，这一点，我想以你这样聪敏的人，一定可以了解我不是说假话，那么你就更不能再责备我爱你不深了。我每常受理智的影响，就觉得自己所做的错误，这时内心就会反动起来，要想打破一切关连，跃出火坑，恢复我无羁之心。无奈意志不够坚强，总下不了决心，倒反而弄得自己苦恼，连累你也苦恼，并且还引起你怀疑我爱你不深。这种情形，过去也不知有过多少次了，而结果仍是毫无办法，可见自己是多么没有勇气和缺乏毅力！你女儿的病体，我希望你不要太为她忧虑，也许听她自然一点，慢慢倒会强健起来。万一而有不幸，那也只好说是天命，讲人力，你们不是尽了一切的心吗？十四日那天，假如你没有特别要事，能来此一叙，当然我很高兴，不过我得说明，不准你买任何东西来，倘使你愿意送我一样所心爱的，那么就请你买一束牡丹或芍药花来，这比任何礼物都强，我希望你照办！

雪

一九四二年四月十四日，是我四十岁初度，感叹自己半生忧患，一事无成，而且还陷入不可自拔的爱情深渊中，心情无比的沉重。道藩似乎早已了解我的心境，他千方百计地妥为安排，使我一连三天都在欢笑声里度过。他到磁器口来时，果真听了我的话，带来了大批的鲜花，牡丹、芍药，姹紫嫣红，把我两间住房布置得花团锦簇，朋友同事们都觉得美艳极了。他们在芬芳馥郁中为我举觞祝寿，老父、儿女都团聚在一起，这样的亲情友爱，使我觉得非常快慰，第二天我把所感觉的，写信告诉他说：

宗：

一连三天都和你见面，心中非常高兴，今早父亲去了重大，下午女儿又进了学校，此刻只剩我一个，然而我并不感觉寂寞，因为我的四周，有你送我的许多花在陪伴着我，让我清清静静地怀念你。我此刻虽然看不见你，可是我觉得满房都有你，无论在哪张椅子上或榻上，似乎都可以看到你潇洒的风度，尤其是你响亮的谈笑声，好像总不散，教我随时都听到。想你此刻未必会眷念我，然而我的灵魂却正缠绕着你，可惜你感觉不到罢了。昨晚六点钟的时候，我们正在吃饭，忽然铸秋来了，他说是专来拜寿的，我很奇怪他竟记住了这日子，实在不可思议。他坐到八点钟回家，据说他又要调动职务了。院长已下了手谕，教他到精神总动员会秘书处工作，看来他很不愿去，但是又不能不去，所以他到此地来，大概也是想找你谈谈，因为他是知道你一定会在这儿的。今天你们那里新请的农事技师陆先生来看我。陆先生我只碰见过一次，他忽然来看我，不能不教我奇怪，后来我感到，还是为了你的关系，所以才来敷衍我。因此我就发生疑问，假如有一天你不理我了，那么这些人还会来看我吗？

关于了然的问题，我前天和作人计算一下，大致四千元的款子，可以筹得到。今天马寿征在此，我又托付给他，他满口答应了，我预备星期六那天上山去探视一番，并拟同马君到医院去当面接洽，以免得临时忙乱。

雪

70

顾了然的病势恶化，据医生说：他的生命已经危在旦夕，语气之间仿佛在暗示我们应该快预备后事。这个消息在我欢乐的生日以后来到，使我心头蒙上一层忧伤的浓雾。了然和我们交往已久了，这位悲鸿的得意门生，虽然个性较强，脾气也有点急躁，但却秉性坦率正直，热心诚恳，尤其在艺术的造诣上早已展露卓越的才华。抗战初期是他护送我们一家到重庆的，他在大后方只有一个弟弟，可是他和那位介弟平时往来不多。

一九四二年四月二十六日，我得到噩耗，万分悲痛，可是我知道他的丧事是不会有人出面办理的，因此我必需尽我所能地为他筹划料理。

宗：

昨天中午得着马寿征的信，说了然已于昨早七时逝世。马君于得信后，就派人去买棺成殓，一面教人通知我，并且问我是否要等他的亲友来再安葬。我复信教他不必等待。我这样主张，是因为他的弟弟，远在南泉，等他接到通知再赶来，至少要四五天。就是他来了，也不见会办理，还不是要求别人帮忙，所以我就擅作主张，请马君代办了。这一点望你向顾君的弟弟说明一下，请他原谅我。现在还应该做的事情，就是要立一块碑，这自然还是由我请人去做，不过碑上是不是要将本人的履历事迹作一简短的叙述呢？倘使要的话，那就要他的弟弟将他的生日年龄及他所知道的事情写出一些来做材料，然后再请人去写，假如不预备这样做，那么就简单地刻一个"画家顾了然之墓"及生死年月，那就更省事了。至于款的问题，大概可以够的，我希望你进城的时候，就帮他把文艺奖助金的千元弄妥了，中大方面，校长已批准五百元，日内就可拿到，朋友的捐助，已有一千一百元交到我处，大概还有四五百元可收，而顾君自己的存折上还剩有七八百元，再加上画布售价约千元，合计已近五千元，用以开支一切，足够的了。款都由我收支，将来事完之后，我一定有清账给他的弟弟。要是还有余款，我当然也一起交给他。此外顾君还有一点零星物事在医院中，这我就不管了，等他的弟弟去收拾处置吧！以上是我预备料理顾君的一些情形，请你都转告他的弟弟吧。听说作人今天早晨已写信给你，报告这个消息，所以我这封信想寄到会府去，怕的是你这两天会进城，免得又错过了。我预备等款收齐，就上歌乐山去算账，再看看坟墓修得如何。现在钱既不少，自然要替他修理得好一些，于心才安。听说你昨天没进城开会，我稍有点担心，不知你好不好！

雪

雪：

十天以来，身体极感疲劳难过，心中也十分郁闷，明明知道自己不容易离开这里，而求去之念却时常发生，使我更不知如何是好了。二十八日早晨，接作人兄的信，知道顾了然兄于二十六日逝世，当即寻找他的弟弟顾斐然。据报渠于数日前已经为他哥哥的病请假离校，我以为他一定去了歌乐山。殊不知我三十日下午二时到堤坎，乘车进城，刚好碰到斐然张惶归来，问了才知道他请假进城是为探听他投考军校的事，根本就不曾到歌乐山，同时也不晓得他哥哥已经去世了。我当时就叫他再请假到歌乐山去看看，此刻究竟去了没有，我仍不得而知。

三十日下午勉强进城，珊也同去医牙，到城里后更觉身体不适，于是我就打电话给公展，希望他能参加文化界国民月会，让我即刻回校休息，但是到处找他不到，只好勉强留下。一号又在城里参加两次会议，昨早返校，一直忙到晚上九时，才得休息。

在城里我曾找文艺奖助金管理委员会干事许寿华君，问他致送了然一千元丧费已否汇出，他说你有一封信给我，说起这事，因此已将款子交给华林代领去了。我问你的信在哪里，他答已经拆开看过，然已转寄南温泉。我不知道信中还写了什么别的事情没有。昨晨八时一到南温泉，就先去找这封信，看后方知并无他事。许君虽为误拆你的信而向我道歉，可是我却不懂你这封信怎么会寄到文奖会而不寄到文化会，否则是绝对不会被人误拆的。

五日下午有四次会议，一次广播，都是非出席不可的。我午饭后进城，晚上开完会后，不论时间早迟（十时或十一时），我都会来看你，请你务必等我。

宗

71

雪：

上星期原约好十五日来接实甫兄到校演讲，现在因为十四、十五日两天校中都有重要会议，需我主持，因此想改在十六日来接他，十七日星期天来南温泉，星期一讲演，请你转达实甫兄。本月二十日是本校十五周年纪念，校长将来校训话，我还得忙着准备一切，明天下午校务常委会在城里开会，我要进城，会后就返。校长不常来校，所以每来一次，学校就认为是大事了。

教育部补助了然丧葬费的事，不知作人、斯百两兄那边有没有得到消息，因为我是请立公直接通知他们的。

宗

道藩那一次来，临走的时候把颜院长邀到政校演讲去了，使我颇觉清静。为了消磨时间，重又拿起了针线，自己做了一件旗袍。当我的手在工作，然而脑海中，道藩的影子始终盘旋不去。几天里面，我检讨我和他的爱情，颇有许多感触：

宗：

　　想你这几天为筹备校庆节，一定加倍忙碌，忙是无可奈何的事，只希望你精神上不要像过去的一星期那样忧愁烦闷。处于这种人事复杂的环境里，自然教人灰心，不过我想你的苦心孤诣，终究会被人了解的。上星期六的晚上，忽然风电雷雨一时并起，听到树木摧折，房屋震撼，颇觉可怕。到第二天，知道沙坪坝市立中学因房舍倒塌，压死学生三人，中正学校也吹倒房屋多栋，这都是抗战期间，不讲究建筑，以致发生许多惨事，这也不知道咎应谁归。我这几天，因为你带走了院长，所以颇为清静，公事而外，缝缝补补，做了不少东西，然而脑海中，你的影子却未尝一刻抛弃，似乎你的灵魂随时都陪伴着我，使我并不感觉寂寞。我常常想，你的爱我，不知道给了我多少安慰和鼓励，然而你所得着我的是些什么呢？你忙碌我不能帮助你，你烦闷我不能安慰你，你有忧愁我不能分担，你有苦痛我不能替代，我只是认识你的伟大，了解你的忠诚，钦佩你的毅力，但这些于你又有何补呢？像你这样大生仁爱，待人接物，总以牺牲一己为原则，这自然是至高无上的精神，只可怜你的收获太平凡了。不过你能具备这种不可及的人格，也未尝不可以自慰，就是我的爱你敬你，这也是最大的原因。试想当今之世，还能找出多少这样的人呢？

雪

写好信，重看一遍，我相信，道藩一定会晓得这是我的肺腑之言。

72

暑假前，从朋友处传来有关悲鸿的消息。太平洋战事爆发后不久，日军在南洋一带势如破竹，下香港，陷星洲，铁骑纵横中南半岛。据闻，星洲沦陷前夕，悲鸿幸获逃出，辗转抵达昆明，曾在昆明举行画展，不日将返重庆。

我和道藩，都在密切地注意进一步的消息，同时也在做着各方面的准备，其中最重要的，当然是关于心理方面的。我们将怎样处理种种复杂纷乱的问题，以及如何面临令人困扰不安的场面？

趁着悲鸿还没有到达之前，我应当用冷静的头脑，纯客观的态度，详细分析当前的势态，并且考虑我自己的自处之道。悲鸿这次回国，对他个人来说，我当然应该为他庆幸，能够脱离日军的魔掌，回到祖国的怀抱，这无疑是他最大的幸运。然而对于我自己，他却给了我一种不得自由生活的心理威胁，仿佛在平静的水面，投下一方巨石。他是一个艺术家，以"独持偏见，一意孤行"为他立身处世的原则，而在这个原则之下任何事他都拿自我为中心，爱恶喜憎，全凭他的需要为依归。我不愿重提他曾加诸我的痛苦与损害，然而他自海外时起，便一而再，再而三地向亲戚朋友表示希望和我破镜重圆，让他也能像一般人似的有一个家庭，作为他人生的需要和陪衬。想到他这次回来，一定会旧话重提，逼我面临抉择，因此我也不得不藉由回忆而加以检讨，看看我们是否真有一丝一毫重圆的希望？一想到这个问题，许多排遣不开的旧时创痛，立刻像毒液在侵蚀我的心。和悲鸿结缡二十年，我不曾得到过他一丝温情的抚慰，没有关切，没有照拂，没有鼓励，也得不到帮助，在他但取不予的人生大前提下，我从他那儿所获的，仅只是离开他时的轻松自由之感，以及无论怎样都激不起的感情连系和萌生怀念。再有，他让我自己摸索，自己奋发，终于得到了坚强的生活能力和自立的勇气。

现在年龄渐渐地大了，我在深思熟虑，通盘检讨之后，于是发现：那种移情别恋，长久的遗弃家庭，置我们母子三人于漫天烽火，异乡流浪时不加顾念，以及为了要向别人求婚，不惜片面登报声明和我脱离"同居"关系等施予我的残忍打击，如果拿来和以上他那种基本性格的发挥相比，其实这不过是促成分离的最后因素罢了。

因此，我痛定思痛之余，总算下定了决心，时至今日，我对于悲鸿，实在无须作任何考虑。

于是我胸有成竹，等待他的来临，唯一的希望是四年多的海外流浪生涯，能够使他在行为表现上比较漂亮一些，悲鸿现在已经是望五之年的人了。

暑假以后不久，他翩然来到重庆，抵步之初，住在城里的中国文艺社，他似乎并不急于来看我和孩子，并且拜见一别五年多的我的父亲。

是颜院长先去看他，主动地向他提起我现在近况很好，在四川省立教育学院，一身兼任三职，上侍老父，下抚两个已经在念中学的儿女。悲鸿听了，初步的反应是默然无语。

由于我和悲鸿的夫妻名分和感情早已断绝，但是伯阳、丽丽两个孩子依然是他的骨肉，我认为孩子必须见见父亲，同时也应该给他们父亲一个机会，问问他，是否可以负起抚养子女的责任。因此，我下请帖，请他到磁器口家里便饭，在座相陪的有好几位老朋友和他的学生们，他兴冲冲地和华林、陈晓南应邀赴约，我先不理会他的敬酒道歉，然后，我以绝对理智的态度问他，他可不可以准许我办一次移交，将伯阳、丽丽交给他抚养？我这样说，内心是诚恳的，因为我有自知之明，我的前途黯淡无光，能力尤其有限，孩子们跟着父亲，也许有更好的成就。

悲鸿愕然，当着至亲友好，他始终以缄默对抗，他拒作任何表示，任何承诺。席终人散他在华林和陈晓南的陪同之下，悄悄地走了。行前，他听说父亲的钢笔坏了，于是他好意地借一支钢笔给老人家。

事情得怪我弄错了悲鸿的意向，他乘兴而来，铩羽而去，事实上他一心所想的并不在家庭孩子，而是他当时迫切地感到需要女人，也许这就是他对于世俗唯一附和迁就的一点。上帝不是造了亚当，紧接着便要取下他的一根肋骨造夏娃吗？徐先生行将五十了，大概他感到孤独终生，似乎有许多的不便。因此，在这次见面以后不久，他又到我家来了一趟，摆开谈判的架势，问我是不是还有转圜的余地。当他知道我早有覆水难收的决心以后，他也下定了他的决心，跟朋友们说明：他对于我已经"尽"了最后的努力，事既不成，他随即返桂林，请欧阳予倩太太作伐，去向一位桂戏坤角求婚，结果是那位坤伶也无意下嫁。他失望之余，只好又回到重庆。

数年来一直在我心底所忧惧的惊涛骇浪，仅只短暂的两幕，伯阳和丽丽，得到他们父亲请吕斯百转来了法币五千元的学费。——此外，他给我写了一封以"碧微女士慧鉴"为始的信，信末有两句话说："伯阳须俟开学后我方能完全负责，此两月中尚须偏劳，诚自愧也。"

——我很高兴，他总算是明理得多了。

73

八月十六日，是道藩的双亲七秩寿诞之期，蒋委员长题赐"齐眉合德"匾额。道藩虽然公务繁忙，但他素来事亲至孝，而且他父母膝下只有他一个儿子，势必要旋里一行。由重庆到盘县，距离固不在远，可是公路往返，所经之处多是崇山峻岭，窄岩陡坡，旅程因险崴艰辛，于是显得十分迢遥。在道藩行前，我们一群留法好友，由但荫孙先生发起，议决合送一件隆重而富有纪念价值的礼物，于是大家公请荫孙的尊翁，革命元老，古文大家但焘先生执笔，为道藩的父母撰一篇寿序，又请我父亲书写，以两老的手笔合作完成了六帧寿屏，全文如下：

盘县张铭渠先生暨德配伍夫人秩寿序

古之君子，穷则独善其身，达则兼善天下，独善无所绌，兼善无所盈。其视尧舜之事业，汤武之勋伐，犹怒涛之出没于沧海，浮云之起灭于太虚而已。无所与，身居陋巷，意气如虹，吾乃今而于盘县张公铭渠见之。

公之先世，有自金陵商于筑者，遂家焉。公少济物有志，尝一就试有司，以不乐操举子业弃去。为文朴实，说理如布帛菽粟，骤视之，无非常可喜之象，而切于实用。其学以躬行实践为宗，早岁设教于乡，因才利导，成就甚众。其勤诲不以童蒙而或异，尝曰："小学为养正始基，何可忽也。"识者以公之乡塾，拟之胡安定之湖学，谓公蓄德在躬，志不克舒，其门人弟子后昆，必有昌大其学者，亦于哲嗣道藩见之。公德度汪深，亲之者如坐春风，如饮醇醪，潜移默化，而不自觉。

民国十六年道藩奉中枢命，回筑组织省党部，为周西成所忌，下之狱，棰楚备至，并逮公年余始出。公泰然处之，暇辄举族人之服官中外，治行可法者，一一为道藩道之，而尤以清操为重，及见道藩学将成，则又举孔子不患无位，患所以立之训为道藩勖。道藩服膺庭训，造次颠沛，无时或忘。及负笈海外，于中外文化深所究心，冀归国后以其所得，裨益化民，成俗之治，犹公之志也。十余年以来，道藩践履中外，为时良佐，其居官治事，教士为学，皆公之绪余，然后知公之所蓄者深也。

今年夏历八月七日为公七秩寿辰，德配伍夫人长公一岁，为妇顺，为母严，道藩节概凛然确乎不可拔，盖得力于母教也。道藩乞假归里上寿，余因以闻于道藩者，述以为献，不足尽公之德行于万一也。

	李亮恭　蒋碧微	
	沈　亮　郭有守	
愚侄		同拜祝
	但荫孙　华　林	
	徐辅德　颜实甫	

前大元帅府秘书长参议院秘书长兼宪法会议秘书长今国民政府秘书长后学但焘拜撰

学弟蒋梅笙敬书毕赞曰

名父有子　兴国维贤　桥梓济美　椿檀永年

但君雄文　班蔡后先　只惭拙书　鼎足弗全

民国三十一年九月　谷旦

父亲用工笔楷书将全文写在六帧寿屏上面，裱好以后，我便乘车进城，准备亲自送交道藩。一进文化会堂，就有一个熟悉的工友，低声地告诉我说：

"张太太也在这里。"

我错愕了一下，因为我知道素珊平时是不大到这儿来的，为什么今天偏偏这样凑巧，让我和她在这种情形之下碰面？但是继而想想，我是为送寿屏而来，总算有事，同时既然来了，又怎好一听到她便立刻退出？于是我便径直走进了道藩的办公室，将父亲写好的寿屏当面交上。他见了我，神情显得颇不自然，可是一瞥之余，发现素珊并不在屋里，我随即想到，她一定是在隔壁。隔壁和这间办公室，其间只隔着一层薄薄的木板，木板上还有一道道的缝隙。

明晓得素珊在隔房暗暗地注意这边，我还是坦然地和道藩闲谈了几句才起身告辞。乘兴而来，怏怏而归。在回家的路上，我一直在烦恼悔恨，心想今天真是万万不该来这一趟的，自己满心懊恼不算，还不知道道藩那边会出什么事呢？

果不其然，第二天，我就接到了他这样的一封信：

雪：

一切都只怪我这个不应该再存在的人，我此刻心里的难受，是我一生之中从所未有的！我真感到无法再支持了。昨早我说中饭后下山进城，她要我今早进城我没有答应，她也就不再说话。下午三时我已动身下山，她忽然决定非陪我进城不可，我甚至于说改为今早下山，她也不行，因此我昨天已料想着也许会有今早这一幕的。你来的时候，她没有出来，当时我进去看到她在床上流泪。你走后她仍然饮泣不止。她今天有这样的表现，我们的一切可以说她全都明白了。自你走后，我和她交谈了三五句话，至今还在相对无言。中饭时两个人都食不下咽，各自默默坠泪，我正不知你的情形怎样，使我心里万分难过。我此刻写信给你，也不知应该说什么好，因为一切已非我的拙笔所能道出，我自然希望能够平安到家，并且得到休息，但是上天已经注定使我不能如愿。你试想想，我离此期间还有好日子过吗？假如此行在路上出了事，了掉我的残生，为了自私一点不管你了，倒也痛快！可是上天是否会给我这样痛快的处罚呢？只怕很成问题吧！我很希望常得你的信，但为避免"检查人"的眼睛，最好写些普通互报平安一类的话。

宗

这次见面会闹出这么大的事情，使我在忏悔懊恼之外，又增添了不少的伤感和哀痛，惩前毖后，百感交集，不久竟因腹泻发热而病倒。在这时候，道藩已经匆匆就道，回贵州盘县原籍去了。

他从重庆乘飞机直赴昆明，然后在次日搭乘便车抵达盘县，一回到家里检查行箧，就发现我们八位留法同学恭送的六帧画屏，竟然遍寻不获。——寿辰将届，这下怎么办呢？

他细细一想，总算给他想到了线索。他立刻写航空快信到重庆，叫素珊赶快把她藏过的寿序航空寄来，并且告诉她这是多么重要的物件。他怎么能肯定寿序是素珊藏起来的呢？因为他想到了那天我送寿序去的情景，素珊躲在隔壁偷听我们的谈话，又看我交了一包东西给道藩，使她疑虑丛生，找个机会就把寿序翻出来看。然而她一个中国字不认识，也不懂得这是什么东西，带点气愤就把寿序悄悄地藏起来了，殊不知害得道藩差一点在他父母面前无法交代。

素珊得到了信，连忙用航快将寿序寄到盘县，时间倒算是赶上了。不过后来据道藩告诉我说，素珊的信中曾要求他，必须和我以及所有我的家人断绝往来，道藩的答复是："办不到。"

他在抵达盘县以后给我写的第一封信，备述旅程种种，和回籍后的所见所闻，但他仍心念不忘前此那件不愉快的事：

雪：

我十四日早晨四时二十分，由重庆珊瑚坝乘飞机起飞，七时即抵昆明，下榻于交通银行经理吴任沧兄家里。因为交行有一小汽车，原订十三日赴贵阳，任沧兄收到我的电报后，叫那部车子迟开两天，所以我能在十五日早晨八时半，和交行人员三人同乘一小汽车，自昆明启程，下午六时抵盘县。这一路的迅速舒适，出乎我意料之外，因此并不觉得怎样疲劳。由于时间太匆忙，未能事先电知家中，到盘县时并无一人迎接，这样正合我意。否则随便来个三两百人，那么招摇，那么麻烦，绝不是我所能忍受的。抵车站后自己雇了挑夫，挑行李进城到家父母住处，父亲母亲见我突然来了，也感到惊喜不置。家里已在城外张家坡（距父母住处约二里）老家，为我预备好住处，以便接待亲友，这以后我得每天两地奔跑。十六日是家母七十一寿辰，我竟能早一天赶到，也是当初没有料想到的。昨今两天已经拜访了亲戚、族人、朋友、老师和同学三十多家，幸而县城不大，步行还不觉疲劳。不过回来以后发现若干年老的亲族戚友老师已谢世，活着的也都是六七十岁的人了，许多当年年龄相仿的人，见了面已不能相识，二三十岁的更弗论矣。城内街道建筑等物，除了新辟汽车站一带而外，大都没有改变，虽然破败，依稀还能辨认得出。初回家乡，觉得此地风俗环境可爱，民风仍旧朴厚，只发现许多亲友都穷得可怜，其他的事还没有时间去发掘。

家里有许多事情，使我头痛，原订住四星期的计划，或不可能，照理我回家应该十分高兴，然而心情却大为不然。对于重庆方面的事，尤其不放心。最近珊对我的态度，使我心中不得一时安宁，我只盼望她在我返渝以前，不至于有什么使我无法处置的举动发生，那么我回重庆时就可以从容应付一切了。我生来命苦，自作自受，算是该应，可是因此连累别人，才使我负疚万分。

这次回籍，承老伯为家严慈七十寿辰赐题祝词，并且承你赐衣料等物，我都已经呈献双亲，他们嘱我代为叩谢老伯和你。此间霍乱相当厉害，我唯有在饮食起居方面特别小心，希望可以免除疾病，而能安全返渝，尽我应尽的职责，那就是万幸了。我离渝前夕，你所受的不快遭遇，使我至今不能释然，万望你宽怀处之，我只盼他人不至胡闹，使你难堪，那么一切的一切，以后都容易加以调整的。

宗

接到他这封信的时候，我正大病初愈，心情十分萧索，盼望已久的信的到来，使我心里感到一丝欢慰，但我因为道藩的预嘱，只写些报平安的信，所以就复了他寥寥数语。而把当时我心中的感受，以及对那一次不快事件的想法，包括我的忧愁悒闷，毫无保留地写在我的日记簿里——

等了这样久的信，总算来到了。知道宗只是因为忙碌而没有写信，并无别的缘故，心中的疑团算是落下去了。

我从上月二十四日起忽然病倒了，病症是腹泻发热，先服了三剂中药，到第九天上热度才算减退。因为睡得久了，不舒服，那天下午就在躺椅上坐坐，刚巧接到宗的来信，心中有无限的欢慰快乐。病起之后，自己觉得瘦多了！所以这几天要好好休养，希望在宗回来的时候，已恢复原状，因为我不愿意他看见我有憔悴的样子。

今年的夏天实在过得太苦了！我觉得我从来没有像过去这两个月那样忧郁愁闷！天气是这样热，教人日夜都喘不过气来，宗是离得那样远，并且又不常有信来，这使我时时刻刻都在焦愁挂念中！本来这次他离开重庆，我是多么的不愿意，多么感受别离的痛苦！然而我在他动身以前，却丝毫没有显露出来，怕的是会增加他的苦恼和不安！可是不幸的命运却不甘心让我们和平无事地分开，竟鬼使神差地教我进城一趟，以至弄成此刻不可挽救的局面！唉！我尽管抱恨终天，可是对于这次的遭遇有何补救呢？自那天以来，我思前想后，不但为自己的毫无出路而悲伤哀痛，并且还为人家因我而受的痛苦而自责自恨！我曾想要跑到重庆去找悲鸿，说我可以无条件和好，本来这样做是解除各方面困难的唯一好方法，可是我总缺乏勇气，因为这样做了以后的结果，实在使我恐怖，也许会使我疯狂！最近我发现我自己好久没有笑了，不但不笑，而且常常想哭！当我病在床上的时候，不是天天盼望宗的信吗？然而天天失望！最后只好自己安慰自己，想着他也许会忽然就回来的，当我想到他突然来到我面前的时候，我就觉得我那时一定会失声痛哭！但可怜我此刻连哭的机会都没有，所以胸中的郁闷，只好愈积愈深了！

宗这一次回籍，我本来很希望他因环境的变易而能把工作上所受的一切苦恼，稍稍丢开，并且藉天伦的乐趣可以休养精神身体，可是据他来信告诉我，却完全不是我所想像的，似乎忙得比重庆还厉害，这真无法可想了！

雪记

两老寿诞之日，道藩亲笔写了一张通启，红纸石印，分致亲族师友，说明决定奉行节约之旨，寿辰一切从简。他也将通启邮寄了一份给我，这份通启写的是：

敬启者：

本年八月十六日，为家严慈七十寿辰，适值道藩得假归省，以娱双亲。惟值此抗战期间，生活高涨，国计民生，已大感困难，若因道藩家庭私庆，再增亲属师友无谓负担，心何能安！况我总裁蒋公，早有战时节约之倡导，全国各界，莫不遵行。家严慈以道藩身为党员，更应切实奉行，故命道藩对于此次寿辰，一切从简，勿事铺张，庶不致有违节约之旨。兹谨遵严慈命，既不设置寿堂，举行庆祝，亦不准备寿筵，款待佳宾，只将委座题颁之"齐眉合德"四字，制为匾额，悬于崇山营张家坡祖宅门楣，以资纪念。届时敬略备茶点，恭请诸位亲族师友驾临参观，藉谋快聚，如蒙光降，已深感荷。任何厚贶，概不敢承。所有原拟准备寿诞之国币六千元，奉家严慈之命移捐与本县县立初级中学，凤城镇第一第二第三各中心小学，及本县民众教育馆稍作补充设备之用，聊表扶助教育之忱，谨此奉达，维诸位亲族师友鉴原是幸！

张道藩　谨启

然而事实上他的节约计划却并没有顺利达成，原因是当地的族人戚友，莫不劝他按照当地的习俗办理，大宴亲朋，奉觞上寿。张家在盘县是名门望族，一举一动都被地方人士密切注意，尤其道藩曾历任交通、内政、教育等部次长，并且自一九二九年起便担任中央委员，他的身份和地位，在盘县无异是数一数二的人物。他的戚友们觉得像他这样的"大好佬"，为双亲做七十大寿，又怎么可以"节约"从事，殊不知如此一来，反倒害苦了道藩，因为他还乡上寿还是借债去的呢。

雪：

七月十五日手书，二十日收到，昨天又收到二十六日来示，敬悉一是，至为远慰。我回里后，见到双亲固然是一大乐事，可是家庭亲族间种种麻烦的事，也使我非常头痛。自从到家以后，没有得到一天的休息，甚至未得半日清静工夫和双亲谈谈家事。每天十分之九的时间，都花在访问亲族乡党朋友，或者接待客人，参加宴会。因此至今还没有给果公和学校、文化会同仁写过一封信。重庆天气酷热，此地最高气温则为八十度，但是恰值雨季，每天竟下雨二三十次，空气极为潮湿。我离乡二十六年，第一次回来也和外地人一样地不习惯，加以所住的房间是十多年没有住过人的老屋，潮气很重，睡了两夜便周身酸痛，虽说没有成病，却总觉得很不舒服。而且宴会太多，胃病又发，虽然发得不太厉害，但是已经不敢多吃了。

盘县生活程度之高，虽然不及重庆，但以本地战前物价相比，且有超过重庆的：譬如我们战前在南京二十元一桌的酒席，此在就要三百元。大家用三百元一桌的酒席请客算是常事。

家父家母七十寿辰的日期，订在八月十六日，原想简单举行，无奈族人亲友，莫不劝我们按照本地向例办理。这么一来，不但花钱，而且费事。我现在既不能用自己的改革办法，只好一切放弃，随家里的意思办理，我只要准备钱就行了。做寿宴客各事，大约二十日可以完毕，我希望赶在二十五日以前离开盘县，因为在这儿多留一天，就受一天的苦，一点儿休息也没有。

我这次还乡，所有亲族戚友，乡党邻里莫不高兴，因为我对他们优礼有加，而他们对中央委员、次长，都认为是了不起的头衔，其实我在心中暗笑，假如我倒霉归来，或者根本就没人理会，甚至于还会骂我是个无用的人呢？

我曾收到珊两封信，一切问题，全已公然提出，我没有空也没有办法在此时答复，只好等回到重庆再说。大师方面的事，虽然可望无大麻烦，但我这方面的麻烦将会更大，这也是无可奈何的事。我的精神体力，实感不支，很希望在父母寿辰以后，能有两星期的时间让我休息一下。可是我既不愿在这儿休息，又不想在昆明多勾留，弄得连个休息的地方都难于找到，真是烦闷之至！

宗

读罢信，我也为之深心怅惘，这个世界，对于他和我全都一样的残酷。许多年来不知有若干次了，我曾兴起和道藩此时同样的感觉——天地之大，仿佛就独缺我们的容身之处。

八月二十三日，道藩抽空游了他故乡的名胜，二十六年后复登临碧云洞。因雨困阻于水洞天窗洞中时，他用小笔记簿上的纸，为我寄来遥远的思念——

雪：

现在是八月二十三日下午二时半，我被雨阻于水洞天窗洞中。今晨由丹霞山归来，顺道游碧云洞。原定计划在碧云洞午餐，讵知寺庙住兵已久，寺中老道人仅有一屋可以容身。年来收成不好，庙里连粮食都没有，因此老道人早就不能招待香客吃饭了。我看到这种情形，马上叫轿夫先到小冲坡庵里，请住持备饭，我就顺道步行下山，一览水洞之奇。由于踽踽独行，不敢下洞，徘徊在天窗洞口，下瞰水洞中景致，似与二十年前毫无改变。回想我当年到此游览，还是十九岁的少年，如今不过四十五岁，而两鬓都已斑白了。由于碧字，想起了碧姊，由于云字，念着我雪妹，两星期来为俗务所拘，无暇写信告知近况，但我无时不在念你。而今游此奇境，不能和你携手同游，未免太可惜了。

我或者能在几天之内找到便车，起程赴昆明折返重庆，十天左右也许将和碧姊雪妹相见。一叙月余离情，并且当面报告还乡经过。但是我一想到回重庆就觉痛苦，原来职务非我所愿继续，原来生活情形也必然大有变更。这次回籍借了两万几千元，将来如何偿还？珊如果还不谅解，我又怎么处置？凡此种种，无不使我感觉为难。假使我此刻由这岩上纵身一跃，跳下即可毕命，了却一切。这样虽很痛快，但是未免太不负责任，无论从哪方面说，都不应该如此啊！

宗

雪：

八日、十日、十六日三封信，都已先后收到，因为终日忙碌不堪，无暇回信，真是罪该万死，不敢求你原谅。你或许疑惑我生病了，实际上我虽然没有生病，但却比害场大病更苦！因为生病还可以由于身体的病痛，忘记精神上的苦闷啊！从本月初起就筹备双亲十六日挂匾和做寿的事，此间叔侄弟兄甚多，他们很想帮我的忙，只是无从帮起。因为他们之间没有一个人能执行我的命令或计划，使我觉得合意。十六日后又忙乱了几天，才把各事结束，我竟因疲劳过度而患失眠，身体极感不适，但每天应付来访客人和赴宴会等事都无法避免，再加以亲族间涉讼事件求我调解，分家的事要我作证等，使我厌恶已极，所以我急于想离开此地，然而父母双亲苦苦地要我多住一个月，车子也不凑巧，所以我至今还滞留在此，一颗心却早被种种烦扰驱回重庆去了。

每当想到重庆的学校问题，家庭问题等，又使我没有勇气回重庆，不过各方面已来函催促，真使我不知怎样是好？交通银行虽说有车子由贵州到昆明，可以送我，但是我已经等了五天，还没有到达。现决定再等到月底，如果还不见车来，就只好搭邮车到曲靖乘火车到昆明（需两日一夜，或只需一天不定），飞机票必须到昆明后才能定购，假定在昆明停留五天，那么抵渝之期当在九月十五日左右，准确日期等决定了以后再行函告。

双亲做寿的事，总算圆满结束，连捐款在内，一共花了一万五千元，这还只是用在做寿方面的，真是穷措大又耍一次阔了！盘县天气已经入秋，早晚非穿毛线衣不可，重庆虽曾得雨，热度稍减，此刻恐怕还在受秋老虎的炎威吧！接此信后请你停止寄信，如有要事，则寄由昆明交通银行吴任沧先生收转。

宗

74

后来他的行期提前了，九月七日就回到了重庆，还是搭每次邮车赴昆明转飞重庆，这一路行程走得很苦，挤火车没有座位，在昆明跑了三四里路才找到旅馆，搭飞机还是靠朋友帮的忙。这种种切切他在行前的一封信上写得很详细，我读时心里固然很高兴，但也有相当的感触。其实，以道藩当时的地位，他是不难被各地政府机构送往迎来，殷勤接待，断断不会发生像他所遭受的那些"行路难"的，然而不愿利用职权地位正是他的谦冲美德之一面。他由于此行是为了"返籍省亲"，纯粹是桩私事，因此他除了要好朋友以外，什么人也不肯惊动，因此才会在路上吃了那么多苦头，而他竟也能安之如素，连半句怨言也没有。我承认，他这种独立特行的性格，使我对他产生由衷的钦佩，于是才会发生"仰之弥高，爱之益坚"的热烈感情。我们的爱实在是以了解为出发点的。

雪：

下午四时，警报还没解除，我乘邮车离开盘县，瑾伯十二叔与我同行，下午七时抵平彝，用晚餐后七时半换乘另一邮车赴曲靖，晚上十一点钟抵达。

三日晨六时，到曲靖火车站，早就听说乘客极多，如不提前去将会找不到座位，哪知七时走到车站，车上已是人满为患，勉强挤上车去，得到一个空位置，我请瑾伯叔坐下，就便照管行李，我自己去和邮局运输组长情商，获准坐在邮包的空隙中间。火车九点钟开行，下午四时到易隆附近的小新街，停车半小时，让旅客下车吃饭。四时半再开车，晚八时半到达昆明，下车后雇人挑行李，步行了三四里路找旅馆，找了好几家都没有空房，到了十点左右，才在欧洲酒店住下来。欧洲酒店是希腊人所开的，每天连三餐在内每人一百八十元。由昆明到重庆的飞机票极难买到，今天经朋友帮忙，答应买七日到重庆的机票两张，如无其他变故，七日下午五时左右可以到达了。我已打电报给学校，派车子到飞机场来接，届时迎接的人一定很多，到达后势将先回学校。因此我恐怕要在抵达两三天后，才能来看老伯和你。假如这两天没有运输机和附带邮件到重庆，这封信可能跟我同一架飞机，不过它应该会先到你的手上。

宗

道藩结束返籍之行归来，小别重聚，又是一种心情。他在抵达重庆不久便来看我，风尘仆仆，加以心境不好，人显得相当清瘦。他为父亲和我带了些土产，谈些旅途情况。其实，他那些话等于是只讲给父亲听的，因为他这一路上虽然忙碌辛苦，可是旅途中每一细节他都有详细的信给我，他为了应付场面所谈的种种，我可以说早就了然于胸了。当时我最关心的还是素珊和他到底怎么样了？然而不巧得很，那一天我们始终找不到讲私话的机会，他走后，一直等了十天，他才有一封信来：

雪：

十天来所过的生活，自己也有点莫名其妙，其实呢？一切都不外乎忙乱、愤闷和苦痛！上次别后，回到山上的那一夜，我竟彻夜不能成眠。珊和我算是毫不顾忌地谈了一切，彼此虽然极受人间苦痛，但也得着了料想不到的启示。一切还是见了面后再详细地告诉你吧！

近日没有写信给你，并非由于疏忽，实在是千言万语，我无法用一纸短笺所能奉告，所以我一直在想找个机会当面详谈，只是这个机会至今还没得到，令我十分憾恨。现在计算时日，大概十六日下午可以来看你了，到那时再让我细细地说罢，我现在唯一能够先告诉你的，就是情形已较缓和，绝不至于再有什么不幸事件发生。你听了这话，是否稍微放心呢？

宗

道藩说得不错，局面已趋缓和，事情又这么拖下去了。

75

暑假后，颜院长聘请父亲为教育学院教授，这样，父亲便无需再到重大教书，免得奔波劳碌，他的美意使我非常的感激。然而我们万万没有想到，这竟是他老人家一生所接到的最后一次聘约。

为了买一些自吸的淡芭菰烟，老人亲自上了一趟街，回家的路上，在小石坡上让一个挑担子的路，竟从坡上摔到田塍边，左手腕扭了筋，立刻红肿起来，老人自己开药方，买栀子来吊伤，红肿渐渐地消褪，这是当年九月间的事。

自此以后，老人的身体益形衰弱，胃纳不佳，精神萎顿，经常觉得浑身虚软，四肢无力。请教医生，始终找不出有什么病。直到十二月十日，道藩到磁器口来时我们商量，坐道藩的车到城里去，请名中医张简斋诊断一下，张医师也说不出什么道理，开了一张我留存至今的方子。

看完病，道藩派他的车送我们回磁器口，七点多钟回到家里，老人倦怠地坐在藤椅里休息。八点多，忽然悲鸿同陈晓南两人来了，据说他们是在对面山上美术会吃的晚饭，听说老人不舒服，特地赶来看看。

父亲打点精神和他谈天，悲鸿口口声声劝老人不必再教书了，老人慨叹地回答："不教书怎么成呐？从前的生活还便宜，现在是谈何容易！"

悲鸿立刻说："老人家不必想得那么多！"

接下来，他仿佛无意间看到了老人正对面墙上的一张画，是他遨游南洋归来赴我餐约时送给我的礼物，他说画不该这么老挂着，而且立刻就叫陈晓南取下，把画卷好带回去。他们告辞时父亲的神色大变，满脸是懊恼、屈辱、悲愤和激动的表情。

颜院长和他的新婚夫人过来问安，父亲像是找到了倾诉的对象，他伸出索索发抖的手，指向空白一片的墙壁，向颜院长夫妇说：

"看看，连画都拿走了，"然后，深沉的一声浩叹："偏偏，今天我又跟他提起了生活问题。"

言下，无限悔痛。

第二天下午，我在图书馆上班，吴作人和张茜英到了我家，发现老人歪倒在沙发里，气息急促，他们匆匆跑来图书馆叫我。我急忙回到宿舍，看情形不对，便立刻打电话给城里的道藩。他当时刚被任命为中央宣传部长，非常忙碌，直到晚间九点多钟，才赶到磁器口，马上送老人到重庆市立医院。

到了医院，立刻请求急诊，经医生诊断，说是非常严重。

一小时后，父亲心力俱竭，像一盏干涸了的油灯，终于熬完了他生命的旅程。

我立刻放声恸哭，道藩极力地想抚慰我，然而他的声音是哽咽的，脸上潸潸地流着眼泪，昏沉惝恍中，我几乎难以相信周围的一切是真实的。才只是若干小时以前，父亲软弱无力地倚靠在沙发里，那对睿智而慈祥的眼睛，还注视着我在整理带往医院的东西，曾几何时，他已静谧而僵硬地躺在医院的病床上，白色的墙壁，白色的家具，黯淡朦胧如烟似雾的光线，照射着父亲灰败瘦削的脸。他的眼眶深陷，双眼紧闭，颧骨高高地耸起，他不像平时的模样了，那罩覆着他全身的白被单，静止的，不起一丝波动。啊，父亲，他已停止了呼吸。在他老人家身畔送终的，只有我和道藩。想起母亲姊姊都在数千里外的沦陷区，我又忍不住地痛哭起来。

灵体要移到太平间去，几位穿白制服的医院工友，脸上漠然地毫无表情，父亲最后的一段行程要由不相识的他们帮助完成。他们搬动父亲直挺挺的身躯，移向另一张异床，异床下有活动的橡皮轮，橡皮轮无声地滑向迤长得似乎永远走不完的甬道。我掩面哭泣，道藩紧靠着我，用他那双也在颤抖的手搀扶着我的胳臂，夜很静，甬道里不见人影，除了我抽搐的声音在甬道里回荡。父亲死了，就这么一个小小的凄凉送灵队伍。

道藩打电话通知中国文艺社的一些朋友，于是华林、陈晓南和悲鸿他们听到噩耗急急地赶来，道藩连夜出去找寿材店，敲开门，亲自为父亲选了一口上好的灵柩。

悲鸿和晓南伴我守灵，太平间里灯光摇曳，我一直在流着泪，内心的悲痛到了极点；从此，我更加孤独了。

第二天清晨有更多的朋友赶来，当时在重庆，不像现在台北有殡仪馆可以停灵，医院的太平间也不能久放。所以必需立刻安葬。道藩已经邀了我教院的同事马寿征，上歌乐山勘定墓地，监督工人建造完固的石墓。两天后，茔地竣工，灵柩从市立医院发引，一大群朋友、父亲的学生，以及沙坪磁器口一带曾由父亲治愈疾病的人，纷纷地赶来参加执绋。盛大的送葬行列行进到牛角沱，我就地稽颡谢步，大多数人都想一直送到歌乐山，可是没有交通工具，在那时能够借到一部卡车一部轿车已经是很不错的了。灵柩上了卡车，空隙的地方挤满了人，白马素车，一片悲戚。一九四二年十二月十三日，正午时分，父亲的灵柩在歌乐山落葬。

老人家的丧事，在营葬修坟方面，我必需做得考究一点，所以他的坟墓全部是用青石造成的。此外在百日之期，承父亲生前友好和学生们发起为他举行追悼会，由父亲的旧同事叶楚伧先生主祭，到有政府首长，名流学者数百人，并蒙国民政府林主席颁赐挽额，行政院明令褒扬，为泉壤增光不少。一切丧葬费用，由行政院和四川省政府两处的恤金，以及老人家的私人积蓄所开支。父亲一生，不求名利，淡泊自甘，因此我本着老人生前意志，简单而隆重庄严地办理了他的后事。

父亲逝世前后，道藩对我尽了最大的爱心与关切，使我能够顺利地办完丧事，并且勉励自己鼓起勇气来继续奋斗。死者已矣，我虽然悲恸欲绝，可是还有两个孩子必须由我抚养，在那一段时期，道藩在中宣部的工作职责重大，忙碌到日以继夜，但他仍尽可能地抽出时间，和我多聚晤，想尽方法来减少我的哀思与悲痛。

宗：

此刻系晚间八时，今岁光阴，只剩此四小时矣，吾一人独处，思汝不置，无已，乃借纸笔为汝辞岁，并为汝祝贺新年。维汝长乐永康，凡事顺利，则吾亦因而得福矣。今日为老父辞世三七之期，追念音容，哀痛莫极，万里孤凄，尤伤惨不能自已也。昨日晤面，觉汝显具愁容，因在场有人，不克详询究竟，匆匆话别，弥感惆怅，嗣后发书，乃知有事，然仍不知底蕴也。附件令吾有难于接受之处，盖汝明知吾此时并不乏此，且吾又深知汝之情况，试问如此吾能安心乎？汝纵不为自身计，宁亦不为我设想耶？是以无论如何应请汝收回成命，庶几爱多之深矣。吾每常自恨自愧，以汝忙碌之身，犹不断为我操心，故吾之生存，不独不能予汝安慰，实徒耗汝之精神。

倘吾能一旦逝去，纵汝有一时之伤痛，然从此或可以心神安定，亦未可知。明日将偕小儿等入城，预定将有两日勾留，先君行述已草就，然吾颇多不满，必须倩人改易，此事尚待与汝商酌，故极盼能得一晤面机会。此信将随带至渝，拟于到达后先以电话问汝行止，倘能晤面，即面交。否则当饬人送至文运会，然又虑有人折阅，此种不自由殊令人厌恨也。两小之皮鞋，请暂缓置，因此时尚有穿着，颇不急需，并非客气，请勿多心！

雪

76

父亲逝世后九个月，我的伤痛尚未解除，忽然晴天霹雳，噩耗传来，母亲在京病逝。我得信后，心头的创痛，几至不能自持，深沉的悲哀，严重的打击，酿成我惨痛人生的最高潮！母亲在抗战初期由于年老体衰，不耐长途跋涉，错过了避难大后方的机会。上海沦陷，她在那么样艰难困苦的环境里，一个人撑过数年孤寂无依的时光，文榴姊虽在故乡宜兴，但他们也逃入深山避难，无法迎养母亲，后来还是二堂兄嫂把她接到南京，由他们奉养。一九四二年父亲逝世后，南京的亲友虽然得到了消息，只是恐怕母亲经受不起刺激，一直隐瞒着她，然而母亲一连八九个月不曾接到父亲的信，她心中的疑虑忧思与日俱增，竟突然得了中风症，不治而去世。母亲的弃养，将是我一生无可补偿的憾恨。我一直希望等到国土重光，南京收复后，能再侍养她老人家几年，以尽人子之职责，可是如今连这一点愿望都不容我达到，叫我怎能不抱恨终天呢！

我不知道自己怎样度过那一段忧伤的日子，多一半是浑浑噩噩，清醒时长日泪流满面，父亲和母亲温煦的面容，无日无夜地在我眼前交替映现。

年底，经子杰带到成都升学的伯阳，在念了一学期高中之后，以十六岁的稚龄，竟然自作主张，参加了十万青年志愿从军，而且去后音讯毫无，下落不明。我接到子杰的信，才知道这个消息，一时间胸头抑塞，麻木无知好半天，才伤心落泪。但是想到人家的儿子可以为国牺牲，我又何能自私地说他做得不对。伯阳有从军壮志，我这个做母亲的唯有感到光荣骄傲，但他只有十六岁，这样不告而去，除了使我极度震骇以外，同时百思不得其解！我委实无法想像他为什么要这样做？难道他是在什么时候和我有了心灵上的距离？十多年来我忍辱负重，发奋图强，在水深火热的抗战时期，勉力肩负起父与母的双重职责，夜深人静的时候我常常流泪自问，我这么痛苦地生存着，究竟是为的什么？自己的答复，当然是为了孩子。可是如今偏是孩子也来给我致命的打击！

我无可奈何地四处探听消息，最低限度我要知道伯阳现在怎么样了？他在什么地方？道藩也在为伯阳着急，而且运用他的关系，在做多方面的努力探问，后来才知道他参加了孙立人将军的新一军，在缅甸百战归来，待命镇南关，准备进军广州湾。至于再相见，则是胜利复员回到南京的时候了。

当时我在频遭苦难的心境下，几乎使我丧失了继续生存的勇气。道藩纵使倾其万丈柔情，给我更深更多的爱抚和慰藉，然而，我的心绪恶劣，仍然不是笔墨所能形容的。

77

宗：

　　不见又已九日，虽刻刻想念，然既无任意晤面之可能，只有忍待汝来，天乎不悯，无复何言。忆前次晤见时，汝曾以汝之爱吾究否予吾安慰为叩，实则汝岂不知，耿耿此心，不特惟汝是属，盖除应有之义务而外，犹令吾留恋于斯世者，惟汝爱而已。然茫茫前途障碍实多，剧变之来，正难预料。数年来虽沉于爱恋之中，然每一念及，即惕焉心惧。近日因受外来之刺激，心绪尤感恶劣，凡此痛苦，除汝而外，更无可告之人。然又明知汝亦情境相同，为难处正不亚于吾，言之又复何用，天心之不欲，盖命定于斯矣。

　　上星期日曾偕数友人去璧山山中游览，访一湖名"天池"，觉其地风景绝佳。近来因感世道人心之不固，时生出世之想。倘能结庐于山明水秀之乡，不与恶浊社会相往还，亦逃避烦恼之一法也。

雪

天池之游也是朋友们赐给我的温情之一。朋友们见我太伤惨，太消沉，唯恐我郁结致病，他们想尽方法来使我消愁解闷，暂忘一切。他们的美意我当然衷心感激。

接下来是亲切有如家人的男佣史坤生离开了我。坤生同弟夫妇，从一九三二年起便来随我，同弟更是自幼在我家长大的，他们两夫妇忠心耿耿，曾经陪伴着我度过长时期的悲伤痛苦岁月，他们曾见悲鸿的移情别恋，造致家庭的破灭，父亲逝世，而两个孩子都在念书，家里只剩下了我一个人。坤生闲着无事，可能也是想要减轻我的负担，有一天他忽然跑来告诉我，他说他找到了事，到中国银行福利社去工作。我希望他能有上进的机会，不要尽跟着我这个前途茫茫的人，于是我欣然地赞成他去。

三个月后，坤生和同事因口角而斗殴，受了重伤，在昏迷中被抬送到重庆市立医院，我得到消息以后，唯有摇头叹息。心想真是家门不幸，祸事怎么会连接着来到，我央人陪同弟到医院去探视究竟。

由于市立医院没有空病房，躺在走廊上的坤生吵着要回家，同弟他们只好将他弄回磁器口，疗伤养病，前后历时好几个月。诊治时期，医生发现他有肺结核，同时还患气喘症。

78

雪：

十四日早晨别后，回到山上，原来希望能够安静休息两天，谁知到后听说丽莲经过中央医院医生检查，认为她肺部甚弱，已经照了 X 光，我听了不免忧虑起来，珊更是焦灼不已。十六日晨到医院看了片子，方知她肺部确有细微的黑点十余个，医生叮嘱赶快治疗调养，立刻买了山道士钙针二十瓶，预备给她注射，并且写信托朋友在香港买钙片和鱼肝油精。看过片子走出门诊部的时候，珊就悲痛落泪，并且说："从来事事小心，为她照料一切，并无半点疏忽，谁知道这么尽心都不能使她康强……"我连忙安慰她，丽儿见珊下泪，还不晓得是什么事呢。

回到家，我也觉得惨然，难道这是命中注定应该如此的吗？自从我有了这个女儿，珊和我爱她护她真可说是无以复加，现在竟不能使她康强生长，以安慰生育她的人，并且让我们有以自慰，这真是难以解释的事啊！

宗

道藩和珊，一生只有这么一个孩子，而家庭生活环境也比较一般人优裕，平时不免有点娇生惯养，因此身体显得单薄。重庆的天气，一年中几乎有半年都是漫天浓雾与阴雨绵绵，对于人们的呼吸器官极为不利。据医生判断，丽莲的肺部很弱，使道藩极感忧虑。一九四三年初，她的身体仍未好转，医生的意思是最好易地疗养，迁往地势高亢，气候宜人的地方，几经商量，道藩决定请素珊带着丽莲到兰州去养病。

素珊和丽莲到了兰州以后，道藩就搬到文化会堂去住宿。文化会堂在会府，是文化运动委员会的会址，两层楼的建筑中，楼下有一大会堂，其余的房间辟为办公室，楼上全部为宿舍，有几家的眷属，也住在那里。道藩一个人在楼上，占有两大间房，用板壁隔成四间，一间办公，一间卧室，进门的一间算是吃饭的地方，另一间为储藏室，但是他没有人照料生活起居，尤其是吃饭的问题难于解决。这时候正好坤生病已就痊，而且闲在家里，于是我便把他介绍给道藩，因为坤生既靠得住，而且又会做菜，人也聪敏，正是道藩所需要的人。自此以后坤生便成了他的得力亲信，一直跟在他的身边，以迄于病逝台湾。

道藩住在文化会堂的那一段时期，我们聚晤的机会比前更多，也更方便。通常都是我进城，直接到文化会堂去，有时候我们在他办公室里款款而谈，如果是办公时间，我便会在他房间里小坐，等他忙碌完毕以后，便有很清静的环境，让我们享受一段闲暇的时光。这时候，坤生会给我们准备一些丰美可口的食物，或者是点心咖啡等。

道藩留学海外，原毕业于伦敦大学学院美术部，后来又在法国国立最高艺术学校研究。他前后学画七年，回国以后，因为从事党政工作，将所习的绘事放弃了，平时谈起总引为憾恨。有一天，我和他正相对坐谈，忽然引起了他画画的兴趣，他想为我画一张像。

他在文化会堂的办公室，有一张宽大无比的办公桌，我们每次聚晤谈心，都是相对地各据桌子一端，于是他取出纸笔来勾描我的轮廓，草成一张速写。这样的速写也不知道他画了多少张，我知道他是在试验自己的画笔，重温往日的所学。于是我尽量跟他合作，保持固定的姿态，让他把握住形象。被人画像我是有相当经验的，在过去的岁月里，不仅悲鸿为我绘了许多画像，而且连法国、德国，甚至苏联的名家，也都描摹过我的形象，在他这样的连续练习几次以后，使道藩产生了信心。他终于重拾起尘封已久的画具，为我画了他回国以后将近二十年的第一幅画，那第一幅画是我侧面的半身像，用的是水彩。画中的我，神情黯淡，头发上还别着一朵小白花，因为那时候我还在为逝世不久的父亲母亲服丧。

这幅画被我郑重地保存着，它是我一生之中，最珍贵的纪念物之一。

79

这时候，悲鸿正在筹组中国美术院，院址设在沙坪坝对面，曲径通幽，风景宜人的磐溪。美术院的设置，完全是朱家骅先生的赞助而成立的，宗旨是为那些有造诣的艺术家，提供研究切磋的场所，并且使他们能够安心从事创作。悲鸿担任院长，他的学生如陈晓南、张茜英、费成武等都是研究员，他们都住在里面。

自从父亲死后，悲鸿和我很少见面，因为在心里彼此都有前尘已了，情义早绝的感觉，我只听说他依然忙碌，忙碌到伯阳离家从军这种大事，都不曾使他稍微分心。

那么他究竟是在忙些什么呢？晚秋时分，答案揭晓，悲鸿始终都在忙于高歌"关雎第一章"，几经挫折，仍无所成，于是他又跑了一趟桂林，别出心裁地登报招考女职员，担任中国美术院的图书管理工作。报名者五十余人，笔试由他的学生张安治主持，口试由悲鸿亲自甄选，结果是选中了一位十九岁的湖南籍女学生，然后院长和管理员同乘卧车经柳州、独山而贵阳，再搭公路车到重庆磐溪，起先那女学生和张茜英同室，后来她公开与悲鸿同居。

一九四三年年底，道藩得到家乡的来信，他高龄七十二岁的母亲伍太夫人，年高体弱，旧疾复发。道藩闻讯十分忧急，在重庆买了许多牛黄马宝之类的名贵中药，寄回家乡。同时他一直都在想请假回家一次，探望母亲。正好那时日寇南进，星马泰越缅各地相继失陷，大批的侨胞义不帝秦，纷纷逃回祖国，聚居在滇黔桂各省，当时道藩已经由中宣部调任海外部长，被派到云南贵州广西，代表中央宣慰华侨，他趁此机会可以路经盘县，探望一下母亲的病况。因此他便在一九四四年元月五日启程，开始了一次长程的旅行。沿途，他都有详细的信告诉我旅途的见闻：

雪：

五日离开重庆，因为是上午十点半才从海棠溪开的车，所以当天晚上只好睡在松坎，总算已经进入了贵州省境。六日下午五时到贵阳，有几十位党政界的朋友到车站迎接，和一九二七年逃离贵阳的情形，大不相同，未免引起许多感慨。七日在贵阳，除了拜访党政界三五位主要人员，和两三位老朋友之外，其余的时间几乎都在接见访客，总计有七十余人之多。昨晨八时离开贵阳，九时半方在离贵阳五公里的车站买到汽油，因此动身较迟。走到安顿县和普安县之间的那段路，遇见大雾，行车极为困难，而且十分危险。下午六时到了普安县城，就不敢再往前走了。直到今天（九日）上午九时，才到盘县，因为家里房屋狭窄，将同来的同事和司机安顿在旅馆里，然后自己回家。

家母的病，虽然已经脱离险境，但她身体很弱，而且年纪也大了，实在不能无所顾虑。最为难的是家母如果住在盘县，恐怕她的旧病不久又会复发，要请她一同到重庆吧，一来怕她吃不消沿途的辛苦，二则到了重庆又没有陪伴侍候的人，这种种切切都成问题。我再三考虑的结果，还是请求家母和我同去重庆，可是他老人家的顾虑也多，因此直到现在还未决定。

我订在十一日由盘县到昆明，在昆明可能有十多天的勾留，如果不去保山和下关，阴历年底以前可以回到盘县，和父亲母亲同度旧历年，家母肯不肯和我一道走，那时候总该有个决定了。

今天到盘县，就碰到此地难得的大晴天，晚间月明如昼，使我心神为之一爽，然而家事萦心，虽然对着明月故乡，我仍然毫无快乐可言，想来我只有自认命该如此了，你说是吗？

宗

雪：

十二日从盘县动身，当晚六点半到达昆明，第二天就开始工作。一星期以来，从早晨起床，到夜晚十二点或是一点钟，不是会客，就是讲演，宴会……弄得连写信的工夫都没有。直到今天下午四点半才抽出时间，去访你的外甥一雄，先到他寓所去扑了一个空，然后到他的诊所见到了面，谈了半个钟头。因为我另外有事，告辞而去。康民不在城里，所以没有碰到。一雄一面在云南大学医学院任教，一面自己挂牌行医，据说还能维持。他的医道当然不成问题，不过以我半小时的印象，就怕他入世不深，必须好好地磨练些时，人缘多了，前途发展一定不可限量。

我在昆明的工作，再有两天大致可以办完，我将在二十一日启程回盘县，大约二十六日动身到贵阳，我只希望在贵阳能得到你一封信，好知道你近日的情形。

宗

雪：

你一月二十三日的信今天中午转到了，我从二十八日晚间到达贵阳后，连日自清晨到午夜，无时不在忙乱之中，要想抽空写信，根本就不可能。现在已经是午夜一时，我才能安安静静地为你写这封信。贵阳的事情大致已经办好了，明天再忙一天，五日早晨就启程赴独山，转往广西，估计约三月十日左右，可以回到重庆。

你九日寄到盘县的信，请你务必要在发信局查问一下，看看究竟是什么缘故？

这一次到贵阳昆明，大受党政军及文化各界欢迎，可是整天都在讲演、座谈、会客、宴会之中生活，实在太不习惯，然而又无法避免或谢绝。因此人虽然在此，一颗心却还留在重庆。于是总想早早回渝，现在只希望快把广西应到的地方走完，我就可以踏上归程了。

到贵阳后令我感慨万千，人家都以为我是"衣锦荣归"，可以一吐十六年前所受的冤气！其实我却并不这样想。不过这次到了贵阳，才知道十六年前对我们作威作福的那一批丑类，今天几乎没有一个得到好下场的。我虽然并不迷信，但是也觉得冥冥中自有因果报应。当年在此受难的六七位同志，这次都在贵阳聚齐了，倒是很难得的事，昨天早晨，我约他们同去拜扫当年被害同志李一之的墓。中午请他们聚餐，患难余生，在十六年后得能把臂欢谈，也是人生快事之一。

我这回奉命到滇黔桂三省，任务本只是宣慰侨胞，但是竟有若干神经过敏的人，居然会另有猜测，说我又将膺命新职，真是可笑之至。此间有人告诉我，大师已经到了贵阳，而且确有进行结婚的说法，结果如何还不知道。只听说他住在社会服务处，我原想去看看他的，因为抽不出空而没有去成，明天要是还不得闲，可能我就不会和他见面了。

宗

我为道藩高兴，因为他能够获有这么难得的机会，回到十六年前历经危难、几乎丧失生命的地方，会晤当年同时被难的同志，把酒言欢，共话往事，我可以想像他在那一席盛宴上是怎样的欢欣庆幸，逸兴遄飞。

道藩的信里说是大师也到了贵阳，他所指的大师便是指的悲鸿。悲鸿在那年初春，陪伴新欢到贵阳去探望她的姐姐，他们住在社会服务处，而且就在道藩离开贵阳的第五天，几乎闹出了事情。

在贵阳的朋友写信告诉我详细的经过，后来吕斯百也根据悲鸿的信中所述对这一段"史话"加以证实。就在二月八日那一天。新欢突然拿出了一瓶毒药，她威胁悲鸿说：

"除非你立刻登报和你太太离婚，再跟我正式举行婚礼，不然的话，我们就一齐吃下这瓶药，大家同归于尽！"

悲鸿从来没有遇见过这种事情，他吓坏了，立刻答应全部照办，只要别逼着他吃毒药，当时他就拟好了广告稿，先声明和我离婚，这一则广告刊登在二月九日贵阳的《中央日报》，其文曰：

> 悲鸿与蒋碧微女士因意志不合，断绝"同居"关系已历八年，中经亲友调解，蒋女士坚持"己"见，"破镜已难重圆"。此后悲鸿一切与蒋女士毫不相涉，兹恐社会未尽深知，特此声明。

三天后，再登报，声明他和那女学生订婚，当天还请了两桌客。

我对这事，仍旧没有理会，朋友们的观感却是为他惋惜，最直接的反应来自我的女儿，丽丽已经十五岁了，她写信责问她父亲说：

> 爸爸：为什么您每次追求一个女人，就要登报跟妈妈脱离一次关系，假如您还要追求十个女人，您是不是要登十次报呢？

悲鸿只好央求他的学生陈晓南说：

"你快去安慰安慰丽丽！"

这时候，道藩继续行程，从贵阳到了桂林：

雪：

> 五日离开贵阳，下午一时抵都匀，去看了三妹夫妇，谈话一个多钟头，登车再往南走。由于下雨，沿途泥泞难行，汽车驾驶不易，尤其是公路被铁路占用的部分，附近新修的临时道路路面还不坚实，汽车开到离独山十公里左右的地方，突然陷入泥坑，费了好大的气力，才把车子推出去，有这么些耽搁，到独山已经是夜晚九点了。

在独山住了两天，七号晚上十点钟，乘黔桂铁路的专车南行，汽车和车夫只好留在独山等候。八号下午两点到达金城江，车停三小时，我曾下车观览。五点钟再登行程，九号一早抵达柳州。在柳州停留六天，整日忙乱不堪，连写封信的时间都没有。十四号早晨去搭乘湘桂铁路所备的专车赴桂林，可是还没有走到车站就碰上了警报，在车站等到十点整，警报解除才开车。十五号清晨六时方才到达桂林。

从本月十五号到今天二十二号，又是忙碌不堪。活动的节目，从早晨八点到午夜十二时，都被安排得满满的。一直到今天，所有的任务总算已经告一段落，明天再去回拜回拜若干华侨和党政界的人士，再参加两次宴会，桂林方面的事就可结束了。连日阴雨绵绵，天气寒冷，到阳朔和兴安县的泰堤之行只好取消。这样也好，我将在二十四日早晨乘车返柳州，经过独山、都匀、贵阳而返重庆，预计三月五号之前，一定能够到达了。

这一次长程旅行，前后足足四十七天，虽然披星戴月，长途跋涉，无限忙碌，可是身体居然能够勉强支持。每到一处地方，不但受到归国华侨的衷心欢迎，而且各界人士也都对我表示情绪热烈。前前后后，我已经讲演了六十多次，每一次所讲的都很得体。据广西方面的人士说：中央大员到桂林来的为数不少，可是从来没有像我这样受到热烈欢迎过。我也曾自我检讨在这儿的一切活动和演说，我想我大致还没有失败吧！

宗

80

三月初道藩回到了重庆，平安无事地过了四个月，突然，他接到从盘县发来的紧急电报，说他父亲感染恶性疟疾不治逝世；道藩闻讯悲痛万分，他立刻请假回籍奔丧，在半年之内作第二次的远行。

仍和以往一样，他把旅途的情形，以及办理丧事的经过，从一封封的信里，不惮其详地告诉我。

雪：

时间过得真快，我们分别已经十二天了，一切的忙乱，使我没有空写信，现在勉强定下心来向你报告一些近况，并且请你转告真正关切我的朋友。

十四日早晨七时一刻从珊瑚坝机场起飞，九点三刻到昆明。下飞机后，出乎意料之外，已经有几位朋友和侨领在机场迎接，并且为我准备好了住处。盛情难却，只好一同前往。大家认为我想乘火车再转公路车绝对不妥，坚持为我预备小车专送。为了不辜负朋友的好意，勉强接受。

当天从早到晚，在昆明接见了几十位朋友。下午抽空出去买药，同时再去看看一雄，承他介绍预防传染的药片等。十五日晨六时半，由华侨银公司派会计主任陪同，乘小车驶离昆明，下午四点就到家了。一进家门，满心悲酸，热泪夺眶而出，早已泣不成声，回忆二月间回家省视父母的情境，竟大相悬殊，感触之深，可想而知。

我在重庆原已有点感冒，加以在飞机上穿得太少，昆明过夜，又受了凉，伤风越来越厉害，再加上旅途劳顿回家悲恸，所以在十六十七那两天实在支撑不住了。幸而一面吃我自备的药品，一面服食盘县医师开的西药，方始渐渐地痊可了。

十七日下午，到离城十里的地方去看先父的茔地，不合适。十八日又到城北美人山祖茔去探勘，在五族共祖成纲公的墓旁得地一穴，大家表示满意。以我的俗眼来看，也觉得一切都好，于是决定采用。

十余日来，城内乡间以至于邻县来吊唁先父的人很多（此地俗称"瞧死"，亲戚好友一定要先来"瞧死"，丧家开奠的时候才会给他通知，因此大家都很重视这个礼节），"瞧死"时孝子必须回礼，都得叩头接见，不免十分劳累。旅昆明的侨胞专派两位代表到盘县，本区的行政专员和邻县普安县长都曾亲自来吊，还得我特别招待。听说云南龙主席也要派代表专程吊奠，免不了又是一番麻烦。

到家以后，家中大小除幼妹和女仆病重而外，大妹二妹和外甥连续染病，病势都很不轻。近日因为我逼着她们打针吃西药，方才逐渐痊愈。但是大妹和女仆仍还没有脱离危险期。她们因为当地没有医院住，一时又不能送她们回家，因此只好让她们住在丧宅，这是使我万分不安的事，幸好母亲安健，稍微叫我放心一些，可是如果这些病人不快好，母亲也未始没有受到传染的可能。我自己已经尽一切可能的方法防御，所以至今还很安全。这种病虽然容易传染，据医生说只要稍事小心，就不会有问题，我想我总不会有危险的，请勿惦念。

丧事如照旧习办理，三天之内酒席一项至少就得五百桌，需费五十万元，二千人的孝布，每人约需二十五元，也要五十万元，孝服三十件（应该服丧而不在家的除外）约五万元，其余一切费用约四十万元，这样算下来最低限度要花一百五十万元。因此我决定大事改革，除开近亲近支，不致送孝布，也不用饭招待，这样三天里面要开一百五十桌就够了，算它十五万元，其他孝布五万元，孝服五万元，一切丧事用费四十万元，也还得花费六七十万元，而我来回的旅费还没有计算在内。

所以要花这么多钱的缘故，因为盘县的生活程度受到昆明的影响，除了米价和重庆相同外，其他物价都比重庆为高。譬如鸡蛋一枚需六七元，八寸宽的土布要八十元一尺。如像老伯在歌乐山的墓，要是照样用贵石砌造，在此地就得十五万元到二十万元不可，由这一点你就可以想到其他。

在礼数仪节方面，我的改革也很多，不特为了省钱，藉此也可转移风气，对于我的计划，这几天里有若干人赞成，也有若干人作无聊的批评，我对后者只有置诸不理。

家里的地方狭窄，除了家祭以外，又在一座小学里借了地方设奠，这样就可以仿照重庆开追悼会的方式了。我准备每一位客人送一份茶点，以五十元一份计，两千份计需十万元，讣告就在这儿用石印制发，每份二十元，只印一千份，盘县方面不识字的人家不送，有五百份足够，昆明贵阳各一百份，重庆和其他各地约三百份，字由我自己写，写得虽然不好，但求没有错误脱漏就行。在此地印讣告有两种好处，一来免得周折费时，二来本地只有石印，讣告里的遗像题词石印印不出来，当能得到人家的谅解。

葬期现在定为八月十六日，因此十四日家祭，十五日在小学校设奠，十六日出殡。茔地离城约八九里，营葬预备用露营方法，在葬地住三五天。

关于母亲今后的安顿问题，大致谈了一谈，母亲虽然已经表示愿意到重庆去，但据和母亲知己的长辈说，她到时候一定不肯去的，所以将来只好听她老人家自己决定。

经济方面我已另有筹划，大概先后总共筹足六十万元应该不成问题，至于以后怎样偿还，只有将来再说了。

宗

雪：

昨天中午收到你五日的信，深慰远怀，先父丧事经过三星期的筹备，大致已就绪。后天家祭。十五日在师范小学设奠，以便各方面举行公祭，十六日上午二时，先发引移灵，九时起送灵柩出城，在街道上走比较慢些，恐怕要到十点半才能抵达城北大桥，送殡的亲友就送到那儿为止，我随灵柩到坟上，大概下午一时可以到了。我想在山上住三五天或是一星期，等坟墓造好，再由佃户守一个月坟，我就回家料理结束的事情。希望九月一日到五日之间，能够动身到昆明，九月十日左右回到重庆。

贵州省吴鼎昌主席委托本县县长代表致祭，倒还简单，云南省龙云主席派平彝县县长来祭，还有普安县长和大乡绅三五人来祭，招待就麻烦了，只好租一家旅馆备用。在这里除了诔词和挽联以外一概不收，所谓提倡改革，充其量只做到一半。用素笺写诔词的固多，祭幛还收到了三十帧，挽联更多达一百二十多副，留在重庆的还不计算在内，这种无谓的耗费，真是可惜。

康民要去重庆，今晚突然来盘县看我，谈了一个钟头。我原想托他带点东西到重庆，因为我怕自己启程的时候行李过重。可是他走了以后接连地有客来访，同时也怕他到贵阳后走公路，多带东西也不方便，只好罢了。我祭先父的文稿，附寄给你一阅，请你看看是否还有需要修改的地方。

宗

雪：

现在是十六日凌晨时，我正在家等候二时到三时奉移父亲的灵柩出门，此时此景，使我十分地想念你。我此刻的心境，你只要回忆你在市民医院，守老伯的灵柩等待天明出殡的那时候，就可以仿佛得之了。我为什么会在这个时候如此系念着你，连我都有点不解，其实分析起来，在这世界上真正爱我的人，除了母亲以外，就只有你和珊了。我有时还不免怀疑我们之间会不会有什么变故，素珊是在一半爱着一半恨着，再有就是无知的莲儿了，我在莫名其妙地爱着她，她却丝毫无疑地爱着我，其余的人呢？也许丽丽还爱我一点吧！唉，一个像我这样跟许多人有着密切关联的人，事实上真正和我生命有关的，以及使我时时刻刻不管怎样都无法忘怀的人儿，也不过寥寥可数的这几个人而已，其余还不都是一些事业关系、功利关系、权位关系的相关者吗？我可以供人利用时，我便是人家的好同志、好朋友、好部下、好长官，到了我于人无用，于人无益的时候，谁还会像今天这么样对我亲热崇拜，或者仅只是敷衍敷衍呢？你说我的想法对不对？

丧事，可以说已经办完了百分之八十，前天昨天今天，一连晴了三天，一切事办得都很顺手。十三日晚招待帮忙的执事人员约两百人，昨今两日招待来宾饭食约计一千二百人，总共开饭一百六十桌，明早出丧招待约四十桌，跟原先估计的二百桌之数，到还没有超出。今天上午假师范附小设奠，到场吊祭的约一千人，每人敬茶一杯，价值六十元的饼一枚，除了集体公祭外，各机关团体等都是分别吊祭，以致行礼的时间续到二时半之久。我和二妹肃立还礼，勉强支撑到最后，一连两次几乎要昏倒，居然也就这么撑过去了。二妹病愈不久，她当然比我更苦，云南龙主席和民政厅长派平彝县长代表，专程到盘县致祭，贵州吴主席派的代表就是本县县长，贵州民政厅长则派邻县的晋安县长为代表，此外安南县长是从一百多公里开外赶来的，还有从邻县选来参加祭奠的十余人，都得特别招待。一切的祭礼都有所改革，到还能得着若干人赞同。这次办理丧事，在盘县除开至亲的祭席祭幛，猪羊三牲等不能不收，其余亲友只收诔词挽联，送钱的人不拘数目多少全部当场婉退，还好没有人说闲话。

今晨的仪仗，只有一座像亭，一座铭旌亭（以委座亲笔题字搁置其中），和委座再电贵州省政府致送的"穆竹清风"匾额（用纸写好贴在木框子里），后面就只是执绋人员而已。好些人要我把祭幛三十余帧，挽联一百八十副，雇人抬起，起在灵柩前面，用高脚牌写上我自己以及族人做官的官衔，列为仪仗而来炫耀于人，我都认为可笑，一概拒绝采用，因而会使一部分人大不高兴，我也就不去管他们了。

今早二时发引，九时起出殡，我跟着灵柩上坟山，要住五天到七天才能回家，再留一个星期，结束一切，就可以动身回重庆了。

                                                                宗

以上这一封信，道藩是在等候灵柩发引的时候，匆匆忙忙用铅笔写在顺手找来的几张白纸上面，他写得很详尽，把他当时的心理状态，——眼见他父亲灵柩即将入土，因而引起的悲伤孤独之感，也都能刻画入微地表现出来。我读他这封信时，回想起我父亲死后停灵在太平间的那个不尽凄凉之夜，热泪又在潸潸地滴落。人，不论年纪多大，失去父母，总归是一生最大的悲恸，我承认我很了解道藩当时的心情，同时我也觉得惭愧，当他"遭大故"的时候，我一点儿都帮不上他的忙。

九月初，重庆的秋老虎还在方兴未艾，天气闷热得令人窒息，道藩服着重孝，面容哀戚地从盘县归来，仍旧住在文化会堂。素珊和丽莲当时还在兰州，他虽然热孝在身，可是他一回到重庆立刻就陷于忙碌紧张的工作之中。这一段时期他急切需要感情的滋润与安慰，我们曾度过许多单独相对的时光，我竭尽所能地使他获得心灵的平静。这些时来，他所受的刺激未免太多了，那是任何人都难于负荷的。

81

不久，胶着沉滞已久的中国战场，顽敌日本突然掀起了惊涛骇浪，由于他们在湖南偷袭得手，战局很快地扩展到湘西一带，日本军阀为了在他们濒临灭亡危机的时候作孤注之一掷，集中了华南华中日军的精锐，倾其全力猛扑广西。广西守军节节败退，日军得以陷独山、薄都习，眼看着贵阳即将不保，重庆京畿震动。这一次剧变来得突兀之至，重庆有钱有势的人已经开始作逃往川康边区甚至更远地方的打算，谣诼纷纭，一夕数惊，黔桂之间，数十万难民络绎于途，盗匪遍地，追兵紧蹑，流离悲惨，造成了一大人间地狱。就在这最紧张的时候，道藩受命艰危，代表中央，到黔桂战场，抚辑流亡，安定民心，他手无寸铁，全凭信心与勇气，在战场上奔波千里，做了无数的事情。这一次旅程，前后历时两个半月，在席不暇暖的情况下，他沿途还抽空给我写了五封信，五封信里对于黔桂遍地哀鸿，中华儿女遭受浩劫苦难的种种切切，有非常翔实生动的描写：

雪：

到贵阳八天了，整日忙碌，因此无法写信报告近况，又劳你在为我悬念不置了。

十二月四、五、六日，三天里军情极为紧急，自从我军出击，将敌军阻截在平舟，收复了八寨，然后又夺回了独山，形势就比较稳定一些。独山收复以后，大军逐步向南追逼，现在六寨也已克服，可以说贵州省内已无敌踪，局面更加好转了。

贵阳的人心渐渐安定，只是日用品物价，要比紧张以前涨了一两倍。我唯恐疏散太迟，会妨碍军事交通，因此尽量鼓励民众疏散。时至今日，虽然已经疏散了几万人，但是先后逃难到贵阳的军事有关人员和他们的眷属，以及普通难民，仍旧还有两三万之多。同时援军陆续开到，贵州交通不便，将来一两个月后，粮食供应一定大感困难。

四天以来，我除了忙着指导地方政府招待、协助过路援军以外，大部分时间都用于督促收容并接待难民。到今天早晨为止，五个难民所已收容了四千几百人，陆续来的还有几千人。所以今天下午我已紧急应变，把省党部、省青年团部、市党部等机关，统统改做难民招待所。

文化界人士留在贵阳的，总共有四百多人，我决定把他们之中的妇女小孩用汽车疏散，其他的人补助旅费，步行出发，他们差不多都是要到重庆去的。迄今送走了七十名妇孺，剩下六七十位明天乘车启程。华侨中比较有钱的都已经帮助他们离开贵阳。

我们这一次南来的作用，远超过自己事先的估计之上。近日有人说："毕竟贵州人比广西人高明点，那些广西的党政高级人员，形势一紧急立刻就先跑，我们贵州的中央大员反倒在这么危险的时候来贵阳……"这种话说来也未尝没有道理。

宗

雪：

今天下午视察各难民招待所，见到难民们形形色色的惨状，心里万分的难受！每当我看见一个小女孩，我就会想起，假如我自己的女儿不幸沦落到这种地步，我将作何感想？我将有什么话说？这些妇女孩子，都是人家的妻儿或者是爱人，她们自己在这么样的受苦受难，而她们的父母丈夫爱人生死未卜，她们的内心里正有着多么深巨的悲痛！回想我们七年半的战时生活，安居乐业，足衣足食，又跟平时有什么两样？如果拿我们的生活来和这些受难的同胞比比，试问我们有哪一个人能够不感到内心惭愧！

我这次能有这么好的机会，赶来抚辑流亡，为千千万万的难民服务，不但对公家聊有贡献，我个人心里也觉得无限的安慰。至于贵州人见我能在危急之时还来和他们共患难，因而给了我很高的评价，那是还在其次的事情了。

宗

雪：

十四日率领贵州各界黔南慰问团团员十余人出发，当晚宿贵定，十五日宿马场坪，十六晚上到都匀。沿途慰问受难同胞，视察并指导救济外来难民的工作。沿公路所经各地民家，或被散兵，或被土匪，或被饥寒交迫的难民抢劫滋扰，可以说是十室十空。都匀城居民约四千户，被烧的达三千家，全是散兵乱民放的火，无家可归者，达二万数千人，损失在三十亿左右！今天停留在这里工作一日，明早就去独山，估计要在十天以后才能回贵阳，年底之前回重庆无论如何来不及了。

近日虽然很忙乱，但是工作得非常起劲，身体也好，饮食更佳。这一带天气极冷，山巅的积雪还不曾溶化，似乎根本就没有天晴的希望。幸好我把皮大衣带来了，否则真是无法抵御这样的严寒，那我一定会生病。带皮大衣是我听你劝告的好处，你总该引为自慰了吧！

宗

雪：

在都匀所写的信，临走时事情一忙，竟会忘记投邮，一直到独山才发出。独山邮局人员是和我们一同进城的，所以那一封信是独山邮局恢复业务寄出的第一封信，很值得纪念。

独山城里城外的房子，烧掉了百分之九十七八，这么大的一座城，剩余的房屋寥寥可数。慰问团到独山已经四天了，除了以一百万元慰劳追击敌人的部队，并拨出三百万元充作地方受难人员紧急救济之用，可是城里的居民早已逃避一空。最近十天以来，回县城的只有一两百人，因为大多数人即使回来也找不到容身之处。现在城里有六七千位难民，他们之中多半是先被敌人截在后头，四散逃进山里，等敌人退却再出来的。这些难民曾遭敌人抢劫，然后又被土匪掳掠，有被抢十次八次者，其中以铁路员工和他们的家属占多数，总之难民里除百分之五到底是真正的老百姓，其余都是公务人员和眷属。最惨的是老弱妇孺，从柳州到独山，这次饿死冻死，或被杀害的至少也有五万人，自独山到贵阳因冻馁而死的亦达数万人，悲惨的程度决非笔墨所可以形容。因此我每到一处总是立刻指挥党部团部工作人员，协助政府救济难民，我认为这是当前最重要的工作，人命关天，刻不容缓！我觉得我这样出外工作，确实比在重庆当部长有贡献得多，虽然不免吃苦冒险，但是我只求于人有利，对公家有贡献，我就死也安心！

伯阳有了消息没有？他是不是已有信来？这孩子既然勇敢从军，将来或许会因而有大成就。我回重庆后也要设法到远征军中工作，或者能够和他相见，到那时候，我想伯阳一定会喜出望外的。

宗

雪：

二十六日回到贵阳，立刻就忙着办理中央战时服务督导团各队出发的事，其中有筑昆、筑湘（到沅陵为止）两县各队和独山都匀两县各队。我把他们在元月二日送走以后，接下来又要进行迁移办理地点和住所，忙忙碌碌直到昨天方始大体告一段落。而每天访客太多，想得片刻的休息都不可能。我原想从独山回贵阳后就转返重庆，讵料中央有战时服务督导团的组织，指定交我指挥工作，为期共是两个月，这也就是说，我的任务要到二月中旬才能完成。

这几天贵阳的天气极冷，通常只有华氏三十五度（不到2℃），终日细雨霏霏，泥泞载道，走路稍不小心，就会滑跌摔倒。过些时要到贵州南部去，吃苦冒险的事还多着呢，让我们见面的时候再细细地告诉你吧。

宗

雪：

去年除夕和今年元旦，一连两个夜晚，感触万千，元旦早晨在省党部团拜，天寒地冻，寒气凛冽，我的手脚都僵了，没有冻出病来，总算还是好的！

悲鸿在贵阳有二十四箱东西，托我运到重庆，我打听了一下，至少要两部卡车方能载完，运费要六七十万元，而且好多箱子都已损坏，换新的又得二十万元。尤其在这种兵荒马乱的时候，车子是多么的难找。不过，这几天我已经派人到处接洽去了。

你寄给我的两首怀宗绝句，我读了陡感无限低徊，真是爱之不忍释手。我希望你多作诗，存下佳构，同时也可以寄兴遣怀，你说是不是？伯阳一时没有信来，不见得就发生什么事，你千万不要多忧虑！

革命前辈平少黄先生，去年正月曾作诗赠我，最近写了一帧条幅送来，我现在把原诗录呈于次：

剥啄中宵客到门，惊呼不暇叙寒温。

昭关往事混如梦，汜上回思有断魂。

海外今传新水部，天涯犹演旧梨园。

园中揭起椎秦慕，只听张良说道藩。

你以为这首诗作得怎样？要是你有空，你也给我写一个条幅，作为纪念，你说好吗？

宗

上面的这封信，是道藩一九四五年一月十二日，在贵阳旅次，百忙之中抽空写的。他行色匆匆地到黔南各地巡视，代表中央，宣扬德意，而且抚慰疮痍满目的战后地区，两个多月的辛勤奔走，他总算圆满地达成了任务。春寒料峭的二月底，他风尘仆仆地飘然归来，我们又是经常聚晤。三月十二日，他又飞往兰州探望素珊和丽莲，半个多月后才回到重庆。

雪：

二十七日下午二时半回到重庆，当晚和翌晨坤生曾两次打电话到学校，打通了而没有人来接，因此无从报告我回来的消息。二十八日中午，无意间在街上遇见实甫兄，我约他到会中便餐谈天，他下午返校，特地托他转告我已回来。满以为昨天，至迟今日可以和你相见了，谁知道等到晚上七点还没见到你，心知此刻已无希望，一颗心又在无端疑虑，最怕的是你身体欠安。直到八时，收获二十九日的信，方知你近日劳苦，不能进城。虽然十分失望，但是知道你安好，总算放心了。

由兰州带来的雪梨和百合少许，都是当地土产，恐怕搁久了会坏掉，先叫坤生送上，请你收用。百合可作羹汤，或者每天早上煮了吃，以白水煮加糖或煮好后加糖加牛奶都行，煮法坤生知道，只要六七分钟就够了，味道还很不错。另外有盘县带来的香肠和血豆腐（以猪血拌豆腐和肉等制成，有点儿像是南京香肚），我希望你尝尝。上次静子送来的火腿一只，我也叫坤生一并带上，因为留在这儿我又不吃，可能又跟前年那只一样，留到生虫为止，未免可惜！

我下周一起，开始新工作，大概早晨在会里，下午（有时包括晚间在内）在侍从室工作，新职务的情形如何，现在还不得而知。国立艺专校长潘天寿先生坚邀我到该校讲演，因为四月十一日是你的寿辰，我想十日早晨到该校讲演，然后就赴教院看你。最近由于没有车子，出门很不方便，你要下星期五进城，那么我们还得等待六天才能见面。像我这样没有耐性的人，你可以想像今后几天里我的痛苦了！明晚布兄约我餐叙，我要是早晨到磁器口去看你，又怕当晚赶不及回来，因此又感到懊恼。如果昨天得到了你的信，知道你今天不来，那我此刻不是已经在你那儿了吗？

宗

82

这时，悲鸿突然委托沈钧儒律师为代表，向我提出离婚的要求。我也觉得这是理所当然的事。悲鸿要和我办理离婚，大概是那女学生的意思。她虽然逼着悲鸿又登过一次脱离"同居关系"的启事，同时也刊出了她们的"订婚启事"，可能她始终感到自己"妾身未分明"，于是她将悲鸿与我正式办妥离婚手续，作为她取得"合法地位"的步骤。

我请端木恺先生担任我的律师，端木先生是老朋友了，他对我和悲鸿之间的一切都很了解。我和端木先生第一次商量的时候，我所表示的第一个原则便是既然要谈离婚，就不妨尽快完成，一方面可以成全悲鸿的现况，另一方面我也不愿意把这个问题拖到抗战胜利以后，再拖回我当年的伤心之地——南京。我当时提出的条件，深信绝不苛刻，它不仅是悲鸿毫无问题能够接受得了的，同时，它甚至不能补偿抗战八年里我为抚儿育女所花费的代价。

然而，悲鸿却还在锱铢必计，斤斤较量，为了子女教育费的数目和期限，他让两位大律师往返折冲，为难之至。好朋友们听到消息，甚至当面对他加以遣责或讽刺。难办的交涉一直拖到一九四五年十二月三十一日，抗战胜利后的四个半月以后，我们终于在张圣奘先生家里办妥签字离婚，他付给我一百万块钱的赡养费，一百幅画，以及对于子女教育费的一纸空头承诺。

总算好，我精神上的桎梏宣布全部解除，从此，我再也不必担心悲鸿无理由地加我以伤害，予我以打击，给我以极为困扰的纠缠。

三千多万军民的惨烈牺牲，整整八年的浴血奋战，日本终于在正义之神的面前俯首认罪。八月十四日，裕仁天皇宣布日本无条件投降，消息传来，举国军民欢欣若狂，重庆处处都可以听到响彻云霄的鞭炮声，以及百万市民的高歌欢呼声。

胜利复员，怎么样能够尽快地买棹东下，成为每一位下江客最最关心的问题。这时，道藩奉了上峰之命，到京沪去办一点事，因此他在十一月十日由重庆搭乘飞机径飞南京，行前四日，他给了我一份令我惊喜不置的礼物，四只金毛闪闪的阳澄湖大蟹，这是我最爱吃的东西，只是不尝此味已有八九年了。

雪：

> 朋友从南京寄来大螃蟹四只，特此奉上，希望你小心点吃，不要引起了胃痛！

> 宗

望望螃蟹，再看一遍道藩附来的短笺，我高兴得笑了，啊，道藩真是可人！

十一月十日，道藩从重庆白市驿机场起飞，四小时以后，他便安然抵达睽违八年的首都南京：

雪：

> 上午九时三刻起飞，下午一时三刻便平安抵达南京，暂时住在励志社。吃过饭，马上到上海路合群新村和傅厚岗等地去看房子。我在合群新村的那幢房子还好，损坏的部分很容易恢复，不过屋里的家具器物荡然无存，竹篱笆零乱不堪，园子荒芜得不成样子，花草树木，毁死不少，留存的都长得很高大了，此外浴室还算完整。你在傅厚岗的房子大体看来和看守人所说的差不多，没有什么损坏，浴室也完好如初，可惜的是园中的两棵大白杨树被砍掉了，小树枯死的也多，大概是你那地方潮湿过重的关系。大画室被隔成了两间，住了一群李垣的朋友，保持得倒还整洁，只是他们就在房门口用小锅小灶做饭，屋里的东西和我那边同样的一扫而空。此外我上海路那幢房子已很破旧，树木还好，原来的家具只剩椅子小桌六七件，勉强可以住人，这是我留周振武住在那儿的功劳。

> 晚赴卓衡之同志约，吃过晚饭，和冷容庵同志到他的寓所长谈。十一日早晨去陆军总部，访萧参谋长，冷副参谋长，商洽接收前公余联欢社房屋事项。和萧参谋长到公余联欢社察勘后，萧决定由公余联欢社及文化会接收。中午马市长约宴，下午视察国民大会堂，晚上南京党政军各首长公宴孙院长和我，以及同来的同志多人。

十二日是先总理八秩诞辰，早晨八时谒陵，看不出什么损坏的痕迹，只是陵园新村的房子一幢都没有了，十时参加首都各界纪念总理八秩诞辰大会，孙院长主席，后来吴秘书长也赶到参加，我虽然是主席团之一，但是因为时间已晚，不愿演说。中午我一个人到龙门饭店用餐，吃了一盘炒虾仁，一盘金银肝，一碗菠菜鸡片汤，连茶饭小账一共付了一千八百元，比重庆便宜多了，可是已较一月前的南京物价涨了至少五倍。下午视察国民大会堂，考虑怎样修理。四点半到六点在太平路一带步行，看看商店物价，据说一般物价和两个月前相比，涨幅已高达十几倍。

晚间八时访孙院长，十点去看吴铁老，一同到中央饭店隔壁的大明湖澡堂沐浴。铁老说："这是抗战八年以来，第一次洗了一个舒服澡。"当时我也颇有同感。

十三日一早，访客极多，下午两点又到公余联欢社和唐先生商量接收房子的事，两点半和刘光斗、徐工程师研究怎样修理大会堂，下午四时回励志社写信给叶楚伧、洪兰友，说明我对修理大会堂的意见。

南京城里秩序很好，处处安静宁谧，可是还没有完全恢复从前的热闹繁华气象。十日十一日天晴，感觉非常痛快，昨今两天天阴，但仍觉比在重庆新鲜。励志社已整修一新，只供住宿，没有餐厅，甚为不便。这几天幸亏借到一部汽车，否则跑来跑去真不方便。昨天坐了一次洋车，觉得远较重庆舒适。目前在南京，八点以前到外面吃早餐，只有吃小馆子里的稀饭，所以我准备了些蛋糕作为早点，可是既无咖啡也没有鸡蛋，稍许觉得不习惯。昨晚孙先生家约我去吃大螃蟹，我因为怕生病，不敢吃，想起能吃爱吃螃蟹的你不在这儿，颇感怅惘！

连日虽然忙碌，但是睡眠还好，饮食方面，由于应酬太多，简直无法注意。不过我还是在吃张简斋的药，希望到上海后不致太累。在南京最重要的工作是接收办公房屋，但愿明后两天可以办完，十六日能到上海，两星期后回南京。再住一星期左右，我就回重庆了。

宗

道藩这次在京沪两地逗留了一个多月，十二月他便又回到了重庆，继续他原来的工作。

83

转眼间时序进入一九四六年四月，道藩正在准备动身迁回南京，忽然接到家乡的来信，说他母亲染病，使他极感焦急彷徨，他草草地写信告诉我说：

雪：

　　这几天心神极不宁静，很像大祸临头的样子，果然，今天下午五点接到家信，说是母亲生病，信上虽说病势已经减轻，可是族叔附来的信却叫我自己斟酌，是不是应该回家一趟，我心里明白，一定是母亲的病还没有脱离险境。

　　我原想取消回南京的计划，兼程赶去盘县，可是一切都准备好了，已经来不及更改，我只好先回南京，万一母亲病重，我一接到电报，立刻就由上海直飞昆明。现在已经是早晨三时，一切行李，大致整理完毕，交给坤生，清单两张，寄给你代为保存，其中第二十五号是你的箱子。下次进城，请你把钥匙交给坤生。还有一些零星东西，来不及收拾，也麻烦你进城时指示坤生整理吧。

宗

看完信，我不免为道藩感到忧戚，他天性纯孝，前年秋初刚刚办好他父亲的丧事，如今为时不到两年，家乡又传来他母亲染病的消息，这对于他将是如何沉重的打击，我当时想：但愿这位老人家能早占勿药。

道藩回南京以前，留在兰州的素珊和丽莲，也先期乘飞机到了南京。

抗战胜利后我所获得的第一个好消息，就是参加远征军的伯阳，突然从广西南宁给我写来了一封信，报告我有关他的近况。原来他自从在成都加入远征军，受过短暂时期的训练，不久便编入孙立人将军的麾下，在新一军当了阵前的小卒。他曾随军出发远征缅甸，在密支那附近一带原始森林里面，和顽敌日本展开了浴血奋战；他们解过英国部队的围，阻遏了日军一路势如破竹的疯狂攻势，屏障了云南和印度的安全。当我在重庆欢欣鼓舞地读到青年军扬威域外的新闻时，我还不知道我的儿子也在那勇敢坚毅的钢铁行列之中。伯阳的信上说：他们的部队不日将向广州湾进军，接收广州！

我和丽丽一再读着伯阳的信，母女两人高兴得跳了起来。

一直到一九四六年五月，由于机票船票难求，我们滞留在重庆迟迟不能回京。这时，教育学院已经提前结束课程，我久慕大西南的山川胜景，唯恐一回江南就很难再往游历，另一方面也感到自己前途茫茫，未来的生活尚不知怎样安排，因此我想到昆明走走，拿悲鸿给我的一批画，举行一次画展，筹募一笔生活费用。于是我就请道藩写了几封介绍信，分致在云南的朋友，委托他们帮助照料。

我命坤生、同弟押运行李，随文化运动委员会的人，直接从重庆回南京，坤生是文化会的员工，同弟是眷属，他们随公家机关复员，反倒比我容易。因为我所服务的四川省立教育学院，隶属四川省教育厅，那是用不着迁徙复员的。

悲鸿有一个及门弟子，名叫卢开祥，他是云南人，昆明唯一的京剧院，就是他家开设的，此外他们也做别的生意，可说相当富有。卢开祥久慕悲鸿的盛名，当悲鸿在昆明开展览会时，夤缘拜他为师，后来悲鸿叫他来到重庆，也住在中国美术院，那时他才十九岁，常到磁器口我家里来，口口声声叫我徐师母，我也不以为忤。卢开祥跟伯阳、丽丽都很熟，常跟他两兄妹在一道玩。我向他提起南游昆明的计划，他立刻热烈地赞同，而且马上写信给他的父母；复信迅速地来到，欢迎我们抵昆明后下榻卢家。

另一方面我在昆明还有亲戚，我的大外甥程一雄，在云南大学医学院担任教授，同时兼任云大医院的外科主任。早年一雄考入震旦大学医学院，毕业后，我托谢寿康先生替他请到公费，留学法比两国专攻泌尿科。抗战时期，回到昆明，和一位同事护士长结了婚，在昆明成家立业。除一雄夫妇外，复旦时期合住在黄桷镇王宅的老同事，那位校医张蓬羽先生，也在云大医院的内科服务。

我们的昆明行是在五月中旬启程，我带丽丽和卢开祥，搭乘飞机由渝抵昆，开祥全家和一雄夫妇都到机场迎接，把我们迎到卢府。他家房屋宽敞，佣人又多，一家上下，对我们的招待是非常殷勤周到的。

拿了道藩的介绍信，分别拜访政学两界的当道诸公，积极筹备画展的举行，展期前后在报纸上刊登了广告，我很荣幸，承梅贻琦、张邦翰、张邦珍、罗衡等诸先生竭诚推介。

画展进行顺利，当时售画得款法币一百十余万元，数目虽不大，但总聊胜于无。展览结束以后不久，丽丽忽发高烧，医生诊断是扁桃腺发炎，经过开刀割治，渐渐地好了。闲着无事，于是卢开祥和他的姊夫姊姊，便陪同我们畅游昆明及附郭近郊的名胜古迹。

在卢家先后住了一个多月，由于他们实在是太客气了，我和丽丽反而觉得过于打扰，心里不安，因此一再表示想搬出去住，可是卢家一定不肯放我们走，坚留我们多住些时。正在踌躇不决的时候，大外甥女静子夫妇从重庆来信说，他们也要到昆明来，因为静子已经怀孕，不久就要临盆，到昆明来生产，有我和她的兄嫂照料，那就要方便得多了。

静子是我姊姊的长女。早在一九一七年，姊夫程伯威留学日本，因为国内激烈反对袁世凯与日本订立的二十一条卖国密约，举国掀起抗日浪潮，姊夫匆匆结束未竟的学业，回到家乡，就在这一年生了静子。静子是个日本名字，是姐夫用以纪念他的东瀛之旅的。

静子秀丽聪颖，天生的一副好歌喉，很有音乐天才。她学声乐，和上海国立音专同学、习小提琴的章正凡君在重庆结婚，婚礼系由我主持，道藩证婚。嗣后妇唱夫随，两夫妇都在青木关的国立音专任教。

我正好以照料外甥女为词，搬出卢家，由徐先生的一位学生帮忙，在云大附近的青云街租到了三间房子，厨房下房俱全，正凡和静子来了以后就和我同住，不久，静子在云大医院生了一个男孩。

旅居昆明的那一段时期，生活过得相当轻松愉快，我和丽丽整天没事，张蓬羽先生和外甥一雄夫妇，一下班就到我家来，谈天说地，笑语殷殷，偶尔也打梭哈，我会打梭哈，就是在昆明学的。记得那时章正凡真像是个"郎中"一样，谁也赢不了他的钱。

道藩母亲的病，拖到当年七月，由于她年事已高，医药罔效，最后还是溘然长逝，道藩在南京接到急电，立刻从上海搭飞机到了昆明。那天我们都去接他，他不但人很消瘦，而且面容沮丧，精神萎靡，谈起他母亲的事，有好几次他都忍不住地流泪。我见他悲戚到这种程度，心里也是无比的哀伤。

84

道藩从盘县来信，说他母亲的丧葬事宜已经办得差不多了，他请我务必在昆明等他，以便和他同机飞回上海。由于丽丽一直都很喜欢道藩，所以有一次我曾开玩笑地说要把她给道藩做女儿，天真的孩子心里果然有了这样一个秘密的愿望。我们在昆明居留的时候，她已经十七岁了。有一天，她悄悄写信给当时还在盘县料理张老太太丧事的道藩，我不曾看到原信，但却见着了道藩写给她的复函。作为一个母亲，我是多么深切的感动，那封长信里，可以看出丽丽对道藩的仰慕是如何的热烈，而道藩对丽丽的爱护更是何等的亲挚，他们两人之间的情感交流像蔚蓝的穹苍，像清澄的湖水，像如茵的碧草，更像是中天的皓月，流露出自然的、纯洁的、天籁般美妙的旋律。

丽侄：

八月二十日给我的信前天才收到，昆明离盘县虽然很近，但是因为交通不便，所以一信需四天才到达。你这封信给我很多的安慰，你的文字是大大地进步了，尤其你的懂事和你的情感丰富，都十足地在信中表现出来，现在有几点要向你说明的：

1. 假若我爱护你，不会使别人说我偷窃了你父亲对你的爱护的话，请你准许我爱护你，我爱护了你并没减少一点对丽莲的爱，所以你用不着以为你夺了我对她的爱，我并且希望她长大了，有你这样一个姐姐，帮着我爱护她、教导她。

2. 有一天你妈妈说要把你给我做女儿，我万分的高兴，可惜我当时的心境不宁静，所以没有说什么。你以为或者是因为你说了"您一定不要我，因为我不配"的话，使我不高兴了，其实并没有那回事。你要知道，在我上次给你的信中说：我愿意能够像爱丽莲一样的爱你，从这句话可以证明我是求之不得你给我做女儿的。好吧，只要你认为我不至于辱没了你，从此以后，在你的心底里，你就秘密地当我作父亲一样看待，在我心底里，我就秘密地当你作女儿一样看待。为了避免别人的奇怪，在表面上你还是称呼我伯伯，我还是称你丽侄，这样我们中间藏着一个宝贵的秘密，除了你母亲以外，我们不让任何人知道。将来可能知道的，只是懂事以后的丽莲。

3. 儿女对于父母的爱和孝顺，是没有相对条件的，也不应该是有所图的。你的父亲尽管对你不关心，尽管有旁人安慰他，在你一方面你仍然要尽你的心关心他，同情他，敬爱他。假若始终没有机会做到这些，或者遭他的拒绝，那你可以问心无愧了。在你仍旧能够关心他，同情他，敬爱他的情形下，我来爱护你，那我也问心无愧，没有把你对他的爱偷窃了。所以关于这一点，你必须答应我诚心地做，那么我就能够心安理得地爱护你了。

给你的自来水笔不算什么，你应该现在就取用，你如果用了这支笔写出很好的文字，岂不比保留着更使我高兴吗？我希望我以后不至于太穷，那么除了这颗爱护你的心而外，我会给你很多我愿意给你的东西，我此生此世不会再有儿女，我此后就把我的老年的一切寄托在你和丽莲的身上，我相信我会得着无限安慰的，祝你快乐！健康！进步！

道　藩

十月初，当道藩将老太太的丧事办妥后，从盘县乘车到了昆明。和道藩同来的，还有他的五妹和六妹，以及五妹褓中的婴儿。道藩到时精神很差，体力也有点不支的模样，我正暗暗地为他担心，果不其然，就在忙于订购飞机票的那几天，他病倒了，先是恶寒，继之以发高烧，然后是剧烈的头痛，不用说，他是害了疟疾。照理说，他得了这种传染病，应该特别的小心调养，但是道藩的责任心太重，他因为请假还乡奔丧，已经耽搁了两个多月，为了公务他一心急着赶回南京。医生给他诊治的时候，他要求用最迅速的方式，只要使他恢复体力，能够支撑由昆明飞往上海的长途旅程。他不听任何人的劝告，坚持试用最新的特效药，医生没有办法，只好给他注射刚刚问世的盘尼西林。盘尼西林的强大药效，果然把道藩的疟疾给压制了下去。

他勉力登上迢遥的行程，从昆明到上海，那是一条距离很长的国内航线。

那时候飞机上还没有服务周到的空中小姐，而道藩是抱病之躯，他需要照拂，道藩的五妹和丽丽都晕机，一路大吐特吐，五妹还有一个喂奶的孩子，于是一路上我就人忙特忙，照顾他们五个人，真所谓"扶得东来西又倒"，使我非常的狼狈。

好容易，总算到达了目的地！我长长地吁了一口气，最后扣上了我自己的安全带，才由机窗外望，看到高楼大厦苗起犹如雨后春笋，黄浦江蜿蜒似带，滚滚地在奔流，这便是一别九年的上海。

当晚，道藩带着六妹，便乘夜车回南京，五妹留在上海，我带了丽丽，借住在袁浚昌夫人家里。想起和大上海一别九年，风光依旧，人事全非，顿生无限的怅惘和感触，尤其是父亲母亲，都在抗战期中溘然病逝，竟不能睹及河山重光，一家人生离死别，现在只剩下丽丽和我，相依为命。

想想在上海的亲戚，只有悲鸿的二弟寿安。寿安从十三四岁起，就来到我们家里，那时候他还是一个无知无识的乡下孩子，父亲母亲爱屋及乌，不惮劳烦地亲自料理他的生活起居，亲自教他写字读书，亲自为他奔走求职，收他为义子，作主将我的表妹许配给他，一直把他带到成家立业。所以寿安是在我家长大成人的，他不但是我的谊弟，同时还是我的表妹夫，因此我一定要去看看他们。他们夫妇见我去时简直喜出望外，并且留我吃饭，谈起悲鸿是在一九四六年春天，偕那个女学生乘船由渝抵沪，但是并没有回宜兴家乡，匆匆地又和那个女学生乘车去北京，出任艺专校长。他们没有坐飞机，是因为悲鸿患心脏病，已经不容许他再作空中旅行了。

谈起我们的仳离，寿安夫妇感慨万千，他们表示对悲鸿的种种作为百思不得其解；原来叫我碧嫂的寿安，这时也改口称我二姐。

在上海盘桓了几天，因为南京方面，有许多事亟待料理，我们辞别了袁太太，乘车回南京。

85

在下关车站，那一道长长的月台上，中大艺术系毕业的学生沈左尧和男佣坤生，在寒风中已仁立了很久，他们两人是来迎接我和丽丽的。坐上了道藩的座车，到了香铺营文化运动委员会，见到了道藩，他告诉我已在文化会楼上为我们准备了一间屋子，可以暂住。

我在南京傅厚岗的房子，当一九三七年抗战军兴，我带着一家大小逃难到重庆之前，曾经请托德国朋友李田丹夫妇代为照看，他们两位非常热心，唯恐战乱时期房子被日军或盗贼劫掠侵占，便自己搬进去住，可是不久以后他们两夫妇也要西迁重庆，只好把房子交给他们的老佣人李垣看守。李垣在抗战八年中还算尽责，所以道藩一九四五年冬第一次返京代我去探看的时候，一切都还保持得很好。然而翌年四月当道藩回到南京再去看时，居然有人在修葺了。他一打听，原来是李垣起了坏心，趁我们还没回来，他竟私自把房子租给一位英国驻华大使馆的武官，订了一年租约，收了人家半年租金七百二十美元，然后避不见面。这件事后来还是道藩帮忙，请南京市警察局抓到了李垣，判刑坐牢，另外更请外交部转向英国大使馆交涉，指出李垣无权与人订立租约租赁房子，交涉办了很久，但是英国使馆说他们已付了半年租金，不肯迁出，结果还是半年后才把房子收回。因此我和丽丽到南京以后，只好在文运会暂住了。

坤生和同弟比我先到南京，坤生照旧跟着道藩在他办公室里工作，同弟则回了宜兴，去看她的母亲和两个孩子。我因为自己还是寄人篱下，只有一间屋住，所以一时不曾叫同弟回来。

到南京以后最重要的一件事，便是寻觅母亲暂厝的坟地，根据姐姐在信上告诉我的，母亲是暂厝在上海路边的荒地上，——我想那决不是合适的埋骨之所。

阳历十一月中的一天早晨，道藩驱车来接我一同到上海路去寻找母亲的茔地，起先没有找着，后来向人家询问，才算在荒草蔓蔓中找到了母亲的墓碑。我肃立在那一堆黄土之前，默念母亲的音容笑貌，想起人天永隔，我再也不能承欢膝下，再也无法见到母亲的慈颜，一时凄怆悲酸，拥塞胸头，有如铅块一般沉重，两行热泪，忍不住地抛落下来。我行了礼，饮泣多时，才和道藩默默离去。这时候，我已下了决心，要择一处风景佳胜的吉壤，早日为母亲迁葬，使她老人家能够安眠于九泉之下。

在文运会借住的那一段时期，道藩和我常常见面，但是仍然很难有机会单独聚晤，主要的原因当然还是为了避嫌。文运会是中央党部主管文化工作的一个机构，平时我既不便常到道藩的办公室去，道藩也不能到我的房间来逗留，不过，那时候坤生就在文运会工作，我们之间有什么事，都是他在传话。

我们在南京傅厚岗的房子和地皮，当时都是用儿子伯阳的名字在市政府登记的，我和徐先生离婚，虽然没有提到房子的事情，可是伯阳尚未成年，而我是他的监护人，所以我有权处理这栋房子。可是这时为我们看房子的李垣，竟私自把房子租给英国大使馆的武官，收了六个月的租金，要到四六年十一月租期才届满，满期以后，英武官起先还不肯迁让，由于道藩一再和他们交涉，才算把房子让了出来，我和丽丽也就结束了流浪式的寄居生活，终于搬回自己家里。在回家以前，我写信到宜兴，叫同弟赶快回京。

回家的初期，两母女住在那么大的一幢房子里，不免感到相当的冷清。尤其回忆前尘往事，当年筹建新屋时的兴奋欢欣，一家团聚的和乐融融，仿佛都在眼前，又仿佛距离已远。如今华屋依旧，人事全非，父亲、母亲、悲鸿、伯阳，竟然是死别生离，命运之神对我无疑是相当的残酷。

这时候，道藩每天都要到我这边来盘桓些时，可是，渐渐的，我发现他的神情有了显著的变化，忧郁、不宁、情绪容易激动。有一天晚上，他还和我说了许多有关素珊的事，原来他和素珊之间发生了问题，而且感情上有了裂痕。我对他们两人的事，除了默默地倾听而外，实在难置一词。然而从此以后，他便不再顾虑素珊会怎么想，怎么做了。他每天离开了办公室，总是在我家里逗留，通常没有应酬的时候，也都在我家里吃晚饭。餐罢，谈谈笑笑，或是写作、绘画。丽丽和他很亲密，有时他还不惮其烦地为她讲解功课。

等到夜已深沉，他才无可奈何地告辞回家，看他那副欲去还留，依依不舍的模样，我也深心为之惘然。

我将房子重新布置了一下，楼上的两间卧室，前面一间给我改成了起居室，除了几椅，靠窗放了一张很大的书桌，不但为自己读书写字之用，道藩来时，也可以写作和画画。这样的布置对于他来说是非常好的，因为他学画七年，却从来不曾有过画桌和画室。

一草一木地再建新家，诸事稍稍就绪，我又想起了一件事。十三年前徐先生和我同去欧洲，举行近代中国美术展览。这件事当时是由李石曾先生所发起，他起初指定由农工银行萧经理供应费用，但当徐先生完成准备工作快要动身的时候，他到农工银行去洽领旅费，那时李先生已经到巴黎去了，萧经理以李先生没有交待为词，婉拒付给。徐先生逼得没有办法，只好将我们傅厚岗的房地契，向农工银行抵押了三千块钱。到巴黎后，见到了李先生，他曾有一封信给我们，说明他负担美展费用一万元，其中便包括这笔借款在内。现在农工银行虽然不曾要我归还欠款，但是房地契始终还在他们那边，这件事情必须有一个合理的解决。

幸好我保存子李石曾先生的那封信，于是我带着原信去看吴老先生，把事情的详细经过告诉了他。吴老先生听完我的话，将我手里的信一把拿过去，他说：

"这件事情，让我来替你办！"

果然，第二天农工银行方面就打电话给我，请我去领回徐先生所立的借据和原来的房地契，一桩公案，总算很顺利地了结。

86

一九四六年十一月初，国民政府公布制宪国民代表大会代表名单，我被遴选为社会贤达的妇女代表，这是我一生莫大光荣……

大会在国民大会堂召开。国民大会堂是当时全国最大的集会场所，它的建筑在优美典雅中更具有恢宏庄严的景象。会场壮阔无比，四周还设有许多休息室，休息室里除了香烟糖果，每天供应各式精美的点心，因此代表们在休息时间大都很舒适地聚在那谈天小憩。点心是中西冷热俱备，糕饼之外还有小笼包、春卷等，人人各取所嗜，吃得非常惬意。这种无限制的供应当然不免有浪费的地方，因此妇女代表还曾提出建议，取消供给点心的办法，将是项经费，送到前方劳军。

潘公展、王人麟、胡定安几位先生在开会期间常和我在一起谈天说笑，或者是互相唱和，做做对联。潘先生和王先生都用我的名字，各做了一副嵌联，其中潘先生的一联是：

秋水长天同碧色

落霞孤鹜逐微风

他信手拈来王勃"滕王阁序"的句子，妙化自然地将我那"碧微"两字嵌入，捷才可佩。此外王人麟先生所做的则是：

天黏芳草碧

山抹暮去微

同为不可多得的佳构，"碧微"两字嵌得十分贴切，这两副联语，曾经在朋友中传诵一时。

王人麟先生还有两首打油诗，说来也是一段有趣的佳话。有一次他发言过后，我很欣赏他的名言谠论，休息的时候，递了几块糖给他，以示"奖励"。不想他竟和我开起玩笑，爱笔写了一首七绝赠我，原诗如下：

不发言时请吃糖，甜心蜜意此中藏。

将来宪章完成后，应为夫人建庙堂。

另有一首是：

一回糖果一支烟，代表诸公意欲仙。

况是今朝消息好，每人又发办公钱。

一夜，大雪纷飞，南京正是一片银色世界，潘王胡三位先生到我家里小坐，大家围炉夜谈，谈古论今。胡定安先生诗兴忽起，口占了雪夜访友一绝：

不管冰寒与雪天，遍寻幽径厚岗前（我家在傅厚岗）。

> 围炉共话人间事，欣赏红薇好过年。

潘先生不甘寂寞，他立刻奉和一首：

> 风急灯昏雪满天，几回逡却几回前。
> 围炉絮絮言难尽，一把辛酸又十年。

这一首诗，所谓"一把辛酸又十年"，他是为我的身世有感而发。

这几位朋友，一九四九年后全都去了美国，我们也从来没有联络，只有潘先生的文章，有时候还可以在报上一见。前些时阅报，读到王人麟先生在美病逝的消息，不禁为之怆然。回忆十八年前的聚首，如今再想"遍寻幽径厚岗前"，至少也是"围炉共话少一人"了！

87

大会结束后，从紧张忙乱的生活，又归于宁溢平淡。一九四六年的圣诞节，我如同往年一样，亲手在客厅里布置了一棵五光十色的圣诞树，我不是宗教徒，但是我喜欢圣诞树。我觉得它是中国所谓"火树银花"的气氛，可以引起欢欣快乐的情绪，我欣赏它璀璨绚烂的色彩，把它当做过年的装饰和点缀。

也正因为这一层缘故，我家的圣诞树，总要摆到旧历年以后，一直到它枝叶枯萎为止。

十二月二十四日圣诞夜过后，二十六日就是伯阳的生日，那一年我只知道他在东北，仍还没有打听到他的驻防地区和通讯地址，不过，年年此日，我总会在家里照常地为他庆祝，吃面，有时候还准备生日蛋糕。每逢这一天，道藩也是必定不会忘记，早早地来参加我们小规模的祝贺。

紧接下来，是阳历新年，不过大多数人家，还是习惯过旧历年，除掉公式的庆典和放假外，没有什么热闹的气氛。转眼间到了元月中旬，算阴历已是腊鼓频催，岁聿云暮的时分，可是那几天长日阴雨绵绵，每天早晨起床，凭窗外望，总是看到天际停云霭霭，灰黯沉沉，那大片大片的朝云，颇像古人的泼墨画意。在这种低气压中，我总是提不起精神，感到愁闷，幸好道藩天天晚上要到我家来，谈谈说说，写写画画，时间在轻松愉快中溜走，一天的枯寂无聊，也就驱除尽净了。

元月十七日午饭过后，我冒着风雨，去看但老先生和但老太太，这一对慈祥和蔼的长者，见到我时总是非常高兴。我在那边坐谈，从下午一点到三点多钟，告辞回家的时候，他们又执意送我两棵水仙花，还有好些风鱼腊肉和年糕。

回到家里，我正待吩咐同弟，将但家送的东西收好，门外有熟悉的汽车马达声传来，我立时缩住了口，上前两步，向外张望，果然，道藩下班来了，他穿着厚呢大衣，满脸堆笑，大踏步地走进客厅。

我不觉心头一喜，于是我也笑着迎了过去。他脱下大衣，伸手向火，脸上十分舒适愉快的表情，当他一眼望见桌上的东西，他诧异地问我：

"啊，你已经买了年货啦？"

"不，"我摇摇头说："这是但老伯但伯母送的。"

就在这时，丽丽兴冲冲地进来叫他，闲谈了几句，佣人来请我们吃晚饭了。

原来的那间大画室，英国武官住用我们的房子时，为了便于办公，曾经把它分隔成两间，房屋收回来以后我就让它保持原状，利用后面的一间布置成饭厅，四壁悬着许多字画。饭桌上，道藩兴高采烈地谈着他今天的见闻，以及一些有趣的故事，使我感觉气氛的和谐与温馨，心里想着自己毕竟还算是幸福的。

饭后，我们一齐到楼上的起居室，他看到我日间写的那张条幅，夸赞了我一番，同时也引起他作画的兴趣，笔墨纸张都是现成的，他一面和我们谈笑，一面执笔挥洒。他拿但老伯他们送的水仙花来写生，画了两幅条幅，又用一幅大红金笺为我写了一首杜甫的《饮中八仙歌》。这些字画，我现在还保存着。

时钟当当地敲了十一点，道藩不能不回去了。临别，他仿佛有什么话要对我说，然而，结果仍还是没有说出来。我有点纳闷，但是也并没有在意，我和往常一样送他到楼下门口。

一月十八日又是凄风苦雨的天气，我起身较迟，草草地用了午餐，两点钟，电话铃响，是坤生从文运会打来的。

他报告我说：道藩方才交给他六十万块钱，叫他去采办年货，买齐之后送到傅厚岗来。

放下电话，想起昨晚道藩来时，看见桌上但家送的东西，问我是不是已经买了年货？他那错愕的表情如今提醒了我，嗯，他一定是早已计划替我办理这些琐事了，对于我，他是这么无微不至地关心体贴，虽然这只是一件小事，我却感到有不尽的暖意。

晚餐后我写了两封信，十点钟的时候道藩来了，记得昨晚他不是说过今天有
应酬的吗？我还以为他已经回家休息了呢，不意他又冒着严寒和风雨跑来了。他
直接登楼到了起居室，丽丽早就睡了，我们围着火炉坐下，他燃着一支烟，火光
中，他脸上现出兴奋的红润，他望望我，两手搓弄着说：

"还有四天就要过年了。"

"嗯，"我淡淡地应了一声，带点感慨地说："人的年纪大了，对于过年的兴
趣便越来越淡薄。"

"那倒也不一定，"他像似在发议论，"在大家庭里，老人家盼望过年一家团
圆，儿孙满堂的，那种心情恐怕比孩子们更加急切。"

我抬头望了他一眼，不知道应该怎样接腔。

歇了半晌，他又声音低沉地仿佛在许着愿：

"今年，希望有一个理想的、快乐的、如愿的新年。"

"如愿的新年？"我惑然地问："怎么叫做如愿的新年呢？"

"如愿，"他神秘地笑着，重复一句说："如我向往了不知多少年的心愿。"

"那么，"我紧接着问："你的心愿又是什么呀？"

他的眼睛亮起了愉悦的光彩，兴高采烈地提议着：

"今年，让我们在一起守岁，好不好？"

"很好，"我委婉地说："假如没有什么不方便，你就到我们这儿来吃年夜饭
好了。"

"真的，"他兴致勃勃地说："假如你有兴趣，我们还可以和丽丽同弟她们一
道来掷骰子。你知道自从我离开了贵州的家，整整三十年了，因为时代的变迁，
以后就没有过过一次真正的旧历年。"

看他说得那么热烈，看他明亮的眸子在闪闪发光，我知道他是由衷期盼的，
我知道他是诚心诚意的，甚至我知道他早已下了决心地要和我们一起过年。我当
然不愿扫他的兴，拂他的意。然而，在他的家里，是不是因此会发生不愉快的事
呢？上天使我们遇合在一起，一开始就剥夺了我们许多的自由和权利，我们是不
能任意恣性的。

我轻轻地叹了一口气，暂时不置可否。

窗外北风飕飕，寒意更浓，室内静悄悄的没有一点声音。

默默相对，各自陷入沉思的时候，我不知怎的忽然想到十年以前，李田丹夫
妇从德国带给孩子的一件玩具。那是一辆小巧玲珑的汽车，装有一种特殊的机

械，扭紧发条放在地板上滑行，碰到任何东西都会迅速而灵活地转弯避开，匆匆忙忙另找可以走得通的路。于是大人和孩子围着那具东碰西撞，逃来窜去的小东西拍手欢笑，故意堆许多障碍物在它的四周，以便欣赏它走投无路的窘态，没有人会想到给它开辟一条大道，让它顺顺当当地向前走。——我想到了那件小玩具，同时也嗟叹我和道藩的命运。人生的道路对于我们是崎岖不平的，到处堆满了障碍物，十多年来一直在不停地奔逃闪避，可是，冥冥之中的提线人是谁呢？可能我们终生都无法获得答案。

话题被打断了，就此没有再接续下去，十一点三刻了，他快快地起身离座，我送他下楼，佣人撑开雨伞，紧紧跟随着他穿过那条长长的甬道。

二十号，中国文艺作家协会在文运会举行常年大会，下午两点钟道藩就乘车来约我同去参加，这是中国文艺界一年一度的盛会，但却在轻松愉快的气氛中进行，许多熟悉的作家朋友，从天南地北赶来风雨如晦的首都南京。道藩担任大会主席，他不失为主持会议的能手，将这么一个人员复杂，节目繁多，秩序又很不容易控制的会议，进行得井井有条。大会的最后程序是选举，开票的结果，道藩和我都当选了理事，会后聚餐，席间觥筹交错，谈笑风生，大家都兴奋愉悦。餐后，沈左尧先生为我们拍了许多照片，一直到九点钟方才回到家里，道藩在我家也逗留到十一点半才走。

阳历元月二十一日是阴历年的大除夕，我在八点半钟起身，拉开窗帘，依然满天阴霾，下着牛毛翻飞的濛濛细雨，天气坏极了，我摇摇头，无可奈何地长叹一声。

昨天叫佣人买好了上供用的香蜡锡箔，早早地起身，动手为父亲母亲折叠冥镪。我不相信这些纸锭会可以使用，然而为了孺慕和追思，我必需亲手为他们折叠。我一只一只地折着银锭，脑海中不时掠过片断的回忆，儿时门巷，在故乡过年时的热闹欢乐，父母鞠我育我的辛劳……银锭一小篓一小篓地盛满了。我发现速度在很快地增加，我抬头望望，原来是女儿丽丽自动参加了折叠的工作。我嘉许地向她笑笑。

坤生和同弟两口子在厨房里忙，他们很像样地做出家乡口味的年菜，还有团子和年糕，客厅桌子上的果盘里，装好了各色各样的糖果瓜子和干果。我再浏览四周：嗯，窗帘桌布和椅套全换了干净的，门窗地面打扫得一尘不染，真是十足的过年气象，至少在物质方面我们是毫无欠缺的，我觉得很满足，心里在感念着这两个自家亲人一般的忠仆，他们真是我的好帮手。

中午吃过了饭，立刻继续未完的工作，午后四点多钟，最后一只银锭折好，我回到楼上，取出预先备好的泥金红纸，呵开冻笔，恭恭敬敬地写好祖先和父母的神位，还有六只大号的冥镪封袋，等候墨迹凝干的时候，我无意中望望玻璃窗外，唉，不知什么时候又下起雪来了，外面已是粉妆玉琢的银色世界。

六点半到了，神位高高地贴在客厅正壁，供桌围上彩绣的红帔，一对儿臂粗细的蜡烛，颤巍巍地插在雪亮的铜烛台上，我特地挑了一只古意盎然的磁青香炉，一束贡品藏香。

六点四十分，我吩咐佣人上供，于是同弟回到厨房去盛菜，我和丽丽安排供桌上的杯盏碗筷，坤生在客厅与厨房之间来回地跑，他忙着把四盘八碗的供菜搬到前面，他把供菜一一递给我，我肃立在供桌旁边，亲手奉上供菜。

客厅是肃穆而冷清的，在空旷中飕飕的有着寒意。

丽丽相帮着我，擦火柴点着了蜡烛和藏香，红烛高烧，香烟袅袅，坤生将一只锦垫放在供桌的正前方，我移前一步，喃喃的祝祷几句，然后双膝跪下，端端正正地磕了三个头，当时心头升起一种微妙的感觉，仿佛此刻父母和我的距离很近。

当女儿紧跟在我之后，向祖宗和外公外婆磕头，我站立在供桌旁，忽然听到三声汽车喇叭声，由远而近地在向我家传来，大家都知道是道藩来了，因为他每次来司机经常是按三下喇叭。

伶俐的坤生抢着出去开大门。

清脆悦耳的钟声，恰在这时嘹亮地响起，我看了它一眼，七点整。

客厅大门敞开，一阵风雪，推进来一个满脸春风的人，是道藩，他高兴地笑着，手里捧着一大盘鞭炮。

"你们都已经行过礼啦？"他望着我和丽丽问，然后把手里的鞭炮交给坤生，快步地走向供桌，一面走，一面说：

"嗨！现在该我磕头了吧？"

"不敢当！"我微笑着迎过去拦了拦说："你只要鞠躬就好了。"

"不，"一到供桌之前他的面容就变得严肃而虔敬，烛光照耀着他清癯的脸，他凝望着我父亲母亲的神位，他再强调地说："这是一定要磕头的！"

送神撤供，六只冥镪封袋，盛放在一只专供化镪用的火盆里，坤生拿来一根长竹杆，将道藩买来的鞭炮高高地挑起。"是要这么长的一根竹竿才行，"我在一旁看时心里想着："道藩也真是的，买这么多的鞭炮干嘛呢？"

我和丽丽破费了大半天工夫折叠的银锭，如今已化成一大盆熊熊的烈火，火光将宽大的前廊映得喜气洋洋，道藩要自己放鞭炮，是我阻止了他。当坤生把鞭炮点燃，它立刻便发出无比巨大的声响，丽丽欢喜地大笑，用两只手捂住了耳朵。

长串鞭炮的最后一响，简直是惊天动地，鞭炮放完了，我们都不自觉地拍起手来。这时候道藩转过脸来柔声地叫我和丽丽：

"进去吧，风雪里面，你们的衣服穿得太少。"

被他这么一提醒，我才觉得外面真冷呢，雪下得越来越大了，还夹杂着呼号的寒风。回屋时我望望道藩，他今天很潇洒地穿了一袭狐皮袍子。

"该吃年夜饭啰，"他拥着我们回到烛火荧荧的客厅，故意逗着丽丽说："年夜饭，是要吃到明天天亮的啊！"

"那我才不来呐，"丽丽嘟着嘴说："天气那么冷，还要熬夜！"

"大除夕本来就该熬夜的嘛！"他振振有词地说："不信，你问妈妈。"

"好了好了，"我带笑地在排解："我们还是赶紧吃饭吧，要不然，菜都凉了！"

这一次，我无法更改他所下定的决心，年夜饭倒没有吃多久，夜里，我发现他早叫司机把车子开回去了，他果真陪着我们守岁，没有回家去。大年初一，他睡到中午十一点一刻才起身。

梳洗完毕，吃了些年糕当点心，便匆匆地走了。午后，六点钟，道藩又来了，脸上一副恼怒的神气，我无须过问，就知道准是因为昨夜在我家过年，家里有了什么闲言闲语。

88

丽丽所念的中大附中，年初三就开课了。早在昨天晚上，道藩便告诉她，他将在八点钟的时候派汽车来送她到学校去。下午，丽丽便开始准备她的行李、衣物和书籍，我也帮着她在清检，心里在想，丽丽住到学校去以后，这一座大房子，就只剩下我一个人了。

第二天一早丽丽便起床了，七点多钟吃过了点心，她就显得有点坐立不安，不断地在看表，嘴里喃喃地说着：

"怎么还不来呢！还不来呢？"

"时候还早着咧，"我安慰她说："八点钟车子一到你就走，反正只要赶得上就行了。"

于是她才顺从地安静了一下，可是，隔了不多久，她又焦躁地说：

"妈，我看我还是自己雇车子去吧。"

"为什么呢？"我诧异地问："时间还没有到，何况，不是说好叫车子来送的吗？"

"我等不及了，我想早些到学校。"

"丽丽！"

她低着头，站在离我不远的地方，我好像看见她在暗暗地咬着下嘴唇，仿佛在做什么重大的考虑。

"丽丽，"我再喊她，柔声地向她说："听我的话，你别心急，好好地坐下来，安心地等着车子来送你。"

"不，"她的回答使我大出意外，她坚决地说："我想我还是现在就走！"

"丽丽！"

我稍微提高了些声音。平时，这乖巧的女儿，只要我这么表示，她总会顺从地不再往下说。可是今天不同，她根本就不理会我那喊声里的制止意味，她仍在说：

"妈，我要走了，我不要坐什么汽车！"

我仍平静自然地说：

"但是汽车马上就会来的啊！"

"妈，我不要坐汽车，"她突然抬起头来，脸上出现了十分坚决的表情，她重复地说："妈，真的！我不想坐他的汽车！我可以雇车子，我要自己雇车到学校去！"

她的表情和声调使我非常惊愕，一个想法掠过我的心头，这不是孩子在性急，而是有一种反抗的意念在她的心底萌生滋长。换句话说，她并非等不及汽车来接，她根本就不愿意坐道藩的车子。

怀着一线希望，我婉转地试探地问：

"有汽车坐不好吗？丽丽？你看，外面的风雨多么大，时候又是这么晚了，你就让王司机稳稳妥妥地把你送到学校去吧！"

"不不不！"她的反应使我全部失望了，她已经伸手在提地上的行李，她用从来不曾有过的坚决语调说："妈，我现在就走了！"

"丽丽！"我心里一急，不觉厉声地喊了出来："我不许你这么就走！"

"妈！"她回过头来望着我，遗憾的是，我当时竟忽略了她眼睛里的吁恳表情。

"不管怎么样，"我高声说："我一定要你等汽车来了再走！"

女儿表现了她倔强的个性，第一次，在我这做母亲的面前，她装做没有听见我的话，默默地，从地上捡起行李，突然，她像一阵风似的卷出门外；隐隐的，我仿佛听到她在哭了。

"丽丽！丽丽！"

……

我颓然地坐回沙发上，我已受了严重的打击，一件单纯的小事竟然会发展成令人震惊的结果。女儿开始对于目前的现况不满了，今天的事，意味着许多痛苦和不幸，矛盾和纷扰，即将相继的来临。

茫然失措中，我忽然想起八年之前在重庆，有一次孩子好奇地拆开道藩寄给我的信，那一件小事曾经使得道藩紧张与不安，后来他郑重其事地告诉我：主要的是怕孩子发现我们隐秘的爱情，"会影响到他们纯洁可爱的心灵，以至于影响他们将来的做人和幸福。"他又说："你的话不错，他们都很喜欢我，但是我最怕的是他们长大后都痛恨我，到那时，你所爱的儿女竟会痛恨你心爱的宗，你心里将会何等难受！"

我的两个孩子，比较起来要以丽丽和道藩接近的机会来得多，自从她初懂人事，悲鸿就离开了家庭。十几年来，道藩对她的关切爱护，比她父亲不知超过了多少倍，因此，小时候的丽丽，心目中一向将道藩当作父亲一样地看待。一九四六年她和道藩通信的时候，两个人心灵的接近，感情的亲密，曾经使我极感安慰。因此我从不担心丽丽会对道藩有什么反感，或竟像道藩所说的可能"痛恨"他，我认为这些都是绝不可能的事。然而，今天丽丽这种反常的表现，却使我震惊不已，一叶落而知秋，我仿佛已从今天的事件看出不祥的征兆，我无法揣测将有何种的灾祸发生。

"咦，你怎么啦？一个人坐在这儿想出神了？"

我骤然听到道藩的声音，又是一惊，猛抬头，不知何时他已经来了，而且，直立在我的面前。

惘然地向他一笑，蓦地想起一件事情，我先问他：

"现在几点钟了？你是什么时候来的？"

"我刚到，"他看看手表："现在是八点二十五分。"

"啊，"我的心里又起了一阵对于女儿的歉意："亏好丽丽先走了，要不然，他一定会迟到。"

"真是抱歉得很，"他在我对面的沙发坐下："今天实在是有一点重要的事，我虽然尽可能地赶快，可是仍旧比约定的时间晚了二十分钟。"

"这倒没有关系。"我苦笑笑，由于心里藏不住话，我还是把丽丽赌气先走的事情告诉了他。

"啊！"敏感的他，立刻就意识到孩子的心理并不单纯，他错愕地应了一声，眉头也在紧紧地皱起，脸上布满了忧郁和困惑——

"也许，"我聊以自慰地这么说："她只是为了时间赶不及，怕迟到。"

"希望是这样才好，不过，"他摇摇头："照她方才所说的，似乎问题不这么简单，而是她根本就不愿意坐我的车子。"

"要不然，"我尽量往好的方面想："就是她怕同学们笑她——"

他很奇怪地打断了我的话，连声地问：

"笑她？笑她什么呢？"

"学校里会有这种事情的，"我说："没有一个学生，愿意自己在团体里被看做特殊分子，连上学都要坐汽车。"

他沉吟了一会儿，这才抬起头来望着我说：

"你这个说法也许是对的。当然，"他顿了一顿："我们都希望她只是为了这一点点理由。"

不一会，道藩便走了。一整天我都像失落了什么似的，心情很悒闷，夜里躺在床上久久不曾阖眼，忧心忡忡，尤其担心的是以后应该怎么办。

一月二十五日，国际文化协会举行理监事联席会议，讨论了许多重要的议案，我又当选为常务理事，中午全体理监事餐叙，一顿饭吃到了两点三刻才回家。整个下午和晚上，我又在虔诚地折锡箔，因为明天就是母亲的冥寿，母亲诞生在阴历的正月初五，那一天，也是所谓财神菩萨的生辰。

正月初五刚好是礼拜天，母亲逝世以后，年年此日，我都要祭供她老人家，丽丽当然不会忘记这个重要的日子。因此九点钟一起床我就在惦念着丽丽回家，可是一直等了一上午，仍然不见她的影子，快到十二点了，我只好在怅惘与懊恨的心情下，吩咐佣人上供，就由我一个人在向母亲的神位祭拜。

第二天下午，四点多钟的时候，佣人来说谢稚柳和吕斯百两位先生来了。吕斯百是悲鸿的得意弟子，同时也是我们家的常客，相处得和家人一样。谢稚柳是常州人，中大艺术系的教授，他的画宗法陈老莲，也是当代颇负盛名的一位画家，他家住在上海，每星期来南京上三天课，这一天他还是第一次到中大上课，就请吕斯百陪着来看我。

三个人闲谈之下，我问起谢稚柳住在哪里，斯百告诉我，他正为在南京找不到临时的住处伤脑筋，我想到自家的房子那么大，只住我一个人，楼下的房间全都空着。因此当时我就说：如果他实在找不到住处，可以住到我这里来。谢稚柳听了不觉大喜，连声地向我道谢。我立刻带他们去看了房间，谢稚柳认为非常满意。

七点十分，听到王司机的三声喇叭，我知道是道藩来了，我立刻吩咐佣人预备开饭，当道藩进门以后，很高兴地和他们两位见过了面，我们随即一同到了饭厅，四个人各据一方，轻松愉快地一面吃饭，一面谈天，饭后再到客厅小坐，一谈，便谈到晚间九点三刻，谢稚柳和吕斯百告辞了，我和道藩送他们出去。

回到楼上，我发现道藩的神色变了，方才的欢欣笑容，在转瞬间消逝无踪，如今代之以深沉的愁闷，似乎还带一点愠怒。

我很奇怪，马上就问他有什么事情，起先他不说，一再地闪避，但是禁不住我不停地追问，他胸中的积郁终于喷溅出来了。

原来，他不满我邀谢稚柳到家里来住，而他透露他不高兴的唯一原因，是唯恐谢住到我家以后，虽然彼此熟悉，但是我和道藩的近况他还不大了解。他埋怨地说：

"像现在这样聚少离多，已经够使我苦痛的了。将来谢稚柳在这里借住，虽说一个礼拜只有两三天的时间，可是，你有没有想到他会使我们感觉不便？同时，你有没有想过他会妨碍我来看你的自由？"

我被他说得怔住了，内心里不得不承认，邀请谢稚柳来住的时候，我确实没有想到这方面去。——我不曾回答他的问话，我觉得相当的抱愧与不安。

"眼前我就不能忍受了，"他重复地诉着苦说："我真不能想像以后的日子怎么过。"

"我想没有什么关系的，"我安慰他说，"我相信他绝对不会妨碍我们的。"

"你知道，我们能有现在这样的环境已经是太不容易了，你有没有计算过，为了达成我们今天的环境，我们曾苦苦期待了多少年？我们曾付出了多么大的代价？雪，难道你从来不想这些事？"

"我怎么会不想呢?"他引起了我对痛苦往事的回忆,不免也是无限感喟:"不过,道藩,你实在不必为这些小事担忧,我告诉你,对于我们每天相聚的时间,我比你更要重视得多,我不会让它们轻易受到打扰的,你应该相信我,"我很诚恳地向他提供保证:"在我范围以内的事,我一定会妥善地处理。"

他当然了解我这句话里弦外之音,我的意思是在正告他,即使谢稚柳搬到这边来住,我也有把握不使他成为我们的妨碍。

"我相信你,我相信你!"他急急忙忙地说,唯恐我的感情激动,他的声音又趋于低柔:"雪,——"再喊了我一声,他突然顿住,兜起了无限的感伤和哀愁。令我极为惊诧的,他竟流下了泪来,满眶的热泪,簌簌地滴落。我正要俯身向前去抚慰他,他呜咽啜泣地说:"痛苦!痛苦!不自由的生活,是多么的痛苦啊!"

他那断断续续的几句话,骤然使我受到极大的撼动,"痛苦","不自由的生活",这种悲怆的呐喊,不也正是我自己的心声?我立刻受到了他的感染,心灵被激起共鸣的涟漪,一阵心酸,满腔幽怨,我的两行热泪,也像断线珍珠一般地滚落下来。

窗外朔风一阵阵地呼啸而过,犹如一支羌笛,吹动了伤心人的萧瑟心弦,似乎苍凉哀怨之声弥漫了整个人间。——一桩桩的伤心往事在心底升起,苦涩的人生,无望的前途,天人同悲,我们两人竟会无言地相对啜泣,不可遏止。直到夜阑人静,道藩才无可奈何地离我而去。

第二天早晨九点一刻醒来,意识恢复就觉得胸口闷闷的,喉梗气塞,昨夜的一场痛哭,并不曾驱走满心忧怨。天际虽然出现了久违的阳光,心情原该爽朗一点,然而我却没有丝毫欢愉,揽镜自照,眼睛还有点发红。

两点钟的时候道藩又来了,因为今天中华美术会开理监事会,我和他都必需出席。这一次会开得很久,从两点半直到六点钟,散会后道藩陪我一道回家,两个人依然是愁容相向,心情凄苦,谁也提不起精神来安慰谁。我尤其郁闷不堪,道藩今天晚上就要到上海去,那是他刚才在车上告诉我的,这一去,要到下个月二号才能回京,我算了一下,又是整整五天见不了面。想起我和他既不能须臾相离,偏偏又没有平安度日的环境,真是无可奈何!

他只耽了半个钟头,由于必须回家收拾行装,道藩和我忍痛地告别,当我想到自己连在车站迎送他的际遇都不可得,心里更加怅恨万分!

谢稚柳昨天说好,他将在今天晚上搬来,作为居停主人,我至少要让客人住得安适。于是我关照同弟,叫她去把画室后房整理打扫一下,一切的布置,则等谢先生来时，由他自己安排。

九点半，谢稚柳搬来了，他陪我谈天到十点多钟，道了晚安，各自回房就寝。

在床上想到道藩正在向上海进发，我仿佛可以听到车轮的转动声。

89

元月三十日上午，我宴集文艺界的一些朋友，计有胡小石、乔大壮、宗白华、陈之佛、黄君璧、傅抱石、秦宣夫、卢冀野、谢稚柳和吕斯百夫妇，大家志趣相投，谈笑甚欢。正在开怀畅饮，佣人来报一位朱余清先生来看谢先生，谢稚柳听了马上就迎出去，一面回头跟我们说：

"这位朱先生，他的书法好极了！"

我闻言便也迎了出去，我请他不必拘礼，邀他参加我们的小聚，朱先生笑笑，当时就答应了。

朱先生走进饭厅时，大家很高兴地鼓掌表示欢迎。

饭后，十二位艺文大家都到了我楼上的起居室，无拘无束地谈天，说笑，也有人兴会所至即席挥毫。我请朱先生写了四张册页，一纸条幅，其余的朋友，能书的写字，能画的画画，一时我的书斋里琳琅满目，珠璧交辉，真是出乎我意料之外的收获。

五点多，大部分客人告辞走了，留下秦宣夫、谢稚柳和吕斯百夫妇和我一同晚餐。饭后，谢稚柳又画了两帧花鸟，一幅山水，笔意飘逸，清俊无伦，大家都极为赞赏。十点钟，吕斯百夫妇告辞，宣夫留下来和稚柳同榻，我们三个人煮茗夜谈，居然谈到凌晨一时，方始各自回房睡觉。

第二个礼拜天的清晨七点三刻，我还在睡梦之中，佣人推门叫醒了我，说是道藩来了。我连忙披衣起床，来不及梳洗，就到起居室去和他相见，原来他是乘夜车从上海回来的，刚下车就来看我，他在上海买了一批画帖，还有些糖果食物，我邀他一同吃早餐，谈谈别后几天的事。小别重聚，另有一份喜悦，两个人轻松自在地谈着，五天前相对欷歔的情况，早已抛到九霄云外。

不一会他离去了，十点钟，丽丽也从学校回家，我心里又是一阵高兴，想了想还是不要问她上星期为什么不回来的好，丽丽却自动地告诉我，那天她学校里有活动，我留意她的神情，仿佛带有一点歉意，只是我不提起那天的事，她也不好做什么表示。——那一场母女间的不愉快，是否将会逐渐淡忘，抑或已经使我们开始有了距离，我简直不敢想像。我发现自己越来越缺乏面对现实的勇气了。

我为了想和她多谈谈，特地说了些这几天来家里的琐事，包括谢稚柳先生来借住啦，前天家里请客是怎么样热闹呀。她嗯嗯啊啊地听着，没有什么反应，但也不曾使我觉得她毫无倾听的兴趣。

由于中午冯若飞先生请我吃饭，是我早就答应了要去的，我歉然地说今天中午只好让她一个人在家吃饭了，丽丽向我笑笑，她说：

"这有什么关系呢？妈有事只管去好了。"

于是我准备上楼去换衣服，丽丽回身便蹦蹦跳跳地向下房那边跑，她的脸上有着清新愉悦的笑容，和方才跟我谈话时那种沉吟严肃的表情大不相同。我知道她是去找同弟的，丽丽和同弟很好，她们两个曾并头躺在床上一聊就是好半天。我凝望着，那已经成熟的身影从屋后消失，惘然地站了一会儿，才走上楼去。

下午四点钟回到家里，同弟说丽丽已经回学校去了，我慵懒地上楼，但觉四周分外的冷清。

连日天气晴朗，颇有冬去春来气象，我决心趁此机会，将庭园重加整理，找了花儿匠，以六十二万元的代价，叫他们种了八棵白杨，三十株洋槐，还有梧桐、桂花、白玉兰、紫薇、碧桃、玫瑰、冬青等。为了种植一株葡萄，我还亲自跑到中央大学的苗圃去选购，希望来年今日，家里又能恢复花木扶疏，怡红快绿的景色。

花园布置好了，我家里经常有朋友来聚晤，或则茶叙，或则便饭，因为来来往往都以文艺界人士居多，所以气氛总是那么样的轻松愉快。有一天陈芷町先生在我家吃饭，道藩也在座，席间谈起陈布雷先生曾经撰一副长联赠给道藩，对仗既工整，寓意尤深长，大家都认为是佳构。陈先生一时兴起，就将这副对联写一幅单条，至今还由我保存着。对联写的是：

> 交通内政教育，一次二次三次，是何其次也，岂真万不得已而求其次？
> 革命著书作画，心长才长艺长，既莫不长矣，何妨一塌括子尽其所长！

联后还有陈先生的跋："布雷先生于抗战初期任国防最高委员会副秘书长，

道藩甚不以此职名为然，因道藩曾三任次长，布雷先生特撰此联，以资报复。"

90

江南三月，莺飞草长，这时我已决定回宜兴去探望姊姊她们，于是我写信告诉她动身的日期。一号那天，下午一点半钟道藩来了，说他还没吃中饭，我叫佣人给他下了一碗面，吃过以后，休息了一会就去办公了。晚上九点钟他又匆匆地赶来和我话别，因为他今晚又要去上海，而我后天也将去宜兴，所以这次分离，有三个星期。十点半了，他还是难舍难分地不忍离去，可是时间已到，不得不走，只好再三叮咛而别。

第二天我到太平路去，为文楣姊和诸外甥女买点礼物，南京物价高涨，随便买些东西就花了五十多万元。三月二日是星期天，趁着丽丽回家，我关照她留在南京要事事小心。

三月三日清早六点钟起床，因为今天是我动身去宜兴的日子，推窗外望，是个阴天，收拾好了行李，盖上箱盖的时候，一不小心把道藩给我的一面小镜子压破了，我虽然不迷信，但是心里仍为之不欢。

七点钟由坤生护送乘车到下关，买了车票，八点钟特别快车驶出车站，过镇江、丹阳、常州到了无锡。上站长室找张站长，向他打听的结果，由无锡到宜兴的公路，还没有大型客车通行，张站长说是可以雇小汽车去，价钱大概要二十六万。我考虑了一下，觉得不但价钱太贵，而且唯恐路上不平靖，我们带的行李又多，万一司机起了不良之心，即令有坤生护送也是危险。因此我就再问张站长小火轮一天有几班，什么时候开？

张站长说：要坐轮船的话，一定要在无锡过夜，因为轮船每天只有一班，清晨三四点钟开航。

我不愿意在无锡过夜，带着坤生雇了两部人力车，想到轮船码头去试试运气，一到，刚好碰到有一班船马上就要开了，是到宜兴的，于是我忙命坤生去买票，居然就给我们赶上。上船之后，我一直在为自己庆幸。

但是船上实在太挤，舱里舱外到处都是乘客，简直难以找到插足之地，我叫坤生去和船上的账房商量，总算特别通融，在后梢的厨房间给我设了一个座位，座位有了，却是三面通风，吹得我实在难过，但是又别无办法，而这个航线，足足要走八个钟头。

好不容易熬到晚上八点，天全黑了，小火轮方才徐徐驶近宜兴码头，我走到船舷一望，煤气灯下，看到静子和一英两个外甥女已经站在码头上迎候。她们看见了我，高兴得大叫，我也喜滋滋地挥手跟她们招呼。

步行到东珠巷姐夫家里，一路上街灯昏黄，行人寥寥，看来市面并不太好。东珠巷在蛟桥旁边，由南大街进去，这里是城中心，本来是最热闹的地方。

姐夫姐姐闻声迎了出来，骨肉离散，整整十年，劫后重逢，大家的情绪都很激动，姐姐伸张双臂和我紧紧的相拥。本来见面应该欢喜的，可是当时我们都情不自禁地流下眼泪，因为我一看到姐姐就想起了死在沦陷区，使我未能送终的母亲，而姐姐也一定想到病故重庆，音容已杳的父亲。这一场哭，我和姊姊，都有着失怙失恃之痛啊！

姐夫也噙着两眶热泪，过来劝慰我们："不要难过，不要难过；我们不是已经见面了吗？"一句话里包含了多少辛酸、悲戚和凄凉，我听了，忍不住又是一阵伤心。

静子绞了一把热毛巾给我，和姐姐揩干了眼泪，看看那两个大孩子，都在泫然泪下，连佣人坤生，也是眼圈儿红红的。

由于姐夫姐姐带着三个女儿，在暗无天日，"皇军"汉奸作威作福的沦陷区里，受尽了艰辛危难，因此他们两位如今早已是华发丛生，两鬓斑白了，不但如此，他们的瘦弱憔悴，使我看了心里真有说不出的难过。

大家团团地坐下，我才知道二外甥一昌有事到上海去了，要一个礼拜以后才回宜兴。一昌在十几岁时便去了南洋，这时刚从新加坡返回省亲。当时又见一位秀丽温婉，衣服也比较鲜美的少妇，她一直在殷勤地侍候我们，姐姐喊她前来介绍，才晓得是一昌的新妇素凤。

谈起别后十年的一些人事沧桑，家乡近况，许多料想不到的变化和消息，真使我有恍同隔世的感觉。程老先生早在抗战初期逝世，慈祥和蔼的长辈如今又少了一位。宜兴曾经遭过敌人的蹂躏，胜利之前又受到盟机的轰炸，阳羡古城，时下是一片萧条，满目疮痍。

抗战初起，京沪战事失利的时候，姐夫也曾想要逃难入川，当时他还有信给我，托我代他在重庆谋事，后来因为时局变动太快他们来不及走。日本兵攻占宜兴，他们一家逃到乡下，由于散兵土匪的劫掠，粮食大感缺乏，他们有一段时期就靠捡拾野生果蔬度日，长时间的营养不良，从此大大影响了姊姊的健康。

最使我伤心悲恸的，是二外甥女程一媛的壮烈牺牲。一媛是个美丽可爱的女孩子，上海新华艺专毕业。抗战初期，日军攻陷宜兴，她跟随家人步步向乡下撤退，一直退到游击队基地的张渚山中，就在当地一间中学担任图画教员。不久敌人打到张渚，混乱中大家四散奔逃，她和另外两个女孩子被日军捉住，分别审问，那两个女孩子给放掉了。轮到审问她的时候，在场有一个充任翻译的汉奸，存心开脱她，因而提醒她说："你的姨丈不是任援道吗？你只要说出你和他的关系就没有事了。"任援道是我堂妹夫，当时在南京伪组织任绥靖部长，在沦陷区是赫赫有名的。但是一媛却抗声地回答："我没有这个亲戚！"于是日军便把她掳走，同乘一匹马策骑飞奔，途中经过一道陡峭窄崚的悬崖，她在马上竟纵身一跃，直坠百丈深谷，玉碎珠沉，顿时惨死，她总算求仁得仁，表现了中国女性坚贞义烈的精神。

这一夜，谈到一点多钟才就寝，整日的旅途劳顿，和一晚上的感情波动，让我在故乡获得沉酣的安眠。

翌日坤生取了行李到官村去看他留在沦陷区的岳母和两个孩子，我叫他把十年不见的刘妈和孩子带到城里来玩玩，他答应了。上午拍了一通电报到上海，告诉道藩我已经平安到达了宜兴，免得他惦念。

三月五日宜兴又是好晴天，姊夫有事，七点钟便乘轮船到乡间蜀山去了，我由文姊和外甥一昌的太太素凤陪着，出去走走。我们到了许多地方，但见断垣残壁，满目荒凉，像东大街是全城的菁华，当年最繁盛的商业区，现在只剩下一片瓦砾，遍地荒烟蔓草，哪儿有以前那种商肆林立，摩肩接踵的热闹情况！我们踩在砖瓦碎屑上面，一路嚓嚓作响，缅怀往昔，心里有说不出的慨叹！

南大街在战后稍稍经过整建，倒还比较像样一点，马路两旁，都是小型的商店，看起来它已取代了东大街过去的地位，而成为宜兴的市中心区了。

回家的路上，经过史宅，顺便去探望小学的同学程绚华夫妇，绚华也就是姊夫的堂妹，如今大家都已儿女成行，坐谈了半个钟头，也是不胜欷歔话当年。

回到家里，坤生已经领着刘妈和他的两个孩子来了。别离十年，刘妈老态龙钟，和当年在我家帮佣时的健康硬朗，等于是另外换了一个人。两个孩子，别时还在褓褓之中，如今男孩南元十一岁，女孩元英十岁，成了一对见人畏畏缩缩的乡下孩子。和刘妈谈谈，她口口声声感激不已，为我这十年来对于坤生和同弟的照拂和善待。我听说她们准备明天一早回乡下，给了他们十万块钱，叫坤生领她们到程府老佣人法大家去借住一宿。

晚上，姐姐特地去买了蜜糕回来，这是我儿时嗜食之物，十年不尝此味，吃了两块，甜美揉和着无穷的回味，我觉得它们比什么都好吃。

三月六日，因为天阴恐怕下雨，不准备出去，才给道藩和丽丽写了两封信。下午，来了一位朱医生，给大家接种牛痘的，我也请朱医生为我种了一颗。

不久又有吴兰士先生来看我。兰士先生还是我念小学时的业师，当时已经有七十多岁，白发皤皤，腰腿还健，我听说他老人家来了，连忙迎接出去，歉然地说实在不敢当。吴先生温煦和蔼，宛如曩昔。我们谈了很久，能够见到三十多年前的老师，是我故乡行的一大意外收获。

大人巷蒋家老宅的第二进房子，那是祖父遗留给伯父和父亲的，七开间的楼房两家各据一半，因为父亲一直在上海任教，于是母亲便把我们所有的三楼三底，租给一位任姓的亲戚居住，伯父已搬往苏州，他们的房子也全部空着。想不到在一九二八年底，任家过年蒸团子，一时失慎走火，竟把这一进房子烧得干干净净；房子烧掉不算，可惜的是我家数代以来传下的藏书数万卷，就此付诸一炬，其中还包括一部《图书集成》。这以后父亲每一提起，总是非常痛惜。抗战时期父亲避乱入川，任教重庆大学，读到同事张圣奘先生题旧籍诗，还曾做了一首七律，悼念阳羡故居久成灰烬的数万卷藏书：

> 万缥千缃手自编，宁知只有廿年缘。
>
> 祝融乱政书何罪，尼父衰龄梦不圆。
>
> 况复家山久沦陷，敢云著述已流传。
>
> 羡君邺架犹闳富，晨夕摩挲对圣贤。

这时老家还住着二叔祖和七叔祖的两大房人，长辈中，有七叔祖的一位江西籍老姨太太还在，年龄已快八十岁，以及她的儿子和媳妇，是我的八叔八婶，八叔比我大不了几岁，曾和我同在家塾读书，此外就只有四婶五婶两位。这一些族人听说我回到了宜兴，便在七日中午请我去赴家宴。姊姊陪我到了那里，但见门庭残败，再没有当年宏伟肃穆的气派，触目所见，门厅轿厅，东西书房，全都住得有人，陈旧的家具，乱糟糟地堆放着，从衣着和房屋的布置来看，恐怕没有一家的境况是好的。八年抗战，把这些人都打垮了。我们见过了老姨太跟几位长辈，再和同辈的兄嫂弟妹们相见，至于一房房的孩子，也不知道有多少，无法一一辨识。

家宴在大厅上举行，倒是丰盛而且隆重，大家向我殷殷劝食，亭午的阳光晒得一院子灿然生辉，然而我却有着"乌衣巷口夕阳斜"的无限哀愁。

为了聊表心意，我拿出一百万块钱来，送老姨太太十万元，其余各房，每房也各赠十万，还有一些无法维生的兄弟，托我为他们找工作的，后来我也竭尽所能地一一为他们设法。

蒋氏原为宜兴的名门巨族，记得儿时在家，每逢过年，大门上要贴起"九侯世泽 三径家声"的春联，因为汉朝有九位姓蒋的封侯，三径是指蒋诩，他隐居时在舍前竹下开了三条小路，他只和故人求仲、羊仲往来。汉朝蒋氏九侯封在宜兴的便有山亭侯和碑亭侯两位，我们大众巷蒋家是卤亭侯一脉相承下来的。抗战胜利还都，总统在原籍奉化纂修谱牒，追源祖始，派人到宜兴索取蒋氏宗谱，才知道奉化的一脉，也是宜兴卤亭侯的迁支，因此总统偕夫人曾在一九四八年五月十七日亲临宜兴都山卤亭侯墓扫祭，还和族人们合影留念，当时他勉励族人说："我们都是卤亭侯的子孙，应当大家努力，为国家地方服务。"——然而我回家乡那年，人事全非，心情沉重之余，也只有寄望我家子弟将来还有光大门庭的一日。

三月八日妇女节，妇女界推派代表到姊姊家来，请我去开会并讲演，他们都说我很为本县的妇女同胞争光，不但荣任制宪国民大会代表，同时新近又发表为宪政实施促进委员，这在家乡女同胞中要算是第一人；我听了这话不觉汗颜，推辞不获，只好前去。当天登台演说的时候，心里直在念着诗经上所说的"惟桑与梓，心恭敬止"，同时也觉得妇女界在这大时代中所负使命的重要，因此便将这两点主题，加以阐释，所收的效果还算好，第二天当地报章都登出了演词全文。

这一次故乡行，前后历时两个星期，三月十七日我和文姊携同一昌夫妇动身回南京，先乘小火轮到常州，道藩早已派坤生在常州买好火车票等待，我们一到那里，便乘车返京。

一昌夫妇从南洋回国省亲，他们还是第一次到南京，我和文姊不免要陪他们观光游览一下。接连几天，道藩都派车子来给我们代步，除了市区以外，我们去瞻仰了国父陵园，游过明孝陵、玄武湖、北极阁、雨花台，以及其他的各处名胜。三月小阳春，桃红柳绿，风光明媚，久别重逢的亲人在一起，大家玩得十分尽兴。几天后，一昌夫妇要动身了，他们先到上海，然后乘船回南洋。我留文姊在南京多住些时，一方面让她散散心，一方面我们两姊妹也好盘桓些时。

91

早在一九四七年初，我曾托钱昌照先生写信给孙立人将军，要求他准许在东北驻防的伯阳退伍，因为这孩子从军的时候刚刚在念高中一年级，现在他都十九岁了，为他的前途打算，必需赶紧退伍再念点书，将来才好自立。四月初，突然接到伯阳从前方来信，他说他高兴得"快疯了！"他终于获得了退役令，只要经过一个短暂时期的讲训，就可以启程回家。

四月底他和同时退伍的两百多位同学，由沈阳到了北京，在他父亲那里住了一些时候。

五月间，才回到南京，我和丽丽欢天喜地到下关车站去迎接他，四年不见，他的神情举止完全像个大人，个子长得很高，身上却穿一套不合身的西服，据说是他父亲的，太短，而且过于宽大，料子是呢质，在那种天气，把他热出了一头一身的汗。

把他接回家以后，最先做的便是给他缝制衣服，在选料子的时候他的意见和我相左，依我的意思他最好穿黄色或灰色的衣服，他却要做白色的西裤，于是我发现他变得很爱漂亮，很喜欢修饰，和他妹妹的朴素作风截然不同。

为了准备他暑假后好考学校，我托吕斯百先生在中大请了一位老师，每星期三次，给他补习国文、英文和算学。可是那时候四川教育学院毕业的学生郑先生也住在南京，伯阳跟郑家的几个孩子是要好的玩伴，见面以后，他又故态复萌，一心贪玩，不肯读书，天天打扮得整整齐齐的，尽往郑家跑。我知道了不免为他担心，我提醒他现在正是埋头努力，赶补功课的重要关头，不该整天只顾找朋友。否则的话，暑假过了考不取学校怎么办？但是他充耳不闻。

学生没有念书的兴趣，补习的老师教得也不起劲，渐渐地，伯阳不大去上课，经常地缺席。丽丽觉得白花补习费未免可惜，因此她自动地要求我，让她接替哥哥去补习，好在暑假里读点书。我将两兄妹求学的情形作一比较，心里觉得非常奇怪，为什么他们会这样的不同。

于是我气愤郁悒地又生了病，来势汹汹，大呕大吐，姊姊在我的身边照拂，道藩更是着急万分，决定送我进鼓楼医院，打盐水针，多方治疗。那时候道藩有事要到上海，我怕伯阳在家里没有人管束，便请道藩把他带到上海他二叔寿安家

中，然后按照他自己的既定计划，暑假后回北京，由他的父亲去安排他的学业
问题。

一九四七年秋天，姐姐和我住在一起，两姊妹常常商量，应该怎样办理母亲
灵柩的迁葬事宜。为这件事，我们还跟在宜兴的姐夫书信往还，征求他的意见，
他认为迁殡祔葬是家族的大典，必须有一套繁文缛节，而且时间还要择在冬令。
我和道藩商量了以后，两个人在南京中山门外的永安公墓，择定了一处茔地，雇
工做了石砌的墓穴，在落叶萧萧的秋凉时分，文姊和我到上海路原葬地，请出了
母亲的灵柩，入土五年，棺木仍然完好。我们白马素车，将她老人家移葬到永安
公墓，那一带风景幽胜，形势绝佳，尤其距离京杭国道不远。当时我感到唯一遗
憾的，就是一时还没有力量把葬在重庆歌乐山的父亲，移灵到南京来和母亲同穴
共圹。

母亲的墓碑，是道藩亲笔写的。

迁葬这件大事办完，文姊也就回到宜兴。不久，她又从宜兴到上海，和大外
甥一雄夫妇同住。

文姊回去了，丽丽也在学校寄宿，我一个人住那么大的房子，实在有点浪
费，当时南京房屋的租价很高，我因而想到不妨把傅厚岗的房屋出租，收一些租
金，也可以解决生活问题。等我决定这么办了，马上就有很多人来接洽，其中以
法国大使馆的条件比较合适，因为他们是租来做办公室用的，一定能保持房子的
完好和整洁。一九四七年十月，订好了租约，十一月一号便要让出房子，因此我
自己必需赶快另找住处。

我当时的计划是想把拿到的一年租金三千美金，在原来的房子后面，再建造
一幢小型住宅，所以当我租房子给法大使馆的时候，我已跟他们说好，要把右面
和后面的地留下，他们也答应了。

吴稚晖先生在西华巷西华里一号有六亩地，他在那里造了两幢房子，因此便
名为"六亩园"，他老人家和他姨妹马老太太分住一幢，其他的一幢是分给马老
太太的一子一女的，当时马老太太的令郎马光启先生和他的夫人住在楼下，楼上
的两间是留给马老太太的令媛马光璇女士的。光璇女士是吕斯百先生的夫人，他
们因为中大配有宿舍，所以一直没有搬过去住，那两间房始终是空着的。于是我
便和吕先生商量，可不可以暂时租给我住？吕先生征得了马老太太和吴老先生的
同意，便答应了。因此在十月底，我便搬进了六亩园。

到了第二年九月，我开始鸠工建造新居，三个月后方始完成，我又从六亩园

搬回傅厚岗，住了不到两个月，我再度离开了这个家，和道藩到杭州暂住。

一九四八年暑假，丽丽在中大附中毕业，考进了金陵女子大学，我很为她高兴。可是上课不到三个月，时局突变，徐州会战方兴未艾，首都一片混乱，大家又都在准备逃难。于是我便把丽丽送到上海她叔叔寿安家去暂住，自己因为刚刚搬进新居，一切布置尚未就绪，而且这个家也得有人看守，所以我没有陪丽丽去上海。想不到有一天，突然接到寿安一个电报，他告诉我丽丽出走了。当时我的知觉顿时就麻木了，拿着电报的手直在发抖，也不知经过了多少时间，眼泪才簌簌地往下流。一时不知道怎么办，也不知道究竟是怎么回事，唯一能做的是打电话告诉道藩。道藩立刻赶来看我，互商之下，他决定陪我乘夜车到上海去。第二天清晨到了上海，立即到寿安家里去问详细的情形，据说丽丽出走那一天的早晨七点多钟，她正在洗脸，曾经有一个女孩子来找她，说了几句话就走了，后来丽丽就出门到我姊姊那里去找外甥女一英，两个人一同出去，本来是想去买东西的，但是走在路上，丽丽忽然说要去找一个同学，便坐车走了，从此就不曾再回来，也没有带走任何东西。

听到了这种情形，我内心里已确定她出走了，无可奈何，只好在上海的报纸上登了一则启事。要她无论到了那里，希望她来信告知，家里的人是绝不追究她的。道藩还去调查统计局请他们设法寻找，当然这些都不曾得着结果。

伤心泪尽之余，我又回到了南京，孤独，凄凉，丧失了一切的一切，茫茫人世，除了道藩而外，我已一无所有了！

92

一九四九年一月二十一日，蒋总统发表文告，决计引退，当天下午四点钟，他便由南京直飞杭州，转赴奉化。新闻在第二天正式发布，一月二十三日，大队共军越淮南下，直接进迫首都，长江以北的重要军事据点，扬州被围，明光吃紧，京沪铁路有若干段已经在共军炮火的射程之内，南京危在旦夕了。

道藩在此以前，早已将素珊和丽莲送到台湾，住在高雄，因为素珊的姊夫在高雄港务局工作，她的母亲和姊姊都在高雄住家。同时道藩自己也有一位本家叔父，住在高雄。所以素珊和丽莲她们一到高雄便买好了房子，准备长住。一月二十一日道藩就跟我商量定了，决心先到杭州，然后再去福州或广州，甚至撤退到台湾去。

那时候道藩有两部汽车，他的计划是先送我乘京沪路车去上海，然后他自己带领同弟、坤生、丁王两司机，押运行李循京杭国道直驶杭州。照我的意思最好是大家一道儿走，可是道藩坚持不肯，他说京杭国道沿途不太平靖，乘小汽车旅行又很辛苦，他完全是为我的安全和舒适着想，要我乘火车先到上海，等他们抵达以后，我再坐沪杭火车到杭州去与他们会合。

于是，一月二十四日的晚上，我告别了笼罩在恐惧气氛中的南京，乘火车向上海进发，还有四天就是大除夕了，下关车站却拥挤着神色仓皇的逃难客，道藩他们好不容易把我送上了车。二十五日他把我的房子转托了李田丹两夫妇保管，自己才收拾行李于二十六日一早也悄然地启程，离开了南京。一到杭州他便打了一个电报给我，另外为我写了一封详尽的长信，寄到外甥一雄的家里。——当时我和姊姊都住在他家。

雪：

二十四日晚上和你在车上分手后，我就回到城里，跟同弟两个人，把新屋里应该整理的东西统统弄好。二十五号早晨等到十点钟，不见李田丹来，通电话后才知道他还没有遇见谭守仁，因此当天无法办理交代房屋的手续，然后我到中央党部参加会议。十二点多去李田丹家，见了他们两夫妇，谈话约半小时，说好房屋合同由他负责和谭守仁签订后，用挂号信寄到上海贾西义路交给你收存。另外我派王协和在二十五日下午住进新屋，给了他一千元伙食费，吩咐他等李田丹来交代接收。我并且和李田丹约定，如果谭守仁变计不要这幢房子了，那么就叫王协和多住些时，由李田丹另行设法找人去住，同时办理一切应办手续。

下午三时半，参加立法委员座谈会，讨论迁往广州的问题，我还发了言，当时没有一个人知道我明天早晨就要离开南京。二十五日上午十一时，李宗仁约我谈话，我准时去了，心里不免有许多怀疑，到他家后等了一刻钟，还不曾延见，我又觉得有点奇怪。后来他的副官来说：因为居院长没有谈完，请我再等几分钟。不久，就请我进去，一看，居院长还在，我随便应付了十五分钟，翁文灏又来了。我正庆幸人一多可以避免谈什么问题，果然谈了二十分钟时局我便起身告辞，并且表示要是再有机会，我将贡献一点意见。六点钟后回到家里整理一切，不会客，也不接电话。二十六日早晨五点钟起床，六点三刻出中山门，先到总理灵前行礼告别，汽车迎着一轮旭日向东行进，当时阳光普照，郊外空气清新，四周气氛宁静异常，然而我却怀着极沉重的心情，离开了南京。简直诉说不出心里是什么滋味，整个人都觉得麻木了。

车子开上了永安公墓对面的公路，本想开进墓地，到母亲的坟前告别，但是因为车子过重，不易前进，如果走路过去，又怕腰痛作碍。只好在公路旁的小山顶上，遥遥地向母亲坟墓拜别，默求母亲保佑我们两个人今后平安无事，并且求他老人家庇佑丽丽平安无恙，使你略感宽慰。

前几天曾听人说，京杭国道路上有伤兵骚扰过往车辆，一路很担心事，幸而没有碰到。到了天王寺附近，三十三号车后面的弹簧断了，大费手脚，勉强修补前进，速度只敢开每小时十二公里，因此下午七点才到宜兴。进了城先到精一中学，但见学校里已经住满了兵，再找到伯威兄的新房子。由于今天早上起身时家中断水，大家都没吃早点，路上每人也只吃了几片面包，直到晚上八时，才在伯威兄家里吃晚饭，所以人人狼吞虎咽，连我都吃了满满的两碗。

到宜兴拜访程府，是我向往了许多年的事情。想不到会在这个时候，这种情景之下实现了多年的心愿，当时难免有很深的感慨。晚上和伯威兄挑灯畅谈，自然是以谈论丽丽的事情居多。伯威兄根据一媛信中说的情形，判断丽丽一定是投共去了。因此他要我劝你不必苦痛，一切都是各人的命运使然。

刘妈早知道我们要经过宜兴，所以带了同弟的儿女到程府来，大家团聚一次，我给了刘妈和同弟的儿女各一千元，他们都很高兴。

二十七日早晨我和伯威兄出城，到车站找站长，递过名片，陈站长立刻答应代寻技工修车。这位陈站长曾在贵阳工作三年，日军侵入贵州南部的时候，我在战地和贵阳的工作情形，他都知道，同时他也晓得我是盘县人，对我相当敬佩，因此我才得到了他的热心帮助。十一点半，车子修好，据说开到杭州是决无问题的，于是我们吃过中饭就离开了宜兴。在抵达长兴以前车子始终不敢开快，后来在路上计算时间，这样开法当天绝对赶不到杭州，所以我就叫他们加速行驶。开快车不到半小时，三十三号车后胎爆炸，幸好有备胎，花了五十分钟换上，原来打算到不了杭州就在武康过夜。但是换胎以后，冒险每小时开四十公里，到武康一问，城里没有旅馆，我们再鼓勇前进，居然在七点多钟，平安无事地抵达杭州。

杭州的旅馆大都客满，我们到时刚好有许多住客回家过年。因此才在西湖饭店找到两个小房间。八点钟原想上"楼外楼"吃西湖醋鱼，但是已经打烊，只得进城去找饭馆，大多数的饭馆都关了门，好不容易找到一家小馆子，大吃其面和年糕。我和坤生同弟，丁王两司机，一路同甘共苦，就像是一家人，这也是苦难中所得的一点安慰。旅馆房间虽小，倒还可以住，希望今天能再租到一间大房，那么你来的时候就好住了。

今天早晨打了一个电报给一雄转你，希望能比这封信先到。从明天起杭州的店铺都要停市过年，所以一早就在进行修车的事，王司机和丁司机等车子修好后，要回家去两三天，那时候你或许已经来杭州，我们就可以计划怎样去江山了。以上是别后关于我之一方面的详细情形。

我想你二十五日中午一定平安抵达，因为这两天报上并没有火车出事的新闻。就不知道你到上海以后，关于丽丽的事得了些什么新线索。依我看是一定不会有结果的。我们在这儿想，大姐总要留你过了年才让你走，我希望你买车票不至于发生困难，也希望车上别太挤，让你顺顺当当地从上海到杭州。我们只要能接到你的电报，自然会到车站迎接，要是接不到消息，我们不能来接你，那么你自己出了车站，叫车子到西湖饭店，就可以找到我们了。

汽车那么容易坏，完全是由于载重太过的关系，幸好一部分行李由你带到了上海，此外我又把我装西服的大铁箱留在南京，寄存在李田丹家，否则就更糟糕了。我们在路上才发现当初计算重量的时候，只算每一部车上所携的汽油，而忘记了每部车上七只汽油桶就有三十到三十一公斤重，好在坤生夫妇的行李少了一部分，王司机也有一些行李留在他们家里，所以你来了以后，再加一只小箱子什么的一点儿也不会有问题。你应该多带些单夹衣服，因为最近福州有旱灾，缺水，我们不妨在浦城或南屏住十几天，不必忙着赶到福州去。

伯威兄还不能决定要不要离开宜兴，我跟他稍微分析了一下共产党的作风；不过我不愿多说，因为我恐怕他万一不能离开的话，反而会增加他的恐怖之感。

南京方面的情形，二十五日只能开出两班车，下关一片乱糟糟的，旅客只要能够乘上火车就行，买不买票根本就没有人管。各机关都在加紧疏散，就是苦于交通工具缺乏。像立法委员、监察委员和中央党部职员就需要八百人乘的火车，哪一天能够走得成还不知道。共军已到浦口，假如他们向车站开三五十炮，车站一毁，秩序必定大乱，你能在二十四日离开南京，我真为你庆幸。

万一你无法买到车票来杭州，请即来电告诉我，我可以派车到上海接你。我已经打电报给虞文和罗学濂，不晓得他们怎样离开上海，倘若搭不上船，而他们也到杭州，那时候我们不妨跟他们结伴同到福州。听说杭州到福州一线，路上治安很好。我还想到奉化去看看总裁，不过这要等你到杭州再做决定了。祝你平安！

宗

我从南京到上海以后，本来想等道藩他们到了杭州，便乘沪杭车去和他们会合，可是姊姊一家坚留我在上海过旧历年，同时也因为各路的火车拥挤混乱，无法买到车票，所以我在上海一住便是两个星期。后来还是道藩坐汽车到上海有事，才把我接到杭州去。

我们在杭州起先是住的西湖饭店，我和道藩占有一间套房，同弟他们四个人住一间长形的大房间，每天都是到馆子里吃饭，觉得很不方便，后来承吴望伋先生的帮忙，为我们在葛岭一位朋友的家里借到两间房子，于是我们便搬了过去。那里的风景很好，从窗子外望，可以看到苏堤。同时房子的下层地方很大，佣人司机都有住处，而且还可以做饭。

这时和谈之议重起，京沪一带又呈现短暂时期的安定气象，看起来我们一时还不必急着走，便决定在杭州多住些时，看看局势的演变再说。

没有想到这一次杭州小住，不但历时两个半月，而且也是我们一生最可纪念，最难忘的欢乐日子。那时虽然到处烽火狼烟，京沪杭也都岌岌可危，然而，在我们痛苦多难的一生里，也唯有这一段时间，才是真正属于我们自己的。我们出入相偕，晨昏不离，既无需乎顾虑外间的批评物议，也不再有任何感情上的羁绊阻碍，终日徜徉于青山绿水之间，真有只羡鸳鸯不羡仙之慨。

葛岭，逶迤西湖北岸，可以远眺湖上风光，我们的住室宽大舒适，设备齐全，由于我们逃难的时候还带了些厨房家具，坤生同弟驾轻就熟，一搬到葛岭山麓便开始自己做饭。

谈到吃饭问题，在此以前还有一些有趣的事情，记下来也可以表现道藩虽然一向位居要津，可是他的本性却是如何的平易近人。他知道我最爱吃鱼虾螃蟹，因此一到杭州，就先陪我到楼外楼大快朵颐。楼外楼是杭州有名的饭馆，道藩告诉我们，这里的菜看以鲜鱼活虾最著名，因为楼外楼面临西湖，饭馆里用栅栏围住一角湖水，成为了活水源头的养鱼池，鱼虾在池中就像在湖里一样，临下锅再捞起来，滋味当然分外的鲜美。道藩邀我上楼外楼，也带着同弟坤生和两位司机，他由于这趟京杭之旅，和他们一路同甘共苦就像是一家人，所以他坚邀他们同桌吃饭，而且自己还在桌上谈笑风生，特意造成轻松愉快的气氛。不过同弟坤生他们终究还是放松不开，当楼外楼的名菜"西湖醋鱼"端上来时，道藩连连地举箸叫他们趁热吃，我也在向同弟他们示意，可是他们仍然拘束不安，反倒吃得不如平时痛快，我在一旁看了也是无可奈何。

迁到葛岭山麓以后，道藩和我几乎每天都要出去游山玩水，好在自己有车子，非常方便，因此一条环湖马路也不知道给我们绕行了多少遍。记得头一天是在葛岭一带寻幽探胜，因为要爬山，我们一路步行，那是一个阳光普照，惠风和畅的春天早晨，四周景色，大有"好鸟枝头亦朋友，落花水面皆文章"之慨。葛岭上的初阳台，还有一座很大的三脚鼎，斑驳风化，古意盎然，也不知道是多少年前的古物，据说这就是《抱朴子》一书的作者，晋朝关内侯、丞相椽葛洪烧丹炼药所用的丹鼎，历代传说都是如此，想来也许可信。初阳台下还有一幢抱朴庐，里面奉祀葛洪。我们一边四处凭吊，一边在谈论像葛洪这么一位通人，既然好学不倦，博览群书，怎么也会大谈神仙不是虚妄，说是服气养神、制炼丹药就可以得道成仙？最后我们都同意，他如果不走火入魔，一定就是披发佯狂，故意拿修炼的幌子，在晋元帝那种乱世，到西湖葛岭这个人间仙境，来达成他退隐避祸的目的。两个人获得了相同的结论，反顾一下当前我们自家的情形，即使是自嘲，我们也相与大笑，觉得从来都不曾这么高兴。

葛岭上还有南宋大奸臣贾似道的半间堂，其实就是他当年的豪华邸宅，不过如今已只剩下断垣残瓦，离离野草而已。我想起南宋势如累卵的时候，这位宰相还在热衷于斗蟋蟀，是不是这一带盛产蟋蟀勇士？道藩便笑笑说："可能是的。"

绕到葛岭东边，远远就望见宝俶塔玲珑俏立，天茫野阔，江山如画中，颇有点弱不禁风的样子，这座塔为什么要造得那么纤瘦细长，它又怎能镇压得住湖山胜景？我问道藩，他也说不出个所以然，不过他说：自从夕照寺的雷峰塔倾圮倒塌以后，就数宝俶塔算是杭州的一大浮屠了。我觉得宝俶这个名字取得好怪，他又引经据典地解释，宝俶塔是五代十国时的吴越钱俶所建造的，因此塔名宝俶，我们计算一下年代，至少也在千年以上，我看这座塔一定是后世重建的。

岳王庙距离我们的住处不远，里面供奉着精忠报国的宋代名将鄂王岳飞塑像，威风凛凛，香火很盛，院子里一棵犹如化石一般的枯柏树，古意盎然地独立在那里，像这么一棵枯树会历几百年不倒，真是一大奇迹。出了岳庙向右走便是岳王坟，有岳飞和他儿子岳云的两座坟墓，秦桧夫妻的铁像就跪在墓侧，几百年来游客们将它们敲敲打打，摸摸弄弄，许多地方闪闪发亮，还有些恶作剧的孩子在附近便溺，老远就闻到一股臊臭，我们摇头捂鼻，觉得啼笑皆非。就在岳王庙附近徘徊留连的时候，我跟道藩说起宜兴人连夜赶筑岳堤，让岳武穆的大兵飞渡，在宜兴水泊大败金兀术的故事。他听后很有感慨，回家的路上并且说：这一次匆匆路过宜兴，有好些向往已久的名胜古迹都来不及去游览，言下有无限的怅惘。

此身就在西湖居，因此西湖里许多著名的风景地点，我们几乎是经常地去玩，我们都很喜欢苏堤南端花港旁边的一口荷花池，池里养着几百条金鱼，红白灰黑，各色各样的全有，这里的金鱼不像一般所见，它们矫健活泼，会追逐游戏，蹦跳踪踊，道藩说它们竟像是鲫鱼鲤鱼一样了。我看大概是因为我们平时见到的金鱼多是养在玻璃缸里的，天地太小，它们实在也是施展不开。我鉴于道藩自从总统引退以还，一直显得相当消沉，曾经趁机说了一句古人的话："临渊羡鱼，不如退而结网"。他听了，沉思久久，然后抬起头来凝望着我，一面微微地颔首。在那一瞬间，我觉得我们无论心灵与躯壳，都是那么样地接近。

没有工作，不需开会，偶尔朋友宴叙，也是轻松愉快的私人小聚，两个人的心灵都浸沉在只属我们自己的欢乐里面，闲了，懒了，什么事情都不想，什么事情都不做，要说是人生果有"陶然共忘机"的境界，那么这一段时期的我们便差相仿佛了。道藩和我不想写字，不想画画，更不兴著作之念，闲来无事，他便把原有的一本《云麾碑》，将碑上漫漶湮灭的部分，一笔笔地用笔填补勾描，往往一描就是好几个钟头。

我们虽然都是五十岁左右的人，但是身体还算健壮，心情愉快，精神振奋，居然像是年富力强的时期，于是我们常常去爬山。杭州是我国风景最美的地方，真可以说是一丘一壑也风流，无论走到哪里都有很好的景色，高达三百十一米的北高峰，和二百四十一米的南高峰，石板山径，处处都留有我们的游踪。

北高峰脚有杭州第一大刹，闻名全国的灵隐禅寺，来杭州的游客，几乎人人都要到灵隐寺走走，参观崇伟的殿宇，瞻拜庄严的佛像。我们不是教徒，却都喜欢大寺院里的那种宁静脱俗的气氛，嗅闻浓郁的檀香，倾听僧众们的钟声梵唱。人世间一切的忧愁苦恼，似乎都不知抛向哪里去了。而且大丛林里处处纤尘不染，井然有序。当几位身穿缁衣的法师，面容平静，低头疾走，却又毫无声息地飘然经过我们身旁时，总觉得他们的神情动作在端庄之中另有一种与天人无争的超逸潇洒，好像他们不但不是凡尘中人，而且早就不食人间烟火味了。我把这个感觉说给道藩听，他也很能领略这种颇难捕捉的感受。

绕过灵隐寺，沿着平整的石级攀援而上，时值午后三四点钟，斜斜的阳光照耀着，忽然映来满目莹莹的澄绿，道藩拉着我的手，稚气地向前跑了几步，不一会儿，我竟觉得自己像在翡翠湖里载浮载沉，又像置身在青纱帐里，碧纱橱中，那一份如梦似幻的感觉，依稀步入了神话中的美丽仙境。这时候道藩连连地发出欢歌声，伸手向左右前后指点点地喊着：

"看呀！看呀！"

原来是山径两旁有千万竿青翠的修竹，几万亿枚绿叶，像给蔚蓝穹苍嵌上了鱼鳞瓦楞的玻璃窗，"万竿修竹映得天也是碧，地也是碧，人呢?"道藩高声地笑着指指我说："人本来就是碧啊！"

这景色太美，但是他能形容得更美，我心里那么欢喜，他还能使我再添百倍的快乐！

"这也是西湖十景之一，"我望着正在拍照的他说："有名的韬光竹径。"

"韬光竹径，"韬光两个字又让他想起了现实，他紧接着一声苦笑，再念一句："韬光养晦！"

再往坡上爬，就到了韬光寺，骆宾王檄讨武则天，徐敬业兵败，他为了避祸，曾经亡命到这儿隐居，现在寺门上还悬着他所撰的一副传诵千古的名联：

楼观沧海日
门对浙江潮

"语气真壮！"道藩击节称赏地说。

骆宾王确是用的写实手法，站在韬光寺前，放眼山下，连钱塘江带杭州市，一泓碧水，十丈红尘，可以说是尽收眼底。这里原是眺望杭州最佳的处所啊。

攀登北高峰顶，三百十一米的坡度已经抛在我们身后。绿松苍岩，疏落有致，百仞高岗，山风振袂，将我的鬓丝全吹乱了，道藩为我轻轻地拂撩，低头处，见地上石罅的碧草，茎叶贴地，好像在曲肱而眠，煞是有趣。极目再往下看，蜿蜒流向杭州湾的钱塘江，在大太阳下，似有无数的光熠，在那儿闪闪烁烁，跃来跃去，我伸手指指草儿，又指指江上，告诉道藩说：

"你看，这不是谢玄晖的名句：'日华川上动，风光草际浮'，活脱眼前吗？"

"日华川上动，风光草际浮——"他反复地念诵，那对智慧的眸子又在炯炯地发光，望川上，再望地面的风行草偃，"对极了！"他蓦地欢声叫起："日华川上动不去说它了，风光草际浮，你看这草儿被风吹着，一直不停地簌簌在动，漾出了光影的变换，岂不真的成了'风光'？这个地方要作风景的意义来解，谢朓的诗也就不通了。"

我欣赏着四周的景色，忽发奇想地说：

"谢朓的这两句佳构，恐怕就是到了这里才做出来的吧。"

"那也未始不可能啊，"他很认真地说："谢朓做过宣城太守，他总算也到过江南的。"

"假使谢朓是在这儿做的那首诗，"我笑着问他说："你何妨也拿这绝佳胜景画一幅画。"

"你知道我不行，"他无奈地笑笑："我学的是西画，画风景就只能写生，现在我们又没有画具。不过，——"他沉吟了一下再说："绝佳胜景是难以忘却的，将来，也许我可以凭记忆把它画出来。"

当年我们的腰腿真健，下了北高峰，绕经飞来峰，我们就在同一天的下午，鼓起余勇，再去巡礼三天竺。天竺以三座寺院和满山苍松而著名，因此它又有九里松山的雅号。我们从北高峰拾级而下，先在山麓游了吴越时所建的上天竺寺，再稽留峰北逛过中天竺寺，最后才到了飞来峰南的下天竺寺，两寺都是隋朝建筑。这上中下三天竺寺，庙貌和规模，当然不能和灵隐、净慈比较，不过，我们一路谈说，都以为三天竺的佳妙，还是在那两侧古松参天，幽静静谧的所谓九里松山。这一条路有没有九里之长，我们无从计算，因为徜徉其中，那古朴深邃的绿色天地，令人将时间和疲劳统统忘了。道藩告诉我，松有四种美姿：清、奇、古、怪。于是我们便相约，一棵棵松树地品评下去，哪棵松清，哪棵松奇，哪棵松古，哪棵松怪。我们先暗自评省，然后再交换答案，遇有两个人意见相同时，便不自禁地拊掌大笑，直笑得山应谷鸣，划破了这三面高山夹峙九里松径的长日寂寂。

累了，找块干净的石头，道藩小心翼翼地用手帕铺在上面，作为茵褥，请我坐下休息。可是一坐下去，石头竟有刺骨般的阴寒，我脱口而出地叫了一声："好冷！"但仍安如磐石地坐着不动。

道藩自己也在我的身旁坐着，我转眼望他，他也在蹙额皱眉的呢，坐了不到几秒钟，他又站起，并且弯下腰搀扶我说：

"还是起来继续前进吧，这里的阴气太重，不要受了寒。"

"让我再坐一会嘛。"我要求似地说，一则，我确实很累；二则，我是天生阳刚的火性之人，这股清凉舒适，对我来说，正是无上的享受。

"好！数你勇敢，"他笑着仍还是把我拉起身来："刺骨清寒意自豪，不就是你现在的写照吗?"

"好个刺骨清寒意自豪！"我心里在默诵，让他搀扶着继续下坡。

"上坡容易下坡难呢。"他说："当心一点，要一步步踏实了走……啊，小心，这里有个小水潭……"

无论走到哪里，他都是这样无微不至地照拂着我，我很感激，而且觉得十分快乐。有道藩在身畔，我总有绝对安全的感觉，那份轻松和释然，也是我从来不曾享有过的。

革命先烈秋瑾女士墓，在苏堤的北端，距离我们的住处不远，道藩常和我到墓前去凭吊。他谈起一九三七年十月我举家入川，那一次长时期的离别，正是秋凉时分，南京长日凄风苦雨，在那段时间，他思念不已，每每诵念秋瑾女士就义前的名句："秋风秋雨愁煞人！"

"如今我们就在名句主人的面前了，"我望着他问："你又有什么感想呢?"

想不到他竟语音黯然地答道：

"缅怀先烈，无限愧怍！"

我知道他又忧国伤时了，连忙打个岔，避免他的情绪不宁。

神仙般悠游自在的生活，一直过到三月中旬。杭州满城繁花如锦，家家户户玉兰花茁放枝头，皑白皎洁，和风过处，幽香醉人，那情调真是美极了。就在这时，中枢频频召集会议，筹商大计，道藩也接连去过几次上海，我总是亲手为他料理行装。

三月二十八日，是我五十初度。早几天，道藩又到上海开会，我除了带着同弟出去走走，整天就只有春困楼中，想想自己半生淹蹇，一事无成，人生犹如白驹过隙，一转眼便是五十岁了。论语"五十而知天命"，虽然说穷通得失，有造物的主宰，然而一个人活到五十岁，至少应该晓得自己的命运如何，可是我今天仍旧觉得未来境遇，难于捉摸，前途茫茫，结果尚不得而知，一时唏嘘感叹，不胜凄然。——那天我对于人世唯一有把握的事，就是道藩一定记得我的生日，他会从上海赶回杭州来。

正在沉思遐想，远远传来三声喇叭，我一阵心喜，赶紧站起，匆匆走到窗前一望，果然看到道藩的汽车，沿着环湖马路驶来。

移时，汽车已经开到门前，我正待探身出去，伸手招呼，一件使我喜出望外的事情发生了，车门开时，首先跨下车来的，竟是我那白发萧萧的姊姊。

紧接着，又是一珊、一英两个外甥女，笑嘻嘻地钻出车来。然后，前座车门也开了，道藩精神抖擞地下了车，很殷勤地走过去搀扶姊姊。

我欢喜极了，高声大叫，转身急急奔下楼去，和姊姊双手紧紧地交握。原先以为上海一别不知何年何月才能骨肉重逢，谁知道竟有今天的再相见。

道藩得意洋洋地向我说：

"你想不到吧！"

"啊，道藩，你真太好了！"我欢声地说："谢谢你给我这一次意外的惊喜！"

道藩早就把一切事情安排得好好的，他已经在西湖饭店给姊姊她们订好了房间，当天中午，我们就在家里吃面，饭后他参加我们姊妹姨甥叙话家常，晚上全体到楼外楼去大吃一顿。

一连几天，我和姊姊竟有说不完的话，道藩见我这么高兴，他也整天神情愉快，一点儿都不嫌姊姊分占了我的时间。有一天，葛岭山麓三十九号又来了客人，那是我的外甥康民，他在军中服役，听说我们都在杭州，于是就从上海赶来和我们欢聚一番。

道藩立刻提议，何妨把姊夫也从宜兴请来，游游西湖，大家盘桓些时，姊姊倒是赞成，不过她说就怕姊夫犹疑，难下决断，我想了想然后说：

"我看这样吧，反正公路车很方便，干脆让康民回宜兴一趟，不管怎样都得把他接来。"

"好！好！"大家热烈地鼓掌赞成，第二天一早康民便搭车动身，真的把姊夫接来了。

姊夫对于西湖山水非常欣赏，于是我们天天出去游玩，道藩带着照相机，正好大显身手，捕捉了不少的镜头。我们在苏堤漫步，烟锁堤柳，垂枝拂面；又到曲院风荷，看田田的初生荷叶；飞来峰上的那座大洞，钟乳四垂如璎络；一孔通明一线天；阴岩崖的弥陀佛像；冷泉亭的流水淙淙，是姊夫姊姊最喜欢的。年轻的三个孩子爱爬山，北高南高、三天竺和黄龙洞他们都去登临过，在凤称"净慈晚钟"的净慈寺，姊夫说起这里不但是西湖的四大丛林之一，而且这座名刹还是济公活佛所建成的。

净慈寺一共分为三进，粗粗看去，真有点济公传里所描写的模样，头一桩就叫人由于济颠，而联带感觉到庙里的气氛不够庄严。姊姊在大殿拜过了佛，再到西院，去看那有名的运木井。庙里的和尚告诉我们，济公建造净慈寺，他运用法力，从这口井里一根根地吊起木头来，这才把净慈寺造成。虽然是神话，和尚们说得活灵活现，我们回想小时候看过的《济公传》，听得也是津津有味。

可是人生没有不散的筵席，欢聚了几天，转眼又是黯然赋别的时候，首先是姊夫回宜兴，接着康民也带了珊、英两姊妹回上海，姊姊伴我，因为道藩这时也已去了上海，时局又重新紧张起来。

93

三月底，和谈宣告破裂，各地战事又起。李宗仁囊括了大批公帑，先跑到广西，不久弃职潜逃香港，后来干脆带着家小飞往美国。当时中央已经迁往广州，何应钦将军出任行政院长，中央常务委员会决定在广州举行紧急会。道藩得到通知，四月二日清晨，他匆忙得连行李都来不及收拾，和我告别，搭乘火车赶去上海——我们两个月的神仙生活，至此也宣告结束。

雪：

昨天早晨，在那么慌乱的情形之下分别，使我直到如今，心里还在万分的难受。我想，此刻你一定也和我有着同样的心境。

匆匆地赶到车站，幸好没有误点。车开时，窗外细雨霏霏，一小时后，大雨滂沱。到上海西站，雨势更加倾盆而降，幸亏有人来接，否则必将困在站上，无法离去。今天上下午都要开会，是否要去广州，大致会后可以决定。因为七号广州有重要会议，要去的话行期或在四号五号，最迟也不能超过六号。

上海现钞奇缺，昨天早晨在杭州车站，他们都没有现款，罄我所有，再加上三块鹰洋，才解决车票问题。因此到了上海我竟没钱吃中饭，好在用餐的地方是青年馆，我掏出名片，自我介绍，账房才准我欠下三千元的饭费。当时我也曾拿出五元美钞请他们找补，可是饭馆实在找不出来。前天上海大头（银元）价格竟然高过美金，昨天美金的价格方始稍微提高；上海的金融这么混乱，以后还不知道将会乱成怎样呢？

虞文前天到了上海，昨天我们已经见过面谈了些时，一切等决定后再写信告诉你。只是我心中万万不愿远行，即使是十天八天，我也不愿意，而且深深觉得毫无勇气离开你，奈何奈何！

今早上海已放晴，希望杭州也有好晴天，可以让你们出去游玩，对你的心境或许比较好些。

宗

接着，他的信像雪片一般地飞来，一封比一封紧急，一封比一封严重。

雪：

昨天中午开会，决定约集在上海南京两地的中央常务委员，和中央政治委员会委员，同乘六号早晨的专机飞广州。我本来希望下午四时搭车回杭州一趟，明天下午再乘车赴沪，可是现在已经办不到了！因为今天下午四时和明天早晨都有重要会议要开。所以我现在真是心乱如麻！

在上海两天，根据所得各种资料判断，对于和谈前途，毫无乐观迹象。因此我为你的安全和今后避免苦难着想，你不但不可以留在京沪杭，甚至到广州福州去都不妥当，最好是能到台北。台湾一地，和大陆有大海相隔，绝对不会像长江那么容易渡过。倘使万不得已，必须退而求其次，那么到福州还不失为初步的办法。我虽然知道你离开一切亲人，前往陌生的地方一定会感到寂寞痛苦，但是为了避免生命的危险和种种的苦难，还是趁早搬到安全地区的好。这样不但可以使我心安，同时也能够确保你的安全，所以我必须请你仔细地郑重地加以考虑。

你曾说，你想到上海顶房子住，其实，你用在上海顶房子的钱，照样可以在台北顶到房子，如果你想省钱，那么，你到福州去租房子，岂不是连顶费都省了吗？至于旅费，由上海到台湾，特等舱一百五十万金元左右，约合七十五元美金，头二等还要便宜得多。即使以四个人计算，一切费用至多三百美金。说到去台湾或福州以后的生活问题，你放心，只要我在世一天，总不会让你饿死。假如我死了，你在上海或南京，不也是一样遭受苦难吗？将来最可怕的事情是我们分隔两地，那时候纵或我不死，我再有办法，也不能使你免于冻馁和苦难。这些话我说过不止一次，现在又重复地说，实在是因为我不这样劝你，我的心不能安。我虽然无法强迫你怎么办，但我有权将我的诚心诚意献给你，听你自由选择。如果你决定去，不论是去台湾或者去福州，都以越快动身越好，其中理由，想我不能在信上告诉你。不过我要特别提醒你注意一点，那就是谷正纲和若干朋友的家眷都在福州，现在也打算搬到台湾去了。

万一你为了想有亲人在一起，可以获得安慰，因而留在杭州不走，而现在的房子又不能久住，必需另找房屋的话，我希望你最好约大姐他们同住，这样才不失你的原意。

假如你想去台湾，虞文现在住在上海文化堂，电话是×，他大概要十多天后才返台，你可请他协助一切。倘若你决定到福州，那么请你查看每天的《新闻报》、《申报》和《大公报》，注意船期广告，届时托徐义衡（住址×、电话×），虞文或罗学濂（住址×、电话×）买票并料理一切。到福州的船，听谢澄宇说，以元培轮最好。下面我写给你谢福州和南京的地址。

以上种种，都是为了恐怕在我返沪以前，时局发生变化，使你不得不做决定，采取行动时，作为参考之用的说法。假使今后情势变化不那么快，而能等到两星期后我回沪杭时再定行止的话，那么一切我都会径行办理，不必让你觉得麻烦。我这次飞广州，多则两周，少则十天，一定可以回上海了。要是你在我回来以前不能不走，两部汽车，你叫他们开到上海，停在×，我会托人照料，并且运往台湾。

我每一次有远行，总觉得应该预防有意外，因此不能不推想一切稍作布置，请你不要笑我太琐碎。时局如此，我的心情紊乱不堪，神经也脆弱到极点，对于任何事情都失去信心，都有意外的顾虑，但是我的话绝对是值得你做参考的，请你万万不可漠视！

我现在什么都没有了！于公，我只剩下对党国未完的责任，还想再鼓起能力，做最后一次努力。于私，我全部心思唯有放在你的安全上，除此以外我还能有什么呢？我为了爱你，使你受了莫大损失和苦痛，这是我当初再也没有想到的！我是一个如此罪大恶极的人，只希望以后不再增加罪恶，也就是使你安全为已足。但如我这样的努力仍然给你增加痛苦，那我自然只有听从你的决定了，否则，叫我又有什么办法可想呢？

宗

雪：

我定于明天上午九时，和十几位中央党务委员，从上海江湾机场乘专机赴广州开会，只要中央不坚持非留我在广州不可，大约十天左右即可回到上海。关于你的问题，使我时刻不能心安。这一次和谈，如果成立联合政府，那么我势将远走广州或福州，绝对不能再留在沪杭两地。万一你不愿到广州、福州或台湾，我们今后一定会失去联系，唯有你愿意到以上三处的任何一地，我们才有相互照顾的可能。三处地方，自然最好是到台湾去，免得一迁再迁。今天和虞文详谈，据说在五百元美金之内，就可以在台北顶到很可住的三五间房屋，而且还是独门独院，这在上海是无论如何办不到的。至于赴台湾的旅费，一个人至多美金六七十元，同时台湾的生活程度并不高于上海，有三百块美金，就能换到台币两千万，每月收六七百万的利息，足可应付一个月的生活费用，在台湾有许多人都是这样过活的。如此算来，旅费、顶房子、买家具，连同一年的生活费，就算一年以后两千万台币贬得不值一文吧，有一千块美金尽够生活一年了。所以我请你千万考虑决定，要去台湾，越快越好！

要是你决定了，你最好尽快到上海，暂时住在一雄家里，坤生同弟叫他们住旅馆，请赵友培协助买中兴轮到台湾的船票，所有的行李，连我的一齐统统带去。两部汽车，不妨留在中电办事处，我会请人代为运台。我知道这个提议会使你心烦苦恼，但我却不能不把我所认为最好的办法告诉你，你如果必定要照你自己的意志行事，那我也只有听你的了。

我现在唯一的希望，是我在赴粤期间时局不至于急转直下，让我还有时间回上海处理一切，免得你心烦意乱。可是依我看来，和谈一成功，联合政府一成立，那就等于我们完全失败，届时共军开入京沪，战事虽可避免，而我们就不会再有行动自由了。倘若和谈不成功，大战再起，局势一定会更加紧张的。

此刻已是夜间一时，我心乱如麻，还要给赵友培他们留信，只好不再写了。我希望你冷静地思考之后，做一个最后的决定，不过即使你不愿意照我所提议的做，我请你也不必为这些事苦恼。

祝你平安快乐，希望不久能安全地再团聚！

宗

四月六日下午，他抵达了万众瞩目的广州——

雪：

六日上午十时，从上海江湾机场乘军用专机起飞，下午三点多钟到广州，到此三天半，大部分时间花在开会、宴会、拜客和接待来访朋友，搅得头昏脑胀。七日从上午九时到午夜一时，除午晚餐两餐时间以外都在开会。即使这么繁忙，我但有片刻独自一人在，或就寝前或早起后，都在想念着你！

三天来这儿报上所传共产党的广播文字，和前线战况的紧张，更使我悬念万分，以这三天的经验，假使你将来竟会陷于铁幕之后，使我毫无消息，我将怎样活得下去？

我深知在上海写给你的那三封信，一定会使你大伤脑筋，不知如何是好，但是你在这些天里，自然也同样地有着我们实在不能分离的痛苦经验，那么，你就应当早作决策了。

今天香港报载，镇江北岸的瓜洲、仪征失守，共军大炮已可轰击铁路，京沪人心恐慌已极，在京立法委员已有三十多人离京，因而使我对你更加惦念，偏偏我在广州一时还无法飞回，因为下星期一、二、四都有重要会议，最早也要等到星期五（四月十五日）才能动身。这里的中常委和立委同仁都不让我回上海，可是我却非回不可，迫于无奈我只好告诉他们，我只要回上海一星期就再飞粤。我只希望我到上海时我们还能从容部署一切，否则我们就听天由命吧！

我现在还不知道你接到了我前三封信，是不是已经有所行动和决定，如果还没有，那么我请你在接到这封信后，只要杭州到上海的公路还通，我请你立刻到上海。至于你是乘那两部汽车走公路的好，还是你坐火车叫坤生他们乘汽车为宜，务必请你调查实际情况，再做决定。然后，一切等我回到上海再说。

昨天胃病又发，胃疼得很厉害，加以心神不宁，在这儿真是度日如年。你最近的身心只怕也难得安适，奈何奈何！如果今后我们不能生活在一处，人生还有什么可资留恋的呢！

宗

接到了他这许多的信，我知道杭州虽好，不是久恋之乡，我们是非动身不可了。于是我立刻把房子退掉，清理行囊，和姊姊两人带着同弟坤生，分乘王司机丁司机的两部车子，循沪杭公路，一路疾驶，当晚就到了上海。仍住在一雄家。坤生同弟他们全部住在中央电影公司，汽车也放在那里。

第二天，我便去找虞君质先生，承他告诉我台湾的种种情形，并为我计算一下用费，大致三个人的旅费及在台一年的开支，有美金一千元就足够了，于是我立刻决定迁居台湾，当即交给虞先生五百美金，请他在台北市为我顶房子，一面写信通知道藩，告诉他我所做的决定。

四月十八日，道藩终于排除万难，抽空由广州飞回上海，抵达以后，立刻便来寻我。他说他这次赶来，就是为了想要亲自安排我动身赴台湾的事，他希望能够送我上船，然后再回广州，继续他的重要工作。

道藩抵沪，我们都搬到旅馆集中，以便随时成行。他托人买中兴轮的船票，因为中兴轮是航行台沪之间最大最舒适的客轮，可是当时京沪一带战况紧急，在上海等船亟于成行的不知有多少，即使花黑市票价，想买一张票也是难如登天；何况我们除了三个大人还有一部汽车，必须随船行走。中兴轮的船票买不到，他非常着急，而广州方面却在函电交驰地催他早日回去。一直到二十四日，才由赵友培先生替我们买到了招商局海黔轮的票子，轮船定于二十九日清晨启碇。

这时候，虞君质先生的信也来了，他回台北以后，马上就为我顶到一幢房子，只花了三百多美金，加上修理费还不到五百美金，房屋宽敞，地点也很适中。票子买好，再得到了这个消息，我就向道藩说：

"现在，你可以放心回广州去了。"

可是他还在迟疑，他说他要把我送到船上，方才可以心安。我再三地劝他，我说我已是五十岁的人了，平生也不知道去过多少地方，这一趟海程绝对不会有问题的。何况动身时有亲友相送，抵达基隆虞君质先生也要来接我，同船的除了赵友培一家，我自己更带着三个佣人，无论如何他是应该放心的。

拖延到了二十五号，广州方面催得更紧，他再不去实在也不行了，于是他才依依难舍地动身，二十六号那天，从龙华机场搭飞机直飞广州。

行前，他怕我到台湾后一个人寂寞，特地替我在资源委员会买了一架收音机，又怕我携带不便，请他们准我到台湾再领货。

二十八日下午，沈左尧陪我行到海黔轮上去看看，海黔轮停泊在招商码头，预定第二天开船，头天就挤得满满的，连过道上都打着地铺。我们的汽车装在甲板上，旁边还搭起了帆布篷，有许多乘客已经开始在那儿风餐露宿。我一看这种情形，心里非常着急，即使我此刻便留在船上不走，想占一个铺位也是很不容易，当时颇有点进退两难。幸亏沈左尧找到一位水手，和他私下商量的结果：这位水手愿意帮忙，把他的床位让给我，可是靠山吃山，靠水吃水，他需要二十块银元的代价，我立刻便欣然照付。

于是我们又匆匆回到旅馆，决定当天提前上船，免得等到明天可能挤不上去。情况虽然这么样紧急，文楣姊和外甥一雄夫妇仍还赶来送了我们的行。丁司机、坤生同弟总算在汽车旁边的空隙，挤出了一处仅足容身之地，我带着同弟找到了我的铺位，是在统舱的一角，有一道门帘，和大统舱分隔开来，一架单人床铺，有一个面海圆窗，虽说是只容坐卧，毕竟也别有天地。

从此我就困在这个小天地里，不是必需，我绝不外出，饮食茶水都由坤生同弟给我送来。

我们上船以后，完全按照道藩的安排，另一部车由王瑞忠司机押运，搭乘宁远轮从上海驶往广州。他在广州已经吃够了“出无车”的苦头，由于公务的需要，他没有汽车代步是不行的。

在船上过了嘈杂紊乱的一夜，四月二十九日，从疲极而眠中醒来，耳鼓里便听到了隆隆的机器马达声，我知道轮船已经开了。欠身坐起，凭窗外望，黄浦江两岸的平畴绿野，大小建筑，静静地从我眼里向后倒退，终于消失在视线之外。我回想连日在报上看到上海战事即将全面展开的消息，嘴里念叨着那些熟悉的地名：大场、天通庵、高行、高桥……这么美的而幽静的地带果真会受到残酷战争的洗礼吗？

蜿蜒奔流的黄埔江，渐渐地由黄浊变为澄绿，移时，海黔轮驶出了吴淞口，驶向浩瀚无涯的东海，我极目搜索越来越远的地平线，心底在说：

“别了，上海！”

94

在我的小天地里度过了冗长的两天两夜，旅途中，幸运的是一路风平浪静，海波不兴，蓝天绿海之间，白鸥翱翔，飞鱼冲浪，构成很美的景色。

四月三十日，船抵基隆，海黔轮驶进三面环山的基隆雨港，难得的是雨港居然有灿烂的阳光在笑靥迎人。基隆码头建筑的整齐，以及港埠秩序的良好，海关办事人员工作的效率，在当时曾给我留下深刻的印象。

虞君质先生从台北赶来基隆接我，我对于他的诸事费心，非常地感谢。当时我们便乘汽车直驶台北，经新生南路到达了温州街九十六巷十号，也就是虞先生代我顶来的新宅。

虞先生告诉我说，温州街这一带，在日据时代叫锦町，是日本人的住宅区，因此房屋比较高级，地区尤其清静，在当时可以算是最理想的住地了。我走进新家，一进门就是一座小小的庭院，房屋是日式，玄关之后是双开间的客厅，左右前方连同后面共有三间卧室，后院竹篱笆外便是一片稻田，我对于这幢房子表示十分的满意。唯一感到不方便的，只是进门要脱鞋子。

包括修理的费用在内，一共只花了四百多元美金，虞先生跟我计算账目，还找补给我九百多万元的老台币。

另一桩令人高兴的事情，便是一到台湾就有道藩的航空快信在等着我，由于他的信使我想起他那颗一直都在焦灼不安的心，我请虞先生帮我先去打一个电报，告诉他我们一行平安抵达。

晚上，人静时分我拆开道藩的信细读，声声寄语，仿佛他也在这幢屋子里和我对面而谈：

雪：

二十六日早晨匆匆离别，无时不在为你忧惧，由于种种推测和幻想，使我心神不定，忘寝废食。朋友都说我满面病容，强我休息，我却整天走投无路，不知所措。每一想到假如你不能安全离开上海，我就是不自杀也会忧闷而死。到今天我才知道爱你的深切，简直无可比拟。直到昨天下午五时，同时收到左尧的来信和电报，听说你二十八日已经平安登上海黔轮，我这才算放下大半个心，稍微觉得有点快慰，现在只盼望你能够安全抵达台北，那就是我莫大的幸事了。

我到广州五天，因为一个月来过于疲劳，再加上为你担心忧虑，随时都有病倒的可能，所以五天来除了万不得已非我参加不可的会议，我绝不拜访或是接见朋友。整天蛰居在斗室之中，让我的心神全部集中在你身上，并且时时盼望有关你的消息。昨天下午果然收到了沈左尧的函电，也许这就是"苍天不负苦心人"吧。

二十六日我和谷君抵达龙华机场后，直到下午三点一刻才起飞，晚间八点半左右降落广州白云机场，由中国航空公司的大客车送进城，我取了行李搬到旅馆，时间已经是十点多了。在旅馆里住了两天，因为太闹，而且自己心神不宁，睡不成觉，二十九号改住交通银行二楼宿舍。宿舍人不多，虽然比旅馆清静，但是窗户外面就是大马路，车辆行人和广播扩音机的嘈杂声浪，从早晨七点到深夜一时，一直吵个不停，因此还是无法成眠，现在只好希望多住些时或许能够习惯一些。昨天朋友介绍去看房子，两卧一厅的中上等洋房，有卫生设备和小厨房的，每月租金要港币三百元，预缴八个月房租，实际上却只能住六个月，其中两个月的房租叫草鞋费，算是租客白白的牺牲，照广州目前的情形，像这样的租价还不能算贵，我们去的时候，早已有人捷足先登了。

我在这儿吃住都成问题，如果能够租到房屋，找两三个单身朋友同住同开伙食，既经济而且也安静，可是就不知道能否如愿；今天我才晓得英法各国的民家，拿多余房屋租给别人的习惯确实大有可取，可惜我国大都市都还没有这种风气。至于立法院的宿舍，我是不想去住的，因为几十位委员住在一起，很容易闹是非，同时也无法得到安闲，其结果一定是得不偿失。

据在台北广州两地住过的朋友说，台北生活比广州安定，尤其物价便宜，我希望你不久就可以在台北住得习惯，那将是我莫大的幸事了。我想等到立法院复会，同时确知蒋公住地后，再到台湾一行，预计十天以后，我们也许可能在台北见面呢。

宗

我在台北有了很合意的住所，他却在遥远的广州为吃住问题而大伤脑筋，使我不免又生忧虑，唯恐他在眠食无常的情形下身体不适，弄到生病。

第二天带着虞先生找补给我的旧台币，乘车去买家具用物，台湾的街道宽敞整洁，热带树木尤其随时给人身在异乡的感觉。一九四九年五月，台北街上的车辆不多，行人寥寥，若干地方还残留着轰炸的遗迹，台湾同胞多半衣着朴实，通常男人都是旧式的香港衫，女人是上衣连裙的洋装，穿木屐的人满街可见，踢踏声让我怀疑自己也到了广州。最有趣的是比大陆高出一截的人力车，两只胶皮轮高大得骇人，坐在上面真有君临全街的气概。这种交通工具，不久就被淘汰，可惜我始终没有机会乘坐一次。

罗斯福路上很少有店面，一路走到了衡阳街，这才发现台北卖家具的店家实在不多，我想大概是榻榻米房子无须什么家具的关系，只是汉唐古风的席地而坐，在我已经很不习惯。几次问讯，台湾同胞和悦可亲，但是他们的"呒宰羊"、"卡失礼"使我们无法继续交谈。后来坤生问到了一位外省人，终于打听出来在中山堂后面开设有一家式样齐备的家具店。

这家家具店就开设在中山堂楼下靠中华路的一面，我们在那儿买了藤椅饭桌、一些用物。席梦思和沙发等，店里是一概全无。

就在我采买家具，积极布置新家的时候，五月二日那一天，道藩正在广州埋头给我写信，他自己在那边过得苦透苦透，反在殷殷地系念着我的饮食起居——

雪：

今天中午接到君质兄一号的电报，知道你已经在四月三十日平安抵达台北，我真高兴极了，六天来一切的忧虑总算告一段落。房子既然租好，希望你很快地就能妥善定居，稍事休息。你初到台北，事事都还不太习惯，不过只要时间一久，你一定会慢慢儿习惯的。要紧的是新到一处地方，最怕水土不服，但是只要饮食睡眠，处处小心谨慎，自然不会生毛病。好在有坤生夫妇侍候，饮食方面，可以放心得过；不像我在广州，每天两餐到小饭馆去打游击，真是苦透苦透！

根据这几天从上海传来的消息，战事还没有在近郊展开，而上海的物价暴涨，居民不但安全受威胁，食物方面尤其大感困扰。倘若你还留在上海，我这时候将会怎样的着急！说起来，你能平安到达台湾，都是上帝和我们父母在天之灵冥冥中的庇佑，我们应该如何在内心里知所感激啊！

九八七号汽车三十日已从上海运上宁远轮，不日可以到广州，花了多少钱的运费现在还不晓得。广州市面很大，我的公务又繁，没有车子简直不能出门，要等车子到了才能够解决这一个行的问题。

政治上核心问题很多，如果不能解决，不出两个月一定会有大变故。我准备十多天后到福州、台湾一趟，除了随身衣物外所有的东西我都将带到台北，因为无论如何台湾总是我最安全的地方。——希望明后天能接到你的长信。

宗

雪：

自从接到君质来电，知你安抵台北，虽说已经放心，可是一连几天苦苦盼望你的信，始终不见到来，使我一直在为你担心，就怕你船上辛苦，到台北又生病了，于是整天无端地焦虑。好不容易等到八号下午，居然同时收到了两封，其中还包括三日四日的日记，因而得知你到台湾以后的详情，大为快慰。所租的房子既不很贵，又能合你的意，我听了也很高兴，因为我不在你的身边，无法给你安慰，假如你觉得新居不合适，那你岂不更苦！

天天想来台湾，而迟迟不能成行，心里真是万分懊恼，前天已经订好十二日飞福州的机票，原想在福州停留几天，就飞台北，结果昨天又因为临时有事，不能离开广州，只好把票退掉。现在是更不晓得哪一天才能够走得成了！战局不可乐观，时局越来越紧，也许就在月底以前，我不想来台湾还不行呢。这里面的原因非常复杂，只有将来见面再谈。

我有一口皮箱，托朋友蒋君章兄带交给虞文，请他代收保存，如果虞文要交给你，请你代为收下。少了这么一件重行李，将来只要自己搭上飞机，就可以离开这里了，不是比较轻松得多吗？

宗

渐渐的，我觉得我很喜欢住在台湾，五月初夏，天气虽然比京沪一带燠热，但是入晚便有徐来的清风，吹散一天的暑气。而且台北夏季少雨，没有大江南北的"五月黄梅时，阴气蔽遮迻"地那么令人难受。此外我和台湾同胞接触不能算多，可是我对于他们朴质亲切，尤其重秩序、守公德、彬彬有礼的态度，印象相当的深刻。

雪：

五月九号的信早收到了，这几天时刻都想写回信，就是抽不出空。我现在住的地方，本来已经有了六七个熟人，再加上许多立法委员住在附近，每天除非我不在家，成天不断地有访客，往往到夜里十二点甚至于更晚，还有客人在座，我虽然万分厌倦，却苦于无法避免。从十二号到十五号，下午晚上都有会议，忙乱倒还不在乎，偏偏令人愤恨的事情太多，因此使我精神上非常痛苦。十四号晚上冒着暴风雨出去开会，路上受了风寒，喉咙哑了，胃部更疼，直到今天才好些。

大局前途无望，我无时不想离开这儿到台湾，依你生活几天，或许可以稍微恢复一点生气。然而在这样危急的局势之下，以我的地位和各种关系，还有我所负的责任，我实在是不能离开。我对于局势的艰危并不扰惧，但是我不能和你相见，却使我痛苦之至。广州已经开始疏散，人心不免慌乱，交通工具也在渐渐地困难起来。我们的机关将要搬到哪里，一时还没有决定，不过我是无论如何都要先来台湾的，目前所担心的只怕临时找不到交通工具。

我近来在愤恨痛苦之余，常常有麻木的感觉，想想自己既不能为党国效力，同时竟无法保护我所爱的人，今后我将怎样做人呢！

汽车运到广州码头，前天才提取出来，又多花了一百多块美金。我本来想把它卖掉，拿卖得的价款还掉在上海所借的运费，可是这儿跟两三星期以前的上海一样，汽车没有人要，即使想贱价卖个六七百美金也找不到买主，广东各地的公路，不是已经不通就是路上有强盗土匪，车子当然开不出去。现在只有找轮船运到台湾这一条路子，万一运到台湾还是不好卖，那就又要吃大亏了，实在想不出办法，到时候也只好丢在广州了事。

我深深地懊悔，在上海没有听从你的劝告，把行李交给你带到台湾，上星期虽然已经托朋友带走一只箱子，但是留下来的行李至少还有三十多公斤，将来如果不能带，或者还要抛弃一部分呢！

现在我只有两套夏衣，实在是不够换洗，我本来想到香港去买一套，可是始终没能去成，几天前将较厚的那套送去干洗，于是就只剩下一套了。偏巧那天碰到大雨，天气一凉简直找不到衣服穿，幸亏陈惠夫借了一套衣服给我，穿了三天，这真是生平从所未有的事。兰友送我一件衣料，昨天已经交给裁缝去做，要一个礼拜以后才能做好，我希望到时候能够拿到手，因为在这儿究竟还有几天可住，那是谁都料不准的。

你很满意台北的房子，在逃难的时候这是很不容易的。台北的熟朋友既多，但愿你能好好地排遣时日，等着我来。宇宙这么样大，除你之外，我再也没有别的牵挂，同时我也相信，天地间也只有你最关心我。我只希望今生今世能够再跟我安居一段时期，那么我就虽死而无憾了。目前唯一能使我快乐的事情，就只有接到你的来信，请你多给我寄些信来好吗？

宗

雪：

几天来都在想给你写回信，可是心烦意乱，不知说什么是好，加以天气太热，整天忙得昏头昏脑。我的住处简直是门庭若市，访客络绎不绝地来，所谈的话题无非是关于当前的大局，听了徒然惹人生气！连一桩足以告慰的事情都没有，各地消息传来，更没有丝毫乐观之处，在这种情形之下，我实在没法再支持下去！我早就想要离开此地，只是因为有事缠身无从摆脱，立法院月底照例休会，与我有关的事可能了结。倘若谷正纲能够早来广州，我就可以自由离去。现在我决心在二十五日到月底之间动身，要是有船赴高雄，我便到高雄暂住几天再上台北，否则我或者乘船或者乘飞机先到台北，再转高雄，但我又恐怕素珊听说我到了台北，会赶到台北来跟我见面，那么我一定会有她逼我到高雄的想法，因而发生反感，闹得彼此不愉快。

我现在觉得一切事都没有希望，既不能为党国力挽狂澜，也只有暂求苟全性命，希望能有一两个月的安定静养，使精神身体稍为恢复，或者还能再鼓起勇气，作最后的奋斗。如果老是这么拖下去，我真有自杀的可能。老实说，今天使我不忍心去自杀，完全是因为有你的缘故。由于我爱你，使你陷入今天这样孤苦的环境之中，如果再使你受非常的打击，未免太不应该！所以我决定不顾一切批评和责难，哪怕有人说我怕死或不尽职责，决定不顾中央命我所负的公开与秘密的任务，而离开广州，倘能因而得到你的安慰和照料，静养之后，身心恢复，再鼓起余勇，我想将来还是可以得到人家的谅解的。至于哪一天有船或者是买到飞机票，现在还无法确定，不过要是先到台北，我在动身之前一定会有急电给你和君质。以后来信，请寄中央党部收转，因为我怕离开了交通银行宿舍，就不会再有人转信了。

宗

道藩在广州迟迟不来的那段时期，我除了看报，处理一些家务，为大局忧虑，为道藩担心以外，我镇日无所事事。当时罗斯福路三段街面两旁的各式各样的违章建筑，将一条坦荡平直的马路挤得歪歪扭扭，然而温州街底直到台湾大学却是一片稻田。我们抵达台北的时候正值早稻初穗，禾花飘香，实在闲得无聊，我便命佣人端张藤椅，在客厅后面的晒台上一坐，越过我家东面的竹篱，满目青葱，阡陌纵横，一直可以看到台湾大学的嵯峨黉舍，以及公馆方面的那座小山。每当夕阳西下，日薄崦嵫，落日余晖将一畦畦绿稻映出金黄色的毫芒，依稀又是"日华川上动，风光草际浮"的西湖美景重演。面对着它使我引起无限的回忆，因此我一坐就是好半晌。虞君质先生来看我时，总是笑我："一个人坐地观天。"

95

五月二十六日道藩从广州搭乘飞机，到了台北。

我很欣慰，和虞君质先生到松山机场接他。这是我第一次到达这座台湾最大的国际航空站，松山机场襟山带水，范围极为广大，不过在一九四九年初夏，民用航空站建筑还很简陋，没有今日的豪华气派。那天我在机场碰到好些位熟朋友，他们都是来迎接道藩和其他朋友的。在候机室等待飞机降落，我不由想起了一九三七年八月十四日，日本木更津航空队第一次轰炸杭州笕桥空军官校，被我神鹰健儿打得落花流水，获得了成军以后的首次大捷，后来国府便订定是日为空军节。那时候的日本军机便是由松山机场起飞的。一九四五年台湾光复，重归祖国怀抱，十二年后我们自己也站在松山的停机坪了，想到这儿，心中尤觉感奋。

航机抵达，我在鱼贯下机的旅客中一眼看到了道藩，立刻便和朋友们迎了上去。他风尘仆仆，略有疲容，不过精神倒还很好，堆着一脸的笑容，和朋友们一一握手寒暄，然后同我们一同乘车，直驶温州街寓所。

到了家，他的神情更显得兴奋，不遑休息，一进门先就绕室一周，四处看看，他对于房子的建筑和布置非常满意。吃过晚饭，在客厅里谈了一些最近在广州的生活情形。这时有一轮明月，从东边山头冉冉升起，那月色是一片朦胧的橙黄，悬在天际就像是美丽的梦境，道藩忽然伸手牵着我走向长廊。我们并肩伫立在玻璃门后，欣赏着当前的夜景，皎洁的月光覆罩着环绕房屋四周的稻田，仿佛有轻烟薄雾似的氤氲，缓缓地流动，像在把我们的房子推向天际揉升——

"这就是一个岛，"他热情洋溢地在说："一个属于我们的孤岛，一个被我们寻求，向往了不知多少年的岛。谢谢天，我们总算找到了它。"

"是的，"我轻轻地说："而且还是一座美丽的宝岛。"

歇了半晌，他又十分恳挚地望着我说："雪，让我们在这岛上幸福快乐的生活下去，因为这是上天赐给我们的补偿，在无穷痛苦悲哀之中，煎熬了十几年的补偿。"

我没有出声，我听得见我内心里一声深沉的叹息。

几天以后，道藩去了一趟高雄，看看在那边住了将及半年的素珊和丽莲。两三天就回台北来了，他起劲地帮我布置新家，对于每一件小事，都那么兴趣盎然。他的脸色恢复健康的红润，整天笑口常开，他似乎正享受着生活的乐趣。

转眼前，红流淹没了大陆，竹幕深垂，完整的中国，分为两个世界。悲鸿带着伯阳，和他那一家子人，全部留在北京，五年后，我惘然地听到他病逝的消息。伯阳和我音讯阻隔，至今都不知道他在何方？还有那只离巢的乳燕，我最钟爱的女儿丽丽，多年以后我才辗转听说她已结婚，生了一群孩子。漫长岁月中不尽的怀念，未尝换到他们的片语只字。

上海战事后，文姐就回到了宜兴故乡。不久她肝病复发，溘然长逝。当噩耗从槟榔屿的外甥一昌处传来，我无限怆痛，欲哭无泪。回忆文姐一生勤劳备至，艰辛迭尝，她和姐夫威哥伉俪情深，相敬如宾。婚姻虽然美满，可是由于家道中落，又是屡经战乱，生了那么多的孩子，几十年来，她简直没有过一天好日子。抗战时期他们两夫妇陷在宜兴，所经历的危难困苦，罄竹难书。好容易熬到抗战胜利，几个大一点的孩子都已自立，两夫妇桑榆晚景稍有指望，但文姐依然死于忧患，真是令人痛心已极。文姐死后，威哥株守家园，听说目今他仍然在世，老境凄凉，当然是意料中的事了。

静子和她的丈夫章正凡，一雄夫妇，以及除了侨居槟城的一昌全家，文姐所有的孩子全都留在大陆。朋友中间，在南京为我处理房屋问题的李田丹夫妇，则在大陆逗留了几年，后来回西德去了，至死仍在怀念他们热爱的中国和中国人。

四九、五〇年之交，随着大陆局势的急转，台湾海峡风云紧急，战事犹在沿海进行，人心难免惶惶不宁。素珊的姐夫原在高雄港务局工作，这时得到机会，转职到澳洲东部的法属新卡利多利亚岛。那儿风光明媚，安定繁荣，有如太平洋上的世外桃源。素珊的母亲舍弃不下她溺爱的外孙女，决意同行，因此素珊也想一道跟去。道藩亲赴高雄送她们启程，素珊从此定居卡岛，历时十年。

96

一九五〇年，道藩为了奖掖优秀作家，提高文艺创作水平，成立了中华文艺资金委员会，并且在次年五月出版《文艺创造》月刊，自任发行人。文奖会征求作家长短中篇小说，以及诗歌、戏剧稿件，聘请文艺界知名人士担任审查，获奖作品分别予以发表或印行单行本。当时文奖会聘请的审查委员，有梁实秋、虞君质、葛贤宁、侯佩尹诸先生和我。经常负责审阅稿件，这是一项很愉快的工作。

一九五四年一月，道藩当选"立法院院长"，就职以前，忽然得了急性喉蛾症，发高烧，喉头肿痛，来势非常凶猛，请了著名的喉科许渭清医师诊治。依照许医师的指示，每两小时用电疗的机器为他照射一次，因此我日以继夜地守护着他，一星期后，才算慢慢地好起来。

自从来到台湾以后，我很少出门，朋友间的交往也不多，无论公私宴会，如果接到的贴子，是写着张道藩先生夫人，我绝不出席参加，除非另有贴子给我，我才会同他一道去。

道藩一向为官清廉，我也从来没有羡慕荣华富贵，因此即使他做了院长以后，我们的生活，仍还是俭省如昔，丝毫没有改变。我的心愿只是妥善地照料他的生活起居，调养他的身心，使他在公事以外，能得着生活的乐趣。

道藩一直有着胃下垂的疾患，当温灸器在台湾盛行的时候，整整有十个月，我继续不断地为他按时以艾烧灸，按时使他进食，可是效力仍不如别人的显著，体重没有增加多少。此外我还有一些日常工作是为他补袜子，衬衣袖口领子破了，要翻过面来。

由于胃下垂和身体瘦弱，他一向穿惯了上海百货公司出售的那种背心短裤相连的内衣，可以减少一道裤带的束缚。到台湾后买不到那种内衣了，我只好把他穿破的内衣一块块拆下来，按照每一片各不相同的大小形状裁剪，然后再依样画葫芦地拼凑缝好。像这样的内衣，我曾为他缝过四套。我怀着热切诚挚的心，一针一针地缝着，对于这位二三十年来倾心相爱，情深似海的人生知己，我只有以此报答。

随着台北市的日益繁荣，我们的房子四周，盖起了许多新屋，我怕房子的后面也盖建起房子，那我们家的阳光，便被遮掩了，因此有一天，许丙先生来我家拜访，我便向他探问，如果我想租下后面那块地，是不是有可能？

许先生当时就说：

"这件事很容易办。因为这块地原来就是我的，后来我让给了古亭区合作社，假如你想租，明天我叫合作社的人来跟你商洽好了。"

第二天，许先生真的同了合作社两位职员来到我家，订立了一张租约，把地租给我。于是我马上雇工在周围砌了一道砖墙，另开一扇大门，又造了车房和门房各一间。地面铺起朝鲜草皮，种了无数的树木和花卉。我非常喜欢台湾的相思树，觉得它很飘逸有致，想在园子里也种上几株，起先用移植法没有成功，后来干脆用种籽种，居然萌芽发枝，不几年就亭亭玉立，高与屋齐。为了想找大树，我还坐了大卡车，跑到阳明山、乌来一带，就地"选拔"，每次去向地主要树，台湾同胞真是亲切大方，简直就不肯收我的钱。

道藩担任"立法院院长"，由于他的精细敏捷，对于议事规则和程序都很娴熟，因此他处理议案以及控制会场秩序相当成功。但是也正因为这样，过多的思虑和繁忙的事务，又影响到他的健康，于是失眠，神经衰弱，一年两年总要发一次病。在他发病的时候，我只有尽量迁就他病中性情的变易，侍疾的苦楚，简直罄竹难书。我一切为他的复原着想，事事都忍耐过去，生平个性的磨练，当以这种时候为最。然而当他每次病愈，向我露出疲惫的笑容，使我意识到雨过天晴的刹那，我内心的愉快，也是笔墨所无法形容的。欲谚所说"苦乐参半"，大概指的就是这样的意境。

花园整理得差不多了，柳拥花环，芳草如茵，倒也有小小的可观之处。每当夏日黄昏，清风送爽，在花木掩映中坐坐，也不妨自况羲皇上人。可是道藩怕蚊子，晚上不敢到院子里乘凉，他不出去我也只好闷在客厅里，眼看着园中风拂柳枝，流萤闪烁，心里总有点不甘。无可奈何的时候，给我想出一个办法，于是我上街去买了一匹做蚊帐的罗纱，亲手缝了一顶可以遮覆八席大小的纱帐，四缘用竹竿高高挑起，拉四条绳索，把它像大篷帐一样地架好，再从屋里接出电线，系上一盏电灯，帐中摆好一张桌子，放几把藤椅。这时候我把道藩请出来，两个人在帐中小坐，或读书看报，或款款谈心。纱帐的千缕万孔，照样能够输入清凉的晚风，连天际那一轮明月，也一般地沐满我们的全身；倘有友好来访，我也把他们一起请到纱篷里坐。

欢乐的时光总是过得最快，转瞬就到了一九五五年夏天，吴稚晖先生病逝，"总统"鉴于道藩病后需要休息，便把稚老在阳明山所住的那一幢房子，拨给他作休养之所。于是那年七月我们就搬到阳明山去住，房子在中正公园附近，距离公路只有五六丈的距离，树木葱笼，庭院寂寂，确是休息养病的理想处所。此后每年暑天我们都要在山上居住两三个月，总在九月底十月初才搬回台北。

在那两三个月里，我们充分地享受着山居静趣，空气的清新令人非常舒畅，逢到开会的时候，道藩才下山。每天晚饭后，我们最爱在中正公园散步，或者在石凳上坐坐，抽上一支烟。阵阵轻风，吹拂着树枝，淙淙流水，冲激着石块。我们在这种诗样的境界里，徘徊留连，往往忘却了夜已深沉。

幸福快乐地生活了将近九年，其间我们也曾数度出门旅行，一九五六年的那一次，是因为道藩侨居日本的一位姑姑回国观光，我们陪着她在台中、高雄一带游山玩水，访亲探友。

一次最长的旅行是驱车环岛漫游，经台中、高雄、屏东、恒春再循公路到台东，我们曾夜访知本温泉，同渡那座飘摇不定的吊桥，月黑风高，桥板残缺，那一段旅程的危险，比我和郭有守夫妇十多年前在四川灌县过竹索危桥，只有过之而无不及。

我们坐过台东花莲间的柴油车，在深山大谷中欣赏东部雄浑嵌奇的山景，花莲山清水秀，眺望太平洋尤其壮阔无比，驶过苏花公路，仰观石岩险堆，俯瞰大海汪洋，真是绝妙奇景。类此的旅行都能给我们带来极大的快乐。

每一次旅行，惠芳总是伴着我们同行，惠芳是朱家骅先生的令侄女，曲万生先生的夫人。她为人坦率爽朗，又肯热心助人，和我的性情十分相投。许多年来，她把我的家当做她自己的家一样，我也把她当做自己的妹妹一样，直到今天，她仍然是我最亲近的女伴。

97

一九五八年底，道藩想去新卡利多利亚，探望素珊丽莲她们，当他向我表示这个愿望时，我立刻就作了心理上的准备。我深切了解他是永远无法打破原有的环境的。十多年前，他曾长篇累牍，痛苦呻吟地要求我"作决定""下命令"，以使我们获得真正的结合，重新安排共同的生活时，我曾一再地向他譬喻解释，表明我自己的立场和决心。一九三八年，我们的问题到达最严重关头，我不惜说过这样的话："我恨我没有勇气脱离你……要是有办法能够教你忘掉我，或者不爱我，我真什么都愿意做。"甚至我还说过："你要知道，我是始终认为男子都是自私的，是有占有欲的，是不会有始终的，所以你尽管可以不理我，我决不会失望和说你负心，因为我觉得这是自然的。"可是，这些年来，一般不明了我的人，却还以为我对"院长夫人"的宝座很有兴趣呢。

当然，在情感方面来说：十年相依，一朝分袂，脆弱点的人也许会受不了，但我生来理性坚强，对于现时情势，我必需做一决断。回忆这段感情发生之初，我就大胆地作过预言，"将来解决这个问题的，一定是我。"何况，从前我们只希望能有机会逃到一座小岛上，欢聚一日，死而无憾！如今我们竟已共同生活了十年，对于人世还有何求？道藩和我，实在是应该很知足了，俗谚不是说"天下无不散的筵席"吗？恒久真挚的爱情，又岂在乎形体的长相厮守？我们曾度过几十年心灵相恋的日子，如今更是到了可以形而上的时候。我们还是顺应自然情势的演变，让这三千六百多天美好而快乐的相聚，永远留存在我们的未来回忆之中吧！

我终于默默地作了这样的决定。

果然道藩这时候又在踌躇不安，他愁眉不展地问我：

"我到了新卡利多利亚以后，如果素珊她们提出想回台湾的要求，叫我用什么理由拒绝她们呢？"

为什么要拒绝她们呢，让所有的一切，都作合理而自然的发展，这正是我们目前应该采取的态度。——我微笑不言，凝视着他的忧郁面容，于是，我的决心更加坚定。我在内心里告诉他说：

"你应该保持平静，道藩，因为这是必然的结果！"

每逢我面临重大的抉择，我的思维会变得十分敏锐，理智也显得异常清澈，这是上苍的赐予，使我在悲哀伤痛的一生，始终不曾受过严重的颠坠陨越。在表面上我声色不动，不向道藩表示任何意见；暗地里，我在揣摩筹划，分析判断，我和道藩相知之深，一般人是很难想像的。我就明白：如果我公然地提出要求，让我们从此分手，请他去澳洲接回素珊，重新恢复他们的家庭，那是道藩无论如何都不会答应的。万一我向他这么一提，其结果一定会使他重复陷于十多年前的烦恼忧愁，痛苦矛盾之中。我一回想到当年的情景，眼望着年事已高，身体更弱的他，顿时就有不寒而栗的感觉。

因此我想到了一个办法，推说要到南洋去探望我的外甥程一昌，我请道藩代我办理出入境手续，我的计划是先让我们有一段时期分离，然后再用书信跟他从长计议，我要告诉他：人是不能逃避现实的。因此他必须对来日的生活作一番安排和抉择。我想，只要他见不到我，他一定可以恢复理智，考虑这个重要的问题，加以解决。

道藩经不住我一再催逼，总算答应了我上南洋的决定，一切手续都是他替我办理的。

旅行的事情决定了，可是没有旅费怎么办？我们商讨的结果，只好把房地契去向银行抵押贷款，但是由于后面租来的那块地，在一九五七年时，因为古亭区合作社报价太低，由台北市政府照价收购，市府立刻抬高租金，我觉得每年要付一万余元的租金，实在太不合算，想把地买下，又没有那么多钱，所以就只好申请分期付款。这时去向银行贷款，他们便说地价没有付清，还得不到产权，所以不能抵押，我无可奈何，只好暂时向人借了八万块钱，将地价付清，然后去向银行抵押，贷款二十万元，还去所借的八万元，剩下十二万元，用作旅费，这样才算把旅行的困难解决。

我的行期定于一九五九年元月八日起程，他也把澳洲的手续办好，动身时间定在我走后一星期，同月十六日。

临行之前，我写了一封信，嘱咐我的佣人，等我走后才交给道藩。我在信上告诉他：一切该说的话早已说过不知几十百遍，他应该了解我的心情，使他们的家庭完整，是我过去十几年来一成不变的原则，我诚恳地希望他以理智的抉择，答应我最后一个要求：待我从南洋回国，我们必须分开。

信写好，我觉得衷心坦然，一片光明。

谢澄宇先生听说我有南洋之行，路上要在香港和曼谷过境，他介绍华侨同乡陈植津、植佩昆仲和我认识，把他们两位请到我的家里，当面拜托，请他们在香港、曼谷两地给我照料，因为陈府在两处都设有公司。陈植佩先生尤其跟我约好，他将在曼谷机场接我，他说他要在我之前离台赴泰。

一九五九年一月八日，旧历年前，我在寒风料峭中启程，道藩和许多亲友送我到松山机场，天色铅沉，大家的神情有点黯然，除了还没有看到我留书的道藩，惠芳和我的亲人都知道这一次别离对我和道藩来说是不平凡的。我独自步上机梯，飞机凌空而起，在台北上空绕行一匝，凭窗鸟瞰，眼见松山机场在逐渐地缩小，缩小，我已经看不清机场上的人和车了。

到香港，由陈植津先生的令妹，和他们家在香港开设的源丰公司经理蔡玄黄先生夫妇在启德机场迎候。可是我买的机票是直飞曼谷，在香港只停留一小时，他们三位仍然殷殷地予我接待，请我到机场咖啡室去吃了些点心，并且还送给我一大盒巧克力糖，约我回程的时候多在香港玩几天。我应允了，于是他们再送我上飞机，从启德机场直航曼谷。

晚上抵达泰国首都曼谷机场，飞机停稳，机门开处，朱国勋先生进机场来接我。国勋是惠芳的令弟，在大使馆担任武官，他是早已接到惠芳的通知，专程到机场来接我的。由于他有外交人员身份，使我在各项手续方面得到很大的便利。进了曼谷航空站，陈植佩先生果然如约在接客坪上守候，他已为我在曼谷最大的旅馆爱侣湾饭店定好房间。这家旅馆建筑阂丽，装饰豪华，冷气等新式设备一应俱全，住在里面当然是很舒适的。

泰国侨领苏文通先生和陈先生一道，当晚设宴款待，算是为我洗尘。那一天正好有台湾来的政府高级官员在曼谷，苏陈两位先生邀来的陪客中，有许多位还参加了那边的宴会，因此跑来跑去，显得颇为忙碌，他们这样热诚待我，使我感谢之余，心里甚觉不安。

次日，国勋一早就到旅馆，伴我出去游览曼谷名胜，我们先到举世闻名的玉佛寺，瞻仰泰国国宝古玉佛。玉佛是绿玉雕成，座宽两尺许，高三四尺，放在雕镂精美的木座上，香烟缭绕，极为庄严。殿宇画栋雕梁，雕刻极为细腻精美，一寸一缕，俱见匠心，当年工程的浩大，可以想像。寺庙主要的墙垣，别出心裁地用磁砖铺砌，五色缤纷，华丽无匹，这和天主教堂的彩色琉璃，实有异曲同工之妙。

泰国佛寺建筑，恢宏幽邃，可是和我国的寺庙在风格和情调上迥不相同。许多建筑上的特征，如尖顶、圆塔，依稀有回教殿堂的风味，最奇特的是庙门前塑铸的半人半狮像，女装，上身半裸，曲线玲珑，尻部高高地翘起一条尾巴。

中午到国勋家里便餐，并且探视他正在害喜的夫人，饭后仍由国勋陪同，到大使馆拜访杭立武大使夫妇，坐谈了一会，我看他公务很忙，随即告辞离去。不意刚回旅馆不久，杭大使夫妇便赶着来回拜，杭夫人还送了我一条泰国出产的绸围巾。两位客人走了，国勋的夫人也到旅馆看我，她是惠芳的弟妹，彼此十分亲切，谈了很久的家常，我怕她多耗精神，劝她回去休息。临行前，国勋和我约定，翌晨四时，由他驾车到旅馆接我上飞机场，因为航机五点钟就要起飞。

曼谷机场距离市区很远，航空公司备有大型客车接送旅客，所以当陈植佩先生当日一再表示要送我上飞机的时候，我便竭力推辞，因为我想深更半夜要人家为了送行而起床赶路，实在是毫无必要。国勋执意要起早送行，我也曾婉言推却，但是他一定坚持，我只好和他约好了四点钟从旅馆动身。

那天清早，三点钟我便起身，洗漱完毕，按铃叫侍役把行李拿到楼下，我坐在楼下大厅里等候国勋，谁知道等到四点已过，航空公司的大客车都已经停在旅馆大门口，几乎所有的旅客都上车了，国勋还不见来。我非常着急，偏又语言不通，正在不知怎样是好，有侍役来问我，是不是先把行李送上车去，我想想只有这么办。可是行李刚上车，国勋却赶到了，他一面叫人把行李拿回他的车上，一面告诉我说，他为了送这趟行，也是过于紧张，三点不到便醒了，看看时间还早，朦朦胧胧地又睡着了，还是司机看到时间已过，来把他唤醒。

我吩咐旅馆结账，执事人跑来说是房钱已经由陈植佩先生付过了，这使我颇感不安，过泰两日，叨扰陈府不少。但是当时连打个电话道谢的时间都来不及，和国勋匆匆赶到机场，过磅时偏又行李超重，需付泰币八九十铢的超重费，这笔钱又是国勋抢着付了，我要还给他美金，他却无论如何也不肯收。

飞机在泰马边境的一个小地方停了一会，然后便振翅直飞槟榔屿。机场上，外甥一昌夫妇，带了他们最小的一个女儿，非常兴奋地在欢迎我。

自从一九四七年在南京一别，我和一昌又是十三年不曾见面，他在马来亚侨居了三十多年，如今早已儿女成行，两鬓斑白。看到了他，想起我在大陆的文姐一家，不禁又是一阵黯然。

一昌一度失业，他已有了六个孩子，食指浩繁，家累极重，在坐吃山空的情形下，生活的困苦可想。后来他唯一的收入，只是替当地侨报写写小品文字，换取几文稿费。

他们家只有两间房子，无法接我去住，因此抵步之初，我先在旅馆住了一个星期，然后我叫一昌另租一幢房子，由我先付租金三月，这才大家一道搬了进去。

一昌甥的环境不好，我个人的力量又极为有限，实在帮不上他们什么忙，不过我见几个姨孙都很聪明可爱，因此我向一昌夫妇建议，是否让我带两个孩子到台北来，一方面减轻他们的负担，另一方面也可以使孩子受到祖国的教育。

一昌夫妇欣然地应允了。

槟榔屿又称槟城，还有一个渐渐为人遗忘的殖民地名称叫"威尔斯亲王岛"。威尔斯亲王，便是后来"不爱江山爱美人"的英国逊王温莎公爵。槟榔屿是一个小岛，在马来半岛西海岸，正当马六甲海峡北口，是马来西亚的航运中心，全部面积二百八十平方公里，人口却只有三十多万，其中自然以中国人最多，约占半数以上。因此我们平时在街上所见，都是黑发黄肤，说闽南话的同胞。那里房屋整齐，街道清洁，大街小巷率多莳花植木，由于那边的气候终年不变，因此有四时不谢之花，八节长青之树，这一点使我十分欣赏，槟榔屿是所谓的东方花园，确实名不虚传。在南洋的华侨，赚了钱以后，大都会在美丽的小岛，购置一座别墅，以作养老之计。

一昌还陪我去了一趟吉隆坡，这马来西亚的首都，当然远较槟城繁华热闹，可惜我们只在那里逗留了两天，未能多事游览。

回途中，经过太平镇，曾专诚拜访在太平中学执教的老友谢冰莹女士和她的孙子贾伊箴先生。不料谢女士刚好在先几天去了槟城，承贾先生殷殷招待，请我们参观了那里的公园之后，又到一咖啡厅用点心，傍晚时分才辞别了主人动身。不意遇上倾盆大雨，两旁的路线不明，车子等于在黑暗中摸索爬行，如果不慎，即有倾覆可能，万分庆幸的是这条道路是直线而毫无弯曲，才算没有出事，于晚间十一时安抵槟城。

谢冰莹女士和我仿佛是在捉迷藏，当我抵达槟城的第二天，她就回太平去了，回到家知道我已去过她家，于是又赶到槟城来看我，我们连床夜话，这一次叙晤，大家都非常高兴。

在槟榔屿住了三个多月，其间曾经写了一封信到新加坡，问候三十多年的老朋友黄曼士夫妇。不久曼士夫妇的回信到了，字里行间，流露出热烈的情谊，他们邀我在返台以前，到新加坡去盘桓一个时期，以便叙阔话旧。我接到信也很高兴，于是就在五月初旬，从槟榔屿坐飞机到了新加坡，重游三十一年前旧地。

黄曼士夫妇见我非常欢喜，黄孟圭先生当时也旅居星洲，在用他的简字教育方法办了一间学校。他们给我亲切而热烈的招待，我在他们家前后住了十天，两夫妇经常陪我上街把新加坡各种不同口味的饭馆吃了一个遍，并且在我离新前夕，在家开了两桌盛筵，将新加坡和我相熟的文艺界朋友，全都请到，算是为我饯行。想不到，四年后，曼士先生因病去世，而孟圭先生也于今春作古，老友凋谢，使我悲怆不能自已。

五月中，我知道道藩已经回到台北两个月，我相信他必能理智地听从我的意见，对于感情生活重作合理的安排。于是我带着两个姨孙，程丽丽和程槟生，取道香港，遄返台北，我也要开始我的新生活。

从南洋回来，路经香港，我想在香港住四五天，买点东西送人。早在新加坡就由黄家派人替我到英国领事馆办签证，不知怎么没有办好，只准过境停留二十四小时，当时我也不曾注意，按照原定计划写信通知香港的蔡玄黄先生，请他准时来接，并且为我订好旅馆。可是等我到了香港启德机场，一下机先是找不到接我的人，后来检查护照，检查员说我是过境旅客，请我立刻去订机票，要在二十四小时以内离境。这么一来可把我急慌了，简直不知如何是好，于是我去向机场上的一位中国籍警员讨教，问他在这种情形之下我应该怎么办？他叫我先打电话给在香港的朋友，告诉他我已经抵达，朋友接到电话立刻赶来，再三地道歉，说是那天刚好是礼拜天，他不上办公室，所以没有接到信，根本就不晓得我今天到。那位中国警员好心地向我们建议，去找一位吴先生帮忙，可以解决停留香港的问题。我们就在订好旅馆之后辗转地找到了这位吴先生，他当时不在，可是他办公室的职员很帮忙，先问我住在哪家旅馆，接着就说我订的旅馆不好，介绍我搬到皇后道上的一家大旅社，我把护照留给他们，请他们代我向英国人办交涉，要在香港多住几天，同时再将四天后的机票订好。我还请他们代劳打一个长途电话给家里，告诉他们我返台的日期，叫他们来接我。

在香港停留五天参观游览和买东西，都是陈小姐或蔡先生夫妇抽空陪伴，我并曾到陈府拜访，只见陈氏昆仲高寿八十的太夫人，这位老太太不但精神矍铄，而且兴致极好。有一天，她还叫陈小姐约我，同去看了一场林黛主演的古装影片《江山美人》。

离开香港的前一天，我到吴先生办公室去道谢，他见了我就说：长途电话是打了，可是府上没有人接听。我一听这话觉得非常奇怪，因为我知道我家里是绝对不会没人接电话的，这是怎么一回事呢？弄得我也莫名其妙。正在百思不得其解，吴先生又说，不过我还是替你打电话给外交部，把你到达台北的时间，请外交部转告给张院长。

我说我感到很抱歉，为了这一点小事，这么样地烦劳他们。

98

五月二十四日我带着两个孩子上了飞机，终于踏上归程。下午，飞机安然在松山机场降落。机门开处，我依序步下机梯，从高处往下看，使我大为惊愕，真是怪了！怎么会有这许多亲戚朋友来接我呢？

道藩和惠芳迎上前来，我把办理行李检查等事，交给了李子明先生，便和道藩走出机场，当时道藩的表叔刘学恒夫妇，妹夫吴延环夫妇，我的侄儿公亮，侄女涤秋，还有好些亲戚朋友，早已在外面等候了很久，我和他们一一握手寒暄，嘴上直在说"不敢当"。与此同时，心中更难免有点纳闷，因为我是万万不曾想到会有这么大的欢迎场面。

很多亲友陪着我，分乘几部汽车，到了温州街寓所，道藩、惠芳和我同车，当时在忙乱之中，我也没有注意，他的神情稍微有些异样。

回到家，一切如旧，道藩坐了一会，他说因为有事，要出去一趟。我送他走了，惠芳马上来告诉我说：他已经在三天之前，搬到和平东路他新租的房子里去了。

我听了以后，心里觉得非常的安慰，因为他果然按照我的意思，作了这样的决定，同时也解决了我们之间最严重的一个问题，当时我很愉快地说：

"啊，那很好。"

于是我又听到佣人在报告，道藩搬走时，把我们家原来那架电话移到了和平东路去了，另外为我装了一部二七二六五的电话。我这才恍然大悟，在香港打长途电话没有打通的缘故，是他把电话移到和平东路，而自己还不曾迁入，难怪电话没有人接了。

道藩从台北飞去新卡利多利亚岛的时候，实际上是扶病而去的，在那边养了一个多月病，还没有完全复原，他便坚持要回台北。邢光祖夫妇在菲律宾马尼拉还曾写信给他，说他们已经为他预备了一间房子，并且还装了冷气。希望他经过马尼拉时，在那边休养一个时期，他没有答应。三月间回到台北，下飞机的时候，身体软弱疲惫，竟至需人搀扶。

我回台北的当天晚上，道藩的表叔请我在金门街寓所吃饭。还邀了吴延环夫妇、惠芳、我的侄儿和侄女以及两个刚到台北的姨孙，为我洗尘。

起先说是道藩也要来的，我到金门街刘府时，道藩的姑姑已经亲自去迎接他了。我们在客厅里坐谈等候，一会儿他姑姑回来，却没有看见道藩，姑姑说他心里正难过，恐怕撑不住，想想还是不来的好。于是我们相率入席。

吃过了晚饭，我一直在为他担心不安，就怕又发病，于是我便说：

"我想去看看他。"

吴延环连忙附和说：

"我们大家一块儿去看看他，好不好？"

要不要去看他，在我本来是无所谓的。可是被他这么一说，我反倒踌躇起来，因为我恐怕道藩在这种心情之下见到我，可能会很悲哀，说不定他会伤心落泪。以他平时的为人性格，他不但严肃凝重，而且在任何人面前他总是表现得像一位强者，他一定不乐意让人家看到他脆弱的一面。在这种情形之下，我和他们一道去，弄不好反倒有点尴尬。

吴延环见我沉吟不决，他又补充了一句说：

"到那边以后，你们有话只管到房里去谈，我们可以在客厅里坐。"

我淡然地笑笑说：

"其实，我并没有什么特别的话要单独谈，我只不过是想去看看他的身体怎么样……"

"那么，"延环打断了我的话："就让二姐一个人去吧！"

这时候刘学恒先生手上已经拿着他的帽子站在旁边，一副坚决的样子，突如其来地说了两句使我十分惊异的话：

"可是有人举手，有人举脚啊！"

由于他的语意含糊，我一时还不知道他是什么意思？以我的猜想：他大概以为我是要去"对付"道藩的，似乎他非去保护道藩不可。

当时我内心觉得非常可笑，如果他们了解道藩和我的情感，那么他们自己会觉得他们的一些想法实在是多余的。只是当下我也并不说破，我只是说：

"既然这样，那么我就先打个电话问问他，看他是不是要我去？"

电话接通了，我才"喂"了一声，道藩听到我的声音，许久都说不出话来，听筒里竟传来他低切的呜咽声。

"我想来看看你，"我直截了当地问他："好吗？"

又等了半晌，他才哽咽地说：

"不，你不要来。"

"也好，"我说："那么，我明天再来看你吧。"

"——你明天也不要来。"

"好的，我就不来，"我长长地吁了一口气，"哪一天你觉得好些了，你再来看我吧。"

——第三天，他就到我家来了，神情疲惫，显然还没有完全复原，我们相对无言，默默地对坐了许久，他才面露苦笑地说：

"好了，现在一切都按照你的意思做了。"

我唯恐触动他的感情，没有回答，向他微微地一笑。

"那么你以后做什么打算呢？"他问。

"你的意思是指——"

"当然，"他答复得很快："我指的生活方面。"

"我可以卖房子。"接着，我把我的计划告诉他，我准备把这幢房子卖掉，连地皮如果能卖到五六十万块钱，我就拿半数去置一幢较小的房子自己住，余下的钱，留着过日子。

"可是，"他皱起了眉头问："房子不是三天两天就可以卖得出去的呀？"

"这个问题，我也有准备。"我跟他说："我的侄儿公亮，他这次特地从南部赶来接我，他说我一生一世自立奋斗，只有给家庭亲人许多帮助，却从没有得到亲人们的照顾。现在我处境如此，他要求我给他这个机会，尽一份心意，让他负责我一段时间的生活。我说可以，但是这些钱必须算做我向他借的，等到房子卖掉，立刻归还。所以，目前我的生活也没有问题了。"我并且正告道藩，从此以后，请他不必为我的生活问题担心。

那年夏天，道藩经常会邀我和两个姨孙到阳明山，避避台北的炎热，孩子们去游泳，我们仍和从前一样地在那幢房子里休息，谈心，仿佛什么事情也没有发生。到了七点钟，大家才下山，各自回家。

十一月，我的房子没卖成，却把作为花园的地皮卖掉了。我将侄儿借给我的钱还清，并且把银行押借的款子也还掉。从此我以离婚时徐先生所给我的画换钱为生，一直到现在，我没有向任何人借过钱，也不曾用任何人一块钱。

一九六〇年四月，素珊和丽莲将从新卡利多利亚返国，先几天，道藩搬到通化街新居去，我得到消息，欣然地命人购了三束鲜花，送去庆贺他的乔迁之喜，在鲜花上我附了一纸小束，上面写的是：

宗：

我曾有过这样的想法：自从我被悲鸿遗弃以后，如果没有和你这一段爱情，也许我会活不下去。——然而在这二十余年缠绵悱恻的生活里，多一半的时间我都在自怨自艾，为什么还要重投情网，自苦苦人？

但是我现在感到非常满足，不仅由于一切的凄怆、悲酸、矛盾与痛苦，都已成为过去，而且，我十分感激你给了我那么多温馨甜蜜的回忆。我的一生还算是幸运的，因为我曾享有你热烈深挚，永矢不渝的爱。"海枯石烂，斯爱不泯"，我希望这一段恋情，真能留传下去。

我认为你也应该毫无憾恨，撑过那么些年人前强笑，泪洒心田的日子，上苍毕竟赐予我们这么多的补偿，我们还能不知足吗？二十年前你的愿望和预言，果然全部实现，你曾说："倘使真有上帝，真有爱神。我想我们今生今世，在未死之前，一定会得到一个有利的时间和环境，来安慰我们的。""只求我俩能漂流到一座小岛，尽一日之欢，然后双双蹈海而死，死而无憾！"宗，有利的机会与环境十年前就奇迹般地降临了，我们等于再世为人，有整整十年的时间晨昏相对，形影不离。在迟年伤暮的时候，却竟绽放了灿烂的爱情花朵。十年，我们尽了三千六百五十日之欢，不顾物议，超然尘俗。我们在小园斗室之中，自有天地，回忆西窗赏月，东篱种花的神仙岁月，我们对此生可以说已了无遗憾。宗，我每每想到我们所处的环境，以及你为了爱我所表现的牺牲精神，你确已使我获得莫大的荣宠和幸福，没有人会怀疑你对我的爱不够挚切，不够忠诚！

四十多年前我们初相见时，大错已经铸成，"恨不相逢未嫁时"，古今中外，有多少宿命论者在这样的爱情悲剧下饮恨终生。然而临到你头上，你便像追求真理般锲而不舍，你和我用不尽的血泪，无穷的痛苦，罔顾一切，甘冒不韪，来使愿望达成，这证实了真诚的人性尊贵的爱情是具有无比力量的。现在我们再回顾四十年来的重重劫难，不是可以暧然相向，会心一笑吗？宗，你该晓得我是多么佩服你的果敢和坚毅！

现在好了，亲爱的宗，往事过眼云烟，我们的情缘也将届结束，让我们坚强一点，面对现实，接受命运的安排，在我们生命中最重要的情爱问题必须告一段落，好在我们已经有了弥足珍贵的果实。——希望你，不必悲哀，无须神伤，你和我都应该感戴上苍，谢谢它对待我们的宽大与仁慈，甜美的回忆尽够厮伴我们度过风烛残年。

欢迎素珊和丽莲的万里归来，祝贺你们乔迁新居，重享天伦之乐，素珊的细心熨帖，将会使你的桑榆晚景，过得舒适安谧，请你平抑心情，恢复宁静。不必再惦念我，就当我已振翅飞去，永不复回。

我将独自一个留在这幢屋子里，这幢曾经洋溢着我们欢声、笑语的屋子里，容我将你的躯体关闭在门外，而把你的影子铭刻在心中。我会在那间小小的阳光室里，沐着落日余晖，看时光流转，花开花谢，然后，我会像一粒尘埃，冉冉飘浮，徐徐隐去。宗，天下无不散之筵席，我还是坚持那么说：真挚的爱无须形体相连，让我们重新回到纯洁的爱之梦中。宗，我请求你，别再打破我这人生末期的最后愿望，我已经很疲累了，而且我也垂垂老矣！

虔诚地祝福你和素珊，以及可爱的丽莲，恕我不能向你道再见了。不过，最后的一次，让我向你重申由衷的感激！

雪

后　记

一九六五年十二月四日出版的《新闻天地》，曾刊出本文，对我撰回忆录的动机及用心，有所交代，特于转载，以代后记。

南京倘使需要死守，即或大本营人员撤出，我决心和守城将士同生死……现在想起有几件必需求你的事，我虔诚地希望你让它们一一实现：

1. 请将我所著的剧本，汇集齐全，出一部专集。

2. 假如我的各种作品还没有被焚毁，请为我出一本画册，作为我学美术七年的纪念。

3. 我最近几个月的笔记，你可以加以删改，隐去关系人姓名和字句，在适当刊物上发表，作为我和你的爱情纪念。

你能为我做这三件事，我即使死了，死也瞑目。

一

一九三七年十一月，首都外围战况紧急，日机滥施轰炸，南京已成危城。道藩时任内政部常务次长，我已经安全疏散到重庆。他在政务繁剧，警报不断声中，每天必定要写很长的"笔记"给我，笔记中备述相思之苦，满纸热泪奔放的字句，以上所录的，便是他自称"俨如遗嘱"的笔记中一段。他曾托我以三件"后事"，而最后一件，也就是促成我在二十八年后的今天，撰写《蒋碧微回忆录》的一大动机。

同年十二月十三日，南京陷敌，撤退前夕，道藩经陈立夫先生力劝，终于放弃了与守城将士共存亡的愿望，取道牯岭转进汉口。一九三八年一月出任教育部次长，八月到达重庆，当时我在北碚复旦大学任教。自此我们开始了抗战八年期间矛盾痛苦、纠结难解的恋情，由于双方的身份、地位和交游的关系，我们的相爱必须严守秘密,虽然同在一地,但是情愫互通,依然要靠写信往还。如此,自一九二六年二月十五日,他第一次写给我隐约示爱的信以来,几十年来,我和道藩往来的书信,多达十五六万字。这么许多的信,不但原件经我妥善保存,而且还由道藩和我分别抄誊,誊本亦有十余册之多。

在所有的信里,道藩锲而不舍地表现他内心最大的意向:一、和我逃到一个小岛,纵使尽一日之欢,也死而无憾;二、怎样能贡献他所有的一切给我;三、以我们的信件为主要材料,将我俩之间的故事,写成一部"伟大的爱情小说"。

关于第三项心愿,他曾在信中不止一次地提出,前后历时十年以上,本文以下所引,都是摘自道藩信上的原文:

> 世间相爱的人固然不少,但是我们的爱若公诸社会,谁也不能否认它是伟大的!我一生有此,即使身败名裂,死也无憾!我们今天虽然受着极大的苦痛,但是如果没有这种苦痛我们的爱又何从表现呢?还不是平平凡凡地过去了吗?

> 我一面读着信,一面在想像着我们将来写书的计划,真兴奋极了!只要你同意,我们一定要写这本书的,你的信写得太好了,可惜我那些信太杂乱,太随便,太缺乏修辞功夫了,将来一定要大为删节,方能采用。我们的信的难得之处,即在写时心中毫无做作,想什么就写什么,所谓真情流露是毫无问题的。

> ……我早和你说过:我要写一部小说,现在有了我们的信,我将从事我今生今世最宝贵的一本著作。……

> 我们的信,不管内容如何,我们之间毫无保留的一切真实感情都在里面,人间还有什么比这更可贵?如果我们能够将它编纂成一本有趣的书,那么我们的至情,也许藉此永远存于天地之间,至于别人如何批评,只好不理。

> 你要知道,唯有文字可以使我们遗留点痕迹在人间,只要我们写下来的文章,毫无假借,句句真实,那就足够珍贵了。

> 你要快点把信抄完给我,让我能够早做编书计划,否则我若早死了,或者这些珍贵的笔记遇到什么灾难,这种天地间罕有的至情产物,不能留存于

世，岂不可惜！

我们的相爱将永远留存于心底，以度过我们残余的生命，尽此毕生的相思，藉此完成我们的杰作，——拿我们的信件做主要材料而写成的书，为人世间留下一桩理想的爱情，那也就是我们不幸中万分之一的慰藉了。

二

一般人都以为张道藩是一位有为有守的政治家，殊不知他在严肃的外表之下，有一颗热烈真挚的爱心；世人都以为张道藩数十年来殚智竭虑，尽瘁党国，却没有想到他因为爱我而痛苦彷徨，几度想到一死以报知己。几十年中，无论他多忙，多乱，他经常都在利用有限的睡眠时间，甚至在敌机轰炸声中，冒着生命危险，长江大河般地给我写信。当他父亲逝世，在等待起灵出殡的隙间，他还用铅笔写了一封长函寄回重庆。因此他一再强调说："我们的信，都是呕心沥血真情真爱的流露，都是天地间不可多得的文献，如果毁了，也就等于向自己的精神宣告死刑，将来又何堪其苦？"他将我们的信件视为无上瑰宝，一心一意想把我们的故事写成一本书。

明乎此，就应该知道我写回忆录，多一半是受道藩的启示，来完成这项他向往已久，迄今仍然未能执笔的作品，诚如他所说："为人世间留下一桩理想的爱情，作为我们不幸中万一的慰藉。"

三

是的，我和道藩的遭遇是不幸的，但是我们都以为我们之间的感情，毕竟也曾达到了我们的理想，应该是无所憾恨了。我们生不逢辰，在这个大动乱的时代里，国家、社会和家庭，都赋予我们艰巨的责任，使我们无法遂行一己的愿望，行使自由的意志。我们相逢在一九二一年，道藩虽然是惨绿少年，我却已罗敷有夫，正和悲鸿自巴黎小游柏林。后来，道藩结束伦敦大学学业，到巴黎最高美术学校研究，由于谢寿康、常玉、郭有守等一般朋友组成了"天狗会"，大家兄弟相称，谊切手足，道藩嗣后承认他初次见我，便留下了深刻的印象，然而处在当时那样的环境之下，也只好将一腔爱念，暗藏心头，"因为我深知，我若爱你，必将使你我同陷痛苦。"

我出身宜兴古城的阀阅世家，祖父、祖母、叔祖、伯父、父亲和母亲都有诗词专集行世，因而自小就接受了书香门第，礼教家庭的薰陶，十三岁由父母做主订了亲，十七岁跨出深宅大院，跟父母住在上海，只是仍然独处闺中，根本没有和外间接触的机会。我所能见到的唯一男士，是宜兴同乡徐悲鸿。那时候悲鸿年少英俊，生气蓬勃，并且由于家学渊源，在绘画方面已经崭露头角。以一个未经世故的少女，遇到像这样风度翩翩，前程光明的青年，因而发生倾慕之情，毋宁是极其自然的。于是，当他托人向我示意，约我同去外国时，我会毫不犹豫地甘作名教罪人，和他悄悄地逃到日本，流浪北京，负笈巴黎，在差不多半世纪前的中国旧社会里，闹出逃婚出奔的轩然大波。

但是共同生活以后，我对悲鸿才有了深切的了解，我发现他的结婚对象应该是艺术而不是我。他无视任何与艺术无关的人、事或物，而以"应毋庸议"作为他的斋名，把"独持偏见，一意孤行"的集句对联永远挂在座右。如此我从十八岁跟他浪迹天涯海角，二十多年的时间里，不但不曾得到他一点照顾，反而受到无穷的痛苦与厄难，凡此种种，在我的回忆录《我与徐悲鸿》中，已经忠实地写了许多。

悲鸿的一颗炽热爱好艺术的心，驱走了我们所应的幸福和欢乐，但是我仍然下定决心要做一个好妻子，因为我发觉他所欠缺的正是我之所长，我是女人，现实环境训练了我安排生活的能力，我愿和他截长补短，同舟共济，我唯一的希望是像他那样的一块璞玉浑金，经过琢磨淬砺，将来能成为璀璨的大器。

四

我们在巴黎一住八年，直到一九二七年先后回国，结束了异域流浪的凄苦生涯。结缡十载，头一回有了自己的家，第一个孩子也在这时呱呱坠地。自一九二七年至一九三〇年，我们艰辛奋斗，刻苦努力，悲鸿渐渐地声誉鹊起，名重公卿。吴稚晖先生为我们筹建华屋，中央大学聘他为艺术系主任，那是我们一生中最高潮的时期，年龄虽已进入中年，事业却在蒸蒸日上，近代中国画家能有徐悲鸿当年那种境遇的，确属凤毛麟角。

然而，很不幸的，他只能和我同忧患，而不能共安乐。悲鸿竟在这时陷入了爱情迷阵，凭一股冲动，爱上了他的一位女学生。三〇年冬经他向我坦白承认这桩畸恋后，所给予我的震撼和悲哀是无法描述的，我不能恕宥他的不忠，更无法容忍他那荒谬的"两全之计"。

因此我们夫妻的感情逐渐趋向破裂，他甚至主动地离开家庭，去过那浪荡四海，奔走江湖的流浪生活，结果是，他的恋爱一无所得，我们的家却被毁了。而他自己，更由于他的性格使然，一着错，满盘输，生活既不安定，情绪更感苦闷，于是健康的耗损，严重地戕害了他的艺术生命。时至今日，我敢于说：如果不是这次恋爱事件，所造致的一连串恶果，他在艺术上的成就可能会更辉煌，说不定他还不至于五十九岁便百病丛生地死于北京。

五

自从悲鸿离开家庭，我便开始自力更生，挑起生活的重担，抚育一对无辜的儿女。那时候我虽然伤心凄凉，但是外形上总是竭力表现平静，我对人生不忮不求，不愠不怨，我只想勇敢坚强地活下去，不要被恶劣的命运所湮没。然而诚如西谚说的："爱情如月，不盈即缺"，暗中恋我已逾十数年的道藩，却在为我的不幸遭遇悲愤莫名，他终于用无比热烈的爱忱，攻破我兢兢自守的防线，闯入了我的心扉。

那是在一九三七年，"七七"事变后两个月，淞沪战况紧急，南京日夜被炸，在兵荒马乱的时日里，道藩的信像雪片一般地飞来。

> 我的雪（雪是道藩与我通讯对所专用的名字），本来是人家的一个至宝。我虽然秘密地崇拜她，爱着她十多年，但是从来不敢有任何希求。一直到人家侮辱了她，虐待了她，几乎要抛弃她的时候，我才诚挚地对她公开了我十多年来心中爱她的秘密，幸而两心相知，才有这一段神秘不可思议的爱史！

以上这一段信，可以说明我和道藩陷入热恋的起始。

六

我在痛苦中摸索挣扎了半生，痛苦使我了解人生的真谛，我对爱的观点是施予，而不是攫夺，甚至于我还想：攫得爱情而又失去，反倒不如从未得到的好。同时，由于悲鸿和孙韵君的恋爱曾使我身受"破家"的惨痛，本着"己所不欲，勿施于人"的原则，不愿使别人因我而痛苦。何况在我的意识里，由友谊发展到爱情，到了最后，一定会连友谊也一并丧失。在我自己的这些大前提之下，对于道藩热烈如火的爱心，我一直都是在迟疑不决，矛盾彷徨的。

可是我终于不克自持，坠入了苦恋的深渊，在持续数十年的苦恋岁月中，唯一可以自慰的，是我始终保有我的原则，无论情况怎样演变，事态如何发展，我绝对做不影响他事业和家庭的事。而今回顾，在这一点上我总算已经做到了。此外，我们的相恋由秘密而公开，几十年里，我都小心翼翼地避免和他的事业发生任何联系。离开大陆，促成了道藩多年的梦想，使我们在台湾同居十年，十年里我深居简出，一心只以他的生活与健康为重，让他在忧患半生之余获得安适的环境。十年后，基于种种的因素，我决计促成他的家室团圆，不惜远走南洋，躲过那个"情何以堪"的别离场面。

和道藩分手以后六年来，我闭门思过，打开尘封已久的回忆之库，觉得五十年的前尘往事也不是过眼云烟，因为每一幕都有我自己的血泪。这么一想，便觉得自己对人生的职责似乎还没有尽完，道藩要写书的志愿不时在我心头缭绕："唯有文字可使我们留点痕迹在人间"，"只要我们写的毫无假借，句句真实，那就足够珍贵了。"同时，这几十年中不知有多少朋友劝我着手撰写回忆录。他们说：以你这样多彩多姿的一生，用不着加以描绘，只要照实写下，便是一部最好的作品。甚至于还有朋友想越俎代庖替我执笔，但却全都给我婉言拒绝了。我当时也曾说："这部回忆录是一定要由我自己亲手完成的。"

抒写六十多年来的故事，虽说都是自己的亲身经历；然而往事浩漫如海，尤其千头万绪，真有一部二十四史不知从何说起之慨。于是我先自整理已有的资料着手。所幸我一向有保存旧物的习惯，断简残篇，一律掇拾，因为从这许多旧资料中，给了我不少提纲挈领的线索，我根据这些线索完成了初步的写作大纲；当然，其中最完整的资料还是我和道藩的信件，它们构成了"我与道藩"一书的最主要部分。

写这部回忆录，我的最高原则是力求真实，因为我服膺莎翁的格言："对自己能真实，对别人自可不伪，犹夜之继日，影之随形。"同时，在我回忆录中出现的人物，大多今仍健在，事实不容许我记载发生错误。我以"真实"为出发点，怀着虔敬之心，一个字一个字写下我半生的际遇，因此我曾说："我一心坦荡，只有衷诚感恩之念，毫无睚眦必报之心，我在我的回忆录中抒写我所敬、我所爱、我所感、我所念的一切人与事，我深信我不会损害到任何一位与我相关的人。"

《蒋碧微回忆录》全文五十余万字，共分上下两篇，上篇《我与徐悲鸿》，下篇《我与张道藩》，自去年十月一日在皇冠杂志连载后，我一直在诚惶诚恐地等待读者的批评指正。幸运的是这部书一开始问世便受到各界的重视，朋友们给我鼓励，读者们颇为推许，文化新闻界尤其热烈支持，套一句习用广告成语，也许可以谬称"轰动遐迩"了。其间虽有少数不明内情人士，误以为我和道藩的情史公布，会对他个人有所损害，他们也曾当面婉言劝阻，或则对此书的发表图加缓冲，然而我总是十分恳切地向他们解释说明。我不相信至情挚爱会有损人格尊严，会令人觉得罪恶过失。我作如是言，我想道藩一定也有这样的认识，基于此，也才念念不忘地要完成这一部书。还有，一位道藩的亲戚，起先很坚决地主张我这部书不必亟亟推出，我心平气和地向他解说个中缘由，并且把已完成的初稿请他拿去看，不几天他又到了我的家里，态度完全改观，他不但认为这应该是一部不朽的名著，同时他还自告奋勇地为我字斟句酌，细加推敲。我当然知道，我这部书在先天上占了很大的便宜，因为皇冠杂志宣传它是"中国第一部女性自传"。一生提倡写自传最力的胡适之先生，在他《四十自序》一书出版时曾说："我们抛出几块砖瓦，只是希望能引出许多块美玉宝石来。"从引伸其抛砖引玉之义，寄望未来有更多更好的自传作品行世。至于我，我自己的任务总算勉力完成了。